La France accessible

Chers handivoyageurs,

Bienvenue dans la toute nouvelle édition du guide handitourisme !

Grâce à ce guide, vous trouverez une large sélection d'informations, que vous aimiez partir en week-end, pour des vacances à la mer, à la montagne, ou à travers toute la France.

Pratique, le guide se compose en deux parties. Dans la première, nous vous donnons des conseils pour préparer au mieux votre voyage. Vous pourrez y retrouver, par exemple, des adresses utiles, des conseils pratiques sur les assurances, les modes de déplacement, la santé ou l'argent et la liste des démarches à faire avant votre départ. Pour partir seul ou en groupe, tout l'aspect pratique est là. Ce guide s'adresse aussi aux accompagnants ou à la famille de personnes en situation de handicap afin de trouver les lieux les mieux adaptés.

Dans la deuxième partie, plongez au cœur de la France accessible pour tous. Nous avons essayé de recenser ici une large palette d'adresses et de sites accessibles. Pour partir où vous souhaitez, dans les meilleures conditions possibles.

Porteur de handicap moteur, mental, aveugle, sourd ou muet, pour chacun, partir en voyage peut devenir un véritable parcours du combattant, rien n'est jamais comme à la maison.

Grâce à ce guide et aux différents moyens existants, il est désormais possible de sortir de sa zone de confort tout en continuant à se sentir bien et rassuré.

Ce guide n'a pas la prétention d'être une liste exhaustive, mais s'améliore d'année en année pour être au plus près de la réalité.

Un remerciement au passage aux hôteliers, restaurateurs et autres services qui continuent d'améliorer l'accessibilité pour tous et donc la liberté pour tous !

En vous souhaitant un agréable voyage

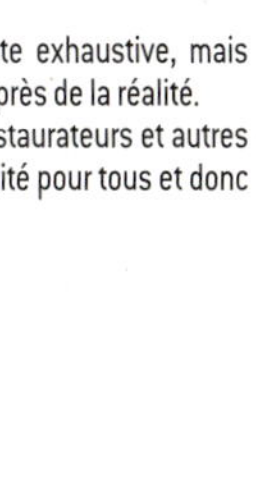

Retrouvez cette offre en page 38

SOMMAIRE

Les alignements de Carnac. © MUSAT - ISTOCKPHOTO

© ARNE THAYSEN - ISTOCKPHOTO.COM

5 CARNET

6 : S'informer
10 : Questions de santé
18 : Faire financer ses vacances
20 : Transport et hébergement
28 : Sports et loisirs adaptés

61 AUVERGNE-RHÔNE-ALPES

62 : Ain
64 : Allier
67 : Ardèche
69 : Cantal
71 : Drôme
73 : Haute-Loire
76 : Haute-Savoie
78 : Isère
80 : Loire
83 : Puy-de-Dôme
85 : Rhône
87 : Savoie

91 BOURGOGNE-FRANCHE-COMTÉ

92 : Côte-d'Or
97 : Doubs
100 : Haute-Saône
101 : Jura
105 : Nièvre
107 : Saône-et-Loire
114 : Territoire de Belfort
116 : Yonne

119 BRETAGNE

120 : Côtes-d'Armor
124 : Finistère
129 : Ille-et-Vilaine
133 : Morbihan

137 CENTRE-VAL DE LOIRE

138 : Cher
140 : Eure-et-Loir
143 : Indre
145 : Indre-et-Loire
150 : Loir-et-Cher
153 : Loiret

157 CORSE

158 : Corse-du-Sud
160 : Haute-Corse

161 GRAND EST

162 : Ardennes
164 : Aube
165 : Bas-Rhin
171 : Haut-Rhin
176 : Haute-Marne
177 : Marne
180 : Meurthe-et-Moselle
183 : Meuse
184 : Moselle
187 : Vosges

189 HAUTS-DE-FRANCE

190 : Aisne
192 : Nord

195 : Oise
197 : Pas-de-Calais
199 : Somme

201 ILE-DE-FRANCE
202 : Essonne
203 : Hauts-de-Seine
204 : Paris
213 : Seine-et-Marne
218 : Seine-Saint-Denis
220 : Val-d'Oise
221 : Val-se-Marne
222 : Yvelines

225 NORMANDIE
227 : Calvados
230 : Eure
233 : Manche
237 : Orne
239 : Seine-Maritime

243 NOUVELLE-AQUITAINE
244 : Charente
247 : Charente-Maritime
253 : Corrèze
255 : Creuse
256 : Deux-Sèvres
259 : Dordogne
264 : Gironde
268 : Haute-Vienne
270 : Landes
273 : Lot-et-Garonne
275 : Pyrénées-Atlantiques
281 : Vienne

283 OCCITANIE
284 : Ariège
285 : Aude
288 : Aveyron
289 : Gard
291 : Gers
293 : Haute-Garonne
295 : Hautes-Pyrénées
299 : Hérault
305 : Lot
307 : Lozère
309 : Pyrénées-Orientales
315 : Tarn
317 : Tarn-et-Garonne

319 PAYS DE LA LOIRE
320 : Loire-Atlantique
324 : Maine-et-Loire
329 : Mayenne
331 : Sarthe
333 : Vendée

337 PROVENCE-ALPES-CÔTE D'AZUR
338 : Alpes-de-Haute-Provence
341 : Alpes-Maritimes
344 : Bouches-du-Rhône
349 : Hautes-Alpes
351 : Var
355 : Vaucluse

Flamants roses dans le marais de Camargue. © GERALD VILLENA - STOCK.ADOBE.COM

© GOODLUZ - SHUTTERSTOCK.COM

PASSPORT

CARNET

Voyager, ce n'est pas un verbe facile quand on est en situation de handicap et pourtant, ça ne devrait pas l'être. Parce que tout le monde a le droit de voyager quelles que soient ses difficultés, des associations, des aides, des prestataires et surtout des labels se sont développés afin d'aider au mieux les personnes porteuses de handicap moteur, sensoriel ou mental. Outre les offices de tourisme qui offrent désormais un catalogue étoffé, les prestataires s'adaptent de mieux en mieux et sont en demande de label dans le but d'accueillir tous les publics. Une belle avancée qui permet de faire un beau voyage, de découvrir de nouvelles régions et de vivre de nouvelles expériences. Mais avant toutes choses, il est important de bien se renseigner, de connaître les aides possibles, mais aussi les spécificités médicales pour chaque chose et bien sûr les informations nécessaires concernant les transports.

S'INFORMER

Car les voyages doivent aujourd'hui être à la portée de tous, le *Petit Futé* vous donne, au travers de ce guide, les informations nécessaires à la réussite de votre voyage, qu'il s'agisse d'une simple escapade d'une journée dans une des grandes métropoles de France, d'un week-end à la plage ou d'un séjour prolongé à la montagne par exemple. De plus en plus de solutions voient le jour pour permettre aux personnes handicapées de pouvoir voyager. Quel que soit le handicap, moteur, mental, visuel ou auditif, des prises en charge adaptées sont mises à disposition des handivoyageurs pour qu'ils aient accès aux transports, aux hébergements, aux restaurants, et à des activités nature, culturelles ou sportives. Ce chapitre met en lumière les associations, les prestataires, les labels, mais également les opérateurs existants pour vous aider dans vos démarches et faciliter l'organisation de votre voyage.

Avertissement au lecteur

Dans cette édition, par simplicité, nous avons choisi les adjectifs « adapté » et « accessible ». Ces deux mots sont équivalents dans l'usage courant. On peut résumer en disant qu'un lieu est accessible parce qu'il est adapté !

Handicaps, comment choisir vos prestataires

Handicap moteur

Voici une série de questions sur lesquelles vous devez obtenir des réponses très concrètes pour choisir les bons prestataires, sachant que les troubles de la motricité sont très divers : déplacements en fauteuil roulant, électrique ou manuel, avec cannes, béquilles, déplacements sans orthèses ou prothèses mais nécessitant une adaptation de l'environnement.

L'opérateur me pose-t-il les bonnes questions concernant mon handicap (degré de mobilité, appareillage, besoins en transfert, soins, toilette...) ? Si vous êtes en fauteuil (manuel ou électrique) vous a-t-on demandé son poids, sa longueur, sa largeur (pour évaluation des passages de porte) ? Si vous pouvez le manœuvrer seul, faire quelques pas, monter et descendre seul quelques marches, conduire une voiture de location avec/sans équipement spécifique ? Bien vérifier avec l'opérateur si votre batterie sèche ou lithium est acceptée dans l'avion. Les règles diffèrent d'une compagnie à l'autre. L'opérateur s'est-il soucié des transferts fauteuil/lit, fauteuil/WC, des éléments d'accessibilité sur lesquels vous ne pouvez pas faire de concessions ? L'opérateur vous propose-t-il un transport adapté domicile-départ du séjour-domicile ? Ce dernier est-il en mesure de vous fournir des informations précises sur votre lieu de séjour (accessibilité chambre, restaurant, piscine, plage, jardin) et/ou sur les modes de transport pendant votre séjour (voitures, bus adaptés) ? Enfin, se soucie-t-il de savoir si vous avez l'habitude de voyager, de vos attentes particulières ou de la régularité des soins médicaux dont vous avez besoin ? Chaque handicap ayant ses particularités, n'hésitez pas à les faire connaître. C'est le gage d'un service adéquat.

© NULLPLUS - ISTOCKPHOTO.COM

© SOLSTOCK - ISTOCKPHOTO.COM

Handicap mental

Outre l'agrément « vacances adaptées organisées », deux instances ont défini des chartes de qualité : le Conseil National des Loisirs et du Tourisme Adapté (CNLTA) et le Collectif des Organismes du Tourisme adapté (COTA). La plupart des associations ou les voyagistes spécialisés sont adhérents soit de l'un soit de l'autre.

Le séjour est-il organisé en niveaux d'autonomie ? Quel est le nombre d'encadrants prévu ? Quelle formation ont reçue les encadrants ? Comment le suivi médical est-il prévu ? Un questionnaire médical est-il fourni ? Les régimes alimentaires spécifiques (si besoin) sont-ils prévus ? Existe-t-il un protocole en cas d'évacuation et de rapatriement nécessaires ? Quelles sont les animations et les activités prévues pendant le séjour ? Un bilan est-il prévu à la fin du séjour ?

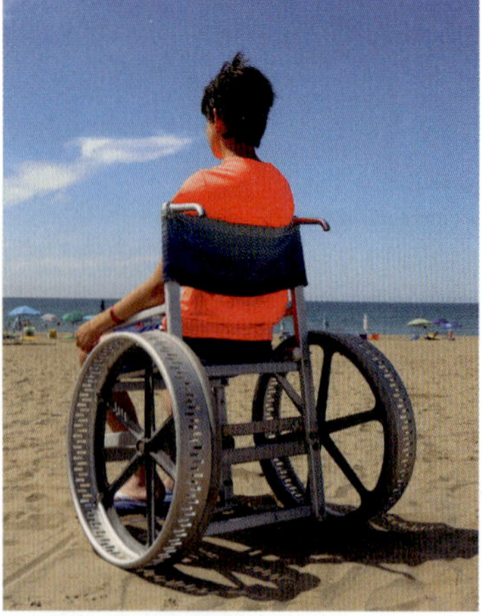

© CHICCODODIFC - ISTOCKPHOTO.COM

Fauteuil roulant adapté à la plage.

Handicap auditif

Sourds et malentendants, il existe aujourd'hui peu de prestataires dans le domaine adaptés à vos besoins ! Gageons que la situation évoluera dans les années qui viennent.

Le voyage est-il accompagné par des interprètes en LSF ? Vos interlocuteurs sont-ils compétents en LPC ? Une documentation écrite vous est-elle remise sur le voyage et au cours du voyage ? Les lieux d'accueil sont-ils équipés en boucle magnétique, informations et alarmes visuelles ?

Au cours de votre séjour, le personnel des lieux d'accueil ou de visite sera-t-il spécialisé ? Le groupe sera-t-il composé de façon homogène (sourds profonds, devenus sourds, malentendants appareillés) ou hétérogène (tous types de déficience auditive confondus) ?

Handicap visuel

Même remarque que précédemment : très peu de prestataires sont équipés, et il y a encore des efforts à faire ici également. Les accompagnants sont-ils spécialisés dans votre handicap ? Serez-vous accompagné depuis votre domicile ? Les lieux de séjour vous sont-ils présentés en détail (topographie, obstacles, repères) ? Recevrez-vous une documentation en braille, si nécessaire ? Ou en caractères adaptés ? Les visites sont-elles guidées par une personne ? Prévues avec des audioguides ? Au cours de votre séjour, le personnel des lieux d'accueil ou de visite sera-t-il spécialisé ? Quelles sont les conditions prévues pour votre chien-guide ? Le transporteur sera-t-il prévenu de sa présence (en avion, vous voyagez avec lui en cabine) ?

RÉGLEMENTATION ET LABELS

LES LABELS TOURISME & HANDICAP, HANDIPLAGE ET AUTRES

Dans ce guide, nous ferons fréquemment usage des labels « Tourisme et Handicaps » et « Handiplage », même si d'autres peuvent apparaître.

Le label Tourisme et Handicaps

Créé en 2001, et décerné par l'association éponyme, ce label est accordé à des hébergements, des établissements culturels et/ou artistiques, des restaurants, des bases de loisirs ainsi qu'à tous les sites d'accueil touristique disposant d'infrastructures et de services adaptés à un ou plusieurs handicaps. Le label a pour objectif d'apporter des informations justifiées à propos de l'accessibilité des sites et de leurs équipements touristiques en tenant compte des 4 types de handicaps (moteur, mental, auditif et visuel ; une offre touristique adaptée à ces différents types de handicaps doit également être développée dans le cadre de l'agrément de ce label. Les sites et établissements ayant reçu le label Tourisme et Handicaps doivent disposer d'un personnel sensibilisé et formé à l'accueil des personnes en situation de handicap. Après signature de la charte d'engagement du labellisé, celui-ci se voit remettre par l'association Tourisme et Handicaps une plaque signalétique à apposer dans ses locaux. Les sites et établissements ayant reçu l'agrément doivent faire figurer le logo « Tourisme et Handicaps » avec les pictogrammes qui ont été attribués à l'établissement (auditif, mental, moteur, visuel). Cette mention doit apparaître sur tous les supports de communication ainsi que sur la façade d'entrée de l'établissement ou du site. La durée d'attribution du label est valable pour une période maximale de cinq ans, renouvelable par avenant après contrôle du maintien des critères d'accueil et d'accessibilité. En cas de non-respect des obligations définies dans la charte d'engagement du labellisé, le label peut être retiré.

Renseignements : www.culture.gouv.fr et sur www.tourisme-handicaps.org

Le label Handiplage

Ce label indique le degré d'accessibilité des plages aux personnes à mobilité réduite. Les plages sont labellisées selon 4 niveaux (en fonction des services mis à disposition), matérialisés par des bouées (de 1 à 4). Depuis 1997, année de création de l'association, ce sont aujourd'hui 250 plages qui ont été labellisées sur l'ensemble du territoire français, afin de développer l'accessibilité des personnes à mobilité réduite, et de favoriser leur intégration aux loisirs nautiques et de plein air ainsi qu'à la plage.

Renseignements : www.handiplage.fr

Destination pour tous

Cette marque se donne pour mission de valoriser des territoires en proposant une offre touristique cohérente et globale pour les personnes handicapées. DPT intègre ainsi l'accessibilité des sites et des activités touristiques mais également l'accessibilité des autres aspects de la vie quotidienne. La marque est attribuée pour une durée de 3 ans. Elle concerne les territoires ayant développé une offre touristique pour au moins 2 des 4 familles de handicap (auditif, mental, moteur et visuel).

Renseignements : www.entreprises.gouv.fr/marques-nationales-tourisme

Mentionnons également le Conseil National des Loisirs et du Tourisme Adaptés (CNLTA). Il regroupe autour de sa Charte de qualité des structures accompagnant les personnes handicapées au quotidien ainsi que des organismes de vacances. La Charte offre un socle commun de références pour les vacances adaptées. Le CNLTA a également pour objectif de faire progresser le secteur du tourisme adapté, de permettre à tous les adultes handicapés l'accès aux loisirs et aux vacances de qualité, et de préserver leur droit aux vraies vacances.

Renseignements : www.cnlta.asso.fr

QUESTIONS DE SANTÉ

Voyager en situation de handicap veut souvent dire perdre en autonomie. Il est aussi important de prendre ses précautions, ne pas hésitez à appeler les lieux d'accueil en amont pour leur poser des questions sur vos besoins spécifiques et cela même s'ils sont labellisés parce que c'est important de se sentir bien malgré tout. Il faut aussi bien peser les risques, notamment en matière de médication, et ne pas hésiter par exemple à souscrire une assurance, préparer son matériel, avoir des coordonnées utiles en cas de panne. Pour les fauteuils roulants, il est important de réfléchir s'il est plus simple de prendre l'électrique, si vous en avez, le modèle classique. Parfois, il est bien de voyager léger. Prendre ses précautions, c'est aussi avoir avec vous un résumé de votre dossier médical (faites des photocopies de vos dernières ordonnances par exemple). Partir en toute sérénité vous permettra de profiter pleinement de votre séjour.

Pathologies et handicaps

Diabète

Ne vous fatiguez pas à passer votre temps à calculer ou recalculer vos horaires. Le plus simple est d'avoir deux montres ! L'une garde l'horaire du point de départ (France), l'autre indiquant l'horaire de la destination : vous gardez ainsi la notion stricte de vos écarts de contrôle et d'injections. Pensez aussi à garder en bagage à main votre traitement avec votre ordonnance.

Immunodépression

Pas facile de voyager lorsque l'on est immunodéprimé. Une évaluation doit être faite avant le départ. L'organisation du voyage suppose de préparer le dossier médical, de réfléchir aux moyens de respecter la chaîne du froid nécessaire à la conservation de certains médicaments et de tenir compte de l'environnement infectieux. Dans ce cas aussi, il est conseillé de voyager avec vos médicaments dans votre bagage à main, accompagnés de vos ordonnances signées par votre médecin afin de justifier le passage de ceux-ci aux contrôles des aéroports par exemple.

Insuffisances cardiaques

Le risque cardiovasculaire est inhérent aux conditions de voyage et de séjour (stress, modifications de l'environnement, écarts de régime et de traitement) mais aussi à l'état cardiaque du voyageur (pathologie cardiaque parfois méconnue chez des sujets dépassant 65 ans). Prenez donc le temps de vous informer sur la technicité des structures médicales de votre lieu de séjour. De la même façon, avant votre départ, consultez votre cardiologue, et prenez rendez-vous auprès de votre médecin traitant pour faire le point sur vos traitements et vos vaccinations. Prenez soin de prendre vos médicaments en quantité suffisante. Il est également important de prévoir du repos à l'arrivée.

L'organisation du voyage suppose de tester la tolérance à l'effort. Lors du voyage et du séjour, il convient de garder la maîtrise de vos activités (surtout ne pas dépendre d'un groupe avec des activités imposées), consultez si vous constatez une modification de la symptomatologie. Pour les malades porteurs d'un stimulateur cardiaque, emportez votre dossier médical complet, et établissez une liste des centres habilités à vérifier le réglage de votre stimulateur sur votre lieu de vacances. Prenez soin de vérifier le bon fonctionnement de l'appareil avant le départ et prenez garde aux champs magnétiques. Pour les malades porteur d'un défibrillateur, le séjour en zone médicalisée est indispensable et la conduite automobile est laissée à l'appréciation du médecin. Elle est néanmoins contre-indiquée dans le mois qui suit la pose.

Insuffisance rénale et dyalise

L'insuffisant rénal rencontre différents types de problèmes au cours d'un voyage : l'altération de la fonction rénale, le risque de déshydratation (surveiller le poids), les troubles métaboliques, l'infection. Avant le départ, il convient d'évaluer la fonction rénale. Le voyage est plus compliqué au stade de l'épuration extra-rénale. Le sujet dialysé porteur d'une fistule artério-veineuse peut voir celle-ci se thromboser en cas de déshydratation, obligeant alors à la pose d'un cathéter central. L'hygiène doit être rigoureuse sous peine d'infection de l'anastomose vasculaire. Le transplanté rénal est à la fois un insuffisant rénal et un immunodéprimé.

Épilepsie

Il n'y a pas de contre-indication au voyage sauf si l'épilepsie est mal contrôlée (le risque de crise augmente avec le décalage horaire, la fatigue, le stress, le manque de sommeil). Les recommandations vis-à-vis d'un sujet épileptique sont les suivantes : consulter son neurologue avant un grand voyage ; éviter de voyager seul ; emporter une ordonnance avec son traitement et les noms des médicaments en DCI ; emporter un traitement en quantité plus importante que nécessaire et le garder à portée de main.

ELA
30 ans
992·2022
FAITES AVANCER LA RECHERCHE
POUR SOIGNER ET SAUVER LES ENFANTS MALADES !
Grâce à vos dons, de nouvelles options thérapeutiques
ont désormais envisageables telles que la thérapie génique.
Mais encore trop peu d'enfants peuvent en bénéficier.
Offrez à tous les enfants d'ELA
l'espoir de guérir :
Faites un don !
www.ela-asso.com

© DEMAERRE - ISTOCKPHOTO.COM

En cas de décalage horaire peu important, ne pas modifier son traitement. Si le voyage dure plus de 12 heures, programmer une prise dans l'avion et se recaler tout de suite à l'arrivée sur l'heure locale, quitte à être légèrement surdosé. Les protections solaires sont impératives (les antiépileptiques sont photo-sensibilisants). La pratique de la plongée est contre-indiquée.

Sclérose en plaques

Les traitements de fond contre la sclérose en plaques, supposent généralement une administration par voie injectable. Les patients devront prévoir une mallette isotherme (certains médicaments devant être conservés à une température ne dépassant pas 8 °C). Il faut aussi s'assurer qu'une infirmière pourra prodiguer les soins sur votre lieu de vacances, ou se former à l'auto-injection. Recommandations : préciser à la réservation que le patient voyagera avec du matériel injectable. Les médicaments devront être dans le bagage à main, accompagnés d'une ordonnance et d'une attestation pour tout le matériel injectable. Un certificat médical pourra être demandé précisant l'absence de syndrome toxique viral ou bactérien.

Maladie de Parkinson

Il n'y a pas de contre-indication au voyage ; il faut juste respecter les règles de bon sens et prévoir un accompagnateur. Pour les patients stimulés cérébralement, n'envisager le voyage que si le malade est équilibré, faire vérifier le matériel avant le départ. Si le séjour est supérieur à 6 mois, prévoir un contact avec une équipe locale capable de vérifier le matériel (habituellement tous les 4 à 6 mois). Enfin, éviter d'emprunter les portiques de sécurité (ayez sur vous votre carte de porteur de stimulateur).

Handicap visuel

80 % des informations sur l'environnement sont d'ordre visuel. Le déficit visuel modifie donc la perception et la cognition. Voyager est une façon de refuser la diminution des activités, l'atteinte de son image et de sa confiance. En voyage, les contraintes pour le déficient visuel concernent l'orientation : difficultés liées à la signalétique, dangers vis-à-vis d'obstacles non identifiés, difficultés d'accès aux renseignements proposés par panneaux visuels. En ce qui concerne la lumière : le malvoyant a besoin de plus de lumière qu'un individu qui bénéficie d'une bonne vision mais il y est aussi plus sensible (tenir compte de l'ensoleillement, de la réverbération sur le sable, la mer, la neige). Selon les pathologies il sera nécessaire d'emmener un traitement. Attention au problème de conservation (à la chaleur, la durée de vie des collyres diminue et il y a un risque d'infection). Rappel : le chien-guide peut voyager avec son maître à bord des avions, quelle que soit sa taille, dans la mesure où il est vacciné. Le maître doit pouvoir présenter un certificat de dressage. Penser aussi à des bagages à main légers. Une main doit pouvoir rester libre pour la canne, si nécessaire.

Handicaps auditifs

Pour les personnes disposant d'appareillages externes, il est important de maintenir un séchage de votre appareillage lors du voyage (pastille desséchante ou trousse chauffante). Le soir, il est impératif de le mettre à sécher pour son bon fonctionnement le lendemain. Vous pouvez également vous munir de lingettes spéciales pour appareils auditifs, afin de les nettoyer. Si vous prenez l'avion, aucun risque particulier. De nombreuses personnes préfèrent cependant les éteindre au décollage et à l'atterrissage. Si vous êtes au bord de la mer, évitez le sable et les projections d'eau de mer. Dans ce cas il vaut mieux ne pas le porter. Implants cochléaires : le processeur de son et le processeur vocal craignent tous les deux l'humidité (transpiration, pluie, douche, etc.).

© ANASTASIYA 99 - SHUTTERSTOCK.COM

Munissez-vous d'un boîtier ou d'un sac contenant une capsule de déshumidification. En avion, pas de règle générale (le mieux est d'appeler avant le voyage son audioprothésiste). Quant aux portiques, le champ magnétique est trop faible pour endommager les composants internes du processeur et de l'implant. Cependant ayez sur vous votre certificat d'implantation si vous préférez demander à passer à côté du portique (pas toujours évident par des temps de fièvre sécuritaire). Surtout n'oubliez pas d'acheter vos piles boutons avant votre départ.

Les soins en vacances

Si vous avez l'habitude de recevoir des soins à domicile (auxiliaire de vie, infirmier ou masseur-kinésithérapeute), n'attendez pas d'être arrivé sur votre lieu de vacances pour chercher des remplaçants. Renseignez-vous dès que possible afin de vous assurer d'en trouver près de votre lieu de villégiature et de voir comment vous organiser entre deux visites ! Il vous appartient également avant votre départ de faire le point avec votre médecin traitant : votre état de santé et votre suivi médical vous permettent-ils d'entreprendre un séjour en montagne, en bord de mer ou à la campagne ? De pratiquer des loisirs sportifs ? De voyager sur une longue distance ? N'oubliez jamais que peu importe la destination, un déplacement s'organise.

MUTUELLE INTÉGRANCE
89, rue Damrémont
75882 PARIS Cedex 18 (18e)
www.integrance.fr
La Mutuelle Intégrance est experte de l'accompagnement des fragilités de la vie et du maintien de l'autonomie. La mutuelle propose des produits et services innovants en santé, prévoyance, assistance et épargne afin d'apporter des réponses concrètes et pérennes pour améliorer le quotidien de ses adhérents, qu'ils soient particuliers, entreprises ou associations de l'Économie Sociale et Solidaire. Membre du groupe APICIL, 4e groupe français de protection sociale, elle est la première mutuelle nationale reconnue Entreprise Solidaire d'Utilité Sociale par l'agrément ESUS.

ADHAP SERVICES
193, boulevard Étienne Clémentel
CLERMONT-FERRAND 04 73 24 04 44
www.adhapservices.fr/clermont-ferrand
adhap63a@adhapservices.eu
Ouvert du lundi au vendredi de 9h à 12h et de 14h à 18h. Un responsable Adhap Services est joignable par les bénéficiaires 24h/24 en cas d'urgence. Assistance 7j/7, jours fériés compris.
L'ADHAP propose ses services par le biais de ses centres répartis sur le territoire national. Un personnel qualifié et formé permet de répondre à de nombreuses demandes en accompagnement : aide à la toilette, au lever, au coucher, au repas, travaux ménagers, garde de jour et de nuit sont un exemple des prestations existantes. Certifié par le réseau Qualicert, l'ADHAP insiste sur la qualité, la proximité et la réactivité de ses équipes. Une référence en la matière.

Prévoyez une trousse d'urgence

Lors de vos déplacements, pensez à vous munir de vos médicaments habituels. En cas de traitement renouvelable, munissez-vous de vos ordonnances.

- Une trousse de premiers secours est toujours nécessaire : prévoyez un anti-diarrhéique, des anti-émétiques contre les nausées et les vomissements, des comprimés de paracétamol contre la fièvre ou la douleur, des pansements, du désinfectant, une solution hydro-alcoolique pour l'hygiène des mains (important si vous devez vous sonder), des compresses stériles, des pansements adhésifs, des bandes de contention et de la pommade anti-inflammatoire. La glacière sera indispensable si vous devez transporter des traitements ne supportant pas les écarts de température ou exigeant une conservation au froid (anti-TNF). Pensez à la crème solaire, indispensable pour tout déplacement estival (indice maximal et achat en pharmacie recommandé). Une crème répulsive anti-moustiques est aussi un indispensable, sans oublier votre traitement contraceptif ordinaire et des préservatifs. Distinguez la trousse « secondaire » que tout voyageur emmène de celle « principale » qui est la vôtre, personnalisée. Emportez vos médicaments dans leur emballage d'origine et prévoyez un approvisionnement qui pallie un délai de transport.

Prenez soin de votre fauteuil roulant

Même si la France dispose d'infrastructures suffisantes, vous ne trouverez pas forcément de concessionnaire Küschall ou Otto Bock dans le village dans lequel vous avez décidé de passer vos vacances ! Un bon conseil : avant de partir, demandez à votre revendeur de vous indiquer l'adresse des correspondants les plus proches de votre lieu de séjour. Pensez également à vous munir du nécessaire de réparation pour vos pneus (jeu de rustines, dissolution, chambre à air, gonfleur et éventuellement bombe anticrevaison), ainsi que d'un ou deux axes de roues de rechange.

PARAVAN

Straße 5 - 10
D-72539 Pfronstetten - Aichelau
ALLEMAGNE & 03 72 88 05 47
www.paravan.com
france@paravan.de

Paravan fait bouger le monde avec des solutions de mobilité révolutionnaires. Découvrez une technique de pointe de réputation mondiale et laissez-vous fasciner par des technologies porteuses d'avenir. N° 1 sur le marché des véhicules pour personnes handicapées, cette entreprise allemande a notamment mis au point le fauteuil roulant le plus innovant et le plus moderne au monde.

BENOÎT SYSTÈMES

7, rue du Pont
BILLY-LÈS-CHANCEAUX & 03 80 96 51 25
www.benoitsystemes.com
contact@benoitsystemes.com

Benoit Systèmes fabrique plusieurs types de produits adaptables à un fauteuil roulant. La société propose des motorisations légères et amovibles comme le Kitcool qui s'installe en quelques secondes et permet de faire prendre au fauteuil une position de relaxation sans nuire aux fonctions de celui-ci.

INVACARE

Route de Saint-Roch
FONDETTES & 02 47 62 64 66
www.invacare.fr
contactfr@invacare.com

Ouvert du lundi au vendredi de 8h30 à 12h30 et de 13h30 à 17h30.

Avec une gamme composée principalement de fauteuils roulants manuels et électriques, de produits d'aide au maintien à domicile, de lève-personnes, de produits d'aide à la propulsion, de scooters 4 roues ou 3 roues destinés aux seniors, la société fournit également des lits médicaux, des matelas préventifs contre l'escarre, des fauteuils releveurs, des rollators, des cannes, des déambulateurs, etc. Invacare est partenaire de la Fédération française Handisport.

LIFESTAND - VIVRE DEBOUT

5, rue Clément Ader
MIRIBEL
04 37 26 27 28

LifeStand est le fabricant des fauteuils roulants verticalisateurs. La gamme de fauteuils se décline en trois grandes familles : les fauteuils manuels qui permettent aux personnes handicapées de se redresser sans effort d'un simple geste de la main sur les volants ; les fauteuils semi-électriques qui permettent la verticalisation en mode électrique et le déplacement manuel ; les électriques qui se déplacent et se redressent électriquement (aussi en version enfant) permettant de se déplacer en position debout.

4POWER4

55, rue Marceau (16e)
PARIS
0 811 70 04 40
www.4power4.com

Le 4power4 est un fauteuil électrique tout terrain : étroit, il a été conçu pour vous emmener sur des terrains difficilement accessibles aux fauteuils classiques. Étudié à l'origine pour la campagne et les déplacements dans les jardins, sur les cailloux ou dans l'herbe, il est aujourd'hui aussi à l'aise à la mer, sur le sable, sur la neige mais aussi en ville sur les pavés. Le fauteuil idéal pour tous les déplacements !

ERGOVIE

1, rue de la Sauvaie CS 46332
RENNES
02 99 26 12 12
https://ergovie.typepad.fr/

Avec l'autonomie des personnes handicapées au cœur de ses préoccupations, Ergovie vend, loue et répare du matériel (fauteuils roulants, aide à la déambulation...), l'adapte, le personnalise et propose un SAV sur site ou à domicile. Pensez aussi à consulter Ergovie pour vous aider dans le contrôle de votre environnement ou l'accessibilité de votre habitat. La société saura également vous conseiller des aides techniques et de confort.

LES VACCINS

La France n'est pas réputée pour être une destination à risques. Mais que l'on voyage sur de courtes distances ou que l'on parte au bout du monde, il convient de vérifier la validité de vos vaccins avant votre départ. Nous ne traiterons ici que des vaccins obligatoires ou recommandés inscrits au calendrier vaccinal français : diphtérie, tétanos et poliomyélite. Pensez à vérifier la date de vos derniers rappels et n'oubliez pas que certains voyages à l'étranger nécessitent des vaccinations particulières (nous pensons notamment au schéma vaccinal concernant le COVID-19). Demandez à votre médecin traitant, et vérifiez avec lui vos compatibilités avec les différents vaccins nécessaires à votre voyage. Renseignez-vous aussi sur le schéma vaccinal, à savoir combien d'injections sont nécessaires et avec quel écart par rapport à votre date de départ. En clair : anticipez ! Prendre rendez-vous sur place ou par téléphone dans les services de santé et/ou de maladies tropicales. Vous devez vous munir de votre carte vitale et des différents documents relatifs à votre problème de santé : carnet de vaccination, ordonnances, boîtes de médicaments, courriers de médecins, comptes rendus médicaux, examens biologiques, radiographies... À l'issue de votre vaccination, vous recevrez le carnet de vaccinations internationales, indispensables à votre voyage.

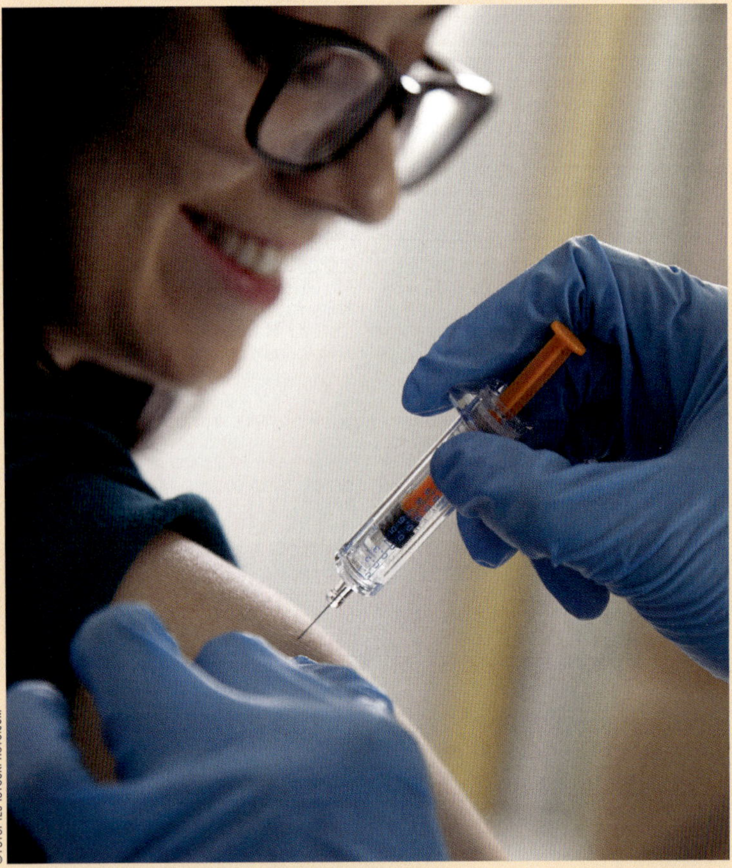

© FSTOP123-ISTOCKPHOTO.COM

DES SYMPTÔMES INVISIBLES POUR VOUS ?
Mais pas pour moi !
afsep
80% DES CAS
Dans 80% des cas, la SEP se manifeste entre 20 et 40 ans.
130 000
la SEP touche plus de 130 000 personnes en France, majoritairement des femmes.
SCLÉROSE EN PLAQUES
LA SCLÉROSE EN PLAQUES
1ÈRE CAUSE DE HANDICAP
CHEZ LES JEUNES ADULTES,
APRÈS LES ACCIDENTS DE LA ROUTE
Aide Sociale
Aide Juridique
Ligne d'écoute
Socio-Esthétique
Mémoire
Yoga
Sophrologie
SEP & Accompagnants
Equithérapie
Groupe de paroles
Cryothérapie
Bien-Être
Musicothérapie
APA
Activités physiques adaptées
Sexothérapie
Pour ELLE & LUI
Art-thérapie
rejoignez-nous
www.afsep.fr
ASSOCIATION FRANÇAISE des sclérosés en plaques
AGRÉÉE PAR LE MINISTÈRE DE LA SANTÉ
afsep
Soutient la recherche Médicale et Sociale depuis 1962

FAIRE FINANCER SES VACANCES

N'attendez pas la dernière minute pour faire valoir vos droits en matière de vacances, ou demander une aide financière : quels que soient les organismes auxquels vous pourriez vous adresser, il y a des justificatifs à fournir, un budget global non extensible, et des dates à respecter. Les dates limites sont souvent indiquées sur les sites Internet ou par téléphone. Définir son budget, connaître ses droits et anticiper au maximum, sont les maîtres mots des vacances pour les handivoyageurs. Le Petit Futé vous livre les adresses des organismes publics délivrant des dispositifs de financements capables de vous venir en aide pour organiser et financer vos vacances. Des dispositifs privés peuvent aussi venir suppléer ces financements publics. L'obligation d'être accompagné pour certains handicaps engendre bien souvent des surcoûts : vous trouverez ici différents organismes que vous pourrez solliciter pour compenser financièrement ce surcoût.

Les dispositifs publics

Maisons départementales des personnes handicapées (MDPH)

Que vous soyez ou non bénéficiaire de la prestation de compensation du handicap (PCH) ou de l'allocation d'éducation d'enfant handicapé (AEEH), n'hésitez pas à solliciter votre Maison départementale des personnes handicapées (MDPH).

Bénéficiaire de la PCH ou de l'AEEH.

Vous pouvez dans le cadre du plan personnalisé de votre évaluation (volet aides humaines), comptabiliser le temps de présence d'une tierce personne sur votre temps de vacances. Pareillement pour les frais liés au transport : vous pouvez les anticiper et les intégrer dans le volet « surcoûts liés aux transports ». Dans le cadre du volet « frais exceptionnels et charges spécifiques », vous avez aussi la possibilité d'insérer toutes les dépenses liées aux vacances que vous pourrez identifier. Si vous êtes bénéficiaires de l'AEEH (enfants et adolescents), vous pouvez réclamer une réévaluation de votre complément d'AEEH.

© EDWIN TAN - ISTOCKPHOTO.COM

Non bénéficiaire de prestation ou d'allocation.

Chaque MDPH dispose normalement d'un Fonds départemental de compensation du handicap dont le but est de prendre en charge tout ou partie du surcoût lié au handicap. Pour le solliciter, il faut adresser un courrier à votre MDPH en décrivant précisément (notamment en distinguant coût et surcoût) votre projet de vacances. Attention au temps de traitement du dossier : s'y prendre à l'avance !

Caisses d'allocations familiales (CAF)

Les allocataires ayant au moins un enfant âgé entre 2 et 18 ans à charge peuvent faire appel à leur CAF. Elles peuvent parfois intervenir pour les mineurs dans le cadre des aides aux temps libres pour attribuer un montant journalier. Attention, car certaines conditions sont requises, notamment au regard du quotient familial.

Renseignements : www.caf.fr ou consultez votre conseiller CAF

VACAF

C'est un dispositif créé pour aider les familles ayant des difficultés à l'accès aux vacances : il s'agit de centres de vacances labellisés qui accueillent les familles à des tarifs préférentiels. Avant de réserver, prenez contact avec le lieu d'hébergement afin d'obtenir des renseignements plus précis sur la configuration du lieu car le site référence des endroits inaccessibles.

Renseignements : www.vacaf.org

Caisses centrales d'activités sociales (CCAS)

Les CCAS peuvent être sollicitées dans le cadre d'une recherche d'aide exceptionnelle liée à l'organisation de vacances : vous pouvez faire

© SOLSTOCK

valoir le droit de l'accès à tout pour tous, au répit familial ou à la notion de surcoût lié au handicap.
Renseignements : www.unccas.org

Caisses primaires d'assurance maladie (CPAM)
Les CPAM disposent de services sociaux que vous pouvez solliciter en application de la loi du 11 février 2005 et tout spécialement dans le cadre de la prise en charge d'éventuels frais de transports adaptés.
Renseignements : www.ameli.fr

Collectivités territoriales, Conseils régionaux (CR) et départementaux (CD) disposent de services sociaux auprès desquels vous pouvez faire valoir vos besoins en accompagnement financier dans le cadre de votre séjour. Des assistant(e)s sociaux/les ou des conseillers en économie sociale et familiale seront à votre écoute et jugeront avec vous de la recevabilité de votre requête.

Aides aux projets vacances (APV)
L'Agence nationale des chèques vacances (ANCV) soutient en partenariat avec l'Association des paralysés de France, le départ en vacances des personnes en situation de handicap moteur disposant de faibles ressources. Cependant, l'ANCV ne doit pas être le seul organisme sollicité : concernant l'éventuel surcoût lié à un accompagnateur sur le séjour, il est impératif de solliciter également la MDPH, soit pour les bénéficiaires de la PCH, soit, pour les autres, le Fonds départemental de compensation. D'autres organismes de service communs ou privés peuvent être contactés : adressez le dossier à la structure APF dont vous dépendez (délégation, SAVS, foyer...) qui le transmettra pour un passage en commission. La structure APF sera votre interlocuteur privilégié, aucun dossier reçu en direct au siège ne sera traité !

Peut bénéficier de ces aides toute personne en situation de handicap moteur ou polyhandicapée sans limitation d'âge, résidant en France, désireuse de partir en vacances et pouvant justifier de faibles ressources. Une même personne peut solliciter plusieurs aides financières au cours de la même année dans une limite de 35 jours de vacances cumulés sur cette même année.

Les dispositifs privés

En complément des dispositifs de financement publics, vous pouvez vous adresser à des organismes et/ou à des instances privées.

Comités d'entreprise
Certains CE mettent à disposition de leurs salariés et/ou de leurs ayants-droit une ligne budgétaire dédiée au surcoût lié au handicap dans le budget vacances. Vous pouvez également les solliciter pour une dotation en Chèques vacances s'ils sont conventionnés ANCV, évidemment.

Mutuelles
Certaines mutuelles disposent pour leurs adhérents d'une ligne budgétaire sociale destinée à honorer les demandes d'aides exceptionnelles : contactez le service adhérents de votre mutuelle en décrivant précisément votre projet de vacances.

Associations caritatives
Certaines associations peuvent parfois soutenir financièrement votre projet vacances ou vous en présenter un qui soit à la portée de votre budget. Voici quelques pistes. Attention toutefois de bien vous renseigner sur les dates des commissions qui attribuent les aides ou les séjours
Union nationale des associations laïques gestionnaires (UNALG) : www.unalg.org
Secours populaire : www.secourspopulaire.fr
Secours catholique :www.secours-catholique.org
Solidarité laïque : www.solidarite-laique.asso.fr
Jeunesse en plein air : www.jpa.asso.fr

TRANSPORT ET HÉBERGEMENT

Dès lors que vous voyagez, qu'il s'agisse d'un déplacement professionnel ou à titre personnel, il est important de considérer les différents labels que les transports et les hébergements ont pu acquérir pour mettre en avant les services mis à disposition des personnes à mobilité réduite ou souffrant de handicaps. Pour les transports, veillez à vous renseigner à l'avance sur les modalités de réservation, si l'accessibilité est simplifiée pour les fauteuils roulants, si la location d'un véhicule est possible pour les PMR, etc. Prenez vos dispositions avec une assurance perte ou annulation si vous rencontrez le moindre souci lors de votre trajet (avant ou après). En matière d'hébergement, il est aussi primordial pour votre bien-être de vous renseigner en amont : les chambres sont-elles adaptées aux PMR ? La salle de restaurant est-elle accessible ? Prenez soin de téléphoner avant de vous déplacer, cela vous évitera bien des désagréments.

La route, en voiture et à moto

Dans cette rubrique, nous essayons de vous guider au mieux mais gardez à l'esprit que le nombre de places en fauteuil est souvent limité dans les transports. De plus, les services adaptés doivent être généralement demandés 48h à l'avance. La France ne pratique pas encore l'accessibilité universelle et même si l'on note quelques progrès, la fluidité et la facilitation ne sont pas le lot quotidien du voyageur en situation de handicap.

▶ L'Association des Sociétés Françaises d'Autoroutes et d'ouvrages à péage (ASFA) met en ligne sur son site Internet un guide à l'usage des conducteurs en situation de handicap. La liste des services y est complète en fonction de votre itinéraire. Renseignements sur www.autoroutes.fr/fr/services-aux-personnes-a-mobilite-reduite.htm

Vous trouverez en ligne les coordonnées des principaux aménageurs et équipementiers en matière d'automobile. Pour un renseignement ou pour obtenir les adresses en région, n'hésitez pas à les contacter, et à faire faire des devis.

Y aller avec sa voiture

C'est, a priori, le choix de la liberté : horaires, itinéraires, visites, nombre de passagers... Et particulièrement quand votre véhicule est adapté à vos besoins spécifiques. Mais d'une liberté responsable. Inutile d'imaginer partir tranquille si vous avez négligé de faire réviser votre voiture et si vous ne disposez pas à bord du matériel requis pour les réparations d'urgence (parfois exigé par la législation de certains pays). Votre garagiste est donc votre partenaire et de nombreux sites sur Internet vous proposent des check-lists. La liberté c'est aussi être prudent sur le temps de conduite, ne pas vouloir obstinément et dangereusement arriver à une heure précise. Enfin, c'est aussi se renseigner sur l'état des routes de la ville ou de la région où vous souhaitez vous rendre. Autre source de responsabilité : le budget voiture (essence, ferries, parkings, taxes diverses), qui viendra compléter votre budget hébergement, restauration, visite.

Louer une voiture

Aujourd'hui, il est en principe facile de louer un véhicule lorsque vous achetez votre billet d'avion, de train, de bateau. Soit sur le même site, soit par une agence de voyages. Seulement voilà, si vous avez besoin de louer une voiture adaptée, c'est carrément la galère. D'abord parce que le voyageur à mobilité réduite n'est pas prioritaire (il correspond à un parc automobile manifestement réduit chez de nombreux loueurs). Ensuite, au mieux, justement en raison du petit nombre de voitures disponibles, il faut vraiment s'y prendre très à l'avance. En résumé, rendez-vous dans une agence de location et exprimez vos besoins.

À moto

▶ HMS - HANDICAP MOTARDS SOLIDARITÉ
11, avenue du Maréchal Foch
BURES-SUR-YVETTE & 03 29 39 40 62
www.handicaps-motards-solidarite.com
Permanence : 18h30-20h30

Cette association créée en 1995 permet aux personnes handicapées physiques de passer ou de régulariser leur permis moto. HMS met à votre disposition moto et side-car école munis d'aménagements interchangeables comblant l'absence de véhicule aménagé dans les moto-écoles. Le side-car (Honda 1100 Pan European) est aménagé pour la paraplégie, l'amputation ou la paralysie d'un membre supérieur ou inférieur. Les motos solo – Suzuki 500 GSE équipée pour les handicaps des membres inférieurs et Honda 500 CB équipée pour les handicaps des membres supérieurs – sont quant à elles aménagées pour l'amputation ou la paralysie d'un membre supérieur ou inférieur.

© IZUSEK - ISTOCKPHOTO.COM

L'avion

Même si dans l'esprit de nombreuses personnes les transports aériens sont souvent synonymes de voyages lointains, l'on peut aussi prendre l'avion pour effectuer des déplacements au sein même du territoire français ! Si les directives et les déclarations d'intention se succèdent, les voyageurs en fauteuil sont toutefois confrontés à de nombreuses difficultés d'autant plus que les services varient selon les aéroports. Une fois à bord, ne comptez sur aucun passe-droit : vous n'aurez pas plus que les autres la possibilité de choisir votre place. En vol, vous ne pourrez ni quitter votre place ni accéder aux toilettes dont les dimensions sont généralement incompatibles avec une situation de mobilité réduite.

De nombreux efforts ont néanmoins été accomplis par les compagnies aériennes ces dernières années mais il est clair que vous ne trouverez pas les mêmes dispositions à bord d'un ATR 42 ou 72 et d'un 747 ou A380 ou encore selon que vous soyez à bord d'une compagnie régionale ou nationale. Nous ne saurions donc trop vous recommander de signaler vos besoins spécifiques lors de votre réservation. Air France fait vraiment tout son possible afin que les toilettes de ses avions soient accessibles en fauteuil roulant.

Le code de bonnes pratiques signé par les principales compagnies aériennes françaises en mai 2000 a permis une sensibilisation accrue de celles-ci quant à la prise en considération des besoins des personnes handicapées et de leur droit au transport.

Cependant, le travail à effectuer est toujours loin d'être achevé car certaines sont parfois contraintes par des objectifs commerciaux à diminuer les services aux voyageurs, notamment handicapés.

L'hébergement

En matière d'informations sur les hébergements adaptés, les Comités de Tourisme Régionaux ou Départementaux, conjointement avec les offices de tourisme de chaque ville, font un très gros travail : création de brochures spécifiques, suivi des labellisations...

Nous nous sommes efforcés dans ce guide de vous indiquer comment récupérer ces informations.

De plus, si les bonnes pratiques progressent notamment dans la formation du personnel, de nombreux établissements (cafés et restaurants notamment) sont seulement abordables dès lors qu'ils possèdent une terrasse mais restent non accessibles par manque de salle(s) adaptée(s) ou de toilettes aux normes. Nous tâcherons donc de fournir les informations les plus précises possibles sur les installations mises en place au sein des différents établissements ainsi que sur la formation du personnel afin que vous puissiez planifier votre séjour selon vos besoins et passer ainsi des vacances relaxantes, amusantes et pleines de joie. De plus, les labellisations Tourismes & Handicap (avec les précisions des handicaps concernés) seront mises en avant comme indicateur de confiance.

Les hôtels :

Les grandes chaînes hôtelières ont joué le jeu de l'accessibilité notamment sur le plan du handicap moteur : dès lors, la quasi-totalité des chaînes implantées en France ont procédé aux aménagements nécessaires. Cependant, les établissements hôteliers ont presque tous supprimé de leur formulaire de réservation les critères de handicap entraînant très souvent l'obligation pour les personnes concernées, de joindre des plates-formes téléphoniques souvent surtaxées. Les petits hébergeurs même labellisés les oublient aussi fréquemment : à vous de téléphoner, d'envoyer un fax ou un mail en précisant toutes vos demandes spécifiques.

Le bateau

Traversée en ferry ? Croisière en paquebot ? Balade fluviale en péniche ?

Le voyage en bateau a ses usagers, ses amateurs et ses inconditionnels ! Mais de là à affirmer que c'est le moyen de transport le plus adapté pour des personnes à mobilité réduite, il y a une limite que nous ne franchirons pas, même si – au même titre que les vacanciers valides – les personnes handicapées sont des passagers comme le spécifie le règlement n° 1177/2010 du Parlement européen concernant les droits des passagers par mer ou voie de navigation intérieure. L'article 6 précise : « *à la lumière de l'article 9 de la convention des Nations Unies relative aux droits des personnes handicapées et afin de donner aux personnes handicapées et aux personnes à mobilité réduite la possibilité de voyager par mer et par voie de navigation intérieure dans des conditions comparables à celles des autres citoyens, il convient d'établir des règles en vue d'assurer la non-discrimination et une assistance au cours de leur voyage. Ces personnes devraient, par conséquent, être acceptées à l'embarquement et ne pas se voir opposer un refus de transport, sauf pour des motifs justifiés par des raisons de sécurité et établis par les autorités compétentes. Elles devraient bénéficier d'un droit à une assistance dans les ports, et à bord des navires à passagers. Dans l'intérêt de l'intégration sociale, les personnes concernées devraient bénéficier de cette assistance gratuitement. Les transporteurs devraient établir des conditions d'accès, en se servant, de préférence, du système européen de normalisation.* » Attention, ce règlement s'applique aux États membres. Comme pour les autres modes de transport, il vous sera demandé de vous présenter en avance (le transporteur doit vous le stipuler). Les chiens guides voyagent avec leur maître à condition qu'ils aient été signalés à la réservation, qu'ils soient munis de leur passeport et de leur carnet de vaccination à jour.

Le train

Voyager en train est certainement l'une des façons les plus pratiques pour les personnes à mobilité réduite de se déplacer.

L'achat des billets :

Si vous avez des difficultés à vous déplacer, vous pouvez réserver ou acheter votre voyage à distance et recevoir gratuitement votre billet à domicile. Si vous avez une connexion Internet, rendez-vous sur www.oui.sncf et réservez en ligne tout en bénéficiant des avantages liés à votre carte d'invalide civil : réduction pour un accompagnateur, chien guide ou réservation de l'espace dédié pour fauteuil roulant. Vous pouvez aussi vous informer, réserver, acheter votre billet par téléphone et le recevoir à votre domicile en passant commande au 3635 (appel gratuit). Vous pouvez retirer vos billets jusqu'au moment du départ dans toutes les gares, billetteries automatiques et boutiques SNCF. Pour cela, prenez soin de noter la référence de votre dossier voyage qui vous a été donnée au moment de votre commande, et emportez avec vous la carte bancaire ayant servi au paiement.

Si vous réservez votre billet sur www.oui.sncf, vous pouvez l'imprimer vous-même et éviter les files d'attente aux guichets et le compostage accédant directement à votre place dans le train. Le billet imprimé étant nominatif, il importe que vous puissiez justifier de votre identité lors du contrôle à quai ou à bord. Veillez donc à vous munir d'une pièce d'identité en cours de validité avec photo : ni échangeable ni remboursable, ce titre est valable uniquement pour la date et le train mentionnés sur le billet.

Réductions et avantages :

Réformés, pensionnés de guerre et leurs accompagnateurs (pièces justificatives délivrées par les offices départementaux des anciens combattants et victimes de guerre) : 25 % à 45 % d'invalidité. Les personnes titulaires d'une carte d'invalidité barrée de bleu bénéficient d'une remise de 50 %. 50 % d'invalidité et plus. La possession de la carte d'invalidité barrée de rouge donne droit à 75 % de réduction. 85 % d'invalidité ou plus. La carte d'invalidité portant deux barres rouges donne droit à 75 % de réduction pour le voyageur et son accompagnateur. 100 % d'invalidité. Les titulaires de la carte d'invalidité portant deux barres bleues bénéficient d'une réduction de 75 % sur leur billet et de la gratuité pour leur accompagnateur ou leur chien-guide. Personnes handicapées civiles et leurs accompagnateurs (pièces justificatives délivrées par les préfectures) : 80 % d'invalidité et plus. Les titulaires de la carte d'invalidité bénéficient des réductions pour tous tandis que leur accompagnateur bénéfice d'une réduction de 50 % sur le prix de son billet. 80 % d'invalidité ou plus avec mention « avantage tierce personne ». Les réductions pour le voyageur handicapé sont du domaine général mais l'accompagnateur bénéficie d'une gratuité totale. 80 % d'invalidité ou plus avec mention « cécité étoile verte ». Les titulaires de la carte d'invalidité portant la mention « cécité », « étoile verte » ou les deux mentions bénéficient des réductions accordées à tous. L'accompagnateur et le chien-guide bénéficient pour leur part d'une gratuité totale.

Personnes en fauteuil roulant et leurs accompagnateurs. Elles peuvent accéder à l'espace dédié, généralement en première classe avec un billet 2e classe. Pour le voyageur handicapé, la réduction est calculée sur le plein tarif du billet (hors compléments éventuels : réservation par exemple) dans les trains de grandes lignes autres que le TGV et dans les TER, et dans le TGV sur le plein tarif de la classe empruntée.

Attention : le titulaire de la carte et son accompagnateur valide doivent voyager ensemble sur le même parcours et dans la même classe. D'autre part, la gratuité accordée à certains accompagnateurs ne dispense pas du paiement de la réservation place assise pour les trains soumis à réservation obligatoire.

Les bagages :

Sur simple appel, le service des bagages prend en charge vos valises où vous le souhaitez et vous les apporte à votre destination en 24h. Cette prestation peut être achetée en même temps que votre billet de train dans les gares et boutiques SNCF. Vous pouvez également en faire la demande par téléphone au 3635 de 7h à 21h en payant par carte bancaire. Le service est assuré de porte à porte dans la limite de 3 bagages ordinaires et 1 bagage volumineux par voyageur. Toutefois de nombreux voyageurs ont signalé des retards ou des pertes lors de l'utilisation du service : collez très fermement vos étiquettes ! Les réformés et pensionnés de guerre titulaires de la carte d'invalidité à double barre rouge ou double barre bleue bénéficient du transport gratuit du fauteuil roulant ou de la voiturette sans moteur sur présentation d'une autorisation spéciale délivrée par la SNCF. Si vous êtes titulaire d'une carte Senior, vous bénéficierez d'un tarif spécial pour vos 2e et 3e bagages. Le service d'accompagnement Faciléo propose quant à lui aux voyageurs en perte temporaire de mobilité (ou -18 ans ainsi qu'aux personnes de +60 ans, et aux femmes enceintes), un accompagnement du domicile ou lieu d'hébergement jusqu'au train et la prise en charge des bagages (3 au maximum). Vous avez la possibilité d'obtenir une déduction fiscale de 50 % de votre montant d'impôt en payant par Chèque Emploi Service préfinancé ou en demandant une facture.

Les services en gare :

La SNCF organise un service d'aide aux personnes (cela peut être valable aussi en cas de jambe plâtrée ou lorsqu'il s'agit d'une personne âgée). Faites-le savoir au 36 35 et présentez-vous à la gare 30 minutes au moins avant le départ. Le relais est prévu en gare d'arrivée.

Place de stationnement adaptée:

Dans chaque gare, une place de stationnement est au moins réservée aux véhicules porteurs de la Carte Européenne de stationnement. Aménagée, elle est repérée par le pictogramme « fauteuil roulant » et le plus souvent située devant la gare ou dans le parc de stationnement le plus proche. Attention : n'oubliez pas d'apposer votre carte avant de quitter votre voiture. Plusieurs centaines de gares sont aménagées pour accueillir les voyageurs handicapés : rampes d'accès, toilettes adaptées, assistance en gare... Vous pouvez consulter la liste des aménagements gare par gare sur l'espace dédié au handicap du site de la SNCF : il faut cliquer sur l'initiale de votre gare de départ et d'arrivée dans la liste alphabétique proposée pour tout savoir sur les équipements et les services disponibles. Pour les voyageurs ayant réservé l'espace « fauteuil roulant », l'assistance en gare est systématique. Le jour de votre départ, présentez-vous à l'accueil environ 30 minutes avant le départ du train. Gratuite pour les titulaires d'une carte d'invalidité et payante pour les autres. Attention : il convient de respecter les délais de réservation pour permettre aux agents de vous aider à monter et descendre du train dans les meilleures conditions.

© FAHRONI - ISTOCKPHOTO.COM

© UNDEFINED UNDEFINED - ISTOCKPHOTO.COM

Bandes d'éveil de vigilance aux abords des voies.

Aveugles ou malvoyants :
Certaines gares disposent d'aménagements spécifiques que le service accueil vous précisera. Il existe par exemple un système d'orientation par balises de guidage sonore qui permet de se rendre facilement à l'accueil. Des bandes d'éveil de vigilance vous alertent aussi sur la proximité des voies.

Sourds ou malentendants :
Si, pour faciliter votre communication avec le personnel de gare, il importe de lui signaler votre handicap, il existe aussi pour vous des équipements spécifiques : les informations sur le voyage vous sont fournies sous forme visuelle - horaires, panneaux indicateurs... Malentendants, si votre appareil auditif possède une position T, des guichets équipés d'une boucle magnétique vous permettent dans certaines gares de mieux communiquer avec les agents. Vous les reconnaîtrez facilement puisqu'ils sont repérés par le pictogramme représentant une oreille barrée.

Voyageurs à mobilité réduite :
Dès l'entrée des gares équipées – liste sur www.oui.sncf – des panneaux information-orientation voyageurs handicapés indiquent l'ensemble des services et le moyen pour s'y rendre. Il existe plusieurs itinéraires signalés par le pictogramme « fauteuil roulant » choisis pour leur accessibilité : bateaux de franchissement de trottoir, plans inclinés, sièges dans les salles d'attente ou sur les quais, mains courantes, ascenseurs accessibles en libre-service, monte-escaliers ou monte-charges utilisables avec assistance, passages aménagés pour traverser les voies et bornes d'appel pour obtenir de l'aide... Autres aménagements : guichets avec comptoir abaissé et tablette, toilettes adaptées, cabines téléphoniques surbaissées... Pour les personnes que fatigue la position debout, des fauteuils roulants sont disponibles au service d'accueil de la plupart des grandes gares : on voit souvent sur les quais des élévateurs destinés à faciliter la montée et la descente des personnes en fauteuil. Mais attention : tous ne sont pas toujours opérationnels dans les petites gares.

Voyages en groupe :
Pensez à indiquer le nombre de personnes en fauteuil roulant et celles qui ont la possibilité d'utiliser un siège voyageur dans le train au moment de la réservation et de l'achat du billet.

Le service Accès Plus SNCF :
Accès Plus est un service personnalisé réservé aux personnes présentant une carte d'invalidité, aux titulaires d'une carte « pensionné-réformé de guerre », aux personnes détentrices d'une carte de priorité, station debout pénible ou de stationnement de véhicule, aux personnes se présentant en gare avec leur propre fauteuil roulant. Vous bénéficiez d'un service gratuit d'accueil en gare et d'accompagnement au train, avec le portage de votre bagage, à condition qu'il fasse moins de 15 kilos. Contact par téléphone (48h à l'avance minimum). La liste des gares accessibles est disponible sur : www.accessibilite.sncf.com

Pour plus de renseignements : SNCF – 0 890 640 650 (0,11 € TTC/min) ou 0 805 50 60 70 du lundi au vendredi de 6h à 20h (service et appel gratuits) – www.accessibilite.sncf.com - accesplus@sncf.fr

AUTOCARS, TRANSPORTS COLLECTIFS, TAXIS ADAPTÉS

Transports en autocar

Voilà une bonne idée pour partir en week-end, d'autant que les passagers handicapés voyageant par autocar sur des liaisons internationales ou interrégionales ont enfin des droits, particulièrement depuis la création du règlement européen adopté le 16 février 2011 et applicable depuis le 1er mars 2013. Sur le terrain malheureusement, on rencontre encore de multiples possibilités de dérogations de la part des compagnies dont la principale autorise les transporteurs à invoquer les règles de sécurité ou d'inaccessibilité du véhicule et/ou des gares routières pour ne pas prendre en charge des personnes en situation de handicap. Dans ce dernier cas, le transporteur est toutefois tenu de proposer un service de substitution. Il reste encore du chemin à parcourir pour que le voyageur en situation de handicap – et notamment moteur – puisse se déplacer à sa guise ! On ne peut pas dire que ce soit encore facile mais on doit avouer que de nets progrès ont été réalisés. Les grandes compagnies d'autocaristes disposent à présent de quelques bus spécialement adaptés pour les personnes à mobilité réduite. Certains sont donc entièrement adaptés et automatisés. Une plateforme élévatrice permet de monter les personnes à l'étage avec beaucoup de douceur, sans stress et sans danger. Mode d'emploi : vous réservez votre billet, vous contactez la billetterie handicap et vous l'informez au minimum 72 heures à l'avance de la ligne sur laquelle vous pensez voyager. La compagnie fera de son mieux pour que son bus adapté soit celui que vous utiliserez.

Quelques compagnies :

www.flixbus.fr - 01 76 36 04 12
www.adaptours.fr - 09 62 56 43 11
www.isilines.fr - 01 49 72 57 27

Transports collectifs en France

Chaque chapitre régional de ce guide vous donnera des indications locales concernant les transports collectifs (train, bateau, bus, tramway ou métro). L'accessibilité des transports urbains progresse chaque année un peu plus grâce notamment à la réimplantation des tramways dans plusieurs villes de France.

Les transports urbains

Nous vous signalerons les prestataires qui offrent des services compatibles avec une mobilité touristique. A noter que les grandes sociétés de transports adaptés comme PAM, GIHP ou Ulysse ne sont pas intégrées dans ce guide car elles sont dédiées aux résidents d'une région en particulier sur dossier à faire valider. Pour les bus, cela dépend de la vétusté du matériel et donc d'une politique de remplacement. Certains métros sont et resteront inaccessibles comme celui de Paris ou de Marseille tandis que les réseaux à automates sont dotés d'ascenseurs d'accès. Le RER francilien améliore son accessibilité petit à petit même s'il reste encore des points à améliorer. Seul bémol : sont trop souvent négligées les alarmes sonores indispensables aux passagers aveugles ou malvoyants ainsi que les alarmes visuelles nécessaires pour les passagers sourds ou malentendants !

Les tramways

Les tramways sont un mode de déplacement adapté aux voyageurs en situation de handicap : bandes rugueuses le long des quais pour personnes malvoyantes, avertissements sonores et lumineux, places réservées (souvent peu respectées hélas !), rampes de quai et d'accès aux voitures... Principales villes ou régions françaises équipées : Angers, Bordeaux, Brest, Dijon, Grenoble, Ile-de-France, Lille Métropole, Lyon, Marseille, Montpellier, Mulhouse, Nantes, Nice, Orléans, Reims, Rouen, Saint-Etienne, Strasbourg, Toulouse et Valenciennes.

Les transports adaptés

Les régions se dotent aujourd'hui de plus en plus de transports adaptés (PAM, GIHP, Ulysse...) mais dont l'accès est normalement soumis à dossier avec délivrance d'une carte assujettie à une adresse locale : en conséquence, ces transports ne concernent pas le touriste que vous êtes même si rien ne vous empêche de les appeler.

Taxis adaptés

Concernant les taxis, l'ordonnance du 8 avril 1980 précise « qu'il est interdit aux conducteurs de taxi de refuser de prendre en charge les personnes handicapées même lorsqu'il est nécessaire de les aider pour prendre place à l'intérieur du véhicule ». On notera également que « les conducteurs de taxi peuvent (...) ne pas accepter de voyageurs à côté de leur propre place (...) et refuser les personnes accompagnées d'animaux sauf s'il s'agit d'aveugles avec leur chien ». Certains chauffeurs cependant dépourvus de scrupules refusent les chiens-guides ou demandent un supplément exorbitant ! Ces choses étant dites, prévoyez un budget en conséquence car les taxis n'offrent pas de tarifs spécifiques aux personnes atteintes de handicap(s). En province, les taxis adaptés appartiennent souvent à des sociétés qui font aussi VSL. N'oubliez pas que si vous souhaitez prendre un taxi à la dernière minute, il ne vous sera pas toujours facile d'en trouver un disponible immédiatement : aussi, nous vous conseillons d'être prévoyant.

SPORTS ET LOISIRS ADAPTÉS

Comme pour toute pratique sportive, l'avis de votre médecin est indispensable. Nous ne traitons ici que des sports de loisirs, ceux que l'on pratique pendant ses vacances et de préférence en plein air. Les sports d'équipe comme le basket ou le rugby fauteuil, les sports individuels comme l'athlétisme, l'escrime ne sont donc pas abordés dans ces pages, mais des informations sont accessibles auprès de la Fédération Française Handisport (FFH) ou de la Fédération Française du Sport Adapté (FFSA). De nombreuses associations et mairies ont fait d'importants efforts pour développer les pratiques sportives et les loisirs adaptés aux personnes handicapées : on trouve par exemple de nombreuses structures labellisées « handisport » ou « handiloisirs ». Cette édition met en exergue ici, et dans chaque région, les sites labellisés « handiplages » ainsi que les circuits de randonnées adaptés, ou encore les pontons accessibles.

A la montagne

L'escalade et la haute montagne

Sourds et malvoyants, personnes en situation de handicap mental ou psychique stabilisées peuvent accéder aux sommets avec des moniteurs spécialisés à condition d'avoir une bonne condition physique et d'être vigilants face aux risques de la montagne.

Le FTT ou Fauteuil Tout Terrain

Equivalent du VTT sur 4 roues, le FTT se pratique aussi bien en loisir qu'en compétition, et procure des sensations extrêmes. Mais il ne peut s'improviser sans sécurisation ni préparation. Les modèles sont adaptés au type de pratique (loisir, randonnée sportive ou compétition) mais aussi au type de handicap.

La Joëlette

La montagne peut devenir un terrain de jeu et de découvertes. Créée par Joël Claudel, la Joëlette n'a jamais cessé de s'améliorer. Dotée d'une seule roue centrale et poussée-tirée par deux accompagnateurs, la Joëlette passe quasiment partout et sa conception garantit à la personne transportée une sécurité absolue. Un engin génial !

Renseignements : www.joeletteandco.com

Le parapente

Grâce à des fauteuils issus de la technique FTT, des personnes handicapées – même lourdement – peuvent désormais voler seules ou avec l'assistance d'un pilote. Le fauteuil permet un décollage qui s'effectue en roulant. Une fois la voile levée, le pilote, le fauteuil et le passager prennent leur envol. Plusieurs modèles sont proposés par différents fabricants.

Ski alpin

C'est l'un des sports attirant le plus de personnes handicapées car il offre des sensations uniques et les matériels disponibles sont à la fois variés et efficaces. Vous trouverez dans les pages consacrées aux régions de ce guide la liste des stations et des écoles de ski ouvertes et accessibles aux personnes à mobilité réduite : la plupart d'entre elles possèdent du matériel et offrent les services de moniteurs formés à l'encadrement et à la formation de skieurs handicapés. Certaines sortent du lot comme La Plagne et l'Association Antenne Handicap ou encore l'école de ski lancée par Marc Gostoli.

Luge nordique

Destinée à la pratique assise du ski de fond, elle est adaptée aux personnes handicapées des membres inférieurs. Avec cet ensemble coque, châssis et skis propulsé grâce à deux bâtons tenus en main, un accompagnateur s'avère souvent indispensable.

Traîneau à ski

Voici un loisir que rien ne distingue du traîneau utilisé par les valides : il suffit d'adapter le châssis du traîneau au maintien de personnes handicapées. En route pour des sensations dignes des romans de Jack London !

A la mer

Baignade

Les fauteuils de bain et de plage disponibles sur le marché permettent l'accès aux lieux de baignade et la mise à l'eau de la personne handicapée moteur permettant aux familles de partager les plaisirs balnéaires au bord de mer ou d'un lac. Certaines plages bénéficiant du Label Handiplage en sont équipées. Parmi les critères Handiplage figurent les fauteuils de mise à l'eau (hippocampe et tiralo), la présence humaine (handiplagistes et MNS), l'accessibilité (places de stationnement réservées, zones de roulement aménagées, WC et douches accessibles) sans oublier les moyens d'avertissement (audioplage).

Blokart

Proche du char à voile, l'engin est léger, maniable et facile à utiliser. Ludique et convivial, il se pratique à tout âge et sur tous les terrains exposés au vent.

Char à voile
Pour pratiquer, il faut posséder une bonne autonomie des membres supérieurs car les commandes manuelles demandent une solide prise en main. Le char à voile biplace permet aux personnes plus lourdement handicapées de profiter des sensations de glisse sur les longues plages offertes aux vents. La Fédération Française de Char à Voile travaille main dans la main avec la Fédération Française Handisport : cette collaboration étroite permet d'adapter les matériels et de former les moniteurs dans les meilleures conditions. Les matériels utilisés sont des monotypes Mini 4 et Mini 5 avec des kits d'adaptation amovibles ainsi que des chars biplaces. Pour connaître l'adresse du Club le plus proche de chez vous ou de votre lieu de vacances, consulter le site www.ffcv.org

Plongée
Paraplégiques, amputés des membres inférieurs ou d'un membre supérieur, personnes atteintes de la polio ayant l'usage de leurs membres supérieurs ou de leurs membres inférieurs et tétraplégiques (en site protégé avec moniteurs spécialisés) peuvent, selon la décision de la commission médicale handisport, pratiquer la plongée. Une fois la demande validée, il reste que le handicap n'est pas soluble dans l'eau et que (au-delà de l'apprentissage nécessaire à toute nouvelle activité) les contraintes subsistent. C'est pourquoi, il est indispensable d'avoir un encadrement de moniteurs compétents spécialement formés et soutenus si besoin par une équipe médicale. Néanmoins, l'handiplongée est particulièrement adaptée à ceux qui se déplacent avec difficulté sur la terre ferme, l'eau offrant de meilleures conditions de mouvement et la sensation d'une grande autonomie. Une bonne autonomie est appréciable dès le pont du bateau quand il s'agit de préparer l'équipement, de procéder à l'habillage et lors du déshabillage et du rangement du matériel.

Les gilets stabilisateurs avec Direct System et manomètre immergeable constituent une véritable révolution pour le plongeur handicapé car ils donnent une autonomie relative. Un double détendeur mono a été rendu obligatoire dans le cadre des directives du Ministère des Sports. Les plongées, courtes et peu profondes, se font toujours sans palier. La plongée se pratique potentiellement dans n'importe quel club de plongée mais par manque de matériel, de formation et d'encadrement, la plupart préfèrent s'en abstenir. Nous donnons les coordonnées de quelques clubs ouverts aux handicapés au fil des pages de ce guide.

Renseignements : https://ffessm.fr/handisub/handisub

Voile
En mer ou en lac, la voile se pratique sur des bateaux adaptés ne risquant pas de se retourner, accompagné ou en parfaite autonomie.

Renseignements : www.ffvoile.fr/ffv/web/services/handivoile

Dans les airs

Avions et ULM
Parce que le pilotage d'avion et d'ULM n'est pas incompatible avec le handicap, des accords transversaux entre les différentes fédérations de sports aériens (vol libre, ULM, parachutisme, vol à voile et aviation traditionnelle, etc.) et la Fédération Française Handisport ont permis la mise en place d'une cellule de coordination. Les conditions d'accès à un cockpit pour une leçon de vol sont les suivantes : être capable de monter et de descendre du poste de pilotage sans aide extérieure et passer une visite médicale vous donnant l'autorisation de tenter le brevet de pilote. Il suffit ensuite de contacter la base aérienne la plus proche de votre domicile ou de votre lieu de vacances pour prendre rendez-vous. A noter que l'obtention de ce certificat médical peut s'avérer un parcours du combattant. Un conseil : s'obstiner !

Renseignements : Fédération Française Aéronautique - www.ff-aero.fr

Les autres sports

Sports mécaniques
Quads et Karts : quelques sociétés proposent des quads et des karts adaptés pour les personnes handicapées avec selle spéciale et transmission automatique. Il est préférable de connaître au préalable le maniement de ces engins et surtout d'avoir le permis en règle. Le kart se pratique sur circuit conventionné mais le quad permet toutes les libertés dans les chemins de campagne et les sous-bois.

Vélo et handbike
Handbike : du loisir pratiqué entre amis ou en famille à la compétition où les meilleurs atteignent 40 km/h de moyenne avec des pointes à 70 km/h en descente, la pratique du handbike est synonyme de liberté retrouvée. Vélo à main, il est propulsé comme sa cousine la bicyclette grâce à un pédalier, une chaîne et un dérailleur similaires. Seul le cadre diffère.

Renseignements : paracyclisme - www.handbike.fr / Cyclisme handisport - www.handisport.org / Sport handi nature – www.sporthandinature.fr

Equitation
Les effets thérapeutiques de la pratique ou de la fréquentation du cheval sur les personnes déficientes mentales sont avérés. De nombreux centres équestres sont ouverts à cette pratique – poney ou cheval. Vous trouverez les adresses de certains d'entre eux dans ce guide. N'oubliez pas que l'équitation est également ouverte aux personnes handicapées motrices et que la pratique de l'attelage peut être une excellente manière d'aborder le sujet. Des systèmes d'aide mécanique existent (monte-personnes) et les selles ont déjà fait l'objet d'adaptation. Des estrades accessibles en fauteuil mettant le cavalier à hauteur de la selle ont été aussi mises en place dans les centres équestres adaptés.

Renseignements : www.handicheval.asso.fr

MATÉRIEL DE SKI ASSIS : QUEL TYPE D'ÉQUIPEMENT ?

Avant toute chose, rappelez-vous que tout matériel de ski assis utilisé en station doit avoir été homologué.

Le biski : il est adapté aux personnes handicapées des membres inférieurs ayant aussi une atteinte des membres supérieurs. Matériel proche de la luge composé d'un siège monté sur un châssis relié à deux skis écartés, il se dirige en actionnant deux manettes avec les mains. Pratique limitée aux pistes vertes et bleues.

- **Le biski FMS** : c'est un matériel d'apprentissage du ski assis qui s'utilise également pour de nombreux handicaps avec un moniteur compensant les fonctions manquantes.
- **Le dualski** : il chausse deux skis grâce à son châssis totalement articulé. Sa qualité de glisse permet des sensations proches de celles du skieur valide.
- **Le fauteuil-ski** : cet appareil permet aux personnes handicapées sans aucune autonomie de profiter des sensations uniques de la glisse avec l'aide d'un pilote accompagnateur diplômé. Un siège est monté sur châssis articulé fixé sur deux skis. Le pilote se positionne derrière le passager.
- **L'uniski** : il est utilisé en priorité par des personnes handicapées des membres inférieurs. Il est composé d'un ensemble coque + châssis + amortisseur monté sur un seul ski et s'utilise avec une paire de stabilos. De plus en plus répandu, l'uniski offre des sensations très variées sur les pistes.
- **Le vertiski** : il est issu du fauteuil verticalisateur, il permet de skier debout.

© ARTICHOKE STUDIO - SHUTTERSTOCK.COM

ADAPTYCARS

13 Bis, avenue de Grugliasco - **ECHIROLLES**
✆ 04 38 75 04 04
https://adaptycars.com/
Uniquement sur rendez-vous. Du lundi au vendred de 8h30 à 12h30 et de 13h30 à 19h. Le samedi de 9h à 12h

La société, située en région Rhône-Alpes, réalise des adaptations à partir de véhicules d'occasion et propose aussi la location, la vente et l'aménagement de véhicules neufs, adaptés aux personnes en situation de handicap moteur. Avec 50 ans d'expérience, ces professionnels sont à votre écoute, et étudient votre projet selon vos besoins en lien avec votre handicap. Leur priorité est votre satisfaction pour que vous ne restiez pas isolé. Plus de 80 véhicules disponibles en stock. Véhicules visibles dans les locaux de la société, uniquement sur rendez-vous.

BL ADAPTAUTO

Impasse des Broderies
COIGNIÈRES
✆ 01 30 05 12 20
www.bl-adaptauto.fr
Ouverture du lundi au vendredi, de 9h à 12h30 et de 14h à 18h.

BL AdaptAuto aide à la conduite, et propose des aménagements de véhicules pour le transport des personnes à mobilité réduite : lève personnes, sièges pivotants, verticalisateurs et marchepieds pour le transfert de personnes ; chargeurs, rampes, grues, treuils, plates-formes, porte-fauteuils pour le transfert de fauteuil ; accélérateurs, freins, embrayages, inversions de pédales, boules ou fourches pour l'aide à la conduite. Des solutions pour les enfants, pour le milieu professionnel, et pour les loisirs sont aussi disponibles auprès de cette société.

LES COMPAGNONS DU VOYAGE

34, rue Championnet - **PARIS** (18e)
✆ 01 58 76 08 33
www.compagnons.com
Par téléphone du lundi au vendredi de 7h à 19h - Pour les urgences : permanence téléphonique au 07 78 22 58 21.

Cette association fondée conjointement par la RATP et la SNCF met à votre service des professionnels de l'accompagnement qui organisent 7j/7 tous types d'accompagnement en Ile-de-France. L'équipe de professionnels assure des accompagnements, quotidiens, hebdomadaires ou mensuels, dans les transports en commun, ou lors de déplacement à pied. Ces accompagnements s'inscrivent également dans une approche d'apprentissage de l'autonomie. L'accompagnement peut concerner plusieurs personnes, adultes, enfants, seniors. Les accompagnants sont formés aux premiers secours.

DRIVE MATIC LEGRAND

18, rue Wolfenbuttel - **SÈVRES**
✆ 01 45 34 28 37
www.drivematiclegrand.com
Ouvert du lundi au vendredi de 8h30 à 12h et de 13h30 à 17h.

Spécialisée depuis plus de 50 ans dans la recherche, la conception, la fabrication et la commercialisation d'équipements automobiles pour les personnes handicapées, cette société réunit toutes les solutions pour la conduite : embrayage automatique, télécommandes à infrarouge, combinés de conduite, accélérateurs à main par cercle ou par leviers, freins à main, inversions de pédales... L'équipe cherche également des solutions sur mesure, adaptées aux différents types de handicaps de chaque client. Des voitures d'occasion équipées sont également disponibles.

FOLLOW ME BY SARAH

LE TOUQUET-PARIS-PLAGE
✆ 07 88 11 88 68
www.followmebysarah.com
Sur rendez-vous, du lundi au samedi.

Follow Me by Sarah est une agence de voyages sur mesure, dédiée aux personnes à mobilité réduite. Tourné vers l'immersion locale, votre voyage constituera une réelle expérience où tout est pensé accessible. Que vous désiriez partir en France ou à l'étranger, une journée, un week-end ou plusieurs semaines, l'agence est à votre écoute pour fabriquer le voyage adapté à vos besoins. Chaque prestation est testée par l'équipe pour vous garantir un séjour en toute sérénité. Avec plus de 15 années d'expérience, elle vous emmène partout.

G7

✆ 01 47 39 00 91
www.g7.fr
Réservation en ligne, par téléphone ou via l'application mobile.

La société a lancé le service G7 ACCESS qui met à la disposition des personnes à mobilité réduite 7j/7 et 24h/24, plus de 180 véhicules équipés de rampe d'accès et conventionnés avec la CPAM. Une formation spécifique est dispensée aux chauffeurs des taxis G7 habilités à transporter les personnes handicapées. La société G7 propose un service dédié permettant aux personnes en situation de handicap de bénéficier d'une solution de transport sécurisante et adaptée. Info futée : le prix de la course est identique à celui d'une course classique !

PARCE QUE
LA JOIE
NOUS
RASSEMBLE
FM
DAB+
MOBILE
INTERNET
PODCAST
rcf.fr
RCF
RADIO
LA JOIE SE PARTAGE

HMS - HANDICAPS MOTARDS SOLIDARITÉ

11, avenue du Maréchal Foch
BURES-SUR-YVETTE ✆ 01 69 07 08 78
www.handicaps-motards-solidarite.com
Contact téléphonique en semaine de 18h30 à 20h30.

Cette association, créée en 1995, permet aux personnes handicapées physiques de passer ou de régulariser leur permis moto. HMS met à votre disposition moto et side-car école munis d'aménagements interchangeables comblant l'absence de véhicule aménagé dans les motos-écoles. Side-car et motos sont aménagés pour la paraplégie, l'amputation ou la paralysie d'un membre supérieur ou inférieur, les handicaps des membres inférieurs ou supérieurs, pour l'amputation ou la paralysie d'un membre.

HUET ÉQUIPEMENTS

51, rue Lafayette
COSNE-COURS-SUR-LOIRE
✆ 03 86 28 36 38
www.huet-equipements.com
Possibilité de devis gratuit en ligne.

Depuis 1993, Patrick Huet et ses collaborateurs équipent votre véhicule selon vos besoins et votre handicap : rampe accès voiture, robot charge-fauteuil, siège auto pivotant, cercle accélérateur volant... La majorité des produits viennent d'Italie et de Suède tandis que certains sont fabriqués sur mesure. Toutes les installations bénéficient de la garantie constructeur plus 1 an et il est possible de demander un véhicule de courtoisie pendant la durée des travaux. Documentation et devis spécifiques pour chaque équipement ou modification d'un véhicule sur demande.

KEMPF

1, rue Ettore Bugatti
WASSELONNE
✆ 03 88 04 28 10
www.kempf.fr
Demande de devis en ligne.

KEMPF apporte des solutions et des aménagements pour les voitures des personnes paraplégiques, ou sans l'usage d'un de leurs membres. L'installation d'une boîte automatique, d'un anneau accélérateur à transmission numérique DARIOS sur le volant, et d'un frein principal à main droite, est une des solutions. La poignée auto-directionnelle Picado, installée sur le volant, est quant à elle la solution de conduite pour une personne sans l'usage d'un bras. La pédale d'accélérateur commutable au pied gauche est la solution de conduite sans l'aide de la jambe droite.

SNCF

✆ 0 890 640 650
www.accessibilite.sncf.com
Andilien 7j/7 de 7h à 22h.

La SNCF a mis en place le dispositif Accès Plus dont l'objectif est de rendre votre trajet le plus agréable possible (sous conditions).

Le service Accès Plus SNCF

Accès Plus est un service personnalisé réservé aux personnes présentant une carte d'invalidité, aux titulaires d'une carte « pensionné réformé de guerre », aux personnes détentrices d'une carte de priorité, station debout pénible ou de stationnement de véhicule, aux personnes se présentant en gare avec leur propre fauteuil roulant. Vous bénéficiez d'un service gratuit d'accueil en gare et d'accompagnement au train, avec le portage de votre bagage, à condition qu'il fasse moins de 15 kilos. Contact par téléphone (48h à l'avance minimum). La liste des gares accessibles est disponible sur Internet.

Andilien

C'est une application mobile gratuite, entièrement dédiée aux personnes en situation de handicap possédant une carte d'invalidité ou une carte mobilité inclusion. L'application Andilien vous permettra de contacter facilement un agent Transilien dans toutes les gares SNCF Transilien d'Ile-de-France si vous avez besoin d'une information ou un besoin d'assistance. Cet agent vous répondra, et viendra au besoin à votre rencontre. Pour utiliser cette application, inscrivez-vous en contactant le centre d'appel Accès Plus Transilien, puis téléchargez ensuite l'application Andilien.

Le Guide mobilité réduite est téléchargeable gratuitement en ligne. Il est régulièrement mis à jour pour vous informer et vous aider à préparer votre voyage.

SOS VOYAGEURS - FÉDÉRATION DES AIDES EN GARE

53, rue Dubois Crancé
OULLINS
www.sosvoyageurs.org
Prendre contact directement avec l'une des 8 gares concernées.

Cette association de bénévoles intervient dans huit gares SCNF de France. Leur mission ? Proposer une aide ponctuelle à toute personne en difficulté dans la gare. Leurs accueillants ne peuvent toutefois se substituer ni à l'accueil de la SNCF, ni aux organismes spécialisés dans le domaine social, même s'ils assurent quotidiennement l'accueil dans les gares où les SOS Voyageurs sont implantées. Clermont-Ferrand, Dijon, Lilles, Lyon Part-Dieu, Marseille, Nice, Rennes et Toulouse.

RMC STORY

LA CHAÎNE DES HISTOIRES VRAIES

CANAL 23 DE LA TNT

HANDYNAMIC

1, rue Jean-Baptiste Mulier - **SECLIN**
✆ 03 28 55 51 11 - www.handynamic.fr
Plusieurs agences en France (Lille, Lyon, vers Lourdes et Rennes).

Handynamic est spécialisé dans le domaine des voitures accessibles aux personnes à mobilité réduite. Les voitures, monospaces et minibus aménagés sont disponibles en location pour une sortie, un week-end, des vacances ou tout autre évènement qui vous invite à vous balader. La livraison à domicile est possible, les forfaits de location incluent 100 km par jour ainsi que l'assurance tous risques. Les véhicules de location sont disponibles dans les agences. Devis personnalisé et gratuit sur simple demande, paiement possible en chèque vacances.

WHEELIZ

✆ 01 79 72 80 22
www.wheeliz.com/fr
Du lundi au vendredi de 9h30 à 12h30, et de 13h30 à 17h30 (par téléphone).

Wheeliz est le premier site de location de voitures aménagées pour les personnes en fauteuil, entre particuliers. La société pallie une difficulté rencontrée par les personnes en fauteuil : trouver facilement une voiture adaptée à leurs besoins partout en France. Le principe du dispositif permet de garantir des prix avantageux à ses utilisateurs. Vous pourrez ainsi louer un véhicule équipé d'une rampe (TPMR), un véhicule avec un poste de conduite aménagé ou un véhicule cumulant les deux. Des camping-cars adaptés sont également disponibles à la location.

ABRITEL €€

www.abritel.fr

Réservation en ligne.

Abritel, anciennement Homelidays, est spécialisé dans la location de vacances entre particuliers, où le critère de l'accessibilité est pris en compte dans le formulaire de recherche. Si ce critère apparaît noir sur blanc dans le descriptif du bien à louer, le Petit futé vous conseille de contacter le propriétaire ou de lui laisser un message pour vous en assurer et lui poser toutes les questions inhérentes à la praticité de son logement. Mer, montagne, campagne, grandes villes, offrez-vous une destination dépaysante parmi toutes les offres disponibles en ligne.

AMIVAC €€

www.amivac.com

Réservation en ligne.

Amivac est une plateforme de locations proposant une sélection d'annonces de particuliers à particuliers, adaptées aux personnes en situation de handicap. Dans vos critères de recherche, cochez la mention « Accès handicapés et PMR », puis cochez les autres critères qui vous tiennent à cœur. Une fois que vous aurez fait votre choix pour un séjour facile d'accès, n'hésitez pas à prendre contact avec les propriétaires pour valider la qualité des aménagements de leur location saisonnière avant de faire votre réservation. Presque 2000 locations aménagées sont en ligne.

ASSOCIATION PROMOTELEC

5, rue Chantecoq

PUTEAUX

✆ 01 41 97 42 22

www.promotelec.com

Brochures téléchargeables en ligne.

Promotelec Services assure la promotion de la domotique via des outils de communication adaptés aux entreprises et aux particuliers. L'association délivre aussi des labels de qualité dans les logements neufs et existants. Dans le domaine du handicap, Promotelec accompagne également les fabricants de téléthèses (télécommandes) à touches lumineuses et clignotantes commandées par contacteurs tactiles ou commande à souffle permettant le maintien à domicile, une plus grande autonomie et une sécurité au quotidien de ses utilisateurs.

BIENVENUE À LA FERME

www.bienvenue-a-la-ferme.com

Brochure téléchargeable en ligne.

Des produits fermiers savoureux, de saison et de qualité, un accueil personnalisé privilégiant l'échange et la proximité. Que du bonheur ! Bienvenue à la ferme est un réseau national d'agriculteurs pratiquant la vente directe de leurs produits et/ou des prestations d'accueil à la ferme (loisirs, hébergement, restauration). Le critère handicap figure sur le formulaire de réservation avec un détail possible pour chaque type de handicap. Les amoureux des plaisirs bucoliques trouveront donc un bon nombre de fermes répertoriées en trois catégories.

DOMODEP

27, quai Maurice-Riquiez

CORBEIL-ESSONNES

✆ 08 05 69 69 60

www.domodep.com

Boutique en ligne.

Domodep fabrique des équipements domotiques, de contrôle d'accès et de sécurité spécialement étudiés pour les personnes dépendantes. La société dispense également des conseils en accessibilité, et se positionne comme bureau-conseil auprès des architectes. A titre d'exemple, leur solution HouseMate, est une technologie associant le matériel et l'application qui permet de contrôler totalement un appareil iOS ou un smartphone de type Android, et de l'utiliser pour faire fonctionner différents appareils dans l'habitation ou sur le lieu de travail.

FÉDÉRATION INTERNATIONALE DES LOGIS €€

83, avenue d'Italie

PARIS (13e)

✆ 01 45 84 70 00

www.logishotels.com

La Fédération Internationale des Hôtels Restaurants Logis est présente en France, en Italie, en Allemagne, au Luxembourg, en Belgique, en Espagne et aux Pays-Bas. Chaque Logis est différent mais tous partagent un même esprit et des valeurs identiques : un accueil personnalisé, un hébergement de qualité, une restauration d'inspiration régionale, une ambiance conviviale et qui invite à la découverte. Sur le site, vous trouverez le critère accessibilité moteur lors de votre réservation.

FÉDÉRATION NATIONALE DES GÎTES DE FRANCE €€

56, rue Saint-Lazare
PARIS (9e)
✆ 0149707575
www.gites-de-france.com
Boutique en ligne.

Les hébergements labellisés Gîtes de France peuvent être aussi bien des gîtes ruraux, des gîtes de neige, des chambres d'hôtes ou des gîtes d'étape et de séjour. Avec une sélection de près de 55 000 adresses classées par régions ou départements, voici une façon innovante de profiter de vacances qui conviendront tout particulièrement aux familles. Le critère handicap figure sur le formulaire de réservation afin de proposer une offre adaptée aux besoins de chacun.

FÉDÉRATION UNIE DES AUBERGES DE JEUNESSE €

✆ 01 44 89 87 27
www.fuaj.org
Consultation et réservation en ligne.

La formule est plébiscitée par les plus jeunes, et de manière plus générale par celles et ceux qui souhaitent voyager à moindre coût. Ainsi, les auberges de jeunesse sont gérées par la fédération du même nom. Rendez-vous sur le site Internet pour trouver une auberge de jeunesse accessible aux personnes en situation de handicap. Le site Internet propose des offres de séjour, n'hésitez pas à le consulter régulièrement si vous avez l'âme voyageuse !

LE RÉSEAU CLÉVACANCES €€

www.clevacances.com
Réservation en ligne

Clévacances est le premier label de qualité généraliste pour la location saisonnière en France, dont le métier est de contrôler et de promouvoir des hébergements touristiques de qualité. Dans cette optique, de nombreux propriétaires proposent des hébergements pouvant accueillir des personnes en situation de handicap, le logo attestant du type de handicap accueilli. Appartements, villas, hébergements insolites, châteaux, etc., sont ainsi disponibles à la location sur tout le territoire français pour des vacances en parfaite accessibilité.

AÉROCLUB DES SOURDS DE FRANCE - ACSF

46, rue de Varenne
PARIS (7e)
www.aeroclub-sourds.com
Adhésion en ligne.

Les objectifs de cette association sont simples : promouvoir et rendre plus accessibles les activités aéronautiques (avion, hélicoptère, planeur, ULM, parachutisme, aérostation, vol libre, aéromodélisme) et développer les droits des sourds et malentendants à pratiquer ces activités aéronautiques en France. Vous voulez devenir pilote ou passer votre baptême de l'air ? C'est désormais possible avec l'ASCF ! Des actions et sorties sont organisées par l'aéro-club ; programme en ligne.

AXSOL

3, rue des Peupliers
CHAVENAY
✆ 01 76 78 19 59
www.axsol.fr
Ouvert du lundi au vendredi 9h à 12h30 et de 13h30 à 17h.Boutique en ligne.

La société Axsol est le spécialiste des offres alternatives d'accessibilité : rampes d'accès, monte-escaliers électriques autonomes, fauteuil de mise à l'eau, etc. La société Axsol est importateur et distributeur exclusif de solutions alternatives d'accessibilité pour les handicapés et personnes à mobilité réduite. Elle dispense également des articles pour assurer la sécurité des personnes en situation de handicap. Axsol propose aussi des solutions sur mesure pour résoudre toutes formes d'accessibilités plus ou moins complexes.

DECATHLON

www.decathlon.fr

Décathlon propose aux sportifs passionnés tout le nécessaire à la pratique de leur sport. Le but est de permettre au plus grand nombre de profiter des bienfaits d'une activité sportive. La Mission handicap Décathlon travaille au recrutement et à l'intégration de collaborateurs touchés par cette problématique. Les magasins, handi-accueillants, sont accessibles en fauteuil et les collaborateurs sont sensibilisés au handicap. Pour les aveugles et malentendantes, sachez que certains coéquipiers des magasins sont formés afin de vous renseigner au mieux.

FÉDÉRATION FRANÇAISE DU SPORT ADAPTÉ - FFSA

3, rue Cépré
PARIS (15e)
✆ 01 42 73 90 00
https://sportadapte.fr/
Liste des clubs en ligne.

La FFSA se donne pour mission d'offrir à toute personne handicapée, mentale ou psychique, la possibilité de vivre la passion du sport de son choix dans un environnement voué à son plaisir, sa performance et sa sécurité. Avec plus de 80 disciplines et une accessibilité pour tous, les jeunes comme les adultes peuvent s'adonner à leur sport favori, en loisir, en compétition ou à haut niveau. Avec 1 300 clubs, la FFSA est présente sur l'ensemble du territoire français, DOM-TOM compris.

FÉDÉRATION FRANÇAISE HANDISPORTS - FFH

42, rue Louis-Lumière
PARIS (20e)
✆ 01 40 31 45 00
www.handisport.org
Boutique officielle en ligne.

Créée en 1954 sous l'appellation Association des Mutilés de France, la Fédération Française Handisport (FFH) a pour mission majeure de proposer une activité sportive adaptée à toute personne présentant un handicap, qu'il soit physique ou sensoriel. La fédération regroupe une trentaine de sports, dont le cyclisme, le tennis de table, la voile ou encore le ski nordique. La FFH, ce sont aussi des experts, tout un répertoire national de personnes ressources sur l'ensemble du territoire.

FÉDÉRATION NATIONALE HANDI CHEVAL

3, rue Henri Dunant
PARTHENAY
✆ 05 49 95 07 77

Handi Cheval accueille et accompagne, en collaboration avec l'Association Equit'aide, Centre Ressource de la Fédération Nationale Handi Cheval, les personnes handicapées dans la pratique de l'équitation. La fédération a pour but de promouvoir les activités « cheval et handicap », en participant à leur légitimité, dans la mesure où ces pratiques se déroulent dans le respect du vivant, qu'il s'agisse de la personne ou du cheval. Elle pourvoit à la formation pour devenir équicien.

HANDI-QUAD SOLIDARITÉ

54, avenue Chomedey-de-Maisonneuve
TROYES
✆ 03 25 71 03 00

Depuis 1996, l'association a pour objectif de participer à la réadaptation des personnes handicapées, enfants et adultes, par des activités de loisirs. Pour ce faire, des quads, des tricycles thérapeutiques sont mis à disposition, et des rencontres régulièrement organisées. Sur le territoire aubois, l'association propose des sorties pour redécouvrir le patrimoine et son attractivité naturelle et historique. Des activités ludiques et de plein air sont proposées à des enfants et adultes polyhandicapés pour leur redonner le sourire.

LABORATOIRES COLOPLAST

6, rue de Rome - **ROSNY-SOUS-BOIS**
✆ 01 56 63 17 00 - www.coloplast.fr
Permanence téléphonique du lundi au vendredi : de 9h à 12h30 et de 13h30 à 18h.

Cette société a créé la première poche pour stomies avec plaque adhésive. Le système, simple mais ingénieux, a pour but d'améliorer la vie des personnes ayant subi une colostomie afin de leur redonner confiance en eux et qu'il puisse reprendre le cours de leur vie et de leurs activités. Coloplast a étendu ensuite son savoir-faire aux solutions pour l'incontinence et au soin des plaies.

De quoi gérer vos troubles médicaux : soins des stomies, urologie, soins de la continence et soins des plaies et de la peau.

HANDY FLYING

36, Chemin du Plan - **PIERREFEU-DU-VAR**
✆ 06 89 37 78 69
handyflyingprovenc.wixsite.com/ulmvar
Formules de 55 à 120 €. Tarifs instruction : 72 €/heure pour les - 25 ans et 90 €/heure pour les plus de 25 ans.

Depuis plus de trente années d'existence, l'association créée en 1991, œuvre pour les personnes handicapées qui rêvent de voler. Des baptêmes de l'air, mais aussi des brevets complets pour des personnes capables de passer l'examen diplômant de pilotage. Les vols de découverte permettent aux personnes de tous handicaps, souvent très peu mobiles, de se promener à bord des petits avions, accompagnées par des porteurs bénévoles. Handy flying est subventionnée par le CG13, le SDPH, mais aussi la Région et autres financeurs privés.

MAINSSÛRES - HANDI MOVE

DEAUVILLE
✆ 02 96 85 88 50
www.handimove.fr
Devis gratuit.

MainsSûres, fabricant de Handi Move, propose des systèmes de transfert permettant aux personnes à mobilité réduite et y compris aux personnes atteintes de quadriplégie, de profiter des joies de l'eau en piscine avec le maximum d'autonomie. Ce système d'élévation peut aussi être installé à quai afin de donner accès aux bateaux. Il est également utilisé en équitation handisport. Des solutions, des astuces et des conseils pour faciliter l'accès des handicapés et PMR à certains loisirs nautiques, en douceur et surtout en toute sécurité.

HANDY FLYING ULM PROVENCE

Aérodrome de Cuers Pierrefeu
CUERS
✆ 06 28 89 42 61
A partir de 55 € le vol découverte de 30 min.

Avec cette unique école de pilotage en région PACA, vous pourrez effectuer votre baptême de l'air et réaliser des stages personnalisés au départ de l'aérodrome de Cuers Pierrefeu. Handy Flying ULM propose des prestations ouvertes à tous (valides et non-valides) avec possibilité d'hébergement à proximité en option. ULM multiaxe adapté handicap moteur ou sensoriel. Vol découvertes et initiation au pilotage mais aussi des heures d'instruction sont réservables.

LES MIRAUDS VOLANTS

Rue Buissonnière
LABÈGE
✆ 05 62 24 18 13
http://mirauds.volants.free.fr

Cette association de pilotes handicapés visuels propose aux adultes aveugles ou amblyopes d'accéder au pilotage d'avions ou de planeurs, en volant sur des appareils de type standard. 2 types d'adaptations spécifiques sont cependant nécessaires : pédagogiques puisqu'il faut transcrire en braille avec schémas et dessins en relief ou en caractères agrandis, tous les documents de cours et de vol, puis au niveau de l'adaptation de la transmission des informations nécessaires en vol (instruments à synthèse vocale). Un second pilote est toujours présent dans le cockpit.

NEATECH

Via Antonio De Curtis 4 - 80040 Cercola
✆ +39 081 5551946
www.neatech.it

Cette société italienne qui vient de l'aérospatiale s'est donné pour mission de mettre son expertise et sa technologique au profit de la construction de fauteuils et accessoires de pointe et de grande qualité pour les personnes en situation de handicap. Neatech a donc ainsi conçu le fauteuil Job qui permet l'accès au bord de l'eau et aux terrains difficiles afin que chacun puisse accéder à des activités variées pendant les vacances notamment. Ce fauteuil nécessite toutefois un accompagnateur. La société Ferriol-Matrat le commercialise en France.

TIRALO

10-12, avenue Joseph-Gay-Lussac
LONS
✆ 05 59 32 85 23
www.tiralo.org
Ouvert du lundi au samedi.

La société fabrique et commercialise des fauteuils roulants du même nom destinés aux personnes à mobilité réduite. Leur spécificité ? Ils sont capables de rouler sur le sol et de flotter, une fois dans l'eau. Une invention révolutionnaire qui permet aux personnes handicapées de profiter de la plage et de divers loisirs aquatiques. L'usage du fauteuil nécessite toutefois un accompagnement. Sur le site, vous trouverez de nombreuses informations consacrées à l'handitourisme, ainsi que la liste des 250 plages de France équipées de Tiralo.

TOYOTA OPEN INTERNATIONAL DE TENNIS HANDISPORT

LA COUARDE-SUR-MER
✆ 06 14 27 53 56
https://openiledere.jimdo.com
Du 21 juin 2022 au 25 juin 2023.

Ce tournoi est l'une des étapes majeures de la saison. Durant quatre jours, les meilleurs joueurs mondiaux s'affrontent sur les cours de la Couarde, participant à un événement qui se situe au troisième rang des tournois français et qui se classe parmi les 16 majeurs au monde. Au-delà du sport, ce tournoi est l'occasion de sensibiliser le public sur le handicap et sur la sécurité routière, notamment les jeunes, à travers 4 demi-journées d'animation en marge du tournoi.

VIPAMAT

3, rue Gustave Eiffel
PLOEMEUR
✆ 02 97 86 24 87
www.vipamat.fr
Ouvert du lundi au vendredi de 9h à 17h.

La société de Patrice Faucogney, paraplégique à la suite d'un accident de snowboard, a imaginé et fabriqué un concept de fauteuil roulant baptisé Hippocampe rendant accessibles les vacances à la mer et les loisirs de plein air. S'utilisant de manière autonome ou avec l'aide d'un accompagnateur, cet appareil tout terrain flotte grâce à sa barre de poussée ergonomique roulant sur le sable et vous accompagnant dans l'eau. Il est possible de l'emprunter dans les villes balnéaires de la mer du Nord à la Méditerranée, ainsi qu'au bord de certains lacs de montagne.

6 MILLIONS DE MALENTENDANTS

15, Passage Ramey - **PARIS** (18e)
✆ 09 72 45 69 85 - http://www.surdifrance.org
Aucune permanence n'est assurée en physique. Abonnement, 28 € pour un an (4 numéros).

Créé par le Bucodes SurdiFrance, qui fédère les associations de personnes malentendantes et devenues sourdes en France, ce trimestriel souhaite informer ses lecteurs sur leurs droits en matière d'appareillage et de santé ainsi que sur les possibilités d'accessibilité existantes pour les déficients auditifs pour améliorer leur quotidien. Vecteur de partages d'expériences entre malentendants, il se fait aussi relais des actions des associations œuvrant dans l'intérêt des malentendants.

FAIRE FACE

17, Boulevard Auguste Blanqui
PARIS (15e) ✆ 01 40 78 69 95
www.faire-face.fr
Abonnement à partir de 2 €/mois.

Droits, santé, aides techniques, vie sociale, etc : le magazine *Faire Face*, édité par APF France Handicap, apporte aux personnes en situation de handicap et à leurs proches des informations pratiques, conseils, analyses et témoignages, indispensables au quotidien. Bimestriel sur abonnement. Complémentaire, son site faire-face.fr décrypte toute l'actualité du handicap. Vous y trouverez de nombreux articles et témoignages en libre accès. Ne manquez pas d'y jeter un œil. A suivre également sur les réseaux sociaux : @FaireFaceInfos.

ACCESSIBLE.NET

http://accessible.net
Accessible en ligne gratuitement.

Ce site référence les lieux en France accessibles aux personnes en situation de handicap, peu importe le type d'établissements et la forme du handicap. Possibilité également d'agrandir les caractères pour les personnes déficientes visuelles et de contraster les couleurs. Les prestataires de sites et de locaux équipés pour accueillir ce public spécifique peuvent s'inscrire gratuitement sur Accessible.net. A noter que le site est lauréat, dans la catégorie Utilité Publique, du troisième concours Dataconnexions organisé par Etalab.

HANDICAP-INFO.FR

www.handicap-info.fr

Handicap Info est un site national portail d'informations au service du handicap et de l'autonomie pour les personnes en situation de handicap, âgées ou dépendantes. Handicap Info, c'est également le site de l'info pratique qui facilite la vie quotidienne de vos proches, de vos amis, des associations, ou encore des professionnels de santé. Ce sont des dizaines de rubriques, des centaines de pages d'information et des milliers de liens. Un indispensable à consulter sans retenue pour trouver toutes les informations pour faciliter votre quotidien.

LES BIBLIOTHÈQUES SONORES DE L'ASSOCIATION DES DONNEURS DE VOIX

✆ 05 55 87 18 87
https://lesbibliothequessonores.org/
Renseignements auprès du centre administratif par téléphone, du lundi au jeudi de 8h à 12h30 et de 13h30 à 16h.

Avec 112 bibliothèques sonores réparties dans toute la France, l'association des donneurs de voix propose à toutes les personnes souffrant d'un handicap visuel, cognitif ou moteur, les empêchant de lire, un service de prêt gratuit de livres lus à voix haute. Les catalogues proposent plusieurs dizaines de milliers de livres sonores, des grands classiques aux ouvrages contemporains. L'ADV vous propose également une liste d'audio-revues hebdomadaires, mensuelles, etc.

HANDICAPTV.TV

http://handicaptv.tv/
Téléchargement gratuit de l'application.

Lancée en 2008, cette chaîne de télévision est spécialisée dans les informations concernant le handicap. Les reportages et les vidéos sont accessibles en audiodescription, en plein écran avec sous-titrage ou en LSF. Culture, droit, société, sport, emploi, vie quotidienne. Rien ne reste dans l'ombre avec une équipe qui connaît bien le handicap. La chaîne est relayée par LCM, Canal Maritima, APHM Télévision et Télé Locale Provence. Handicaptv c'est aussi une géolocalisation qui vous permet de retrouver les lieux et centres d'intérêt accessibles à découvrir.

HANDIRECT

5, rue de la Claire - **LYON** (9e)
© 04 37 64 16 52
www.handirect.fr

Né en 1997, ce magazine de qualité est diffusé uniquement par abonnement. Il est également disponible sur demande en version audio. Ce support se veut être un magazine généraliste de la presse spécialisée. Il diffuse des informations pratiques destinées aux personnes handicapées ainsi qu'à leur entourage et aux professionnels. Il est possible de retrouver les anciens numéros de ce bimensuel en ligne, téléchargeable au format pdf (payant), ou en commandant la version papier. Le site Internet offre quant à lui des sujets pertinents sur le quotidien des PMR.

OMBRES ET LUMIÈRES

90, avenue de Suffren
PARIS (15e)
© 01 53 69 44 30
www.ombresetlumiere.fr

Seule revue familiale consacrée à tous les handicaps, *Ombres & Lumière* s'adresse aux personnes handicapées et à leurs proches ou amis et se propose de *partager leurs fragilités* à travers des témoignages, des reportages et des expériences vécues car le handicap ne doit plus être tabou. La revue a également comme mission de soutenir les familles avec des articles pratiques, des tests, des initiatives et des petites annonces. *Ombres & Lumière*, c'est enfin un site internet, une page Facebook, un compte Twitter et un blog consacré au handicap au cinéma.

HANDISPORT TV

www.handisport.tv

Compétitions retransmises en live.

Première plateforme audiovisuelle, Handisport TV produit, diffuse et met à disposition des personnes en situation de handicap et de leur entourage des reportages exclusifs sur le handisport francophone. Sa mission consiste notamment à promouvoir et à accroître la médiatisation du handisport et de ses acteurs. Les reportages concernent le handisport, en soulignant la pratique d'une discipline sportive, d'un athlète ou d'une compétition. La chaîne propose aussi l'émission TV Champions d'Exception en replay, et réalise des documentaires Grands Formats.

ORANGE

44, avenue de la République
https://bienvivreledigital.orange.fr

Service client accessible aux personnes handicapées au 0800 11 22 33 (LSF, LPC, Texte-braille).

Orange se mobilise pour l'accessibilité à la communication de tous, notamment des personnes en situation de handicap et les personnes âgées. Conçues pour permettre de communiquer plus librement et plus simplement, les solutions « autonomie » (audition, vision, motricité, cognition, parole...) vous accompagnent au quotidien avec des produits et des services innovants dans un réseau de 240 boutiques labellisées Autonomie. Des conseillers, formés à l'accueil de ces différents publics, sont à votre disposition pour vous orienter vers une solution adaptée.

MIEUX VOIR

180, rue du Genevois - **CHAMBÉRY**
© 04 79 33 31 75
www.mieux-voir.fr

Service client joignable du lundi au vendredi de 9h à 12h et de 14h à 18h, par téléphone.

Ce magazine mensuel publié dans une version unique en gros caractères s'adresse aux personnes malvoyantes et propose des articles issus de magazines de la presse grand public ou réalisés par la rédaction. Mieux Voir édite aussi chaque année deux hors-série : Jeux en gros caractères et Spécial basse vision. Des magazines en gros caractères accessibles aux personnes atteintes de la maladie DMLA, dégénérescence maculaire liée à l'âge. Un corps d'écriture 18, des lettres noires épaisses, des contrastes de couleurs, etc., tout est pensé pour faciliter la lecture.

LES PAPILLONS BLANCS DE PARIS

85, rue Lafayette - **PARIS** (9e) © 01 42 80 44 43
www.lespapillonsblancsdeparis.fr

Les lundis : 14h30-17h30 au 89 rue Mademoiselle 75015 Paris ; les jeudis : 10-12h au 85 rue La Fayette 75009 Paris.

L'association Les Papillons blancs de Paris est affiliée à l'Unapei et œuvre dans l'intérêt des personnes en situation de handicap, qu'il soit mental ou cognitif, et de leurs familles. L'association porte les intérêts moraux et matériels des personnes en situation de handicap, participe à la lutte contre la discrimination envers ce public sensible, dispense des informations spécifiques et accompagne la famille et les personnes en situation de handicap dans leurs démarches.

6 millions de malentendants

Le magazine des associations de devenus sourds ou malentendants

Vous êtes malentendant ou sourd ?
Votre handicap est **invisible** mais bien **réel** !

Vous aimez voyager ?
6 millions de malentendants vous accompagne.

6MM informe

6MM défend

6MM crée du lien

6MM s'interroge

6MM partage

32 pages pour découvrir actualités et innovations ; une thématique développée en un dossier complet, des informations et des explications concernant l'appareillage, la médecine, sans oublier les SurdiKids !

Les voyageurs auront plaisir à découvrir nos rubriques culture et international et préparer leurs voyages avec les fiches pratiques !

Abonnez-vous !

4 numéros par an : en janvier, avril, juillet & octobre

Tarif normal : 28 €

Tarif réduit pour les adhérents des associations : 15 €

Sur le site : https://surdifrance.org/6mm/abonnementcommande
Par courrier : Association Bucodes SurdiFrance - MVAC 18 - boîte 83
15 passage Ramey - 75018 Paris
Courriel : redaction-6mm@surdifrance.org

PERCE NEIGE MAGAZINE

7 bis, rue de la Gare
LEVALLOIS-PERRET
✆ 01 47 17 19 30
www.perce-neige.org
En ligne. Gratuit.

Magazine de l'association Perce Neige militant pour la défense et l'aide aux handicapés avec des sujets traitant de l'insertion, de la vie de l'association, de la recherche médicale mais aussi des actions et des manifestations de l'association. Le magazine est accessible librement et gratuitement en ligne, sur le site de l'association : trois magazines par an. En avril, en été et en décembre. La fondation Perce Neige a notamment pour vocation d'apporter un soutien aux familles touchées par le handicap et à favoriser la recherche scientifique et médicale.

PLANÈTE PLUS

www.planeteplus.com

Depuis plus de vingt ans, Planète plus propose de découvrir le monde, ses origines, son fonctionnement et son probable devenir avec une grille de programmation documentaire éclectique : civilisation, histoire, société, investigation, reportages animaliers, faits divers... Canal +, propriété de Planète plus, a décidé de décliner en trois chaînes connexes Planète + Thalassa (fermée en 2016 suite à un accord entre Canal + et France télévision), Planète + Crime et Planète + Aventure, dans le but d'approfondir certaines thématiques chères aux téléspectateurs.

PRENDRE SOIN

www.prendresoin.org

L'équipe de journalistes en charge de la rédaction de ces articles est spécialisée dans les domaines du social et de la santé avec la volonté de donner des réponses pratiques et de dépasser les cloisonnements entre familles et professionnels entre le secteur sanitaire et le secteur social, entre associatifs et institutionnels, public et privé... Portraits, initiatives, dossiers, propos d'experts, agenda... Les rubriques sont nombreuses et variées. L'intégralité des textes sont d'ailleurs disponibles en anglais afin de toucher un public le plus large possible.

RADIO CITRON

https://radiocitron.org/
Web radio

Radio citron, la radio qui n'a pas peur des pépins ! Patients, parents, personnels de la fondation l'Elan Retrouvé, association des personnes en handicap psychique, se retrouvent tous les mois pour enregistrer des émissions qui n'ont pas peur des maux. Radio Citron est une web radio dynamique, à écouter via le site Internet. Derrière les micros, Isaure, Nicolas, Nathalie ou encore Julie, des chroniqueurs investis, valorisant leurs connaissances par le biais d'interviews, de partages, de débats et de jeux littéraires. Les enregistrements ont lieu tous les 2 mois.

LE RETINO

2, chemin du Cabirol
COLOMIERS
✆ 05 61 30 20 50
www.retina.fr

Revue trimestrielle associative pour les malvoyants et aveugles, sous format classique et CD audio pour les adhérents de l'Association Rétina France. Elle traite de l'avancée sur les recherches ophtalmologiques, de la vie associative, de l'actualité sociale et juridique. Reconnue d'utilité publique depuis le 6 novembre 1998, l'association œuvre pour apporter assistance sociale et humanitaire, et aider les malades atteints de dégénérescences rétiniennes à surmonter leur handicap. Le soutien à la recherche médicale en ophtalmologie est aussi une priorité.

TALENTEO

GRENOBLE
✆ 04 76 48 62 21
www.talenteo.fr
Accès gratuit en ligne.

Média digital de référence, Talenteo axe sa communication sur les sujets liés à l'innovation des ressources humaines et du handicap. Talenteo.fr se démarque ainsi des médias traditionnels grâce à sa ligne éditoriale originale et à son accessibilité. Son but : faire découvrir les nouveaux talents du handicap. Depuis sa création en 2012, talenteo.fr comptabilise plus de 2 500 contenus et plus 3,5 millions de visiteurs. Le site s'engage sur le recrutement 2.0 des entreprises qui s'ouvrent au handicap. Découvrez toutes leurs opportunités accessibles !

ULYSSE

26, rue Saint-Louis-en-l'Ile
PARIS (4e)
✆ 01 43 25 17 35
www.ulysse.fr
Ouvert du mardi au vendredi de 14h à 20h. Et sur rdv.

C'est la plus ancienne librairie de voyage de France et le « kilomètre zéro du monde », grâce à un fonds extraordinaire de livres consacrés au voyage. Catherine Domain, la libraire et fondatrice depuis quarante-cinq ans de la librairie, est là pour vous aider dans votre recherche, notamment si vous voulez vous documenter avant un séjour. Membre de la Société des Explorateurs, du Club International des Grands Voyageurs, fondatrice du Cargo Club, du Club Ulysse des petites îles du monde et du Prix Pierre Loti, elle est vraiment une spécialiste du voyage.

USHUAIA TV

18, quai du Point-du-Jour
BOULOGNE-BILLANCOURT
✆ 01 41 41 12 34
www.ushuaiatv.fr

Depuis 2005, *Ushuaïa TV* est une chaîne dédiée à la planète et aux découvertes des merveilles de la nature. La chaîne renforce son offre de programmes, autour de l'évasion et de la découverte des peuples du monde. Elle dispose d'une version en Haute Définition. *Ushuaïa TV* poursuit une démarche pédagogique (et écologique), grâce à la présence de scientifiques, apportant leur éclairage sur le monde sauvage. Une chaîne à regarder en famille, entre passionnés de nature et de belles découvertes à l'autre bout du monde. Ou comment voyager depuis son salon !

VALENTIN HAUY ACTUALITÉS

5, rue Duroc
PARIS (7e)
✆ 01 44 49 27 27
www.avh.asso.fr

Le *Valentin Haüy Actualités* est une revue trimestrielle gratuite éditée par l'association Le Valentin Haüy, consacrée à l'accessibilité physique et culturelle des personnes handicapées visuelles. La revue est téléchargeable, et disponible, en version audio sur le site internet de l'association. Cette dernière a pour but d'aider les aveugles et les malvoyants à gagner en autonomie, en proposant des activités culturelles, sportives et de loisirs accessibles. L'association propose aussi 7 revues grand public en braille dont *Avantages*, *Que Choisir*, ou *Géo*.

VIVRE ENSEMBLE

15, RUE COYSEVOX - **PARIS** (18e)
✆ 01 44 85 50 50 - www.unapei.org
Revue d'information de l'UNAPEI destinée aux familles de personnes avec un handicap mental, polyhandicapées et autisme.

Revue générale d'information, *Vivrensemble* est édité par l'Unapei, réseau associatif qui accompagne des personnes avec un handicap intellectuel, psychique, polyhandicapées et avec autisme. Diffusé à 55 000 exemplaires depuis 1989, *Vivrensemble* met en lumière des initiatives associatives, développe des dossiers thématiques sur les grands enjeux autour du handicap (éducation, travail, accessibilité, vieillissement…) et propose une veille permanente sur l'actualité (politique, droit, recherche…) ainsi que des informations pratiques et juridiques.

VIVRE FM

51, rue René Clair
PARIS (18e)
✆ 01 40 09 68 20
www.vivrefm.com

Gérée par l'Association Nationale pour la Prévention des Handicaps et pour l'Information (ANPHI), cette radio diffuse ses programmes de 5h30 à 17h30 à Paris et en Île-de-France (93.9 FM), et 24h/24 sur le Web. Consacrée à l'intégration sociale, culturelle et professionnelle des personnes handicapées, elle propose des reportages, des sujets politiques, une rubrique emploi ou culture. Tous les sujets sont abordés par le prisme du handicap. En vous inscrivant à la newsletter, vous recevrez une sélection d'infos et des podcasts hebdomadaires.

VOCALE PRESSE

✆ 04 91 65 51 19
http://fr.vocalepresse.com
Cotisation de 5 € par mois qui donne accès au service et au logiciel. Abonnement aux magazines en sus.

Vocale Presse, trophée européen de l'innovation, est un logiciel qui permet d'écouter le contenu des journaux via Internet. Elle rend la presse écrite accessible grâce à un ordinateur et une connexion Internet et ne nécessite aucune compétence informatique. Vocal Presse met les nouvelles technologies de l'information au service des seniors et des déficients visuels pour rendre la presse écrite accessible à ces publics. Pour accéder aux journaux, il est nécessaire de souscrire un abonnement classique et un abonnement à Vocale Presse.

WWW.APAJH.ORG

✆ 01 44 10 81 50

www.apajh.org

Service en ligne gratuit toute l'année, et par téléphone les lundis et jeudis de 9h30 à 12h.

L'APAJH, Association Pour Adultes et Jeunes Handicapés, est le premier organisme en France à considérer et accompagner tous les types de handicaps, qu'ils soient physiques, intellectuels, sensoriels, psychiques, cognitifs, et aussi les polyhandicaps, et les personnes ayant des troubles de santé invalidants. L'association milite pour la pleine citoyenneté des personnes en situation de handicap, et appelle à construire collectivement une société inclusive. Des experts Handicap Assistance accompagnent le public pour répondre en ligne aux interrogations du quotidien.

WWW.HANDICAP.FR

59, rue de l'Abondance

LYON (3e)

www.handicap.fr

Sur ce site consacré au handicap et comment bien le vivre au quotidien, on trouve également des informations liées au tourisme, sur le droit ou encore l'emploi. Qu'il s'agisse d'un lieu, de l'actualité ou bien d'activités, ce site demeure un incontournable.

WWW.CEMAFORRE.ASSO.FR

www.cemaforre.asso.fr

Depuis 1985, l'association CEMAFORRE développe et promeut l'accès aux loisirs et à la culture pour tous, et notamment pour les personnes en situation de handicap (moteur, sensoriel, psychique ou mental) ou présentant des difficultés pour des raisons de santé. CEMAFORRE est depuis 22 ans structuré en Centre national de ressources pour l'accessibilité des loisirs et de la culture. Ce pôle agit pour l'égalité des chances et la non-discrimination dans l'accès à la culture pour tous. L'association anime également le Réseau des Villes « Loisirs, Culture et Handicaps ».

WWW.HANDICAP.FR

www.handicap.fr

Site disponible sur mobile : Applications iPhone et Android

Source majeure d'informations sur le handicap, le site Handicap.fr présente aux personnes en situation de handicap les différents produits et services existants pour améliorer leur autonomie au quotidien. L'équipe organise également des événements, des colloques ou des festivals. Le site internet est une mine d'informations, notamment en matière d'emploi, de droit ou encore de tourisme. Handicap.fr c'est aussi une application gratuite pour mobile, avec géolocalisation de places de stationnements réservés aux personnes à mobilité réduite.

WWW.FRANCE-HANDICAP-INFO.COM

www.france-handicap-info.com

Site Internet géré par l'association Handipresse qui aide à l'insertion des journalistes handicapés (bourse à l'emploi notamment), on y retrouve des actualités nationales et internationales, des interviews mais également des reportages. France Handicap Info propose aussi une newsletter hebdomadaire et une Web-TV. Vous pourrez y découvrir également des articles sur des sujets tels que la culture, les loisirs, le tourisme, des recommandations littéraires, etc.

WWW.HANDICAP.ORG

✆ 01 47 41 93 07

www.handicap.org

Possibilité de faire un don directement en ligne.

Handicap.org est le site de la fondation Garches. Créée par des médecins et les personnels paramédicaux de l'Hôpital Raymond Poincaré, la fondation a pour vocation d'aider, après un séjour à l'hôpital plus ou moins long, les personnes atteintes de déficiences motrices ou cognitives. Elle conçoit et met en œuvre des programmes de formation destinés aux personnes handicapées et aux personnes désireuses de s'occuper de ces dernières. Le site de l'Institut délivre des informations sur les questions importantes liées au médical, au social et au monde du travail.

WWW.HANDICAPZERO.ORG

✆ 08 00 39 39 51

www.handicapzero.org

Depuis 1987, HandiCaPZéro facilite l'autonomie quotidienne des personnes aveugles et malvoyantes. En partenariat avec les entreprises et les collectivités, l'association propose des dispositifs accessibles gratuits : éditions adaptées en braille, caractères agrandis, audio et web services dans différents domaines. Côté tourisme, le site propose de l'info 100 % accessible, un moteur de recherche pour identifier Offices de Tourisme ; dispositifs d'accessibilité permanents et temporaires proposés dans les musées, expos, festivals, loisirs pour tous ; bulletins météo.

WWW.TOURISME-HANDICAPS.ORG

✆ 01 44 11 10 41

www.tourisme-handicaps.org

Le site de l'association Tourisme & Handicaps s'adresse aux particuliers comme aux professionnels. Leur site donne les informations clés pour faire labelliser les établissements, et permet aux particuliers d'organiser leurs vacances. L'association est une plate-forme de discussion entre les prestataires touristiques et les représentants des touristes handicapés. La diffusion de la marque d'Etat « Tourisme & Handicap » est une de ses principales priorités.

WWW.JACCEDE.COM

✆ 01 43 71 98 10

www.jaccede.com

Adhésion en ligne. Possibilité de faire un don également en ligne.

Cette association encourage les personnes à mobilité réduite à réinvestir l'espace public, à décloisonner les yeux et à changer le regard du grand public sur le handicap sous toutes ses formes. Pour ce faire, la communauté des « jaccédeurs » arpente la France et note les lieux accessibles en les transmettant via le site. A noter qu'il existe une application mobile (rendez-vous sur l'App Store ou Google Play). Indispensable pour les actes de la vie quotidienne, mais également pendant les vacances. Le site s'adapte aux handicaps visuels.

WWW.YANOUS.COM

✆ 06 14 75 97 24

www.yanous.com

Yanous est le magazine électronique francophone des personnes handicapées. Bimensuel, il présente des expériences de vie et de nombreuses informations pratiques autour du handicap : actualité française et internationale, articles de fond et analyses sur des sujets thématiques, des rubriques droits, culture, handisports et loisirs, voyage, emploi, etc., concernant le handicap moteur, auditif ou visuel. L'ergonomie du site permet d'accéder à l'information en 3 clics maximum. Yanous est accessible aux lecteurs déficients visuels, compatible tablettes et smartphones.

WWW.MULTICAP.ORG

www.multicap.org

Catherine Bouey, Flavie Thévenet et Noémie Jehanne ont réuni leurs talents pour partir à la rencontre dans le monde entier des galaxies du handicap. Leur projet ? Sensibiliser les entreprises, les écoles, les institutions et le grand public aux richesses de l'univers du handicap à travers des films qu'elles ont réalisés et dont vous pouvez suivre des extraits sur leur page Web. L'association programme également des journées de rencontre et œuvre pour l'insertion des personnes à mobilité réduite ou en situation de handicap dans le monde du travail.

LES YEUX DE SON MAÎTRE

✆ 01 44 64 89 89

www.chiensguides.fr

Revue trimestrielle de la Fédération Française des Associations de Chiens guides (FFAC) qui propose des articles sur l'actualité du handicap visuel et les chiens-guides, mais également des infos pratiques, des reportages, des interviews, etc. Cette revue permet également d'informer les donateurs et les partenaires de la fédération, des actions réalisées et de l'actualité de son secteur. *Les Yeux de son maître* existe aussi en format CD audio pour les personnes déficientes visuelles. Le site offre la possibilité de faire un don à l'association.

PASSPORT

AUVERGNE-RHÔNE-ALPES

FERME DE MONTEPIN €€

1790, route de Montepin - **BAGÉ-LA-VILLE**
✆ 03 85 30 54 84
www.gites-de-france-ain.com

Label Tourisme & Handicap (mobilité réduite, mental, malentendant, malvoyant).Gîtes de France. 6 personnes.

Ce gîte indépendant de 90 m² a été aménagé dans un ancien bâtiment agricole, une ferme avec vaches laitières et volailles de Bresse. Entièrement de plain-pied et accessible aux personnes handicapées, il se compose d'un grand séjour avec coin cuisine et coin salon autour duquel vous aimerez vous retrouver face à la belle cheminée. 3 chambres (1 lit 2 personnes + 4 lits 1 personne) et salle de bains adaptés. Un endroit sympathique où l'on se sent bien. Une adresse utile et adaptée qui fait plaisir à découvrir dans un cadre très agréable.

AGENCE DE DÉVELOPPEMENT TOURISTIQUE DE L'AIN

34, rue du Général-Delestraint
BOURG-EN-BRESSE
✆ 04 74 32 31 30
www.ain-tourisme.com

Le département de l'Ain a mis en place le Plan Handicap 2017-2022 afin de faire de la qualité de l'accueil des personnes en situation de handicap (PSH) une priorité. L'agence vous accueille donc et vous permet d'accéder à la liste de toutes les adresses adaptées (logements, activités, lieux culturels, restaurants, etc.) en fonction de vos besoins et vous conseille également en fonction de ce que vous souhaitez faire. L'occasion de faire un voyage sur mesure.

GÎTE LES PELAZ €€

Les Plans d'Hotonnes
HAUT VALROMEY
✆ 04 79 87 65 73
www.gite-jura-lespelaz.com

Label Tourisme & Handicap (moteur, mobilité réduite, mental).Ouvert toute l'année. Sauna.

Aménagé dans une ancienne ferme rénovée du plateau de Retord, ce gîte est un lieu idéal pour se retrouver en famille, en groupe ou entre amis. Au rez-de-chaussée pourvue d'une belle terrasse plein sud, vous jouirez d'une grande salle installée dans l'ancienne étable, d'un coin salon-cheminée avec bibliothèque, de jeux et jouets, et d'une agréable cuisine ouverte. A l'étage, quatre chambres complètent les prestations. Un gîte accessible aux personnes handicapées moteur, très bien adapté et qui propose une belle résidence dans un très joli cadre.

GÎTE LA FORA €€

183, rue de Tenay - **HOSTIAZ**
✆ 06 23 91 96 60
http://gite-lafora.com

Label Tourisme & Handicap (mental, malentendant).Gîtes de France. Ouvert toute l'année.

Dans un village de caractère, une ancienne maison joliment restaurée reçoit groupes ou familles dans son gîte récemment rénové. La Flora peut accueillir jusqu'à 20 personnes. Le rez-de-chaussée se compose d'une entrée, d'un local technique faisant office de buanderie, d'une chambre non labellisée mais accessible aux PMR avec salle de bain et W.C. Au premier étage, 3 autres chambres, 2 salles de bain avec douches et W.C., et une grande salle commune. Le second étage abrite quant à lui une spacieuse mezzanine, une bibliothèque, des jeux de sociétés, un coin nuit.

MUSÉE DE LA RÉSISTANCE ET DE LA DÉPORTATION ★

3, montée de l'Abbaye - **NANTUA**
✆ 04 74 75 07 50
http://patrimoines.ain.fr

Label Tourisme & Handicap (mobilité réduite, mental, malentendant). D'avril à novembre. 7 €/adulte

Installé dans l'ancienne prison de Nantua du XIXe siècle, le musée offre un aperçu de la vie quotidienne (résistance civile et armée, maquis, sabotages, services secrets et alliés, déportation) sous l'Occupation dans l'Ain et le Haut-Jura. Un témoignage qui met en lumière le maquis et l'engagement de tous ceux qui se sont élevés contre l'ordre nazi. En évoluant à travers les reconstitutions soutenues par un système autoguidé, le visiteur découvre toute l'émotion de cette guerre.

MUSÉE DE LA BRESSE-DOMAINE DES PLANONS ★

987, chemin des Seiglières
SAINT-CYR-SUR-MENTHON ✆ 03 85 36 31 22
http://patrimoines.ain.fr

Ouvert de mi-avril à mi-novembre tous les jours même fériés, sauf mardi, de 10h à 18h. Gratuit -18. Adulte : 7 €.

Implanté sur un ancien domaine agricole regroupant 5 corps de ferme ainsi qu'un bâtiment contemporain de verre et de métal, véritable écrin pour de riches collections qui ont traversé le temps, le musée a pour vocation de faire découvrir la Bresse aux visiteurs. Elle se découvre par le biais d'un parcours muséal moderne et captivant complété d'expositions temporaires. Le bâtiment est accessible au public handicapé et met à disposition des outils de médiation spécifiques.

MONASTÈRE ROYAL DE BROU ✞ ★★★★

63, boulevard de Brou - **BOURG-EN-BRESSE**
✆ 04 74 22 83 83
http://brou.monuments-nationaux.fr
Oct-mars 9h-12h/14h-17h. Avr-juin 9h-12h30/14h-18h. Juil-sep 9h-12h30/14h-18h. Adulte 9,50 €.

Le monastère royal de Brou est un complexe religieux situé en périphérie sud de Bourg-en-Bresse, qui fut l'une des capitales de l'ancien duché de Savoie. Chef-d'œuvre du style gothique flamboyant, le monastère a été construit entre 1506 et 1512 et son église (Saint-Nicolas-de-Tolentin de Brou) de 1513 à 1532. Le monument est né de la volonté d'une puissante femme qui vécut à la fin du Moyen Age : Marguerite d'Autriche, dont le destin fut exceptionnel à plusieurs titres. Héritière par sa mère du duché de Bourgogne, elle est la petite-fille de Charles le Téméraire, dernier grand duc de Bourgogne. A l'âge de 3 ans seulement, elle est promise au dauphin Charles VIII, fils de Louis XI, dans une alliance matrimoniale qui vient mettre fin à 15 ans de guerre, mais elle sera finalement répudiée au profit d'Anne de Bretagne. La jeune Marguerite est ensuite promise en secondes noces à Jean d'Aragon, mais celui-ci meurt précocement quelques mois plus tard. Devenue veuve à 17 ans, elle épouse finalement le duc de Savoie Philibert II, dit Philibert le Beau, en 1501, dans une énième tractation diplomatique menée par son père qui souhaite une alliance avec la Maison de Savoie. C'est un mariage heureux et réussi, mais tristement éphémère : Philibert le Beau meurt en 1504 des suites d'un accident de chasse. Veuve pour la seconde fois, Marguerite refuse tout nouveau mariage et portera le deuil de Philibert II jusqu'à la fin de sa vie. Devenue propriétaire de plusieurs territoires et à la tête d'une fortune importante suite à ses mariages successifs, Marguerite d'Autriche dispose désormais de moyens financiers considérables. C'est pour honorer la mémoire de son défunt mari, et pour respecter le vœu de sa belle-mère, Marguerite de Bourbon, qu'elle décide de faire ériger ce monastère. Elle le conçoit comme un mausolée, destiné à abriter le tombeau de Philibert le Beau, puis le sien. La construction de l'ensemble commence en 1506 aux confins des frontières françaises, aux portes de Bourg-en-Bresse qui fait alors partie du duché de Savoie. Marguerite d'Autriche supervise le chantier depuis les Pays-Bas, dont elle doit assurer la régence à la mort de son frère. Le monument est une affirmation de son pouvoir et témoigne de sa volonté de renforcer les liens entre son héritage bourguignon et la région savoyarde qu'elle a rejointe par alliance. Pour la construction de son monastère royal, elle s'inspire de la Chartreuse de Champmol, à Dijon, et multiplie les emblèmes bourguignons et les références au duché de Bourgogne. L'illustration la plus notable de cette volonté de mettre en avant ses origines s'exprime par la haute toiture à deux versants, recouvertes de tuiles vernissée et colorées, à la mode bourguignonne. Remplacée en 1759 par le sculpteur Antoine-Michel Perrache, qui donna à la charpente une forme mansardée, la toiture retrouvera sa splendeur d'origine en 1998.

Au-delà de son architecture, qui en fait un joyau du style gothique flamboyant, le monastère de Brou est remarquable pour son intérieur, richement décoré et très bien conservé. Son chœur au décor magnifique, qui semble orné de dentelles de pierre, accueille les tombeaux de Philibert II, de Marguerite d'Autriche (dont la dépouille fut installée ici, aux côtés de celle de son mari en 1532, soit deux ans après sa mort des suites de la gangrène) et de Marguerite de Bourbon, la mère de Philibert II. Leurs dépouilles reposent sous des gisants de marbre de Carrare, celui de Philibert II occupant la place d'honneur, au milieu du chœur. Son tombeau a la particularité de présenter deux gisants de marbre : la première représentation le montrant vivant, les yeux ouverts, portant les insignes de sa charge (il est vêtu de son manteau d'hermine et porte sa couronne de duc de Savoie), et la seconde représentation, au niveau inférieur, le montre les yeux clos, quasi nu et dans l'attente d'être ressuscité. Le tombeau de Marguerite d'Autriche présente la même originalité, avec ses deux gisants installés sous un baldaquin monumental qui rappelle ses origines impériales. Les tombeaux sont extraordinairement ouvragés et peuplés de multiples statuettes très bien conservées. Dans les retables, les vitraux, et les sculptures ornementales, on retrouve de nombreuses traces du couple que formaient Philibert II et Marguerite d'Autriche.

Particularité unique en France, le monastère comporte trois cloîtres à étages de style différent. Dans l'un d'eux, Marguerite, qui avait prévu de terminer son veuvage au monastère, avait fait installer ses appartements privés. Les trois pièces ont été réaménagées et présentent désormais un espace d'exposition dédié aux différents aspects de sa vie. Les bâtiments monastiques de Brou abritent, en outre, le musée municipal et ses riches collections d'art français, flamand et italien du XVe au XXe siècle, dont la *Sainte Famille* de Jan de Beer ou le *Portrait de Marguerite d'Autriche* de Bernard van Orley. Brou possède également de nombreux exemples de la peinture de style troubadour et de paysages du XIXe siècle. Plusieurs salles sont enfin dédiées à l'art décoratif où l'on peut découvrir du mobilier régional ou les faïences de Meillonnas. L'église et les trois cloîtres sont classés au titre des monuments historiques. Monument accessible en partie aux personnes à mobilité réduite : église, cloîtres et rez-de-chaussée du musée (expositions temporaires et collection de sculptures). Possibilité de visites en Langue des Signes Française pour les groupes sur réservation.

MUSÉE DE L'AUTOMOBILE ★

Saint-Bonnet-de-Tizon - **BELLENAVES**
✆ 04 70 58 39 73
www.museebellenaves.jimdo.com
Fermé de novembre à mars. Haute saison ouvert tous les jours de 14h à 18h. Adulte : 6 €. Enfant 4 €.

Le musée présente une collection d'une quarantaine de véhicules de 1910 à 1980. Grâce au rappel d'événements politiques, sociaux, culturels ou sportifs, chaque véhicule est replacé dans son contexte offrant aux visiteurs un voyage dans l'Histoire. Des voitures à pédales, des miniatures, des plaques émaillées et des affiches complètent la présentation. Le site est de plain-pied avec sanitaires équipés. Pour les personnes souffrant d'un handicap mental, des visites adaptées ont été mises en place. Les personnes déficientes visuelles ont des visites guidées adaptées.

LE VERT PLATEAU

RD987 - **BELLENAVES**
✆ 04 70 58 30 48
www.vert-plateau.com
Adapté aux handicaps : moteur, mental, malentendant, malvoyant. Label Tourisme & Handicap. Fermé décembre/janvier.

Le Vert Plateau est un centre de loisirs proposant le gîte et le couvert, à la nuit, en pension ou demi-pension, et de nombreuses activités sportives, pour les enfants et les scolaires, les stages et les séminaires, les adultes et les familles, et les personnes handicapées. Vtt, tir à l'arc, sarbacane, canoë, parcours aventure, course d'orientation, mais aussi des balades nature et découvertes accompagnées d'animateurs. Des ateliers artistiques, minéralogie, bois, poterie, vitrail, percussions, théâtres et contes... sans oublier la maison du Naturaliste.

DOMAINE DE ROUZAT €€

Route de Saint-Priest-d'Andelot - **GANNAT**
✆ 04 70 90 20 04
www.chambre-hote-gannat.com
Gîtes de France 3 épis. 4 chambres. 12 personnes. À partir de 61 € la nuit pour 2 personnes. Parc. Table d'hôtes : 23 €.

Martine et Christian vous accueillent dans la bergerie où ils ont installé quatre chambres à l'ambiance authentique. Celle du rez-de-chaussée (la chambre Églantine) peut recevoir des hôtes handicapés moteur et bénéficie d'un accès particulier : pour 2 personnes, elle est équipée d'un lit en 140 cm, d'une salle d'eau et de W.C. adaptés. Pervenche accueille quant à elle 3 personnes en rez-de-chaussée tandis que Bouton d'Or et Iris peuvent recevoir 4 hôtes. Le soir, Martine vous fera découvrir sur demande la richesse de la gastronomie bourbonnaise et auvergnate.

CAMPING DE LA ROUTE BLEUE*** €€

Route des Vignes
LAPALISSE
✆ 04 70 99 26 31
www.cc-paysdelapalisse.fr
Label Tourisme & Handicap (mental, malentendant, malvoyant).

Situé en bordure de la rivière Besbre, d'un parc floral de 3 ha à proximité du centre ville et dominé par le château de La Palice, ce terrain semi-ombragé offre diverses formules d'hébergements labellisée pour les handicaps mental, auditif et visuel. Les équipements sont en partie adaptés aux campeurs à mobilité réduite. Possibilité de faire des parties de pêche, de tennis, des jeux pour enfants et de participer à des tournois de pétanque. Un endroit ombragé.

CENTRE ÉQUESTRE DE LA VALLÉE

Domaine de Chez Moutte
LE BREUIL
✆ 04 70 99 06 02
www.centreequestredelavallee.ffe.com
Label Handisport, adapté au handicap moteur et mental. Ouvert toute l'année.

Créé en 2005, le centre équestre de la Vallée s'étend sur 22 hectares de prairies et dispose de 30 box, d'une écurie propriétaire de 17 paddocks et douche pour chevaux avec casier individuel par propriétaire, d'une carrière, d'un club-house avec sanitaires et douches, d'un coin cuisine et d'une aire de pique-nique. Les promenades à cheval vous plongent au cœur de la vallée de la Besbre. Lieu parfait de plein air. Le centre équestre est labellisé Equi handi-club.

MAISON DE LA COMBRAILLE ★

Place Pierre-Bitard - **MARCILLAT-EN-COMBRAILLE**
✆ 04 70 51 10 23
maisondelacombraille.over-blog.com
Label Tourisme & Handicap (moteur, mobilité réduite, mental). Visite guidée. Animations. Animaux admis.

La visite débute par la création du relief de la Combraille et se poursuit par sa construction à travers les milieux naturels, la faune, la flore, l'apparition de l'homme, son habitat, son mode de vie et les édifices qu'il a construit. La présence de divers supports et animations rendent la visite interactive. À la fois lieu de découverte et d'apprentissage, la maison de la Combraille a obtenu le label national Tourisme & Handicap pour les moyens mis en œuvre pour l'accueil et l'accessibilité des personnes handicapées (handicap moteur et handicap mental).

LES SITES HANDIPÊCHE DE L'ALLIER

Il existe à ce jour près de 25 emplacements Handipêche dans le département de l'Allier.

- Chantelle

Étang de Bellenaves : 1 place

- Chapeau

Étang de Chapeau : 1 place

- Commentry

Étang de La Corre : 1 place

Pourcheroux L'Amazeron : 1 place

- Diou

Port du canal : 1 place

- Ebreuil

Plan d'eau : 1 place

- Jaligny/Besbre

A la Besbre : 1 place, pêche au coup, au toc, au posé, aux leurres, et la pêche de la carpe

Plan d'eau de Bert : 1 place, idéal pour les débutants

- Mayet de Montagne

Lac des Moines : 1 place

- Moulins

Plan d'eau des Champins : 2 places

- Néris-les-Bains

Étang de Sault : 2 places, poissons carnassiers et cyprinidés

- Saint-Bonnet-de-Tronçais

Étang de Saint-Bonnet, Zone du Grillon : 2 places

- Saint-Clément

Retenue de St-Clément : 1 place, pêche au coup, de la carpe, aux leurres

- Saint-Germain-des-Fossés

Boire des Carrés, St-Remy-en-Rollat : 3 places

- Saint-Pourçain/Sioule

Île de la Ronde : 2 places

Gouzolles : 3 places, sandres, brochets, black-bass, perches et carpes

- Le Veurdre

La Bieudre, terrain communal du Veudre : 1 place, brochet, perche, sandre, carpes

- Toulon/Allier

Lieu-dit : Le Verdelet : 1 place

- Venas

Plan d'eau : 1 place, pêche au coup, de la carpe, des carnassiers aux leurres et aux vifs

- Vichy

Plan d'eau Pierre Talon (Abrest) : 1 place

Rivière artificielle : 1 place

- Vieure

Chemin de Barachy : 1 place

MAISON DU TOURISME DE MARCILLAT-EN-COMBRAILLE

Place du Donjon
MARCILLAT-EN-COMBRAILLE
✆ 04 70 51 10 22

Label Tourisme & Handicap (moteur, mobilité réduite, mental).

La maison du tourisme de Marcillat-en-Combraille se trouve dans l'ancien donjon construit vers 1450. Vous trouverez toutes les infos touristiques locales et régionales et des produits du terroir. La saison touristique démarre le 1er juin avec une pléiade d'artistes professionnels. Si vous êtes en panne d'idées de visites, pour vous ou les enfants, ou encore en quête d'un restaurant et/ou d'un hébergement, la maison du tourisme est l'endroit qui vous fournira toutes les solutions !

DÉFI'LAND

5, avenue du Canal-de-Berry - **MONTLUÇON**
✆ 04 70 06 33 16
www.defiland.fr

Adapté aux différents handicaps : moteur, mental, malvoyant. Label Tourisme & Handicap. Gratuit pour les accompagnants.

Défi'Land est une aire de jeux couverte destinée aux enfants de 0 à 12 ans qui se compose d'un espace pour les 0 à 3 ans avec un toboggan, deux piscines à balles et des jeux en mousse. Les 4 à 12 ans profiteront d'un parcours géant avec pont de singe, d'une piscine à balles géantes, de deux toboggans et d'un trampoline sans oublier un coin jeux avec baby-foot, entre autres ! Le snack permet quant à lui de reprendre des forces avec boissons chaudes et froides, paninis, croques, pizzas, crêpes, gaufres... Formules anniversaires très sympathiques.

ESPACE NATURE DU VAL D'ALLIER ★★

8, boulevard Nomazy - **MOULINS**
✆ 06 85 59 76 70 - www.lpo-auvergne.org

Fermé de mi-décembre à mi-janvier. Haute saison mercredi et samedi de 14h à 18h. Hors saison mercredi de 14h à 18h.

La Ligue pour la Protection des Oiseaux (LPO) Auvergne a pour mission la protection des oiseaux et des écosystèmes dont ils dépendent. Visite libre avec audioguide : déambulez au fil de vos envies dans les 3 salles d'expositions permanentes « observatoire sur le jardin de nature », « petit opéra des chants d'oiseaux » et « diorama de la rivière Allier avec ses oiseaux et ses habitats naturels remarquables ». Parking, WC et banque de réception adaptés aux personnes à mobilité réduite.

DOMAINE DU PETIT LAGE €

RD943 - **SAINT-DÉSIRÉ**
✆ 04 70 07 10 03
www.gitedelage.com
Bienvenue à la Ferme. Gîte de 12 personnes, 290 €/nuit.

Installés en pleine campagne, Catherine et Francis Leroy, exploitants céréaliers, vous accueillent dans une ancienne grange rénovée. Elle dispose d'une grande salle en pierres apparentes avec une cheminée. Au rez-de-chaussée, quatre belles chambres équipées de sanitaires privatifs donnent directement sur le jardin. Une chambre est accessible aux personnes à mobilité réduite. Catherine propose des plats cuisinés à partir de produits locaux, légumes et fruits du potager ainsi que des confitures maison. Réduction dès la deuxième nuit, prix pour groupe et séjour.

PARC ANIMALIER ET D'ATTRACTIONS LE PAL ★

Le Pal - **SAINT-POURÇAIN-SUR-BESBRE**
✆ 04 70 42 68 10
www.lepal.com
Haute saison ouvert tous les jours de 10h à 19h. Hors saison ouvert week-end de 10h à 18h. Entrée : 34 €. Enfant : 29 €.

Classé parmi les cinq parcs de loisirs les plus visités en France, Le Pal accueille 640 000 visiteurs sur cinq mois et demi d'ouverture par an. C'est le seul parc en France à conjuguer dans un espace de 50 hectares de nature, 30 attractions, 1 000 animaux des cinq continents, avec bien sûr les incontournables, ceux à plumes, mais aussi les nageurs, les acrobates, la mini-ferme et les méconnus. Des hébergements thématiques, constitués d'une trentaine de lodges africains et d'un complexe hôtelier de 300 lits, Le Pal Savana Reserve. Assistez à une démonstration en vol de rapaces, aux facéties des otaries et au carnaval des perroquets. Profitez des animations pédagogiques avec les soigneurs. Côté attractions, pour toute la famille, entre celles dédiées aux tout-petits, celles pour les plus grands et celles à sensations fortes. La construction d'une aire de jeux ludipédagogique d'un hectare, *La Rivière du Lion*, réservée aux petits de 0 à 12 ans, comprend des structures en bois, passerelles, cheminements en hauteur et au sol, filets, murs d'escalade, trampolines, quiz sonore... Dès la belle saison, la rivière s'animera d'une quinzaine de jeux d'eau rafraîchissants. En 2023, remplacement du cinéma dynamique par un voyage interactif à bord d'un véhicule. En 2024, nouvelle grosse attraction, un wagon coaster. Parcours en bateau avec une grande chute verticale style rivière canadienne. Le Pal est labellisé Tourisme & Handicap pour diverses déficiences (handicap moteur, mental, auditif et visuel).

GÎTE LES THEILLES €€

Les Theilles - **SAINT-PLAISIR**
✆ 06 31 35 39 12
http://lestheilles.weebly.com
Label Tourisme & Handicap (mobilité réduite, mental, malentendant).Gîtes de France (4 épis). Ouvert toute l'année.

Dans une belle grange bourbonnaise de caractère entièrement restaurée, de belles chambres vous accueillent pour un séjour des plus agréables. Une chambre située au rez-de-chaussée est labellisée pour les visiteurs en situation de handicap moteur. L'ensemble du rez-de-chaussée d'une superficie de 150 m2 est entièrement accessible avec un large trottoir de même que la terrasse et le jardin. Un espace vert arboré clos (3 000 m^2) avec boulodrome, mini-golf, terrasse avec pergola et parasol. Un bel endroit adapté à tous les handicaps.

MUSÉE DE SOUVIGNY ★

Place Aristide-Briand
SOUVIGNY
✆ 04 70 43 99 75
Fermé du 15 novembre à avril. Ouvert tous les jours de 9h à 12h et de 14h à 18h. Musée + jardin : 4 €, + église : 7 €.

Ce musée permet de découvrir, au travers de différents supports, le passé religieux et le patrimoine du Pays de Souvigny. Des rois, des papes et de nombreux pèlerins sont venus se recueillir sur les sépultures des deux saints-abbés Mayeul et Odilon dans l'église prieurale. Les jardins du Prieuré proposent une reconstitution de jardins à la française des XVIIe et XVIIIe siècles. Matériel de visite adapté aux personnes déficientes visuelles avec audio-guide et carnet de dessins en relief et en caractères agrandis pour la visite du musée et celle des jardins.

L'ÉCOUÉE €€

10, route de Saint-Pourcain-sur-Besbre
THIEL-SUR-ACOLIN ✆ 04 70 46 81 60
www.gites-de-france-allier.com
Gîtes de France. 2 chambres. Tarif à partir de 330 € la semaine, variable en fonction de la saison.

Cette maison indépendante est située dans un petit village de la Sologne bourbonnaise. Au rez-de-chaussée, vous trouverez une cuisine, un salon, une chambre (2 lits 1 personne), une chambre (1 lit 2 personnes et 1 lit 1 personne superposé) ainsi qu'une salle d'eau avec W.C à la décoration sommaire. Chauffage thermique solaire et électrique. Autour de la maison, vous jouirez d'un bel espace vert avec pelouse à demi clos, vaste de 750 m2. Abri voiture. Un très chouette endroit qui fera le bonheur des petits et des grands. On apprécie l'adaptabilité.

COMITÉ DÉPARTEMENTAL DU TOURISME EN AUVERGNE

Pavillon des Marronniers
YZEURE
✆ 04 70 46 81 50
www.allier-tourisme.com
Label Tourisme & Handicap.

Le Comité Départemental du Tourisme en Auvergne (CDT) est chargé depuis 1992 par le Conseil départemental de préparer et mettre en œuvre l'offre touristique du département en collaboration avec des professionnels du secteur à l'échelle du département et des communes. Dans la barre de recherche située en haut à gauche de la page d'accueil du site du CDT, tapez le mot « handicap » pour obtenir l'ensemble des informations accessibles en matière d'offres de loisirs, d'hébergements...

GÎTE DE L'ARCHE €€

40, chemin de Veissac - **AILHON**
✆ 04 75 93 07 71
www.leplanas.com
Gîtes de France (3 épis). Ouvert toute l'année. Piscine. Barbecue.

Découvrez ces gîtes au rez-de-chaussée entièrement équipés et choisissez celui qui vous convient pour des vacances de rêve en Ardèche méridionale. Vous pouvez également louer une chambre d'hôtes avec salle de bains privée et toilettes ainsi qu'une cuisinette pour préparer votre petit-déjeuner. Vous pourrez profiter de la piscine au sel avec son plongeoir dans son environnement naturel. Le petit plus : vous pouvez téléphoner pour préparer votre arrivée et avoir des aménagements en fonction de vos besoins avec des propriétaires bienveillants et à l'écoute.

OFFICE DE TOURISME DU PAYS ANNONÉEN

Place des Cordeliers - **ANNONAY**
✆ 04 75 33 24 51
www.ardechegrandair.com
Ouvert du mardi au samedi 9h30-12h30 et 13h30-17h30. Dimanche 9h30-12h30. Juillet-août : du lundi au samedi.

Ce petit office de tourisme présente l'avantage d'être situé directement sur la place des Cordeliers, en plein centre-ville. Vous y trouvez de la documentation sur tout le secteur Nord Ardèche ainsi que des plaquettes thématiques et un petit guide avec le plan de la ville et des informations sur le patrimoine, les vieux quartiers d'une ville... Billetterie : spectacles, la plupart des événements locaux, concerts. Boutique à l'office de tourisme : produits locaux, artisanat.

GÎTE DU CHASSEZAC : LES MARRONNIERS €€

Les Lèbres - **BEAULIEU**
✆ 04 75 39 37 16
www.giteschassezac.com
Adapté handicap moteur. Piscine extérieure ; jardin ou parc ; jeux.Gîtes de France (3 épis).

Cette ancienne grange ardéchoise de caractère vous accueille dans une ambiance conviviale. Le gîte Les Marronniers s'étend sur 200 m² sur 2 niveaux. Il comprend un rez-de-chaussée entièrement accessible pour les PMR comprenant un séjour avec cheminée, un coin cuisine, un salon et un chambre pour 2 personnes avec salle d'eau et W.C. A l'étage : 4 chambres, une salle de bains et une salle d'eau. Une halte nature à proximité des berges du Chassezac et aux portes du Bois de Païolive.

CHAMBRES D'HÔTES LA PALISSE €€

804, route de Cheval - **PEAUGRES**
✆ 04 75 67 08 37
www.lapalisse-peaugres.com
Adapté handicap moteur ; mental ; malentendant. Petit déjeuner inclus. Chambres adaptées PMR.

Anne et Gérard Morel vous proposent trois chambres aménagées dans une belle maison à l'architecture contemporaine : Beijing, Madurai, Région et Voyages. Cette dernière (25 m²) est accessible aux personnes en fauteuil roulant. Elle est équipée de 2 lits en 90 cm, d'une salle de bains avec une douche à l'italienne avec barres d'appui et de toilettes. La gentillesse des propriétaires complète la qualité de l'accueil. Appelez avant si besoin. Embarquement immédiat !

LE MAS DAUDET ★★★

710, chemin de la Vignasse
SAINT-ALBAN-AURIOLLES ✆ 04 75 39 65 07
http://musee.daudet.free.fr
Label Tourisme & Handicap (moteur, mobilité réduite, mental).Accessible PMR mais non labellisé. 6,50 €.

Dans un vieux mas ardéchois, la maison familiale d'Alphonse Daudet vous ouvre ses portes avec son extraordinaire architecture et ses collections remarquables. Sur place, découvrez un élevage de vers à soie. Les salons racontent quand à eux le destin et l'œuvre de l'auteur. Les animaux sont acceptés. Ils n'ont pas tous les labels, mais malgré tout le domaine bénéficie d'une bonne accessibilité handicap, qui reste adapté pour beaucoup, n'hésitez pas à appeler pour vous renseigner en amont. Le petit plus : des livrets de jeux pour les plus jeunes.

GÎTE LA SERRE DE CLASTRE €€

Le plan de Lage - **SAINT-MARCEL-D'ARDÈCHE**
✆ 04 75 98 71 37
Label Tourisme & Handicap (moteur, mobilité réduite).

Une maison confortable d'une surface de 60 m² avec cuisine équipée, une chambre (1 lit en 140), une seconde chambre (2 lits 90) et un canapé clic-clac pour 2 personnes dans le séjour. Les deux terrasses communiquent avec le séjour ou la cuisine. Barbecue et salon de jardin complètent l'offre. Un lieu bien adapté aux personnes à mobilité réduite, avec une bonne accessibilité. Un cadre agréable vient compléter l'offre. Une bonne adresse pour passer quelques jours de congés et découvrir la région. A noter et à découvrir à l'occasion.

AVEN MARZAL ★★

Route des Gorges - **SAINT-REMÈZE**
✆ 04 75 04 12 45
www.aven-marzal.com
Fermé de novembre à mars. Grotte : 10,50 €, enfant : 7,50 €. Zoo des dinos : 9 €, enfant : 7 €, 3-5 ans : 5 €.

Découvrez une grotte, un musée et un zoo de dinosaures sur un même site ! L'Aven Marzal est une grotte explorée en 1892 par E.-A. Martel, premier spéléologue français de réputation mondiale. Vaste, elle abrite de magnifiques concrétions valorisées par un son et lumière de toute beauté. Depuis 1983, le zoo préhistorique des dinos présente des reconstitutions scientifiques grandeur nature d'animaux préhistoriques ayant peuplé la région avec certaines scènes animées et sonorisées. La visite de la grotte est déconseillée aux personnes à mobilité réduite.

MUSÉE DE LA LAVANDE ★

2200, route des Gorges (D490)
SAINT-REMÈZE
✆ 04 75 04 37 26
www.lamaisondelalavande.com
31/03-30/09 : 10h-19h. Vacances de la Toussaint 14h-17h30. Gratuit -10 ans. Adulte 9,50 €.

Le musée est installé dans l'ancienne bergerie de César Brun, l'arrière-grand-père des actuels propriétaires, tout autour pâturaient ses chèvres et ses moutons. C'était dans les années 1940, et déjà il cultivait à proximité des champs de lavande fine. Les bœufs l'aidaient alors dans la culture, et il récoltait à l'aide d'une faucille avant de vendre sa récolte à un distillateur. Les plantes rejoignaient alors la distillerie de Saint-Marcel-d'Ardèche pour donner de l'huile essentielle. La bergerie abandonnée fut rachetée pour devenir musée en 2002. En 2015, la descendance de César faisait l'acquisition de ce musée. La boucle est donc bouclée.

Le musée abrite la plus importante collection d'alambics en cuivre rouge déclinée du XVIe siècle à nos jours. C'est l'occasion d'observer les procédés de distillation pour extraire les huiles essentielles de la plante. Vous découvrez la culture de la lavande et ses bienfaits en visionnant deux documentaires. Le site est sublime, entre les champs de lavande, les pierres qui affleurent, le maquis qui offre ses odeurs… A la boutique, vous pouvez faire le plein d'essence de lavande et dérivés mais aussi d'autres produits du terroir. Un jardin botanique vous initiera aux différents types de lavande. Et si les enfants commencent à s'impatienter, quelques jeux les attendent en extérieur avec notamment une tyrolienne, des jeux en bois, ainsi qu'une aire de pétanque. Également un espace ludique et pédagogique sur les abeilles. Accessible aux personnes à mobilité réduite.

MAISON D'HÔTES LES FIGUIERS €€

Le Champ - **SILHAC** ✆ 04 75 61 96 70
www.lesfiguiers.fr

Adapté aux différents handicaps : moteur, mental, malentendant, malvoyant. Piscine extérieure, jardin.

Dans une ancienne bâtisse du XVIe siècle entièrement rénovée, un gîte indépendant et 4 chambres d'hôtes dont une suite familiale se font la promesse d'un confortable séjour à la campagne. La chambre Coquelicot à la décoration chaude est adaptée pour accueillir les personnes à mobilité réduite : avec son accès indépendant et direct depuis l'extérieur, elle se compose d'un lit double, d'une salle de bain avec barre d'appui, de WC adaptés, d'une TV et d'un accès wifi.

MUSÉE D'ART ET D'ARCHÉOLOGIE ★★

37, rue des Carmes - **AURILLAC** ✆ 04 71 45 46 10
http://musees.aurillac.fr

Voir horaires sur le site Internet. Gratuit - de 18 ans. Adulte 5 €. Gratuit pour tous chaque premier dimanche du mois.

Fondé en 1853, ce musée occupe depuis 1991 l'ancien couvent des visitandines aujourd'hui Centre Pierre Mendès-France. Le premier étage est entièrement consacré à l'histoire du Cantal, tandis que le second est dévolu aux collections d'art. Vous pourrez y voir des peintures de l'école française, hollandaise et italienne du XVIIe siècle à l'époque contemporaine. Le musée s'attache à rendre accessibles les expositions pour tous, quel que soit le handicap, à l'aide de différents outils.

OFFICE DE TOURISME DU PAYS D'AURILLAC

7, rue des Carmes - **AURILLAC**
✆ 04 71 48 46 58
www.iaurillac.com

Basse saison : lun au sam de 9h30 à 12h et de 13h30 à 17h30. Haute saison : lun au sam de 9h à 12h30 et de 13h30 à 19h.

Vous obtiendrez ici toutes les informations pour découvrir Aurillac, capitale du Cantal, et ses environs - dont le lac de Saint-Étienne-Cantalès. Sur le site Internet ou sur place vous trouverez des possibilités d'hébergement, de sites à visiter, d'activités nature, des adresses de guides de pêche, des propositions de circuit en voiture, de randonnées, ou encore le calendrier des manifestations et un petit guide touristique renouvelé chaque année.

MAISON D'HOTES ET GITES*** €€

Concasty - **BOISSET** ✆ 04 71 62 21 16
www.maisons-concasty.fr

Fermé de décembre à mars. Deux nuits minimum hors saison, trois en juillet et août. Plats cuisinés à la demande.

Martine Causse vous accueille dans son auberge où le bien-être et le cocooning sont les maîtres mots. La maison familiale, en pierre, est un endroit où il fait bon prendre le temps de vivre, tantôt dans un des fauteuils en cuir du salon, devant la grande cheminée, tantôt sous la véranda ou à l'ombre du noyer… Les chambres, pleines de charme, sont lumineuses et incitent au repos. Pour un séjour en toute indépendance, le « sécadou », ancien séchoir à châtaignes, a été transformé.

GEOTHERMIA : MUSÉE GÉOTHERMIE ET THERMALISME ★

5, quartier du Par - **CHAUDES-AIGUES**
✆ 04 71 23 58 76

Horaires variables selon saison. Adulte 5 €.

Le site est l'un des berceaux de la géothermie. Ici, les eaux chaudes chauffent les habitations et alimentent les thermes depuis le XIVe siècle. Le musée Géothermia est dédié à cette énergie renouvelable. Chaudes-Aigues possède la source d'eau la plus chaude d'Europe qui émerge de sa fontaine à 82 °C ! Panneaux lumineux, sous-marin, maquettes, bornes interactives, films vidéos ponctuent ainsi cette visite ludique et pédagogique accessibles aux personnes déficientes mentales.

THANG KA - ECOLE DE PARAPENTE

Drils - **DIENNE**
✆ 09 50 48 36 39
www.thang-ka-parapente.com

Adapté aux différents handicaps : moteur, mental, malentendant, malvoyant. De mai à octobre.

Avec son nom tibétain, l'ambiance ne peut être que zen et accueillante. Cette école de parapente propose des baptêmes en biplace parapente en fauteuil (dès 6 ans) ainsi que des biplaces en ULM pendulaire assis dans un chariot motorisé à 2 places, sous une aile de delta surdimensionnée. Vous vous envolerez dans les airs en fauteuil avec un moniteur certifié. Le décollage se fait quant à lui avec l'aide de deux volontaires. Possibilité de stage à la semaine en Handi-Cage.

GÎTE COMMUNAL DE JALEYRAC €€

Embrassac
JALEYRAC
✆ 04 71 69 70 12
www.jaleyrac.fr
Ouvert toute l'année, pour 8 personnes. Label Tourisme & Handicap.

Le gîte communal est situé dans une grange rénovée datant de 1870. Il peut accueillir jusqu'à 6 personnes. Il comprend un vaste séjour, un coin cuisine, une salle de bain accessible aux personnes à mobilité réduite, 1 chambre (1 lit 2 personnes), 1 chambre (2 lits 1 personne) et 1 chambre avec lits superposés. Cour fermée et terrasse privative. Un lieu sympathique et adapté qui permet une certaine facilité pour des vacances dans le secteur. Une adresse utile.

MUSÉE DU VEINAZÈS LACAZE ★

LACAPELLE-DEL-FRAISSE ✆ 04 71 62 56 93
www.musee-veinazes.com
Horaires variables selon saison. Visite guidée sans supplément tarifaire à 14h30.

Le musée du Veinazès est un musée vivant. Il est le fruit de la famille Coste guidée par le souci de préserver la mémoire du patrimoine culturel. Des machines agricoles, témoins de la mécanisation de l'agriculture sont ainsi présentés sur plus de 500 m². Une partie du musée est dédiée à l'artisanat en reconstituant les ateliers anciens du charpentier, du forgeron ou encore du sabotier. Le musée est accessible aux personnes handicapées et un carnet de visite est offert à chaque enfant pour l'accompagner dans sa découverte du musée.

OFFICE DE TOURISME

6, rue Jean-Baptiste-Brieude
LAROQUEBROU
✆ 04 71 46 94 82
www.chataigneraie-cantal.com
En juillet et août, ouvert du lundi au dimanche matin. Visite guidée de la ville en été.

L'office de tourisme de la Châtaigneraie cantalienne vous informera sur la région. Il assure la billetterie, notamment pour le festival international de Boogie-Woogie, qui réveille cette petite cité médiévale en bord de Cère tous les ans début août pendant quatre jours. L'office de tourisme propose la visite guidée aux lampions de la ville avec ses ruelles et les bords de la rivière, en juillet et août (excepté la semaine du Festival de Boogie), les mercredis à 21h (sur réservation auprès de l'office de tourisme). Groupes toute l'année, sur réservation.

CHAMBRES D'HÔTES DU PRAT NIAU €€

Le Château du Prat Niau
LASCELLE
✆ 04 71 47 94 03
www.pratniau.com
Label Tourisme & Handicap. Adaptées aux handicaps mentaux et aux malentendants.

Sur leur domaine familièrement appelé par les habitants du village « Le Château » car la maison date de 1605, Annemiek van Steenbrugge et Tjeert Kok vous proposent un accueil chaleureux et convivial. Hébergement, repas végétarien (demi-pension possible) et six chambres d'hôtes dont La Rose, accessible aux personnes en fauteuil roulant. Cette dernière est équipée d'un lit double et d'une salle de bains composée d'une baignoire-douche et de W.C adaptés.

CHAMBRES D'HÔTES €€

Le Bourg
LIEUTADÈS
✆ 04 71 73 83 16
Label Tourisme & Handicap (mental, malentendant).Gîtes de France (2 épis). Ouvert toute l'année. Dès 65 €/nuit.

Ces chambres d'hôtes sont aménagées dans l'Aubrac dans une maison typique rénovée. Au rez-de-chaussée, on trouve la salle commune, la cuisine et les sanitaires. Réparties sur les deux étages, 4 chambres équipées de sanitaires et salles d'eau individuelles. On apprécie l'accueil chaleureux de Denise qui ne manque pas d'humour et de gentillesse ! Elle est également de très bon conseil pour les visites ! Un vent de fraîcheur souffle sur cette très belle adresse. Labellisé Tourisme & Handicap, le lieu est adapté et bien équipé.

OFFICE DE TOURISME DU PAYS DE MAURIAC

1, rue Chappe-d'Auteroche - **MAURIAC**
✆ 04 71 68 19 87
www.tourisme.paysdemauriac.fr
Haute saison, ouvert du lundi au dimanche matin. Organisation de visites de la vieille ville.

L'office de tourisme de Mauriac est le lieu incontournable pour se renseigner sur les secrets de la sous-préfecture du Nord Cantal et des dix communes environnantes. Le patrimoine culturel et naturel est tellement vaste que mieux vaut bien s'informer pour en manquer le moins possible : randonnées pédestres, VTT, pédalorail châteaux, promenades gourmandes autour des exploitations labellisées Bienvenue à la Ferme et les promenades en gabarre sur la Dordogne voisine.

FERME LE RUISSELET €€

Mazerat - **ROFFIAC**
✆ 04 71 60 11 33
www.ferme-le-ruisselet.com

Chambre d'hôte dès 70 €. Gîte de 2 à 18 personnes. Demi-pension. Table d'hôtes. Bain bouillonnant. Excursions.

Dans cette maison familiale typiquement auvergnate, les hébergements sont multiples : gîtes de groupes, charmantes chambres rustiques, mobil-homes et camping. Le gîte de séjour à la ferme possède 6 chambres confortables dont 1 destinée aux personnes handicapées. Possibilité de déguster de copieux repas, l'occasion de découvrir quelques spécialités locales et les produits de la ferme. Bonne humeur et bien-être sont les maîtres-mots de vos hôtes qui vous réservent un accueil comme à la maison pour des vacances réussies. Un endroit sympathique.

LA FERME DES DENIS €€

18, rue Champ du Beaume - **CHANOS-CURSON**
✆ 04 75 07 34 11
www.fermedesdenis.fr

Ouvert toute l'année. 5 chambres. Chambre double dès 92 €. Petit déjeuner inclus. Label Vignobles & Découvertes.

Dans le vignoble de la vallée du Rhône au pays du réputé Crozes-Hermitage, vos hôtes vous accueillent dans leur magnifique ferme du XVe siècle parfaitement rénovée. Parmi les 5 chambres, seule L'Hermitage est labellisée pour accueillir les personnes en situation de handicap mental, visuel, auditif et moteur. A disposition : un séjour indépendant avec cuisine donnant sur un patio et une piscine. Les petits déjeuners avec pains et confitures maison se prennent dans une ambiance conviviale. Un endroit agréable où il fait bon de se reposer.

GÎTE DE L'HUBAC €€

Ferme de l'Hubac
BARSAC
✆ 04 75 83 09 23
www.gites-de-france-drome.com

Gîtes de France. 3 chambres 8 pers. Location semaine à partir de 450 €. Terrasse. Barbecue.

Cette maison du XVIIIe siècle joliment restaurée présente plusieurs corps de bâtiments constituant un bel ensemble de caractère au milieu d'un terrain doucement pentu sur les hauteurs du village. Le gîte, mitoyen de la partie privative et aménagé pour l'accueil des personnes à mobilité réduite, dispose d'un accès indépendant et de 150 m^2 lumineux de plain-pied tout confort. Terrasse. Barbecue. Possibilité de rendre visite aux chèvres des propriétaires et de voir la fabrication des picodons. Attention cependant, les animaux ne sont pas acceptés.

GÎTE HANDI'CAIRN €€

Loscence
LA CHAPELLE-EN-VERCORS
✆ 04 75 48 24 83

Label Tourisme & Handicap (moteur, mobilité réduite, mental, malentendant, malvoyant). Ouvert toute l'année.

Micheline et Jacky vous ouvrent les portes de leur gîte situé à 1 020 m d'altitude au cœur du Parc naturel du Vercors ! D'une superficie de 80 m^2, cet hébergement est conçu pour accueillir 6 personnes dont 4 à mobilité réduite. Il possède 2 chambres, une salle de bains avec W.C. et sauna attenant, une cuisine, un grand séjour avec une cheminée, une mezzanine avec couchage 2 personnes en rez-de-jardin. Vous pourrez facilement profiter des espaces verts autour de la maison grâce aux sentiers aménagés desservant le parking, le barbecue, le jeux de boules.

GÎTE LA FENIÈRE €€

Jardin d'Ollon - **BÉNIVAY-OLLON**
✆ 04 75 28 13 97
www.amivac.com/site8986

Label Tourisme & Handicap (moteur, mobilité réduite, mental, malentendant).Gîtes de France 2 épis. Dès 300 €/semaine.

Ce gîte de plain-pied avec entrée indépendante de 65 m^2 pour six personnes est aménagé dans une aile de la maison des propriétaires. Il est doté d'un grand séjour avec coin cuisine et coin salon, de deux chambres (1 lit en 140 cm + 2 lits en 90 cm) et d'une salle d'eau entièrement accessible. Pour des vacances agréables à la campagne. Des équipements pour enfants, un barbecue, un cadre bien sympathique pour séjourner. On y parle même italien si besoin ! Un lieu à découvrir et faire découvrir, adapté et adaptable. Fort sympathique !

ADT DE LA DRÔME

8, rue Baudin
VALENCE
✆ 04 75 82 19 26
www.ladrometourisme.com

Ouvert du lundi au vendredi de 9h à 12h et de 14h à 17h30.

L'Agence de Développement Touristique est une association qui prépare et met en œuvre sa politique touristique. Depuis sa création en 1960, elle informe les visiteurs sur les hébergements, prestataires d'activités, lieux de visites, loisirs. L'agence édite de nombreux documents d'informations, carnets d'itinéraires, etc. Si vous cherchez par exemple une prestation qui propose des randonnées adaptées aux personnes à mobilité réduite, c'est vers elle qu'il faut se tourner. Le site Internet est une mine d'informations, n'hésitez pas à utiliser la barre de recherche.

PALAIS IDÉAL DU FACTEUR CHEVAL ★★★

8, rue du Palais - **HAUTERIVES**
✆ 04 75 68 81 19
www.facteurcheval.com
Ouvert toute l'année. Horaires variables. Adulte : 9,50 €. Enfant (de 6 à 16 ans) : 5,50 €.

Vous voici face à un édifice surprenant, qui ne répond à aucune norme artistique et ne connaît pas d'équivalent en France ou dans le monde. Au milieu d'un jardin luxuriant se dresse cette bâtisse qu'il est difficile de décrire, trônant au milieu d'un univers extravagant. C'est un monument unique, fascinant pour certains, grotesque pour d'autres ; une chose est sûre, le Palais Idéal ne laisse personne indifférent !

Il fallut 33 ans à son créateur pour bâtir ce site au cœur du village de Hauterives, à 50 km de Valence. Le palais, édifié de 1879 à 1912, est classé à l'inventaire des Monuments historiques depuis 1969. C'est André Malraux, alors ministre de la Culture, qui appuya la procédure de classement avant son départ du gouvernement, provoquant une vague d'indignation chez les puristes et une levée de boucliers de la part de ses collègues du ministère. Malraux ne revint cependant pas sur sa décision, qu'il justifia en affirmant que le Palais Idéal était la seule représentation de l'architecture naïve en France, et qu'il serait impensable de ne pas le protéger. C'est grâce à sa détermination que le Palais Idéal put être entretenu et restauré, et qu'il est aujourd'hui dans un excellent état de conservation.

D'une longueur de 26 m et d'une hauteur de 12 m, le Palais Idéal est l'œuvre d'un seul homme, Joseph Ferdinand Cheval. C'est lors de l'une de ses tournées que ce facteur rural à l'imagination débordante bute sur une pierre à la forme incongrue, qui devient le point de départ de ce projet fou. Il la ramène chez lui puis remarque la présence d'autres pierres aux formes curieuses, dont il commence à faire la collection au gré de ses tournées. Inspiré par la nature et ce qu'elle est capable de produire, il se rêve alors en modeleur, et décide de bâtir le palais de ses rêves dans son potager. S'il n'a jamais quitté son petit village de la Drôme, le facteur Cheval a pour la construction de son palais plusieurs sources d'inspiration, à commencer par les cartes postales qu'il a tous les jours en main, sur lesquelles sont représentés les plus grands monuments. Les magazines illustrés, qui se développent à cette période, viennent aussi nourrir son imaginaire. Frappé par de nombreux drames tout au long de sa vie, orphelin très jeune et ayant vu partir avant lui ses deux femmes et trois de ses enfants, ce facteur à l'imagination très fertile met, pendant 33 ans, toute son énergie au service de la réalisation de cet ouvrage. Pierre après pierre, année après année, Ferdinand Cheval construit un édifice décalé, qui semble tout droit sorti d'un songe. Il assemble les pièces, le plus souvent des pierres ramassées ici et là, avec du ciment, de la chaux, du mortier et des armatures métalliques. Il modèle des personnages fantastiques, bâtit des façades, des galeries, des grottes, des temples et des alcôves. Le mélange des styles et des références est caractéristique de l'architecture naïve, qui ne connaît pas beaucoup d'exemples dans le monde. Éblouissant d'extravagance, le palais dégage une vraie magie et est un objet de plaisir.

Parmi les pièces maîtresses du Palais Idéal, il ne faut pas manquer la façade ouest, ornée d'œuvres architecturales miniatures puisant leurs origines aux quatre coins du monde. Un temple hindou, une mosquée, un chalet suisse et un château sont à admirer côte à côte. Sur la façade est, par laquelle le facteur Cheval a commencé son ouvrage, le regard se perd dans les détails du Temple de la Nature. Une fontaine, appelée la Source de Vie, donne à voir une succession de cascades décorées de coquillages. Non loin de là se trouve un tombeau égyptien, dans lequel il avait émis le souhait de se faire enterrer avec son épouse, ce qui lui fut refusé. Trois géants, représentant Vercingétorix, César et Archimède, viennent compléter le décor. Quant à la façade nord, elle est ornée de grottes peuplées de multiples animaux. L'édifice est, dans tout ce qu'il a de plus atypique, un hommage à la nature. La pierre avec laquelle tout a commencé, qu'il nomma la pierre d'achoppement, a trouvé sa place en dernier sur un piédestal, sur la terrasse de la façade ouest. Partout, les murs de l'édifice sont habillés de plaques sur lesquelles ont été gravées des citations, parfois philosophiques, que l'on prend plaisir à découvrir : « Un génie bienfaisant m'a tiré du néant », « D'un songe j'ai sorti la reine du monde. » ou encore « La vie est un rapide coursier. Ma pensée vivra avec ce rocher ». La plus marquante résume l'ouvrage monumental accompli par le facteur Cheval, et met le visiteur au défi : « 1879-1912, 10 mille journées, 93 mille heures, 33 ans d'épreuves. Plus opiniâtre que moi se mette à l'œuvre ».

L'endroit est idéal pour passer un agréable moment en famille : les enfants adorent et les grands y retrouvent leur âme d'enfant ! La visite du Palais Idéal est un régal, un moment hors du temps. En somme, une source d'inspiration et de réjouissance pour tous ! Des visites guidées d'une heure sont organisées. Si vous le visitez seul, prévoyez au moins une heure. Poètes, rêveurs et autres curieux y passeront certainement un peu plus de temps, perdus dans la contemplation de ce lieu qui ne répond à aucune norme. Le site comprend également un musée, qui revient sur l'histoire pas banale de ce facteur, ses sources d'inspiration et les nombreux hommages qui lui ont été faits.

L'ESTIVE €€

Par la RD906
BONNEVAL
✆ 04 71 00 91 12
https://estive-bonneval.fr/
4 chambres. Chambre double dès 70 €. Petit-déjeuner inclus. Restauration.

Dans le Parc Régional du Livradois Forez, L'Estive est situé dans une ancienne ferme rénovée en chambres d'hôtes. L'établissement s'étend sur 15 000 m² de terrain et vous convie à faire étape dans une ambiance mêlant confort, sérénité des vieilles pierres et quiétude de la forêt. La Pastourelle et la Colporteur sont de plain-pied : accessibles aux personnes handicapées, elle peuvent accueillir 4 personnes avec un lit pour 2 personnes et deux lits superposés pour 1 personne. Le dîner se prend dans la salle commune en dégustant les plats du terroir.

CENTRE AQUA PASSION

Les Prés d'Emblaves
LAVOÛTE-SUR-LOIRE
✆ 04 71 08 15 71
cap43.fr/
Label Tourisme & Handicap (mental, malentendant, malvoyant). Ouvert toute l'année.

Piscine couverte de 250 m² très lumineuse avec pataugeoire ouverte à la belle saison sur les espaces verts extérieurs. Le bassin est accessible aux PMR grâce à une chaise hydraulique facilitant la mise à l'eau. N'hésitez pas à téléphoner avant votre venue pour expliquer vos besoins spécifiques. Un lieu qui sait s'adapter au besoin, agréable et convivial. Un moment de sport, un moment de détente et même un moment zen avec son espace bien-être doté d'un spa. Un endroit à noter pour faire une pause dans son programme ou se changer les idées quand il pleut.

LES NARCES DE LA SAUVETAT ★★★

LANDOS
✆ 04 71 00 82 65
www.gorges-allier.com
Label Tourisme & Handicap (moteur ; mobilité réduite ; mental ; malentendant ; malvoyant). Gratuit.

Dans cet espace naturel sauvage et fragile aménagé pour tous, un parcours labellisé Tourisme et Handicap permet aux personnes en déficience visuelle, auditive, motrice et mentale de découvrir les Narces de la Sauvetat. C'est dans un cratère volcanique que cette tourbière très spécifique de la région constitue un précieux réservoir d'eau douce aux sources du ruisseau des Fouragettes. Découvrez également sur place une biodiversité exceptionnelle et magnifique.

MAISON DU TOURISME DE LA HAUTE LOIRE

1, place Monseigneur-de-Galard
LE PUY-EN-VELAY ✆ 04 71 07 41 65
www.auvergnevacances.com
Ouvert du lundi au vendredi de 8h30 à 12h30 et de 13h30 à 17h30.

La Maison du Tourisme a pour vocation de promouvoir et de développer l'offre touristique en Haute-Loire. Ainsi, elle guide les visiteurs à travers les différents paysages du département et propose diverses expériences pour découvrir son patrimoine. Sur le site, vous pouvez accéder aux informations vacances adaptées en cliquant sur l'icône « fauteuil roulant » située en haut à droite de la page d'accueil : vous obtiendrez alors une liste d'adresses par type de handicap.

Le Puy-en-Velay.

MUSÉE CROZATIER

2, rue Antoine-Martin
LE PUY-EN-VELAY
✆ 04 71 06 62 40

Label Tourisme & Handicap (moteur, mental, malentendant, malvoyant). Adulte 6 €. Enfant 4 €. Visite guidée. Boutique.

Le musée comprend deux parties, une côté jardin avec l'édifice du XIXe siècle, et l'autre côté rue, le bâtiment de béton et de verre, création du XXIe siècle. La visite comprend quatre parties. La galerie avec des collections locales de la Préhistoire à la Renaissance. La galerie du Velay est consacrée aux pèlerinages ancestraux, ainsi qu'à la dentelle. La galerie des Beaux-Arts expose l'inestimable *Vierge au manteau* (XVe siècle), la *Sainte Famille* de Barthélemy d'Eyck (XVe siècle) et les deux célèbres tableaux montrant Vercingétorix devant César.

LA BÉALIÈRE €€

2, rue des Gorges d'Allagnon
LEMPDES-SUR-ALLAGNON
✆ 04 71 77 09 93
www.chambres-hotes-auvergne.org

Gîtes de France. 5 chambres : dès 60 €. Plateau repas 19 € sur commande.

La Béalière est une belle propriété accueillante en bordure de la rivière Allagnon. En rez-de-jardin, une chambre familiale pour trois personnes et une chambre adaptée attendent les visiteurs. Deux chambres aménagées au second étage de la maison complètent la prestation. Sanitaires privés dans les cinq chambres. Jardin fleuri, terrasse au bord de la rivière, possibilité de pique-nique et parking dans la propriété. Une maison d'hôtes à l'esprit campagnard qui donne le ton d'un séjour au vert et dans un environnement nature où l'on ne peut que se sentir bien.

LE CHALET DU MÉZENC €€

Route du Rouzoulin - **LES ESTABLES**
✆ 04 71 08 35 36
www.chalet-du-mezenc.com

Label Tourisme & Handicap (moteur, mobilité réduite, mental).Ouvert toute l'année. Pension complète.

Le Chalet du Mézenc est situé au sud-est du Massif central au pied du mont Mézenc à environ 1 754 mètres d'altitude : ce dernier, appelé « Le Roi des Cévennes », est situé à une douzaine de kilomètres du mont Gerbier-de-Jonc où la Loire prend sa source. Ce centre d'hébergement collectif vous accueille en demi-pension ou en pension complète. Au total : Trois chambres pour les personnes à mobilité réduite. Le P'tit Chalet comporte quant à lui douze chambres dont trois sont accessibles aux personnes en situation de handicap moteur.

LA MAISON DE PIERRES €

10, Route du four - **ROSIÈRES**
✆ 07 49 87 41 12

Chambre d'hôte : 4 chambres. Chambre simple 38 € ; double 55 € ; triple 65 €. Petit-déjeuner inclus. Restauration.

A proximité de la vallée de la Loire, Pierre Verot - agriculteur, élevage de vaches salers, ânes, lamas et producteur de lentilles - a aménagé 3 belles chambres au premier étage d'un bâtiment annexe à sa maison d'habitation. Toutes sont décorées selon un thème différent (Asie, Afrique, Amérique du Sud). Le rez-de-chaussée se compose d'une salle commune où sont servis les repas à base de produits fermiers et d'une chambre accessible aux personnes en fauteuil avec salle de bain adaptée (transfert vers la gauche). Parking et cour fermée avec salon de jardin.

GÎTE DE SÉJOUR LA REDONDE €€

La Redonde - **SAINT-FRONT** ✆ 06 80 77 64 32
www.gitelaredonde.com

Gîtes de France (3 épis). Ecolabel européen. Label Tourisme & Handicap. Adapté au handicap mental et aux malentendants.

Cet ancien corps de ferme rénové en un gîte alliant bois, pierre et fer vous accueille entre amis ou en famille. Les familles auront plaisir à se retrouver dans une ambiance conviviale et les plus sportifs pourront partir à l'assaut du Mézenc. Au rez-de-chaussée : un vaste séjour-cuisine et sur trois niveaux : deux chambres pour deux personnes, trois chambres pour trois personnes, deux chambres pour quatre personnes, une chambre pour huit personnes et six salles d'eau accessibles.

DISTILLERIE DE LA VERVEINE DU VELAY PAGES ★

Za LaPrade - **SAINT-GERMAIN-LAPRADE**
✆ 04 71 03 04 11
www.verveine.com/fr/visitexpo.htm

Horaires variables selon les saisons. Adulte 6,80 €. Gratuit pour les moins de 12 ans.

La distillerie présente l'histoire et la fabrication de la célèbre liqueur élaborée à base de 32 plantes dont la verveine cultivée localement. Découvrez la salle des alambics, les chais de vieillissement, les outils ainsi que des objets publicitaires anciens. Place ensuite à l'épreuve pratique : la dégustation de la Verveine du Velay qui vous permettra d'apprécier les liqueurs ou les sirops Pagès. Retrouvez ces produits à la boutique pour des idées cadeaux et des paniers gourmands.

LA CABOURNE €

Le Bourg - **SAINT-PRIVAT-D'ALLIER**
✆ 04 71 57 25 50
www.lacabourne.fr
Demi-pension de 41 € à 56 € par personne. En dortoir : 41 € par personne. Animaux : 10 €. Panier repas : 8,50 €.

Dans une ancienne bâtisse en pierres de pays située au cœur du village, ce gîte aménagé sur trois niveaux entièrement rénové par Hélène Pugnère et Christophe Fournerie peut accueillir jusqu'à 47 personnes dans treize chambres de deux à six lits avec onze salles de bains privatives ou dans le couloir, 13 W.C, une salle commune de 70 m² équipée d'une cheminée et une salle de restauration de 60 m². Formule en demi-pension ou pension complète, pour déguster les bons petits plats du terroir de la maison d'hôtes. Un lieu sympathique.

AU REPAIRE DE BONA €€

Lieu-dit Dallas - **SAINT-PRIVAT-D'ALLIER**
✆ 09 82 35 52 54
www.aurepairedebona.com
5 chambres. Chambre simple à partir de 50 € ; double 50 € ; triple 60 € ; quadruple 70 €. Table d'hôtes : 20 €.

Nicolas et Hélène sont les propriétaires de cette ravissante chambre d'hôtes installée dans leur maison du XVIIe siècle entièrement restaurée. Amabilité, confort et simplicité se conjuguent dans cet ancien corps de ferme qui met à disposition quatre vastes chambres colorées (4 triples) dont une accessible aux personnes handicapées. Chambres avec douches et sanitaires privés adaptés. Une grande table rassemblera les gourmands lors des repas issus de produits locaux ou faits maison. Ferme pédagogique, un lieu ludique à découvrir.

CAMPING SITES ET PAYSAGES DE VAUBARLET**** €€

Les Obletières - **SAINTE-SIGOLÈNE**
✆ 04 71 66 64 95
www.vaubarlet.com
Fermé d'octobre à fin avril. Emplacement dès 19 €. Roulotte 2 à 6 pers dès 70 €, mobil-homes 6 pers dès 90 €.

Au cœur du département du Velay, le camping de Vaubarlet labellisé pour les handicaps moteur, mental et malentendant vous réserve un accueil chaleureux afin que vous passiez des vacances parfaites en pleine nature. Un site idéal pour partir à la découverte de la région ou pour vous reposer dans une nature préservée. Un lieu agréable dans un cadre qui l'est d'autant plus. Tout confort. Animations. Restauration possible sur place. De nombreuses activités adaptées proposées.

CHALET GRAND GRANIT, LES SABATINES DU GÉVAUDAN €€

Sauzet - **VENTEUGES**
✆ 04 71 74 18 60
www.lessabatinesdugevaudan.fr
Label Tourisme & Handicap (moteur, mobilité réduite, mental, malentendant, malvoyant).

En pleine nature, ce gîte meublé où domine le bois est très lumineux offrant une vue superbe sur les monts du Velay. Au rez-de-chaussée, vous accéderez par une terrasse au séjour et à la cuisine équipée de deux plaques vitrocéramiques, d'un grand frigo-congélateur, d'un four électrique, d'un micro-ondes avec gril et d'un lave-linge séchant. TV LCD, lecteur de DVD. Salle d'eau et WC adaptés aux personnes à mobilité réduite. Une chambre accessible avec un lit pour deux personnes.

LE PRUNELOU €€

Sauzet - **VENTEUGES**
✆ 04 71 74 18 60
www.lessabatinesdugevaudan.fr
Gîtes de France 3 épis. Ouvert toute l'année. Terrasse, jardin et aire de jeux. Barbecue. Spa. 1 chambre accessible PMR.

Un beau chalet en bois de plain-pied installé au milieu d'un espace vert préservé. L'intérieur est tout confort et peut accueillir entre deux et quatre personnes. Cuisine équipée : deux plaques vitro-céramiques, frigo-congélateur, four électrique et micro-ondes avec grill, lave-linge séchant, télévision LCD, lecteur de DVD. Une chambre avec un lit pour deux personnes (lit en 140 cm). Salle d'eau et W.C adaptés aux personnes à mobilité réduite. Une banquette-lit deux personnes dans le séjour-cuisine. Salle d'eau et W.C. Chauffage électrique.

BASILIQUE DE LA VISITATION ✝ ★★

20, avenue de la Visitation - **ANNECY**
✆ 04 50 45 22 76
https://visitationannecy.org
Ouvert tous les jours de 7h à 12h et de 14h à 18h. Gratuit. Label Tourisme & Handicap. Messe le dimanche à 10h.

Bâtie au XXe siècle, la basilique domine la ville d'Annecy. Sa flèche qui caractérise le clocher-porche s'élève à 72 m. En 1610, Saint François de Sales fondera avec sa plus grande pénitente Jeanne de Chantal l'ordre de la Visitation afin de porter assistance aux pauvres. Canonisé en 1665 et proclamé docteur de l'Eglise en 1877, sa dépouille ainsi que celle de sainte Jeanne de Chantal reposent dans la basilique de la Visitation d'Annecy. L'édifice est accessible aux PMR.

MUSÉE DE L'HORLOGERIE ET DU DÉCOLLETAGE 🏛 ★

100, place du 11 Novembre - **CLUSES**
✆ 04 50 96 43 00
www.musee.2ccam.fr
Label Tourisme & Handicap. Septembre à juin, mardi-samedi 14h-18h. Été 7j/7 10h-12h et 14h-18h. Adulte 5 €. Enfant 3 €.

Ce musée nous propose de remonter le temps. On admirera ici les instruments de mesure du temps conservés au fil des ans et des avancées technologiques : anneaux solaires, cadrans solaires, nocturlabes, réveil bougie, horloge à huile... Déficients visuels, mentaux : sur demande au préalable. Visiteurs sourds et malentendants : audioguides avec boucle d'induction disponibles à l'accueil. Visite traduite en LSF en partenariat avec l'association LIESSE.

LA FONTAINE D'ARGENCE 🛏 €€

Argence - **HABÈRE-POCHE**
✆ 06 89 29 17 30
http://lafontainedargence.net
Label Tourisme & Handicap (moteur, mobilité réduite, mental, malentendant, malvoyant). Gîtes de France.

Au cœur d'un cadre calme et campagnard, La Fontaine d'Argence vous offre durant vos vacances une vue extraordinaire sur les montagnes alentour. Cette jolie ferme de caractère entièrement restaurée par les propriétaires met à votre disposition 5 chambres d'hôtes dont une suite familiale. L'une des chambres est adaptée pour recevoir la clientèle handicapée. Un lieu idéal pour des vacances romantiques à proximité du lac Léman. L'occasion de faire un séjour à thème dans un cadre convivial et reposant. Une bonne adresse à retenir.

L'ABEILLE 1834 🛏 €

Les Frasses
LE REPOSOIR
✆ 04 50 98 63 08
Label Tourisme & Handicap. 1 chambre adaptée grâce à une plateforme élévatrice.

Jean-Pierre et Marie-Noël vous ouvrent les portes de leurs chambres d'hôtes ! 2 suites familiales avec salle de bains vous attendent : Marthe & Éloi (2 lits 1 personne + 1 lit 2 personnes) ; Agathe & Delphine (2 lits d'1 personne + 1 lit 2 personnes). Deux chambres individuelles avec salle de bains sont également disponibles : Fenil et Grange. Cette dernière est notamment aménagée pour recevoir des personnes à mobilité réduite (lit modulable pour 2 personnes et sanitaires adaptés). Un ascenseur permet d'accéder aux chambres.

Basilique de la Visitation.

CROQ'ALP - LA MAISON DU GOÛT

2, route de l'Etroit Denté - **MIEUSSY**
✆ 04 50 36 89 18
Du lundi au samedi de 8h30 à 12h15 et de 14h30 à 19h. Visite de l'atelier 5 €. Atelier de fabrication de fromage : 5 €.

La fruitière des Hauts-Fleury fabrique ses propres reblochons laitiers ; elle fait partie du réseau itinéraires des fromages de Savoie. Elle accueille aussi le site Crocqalp la Maison du goût, née de l'association des agriculteurs de Mieussy et de l'écomusée Paysalp qui propose une visite guidée ouverte à tous depuis la galerie vitrée surplombant la salle de production, celle des dégustations ainsi que les ateliers de fabrication de tomme blanche. Produits du terroir en vente.

BALADE EN HIPPOCAMPE À MIEUSSY

- Sur le plateau de Sommand. Cet agréable itinéraire permet sans dévers de traverser la tourbière avec ses zones dégagées, découvrir la forêt et d'observer le splendide panorama sur les montagnes environnantes. Durée 35 minutes. Distance 1,7 km. Ouvert de décembre à avril. Parking des remontées mécaniques. Contact par téléphone 04 50 43 02 72.
- Vers le Farquet. Partez en balade entre les pistes de ski alpin et de ski de fond, l'occasion de vous rapprocher des chalets d'alpage au bout de la plaine. Durée 25 minutes (aller-retour). Distance 1,1 km. Parking des remontées mécaniques. Contact par téléphone 04 50 43 02 72.

GÎTES LE CLOS DES CÎMES*** €€

Vallon-d'en-Haut - **SAMOËNS**
✆ 04 50 34 26 81
www.gitesamoens.com
Adapté au handicap moteur et aux malentendants. Location de vélos. Label Tourisme & Handicap. Service loisirs handicap.

Les 2 gîtes Le Bois de Lune et Le Sabot de Vénus sont équipés pour recevoir jusqu'à 3 personnes à mobilité réduite par gîte en même temps. Toutes les portes ainsi que les salles de bains, les toilettes et le coin repas permettent l'accessibilité à un fauteuil roulant. Xavier, le propriétaire, est formé à l'enseignement du ski handicap et pilote de fauteuil tout-terrain, il vous propose diverses activités, de la découverte au perfectionnement, tout long de votre séjour.

CERCLE DE VOILE DE SÉVRIER

134, route du Port
SÉVRIER
✆ 04 50 52 40 04
www.cvsevrier.fr

Qui dit lac d'Annecy, dit navigation et on préfère la voile au moteur. Découverte de la voile et perfectionnement pour les loisirs et « École de Voile », notamment en juillet et août pour les estivants, afin que les plus jeunes découvrent les joies de la navigation. On démarre sur les fameux Optimist et l'on continue sur les catamarans ou sur les Laser. Le club propose des cours d'Handivoile encadrés par des moniteurs formés pour accompagner les handicaps mentaux, moteurs et sensoriels.

ÂNES ET ALPAGES

SERRAVAL
✆ 06 19 23 02 01
http://anesetalpages.blogspot.fr/
Label Handisport (moteur, mobilité réduite).En saison estivale. Label Famille Plus.

Et si vous découvriez la montagne autrement ? C'est ce que propose Dominique autour de promenades agréables, tranquilles et bucoliques avec des ânes de bât dans les Aravis sur un parcours accessible à tous. Depuis 2012, en partenariat avec l'association LIVE (loisirs identiques vacances ensemble), Dominique est en mesure de proposer des randonnées adaptées pour les personnes à mobilité réduite grâce à des véhicules à traction animale. Un moyen stable et sympathique pour profiter d'une belle balade dans la nature. Une belle initiative.

ÉCOMUSÉE DU LAC D'ANNECY ★★

Route de l'Église - **SÉVRIER** ✆ 04 50 52 41 05
www.ecomusee-lacannecy.com
Ouvert toute l'année. Se renseigner pour les ouvertures selon saisons. Adulte 6,50 €. Enfant 4,50 €.

Sont exposés ici les objets du quotidien des Savoyards. On y découvrira également l'histoire de la Savoie, celle du fameux chant des Allobroges évoquant les proscrits cherchant refuge dans l'Etat de Savoie après le coup d'état de Napoléon Bonaparte sans oublier les révolutions européennes de 1848. Des animations sont régulièrement proposées... Certaines d'entre elles sont adaptées aux déficients mentaux. Visite libre du musée agrémentée de jeux sensoriels et de fiches découverte adaptés. Mise à disposition d'un visioguide avec traduction de la visite en LSF.

COMITÉ DÉPARTEMENTAL DU TOURISME DE L'ISÈRE

44, quai de France
GRENOBLE
✆ 04 76 00 33 82
www.isere-tourisme.com

Pour celles et ceux qui se demandent encore ce qu'ils peuvent faire en Isère, direction le site Internet du Comité Départemental du Tourisme de l'Isère. Neige et sports d'hiver, loisirs de plein air, thermalisme et bien-être, gastronomie et restaurants… Sur ce site, on se débrouille avec le moteur de recherche général pour trouver les informations relatives au tourisme et au handicap. La liste des activités accessibles à tous les publics est plutôt bien fournie.

GÎTE LES TOURNESOLS*** €€

371, route de Vermenu
LES ABRETS EN DAUPHINÉ
✆ 04 76 31 00 69
www.gitelestournesols.fr/
Label Tourisme & Handicap (moteur, mobilité réduite, mental, malentendant, malvoyant).

Les Tournesols est un spacieux gîte de plain-pied de 183 m² pouvant accueillir jusqu'à 14 personnes. Ce gîte propose un bel espace de vie avec cuisine ouverte sur un séjour de 46 m² et un coin salon. Il est composé de 7 chambres avec 2 lits simples par chambre. Il dispose également d'une belle terrasse couverte et d'un terrain clôturé de 1 200 m². De quoi passer de belles vacances dans la campagne d'Isère. Accessible aux personnes handicapées. Balades en calèche. De nombreuses activités à proximité. Un lieu idéal pour se reposer.

MUSÉE DE GRENOBLE ★★

5, place de Lavalette - **GRENOBLE**
✆ 04 76 63 44 44
www.museedegrenoble.fr
Ouvert tous les jours, sauf le mardi, de 10h à 18h30. Adulte 8 € (collections et expositions). Gratuit -26 ans.

Fondé par Louis-Loseph Jey en 1796, la collection de ce musée est riche aussi bien artistiquement que quantitativement. Cet édifice vaste et lumineux aux lignes épurées consacre ses 18 000 m² aux expositions permanentes et temporaires, et abrite une importante bibliothèque spécialisée ainsi qu'un auditorium. Dans ce bel espace, toutes les époques sont présentées, de l'antiquité à nos jours ainsi que toutes les écoles, tous courants de peinture et toutes disciplines confondues. La collection relative au XXe siècle est impressionnante : elle est la plus riche de France après celle du Musée National d'Art Moderne à Paris. Cette visite constitue par conséquent une étape incontournable pour tous les amoureux de l'art. Accessibilité : dépose minute pour les personnes à mobilité réduite devant le musée au niveau de l'entrée du parking. Personnel formé aux différents handicaps. Handicap moteur : espace d'accueil et la billetterie équipés d'une banque surbaissée. La grande majorité des espaces est sur un seul plan. Seule la tour de l'Isle est inaccessible. L'accès aux collections se fait uniquement par ascenseur. Handicap mental : ateliers, outils pédagogiques et visites adaptés. Handicap visuel : chiens-guides acceptés. Visites sensorielles thématiques. Handicap auditif : auditorium équipé d'une boucle magnétique. Audio-guide équipé d'une boucle magnétique disponible à l'accueil du musée. Visites en lecture labiale possibles sur demande. Les médiateurs peuvent porter des oreillettes avec micro équipées d'une boucle magnétique.

Le musée de Grenoble, inauguré en 1994 abrite des collections d'art ancien, moderne et contemporain.

MUSÉE DE L'EAU 🏛 ★

Place du Breuil - **PONT-EN-ROYANS**
✆ 04 76 36 15 53
www.musee-eau.com
Ouvert toute l'année. Juillet et août 10h-20h. Autres saisons : se renseigner. Adulte 7 €.

Bien plus qu'un musée, ce lieu est un complexe audacieux qui mêle harmonieusement jeux et enjeux, sciences et poésie pour mieux découvrir l'eau. Le bâtiment contemporain est réalisé par Andrea Bruno. On entre dans cet univers par un énorme tuyau, comme une goutte d'eau puis l'on se laisse glisser d'activités interactives en salles de présentation. Une visite ludique, scientifique, culturelle et pédagogique. En prolongement du musée, le Bar à Eau propose une dégustation d'eaux de source venant des pays européens. Collection de bouteilles en verre à découvrir.

BISCUITERIE LOUVAT

452, route de Chartreuse
SAINT-GEOIRE-EN-VALDAINE
✆ 04 76 07 51 16
www.biscuiterie-louvat.com
Réservation obligatoire via le site Internet.

La Biscuiterie Louvat vous ouvre ses portes ! Découvrez d'un œil gourmand une biscuiterie dauphinoise au savoir-faire familial depuis 1954 : cakes, meringues pâtissières, rochers coco, macarons meringués, petits fours secs, sablés dauphinois, palets pépites chocolat, lunettes confiture... Tous sont fabriqués artisanalement d'après les recettes traditionnelles. Visite commentée et films sont au programme de ce parcours accessible aux personnes en fauteuil. Le magasin propose également différents produits régionaux à la vente.

MUSÉE ESPACE GILIOLI 🏛 ★★

Mairie
SAINT-MARTIN-DE-LA-CLUZE
✆ 04 76 72 52 91
www.trieves-tourisme.fr
Adapté au handicap moteur et mental, aux PMR et aux malentendants. Label Tourisme & Handicap.

Émile Gilioli est l'un des artistes les plus marquants de la sculpture abstraite d'après-guerre. Après avoir débuté sa carrière artistique à Grenoble, il s'est installé de 1942 à 1945 à Saint-Martin-de-la-Cluze où il travailla et participa à la vie du village. Un de ses ateliers est resté intact depuis sa disparition. Il est aujourd'hui ouvert au public. La découverte se poursuit par la visite de la chapelle de Pâquier, lieu d'inspiration du sculpteur qui repose aujourd'hui dans le cimetière qui entoure l'édifice. Accessible en fauteuil roulant avec aide.

OFFICE DE TOURISME DE CHARTREUSE - ENTREMONTS 📷

Maison Intercommunale
SAINT-PIERRE-D'ENTREMONT ✆ 04 79 65 81 90
chartreuse-tourisme.com
Adapté au handicap moteur.Fermé lundi, dimanche et jours fériés.

Quoi de mieux pour se ressourcer et vivre l'instant présent que des vacances dans le massif de la Chartreuse ? L'office de tourisme vous fournira toutes les informations pratiques nécessaires pour partir à la découverte de ses secrets et profiter de paysages époustouflants : cascades, hébergements insolites, spots de pêche... L'office, en collaboration avec de nombreux partenaires, propose également une offre de tourisme adaptée pour les personnes en situation de handicap.

GÎTE DU LAYON 🛏 €€

Col de Laye - **SAINT-SÉBASTIEN**
✆ 04 76 40 79 40
Tourisme & Handicap (moteur, mental, malentendant). Gîtes de France 2 épis. À partir de 420 €/ semaine. Animaux acceptés.

Dans un cadre magique surplombant la jolie commune de Saint-Sébastien, cette maison en bois sur pilotis installée au milieu d'une pinède offre un gîte de plain-pied entièrement accessible aux personnes en fauteuil roulant mais aussi aux clients handicapés autonomes ou accompagnés d'une tierce personne. La maison est mitoyenne de celle des propriétaires. A disposition : une salle à manger-cuisine, un salon avec coin TV, une chambre avec 1 lit 2 personnes, une chambre avec 1 lit double en mezzanine, 3 lits simples et une salle d'eau avec W.C.

CHÂTEAU DE BOËN - MUSÉE DES VIGNERONS DU FOREZ ★

Place de la République - **BOËN**
✆ 04 77 24 08 12
www.chateaumuseeboen.fr

Fermé de décembre à février. Label Tourisme & Handicap. Adapté au handicap moteur, mental, aux PMR et aux malvoyants.

Le château de Boën a été construit au XVIIIe siècle par l'architecte italien Dalgabbio. Il est le rare témoin de l'architecture néoclassique de l'époque et du plaisir de vivre d'une noblesse de province au temps des Lumières. Classé Monument historique, il possède une magnifique rotonde à l'italienne ainsi que des salles de réception à décor Louis XVI. Un remarquable tableau caravagesque attribué à Gioacchino Assereto accroché dans la cage d'escalier aurait été peint au XVIIe siècle. Le château accueille un musée interactif usant des technologies modernes pour mieux faire connaître le jus de la treille. Des documents sonores rendent la visite plus vivante et les vieux outils font comprendre au visiteur ce qu'était la vie quotidienne des vignerons foréziens au début du XXe siècle. Handicap moteur : présence d'un ascenseur et d'un monte-charge. Toilettes adaptées. Handicap visuel : chien guide autorisé. De nombreux écouteurs sont présents dans le musée et permettent de comprendre le travail et la vie quotidienne des vignerons du Forez. Présence de jeux sur l'œnologie mêlant le sens olfactif et plaisir de visite. Plans de visite en braille ou en gros caractère, remis à l'accueil. Handicap mental : films et d'écouteurs recréant des ambiances liées au travail et à la vie quotidienne des vignerons du Forez. Plans de visite simplifié, remis à l'accueil. Handicap auditif : films et de reconstitutions permettant d'appréhender le travail et la vie quotidienne des vignerons du Forez.

GÎTE CHEZ MICHEL ET MICHÈLE €€

Le Cor du Pré - **BULLY**
✆ 04 77 65 21 55.

Label Tourisme & Handicap (moteur, mobilité réduite, mental, malentendant).Gîtes de France (3 épis).

Cette maison 62 m2 indépendante de caractère avec ses pierres apparentes est située à proximité de la ferme du propriétaire. De plain-pied, elle est dotée d'une salle de séjour avec poutres et mur en pierre apparentes (canapé deux places), d'un coin-cuisine, d'une chambre et d'une salle d'eau. Les hôtes en situation de handicap visuel apprécieront les interrupteurs en couleur. En mezzanine, deux lits en 90 cm. Grande terrasse couverte, terrain avec pelouse, arboré et fleuri.

MUSÉE DU TISSAGE ET DE LA SOIERIE ★

Place Vaucanson - **BUSSIÈRES** ✆ 04 77 27 33 95
www.museedutissage.com

Accessible aux personnes à mobilité réduite, aux malvoyants et aux handicapés mentaux. Horaires variables selon saison.

En 1993, la municipalité achète l'ancienne usine Braud dans laquelle le musée viendra s'installer cinq ans plus tard. Dans un local de 560 m² canetière, ourdissoir, métier à bras, métier pick pick, métier éponge ou encore métier velours trouvent leurs places. La collection du musée se compose de milliers de pièces. Le visiteur pourra voir fonctionner des métiers anciens et repartir avec sa propre création ! Visites adaptés aux personnes déficientes mentales. Site accessible aux PMR.

CENTRE NAUTIQUE FOREZ AQUATIC

Allée du Parc - **FEURS** ✆ 04 77 26 24 54
www.feurs.org

Label Tourisme & Handicap (moteur, mobilité réduite, mental, malentendant, malvoyant). Ouvert toute l'année.

Située dans un vaste parc avec des installations telles que des tables de ping-pong, un terrain de beach volley et jeux d'enfants, le Centre Forez Aquatic est accessible à tous. L'établissement bénéficie d'un aménagement optimal des installations pour différents types de handicap : les personnes en fauteuil roulant, mais aussi ceux qui voient mal, ceux qui entendent mal sans oublier les personnes déficientes mentales. Il est possible de se restaurer dans le snack présent sur place.

LE CHALET DES ALPES €€

La Croix-de-Chaubouret - **LE BESSAT**
✆ 04 77 20 40 60
https://chalet-des-alpes.com

Ouvert toute l'année. Devis sur demande du lundi au vendredi de 8h à 12h et de 13h30 à 18h30. 170 couchages.

Le Chalet des Alpes est un centre d'hébergement collectif. Il accueille des associations, des familles, des comités d'entreprise, des centres de vacances... Sa situation est privilégiée à 1 200 m d'altitude, en plein Pilat, au départ des sentiers de randos. Il est possible d'y pratiquer de nombreuses activités comme le VTT, le ski de fond, les raquettes et des courses d'orientation. L'établissement est entièrement accessible aux personnes avec handicaps moteur et auditif : chambre adaptée à une circulation en fauteuil, présence d'un ascenseur, etc.

GÎTES DES NOËS €€

190, route de Saint Rirand - **LES NOËS**
✆ 09 71 72 36 65
www.gite-des-noes.fr/

Gîtes de France. Ouvert toute l'année. Pour 4 personnes (35 m², 2 chambres). Gîte à partir de 400 €.

Les Gîtes des Noës se compose de 8 résidences avec terrasse. Les chiens-guides sont acceptés. Le gîte L'abri des Noës est accessible pour les différents types de handicaps : moteur, visuel, auditif et mental. Il possède notamment, un parking privatif avec cheminement de plain-pied, une cuisine équipée de repères tactiles sur tout l'électroménager et les cheminements intérieurs et extérieurs contrastés. Un descriptif visuel et détaillé de l'hébergement est disponible sur le site internet et dans le gîte. Le jardin est clos et sécurisé.

OFFICE DE TOURISME DE MONTROND-LES-BAINS

125, avenue des Sources - **MONTROND-LES-BAINS**
✆ 04 77 94 64 74
www.forez-est.com

Lundi et samedi 14h-18h ; mercredi-vendredi 9h-12h et 14h-18h. Le dimanche matin en juillet/août et jours fériés 9h-13h.

L'office de tourisme saura vous faire découvrir la ville et les différentes activités qui s'y déroulent. Vous y trouverez des conseils avisés et des documents complets concernant les 42 communes qui composent Forez-Est. Le bureau pourra vous organiser différentes visites sur le patrimoine historique de la ville et sur le thème du thermalisme. Tout au long de l'année et plus particulièrement en été, de nombreuses animations sont organisées, n'hésitez pas à demander le programme.

GÎTE LES MÛRIERS*** €€

Le Bourg - **MORNAND-EN-FOREZ**
✆ 04 77 97 18 97
www.gites-des-muriers.com

Adapté au handicap moteur et mental, aux malentendants et malvoyants. De 260 à 620 €/semaine.

D'une superficie de 110 m², cette ancienne grange en pisé datant du XIXe siècle sans vis-à-vis est située dans sur une propriété de charme comprenant un autre gîte ainsi que l'habitation des propriétaires. Lumineux avec de grands volumes et des poutres apparentes, il comprend un séjour avec un coin cuisine, un salon, quatre chambres, deux salles d'eau avec W.C. Grande terrasse, parc arboré avec étang non clos (pêche possible). Un second gîte est ouvert à la location, d'une superficie de 90 m², dans une maison typique du Forez.

MOULIN DES MASSONS ★

799, chemin des Massons
SAINT-BONNET-LE-COURREAU ✆ 04 77 76 86 45
www.moulindesmassons.com

Adulte : 6 €. Enfant (de 8 à 16 ans) : 4,50 €. Label Tourisme & Handicap. Horaires variables selon les saisons.

Au hameau des Massons, le moulin à huile, la scierie et les traditions locales prennent vie sous vos yeux ! Le site bénéficie d'aménagements techniques pour faciliter la compréhension des personnes malentendantes (sonorisation, panneaux...), guide de visite écrit et visites en langage des signes pour groupes. Et pour les personnes handicapées mentales : visites adaptées avec des guides formés et document d'accompagnement de visite spécialisé. Les espaces sont entièrement adaptés aux fauteuils roulants et aux personnes à mobilité réduite.

ADT LOIRE

22, rue Paul Petit - **SAINT-ETIENNE**
✆ 04 77 59 96 97
www.loiretourisme.com

Ouvert du lundi au vendredi de 9h à 18h. Pour les informations touristiques : ouvert du lundi au vendredi de 9h à 17h.

L'Agence de Développement Touristique de la Loire a pour objectif de valoriser la beauté du département. Vous y trouverez toutes les informations nécessaires en les contactant ou en vous rendant sur le site Internet, que ce soit pour connaître les balades nature, le patrimoine architectural, les manifestations pour adultes mais aussi pour le jeune public... Vous pourrez y découvrir les produits du terroir, les détentes avant l'hiver, les hébergements insolites, les villages de caractère, les randonnées... Il y en a pour tous les goûts et toutes les envies !

SAINT-ÉTIENNE HORS CADRE

16, avenue de la Libération - **SAINT-ETIENNE**
✆ 04 77 49 39 00
www.saint-etienne-hors-cadre.fr

Du mardi au samedi 10h à 13h et 14h à 18h. Fermé le 1er janvier, le 1er mai, le 1er novembre et le 25 décembre.

L'office de tourisme de Saint-Etienne Métropole vous propose toutes les informations nécessaires pour un séjour sur Saint-Etienne et son agglomération. Différents supports sont mis à votre disposition prospectus mais aussi tablettes. Lieu d'échanges, des expositions et animations y sont régulièrement proposées. L'Office de tourisme dispose également d'une boutique bien achalandée où vous pourrez trouver différents produits locaux : livres régionaux, objets de design, gastronomie locale... On regrette de ne pas trouver de rubrique dédiée au handicap sur le site.

OFFICE DE TOURISME DU HAUT-PILAT

1, rue du Feuillage - **SAINT-GENEST-MALIFAUX**
✆ 04 77 51 23 84
www.pilat-tourisme.fr
Haute saison : mar-sam 9h30-12h30/14h-18h, dim 9h30-12h30. BS : mar et mer 9h-12h/14h-17h, sam 9h-12h.

L'office de tourisme du Haut-Pilat se tient à votre disposition pour vous transmettre les bonnes adresses et les jolis endroits à découvrir au sein du Parc naturel régional. Amoureux de la nature, découvrez le Pilat autrement : jeux de piste, Pilat à vélo, virée gourmande, balade en raquettes, nuit au refuge, sensations fortes... En solo ou en famille, l'OT vous propose des activités et hébergements en fonction de vos intérêts et de vos handicaps.

CHAMBRE D'HÔTES CHEZ DAGUET

Daguet - **SAINT-JODARD**
✆ 04 77 63 45 34
Gîtes de France (3 épis). Ouvert toute l'année. Pour 7 personnes (3 chambres). Salon de jardin, lave-linge. Jardin.

Dans ce petit village situé sur la route touristique des gorges de la Loire, Claudie et Philippe ont aménagé trois chambres d'hôtes dans une belle maison en pierre. Deux d'entre elles sont de plain-pied avec terrasse (2 lits 90 cm + 1 lit 160 cm) dont une entièrement équipée pour recevoir des hôtes handicapés. La chambre située à l'étage est idéale pour accueillir une famille (trois lits de 90 cm). Les chambres d'hôtes sont toutes pourvues d'un séjour, d'un coin salon et d'une cuisine.

MAMC DE SAINT-ÉTIENNE MÉTROPOLE

Rue Fernand-Léger
SAINT-PRIEST-EN-JAREZ
✆ 04 77 79 52 52
www.mam-st-etienne.fr
De 10h à 18h lundi, mercredi, jeudi et vendredi ; de 10h à 18h30 samedi et dimanche. Tarif 6,50 €.

Le musée, par sa collection majeure des XXe et XXIe siècles, figure parmi les plus importantes institutions d'art moderne et contemporain en France. Les salles sont accessibles aux visiteurs à mobilité réduite. Le musée dispose également d'une boucle sonore qui permet aux visiteurs malentendants de bénéficier d'un confort d'audition. Pour améliorer le confort de visite, le musée met également à disposition des cannes sièges et fauteuils roulants.

CHAMBRES D'HÔTES DU PLATEAU DE LA DANSE €€

Boulain - **SAINT-VICTOR-SUR-LOIRE**
✆ 04 77 90 36 90
http://leplateaudeladanse.com
Adapté au handicap mental et aux malentendants. Piscine. CB non acceptée. Label Tourisme & Handicap. Animaux interdits.

A une quinzaine de minutes de Saint-Étienne, Martine et René Joseph ont aménagé 6 chambres dans leur ferme du XVIIIe siècle dont certaines avec vue sur les gorges. Confortables et dotées chacune de sanitaires privés, elles se partagent un espace commun comprenant salon avec cheminée, téléviseur à écran plat, séjour et belle cuisine équipée. Pour les poètes, une source coule dans le jardin. La campagne environnante offre de nombreux parcours de balades et randonnées.

LES ÉTOILES DU FOREZ** €€

Rue des Métiers - **SAVIGNEUX** ✆ 04 77 96 00 96
www.lesetoilesduforez.com
Label Tourisme & Handicap. Adapté aux différents handicaps : moteur, PMR, mental. malvoyant. Dés 69€

Les Étoiles du Forez est un hôtel idéalement situé à l'entrée de l'agglomération de Montbrison. Chaque chambre est équipée d'une salle de bain privative avec douche, WC, sèche-cheveux et d'une télévision à écran plat. Quatre d'entre elles sont adaptées aux personnes à mobilité réduite mais aussi malvoyantes. Le petit déjeuner est servi dans la salle de séminaire ou dans la véranda. Dans ce cadre chaleureux et authentique règne une atmosphère paisible. Le personnel vous offre un service d'assistance pour les visites touristiques et achat de billets au besoin.

DOMAINE DE VEAUCHETTE EN FOREZ*** €€

Chemin de Grangeneuve - **VEAUCHETTE**
✆ 06 34 66 33 69
www.domainedeveauchette.com
Label Tourisme & Handicap. Le gîte 4/6 personnes est adapté : 125 € la nuitée, 190 € le week-end, 550 € la semaine.

Le domaine propose un complexe d'hébergement touristique atypique à Veauchette. Douze chalets sont implantés en bord d'étang dont deux bâtis sur pilotis avec une terrasse privative qui donne sur l'eau. Destinée à toute personne en quête de dépaysement, cette structure s'adresse plus particulièrement aux pêcheurs, amateurs de randonnée ou de VTT... Ce site offre un hébergement de qualité sous une forme de tourisme en totale harmonie avec un environnement naturel et humain préservé !

LE MAS DE LA FARGE €€

AMBERT

✆ 04 73 90 00 15

Label Tourisme & Handicap (moteur, mobilité réduite, mental, malentendant, malvoyant). Ouvert toute l'année.

Cette maison indépendante de 168 m² est située dans un petit hameau du Parc naturel régional du Livradois-Forez. Au rez-de-chaussée : salle de séjour, salle à manger, cuisine, une chambre accessible (lit en 160 cm), une salle d'eau et des W.C adaptés. A l'étage : coin salon, quatre chambres (six lits pour une personne), salle de bains et toilettes. Vous pourrez profitez de la belle terrasse, du terrain attenant (non clos). Parking privé. Commerces à 4 kilomètres (Ambert). Un lieu charmant et accueillant labellisé Tourisme & Handicap.

LAC CHAMBON ★★

CHAMBON-SUR-LAC

Label Famille Plus. Ouvert toute l'année. Baignade surveillée en juillet et août. Location pédalos et canoës.

Le lac Chambon est un lieu de villégiature très prisé des locaux. Labellisé Famille Plus et Tourisme & Handicap (moteur, mental et malentendant), des espaces accueillent les baigneurs avec une plage de sable surveillée en été, une pelouse aménagée ainsi que de nombreuses possibilités d'activités nautiques (planche à voile, location de bateaux à pédales et de canoës…). Une aire de jeux ravira les plus jeunes et une pataugeoire est accessible aux moins de 12 ans pendant les vacances. Les familles retrouveront tout le confort pour passer de belles journées.

KIZOU AVENTURES

19, rue de l'Eminée - **CLERMONT-FERRAND**

✆ 04 73 28 29 45

http://clermont.kizou.fr

Ouvert toute l'année. Horaires variables, voir site web. De 3 à 14 ans : 9,75 €. Adulte : 2 €, boisson chaude offerte.

« Dans un ciel rempli d'étoiles, Kizou est né, roux comme son papa et tendre comme sa maman. Kizou est un enfant très sage et obéissant mais il est très curieux et aussi très gourmand. Il adore voyager aux côtés de ses parents dans le temps et l'espace »… Découvrez avec Kizou le Moyen Age, les Gaulois, la Belle Époque, le temps des mammouths et le futur avec des jeux d'extérieur et d'intérieur. Ludique, pédagogique et accessible aux personnes en fauteuil. L'occasion de faire une sortie sympathique en famille où les petits comme les grands s'amuseront.

L'AVENTURE MICHELIN ★★★

32, rue du Clos-Four - **CLERMONT-FERRAND**

✆ 04 73 98 60 60

laventure.michelin.com

Ouverte toute l'année sauf janvier. Consulter les horaires sur site internet. Adulte : 11 €. Enfant 7-17 ans : 7 €.

Michelin et le Puy-de-Dôme, c'est toute une histoire. Sans l'entreprise française née en 1889, la ville de Clermont-Ferrand n'aurait sans doute pas ce visage. Mais qu'est-ce qui a fait le succès de l'entreprise ? Sur ses 2 000 m² d'exposition et au travers d'une scénographie moderne, vivante et ludique, l'Aventure Michelin propose de découvrir une exposition chronologique et thématique dédiée au passé, au présent et au futur du groupe Michelin.

▸ **Visiteurs sourds et malentendants.** Possibilité de réserver vos billets à distance par internet, accueil équipé d'une boucle magnétique. Visite libre de l'exposition. Pour les visiteurs désirant utiliser un audioguide, des colliers magnétiques sont mis gratuitement à votre disposition à l'accueil. Pour les visiteurs en situation de handicap auditif, des visioguides LSF sont mis à disposition et les pistes audio des smartguides sont entièrement retranscrites en texte. En visite groupe (guidée ou autonome) : visite avec traducteur en LSF. Pour des raisons de sécurité et de confort de visite, le nombre de visiteurs sourds et malentendants est limité à 10 personnes par groupe. Renseignements et réservation au 04 73 98 60 63.

▸ **Visiteurs en situation de handicap cognitif.** La visite de l'Aventure Michelin est une visite vivante et multi-sensorielle favorisant une approche ludique et accessible de l'histoire de la manufacture Michelin. L'ensemble de l'exposition repose sur différents médias intuitifs. En visite individuelle : un livret-jeu permet une visite ludique en famille. Des audioguides et smartguides sont disponibles à l'accueil afin de faciliter la découverte de l'Aventure Michelin et apporter des compléments à la visite.

▸ **Visiteurs à mobilité réduite.** La totalité de l'exposition est accessible aux personnes à mobilité réduite. Des ascenseurs permettent d'accéder aux différents niveaux. Dans le parcours de visite, des bancs sont répartis au sein des espaces et des sièges pliants sont à disposition pour une pause agréable. Un fauteuil roulant est en prêt gratuitement à l'accueil.

▸ **Visiteurs non-voyants et malvoyants.** Un parcours sensoriel est spécialement développé pour les personnes non-voyantes ou malvoyantes avec maquettes tactiles, bornes sonores et supports olfactifs. Visite de l'exposition en autonomie complète avec un audioguide. Le temps de visite est estimé à 2h30 environ. Visites thématiques en tandem avec audioguide pour approfondir 4 thèmes au choix du parcours de visite : la saga Michelin, Bibendum, itinéraire bis (cartes et guides), fabriquer un pneu. Chaque visite dure 1h maximum.

LES GÎTES DES 5 CHEMINS €€

Lieu-dit Champille - **MAZAYE**
✆ 06 30 56 32 31
www.lesgitesdescinqchemins.com
Label Tourisme & Handicap (moteur, mobilité réduite, malentendant). Ouvert toute l'année. Pour 14 personnes.

Les cinq gîtes et la salle commune sont totalement accessibles aux clients en situation de handicap moteur. La table de salon, le plan de travail de la cuisine sont adaptés pour l'accessibilité au fauteuil. Pour la salle de bain un passage libre est présent sous l'évier, l'accès à la douche est totalement direct. Pour pouvoir vous déplacez en toute autonomie, une coursive couverte relie tous les gîtes et la salle commune. Le parking privatif est équipé d'allée en béton pour rejoindre les gîtes. Possibilité de vous fournir des lits médicalisés.

LE RELAIS DES PUYS*** €€

59, route de la Baraque - **ORCINES**
✆ 04 73 62 10 51
www.relaisdespuys.com
30 chambres (10 familiales) : double de 95 à 126 €, triple de 108 à 153 €. 2 suites. Restauration : menus 27 à 47 €.

Cet établissement est tenu par la même famille depuis sept générations. Le Relais cache derrière sa façade un petit bijou d'intérieur rustique où se mêlent délicatement l'omniprésence du bois, de grandes ouvertures et des tables ornées avec goût. Toutes les chambres sont dotées d'équipements fonctionnels : wifi et prise Internet, TV avec Canal + et satellite. Six chambres ont obtenu le label Tourisme et Handicaps pour leur accessibilité aux clients en situation de handicap. Vous serez agréablement surpris par leur espace bien-être : sauna, hammam, etc.

BASILIQUE SAINT-AMABLE ★

Place de la Fédération
RIOM
✆ 04 73 38 59 45
Ouvert tous les jours de 9h à 18h. Visite guidée sur demande par le Pays d'art et d'histoire de Riom.

L'église primitive construite par saint Amable en 450 fut remplacée au XIIe siècle par un édifice roman. Seules les trois nefs sont d'origine romane, le chevet à déambulatoire a été construit dans un style gothique au XIIIe siècle. Au XIXe siècle est réalisé un nouveau clocher. Les boiseries anciennes remontent à 1687. La grande sacristie est accessible lors des fêtes de la Saint Amable. Une maquette tactile et des documents en caractères agrandis facilitent la visite des non-voyants. L'intérieur est relativement accessible pour tous.

PARC PÉDAGOGIQUE ★

Route de Murol D996 - **SAINT-NECTAIRE**
✆ 04 73 88 66 81
www.parc-pedagogique-saintnectaire.fr
Ouvert tous les jours : fév-oct 14h30-17h, été 10h30-11h30 et 14h30-18h30. Adulte 9,50 €. Enfant 7,50 €, -2 ans gratuit.

Myocastors, chiens de prairie, saarloos, marmottes, rennes, wallabies, kangourous gris, mouflons corses, alpagas côtoient les plus traditionnels animaux de la ferme pour le plus grand bonheur des petits pouvant les approcher sans crainte. Les animaux évoluent en liberté dans un vaste parc au parcours bien aménagé, en visite libre et guidée. Participez aux soins avec l'équipe du parc et donnez à manger aux wallabies. Tout est prévu pour les familles avec leurs bambins. Un espace couvert est à disposition pour piqueniquer. Produits à base d'huile de myocastor.

VOLCAN DE LEMPTEGY ★★

Les Maisons Rouges - **SAINT-OURS**
✆ 04 73 62 23 25
www.auvergne-volcan.com
Ouvert de février à la Toussaint : détails sur le site. Adulte : 12,50 à 17,50 €. Enfant (4-12 ans) : 10 à 14,50 €.

Situé au cœur de la chaîne des Puys, le Volcan de Lemptégy vous invite à découvrir son histoire en visitant un paysage hors du commun, où se mêlent bombes volcaniques, cheminées ou coulées de lave. A pied ou en petit train (2h30) qui peut accueillir 2 fauteuils, les amateurs vont vous initier au volcanisme grâce au visuel et au toucher. Le Volcan à Ciel ouvert raconte l'histoire géologique du puy de Lemptégy, témoin des éruptions passées de la chaîne des Puys. De juin à août, spectacle nocturne au cœur du volcan, *La nuit où le volcan se réveille*.

L'AUBERGE DU BOUGNAT €€

SAINT-VICTOR-LA-RIVIÈRE
✆ 04 73 88 67 84
www.aubergedubougnat.com
Label Tourisme & Handicap (moteur, mobilité réduite, malentendant).Logis. Maître Restaurateur. Ouvert toute l'année.

Vous recherchez une cuisine du terroir savoureuse et créative ? Direction L'Auberge du Bougnat ! Dans un cadre chaleureux et rustique, vous apprécierez la douceur et le calme de ce lieu niché dans la verdure. Delphine vous accueille en salle tandis que la cuisine d'Olivier ne vous laissera pas indifférent. Les produits sont frais, et les plats goûteux et généreux. De nombreuses spécialités complètent la carte comme le filet de truite en croûte de cantal. Un restaurant idéal pour découvrir les spécialités régionales de qualité.

LAPRUN MARIE €€

Chantemerle, Chantemerle en Morne
BEAUJEU
✆ 04 74 04 89 26
3 chambres. Chambre double dès 62 €. Table d'hôtes dès 23 €.

A Beaujeu, au cœur du vignoble, Marie et Philippe vous accueillent dans leurs 3 chambres d'hôtes dont une labellisée Tourisme & Handicap. Elles sont soigneusement décorées, avec du bois et des tons apaisants. Au rez-de-chaussée, vous profitez d'une agréable pièce de jour, avec un coin salon et repas, un réfrigérateur et un petit coin cuisine pour vivre en parfaite autonomie. Vous pouvez aussi profiter de la table d'hôtes sur réservation. Initiation à la dégustation animée par Philippe, œnologue, pour 4 à 6 personnes. Une chambre accessible aux PMR.

MUSÉE DE LA BLANCHISSERIE ★

104, rue Joachim-Gladel
CRAPONNE
✆ 04 78 44 31 36
Le samedi de 10h à 12h (hors saison).

Dès le XVIIIe siècle, des blanchisseurs lavaient au bord de l'Yzeron ou du Ratier le linge des enfants mis en nourrice. Le musée, accessible aux personnes handicapées moteur, est situé dans l'ancienne usine de Joseph Gladel, fabricant de machines à laver, et témoigne de leur histoire : animé par des anciens blanchisseurs, il retrace la vie de la « buye » (lessive en patois). Possibilité de participer à des visites commentées par d'anciens blanchisseurs.

HANDI CAP ÉVASION (HCE)

32, chemin de La Creuzette
FONTAINES-SUR-SAÔNE
✆ 04 78 22 71 02
www.hce.asso.fr

Handi Cap Évasion a vu le jour dans les Hautes-Alpes et s'est depuis développée dans tout l'Hexagone et à l'étranger, avec des antennes dans plusieurs régions (coordonnées sur le site). Elle promeut l'organisation de randonnées pédestres associant personnes en situation de handicap physique (moteur ou sensoriel) et personnes valides. Elle propose un riche programme de randonnées, en groupes, avec des joëlettes. Des randonnées à la journée sont régulièrement programmées, mais aussi des week-ends ou des séjours d'une semaine en France ou au Maroc.

BASILIQUE NOTRE-DAME DE FOURVIÈRE ★★★★

8, place de Fourvière
LYON (5e)
✆ 04 78 25 13 01
www.fourviere.org
Ouvert tous les jours de 7h à 19h. Visites guidées.

De construction « tardive » (fin du XIXe siècle), la basilique Notre-Dame de Fourvière est devenue le premier symbole de Lyon. Dominant la ville du haut de la « colline qui prie », la basilique fascine et intrigue par sa blancheur et ses lignes inhabituelles pour un édifice religieux, lui conférant le titre affectueux « d'éléphant retourné ». L'imposant édifice a été construit à l'emplacement d'un sanctuaire marial sur lequel était bâtie une petite chapelle dédiée à la Vierge. C'est en 1870 que l'archevêque Jacques Ginoulhiac prononce le vœu d'agrandir le sanctuaire si la ville est épargnée par les armées prussiennes. La ville étant épargnée, c'est le 7 décembre 1872 que la première pierre de l'édifice imaginé par l'architecte Pierre-Marie Bossan est posée. Fourvière est une véritable « citadelle mystique » faite de pierres brutes, flanquée de quatre tours lui donnant l'aspect d'une forteresse de la foi. C'est aussi de la dentelle de pierres finement ciselées, pourvue d'une abondante décoration de mosaïques, le tout inséré dans un style byzantin peu utilisé en France. De la crypte obscure à l'église lumineuse, c'est tout un parcours symbolique qui s'offre au visiteur. Alors que les décors étaient loin d'être achevés - ils ne le seront qu'en 1964, soit un siècle après le début des travaux ! -, la consécration de Notre-Dame de Fourvière a lieu le 16 juin 1896. Aujourd'hui, la basilique reste le monument le plus visité de la région Auvergne-Rhône-Alpes. Pour accéder à Fourvière, privilégiez le métro (funiculaire au départ du Vieux Lyon), car les places de parking sont rares. A la sortie du métro, Fourvière impressionne le visiteur par sa façade occidentale blanche. Depuis le parvis, on peut accéder aux deux églises qui composent l'édifice. L'église basse, qui n'est pas vraiment une crypte, offre un vrai cheminement tel un pèlerinage. L'église haute, accessible par des escaliers à double volée, présente des mosaïques relatant l'histoire de la Vierge Marie. Le musée de Fourvière, actuellement en rénovation, abrite de superbes pièces d'orfèvrerie sacrée. Autre visite à faire absolument, celle des Toits de Fourvière. Après avoir monté 345 marches, le visiteur atteint le paradis en marchant sur les toits de la basilique, découvrant l'envers du décor. Le panorama qui s'ouvre là-haut est fantastique. Fourvière, la plus belle « vision » de Lyon. Le site est ouvert à tous et il dispose de toilettes adaptées ainsi que d'un parking.

Basilique Notre-Dame de Fourvière.

COMITÉ DÉPARTEMENTAL DU TOURISME

29-31, cours de la liberté
LYON (3e)
✆ 04 72 56 70 40
Accueil téléphonique.

Il n'est pas indispensable de se rendre à cette adresse qui ne dispose pas d'accueil spécifique, mais sur simple appel ou via Internet, toute la documentation souhaitée vous est transmise. Patrimoine, histoire, produits du terroir, événements, sports, hébergement, restauration sont autant d'informations disponibles et tenues à jour. Des circuits thématiques sont organisés pour découvrir les quatre pays du département : Grand Lyon, Lyonnais, Pays Beaujolais et Pilat Rhodanien.

MUSÉE URBAIN TONY GARNIER ★★

4, rue des Serpollières - **LYON** (8e)
✆ 04 78 75 16 75
www.museeurbaintonygarnier.com
Accueil boutique du mar au sam 14h-16h. Visite appart du mar au sam à 14h30 et 16h30. Accès libre parcours permanent.

A partir de 1988, les artistes de Citécréation réalisent des peintures monumentales sur les murs du quartier : c'est la naissance du Musée urbain Tony Garnier. La visite ouverte à tous se déroule avec un guide ou un audio-guide disponible en plusieurs langues : 25 peintures murales, un appartement-témoin qui restitue l'atmosphère des années 1930, un espace d'accueil et d'expositions temporaires et un abri antiaérien datant de la deuxième Guerre mondiale.

GÎTE RURAL DE CHASSAGNE €

THURINS ✆ 04 72 77 17 50
www.gites-de-france-rhone.com/
Label Tourisme & Handicap (moteur, mobilité réduite, mental, malvoyant).Ouvert toute l'année.

Dans l'ouest de Lyon à une vingtaine de kilomètres du centre-ville, Thurins est la capitale de la framboise. Ici, un gîte pour quatre personnes est entièrement accessible de plain-pied avec deux chambres adaptées comprenant des espaces de rotation de bonne dimension, une salle de bains avec douche au sol, lavabo et toilettes surélevées. Un agréable séjour vitré offre une vue imprenable sur les monts du Lyonnais. Petit bémol : dans la cuisine, évier et plaques ne peuvent être utilisés en fauteuil. Mais si besoin particulier, n'hésitez pas à appeler en amont.

CENTRE PILOTE D'ESCALADE ET D'ALPINISME

1, rue des Vergers - **VAULX-EN-VELIN**
✆ 04 72 04 37 01
www.cpeavv.com
Label Handisport (moteur, mobilité réduite, mental, malentendant, malvoyant).Ouvert toute l'année.

Le CPEA-VV accueille des groupes venus de centres spécialisés (IME, IMPRO, Esat, ADAPEI) pour des séances d'escalade adaptées. Accessibles à tous (IMC, handicapés sensoriels, traumatisés crâniens), les séances sont préparées par l'équipe d'encadrant des centres. Également : cours particuliers individuels, formation escalade et handicap destinée aux professionnels de santé, intégration de grimpeurs handicapés (handicap sensoriels) au cours d'escalade adultes.

MUSÉE FAURE ★

10, Boulevard des Côtes
AIX-LES-BAINS
✆ 04 79 61 06 57
www.aixlesbains.fr
Ouvert toute l'année, mer-lun 10h-12h30/14h-18h. Fermé les 01/05, Adulte 5 €.

Le musée Faure est un joyau niché à Aix-les-Bains. Fondé en 1949, il s'agit du deuxième musée français consacré à Rodin, après celui de Paris. On y retrouve les différentes périodes de l'artiste. Il expose de magnifiques bronzes représentant le travail de Rodin des années 1880 à 1917. On doit cette impressionnante collection permanente au docteur en pharmacie Jean Faure, également collectionneur. Le musée Faure présente ainsi son legs : tableaux et sculptures de Corot, Fantin-Latour, Jongkind, Sisley, Cézanne, Pissarro, Degas, Bonnard ou Vuillard se laissent admirer dans l'intimité. Des splendides et rares expositions temporaires complètent les activités artistiques de ce musée qui propose également au public en situation de handicap visuel une découverte de deux tableaux majeurs de la collection permanente en s'appuyant sur des reproductions tactiles. Livrets explicatifs et audioguides à disposition. Les reproductions tactiles se présentent sous la forme de planches PVC de format A3 sur lesquelles sont imprimées en couleurs les photographies des deux tableaux originaux. Une surimpression en résine fait apparaître les éléments des tableaux en relief. Ces planches tactiles sont installées sur des pupitres, face aux toiles, à une distance réglementaire. Des livrets explicatifs sont proposés en braille, en gros caractères et en version audio. Ces livrets présentent l'historique du Musée, une description sommaire des deux tableaux ainsi que des plans des salles en relief. Jardin en libre accès.

PARC NATIONAL DE LA VANOISE

✆ 04 79 62 30 54
www.vanoise-parcnational.fr/fr
Animations en saison touristique.

Créé en 1963, le Parc national de la Vanoise était le premier parc français. Il continuait ainsi le Gran Paradiso italien, situé de l'autre côté de la frontière. Le Parc national de la Vanoise fait son possible pour que la nature soit accessible à tous. Cela commence dès son site Internet qui est adapté à la plate-forme de connexion ou au handicap de l'internaute (possibilité d'agrandir l'affichage, sons, films...). Le Parc national de la Vanoise s'engage dans l'accueil des personnes en situation de handicap : animations, outils de découverte, bâtiments accessibles... Handicapés moteur : un cheminement dallé au refuge-porte de Plan-du-Lac permet aux personnes en fauteuil d'accéder à des panneaux d'informations installés à hauteur de fauteuil et de rejoindre la terrasse. Un module tout chemin est gratuitement mis à disposition des visiteurs pour renforcer la stabilité et la maniabilité de leur fauteuil. Le bâtiment du refuge de Plan-du-Lac, celui de Rosuel et de l'Orgère sont accessibles. Handicap visuel : des silhouettes en relief (paysages, faune....) ont été installées autour du refuge-porte de Plan-du-Lac et des plaques tactiles en laiton gravé se trouvent sur les panneaux d'informations permettant à tous d'avoir une approche tactile des informations transmises. Des outils audio-tactiles sont également disponibles. Handicap auditif : l'association Les Montagnes du silence organise depuis 3 ans des stages de découverte ; les gardes-moniteurs participent à l'encadrement.

SAVOIE MONT BLANC

81, rue François Guise
CHAMBÉRY
✆ 0 820 00 73 74
www.savoie-mont-blanc.com
Liste des stations équipées sur le site.

La beauté et la variété des paysages de Savoie et du massif du Mont-Blanc se caractérisent par des dénivellations très variées. En conséquence, les niveaux de difficulté des itinéraires de cyclotourisme rencontrés par les amoureux de la petite reine sont tout aussi variés. Si les grands cols alpins du Tour de France vous font toujours rêver, les kilomètres de véloroute dont certaines portions font partie de la fameuse « Léman-Méditerranée » font l'unanimité. La région propose une offre adaptée aux personnes handicapées sur son site.

AUX CHANTS DES SAISONS*** €€

Route de Vizeron - **GILLY-SUR-ISÈRE**
✆ 04 79 31 35 76
http://gite-auxchantsdessaisons.fr
Gîtes de France (3 épis). Week-end 2 nuits : 130 € ; week-end 3 nuits : 190 € ; semaine de 340 € à 490 €.

Le logement entier est adapté pour les quatre handicaps. Deux fauteuils peuvent être prêtés : le lomo 360 se fixe sur votre fauteuil et vous offre des déplacements plus souples sur chemins ou voies pavées ; le fauteuil aqua vous permet de vous doucher dans les meilleures conditions avec plus d'autonomie. Possibilité de vous faire également livrer sur place du matériel adapté : lit médicalisé, oxygène, potence pour le lit, table repas, lève-personne...

AU BALCON DU LAC*** €€

Le Petit-Villard
LA CHAPELLE-DU-MONT-DU-CHAT
✆ 04 79 25 27 52
Label Tourisme & Handicap (moteur, mobilité réduite, mental, malentendant). Ouvert toute l'année.

Installé dans un vieux village rural, le gîte Au Balcon du Lac assure un hébergement soigné, confortable et chaleureux. D'une superficie de 80 m², il est accessible aux personnes en situation de handicap. Des rampes inclinées amovibles compensent notamment les 4 cm de hauteur des seuils des portes-fenêtres. La terrasse domine le lac et fait face au massif des Bauges. Labellisé Tourisme & Handicap, il saura vous accueillir dans les meilleures conditions. A noter également que les animaux sont acceptés. Accueil paysan dans la convivialité.

MAISON DES CONTES DE FÉES

48, impasse du Bois Dormant
NOTRE-DAME-DE-BELLECOMBE
✆ 04 79 31 07 79
www.maisondescontes.fr
Ouvert toute l'année. Tous les jours de 10h à 19h. Gratuit jusqu'à 3 ans. Adulte : 7 €. Enfant : 5,50 €.

Il était une fois… Dans ce musée fantastique, petits et grands s'émerveillent de croiser lutins et fées, elfes et loups… Des ateliers loisirs créatifs sont proposés sur réservation. Petite restauration et goûter sur place. Une visite idéale en famille. Et si vous êtes envoûté au point de vouloir prolonger le rêve, une chambre d'hôtes vous accueille. L'ensemble de l'établissement est accessible aux visiteurs handicapés qui sont les bienvenus. Trois toilettes leur sont réservées.

ANTENNE HANDICAP

Bâtiment Aime 2000
LA PLAGNE TARENTAISE
✆ 04 79 09 13 80
Handiski. Toilettes adaptées.

De très nombreuses activités sont mises en place par l'association Antenne Handicap pour rendre accessible la pratique des sports de montagne à tous, quel que soit le handicap. Basée à Aime-la-Plagne, station disposant d'une totale accessibilité avec rampes d'accès, toilettes, cabines téléphoniques, places de parking et commerces adaptés aux personnes à mobilités réduites. Antenne Handicap met à disposition un parc de matériel adapté et diversifié : des dualskis, uniskis, GMS ou encore des fauteuils tout-terrain, des Joëlettes, etc.

CENTRE ANAÉ CHALET DE LA GRANDE CASSE €€

Avenue de la Grande Casse
PRALOGNAN-LA-VANOISE ✆ 06 07 19 88 24
www.anae.asso.fr
Label Tourisme & Handicap (moteur et mobilité réduite).Ouvert toute l'année. Tarifs sur demande.

Aux portes du Parc National de la Vanoise, découvrez le plaisir de la montagne en toutes saisons au rythme d'un petit village authentique et familial. Le Centre Anaé Chalet de la Grande Casse vous accueille dans cet endroit unique où la détente et le sport plaisir sont véritablement accessibles à tous. Le rez-de-chaussée est accessible aux personnes handicapées moteur, 13 lits sont également entièrement mis à leur disposition ainsi que deux salles d'eau aménagées et deux WC adaptés.

HÔTEL ALLODIS**** €€€

1143, Le Belvédère
MÉRIBEL
✆ 04 79 00 56 00
www.hotelallodis.com
Label Tourisme & Handicap (moteur ; mobilité réduite). Ouvert en saison hivernale.

Cet hôtel 4 étoiles coconing à 1 700 m d'altitude, à la façade de caractère, affiche une ambiance à la fois autrichienne et baroque. Le bois prédomine partout : pin d'Orégon pour les murs et plafonds, pin cembro et arolle pour le mobilier. Les détails ponctuent la respiration et le regard : un cœur enlacé, un piano dans le bar, des chauds tissus, des chambres spacieuses, un sèche-chaussures dans les armoires... Deux chambres sont adaptées aux personnes à mobilité réduite. Une adresse qui fait du repos un art de vivre à part entière !

CENTRE ANAÉ CHALET DE L'ORNON €€

Chalet de l'Ornon - **SAINT-SORLIN-D'ARVES**
✆ 04 79 59 70 59
www.anae.asso.fr
Label Tourisme & Handicap (moteur et mobilité réduite).Ouvert toute l'année. Tarif sur demande et devis.

L'Ornon vous accueille dans son agréable environnement traditionnel de 1 500 m² où sont répartis 93 lits dans 24 chambres dont 13 dotées de salle de bain privatives pouvant accueillir entre 3 et 5 personnes. Vous profiterez de la salle d'animation et de son bar pour vous détendre après une journée bien remplie ou de la salle TV. Sur place, profitez aussi de la cuisine familiale et équilibrée du Chef à moins que vous n'optiez pour une formule pique-nique.

HANDISKI

- Aillons-Margériaz. SMB Handiski.
- Arêches-Beaufort. SMB Handiski. Sur présentation de la carte d'invalidité : réduction de 50 % sur les forfaits journée, 1/2 journée et 7 jours. La station dispose d'un uniski, d'un GMS, d'un fauteuil-ski, d'une paire de grands Stabilos. A l'école de ski : moniteurs diplômés ski-assis et qualifiés pour l'encadrement de skieurs malvoyants. Infos au Tél. 04 79 32 53 70.
- Aussois. SMB Handiski
- Bessans. SMB Handiski. Plusieurs accès aux pistes de ski nordique. La station dispose de 2 fauteuils-ski. Forfait de ski de fond gratuit pour l'accompagnateur. L'ESF dispose de moniteurs diplômés ski assis. Infos 04 79 05 80 05 ou 06 80 26 15 71).
- Chamonix Mont-Blanc. SMB Handiski
- Champagny. SMB Handiski. Encadrement par un moniteur Diplômé d'Etat avec mise à disposition du matériel pour le ski alpin : fauteuil ski et dualski. Le ski de fond est enseigné aux personnes aveugles ou non-voyantes, déficientes mentales ou physiques en fauteuil. Infos au Tél. 04 79 55 06 40.
- Châtel. Combloux. La Clusaz. SMB Handiski.
- Courchevel. Accessible en plusieurs points que vous pourrez trouver dans la brochure éditée par les remontées mécaniques S3V. Caisses accessibles à Courchevel 1300 et 1850. Remise de 50 % est pratiquée sur le forfait du skieur handicapé sur présentation de la carte d'invalidité. 2 fauteuils roulants sont à la disposition des skieurs assis dans la salle hors-sac de la gare intermédiaire des Verdons. Moniteurs diplômés ski assis et qualifiés pour encadrement de skieurs malvoyants et malentendants. La station dispose d'un uniski, d'un dualski et d'un GMS. Infos au Tél. 04 79 08 00 29.
- Les Karellis. Accès aux pistes par 2 télésièges 4 places débrayables accessibles à des skieurs moyens et confirmés. Caisses accessibles. Remontées mécaniques gratuites soit pour la personne handicapée soit pour l'accompagnant. La station dispose d'un dualski, d'un GMS, d'un uniski, de 3 fauteuils-ski et d'une paire de grands Stabilos. Moniteurs diplômés à l'ESF ski assis et formés à l'encadrement de skieurs malvoyants : 6 moniteurs sont pilotes de fauteuil-ski agréés par l'APF, 3 sont formés au guidage de skieurs aveugles tant en ski alpin qu'en ski de fond et 2 sont formés sur uniski et dualski. Infos au Tél. 04 79 59 50 64.
- Le Margeriaz-Les-Aillons. L'ESF dispose de dualski, ski-fauteuil et GMS. Infos au Tél. 04 79 54 62 80.
- Les Menuires. Accès aisé en plusieurs points. Réduction de 50% accordée sur les remontées mécaniques. Caisses sont accessibles. Infos www.lesmenuires.com. Moniteurs diplômés à l'ESF ski assis ou ayant l'expérience de l'encadrement d'enfants déficients intellectuels. Infos 04 79 00 61 43. La station dispose de 3 uniski, 2 dualski, 6 biski, 2 GMS, 1 fauteuil-ski classique et 4 paires de grands Stabilos.
- Méribel. Domaine accessible aux skieurs de tous niveaux. 50% de réduction accordés sur présentation de la carte d'invalidité. L'ESF a dans ses rangs des moniteurs diplômés ski assis ou des moniteurs ayant l'expérience de l'encadrement de personnes malvoyantes ou malentendantes. Infos 04 79 08 60 31. Équipement : 1 GSM et 1 uniski.
- La Plagne. C'est la station la mieux adaptée au handiski grâce à ses structures d'accueil et d'apprentissage, ses écoles spécialisées et ses remontées adaptées. Avantage supplémentaire : une réduction de 50% sur le tarif des forfaits est appliquée sur présentation de la carte d'invalidité.
- Belle-Plagne. Depuis 1983, l'ESF propose l'apprentissage de la glisse en fauteuil grâce à une équipe de moniteurs spécialisés et formés à rendre autonomes les skieurs assis. Tétraplégie, paraplégie, amputation des membres inférieurs, IMC, polio, malades... aucune de ces pathologies ne peut vous empêcher de skier si vous disposez de force dans les bras. Aux remontées mécaniques, le matériel est adapté aux normes handiski et les personnels formés. L'ESF dispose de 20 fauteuils pour enfants et adultes, biski (ou kart), dualski, uniski (ou monoski). Des leçons personnalisées avec prêt de matériel sont proposées. Attention : réservation conseillée. Infos au Tél. 04 79 09 06 68.
- Champagny-en-Vanoise. Encadrement ESF par des moniteurs Diplômés d'État. Une fois installé dans votre fauteuil-ski ou votre dualski, le moniteur saura vous faire découvrir le domaine skiable et le plaisir de la glisse. Le ski de fond est enseigné aux personnes aveugles ou déficientes visuelles, aux personnes en fauteuil ainsi qu'aux handicapés mentaux. Leçons personnalisées de 2h avec prêt de matériel. Attention : réservation conseillée. Infos au Tél. 04 79 55 06 40.

HANDISKI

- Montchavin-Les Coches. Des moniteurs sont formés spécialement pour l'enseignement du ski aux personnes atteintes de handicap physique. Un moniteur sourd-muet est spécialisé dans l'enseignement en LSF. Leçons personnalisées avec prêt de matériel. Il convient de réserver. Infos au Tél. 04 79 07 80 33.
- Plagne Montalbert. L'ESF accueille et encadre les skieurs assis et malvoyants. Infos au Tél. 04 79 09 77 24.
- Pralognan. Le bureau des guides propose des sorties en raquette pour public handicapé. Domaine alpin accessible par le téléphérique du Bochor. Matériel : 1 uniski, 1 dualski, 1 biski, 1 GMS, 4 fauteuils-ski et 1 luge nordique.
- La Rosière. Accès au domaine skiable par le centre de la station ou par les Eucherts. Réduction de 50% sur les remontées mécaniques. Caisses accessibles à la Maison du ski. L'ESF dispose de moniteurs expérimentés pour l'encadrement de skieurs malvoyants, malentendants ou déficients intellectuels. Matériel : 1 fauteuil-ski et 2 dualski. Infos au Tél. 04 79 06 81 26.
- Saint-François-Longchamp. Tandemski et dualski proposés à l'ESF. Infos au Tél. 04 79 59 10 73.
- Saint-Sorlin-d'Arves. Domaine de ski alpin accessible par le télésiège. Caisses des remontées mécaniques accessibles. Remise de 50% pratiquée sur les forfaits sur présentation de la carte d'invalidité. Au chalet de l'Ornon, une personne a été formée pour la conduite des fauteuils-skis. Une piste d'initiation se trouve à proximité du chalet. La station dispose d'1 dualski et de 4 fauteuils-ski. Le bureau Montagne des Arves propose des sorties en raquettes pour le public handicapé. Infos au Tél. 04 79 59 79 40.
- Les Saisies. Domaine de ski alpin accessible facilement. Caisses des remontées mécaniques accessibles. Remise de 50% sur les forfaits sur présentation de la carte d'invalidité. Une piste d'initiation de 2 km attend les fondeurs à l'entrée du domaine nordique. La station dispose d'1 uniski, 2 GMS, 2 biski, 4 dualski, 1 luge nordique. Infos au Tél. 04 79 38 90 30. A l'ESF, moniteurs avec expérience de l'encadrement du ski assis et des skieurs malvoyants. Infos au Tél. 04 79 38 90 40.
- Tignes. Domaine aisément accessible aux skieurs. Remise de 50% pour l'accompagnant sur les tarifs des remontées mécaniques.
- La Toussuire. Dualski, uniski et fauteuils à l'ESF. Infos au Tél. 04 79 56 73 12.
- Val-Cenis. Télésièges accessibles. Accès à la partie haute du domaine se fait en télécabine avec aide. A Lans-le-Villard, les caisses des remontées mécaniques sont accessibles et une réduction de 50% est appliquée sur les forfaits du skieur et de son accompagnateur. La station dispose de 2 uniskis, 1 fauteuil-ski articulé. Infos www.valcenis.com et 04 79 05 23 66.
- Val-Thorens. Un domaine facilement accessible. Caisses de la rue de Caron accessibles. A l'ESF, des moniteurs diplômés ski assis et expérience du handicap (dualski, uniski, ski fauteuil). Infos au Tél. 04 79 00 02 86.
- Valfréjus. Ski de fond gratuit sur 2 km mais boucle seulement accessible à 2 200 m par télécabine payante. Fauteuil ski à l'ESF. Infos au Tél. 04 79 05 05 97.
- Valloire. Moniteurs ESF spécialement formés à la pratique du dualski, fauteuil ski. Réservation avec prêt du matériel tous les jours à partir de 12h. Infos au Tél. 04 79 83 36 36.
- Valmeinier. 150 kilomètres de pistes tous niveaux sur 4 massifs équipés de remontées mécaniques à fort débit. Adapté à toutes les formes de glisse. Pistes réservées à des skieurs moyens sinon confirmés. Tarif spécial appliqué aux skieurs handicapés et à leurs accompagnateurs. Caisses des remontées mécaniques accessibles à l'altitude 1 800. Pas de W.C adaptés. 1 uniski et 1 tandemski. 2 moniteurs diplômés ski assis à votre service à l'ESF. Infos au Tél. 04 79 59 23 70.

BOURGOGNE-FRANCHE-COMTÉ

MUSÉOPARC ALÉSIA ★★

1, route des Trois-Ormeaux - **ALISE-SAINTE-REINE**
✆ 03 80 96 96 23 - www.alesia.com
Du 15 février au 30 novembre 2023, pour les plus de 17 ans 9 € ; enfants de 7 à 17 ans 5,50 à 7,50 €, - 7 ans gratuit.

Le MuséoParc Alésia regroupe le centre d'interprétation, la ville gallo-romaine et la statue de Vercingétorix. C'est l'endroit incontournable pour mieux comprendre la civilisation gallo-romaine. Côté accessibilité : c'est le top !

▶ **Handicap moteur**. L'entrée principale est de plain-pied et se fait depuis le parking par une allée goudronnée. Tous les services nécessaires ont été prévus : places de parking, comptoirs accueil et boutique aménagés, toilettes équipées à chaque étage, ascenseurs permettant d'accéder à tous les espaces y compris aux reconstitutions. Des bornes interactives le long du parcours sont à votre hauteur et des places sont réservées au sein l'espace de projection du film. Les maquettes, objets exposés et fac-similés sont facilement visibles. En cas de motricité réduite, des sièges portatifs et 2 fauteuils roulants sont disponibles à l'accueil.

▶ **Handicap auditif**. Une boucle magnétique à l'accueil permet d'appréhender tous les dispositifs d'aide à la visite et de dialoguer aisément avec l'hôtesse d'accueil. N'hésitez pas à lui demander une boucle magnétique spécifique pour votre audioguide. Les audioguides avec un volume sonore réglable sont à votre disposition. Vous trouverez aussi de nombreuses informations sur des cartels et sur les bornes interactives. Sur réservation (et sous réserve de disponibilité de l'intervenant), une visite binôme médiateur-interprète LSF peut être organisée.

▶ **Handicap visuel**. Volumes et résonances sont particulièrement évocateurs. L'atrium, les rampes d'escalier circulaires et le parcours scénographié sont des espaces tout en rondeur réchauffés par l'aspect velouté au toucher de la matière (béton calpiné). Signalétique en braille implantée à l'extérieur et à l'intérieur. Audioguide descriptif, animation sur site avec médiateurs et reconstitutions, bande sonore du film qui vous plonge dans l'action des combats... Un guide papier d'aide à la visite (bilingue : braille et français) et des sacs de visite (contenant des planches tactiles, des fac-similés, de l'audio...) sont en projet. Un document d'accueil présentant les plans tactiles du bâtiment, les horaires et les tarifs en braille et gros caractères est disponible en prêt à l'accueil.

▶ **Handicap mental**. Le bâtiment est très spacieux et rassurant. L'espace scénographié s'habille de couleurs et de formes pour apprendre en s'amusant : maquettes, reproductions d'armes, de boucliers et de machines de guerre, plans éclairés, film sur écran géant... Demandez le livret-jeu à l'accueil. Sur réservation, possibilité d'atelier thématique adapté.

VEUVE AMBAL-CRÉMANT DE BOURGOGNE

Le Pré Neuf - **BEAUNE**
✆ 03 80 25 90 81
www.veuveambal.com
BS lundi à samedi 10h-13h/14h-18h, visites 10h30-14h30-15h30-16h30. HS 7j/7, visites les dimanches 10h30-14h30-15h30.

Partez à la découverte exceptionnelle des étapes de fabrication de l'un des fleurons des bulles bourguignonnes : le crémant de Bourgogne Veuve Ambal. Depuis 1898, cette maison a réussi au fil des décennies à s'adapter aux nouvelles contraintes pour garder sa qualité tout en augmentant sa production. Vous pouvez tout au long de la visite observer en cheminant sur une passerelle accessible aux personnes en fauteuil, les différents ateliers de production.

MUSÉE DU PAYS CHÂTILLONNAIS - TRÉSOR DE VIX ★★

14, rue de la Libération - **CHÂTILLON-SUR-SEINE**
✆ 03 80 91 24 67
www.musee-vix.fr
Ouvert du mercredi au lundi 10h-17h30. Plein tarif 7 €. Fermé du 31 décembre au 1er week-end de février.

La collection du musée s'est rapidement développée au point de constituer aujourd'hui l'une des collections des époques celtique et gallo-romaine les plus représentatives de France ! Le musée est accessibles aux visiteurs à mobilité réduite. Des fauteuils roulants sont disponibles sur simple demande. Des œuvres tactiles sont signalées par des logos. Possibilité de découvrir sensoriellement le musée à travers les collections du paléolithique au XIXe siècle.

SENTIER FORÊT DU MILLÉNAIRE ★★

CORCELLES-LÈS-CÎTEAUX
Ouvert toute l'année. NIveau de difficulté : facile. Gratuit. Label Tourisme & Handicap.

Sur une distance d'environ 100 m, découvrez dans la forêt du Millénaire le sentier éponyme. La balade longe un joli cours d'eau. L'occasion également de plonger au cœur d'un environnement sauvage et de découvrir la faune qui vit ici. A l'entrée du parcours, une sculpture en bois ainsi qu'un immense panneau retracent l'histoire et la vie des moines grâce à des dessins et schémas explicatifs en couleurs. Parking avec 3 places aménagées pour les personnes handicapées.

© TUPUNGATO - STOCK.ADOBE.COM

Place du Bareuzai, Dijon.

BOURGOGNE TOURISME

DIJON

www.bourgogne-tourisme.com

Bourgogne Tourisme est le site touristique par excellence qui centralise toutes les informations relatives à ce territoire. Parmi les rubriques proposées, chacun trouvera son bonheur en fonction de ses loisirs préférés : œnotourisme, gastronomie, artisanat, patrimoine, sites naturels, activités nautiques, relaxation, parc de loisirs, sports et bien d'autres ! Il faut taper le mot « handicap » dans la barre de recherche pour arriver aux informations adaptées qui sont ensuite classées par thématiques classiques (hébergement, sorties...).

OFFICE DE TOURISME DE DIJON MÉTROPOLE

11, rue des Forges - **DIJON**

✆ 03 80 44 11 44

www.destinationdijon.com

Basse saison : lun.-sam 9h-13h et 14h-18h, dim. 9h-13h et 14h-16h. Haute saison : lun.-sam. 9h-18h30, dim. 9h-17h30.

Trois espaces permettent aux visiteurs d'optimiser leur séjour et de se documenter sur la capitale des Ducs : l'office de tourisme central, logé au Palais des Etats de Bourgogne, l'accueil Dijon Gare et celui du Puits de Moïse, au Centre hospitalier de la Chartreuse. Les curiosités ne manquent pas ! Découvrez également son espace boutique. Ces espaces sont adaptés aux personnes en situation de handicap, qu'il soit moteur, visuel, auditif ou mental.

HALLE CHAMBERTIN

1, rue Gaston Roupnel

GEVREY-CHAMBERTIN

✆ 03 80 34 38 40

www.gevreynuitstourisme.com

Ouvert du mardi au samedi 9h30-12h30 et 13h30-17h30. Dimanche matin en haute saison. Dégustations de 10 à 25 €/personne.

Située au centre du village, la Halle Chambertin occupe les locaux de l'ancienne mairie de la commune. Aménagée par la Communauté de communes Gevrey-Chambertin Nuits-Saint-Georges, elle forme un pôle central en matière d'œnotourisme, abritant notamment l'Office Gevrey-Chambertin Nuits-Saint-Georges Tourisme. C'est encore et surtout le centre d'interprétation des Climats et de l'histoire de la commune, axé sur trois thèmes : vin, tourisme et nature. Trois maîtres mots clefs, pour connaître ce territoire viticole qui regroupe 9 des Grands Crus, parmi les 24 de la Côte de Nuits et les 33 de la Bourgogne. Dans ces anciennes halles construites en 1830, les arômes du « Vin des rois, roi des Vins » se dévoilent au cours d'une dégustation commentée d'appellations de domaines locaux. 16 vins, abrités dans des enomatics, sont ainsi proposés à la dégustation au verre. La Halle forme également une vitrine sur la Combe Lavaux Jean-Roland, une réserve naturelle protégée située sur les hauteurs des communes de Brochon et de Gevrey-Chambertin, qui s'étend sur 487 ha. La présentation de son histoire géologique et de sa biodiversité est ici mise en scène de façon très ludique. Profitez par ailleurs de Radio Chambertin et de ses postes d'écoute, afin de découvrir les témoignages d'expériences et les compétences de la commune. Enfin la Galerie des Pépites présente figures et trésors historiques de Gevrey-Chambertin, dont la couronne du Roi Chambertin et des objets représentatifs des traditions gibriaçoises.

HÔTEL-RESTAURANT LA MUSARDE*** €€

7, rue des Riottes
HAUTEVILLE-LÈS-DIJON
✆ 03 80 56 22 82
www.lamusarde.fr

Restaurant ouvert du mercredi au samedi midi et soir, dimanche midi. Formules midi dès 19 €.

Bienvenue à cette adresse qui a plus de 30 ans d'existence ! Si la partie hôtel est fermée toute l'année le temps de se refaire une beauté, le restaurant demeure quant à lui ouvert, proposant une très bonne table gastronomique, qui met en avant la cuisine traditionnelle bourguignonne. La carte fait envie avec le saumon accompagné de caviar d'aubergine, le risotto de pistou et en dessert un délice de charlotte au chocolat. De bonnes raisons pour réserver à la Musarde !

OENOCENTRE AMPÉLOPSIS ★

3, rue derrière l'Église - **MASSINGY**
✆ 03 80 91 15 12
www.oenocentreampelopsis.com

Label Tourisme & Handicap (moteur, mobilité réduite, mental).Du 15 avril au 14 novembre 2023, TLJ 9h-12h et 14h-18h.

Ghislain Brigand, jeune viticulteur inventif, a développé un espace dédié à la vigne, à sa culture et à son histoire au cœur de son domaine qui existe depuis 1902. En plus de la visite du musée, l'Œnocentre Ampélopsis vous propose des ateliers et des journées à la carte sur réservation et accessibles aux personnes handicapées. Ce musée ludique et instructif est véritablement unique dans le Châtillonnais. Plusieurs circuits vous permettent de comprendre l'essentiel de la vigne au vin avec une attention particulière pour les personnes en déficiences mentales.

LE CASSISSIUM ★

8, passage Montgolfier - **NUITS-SAINT-GEORGES**
✆ 03 80 62 49 70
www.cassissium.fr

HS : 7j/7 de 10h à 13h et de 14h à 19h. Visites guidées sur réservation, boutique ; ateliers cocktails. Entrée 10,50 €.

Le Cassissium vous initie au monde du cassis en vous révélant ses secrets et ses multiples utilisations. Animations tactiles, visuelles, olfactives et gustatives agrémentent la visite entièrement accessible aux personnes handicapées motrices et/ou mentales. Une opportunité ludique et conviviale de découvrir l'univers du cassis en s'amusant. Lors de la dégustation, éveillez également vos papilles aux crèmes de fruits élaborées ici, aux liqueurs et bien sûr aux sirops. De nouvelles saveurs sortent chaque année. Une découverte qui réjouit toutes les générations !

L'IMAGINARIUM

Avenue du Jura
NUITS-SAINT-GEORGES
✆ 03 80 62 61 40
www.imaginarium-bourgogne.com

Haute saison, ouvert du mercredi au lundi et les jours fériés de 10h à 19h ; le mardi de 14h à 19h.

Lors d'une visite à l'Imaginarium, découvrez un large choix de vins de Bourgogne, Jura, Beaujolais, Vallée du Rhône, Languedoc, Californie, mais aussi des spiritueux, produits régionaux et accessoires du vin. Faites votre sélection en boutique. Côté Crémants de Bourgogne, retrouvez la gamme incontournable Louis Bouillot avec en nouveauté deux Crémants sans sulfites. Dégustez également les 12 vins au choix de l'OenoCercle grâce à une carte magnétique préchargée. Une visite originale, avec un espace muséographique ludique et instructif.

OFFICE DE TOURISME GEVREY-CHAMBERTIN-NUITS-SAINT-GEORGES

3, rue Sonoys - **NUITS-SAINT-GEORGES**
✆ 03 80 62 11 17
www.gevreynuitstourisme.com

Vignobles et Découvertes. Boutique. Locations de VAE. Visites guidées. Pass touristique. Séjours clé en main

L'office de tourisme du Pays de Nuits-Saint-Georges vous donne rendez-vous pour trouver les informations nécessaires sur les adresses à tester, dont quelques excellentes tables étoilées. Un patrimoine local lui aussi d'exception, sublimé par les châteaux et les abbayes cisterciennes. Vous pourrez retrouver sur place ou sur leur site les informations concernant les sites accessibles aux personnes à mobilité réduite afin de prévoir sereinement votre séjour.

IBIS DIJON-SUD*** €€

1, rue Bolotte - **PERRIGNY-LÈS-DIJON**
✆ 03 80 52 86 45
www.ibis.com

Label Tourisme & Handicap (moteur, mobilité réduite, mental). Ouvert toute l'année. Accueil 24h/24.

Au cœur du vignoble de Bourgogne, cet hôtel est facilement accessible depuis le centre-ville de Dijon. Deux chambres sont adaptées pour les personnes handicapées moteur. Toutes disposent de la climatisation ainsi que d'une connexion wi-fi. Accès pour fauteuils roulants partout dans l'établissement. Label Tourisme & Handicap. Animaux acceptés. Wifi gratuit. Restauration. Une établissement accessible qui peut être un point d'attache pour visiter le secteur. Confortable et assez moderne. Clientèle variée : petit déjeuner sur place, possible en chambre.

SENTIER DE LA MADONE ★★★

POUILLY-EN-AUXOIS ✆ 03 80 90 64 00

Label Tourisme & Handicap (moteur, mobilité réduite, mental, malentendant). Ouvert toute l'année. Niveau : facile.

Sur 560 m, le sentier de la Madone vous invite à observer la flore des plateaux calcaires. Reliant plusieurs belvédères, l'occasion est belle d'admirer les beaux paysages de l'Auxois. Parking accessible. D'une largeur d'environ 2 m, le sentier permet à 2 personnes en fauteuil roulant de se croiser ; son revêtement est en sablé compacté et les pentes n'excèdent pas 5 %. Des repères en couleur sur les arbres permettent d'identifier les essences. Une transcription en braille des espèces est également prévue pour les personnes déficientes visuelles.

OFFICE DE TOURISME DE SAULIEU

24, rue d'Argentine
SAULIEU
✆ 03 80 64 00 21

Label Tourisme & Handicap. Ouvert toute l'année. Mai-sept : lun-sam 9h30-13h/14h-18h ; dim 10h-13h/14h-17h.

Très réputée grâce au restaurant de Bernard Loiseau, Saulieu fleure bon la gastronomie, l'art de recevoir. L'Office du tourisme en lui-même est labellisé Tourisme et Handicap pour les quatre types de handicap. Les experts de l'OT vous dévoilent les pépites locales adaptées à vos besoins. Ils vous proposent de découvrir les richesses d'une ville d'histoire, les légendes faites de lutins, un jeu de piste, des randonnées. Bienvenue aux portes du Morvan !

LA VIEILLE FERME €€

RUFFEY-LÈS-BEAUNE
✆ 08 26 04 01 21
www.gites-de-france.com

Label Tourisme & Handicap (moteur, mobilité réduite, mental, malentendant). Gîtes de France (3 épis).

A proximité des plus grands vignobles, La Vieille Ferme vous attend pour un séjour à la campagne dans un univers calme et reposant. Les propriétaires ont rénové une ancienne grange indépendante : de plain-pied, l'hébergement est accessible aux personnes à mobilité réduite. A disposition : une cuisine ouverte sur un vaste séjour lumineux avec plafond à la française et murs en pierres apparentes. 2 belles chambres (1 lit 160, 2 lits 90), salle d'eau, W.C et climatisation réversible. Label Tourisme & Handicap. Les animaux sont interdits. Jardin aménagé.

LES TERRIERS €€

18, rue des Fontaines - **VIGNOLES**
✆ 06 80 06 41 55
www.les-terriers.fr

Pour 8 personnes (250 m², 4 chambres). A partir de 940 € la semaine. Bain bouillonnant, sauna. Terrasse. Barbecue.

Entre vignes et champs, ce gîte vous accueille dans une superbe longère. Indépendant et rénové avec goût, cet hébergement conjugue avec élégance l'alliance des matériaux anciens et la qualité d'un confort moderne. Le gîte se compose d'une cuisine, de 2 salons, de 4 chambres, de 3 salles d'eau et de W.C. L'environnement du lieu posé au cœur d'un beau jardin vous assure calme et repos. L'ensemble du rez-de-chaussée (chambres, salle de bains, cuisine et salon) a été aménagé dans le respect des normes permettant aux personnes handicapées un séjour en toute autonomie.

ABBAYE DE CÎTEAUX

D 996 - **SAINT-NICOLAS-LÈS-CÎTEAUX**
✆ 03 80 61 34 28
www.citeaux-abbaye.com

Label Tourisme & Handicap. Du mardi au samedi de 10h à 12h30 et de 14h à 18h ; le dimanche de 14h à 18h.

Le cîteaux est un fameux fromage de Côte-d'Or qui est produit par les vingt moines de l'abbaye de Cîteaux. Agriculteurs-éleveurs, ils possèdent un cheptel de 75 vaches laitières montbéliardes produisant plus de 60 000 litres de lait. Ce fromage fermier de lait de vache « thermisé à pâte pressée non cuite » onctueuse offre un goût typique assez proche du reblochon. On le trouve à Dubaï, à Shanghai et à Tokyo. Les moines de Cîteaux qui appliquent la règle de saint Benoît, « prière et travail », ne s'attendaient pas à un tel succès !

Cloître des copistes XIIIe siècle, abbaye de Cîteaux.

BOURGOGNE-FRANCHE-COMTÉ

LE CHAMP DES LYS** €€

15 D, Grande-Rue - **AMANCEY**
✆ 03 81 86 58 77
www.lechampdeslys.com
Adapté handicaps moteur ; mobilité réduite ; mental ; malvoyant.Qualité Tourisme. Ouvert toute l'année. Dès 60 €/nuit.

L'établissement propose plusieurs types d'hébergements sous forme de chambres standard pouvant accueillir une ou deux personnes. Une chambre située au rez-de-chaussée est spécialement aménagée pour accueillir les clients à mobilité réduite. Le restaurant propose une cuisine traditionnelle et des plats régionaux avec des patrons qui respirent la convivialité. Chambre accessible PMR. Animaux acceptés (5 € par jour). Wifi gratuit. Restauration (100 couverts et 2 terrasses). Une grosse capacité d'accueil pour un lieu bien adapté.

MUSÉE DU TEMPS ★★

96, Grande-Rue
BESANÇON
✆ 03 81 87 81 50
www.mdt.besancon.fr
Gratuit jusqu'à 18 ans. Adulte : 8 €. Accueil enfants. Visite guidée.

Un voyage dans l'histoire et le temps ! Construit au XVIe siècle, le palais Granvelle qui abrite ce musée est un édifice de la Renaissance classé Monument Historique en 1842. Le temps a passé mais le lieu reste un symbole de la richesse du patrimoine bisontin. Il réunit aujourd'hui sous son toit un musée d'histoire, d'horlogerie et de sciences sur trois étages. Le visiteur découvre entre ces murs l'histoire de Besançon - capitale française de l'horlogerie depuis le XIXe siècle - mais surtout celle des rythmes de l'univers et la manière dont les hommes ont essayé de les mesurer : du XVIe siècle à nos jours, vous découvrirez ainsi le travail effectué dans cette course à la précision entre montres à quartz, horloges atomiques et miniaturisation. Une expérience unique ponctuée de jeux qui rendent la visite ludique, qui débouchera sur la tour du Palais où le pendule de Foucault, avec sa base accessible aux visiteurs à mobilité réduite, vous fera éprouver le temps et la rotation de la Terre sur elle-même dans sa course folle et éternelle... Ce musée a été conçu pour l'accueil des visiteurs à mobilité réduite : le rez-de-chaussée et les étages sont accessibles au moyen d'ascenseurs adaptés. On peut circuler en fauteuil dans l'ensemble des salles, lire les textes et observer les vitrines dont la hauteur a été prévue à cet effet. Pour ceux qui ont des problèmes de vue, tous les textes du musée sont disponibles en gros caractères à l'accueil. Bon à savoir, le musée est gratuit pour les personnes handicapées.

OFFICE DE TOURISME ET DES CONGRÈS

52, Grande Rue
BESANÇON
✆ 03 81 80 92 55
www.besancon-tourisme.com
Fermé les jours fériés sauf en haute saison.

Installé dans les locaux de l'Hôtel de Ville, en plein cœur du centre historique de Besançon, l'office du tourisme propose une offre pour que votre séjour dans cette ville soit inoubliable. Outre l'environnement naturel époustouflant qui l'entoure, Besançon est inscrite au patrimoine mondial de l'UNESCO pour ses fortifications érigées par le célèbre Vauban et regorge d'activités culturelles, telles que le musée du Temps, la maison Victor Hugo, le musée d'art contemporain, etc.

BASE DE LOISIRS DU PAYS DE MONTBÉLIARD

Rue du Paquis - **BROGNARD** ✆ 03 81 31 84 70
www.agglo-montbeliard.fr
Label Tourisme & Handicap (moteur, mobilité réduite, mental, malentendant, malvoyant). Ouvert toute l'année.

Ancienne carrière devenue un lieu de baignade s'étalant sur 120 hectares, la base de loisirs du Pays de Montbéliard propose de nombreuses activités de sports en plein air à pratiquer aussi bien dans l'eau que sur le sable. Chaque été, le gymnase, le stade ou encore le club de voile vous ouvrent leur porte. La zone de baignade est labellisée Tourisme et Handicap pour les types de 4 handicaps. Installez votre serviette sur la plage de sable fin et goûtez à la température de l'eau.

LES GRANDS CLOS €€

DÉSERVILLERS
✆ 03 81 86 50 64
www.gite-grandclos.com
Label Tourisme & Handicap (moteur, mobilité réduite, mental, malentendant, malvoyant).Gîtes de France (3 épis).

Vous serez accueilli dans une ancienne dépendance agricole rénovée par Gérard et Elizabeth. Son intérieur lumineux et spacieux a été créé pour que chacun y trouve un espace de bien-être et de convivialité. La maison est individuelle et comprend trois chambres pour une capacité d'accueil totale de six personnes. Pour un meilleur accueil des touristes en situation de handicap moteur, la chambre et la salle de bain peuvent être aménagées avec du matériel médicalisé (location lit, lève-malade…), appelez avant. Un aménagement adapté et utile.

AU FIL DES SAISONS €€

3, rue de la Libération - **ETUPES**
✆ 03 81 94 17 12
www.aufildessaisons.eu

Label Tourisme & Handicap (moteur, mobilité réduite, mental, malentendant, malvoyant).Maître Restaurateur.

L'adresse mérite le détour : Stéphane est un bon cuisinier qui, comme le nom de l'établissement le laisse supposer, suit et respecte les saisons. Sa cuisine est sans prétention mais joliment orchestrée et servie avec le sourire. L'établissement est labellisé pour les quatre types de handicaps. A savoir que le chef dispense régulièrement des cours de cuisine pour nous faire partager son talent et ses astuces ! La carte change deux fois par saison et on se régale des bons produits proposés par le maître restaurateur. Une belle adresse.

HANDIRANDOS, L'EURO VÉLO ROUTE DE NANTES À BUDAPEST

L'Euro Vélo Route Nantes-Budapest relie l'Atlantique à la mer Noire à vélo sur près de 4 000 km et traverse le département du Doubs sur 135 km. Cyclistes, rollers, piétons mais aussi personnes à mobilité réduite sont ainsi conviés à flâner sur les chemins de halage et à découvrir les paysages pittoresques du Doubs grâce au revêtement adapté et au faible dénivelé de cet itinéraire européen. Informations disponibles sur le site www.francevelotourisme.com

LA LOGE AUX JONQUILLES €€

Le Nid du Crot - **FRAMBOUHANS**
✆ 03 81 68 62 57
http://lalogeauxjonquilles.fr

Label Tourisme & Handicap (moteur, mobilité réduite, mental, malentendant).Clévacances (3 clés).

La Loge aux Jonquilles vous accueille en plein cœur d'une nature calme et préservée dans un magnifique chalet individuel mêlant harmonieusement la pierre et le bois. Avec son atmosphère conviviale, le rez-de-chaussée bénéficie d'une cuisine équipée ouverte sur un vaste séjour, une chambre, une salle de bain et une buanderie. Vous trouverez à l'étage 2 autres chambres, une seconde salle de bain et de nombreux rangements. Une adresse de charme entièrement équipée pour accueillir au mieux dans les meilleures conditions possibles.

MUSÉE DU CHEVAL DE TRAIT COMTOIS ★★

Les Halles - **LEVIER**
✆ 03 81 89 58 74
www.musee-cheval-comtois-et-foret.fr

Ouvert de d'avril à septembre. Adulte : 5 €. Enfant : 3 €.

Dans la campagne franc-comtoise, découvertes et promenades vous plongeront dans un univers étonnant. Lieu de rencontre entre tradition et modernisme, le musée relais vous fera découvrir le cheval de trait comtois et la vie de la forêt de 1900 à nos jours comme vous ne les avez jamais vus. Si le cheval comtois est le symbole de la région, la forêt en est incontestablement son emblème et vous le vivrez au cours de promenades adaptées. Documentation fournie en braille.

VILLAGE VACANCES AZUREVA €€

15, rue de la Rançonnière - **MÉTABIEF**
✆ 03 81 49 45 45
www.azureva-vacances.com

5 chambres adaptées. Semaine à partir de 364 €.

Le long de la frontière suisse entre le massif du Jura et la chaîne des Alpes, ce village de vacances accueille toute la famille dans des formules d'hébergement et de restauration à la carte : possibilité de pension complète, demi-pension ou de simple location. Cinq logements tout confort sont adaptés pour les personnes handicapées motrices. Un ascenseur dessert tous les étages de la résidence. L'occasion de profiter de chouettes vacances dans un endroit qui convient bien et qui permet de se sentir bien. Une adresse à retenir, donc !

PAYS DE MONTBÉLIARD TOURISME

1, rue Henri-Mouhot - **MONTBÉLIARD**
✆ 03 81 94 45 60
www.paysdemontbeliard-tourisme.com
Ouvert toute l'année, horaires variables selon les saisons.

Idéalement placé au pied du célèbre Château, vous trouverez ici un accueil chaleureux et toute l'équipe très sympathique veillera à vous offrir un service personnalisé afin de bien répondre à vos attentes. Vous pourrez organiser votre séjour, connaître les locations de vélos, vente de cartes de pêche, passeport tourisme, etc. L'espace comprend une boutique, dont le célèbre verquelure, un tissu de chanvre tissé à la main et présentant des carreaux de couleurs, bleus et rouges...

LA ROCHE DU TRÉSOR €€

1, rue du Pré
PIERREFONTAINE-LES-VARANS
✆ 03 81 56 04 05
www.rochedutresor.com
Label Tourisme & Handicap (moteur, mobilité réduite, mental, malentendant, malvoyant).

Situé dans le massif du Jura à 700 m d'altitude et à une trentaine de kilomètres de la Suisse, le centre d'accueil bénéficie d'un environnement remarquable : bois, rivières et cascades. La Roche du Trésor est constituée de 6 bâtiments rénovés, d'un terrain multisports, de 8 salles d'activités, d'espaces ludiques. Sans oublier un service de restauration en self-service, 41 chambres de 2 à 6 personnes avec sanitaires complets. La Roche du Trésor a pris en compte les handicaps existants et s'est engagée pour un accueil efficace et adapté.

HANDISKI AU VAL DE MOUTHE

L'ESF propose des cours de ski nordique, des sorties en groupe et du biathlon pour tous les types de handicaps. Les personnes para et tétraplégiques sont installées dans une luge adaptée (cours de ski assis). L'ESF dispense également des cours de ski alpin et de raquettes pour les skieurs debout amputés ou malvoyants. Le matériel est mis à disposition gratuitement lors des cours qui sont dispensés par des moniteurs diplômés d'État. Informations disponibles sur le site www.esfmouthe.com

MUSÉE DE L'AVENTURE PEUGEOT ★★

Carrefour de l'Europe - **SOCHAUX**
✆ 03 81 99 42 03
www.museepeugeot.com
Label Tourisme & Handicap (mental et moteur). Ouvert tous les jours de 10h à 18h. Adulte : 10 €. Enfant : 5,50 €.

Au cœur de la ville de Sochaux, découvrez entre amis ou en famille les coulisses de l'épopée Peugeot ! Fondé dans les années 1980 à l'initiative de Pierre Peugeot qui souhaitait faire rentrer l'histoire de la marque dans le patrimoine français, ce musée retrace, sur les terres mêmes de la famille par laquelle tout a commencé, une formidable aventure qui débuta en 1810 et qui se poursuit toujours aujourd'hui. En somme, deux siècles d'histoire industrielle française présentés dans un cadre privilégié !

Installé sur le site industriel de l'ancienne brasserie de la ville, le Musée de l'Aventure Peugeot met à l'honneur les automobiles et les nombreux objets divers fabriqués par le fameux constructeur automobile et par ses anciennes marques. Entre collections permanentes et temporaires, vous déambulerez dans ce lieu unique et insolite, parmi de vastes collections d'automobiles bien sûr, mais aussi un ensemble de documents historiques, et une jolie déclinaison d'appareils et de produits également fabriqués par la marque au lion : machines à coudre, moulins à café, postes de radio, appareils ménagers, divers outillages… sans oublier les deux-roues !

Chaque année, le musée attire les foules du monde entier : près de 60 000 visiteurs se pressent pour découvrir les 8 000 mètres carrés de surface d'exposition. Au programme de la visite, la découverte des 130 véhicules exposés, les 50 cycles et motocycles présentés et les quelque 3 000 objets du quotidien fabriqués par la marque. Du lundi au vendredi, et sur rendez-vous, la visite du musée peut être complétée par celle de l'usine. Cette visite guidée du site industriel de Sochaux du Groupe Stellantis est réalisée par des guides, employés du groupe. Comptez environ deux heures pour la visite des deux sites. Si vous venez en famille, les enfants ne sont pas non plus oubliés, avec une visite pédagogique dédiée aux jeunes de 7 à 12 ans. Durant les vacances de printemps, un jeu de piste est même organisé pour rendre l'expérience encore plus ludique. Si votre enfant est passionné par ce monde industriel, sachez que le Musée de l'Aventure Peugeot organise des anniversaires les mercredis après-midi, avec au programme, visite commentée par un guide, gâteau d'anniversaire et voiture miniature… Peugeot ! Enfin, à noter la présence d'une brasserie, dont la carte est assurée par le chef Ludovic Maire. A la carte, des prix attractifs et des plats gourmands faisant la part belle aux produits de l'Est.

GÎTE CHAMP CHEQUELIN €€

Lieu dit Le court - **CORRAVILLERS**
✆ 03 84 94 67 17
www.gitechampchequelin.fr
Gîtes de France (4 épis). Ouvert toute l'année. Semaine : de 350 € à 470 €. Week-end : 170 €, hors Noël et été.

Dans un petit hameau des Vosges saônoises, une ancienne ferme comtoise rénovée indépendante et de plain-pied avec vue sur le massif des Vosges abrite un gîte comprenant une grande cuisine intégrée, un vaste séjour-salle à manger, une salle de bains adaptée avec W.C. pour les personnes handicapées motrices, une suite parentale avec salle d'eau privative et 2 chambres. Terrain en pelouse non clos et parking. Un bel endroit, agréable et adapté pour un bon bol d'air pur et de verdure non loin des vallées montagneuses des Vosges et des sapins emblèmes de la région.

PONTONS DE PÊCHE DE FERRIÈRES LES SCEY

50, rue du Général Brosset
FERRIÈRES-LÈS-SCEY ✆ 03 84 92 72 12
Label Tourisme & Handicap (moteur, mobilité réduite, mental, malentendant, malvoyant). Ouvert toute l'année.

Envie d'un moment de détente pour s'adonner à la pêche ? Direction le ponton de Scey sur la Saône entièrement accessible pour les personnes à mobilité réduite. Parking réservé. L'accès est gratuit. Pensez simplement sur les modalités nécessaires : carte de pêche, poissons autorisés etc. Un cadre sympathique pour une pause nature dans une ambiance apaisante. L'occasion aussi de faire découvrir l'activité aux plus jeunes et même aux tout-petits qui raffolent de ce genre de découverte.

ESPACE NATURE ET CULTURE DE CHÂTEAU LAMBERT ★★

Château-Lambert
HAUT-DU-THEM-CHÂTEAU-LAMBERT
✆ 03 84 20 43 09
Label Tourisme & Handicap (moteur, mobilité réduite, mental, malvoyant).Du 1er octobre au 31 mars de 14h à 17h.

Construit par l'architecte Pierre Guillaume, l'Espace Nature et Culture de Château-Lambert réunit le Parc naturel régional des Ballons des Vosges, la Maison de la Nature et des Vosges Saônoises et la Réserve naturelle des Ballons Comtois. Cet espace, accessible aux personnes handicapées, invite le public à découvrir le patrimoine local, l'histoire et le savoir-faire du massif vosgien. Une découverte ludique et pédagogique à ne surtout pas manquer.

RÉSIDENCE LES SOURCES*** €€

2, Avenue Jean Moulin - **LUXEUIL-LES-BAINS**
✆ 03 84 93 70 04
Accueil PMR. Local à vélos et à skis. Petit déjeuner : 12 €. Wifi gratuit.

Un vrai lieu de repos et de détente, dans une superbe demeure de 1860, entièrement rénovée, jouit d'une situation privilégiée dans Luxeuil. L'hôtel dispose de 41 studios pouvant accueillir de 1 à 4 personnes, meublés et équipés d'une kitchenette. Une terrasse équipée de tables, transats et parasols vous accueille pour les beaux jours, n'hésitez pas à prendre un rafraîchissement au bar de l'hôtel. L'ensemble est assez bien aménagé et adapté aux PMR. Le joli parc offre un cadre sympathique. A proximité du casino et des autres infrastructures de la ville.

GÎTE MIGNAVILLERS €€

MIGNAVILLERS
www.destination70.com
Label Tourisme & Handicap (moteur, mobilité réduite, mental, malentendant).Ouvert toute l'année.

Ce gîte de plain-pied en pierre de grès des Vosges a été aménagé dans une charmante maison mitoyenne. Au rez-de-chaussée, il possède une cuisine rustique dotée d'un espace repas, une chambre, une salle de bains et des W.C. La terrasse est entièrement accessible aux hôtes à mobilité réduite. A l'étage : 2 chambres (3 lits), un coin lecture, une salle de bains et des W.C. A disposition : garage privé et matériel bébé sur demande. Animaux acceptés pour l'accompagnement de personnes malvoyantes. Un lieu bien adapté et convivial.

DESTINATION 70

1, rue Max-Devaux
VESOUL
✆ 03 84 97 10 80
www.destination70.com

Le site officiel du tourisme en Haute-Saône. Destination 70 est un portail dédié à la fois à la découverte du département et à la réservation de vos vacances : gîte, chambre d'hôtes, tourisme, activités... Retrouvez toutes les informations pratiques mais aussi toutes les offres de séjours thématiques sur une carte interactive. Cliquez, localisez et obtenez tous les renseignements sur l'élément sélectionné. Simple, complet et pratique. Adapté et précis, il y en a pour tous les goûts. Bonne visite à tous donc, vous êtes au bon endroit !

LES CAUDALIES*** €€

20, avenue Pasteur - **ARBOIS**
✆ 03 84 73 06 54
www.lescaudalies.fr
Logis Élégance. 9 chambres. Chambre double de 85 à 130 €. Demi-pension. Petit déjeuner 12,50 €. Parking. Restauration.

La belle demeure qui abrite l'Hôtel des Caudalies s'élève dans un parc au bord de la Cuisance sécurisé pour l'accueil des personnes déficientes mentales. La chambre épicurienne pour 2 personnes située dans la partie annexe de l'hôtel au rez-de-chaussée est décorée avec goût ; elle est adaptée aux hôtes à mobilité réduite. La salle de bain est équipée d'une douche à l'italienne avec toilettes séparées. Parking privé. L'ensemble est bien adapté pour les personnes handicapées avec de grands espaces. Le cadre est très agréable et à découvrir.

LE BOIS DORMANT*** €€

443, route de Pontarlier - **CHAMPAGNOLE**
✆ 03 84 52 66 66
www.bois-dormant.com
Logis. Qualité Tourisme. Ouvert toute l'année. 40 chambres. Label Tourisme & Handicap. Séminaires. Animaux admis.

Au milieu d'un petit bois, cet établissement calme et tranquille mise sur la lumière et le confort moderne. L'hôtel propose des séjours aux thèmes et durées variés comme le « sensoriel » qui vous emmène à la découverte des saveurs jurassiennes autour des vins et fromages du coin. Accessibles à tous, de même que sa table et sa belle terrasse ombragée, deux chambres avec lits jumeaux ou grand lit au rez-de-chaussée sont adaptées pour les personnes en fauteuil. La piscine de l'hôtel est située à proximité de ces chambres mais les vestiaires ne sont pas adaptés.

LE BOIS GOURMAND €€

443, route de Pontarlier - **CHAMPAGNOLE**
✆ 03 84 52 66 66
www.bois-dormant.com
Tous les jours et les jours fériés le midi et le soir. Réservation recommandée. Carte : 15 € environ. (plat).

Après le Bois Dormand, voici le Bois Gourmand où se retrouvent les Champagnolais qui veulent s'offrir le plaisir de bien manger dans un cadre bucolique ! Dans un décor fait d'un chalet en bois et d'une salle très lumineuse, le chef dirige la cuisine avec succès et travaille les produits du terroir. Dans ses recettes, les fromages et les vins du Jura occupent toujours une bonne place. Les plats sont concotés maison et la carte évolue au fil des saisons : baba de Mont d'Or à la Morteau avec une savoureuse crème au Mont d'Or et au savagnin...

CAMPING DE BOŸSE**** €€

20, rue Georges-Vallerey - **CHAMPAGNOLE**
✆ +33 3 84 52 00 32
www.camping-boyse.com
Du 1er avril au 17 sept. Réservation obligatoire. DAB. Magasin d'alimentation. Aire camping-cars. Lave-linge, laverie.

A 545 mètres d'altitude, le camping possède des chalets en bois pour quatre personnes accessibles aux personnes handicapées avec salle de bain dotée d'une douche et d'une chambre avec un lit double adapté aux personnes déficientes motrices. L'accueil est également adapté pour les clients handicapés mentaux qui peuvent évoluer dans l'établissement en toute autonomie dans un environnement sécurisé. Les personnes dotées d'une déficience auditive bénéficient de la valise LISA disponible à l'accueil comprenant une alarme visuelle.

MAISON DU TOURISME CHAMPAGNOLE NOZEROY JURA

28, rue Baronne Delort - **CHAMPAGNOLE**
✆ 03 84 52 43 67
www.cnjtourisme.fr
Haute saison de 9h à 12h30 et de 14h à 18h30.

La maison du tourisme Champagnole Nozeroy Jura assure le rôle d'office de tourisme depuis la fusion des Communautés de communes de Champagnole et du plateau de Nozeroy en 2017. Répartie en trois bureaux d'informations touristiques, vous y trouverez tout le nécessaire pour organiser votre séjour dans cette superbe région, aussi bien sur le côté pratique (hébergement), que sur les activités qui sont nombreuses dans la région : loisirs sportifs, sorties nature et culture.

AU MOULIN DES ÉCORCES €€

14, allée du Pont-Roman - **DOLE**
✆ 03 84 72 72 00
www.aumoulindesecorces.fr
Tous les jours. Service bar toute la journée : 10h-21h planchettes apéritives, desserts maison et glaces artisanales.

C'est dans un ancien moulin que Valérie et Patrick Franchini vous proposent deux restaurants. D'un côté le restaurant bistronomique et de l'autre le restaurant gastronomique. Deux style deux ambiances différentes. Toujours est-il que la cuisine est soignée, et vous ravira. La carte changent en fonction des saisons et de l'inspiration du chef, avec en complément sa gamme de burgers et ses plats végétariens. La terrasse au bord du Doubs vous offrira une vue superbe sur le vieux Dole. Vous pourrez prendre une boisson ou une glace toute la journée.

MUSÉE DE LA LUNETTE ★★

Place Jean-Jaurès - **HAUTS DE BIENNE**
✆ 03 84 33 39 30
www.musee.lunette.fr

Unique en Europe. De mercredi à lundi : 10h-12h/14h-18h. 7j/7 vacances scolaires. Adulte 5 €. Enfant 6-18 ans 3 €.

Saviez-vous que c'est à partir d'un clou que la première lunette de Morez fut ébauchée ? Le musée propose une approche historique, sociologique et ludique pour comprendre comment s'est implantée et développée l'industrie lunetière à Morez. Rampe d'accès, ascenseur aménagé, borne d'accueil et exposition à bonne hauteur pour les visiteurs en fauteuil. Toilettes adaptées. Visites multi-sensorielles pour les personnes handicapées mentales. Il est possible de suivre des visites tactiles guidées. Idem pour le handicap auditif avec des visites multi-sensorielles.

LES ATTELAGES DU GRANDVAUX

26, route de Saint-Pierre
LA CHAUMUSSE
✆ 06 81 29 26 53
www.attelages-chevaux-jura.com

Ouvert toute l'année. Label Tourisme & Handicap.

Depuis 2006, Marielle et Michel Pagnier, un maître-cocher passionné de la nature, proposent des randonnées au rythme des sabots des chevaux et en toutes saisons. Vous serez entre de bons guides avec ce « Galop 7 attelage » formé à la méthode Achenbach. Les puristes apprécieront. Les balades commentées en forêt s'organisent en calèches Depuis 2014, elles ont été spécialement aménagées pour les personnes à mobilité réduite ou en fauteuil avec l'agrément « Tourisme et handicap ».

LA MAISON DU PARC

LAJOUX
✆ 03 84 34 12 30
www.parc-haut-jura.fr

Gratuit jusqu'à 6 ans (enfants : 3 €). Adulte : 5 € (tarif réduit 3,50 €). Boutique.

Il s'agit du siège administratif du Parc naturel régional du Haut-Jura qui abrite un espace d'accueil grand public avec une exposition permanente intitulée « Haut-Jura terre vivante » qui présente les atouts du Haut-Jura : faune, flore, paysages, savoir-faire... Dans la salle de projection, on peut voir deux films de J.-P. Macchioni : *Tourbières, trésors cachés de la montagne jurassienne* et *Jura : le temps d'une montagne*. L'espace est suffisamment aménagé pour accueillir du public handicapé. Plusieurs formats sont possibles, n'hésitez pas à appeler.

HÔTEL RESTAURANT LE PRÉ FILLET*** €€

Route des Moussières - **LES MOLUNES**
✆ 03 84 41 62 89
www.hotel-leprefillet.com

Label Tourisme & Handicap (moteur, mobilité réduite, mental).Logis. Qualité Tourisme. Ouvert toute l'année.

La famille Grosrey perpétue la tradition hôtelière depuis plusieurs générations au cœur du Parc Naturel Régional du Haut-Jura. Cette ancienne ferme rénovée offre tout le confort ainsi que des équipements modernes. On apprécie la décoration. Une chambre spacieuse située à l'étage est entièrement adaptée pour la clientèle à handicap moteur : elle est équipée de deux lits simples et d'une salle de bain avec douche. Handicap mental : accueil et environnement calme et rassurant.

JURA TOURISME

17, rue Rouget de Lisle - **LONS-LE-SAUNIER**
✆ 03 84 87 08 77
www.jura-tourism.com

Pour préparer son séjour : hébergements, visites, dégustations... Informations pratiques. Réservations en ligne.

Afin d'accéder aux informations relatives au tourisme et au handicap, nous vous conseillons de taper dans la barre de recherches présente dès la page d'accueil du site le mot « handicap ». Vous pourrez ainsi préparer votre voyage au mieux et de la meilleure façon possible, l'ensemble étant bien fléché. Tout pour bien organiser son voyage afin qu'il se passe bien et sans stress. Possibilité d'appeler également pour toutes questions. Simple, pratique mais efficace. Une première étape pour garder un bon souvenir du Jura, que demander de plus.

MAISON DES CASCADES

Lieu-dit Val-Dessus - **MENÉTRUX-EN-JOUX**
✆ 03 84 25 77 36
www.cascades-du-herisson.fr

Label Tourisme & Handicap (moteur, mobilité réduite, mental).Fermé du 1er octobre au 31 mars. Ouvert 7j/7 en été.

Située en bas des cascades, cette maison de plain-pied et entièrement accessible aux personnes en fauteuil est un espace audiovisuel et muséographique qui complète leur découverte de manière originale. Le torrent le Hérisson prend sa source au saut Girard, né des eaux du lac de Bonlieu et du lac d'Ilay. Partez à la découverte des 31 sauts et cascades du Hérisson au cours d'une randonnée de 3h et laissez vous surprendre par la magie. Livre d'aide à la visite sur demande pour les personnes déficientes mentales. Toilettes adaptées. Parking avec place réservée.

MUSÉE DU JOUET ★★

5, rue du Murgin
MOIRANS-EN-MONTAGNE
✆ 03 84 42 38 64
www.musee-du-jouet.com
Ouvert toute l'année. Adulte : 9 €. Enfant 7 €.
Collections de jouets, animations, boutique.

Ce musée, agrandi en 2012, a été métamorphosé en une cité de l'enfant, hommage à la fabrication traditionnelle et ancestrale du jouet dans le Jura. Ludique, interactive et culturelle, c'est une visite incontournable de la région pour les familles, encore plus les jours pluvieux.

Le bâtiment, en forme de gros Lego jaune et bleu, se fait le témoin de 5 000 ans d'histoire du jeu dans le monde entier. Enrichi de nouvelles collections pour maintenir son rang de musée de France, il ne présente pas moins de 17 000 pièces aujourd'hui.

Visites

Des visites contées sont possibles ainsi que des visites ateliers pour une découverte ludique des collections suivie de la réalisation d'une création en rapport avec le thème abordé lors de la visite. Comme chaque année, l'année s'achève en décembre par l'animation du père Noël au pays du jouet.

Expositions temporaires

Tout au long de l'année, des expositions temporaires viennent compléter les collections permanentes.

Jusqu'en janvier 2022, venez découvrir « Jouons sportifs ! « pour en apprendre plus sur les valeurs habituellement attribuées au sport comme le vivre ensemble, le partage, l'excellence... Le tout au travers des jouets - qui s'avèrent être des terrains de sociabilisation très efficaces ! Pour ce parcours, de nouveaux ateliers ont été mis en place, ainsi que des spectacles, des rencontres, des conférences ou encore des débats.

Pour les plus curieux ou les passionnés, le musée dispose également d'un pôle documentaire très fourni - uniquement sur rendez-vous. Il dispose d'un large fonds de livres, catalogues et revues en relation avec ses collections. Ainsi, il s'enrichit chaque année en fonction des thématiques des expositions temporaires ou des nouvelles acquisitions. N'hésitez pas à jeter un œil sur l'agenda en ligne !

Accessibilité

Bonne nouvelle, tout est entièrement adapté pour que chacun puisse profiter au maximum du lieu.

Handicap moteur : les lieux sont totalement accessibles, des fauteuils roulants sont mis à disposition (réservation préalable conseillée au 03 84 42 38 64).

Handicap mental : visite adaptée sur demande et espace aéré.

Handicap auditif : amplificateur de son à l'accueil du musée et en visite guidée, alarme visuelle dans les toilettes, sous-titrage des vidéos, visite en LSF et ateliers adaptés sur demande.

Handicap visuel : chiens guides d'aveugles acceptés dans l'établissement, visite guidée en audiodescription sur réservation, plan tactile du musée et livret en braille à disposition du public.

Musée du jouet.

HÔTEL MOTEL ET RESTAURANT LA BABAUTE** €€

1816, route de la Faussille - **PRÉMANON**
✆ 03 84 60 08 00
www.motel-lababaute.com
Label Tourisme & Handicap (moteur, mobilité réduite, mental).Disponibilités et tarifs sur le site Internet.

Situé au calme au milieu des chalets, cet hôtel-motel-restaurant propose des chambres et des gîtes spacieux pouvant accueillir 2 à 5 personnes. Une chambre est spécialement aménagée pour l'accueil de personnes à mobilité réduite. La salle d'eau possède une douche à l'italienne avec siège et barre d'appui, un lavabo à commande au genou et un W.C. surélevé avec barre d'appui. Handicap visuel : les chambres sont équipées de volets roulants électriques. Signalétique claire et précise.

ATELIER DES SAVOIR-FAIRE

1, Grande Rue - **RAVILLOLES**
✆ 03 84 42 65 06
www.atelierdessavoirfaire.fr
Label Tourisme & Handicap (moteur et mobilité réduite). Adulte : 6 € (réduit 5 €). Enfant (de 6 à 18 ans) : 4 €.

Situés à 15 minutes de Saint-Claude, 900 m² d'exposition retracent ici des savoir-faire ancestraux du Jura jusqu'à l'artisanat moderne. Tournage de bois, émaillage, lunetterie, layetterie, céramique... Dans cette ancienne usine de tournerie Bourbon, le musée présente toutes les phases de travail, de la matière première aux machines-outils en passant par des témoignages. Des expositions temporaires, animations et événements viennent apporter régulièrement des éclairages complémentaires auxquels le public a plaisir à participer.

CAMPING LE CHAMP DE MARS*** €€

8, rue du Camping - **SAINT-LAURENT-EN-GRANDVAUX**
✆ 03 84 60 19 30
www.camping-saint-laurent-jura.fr
Camping caravaneige 3 étoiles. Fermé du 1er octobre au 15 décembre. Anglais / allemand parlés. Aire camping-cars.

Le camping Le Champ de Mars, géré par la commune de Saint-Laurent-en-Grandvaux, adhère au réseau Camping Qualité Franche-Comté. Il possède également le label Tourisme et Handicap. Assez équipé et animé pour le bien-être des vacanciers, il leur assure surtout un grand calme et est apprécié pour sa propreté, la qualité des équipements et de l'entretien, l'accueil simple et chaleureux, la proximité du centre-ville... Les camping-cars sont bienvenus : douze places sont aménagées pour eux.

OFFICE DE TOURISME.COEUR DU JURA. SALINS

Place des Salines - **SALINS-LES-BAINS**
✆ 03 84 73 01 34
www.coeurdujura-tourisme.com
Label tourisme & handicap. Ouvert tous les jours l'été. Horaires sur site. Autres périodes, téléphoner.

Visiter les Salines, se ressourcer à l'établissement thermal, faire son agenda des manifestations à venir, trouver l'hébergement idéal... Place de parking pour PMR, rampe d'accès, sonnette pour PMR, accès à la banque d'accueil facilité, circulation aisée au sein de l'espace accueil, bureau des conseillers en séjour accessible, présentoirs organisés par thématiques, pictogrammes placés facilitant la compréhension (handicap mental), barre au sol pour personnes déficientes visuelles, etc.

Vallée de Salin-les-Bains.

© FLORENT - STOCK.ADOBE.COM

La ville de Nevers.

LES ROULOTTES DU BAZOIS** €€

Place Pierre-Saury
CHÂTILLON-EN-BAZOIS
✆ 03 86 84 06 99

Label Tourisme & Handicap (moteur et mobilité réduite). La semaine de 471 € à 588 € ; nuit de 62 € à 95 €.

Laissez-vous tenter par un séjour pittoresque aux portes du Morvan dans la jolie bourgade de Châtillon-en-Bazois ! Vous apprécierez le charme des roulottes au confort moderne et à la décoration sobre mais authentique ; l'une d'entre elles est adaptée pour les personnes à mobilité réduite. Des barbecues sont également à disposition des vacanciers. Un très bel endroit pour se reposer et se ressourcer. De l'original, de la convivialité et de la nature.

LA POMME D'OR*** €€

8, avenue Gambetta
LA CHARITÉ-SUR-LOIRE
✆ 03 86 70 34 82
www.lapommedor.net

Ouvert toute l'année. Chambre à partir de 65 €.

La Pomme d'Or propose des chambres entièrement rénovées, simples et coquettes, disposant de tout le confort moderne. Deux d'entre elles sont adaptées pour l'accueil des personnes à mobilité réduite et en fauteuil. On apprécie les copieux petits déjeuners servis dans la salle de restaurant. Accueil sympathique. Le tout dans un cadre sympathique et bien situé. La possibilité de manger et de dormir au même endroit et également un plus qui permet de ne pas se compliquer la vie et d'avoir une organisation optimale si besoin. L'établissement est également bien situé.

LA MAISON DES ROSEAUX SYLVIE DA SILVA - WILLEM**** €€

MOUX-EN-MORVAN ✆ 03 86 76 01 92
www.maisondesroseaux.com

Label Tourisme & Handicap. Formule gîte 15 personnes, semaine à partir de 2 500 €. 5 chambres d'hôtes : dès 75 €.

Sylvie vous accueille à la Maison des Roseaux récemment rénovée : des tons nature vous inondent de lumière et de zénitude, pour un confort absolu. Les extérieurs sont tout aussi ravissants, avec une jolie vue sur le Morvan. Les plus jeunes profitent de la balançoire, quand les plus grands font une partie de ping-pong. La maison est classée « Morvan Nature et Talents » et labellisée « Valeurs Parc Naturel du Morvan ». Une belle adresse pour un séjour nature au cœur du Morvan des lacs.

OFFICE DE TOURISME DE NEVERS ET SA RÉGION

Palais Ducal – Rue Sabatier - **NEVERS**
✆ 03 86 68 46 00
www.nevers-tourisme.com

Horaires complets en ligne. Ascenseur à disposition pour les personnes à mobilité réduite.

Installé au rez-de-chaussée du Palais Ducal, l'Office de Tourisme de Nevers et sa région propose de jolies visites guidées et thématiques : ne manquez pas de vous renseigner via le site internet, ces visites étant très souvent sur réservation. Un contenu historique est téléchargeable en ligne pour découvrir la ville à travers ses anecdotes et ses légendes. De nombreuses brochures sont en libre-service, et des souvenirs et autres produits du terroir vous attendent à l'accueil.

Bibracte.

LE PAVILLON DU MILIEU DE LOIRE ★

17, quai Jules-Pabiot
POUILLY-SUR-LOIRE
✆ 03 86 39 54 54

Ouverture d'avril à novembre. Nombreuses animations pour les enfants, les adolescents et les familles.

Au cœur de la Réserve naturelle du Val de Loire, le Pavillon du Milieu de Loire valorise un environnement unique en son genre. Le plus long fleuve de France arrivé à mi-parcours du chemin qui sépare la source de l'estuaire a façonné ici le paysage donnant naissance aux milieux naturels qui abritent une faune et une végétation particulières. Le site est labellisé pour les handicaps notamment mentaux et permet un accueil dans les meilleures conditions.

MUSÉE DE LA RÉSISTANCE EN MORVAN ★

SAINT-BRISSON
✆ 03 86 78 72 99
www.museeresistancemorvan.fr

Ouvert de mai jusqu'au 11 novembre. Adulte 6,50 €, Pass "Clé des Musées" 4 €.

Ce musée abrite essentiellement des collections provenant de la région. La première salle évoque l'Occupation dans le Morvan, les transformations qu'elle imposa à la vie quotidienne, la propagande et la répression nazie ; la deuxième évoque de manière émouvante la Résistance, et la dernière est consacrée à la Libération et au souvenir. Notez également que l'établissement se tourne vers l'avenir en proposant une galerie numérique consacrée aux maquis du Morvan.

BIBRACTE

Mont-Beuvray - **SAINT-LÉGER-SOUS-BEUVRAY**
✆ 03 85 86 52 35
www.bibracte.fr

Ouvert du 18 mars au 12 novembre 2023, 10h-18h (9h30-19h en été). Adulte 9 €. Enfant 7 €. Visite guidée 12 €.

En contrebas du site archéologique de Bibracte, le Musée de la civilisation celtique présente l'histoire de Bibracte, capitale gauloise des Eduens. L'exposition permanente dresse le portrait de Bibracte à la lumière des dernières découvertes archéologiques. La galerie supérieure présente l'Europe à la fin du IIe siècle avant J.-C., et la galerie inférieure déroule la vie des habitants. Le musée est adapté aux PMR et personnes en fauteuil. Des solutions pour les personnes en situation de handicap auditif et visuel sont également mises en place.

BASSE-COUR DE SAINT-MARTIN

Lieu-dit Saint-Martin
SAINTE-MARIE
✆ 03 86 58 35 15

Ouvert toute l'année. Tarifs sur devis uniquement. Label Tourisme & Handicap.

Le centre travaille à l'intégration des enfants handicapés mentaux (autistes, trisomiques...) en organisant durant les vacances scolaires des stages partagés avec des enfants valides. Accueil individuel et collectif, hébergement en gîte et chambres d'hôtes. Excellent travail de signalisation pour permettre aux personnes handicapées mentales de se déplacer de manière autonome. Le centre de vacances a son agrément Jeunesse et Sports et propose de nombreuses activités adaptées.

OFFICE DE TOURISME DU GRAND AUTUNOIS MORVAN

13, rue Général-André-Demetz - **AUTUN**
✆ 03 85 86 80 38
www.autun-tourisme.com
Ouvert toute l'année, horaires variables en fonction des saisons. Visites guidées. Brochures format papier et connecté.

Très actif dans la promotion de son territoire, l'office de tourisme du Grand Autunois Morvan est un passage obligé. L'équipe est de très bon conseil pour orienter vos circuits, qu'ils soient culturels, gastronomiques ou sportifs. Autun est une ville riche d'histoire, avec sa cathédrale Saint-Lazare, ses monuments antiques et ses musées. L'office de tourisme relaie les manifestations de son territoire, dispose d'une large proposition d'excursions, et offre des visites guidées.

GÎTE CLEAUD €€

4, route du Pontot
AUXY
✆ 03 85 54 70 67
www.gitecleaud.com
Adapté pour handicaps moteur ; mobilité réduite ; mental ; malentendant ; malvoyant. Non fumeur.

Le gîte a été aménagé au sein d'une grande propriété de construction récente comprenant aussi 2 chambres d'hôtes et le logement des propriétaires. Le gîte est confortable et de plain-pied, accessible aux personnes en situation de handicap. Séjour, coin cuisine équipé avec coin salon, 1 chambre (1 lit de 2 personnes), salle d'eau et WC. Cours et terrain clos. Piscine intérieure commune et chauffée. Un endroit sympathique et accueillant dans un cadre agréable et verdoyant. Les hôtes sont chaleureux et restent disponibles si besoin.

LES LOGIS DE BOURGOGNE ET LES CLIENTS DÉFICIENTS VISUELS

Les Logis de Bourgogne mettent à disposition des clients mal ou non voyants la description de leur hôtel et leurs menus en gros caractères et en braille. Cette démarche élaborée en partenariat avec le Conseil Régional et la Délégation Régionale au Tourisme vient renforcer la mise en place du label Tourisme & Handicap en Bourgogne. La centaine d'établissements concernés apporte ainsi une réponse concrète aux personnes en situation de handicap visuel voulant choisir leurs hôtels et leurs restaurants en toute liberté. Informations supplémentaires sur le site : www.logishotels.com

BOWLING QUANTA

Avenue Pierre-Nugue - **CHALON-SUR-SAÔNE**
✆ 03 85 46 33 21
https://gamesfactory.fr/chalon/
Label Tourisme & Handicap (moteur, mobilité réduite, mental).Ouvert toute l'année. Fermé le 25 décembre.

Entre amis ou en famille, le plus grand bowling de Saône-et-Loire peut accueillir jusqu'à 526 personnes. Les quatorze pistes sont équipées de bumpers automatiques pour les enfants (barrières permettant de garder la boule sur la piste). Matériels spécifiques adaptés afin d'aider les clients en fauteuil à jouer : rampe de lancement de la boule et petites barrières évitant que la boule ne tombe dans le chenal. Très bonne signalétique associant le texte à l'image. Le personnel accueille régulièrement des personnes déficientes intellectuelles.

OFFICE DE TOURISME DU GRAND CHALON

4, place du Port-Villiers - **CHALON-SUR-SAÔNE**
✆ 03 85 48 37 97
www.achalon.com
Ouvert toute l'année. Qualité Tourisme, Vignobles & Découvertes, Accueil vélo, Tourisme & Handicap.

L'office de tourisme du Grand Chalon est la maison mère du tourisme d'un vaste territoire. Toute l'activité touristique de la Côte Chalonnaise est centralisée dans ce vaste office situé face à la Saône. De nombreuses documentations sont disponibles, et la mise en place d'un service de billetterie permet de réserver bon nombre de manifestations, d'activités ou de visites. Enfin, ne manquez pas de télécharger l'application Grand Chalon Tourisme pour faciliter votre séjour.

BUREAU D'INFORMATION TOURISTIQUE

2727, route de Davayé - **CHARNAY-LÈS-MÂCON**
✆ 03 85 21 07 14
www.macon-tourism.com
Ouvert du 8 avril au 5 novembre 2023. Horaires variables en fonction des saisons. Location de vélos.

Le bureau d'information touristique de Charnay-lès-Mâcon est un acteur important de l'offre touristique verte de ce secteur. Installé dans l'ancienne gare de Charnay-Condemine, il se trouve au départ de nombreux itinéraires de randonnées. Ce bureau propose par exemple un parcours de 23 km sécurisé sur la voie verte que l'on peut emprunter en vélo ou à pied. Des formules « tout compris » incluant des visites-dégustations, de la culture et du sport sont mises en place par le bureau.

LA MAISON DU CHAROLAIS ★

43, route de Mâcon
CHAROLLES
✆ 03 85 88 04 00
www.maison-charolais.com

Fermé le 1er novembre et du 24 décembre à début janvier. Visite avec audioguide : 5,80 €. Enfant 4,10 €. Ateliers.

Située à Charolles, berceau de la race bovine charolaise, la Maison du Charolais est un espace qui lui est entièrement dédié. Dans cette Maison, on vous enseigne tout ce qu'il faut savoir sur cette race typique de nos prairies et reconnaissable à sa robe blanche. Elle assure la promotion du terroir charolais au travers d'animations variées tout au long de l'année. Découvrez tous les secrets de la qualité de la viande charolaise, des caractéristiques de son territoire aux particularités de son herbe qui expliquent sa grande tendreté. Une visite, ludique et interactive, idéale pour la famille qui s'achève sur le belvédère qui offre un panorama hors du commun sur les paysages de la région. Pendant l'été : visites théâtralisées, balades guidées par un botaniste pour une découverte grandeur nature du bocage et des animaux. Complétez vos connaissances sur la viande charolaise en participant aux ateliers de cuisine organisés régulièrement pour apprendre à cuisiner le bœuf charolais comme un vrai chef ! Avant de quitter les lieux, faites un petit tour à la boutique avec son très large choix de produits d'artisanat d'art (poteries culinaires) et ses produits régionaux tous plus appétissants les uns que les autres : saucissons de bœuf, vins, liqueurs, confitures et miels, jus de fruits, fromages de chèvre charolais AOC, huiles et vinaigres, pains d'épices et gâteaux, terrines et plats cuisinés « Charolais dans l'assiette » dont la terrine de pot-au-feu AOP Bœuf de Charolles, première innovation alimentaire de Bourgogne en 2014.

ABBAYE DE CLUNY ★★★

Place du 11-Août-1944 - **CLUNY**
✆ 03 85 59 15 93
www.cluny-abbaye.fr

Ouvert 9h30-19h en été. Gratuit jusqu'à 25 ans. Tarif individuel 9,50 €.Restauration de la chapelle jusqu'en juin 2023.

La célèbre abbaye, classée patrimoine européen, est le berceau de l'ordre clunisien, qui a affirmé sa suprématie dans le monde monastique de l'Europe médiévale. Impossible de venir jusqu'à Cluny sans prendre le temps de visiter ce lieu incroyable. L'ordre s'incarna dans ses illustres abbés tels Pierre le Vénérable, abbé de 1122 à 1156, ou Hugues de Semur, de 1049 à 1109, qui fit ériger la troisième église abbatiale (Cluny III), consacrée en 1130 et plus grand édifice de la Chrétienté avant la construction de Saint-Pierre de Rome. Aujourd'hui, peu de choses subsistent de la puissance d'autrefois. Cluny fut utilisée comme carrière de pierres, avant d'être progressivement démantelée jusqu'en 1823. L'endroit respire encore néanmoins la grandeur des Clunisiens qui, malgré leur vœu de pauvreté, avaient pris goût à l'opulence, jusqu'au déclin de Cluny à la fin du Moyen Age. Le monument est accessible en majeure partie aux personnes en situation de handicap moteur et des dispositifs compensatoires ont été mis en place pour permettre aux personnes à mobilité réduite de voir les éléments phares de ces espaces. Possibilité de visite adaptée aux personnes mal et non voyantes : les nombreux dispositifs tactiles répartis sur l'ensemble du circuit de visite permettent une compréhension complète de ce monument complexe. Présentation adaptée du monument proposée aux personnes souffrant de déficience mentale. Les personnes malentendantes pourront bénéficier d'audioguides avec boucle magnétique pour une découverte du site.

OFFICE DE TOURISME DE CLUNY ET DU CLUNISOIS

6, rue Mercière - **CLUNY**
✆ 03 85 59 05 34
www.cluny-tourisme.com

Label Tourisme & Handicap (moteur et mobilité réduite). Ouvert toute l'année, horaires variables selon les saisons.

L'équipe dynamique de l'office de tourisme de Cluny vous reçoit toute l'année et vous aide à organiser votre séjour pour ne rien manquer. Découvrez les nombreux bâtiments monastiques, le musée d'Art et d'archéologie, les maisons romanes, les églises paroissiales, l'Hôtel-Dieu sans oublier la Tour des fromages qui offre un superbe panorama sur la ville. A travers des outils modernes le visiteur pourra entrer dans tous les sites clunisiens à travers la réalité virtuelle.

LE RELAIS DU CANALOU** €€

76, avenue du Général-de-Gaulle
DIGOIN
✆ 03 85 53 25 28
www.relaisducanalou.com

Label Tourisme & Handicap (moteur, mobilité réduite).Qualité Tourisme. Ouvert à l'année.

Le Relais du Canalou offre à ses hôtes une cuisine traditionnelle et raffinée. Côté hôtel, vous pourrez bénéficier de chambres adaptées. Le personnel a l'habitude de recevoir des clients en situation de handicap moteur ou mental. Bonne signalétique dans l'établissement. Situé à deux pas du port de plaisance, mais aussi de la gare de Digoin en Saône-et-Loire, le Relais du Canalou, Hôtel-Restaurant Logis de France, vous accueille chaleureusement, dans une atmosphère véritablement fluviale. N'hésitez pas à goûter aux spécialités locales.

Abbaye de Cluny.

GALERIE EUROPÉENNE DE LA FORÊT ET DU BOIS ★★★

2, chemin du Molard - **DOMPIERRE-LES-ORMES**
✆ 03 85 50 37 10
www.lab71.fr
Label Tourisme & Handicap (moteur, mobilité réduite, mental, malentendant, malvoyant).

La Galerie est le premier site touristique en France dédié à la forêt et au bois. Elle constitue aussi un lieu d'animations, de conférences et de rencontres autour du bois. Le site est entièrement accessible aux visiteurs déficients moteur : monte-personne et toilettes adaptées. Les visiteurs en déficience visuelle, intellectuelle et auditive ont la possibilité de toucher les différents objets exposés et bénéficient aussi d'éléments sonores et olfactifs tout au long de la visite.

GÎTE DE JEAN-MARIE LEMAITRE €€

Velet - **ETANG-SUR-ARROUX**
✆ 03 85 29 55 60
www.gites71.com
Adapté pour handicaps moteur ; mobilité réduite ; mental ; malentendant. Gîtes de France (3 épis). Ouvert à l'année.

Cette belle maison traditionnelle typique du Morvan a entièrement été rénovée par le propriétaire. Indépendante, elle se situe à proximité de celle des hôtes. Le gîte est adapté pour les voyageurs déficients moteur avec cuisine, sanitaire et salle d'eau adaptés sans oublier 3 chambres dont 1 accessible au rez-de-chaussée. Les propriétaires sont sensibilisés à l'accueil de la clientèle en situation de handicap mental. Une adresse sympathique, à retenir.

DOMAINE DE LA LOGE €€€

La Loge
FLACEY-EN-BRESSE
✆ 03 85 74 05 06
www.domainedelaloge.fr
Label Tourisme & Handicap (moteur, mobilité réduite).

Aux portes du Jura, sur un domaine de 40 hectares au calme, ce gîte de groupes est composé de 3 hébergements indépendants accessibles aux publics handicapés louables séparément. Trois chambres sont adaptées : 1 équipée dans chaque hébergement. Toutes les consignes pour les personnes déficientes auditives sont affichées dans les gîtes. Les chambres et autres pièces sont repérées avec des images pour les clients déficients intellectuels. Bon contraste couleur et aucune difficulté apparente pour les clients déficients visuels. Bien adapté.

LA ROSERAIE DES VILLAGES DE FRANCE

Le Champ Rosé
LA CELLE-EN-MORVAN
✆ 03 85 54 10 69
lacelleenmorvan.a3w.fr
Ouvert toute l'année.

Francette Guibourt, maire de La Celle-en-Morvan, a mobilisé les moyens nécessaires pour transformer la friche marécageuse à côté la mairie en superbe roseraie de 1 000 rosiers anciens, anglais ou hybrides modernes mêlés. Cette roseraie est désormais gérée par une association qui s'occupe de la faire visiter. Un massif est spécialement conçu pour les visiteurs aveugles ou malvoyants. Sept parcours à thèmes ont été créés. Deux parcours sont édités en braille.

MUSÉE DES URSULINES ★

20, rue des Ursulines - **MÂCON**
✆ 03 85 39 90 37
www.macon.fr
Du mardi au samedi 10h-12h30/14h-18h, dimanche 14h-18h. Adulte à partir de 4,50 €. Expo 7 €. Billet complet 10 €.

Les bâtiments actuels furent construits entre 1675 et 1678. Les lieux eurent un passé mouvementé et servirent de prison, de caserne, avant de devenir musée en 1968. Ce dernier est occupé aujourd'hui par trois départements : l'archéologie, l'ethnologie et les beaux-arts. L'ensemble du site est accessible aux personnes déficientes motrices. Excellente signalétique associant le texte à l'image pour les visiteurs déficients intellectuels et auditifs. Partenariat avec le centre d'interprétation du langage des signes pour les visites guidées.

OFFICE DE TOURISME DU MÂCONNAIS

1, place Saint-Pierre - **MÂCON** ✆ 03 85 21 07 07
www.macon-tourism.com
Label Tourisme & Handicap (moteur et mobilité réduite). Ouvert toute l'année, horaires variables selon les saisons.

C'est dans le bâtiment moderne à l'angle de la rue Carnot et de la place Saint-Pierre que ce bel office de tourisme accueille ses nombreux visiteurs. Il est le rendez-vous immanquable pour qui veut découvrir la ville et l'ensemble du Mâconnais. Moderne et spacieux, construit comme un beau salon spacieux, avec fauteuils et espace multimédia, il regorge d'informations. Avec une équipe dynamique, les idées de séjours, les visites guidées et autres activités proposées foisonnent.

OFFICE DE TOURISME MÂCON SUD BOURGOGNE

1, place Saint Pierre
MÂCON
✆ 03 85 21 07 07
www.macon-tourism.com
Ouvert du mercredi au samedi.

Découvrez une Bourgogne extrasensorielle avec tous les incontournables à vivre en famille, entre amis ou même en solo. Faites une pause en Saône-et-Loire et choisissez parmi tous les hébergements proposés. Partez à vélo à l'assaut de l'itinéraire gourmand de Saône-et-Loire. L'ADT est un point d'arrêt à mettre sur votre feuille de route pour obtenir des renseignements sur un large panorama de la région. Et son site internet propose une mine d'informations. Indispensable, donc.

LE POISSON D'OR €€

Allée du Parc - **MÂCON**
✆ 03 85 38 00 88
www.lepoissondor.com
Label Tourisme & Handicap (moteur, mobilité réduite, mental, malentendant).Maître Restaurateur. Qualité Tourisme.

Le Poisson d'Or est situé à proximité du centre-ville sur les bords de Saône au milieu d'un parc de verdure. Avec ses grandes vitres qui donnent sur la rivière, le restaurant est lumineux et le coucher de soleil en fin d'après-midi en fait un lieu idéal pour les repas en amoureux. La décoration est raffinée, les salles spacieuses. Comme son nom l'indique, le Poisson d'Or fait la part belle aux poissons et aux produits de la mer et de la rivière comme les huîtres, le saumon, le sandre, les grenouilles, le bar ou encore les langoustines.

VOIE VERTE

Deux parcours labellisés (3,2 km entre le syndicat d'initiative de Charnay-les-Mâcon et la cave coopérative de Prissé + 34 km entre l'ancienne gare de Cluny et Buxy) disposent des équipements nécessaires pour les visiteurs déficients moteur – places de parking réservées, rampe d'accès vers la Voie Verte, espace d'accueil des anciennes gares avec sanitaires adaptés – mais également pour les personnes déficientes mentales et auditives avec une très bonne signalétique sur ces tronçons. Informations supplémentaires par téléphone au 03 85 21 98 05.

MAISON DES PATRIMOINES ★

Parc du Manoir - **MATOUR**
✆ 03 85 59 78 84
www.maison-des-patrimoines.com
Label Tourisme & Handicap (moteur, mobilité réduite, mental, malvoyant).

A mi-chemin entre l'écomusée et la Maison de pays, la maison des patrimoines est installée dans un manoir entouré d'un magnifique parc arboré. Sa vocation est de mettre en valeur le patrimoine de la région en lien avec son environnement humain, naturel, historique et culturel. Les visiteurs en handicap mental se verront proposer animations, jeux sensoriels et des visites spécifiques peuvent être organisées, avec des ateliers thématiques comme la fabrication de pain ou encore l'école d'autrefois. Les panneaux explicatifs facilitent la visite des personnes sourdes.

CREUSOT MONTCEAU TOURISME

Quai du Général-de-Gaulle
MONTCEAU-LES-MINES
✆ 03 85 69 00 00
www.creusotmontceautourisme.com
Ouvert toute l'année, horaires variables selon saisons. Visites guidées estivales. Livret jeu gratuit.

Le Bureau d'information touristique de Montceau se fait une joie de vous accueillir dans ses locaux pour vous présenter les activités du territoire. L'équipe dispense toutes les informations nécessaires pour tout savoir sur cette région marquée par son passé minier : un livret-jeux est proposé gratuitement aux familles ; il complète la brochure de visite du centre-ville. Situé sur l'EuroVelo 6, le Bureau d'information touristique de Montceau est labellisé Accueil Vélo©.

MUSÉE CHAROLAIS DU MACHINISME AGRICOLE ★★

Le Bourg - **NEUVY-GRANDCHAMP**
✆ 03 85 84 23 62
http://musee-neuvy-grandchamp.fr
Label Tourisme & Handicap (moteur, mobilité réduite, mental, malentendant).Adulte : 5 €.

Ce musée abrite une collection de plus de 400 pièces dont une série de tracteurs et de machines tractées, moteurs et machines à sabots. Les 1 500 m^2 du site sont de plain-pied avec accès facile, toilettes adaptées et place réservée près de l'entrée pour les visiteurs à mobilité réduite. Vidéos et panneaux explicatifs pour les personnes en déficience auditive et intellectuelle afin de voir et d'entendre plus de 500 machines retraçant l'évolution de l'agriculture depuis un siècle.

LE MOULIN DE VAUX

Centre de Tourisme Equestre - **NOCHIZE**
✆ 03 85 88 31 51
www.lemoulindevaux.com

Ouvert toute l'année. Ouvert tous les jours et toute l'année. Gîte et activités sur résa. Label Tourisme & Handicap.

Partez en randonnée à travers le Charolais. Possibilité de promenades attelées ; le personnel encadre régulièrement des personnes en situation de handicap concernées par les déficiences auditives et visuelles : aide humaine, relation privilégiée avec les chevaux… Equithérapie pour les personnes déficientes intellectuelles. Une activité qui peut s'avérer très riche et vraiment très agréable et constructive pour les personnes en situation de handicap, d'autant plus dans un cadre de vacances. Une adresse à conserver et à découvrir.

MUSÉE DU HIÉRON ★★

13, rue de la Paix
PARAY-LE-MONIAL
✆ 03 85 81 79 72
www.musee-hieron.fr

Ouvert de mars à janvier, tous les jours de 10h à 12h30 et de 14h à 18h. Gratuit.

Ce musée-monument présente un parcours thématique retraçant deux millénaires d'histoire du christianisme. Le personnel est sensibilisé. Des aménagements ont été réalisés pour accueillir la clientèle PMR : monte-personne, cartels, bouton d'appel extérieur, ascenseur, toilettes adaptées… Il existe un support écrit en gros caractères permettant la découverte du musée ainsi qu'une maquette tactile du Hiéron avec légendes en braille. Une bonne signalétique ainsi qu'un film d'une dizaine de minutes permet de mieux appréhender les œuvres.

MUSÉE PAUL CHARNOZ ★

32, avenue de la Gare - **PARAY-LE-MONIAL**
✆ 03 85 81 40 80
www.musee-carrelage-charnoz.org

Ouvert en juillet-août de 14h30 à 18h. Le reste de l'année sur réservation. Label Tourisme & Handicap.

Fondé en 1993 par d'anciens collaborateurs de l'usine de carrelages de Paray-le-Monial, le musée Paul Charnoz situé en face de la gare de l'autre côté du canal du Centre, retrace la mémoire de cette grande usine. Il abrite tous les étés des expositions temporaires sur le thème de la céramique et de la mosaïque. Les souvenirs et anecdotes des anciens salariés qui font vivre le musée constituent le petit supplément d'âme. Un musée passionnant où la circulation en fauteuil n'est pas toujours facile (contournement des machines) : mais avec une aide, ça passe.

PARAY-LE-MONIAL TOURISME

25, avenue Jean-Paul-II - **PARAY-LE-MONIAL**
✆ 03 85 81 10 92
www.tourisme-paraylemonial.fr

Ouvert toute l'année, horaires variables selon les saisons. Visites guidées, animations pour les familles.

Paray-le-Monial est l'une des villes les plus visitées de la Saône-et-Loire. Ville sacrée par excellence, nombreux sont les pèlerins ou amateurs de lieux sacrés à venir dans la cité labellisée « Ville d'Art et d'Histoire ». L'office de tourisme dispose de nombreuses brochures pour découvrir l'aspect historique, culturel et spirituel de la ville, ainsi que des idées de circuits ou de visites guidées. Les familles apprécieront de parcourir les rues à pied ou en rosalie, équipées de tablettes prêtées par le bureau. Location de vélos adultes et enfants.

LE HAMEAU DUBŒUF

796, route de la Gare
ROMANÈCHE-THORINS
✆ 03 85 35 22 22
https://www.duboeuf.com/fr/le-parc/

Ouvert du 15 février au 31 décembre 2023. Entrée adulte à partir de 20 €. Tarifs complets en ligne.

Premier oenoparc en Beaujolais, ce site unique en France organise et propose des expositions autour de la vigne et du vin, un théâtre d'automates, un film en 3D et bien d'autres surprises. Bonne signalétique pour les visiteurs déficients intellectuels. Appareil d'aide à l'audition pour les personnes malentendantes. Le site n'a pas le label pour la déficience visuelle mais des aménagements ont été réalisés. Pour les personnes déficientes motrices, un fauteuil roulant innovant permet de franchir tous les types d'escaliers avec l'aide de personnes formées.

LES ANIMAUX DES PETITS BOIS

SAGY ✆ 03 85 74 05 77
www.lesanimauxdespetitsbois.com

Label Tourisme & Handicap (moteur, mobilité réduite, mental, malentendant, malvoyant). Ouvert d'avril à novembre.

Sur un site de 15 ha, plus d'une centaine d'espèces domestiques, de races anciennes et très rares, de la poule naine au cheval de trait en passant par les chèvres, les moutons, les porcs, les vaches… Sentier de visite de 800 m sans obstacles pour les personnes déficientes visuelles. Salle de réception de 100 m² avec sanitaires adaptés pour la clientèle déficiente motrice. Aucune difficulté pour les personnes déficientes auditives et intellectuelles avec une aide humaine spontanée.

LA SENONAISE €€

Le bourg - **SENS-SUR-SEILLE** ✆ 03 85 74 78 83
www.chambres-hotes-senonaise.com
Label Tourisme & Handicap (moteur et mental). Gîtes de France (2 épis). Ouvert toute l'année. 3 chambres.

Aménagées dans une ferme bressane, indépendante de l'habitant, 3 chambres vous attendent. Aurore au rez-de-chaussée est adaptée aux personnes handicapées. Cuisine équipée avec frigo, micro-ondes, four, vaisselle, la salle de séjour est conviviale : petits-déjeuners copieux (confitures maison, fromage blanc) pour les hôtes, terrasse extérieure (barbecue) avec vue sur le parc et ses ânes, le plan d'eau pour la pêche, piscine hors sol chauffée aux beaux jours. Animaux admis. Un endroit bien adapté et agréable pour se ressourcer et profiter de la nature.

MAISON DU GRAND SITE ★★

Chemin de la Roche
SOLUTRÉ-POUILLY
✆ 03 85 35 82 81
http://rochedesolutre.com
Fermeture en janvier. Ouvert de 10h à 19h en juillet et août. Gratuit.

La Maison du Grand Site abrite une exposition permanente consacrée à l'histoire du paysage et à sa préservation ainsi qu'une boutique pour faire le plein de livres et de souvenirs. Poursuivez la découverte du Grand Site avec la visite du Musée de la Préhistoire de Solutré situé au pied de la roche éponyme, un ancien site de chasse fréquenté pendant 50 000 ans. Le musée propose une muséographie, des collections, des expositions thématiques et des animations. Le jardin archéologique et botanique aménagé sur le site des fouilles complète cette visite.

LE REMPART €€

2 et 4, avenue Gambetta
TOURNUS
✆ 03 85 51 10 56
www.lerempart.com
Menus de 35 à 55 €. Formule du jour à 24,90 €. Restaurant à ciel ouvert. Pub.

Dans un très beau cadre roman, cuisine du terroir et de tradition. Lorsqu'un client non-voyant ou malvoyant se présente au restaurant, le personnel lui décrit le menu ; de bons contrastes sont par ailleurs présents dans la salle de restauration. En ce qui concerne la clientèle déficiente intellectuelle, bonne signalétique pour la salle de restaurant. La brasserie Le Patio, avec une cuisine régionale bourguignonne où l'on retrouve les œufs meurettes et le jambon fumé persillé, est la promesse d'instants gourmands. Le Pub est dans l'esprit lounge contemporain.

MAISON DU BLE ET DU PAIN

2, rue de l'Egalité
VERDUN-SUR-LE-DOUBS
✆ 03 85 91 57 09
www.ecomusee-bresse71.fr
Fermé temporairement.

Dans la jolie petite cité de Verdun-sur-le-Doubs, ce musée constitue une étape culturelle intéressante. Antenne de l'écomusée de la Bresse bourguignonne, la Maison du blé et du pain présente l'histoire et la tradition de siècles de moisson et de panification. On découvre aussi l'histoire de la meunerie et les métiers de la boulange. Des animations familiales autour de la fabrication du pain sont organisées. Un ascenseur est à disposition pour les visiteurs handicapés moteur. Excellente signalétique pour les visiteurs déficients intellectuels et auditifs.

OFFICE DE TOURISME SAÔNE DOUBS BRESSE

3, place Charvot - **VERDUN-SUR-LE-DOUBS**
✆ 03 85 91 87 52
www.saonedoubsbressetourisme.fr
Ouvert toute l'année, horaires variables en fonction des saisons. Location de vélos et de kayaks.

Verdun est la capitale de la pôchouse ! Ce plat à base de poissons de la Saône et de vin blanc est la spécialité de la région. L'office de tourisme vous indiquera les bonnes adresses gourmandes pour découvrir ce plat typique. Vous prendrez ensuite le temps de flâner dans les rues à caractère médiéval du Vieux Verdun. Nouveauté 2022, l'office de tourisme propose la location de kayaks de juin à septembre pour des balades sur le Doubs au départ de Saunières et de Navilly.

ATRIA NOVOTEL**** €€

1, avenue de l'Espérance - **BELFORT**
✆ 03 84 58 85 00
www.accorhotels.com

Adapté aux handicaps moteur ; mobilité réduite ; mental.Qualité Tourisme. Chambre double dès 90 €.

Construit en 1994, cet établissement bâti sur quatre étages possède trois chambres aménagées pour les personnes à mobilité réduite et six autres communicantes. Spacieuses avec climatisation, toutes disposent d'une salle de bains, d'un radio-réveil, d'un sèche-cheveux, d'un bureau, d'un mini-bar et de la TV satellite. L'ensemble est bien adapté pour un public de personnes à mobilité réduite notamment. L'hôtel est assez calme et spacieux, un petit déjeuner peut être proposé (voir les modalités pour l'avoir dans la chambre si besoin).

HANDIPROMENADE

Le sentier pédestre et pédagogique de l'étang de la Véronne

Sur la presqu'île du Malsaucy rendue célèbre par le Festival des Eurockéennes a été conçu un sentier accessible à tous : promeneurs, poussettes et personnes à mobilité réduite. Approche ornithologique et tables d'information renseignent les visiteurs sur les différents paysages que l'on peut observer depuis le sentier, les plantes et leur milieu, les arbres ou la faune du Malsaucy. Un important travail de réflexion a été mené en amont afin de rendre les différentes stations accessibles aux personnes à mobilité réduite : chemins réalisés en finition sablée dont les pentes sont inférieures à 4 % et mobiliers pédagogiques inclinés à hauteur et avec dégagement permettant à une personne en fauteuil de se rendre jusque sous le plan. Le Conseil Général du Territoire de Belfort a reçu le label Tourisme et Handicap pour les handicaps moteur, mental et auditif.

Sentier de la Roselière

Situé sur les communes de Belfort et Offemont à quelques minutes à pied à l'est du centre-ville, c'est un excellent endroit pour se changer les idées et respirer un peu d'air pur. Un sentier pédagogique a été aménagé sur le tour d'environ 4 km. Une partie de l'étang est une zone protégée. Le revêtement de ce sentier permet aux promeneurs handicapés moteur de découvrir en fauteuil et dans les meilleures conditions de roulage, la faune et la flore de cet étang (lieu de passage d'oiseaux migrateurs).

B&B HÔTEL BELFORT** €€

20, rue Xavier Bichat
BELFORT
✆ 03 84 90 59 01
www.hotel-bb.com

Label Tourisme & Handicap (moteur, mobilité réduite, mental).Ouvert toute l'année. Dès 52 €.

Le B&B Hôtel de Belfort est un hôtel alliant convivialité, bien-être et modernité. Les chambres accessibles et adaptées sont confortables et climatisées avec salles de bains individuelles, le tout dans une atmosphère cosy et familiale. Une bonne adresse sur la route des vacances ! L'hôtel est labellisé tourisme et handicap et s'adapte aux personnes à mobilité réduite. Il peut également proposer des petits déjeuners en chambre si besoin. Les espaces sont assez grands et accessibles. Le lieu est calme et peu excentré. Un bon accueil.

CAMPING INTERNATIONAL DE L'ÉTANG DES FORGES**

4, rue du Général-Béthouard
BELFORT
✆ 03 84 22 54 92
https://www.camping-belfort.com/

Adapté aux handicaps moteur et mobilité réduite. Qualité Tourisme.

L'un des atouts de ce camping serait la piscine grand bain, ouverte en 2013, qui s'ajoute aux nombreuses activités qu'il propose, comme le tir à l'arc, le terrain de volley, de la voile, du cyclotourisme, ou encore de la randonnée. Par ailleurs, chaque été l'équipe du camping anime généreusement son site en proposant un calendrier bien rempli. Elle propose de nombreuses visites de la région en compagnie de guides interprètes, deux fois par semaine.

COMITÉ DÉPARTEMENTAL DU TOURISME DE BELFORT

2, place de l'Arsenal
BELFORT
✆ 03 84 55 90 90
www.belfort-tourisme.com

Ouvert du lundi après-midi au vendredi de 9h à 12h et de 14h à 17h30 ; le samedi de 10h à 17h.

Le Territoire de Belfort est certes un des plus petits départements de France, mais il ne manque pas de merveilles culturelles. La citadelle de Belfort construite par Vauban, le lion de Bartholdi... sont à ne surtout pas manquer ! La Maison du Tourisme de Belfort propose aux groupes des visites en LSF, audio-décrites ou tactiles pour les aveugles et malvoyants ainsi que la découverte de la vieille ville de Belfort selon un parcours adapté pour les PMR.

FESTIVAL INTERNATIONAL MUSIQUE UNIVERSITAIRE

BELFORT

✆ 03 84 54 25 81

www.fimu.com

Gratuit. Du 25 au 28 mai 2023.

Tous les ans pendant le week-end de la Pentecôte, Belfort et les étudiants de l'aire urbaine organisent ce festival au programme éclectique. Public handicapé : accueil adapté, parkings réservés et cheminements alternatifs pour permettre de circuler aux personnes en fauteuil sans se faire bousculer, toilettes adaptées, prêt de fauteuil roulant manuel, emplacements spéciaux sur les scènes et accompagnement des personnes en situation de handicap moteur et visuel.

MUSÉE D'ART MODERNE-DONATION MAURICE JARDOT

★

8, rue de Mulhouse - **BELFORT** ✆ 03 84 54 27 57

musees.belfort.fr/accueil-991.html

Fermeture pour travaux, réouverture prévue fin 2024.Les collections d'art moderne sont visibles dans la Tour 41.

Ce Musée d'art moderne réunit une centaine de peintures, sculptures et dessins du XXe siècle. Un musée idéal pour initier les plus jeunes à l'art moderne. Accueil de qualité et accessibilité pour les personnes handicapées pour les 4 familles de handicap : moteur, visuel, auditif, mental (installation d'une alarme avec flash visuel, mise en place de bandes de contraste dans les zones de circulation intérieures et extérieures, signalétique renforcée...).

LE THÉÂTRE GRANIT

1, faubourg de Montbéliard - **BELFORT**

✆ 03 84 58 67 67

www.legranit.org

Label Tourisme & Handicap (moteur, mobilité réduite, mental, malvoyant).Saison de septembre à juin.

Les personnes à mobilité réduite et celles en fauteuil sont prises en charge par un personnel formé et accompagnées via l'ascenseur par un cheminement dédié jusqu'à leur place. Labellisé en premier lieu pour les handicaps moteur et mental, le théâtre a également investi dans un système de boucle magnétique pour les malentendants. L'exigence du label en termes d'accueil et de confort n'a malheureusement pas permis de récompenser cet investissement fonctionnant uniquement lors de certains spectacles. Le programme est disponible sur le site.

MUSÉE D'HISTOIRE ET ESPACE BARTHOLDI ★★

BELFORT

✆ 03 84 54 25 51

www.belfort-tourisme.com

Ouvert toute l'année, tous les jours sauf le mardi 10h-12h30/14h-18h, tous les jours juillet-août. Adulte : 7 €.

Ce musée créé en 1972 regroupe un ensemble d'objets concernant la vie civile et militaire : insignes, décorations, uniformes de tous les belligérants, journaux... La visite commence avec la présentation des vestiges préhistoriques et gallo-romains puis se poursuit par l'évocation des différents conflits jusqu'à la Seconde Guerre mondiale. Le XIXe siècle et ses trois sièges – à l'origine de la séparation entre l'arrondissement de Belfort et le reste de l'Alsace – sont des thèmes particulièrement développés. Le musée a également développé un espace consacré au sculpteur Frédéric Bartholdi avec plusieurs salles réunissant sur 240 m^{2} une exposition permanente composée de dessins, gravures et photographies anciennes relatives à l'auteur du Lion de Belfort et de la statue de la Liberté. Très marqué par la guerre de 1870 et l'annexion de son Alsace natale, Bartholdi avait fait de son œuvre l'exutoire de son affliction. La visite qui s'effectue au moyen d'un audioguide vous emmènera par ailleurs sur « Les Chemins de la liberté », une promenade contée narrant l'histoire de Belfort par le biais de personnages empruntant toute la gamme des émotions. Le Grand Souterrain reste le théâtre d'une grande scénographie projetée où histoire et modernité s'allient pour un spectacle panoramique composé de son et de lumière. Possibilité de visites adaptées pour les personnes handicapées mentales, visuelles ou auditives : téléphoner en amont pour anticiper les besoins spécifiques.

LES EUROCKÉENNES DE BELFORT

EVETTE-SALBERT

www.eurockeennes.fr

En juillet. Des navettes TER desservent le site depuis le centre-ville, pendant toute la durée des concerts.

Lancées en 1989, les Eurockéennes sont aujourd'hui parmi les plus importants festivals de musique en France et s'ouvrent à de multiples styles : rock, reggae, world, électro, métal, pop, folk. Le festival est accessible pour les personnes en fauteuil et la Fédération des aveugles de France met en place un accueil spécifique pour les personnes mal et non-voyantes. Enfin, des spécialistes du langage des signes sont disponibles pour aider le public sourd et malentendant.

AGENCE DE DÉVELOPPEMENT TOURISTIQUE DE L'YONNE

1-2, quai de la République
AUXERRE
✆ 03 86 72 92 00
www.tourisme-yonne.com

L'Yonne, un concentré de Bourgogne que l'Agence de Développement vous propose de découvrir. Des terres d'aventures pour les familles, des trésors de gastronomie où les vignobles se font raffinement, des routes touristiques aux thèmes riches et variés… mille et une idées de sortie, de week-ends à 1h de Paris. Pour accéder aux adresses accessibles ou labellisées, tapez le mot « handicap » dans la barre de recherche présente sur la page d'accueil en haut à droite.

THE ORIGINALS AUXERRE NORMANDIE*** €€€

41, boulevard Vauban - **AUXERRE**
✆ 03 86 52 57 80
www.hotelnormandie.fr

47 chambres, à partir de 84 € (2 pers.). Petit déjeuner 12 € (-de 12 ans : 6 €). Garage 8 €. Sauna 7 €. Room service.

The Originals Auxerre Normandie est une valeur sûre. Non seulement l'accueil est toujours au top dans cette belle maison bourgeoise du XIXe siècle, mais on apprécie aussi le salon lounge, la salle des petits déjeuners, les salles de fitness et de billard, le sauna, et les espaces de travail partagés. On y trouve même (dans le garage privé) des bornes de recharge Tesla pour les voitures électriques ! A noter que des offres spéciales sont souvent proposées sur le site internet.

HANDI PÊCHE

- Ancy-le-Franc. Etang communal dit étang de la Lame.
- Charny. Plan d'eau communal dit Les Regains.
- Cry-sur-Armançon. Sur l'étang fédéral.
- Guillon. Sur le Serein au lieu-dit Le Moulin-Guerri.
- L'Isle-sur-Serein. Dans le parc du château.
- Lézinnes. Sur l'Armançon en rive gauche du cours d'eau.
- Mailly-la-Ville. Sur l'étang des Regains.
- Nuits-sur-Armançon. Sur les quais en amont du pont.
- Tanlay. Sur le canal de Bourgogne dans le Port.
- Vincelles. Sur l'étang géré par l'Union des pêcheurs de l'Auxerrois.

LES CAPUCINS*** €€

6, avenue Président-Doumer - **AVALLON**
✆ 03 86 34 06 52
www.avallonlescapucins.com

Chambre double à partir de 56 €, familiale 100 €. Petit-déjeuner 11 €. Restaurant : Formules à partir de 20 €.

Ce bel établissement allie la tranquillité d'une charmante demeure bourgeoise avec la proximité du centre-ville. Les 23 chambres offrent un cadre lumineux, aux teintes colorées, et parfaitement équipées. L'établissement a récemment fait construire sur le jardin en éco-énergie 10 chambres 3*** spacieuses. A noter que l'établissement propose aussi un beau gîte de groupe, « L'Avalonnaise » : une bâtisse du XVIIIe siècle, rénovée aux normes hôtelières, avec 30 couchages divisés en 10 chambres. Et que Les Capucins, c'est également un très bon restaurant.

MUSÉE DE LA VIGNE ET DU TIRE-BOUCHON

4, rue de l'Equerre - **BEINE**
✆ 03 86 42 43 76
www.chablis-geoffroy.com

Label Tourisme & Handicap (moteur, mobilité réduite, malentendant).

Viticulteur près de Chablis, Alain Geoffroy met en scène une formidable collection de plus de 1 500 tire-bouchons de toutes les origines et de tous les types. Les outils anciens de viticulteur (coupe-marcs, pèse-fût, embouteilleuse,…) mis en scène retracent également le quotidien du vigneron d'autrefois. L'ensemble de tastevins vient compléter cette collection entièrement dédiée à Bacchus. A l'issue de la visite, le caveau vous attend pour une dégustation de vins de Chablis.

AUX LYS DE CHABLIS*** €€€

38, route d'Auxerre - **CHABLIS**
✆ 03 86 42 49 20
www.hotel-lys-chablis.com

Chambre double à partir de 85 €. Petit-déjeuner 9 €. Restaurant : du lundi au jeudi 19h-21h (10 minutes à pied).

À l'entrée de Chablis, cet établissement, propriété du domaine Daniel-Etienne Defaix, rend hommage au fameux vin en prenant le nom d'un de ses premiers crus : les Lys de Chablis.Un hôtel sympathique tenu par une famille amoureuse du bon vivre (les Defaix). 23 chambres doubles (dont 2 pour voyageurs en situation de handicap moteur communicantes avec une chambre double). Permet le triplé hébergement-restauration et en prime la dégustation de vins maison (cave Le Monde du vin). Pourquoi s'en priver ? Une adresse sympathique à retenir.

MADE IN KART

54, route de Longueron - **JOIGNY**
✆ 03 86 19 32 32
www.madeinkart.com
Juillet-août : 7j/7, 10h-19h. Sinon mercredi à lundi 14h-18h. Adulte 17,50 € les 10 minutes. De 7 à 12 ans : 14,50 €.

Amateurs de karting, vous trouverez ici la plus grande piste de l'Yonne : 1 050 mètres de sensations *outdoor* ! Plusieurs modèles sont proposés, dont certains réservés aux pilotes confirmés quand des mini-machines sont accessibles aux enfants (de plus de 1,30 mètre). Bien sûr, tout l'équipement nécessaire est également disponible. De même, plusieurs formules sont possibles : challenge, baptême, stage de pilotage. Pratique pour bien s'amuser ! Kart adapté avec manette au volant pour les pratiquants en situation de handicap moteur.

LA GRAVIÈRE DU MOULIN** €

7, route de Frangey - **LÉZINNES**
✆ 03 86 75 68 67
https://gravieredumoulin.lezinnes.fr/
Qualité Tourisme. Ouvert du 1er avril au 3 octobre. Tarif gîte et camping sur demande. Tourisme & Handicap

Ce camping est un havre de sérénité aux portes du village de Lézinnes et situé en bordure de l'Armançon sur une île de 35 000 m². Le site regroupe un gîte d'étape, une salle polyvalente et un camping installés dans un environnement calme et reposant. Le gîte propose une chambre pour les personnes à mobilité réduite avec une grande cuisine équipée, commune à l'ensemble des résidents ; le camping est également adapté pour recevoir des campeurs handicapés : les espaces d'accueil et les blocs sanitaires sont notamment accessibles aux PMR.

MOSAÏQUE GALLO-ROMAINE ★

1, place François-Mitterrand
MIGENNES
✆ 03 86 80 03 70
www.tourisme-migennes.fr
Ouvert toute l'année. Voir les horaires de l'office de tourisme. Gratuit.

L'office de tourisme présente un fragment restauré de la mosaïque polychrome et géométrique datant du IVe siècle après J.-C. Elle est extraite du pavement d'une salle mesurant environ 210 m². Lors de sa découverte à Migennes en 1976, il n'en restait que les deux tiers. Les panneaux est et ouest se ressemblent par un décor d'octogones, de carrés et d'hexagones oblongs. L'ensemble de cette construction pourrait correspondre à un palais à caractère religieux. Pour les personnes présentant un handicap : documentation détaillée et visite guidée possible.

L'AUBERGE DE L'ÂTRE*** €€€

Les Lavaults - **QUARRÉ-LES-TOMBES**
✆ 03 86 32 20 79
www.auberge-de-latre.com
Chambre double à partir de 90 €. Petit déj 10 €. Restaurant : du mercredi midi au dimanche soir. Menus 36 € à 115 €.

Vous entrez dans un établissement de renom tenu par Francis Salamolard qui vous réserve un accueil chaleureux. Cette ancienne ferme transformée en auberge il y a plus de deux siècles abrite désormais plusieurs chambres spacieuses et lumineuses avec vue sur la nature. Toutes baptisées du nom d'un champignon, celle située au rez-de-chaussée (La Coulemelle) est accessible. Sur place, vous pourrez profiter du restaurant avec sa cuisine gastronomique réputée. Une adresse qui offre le calme et le charme rustique propre aux vieilles fermes d'antan.

CAVES BAILLY-LAPIERRE

3, Quai de l'Yonne - **SAINT-BRIS-LE-VINEUX**
✆ 03 86 53 77 76
www.bailly-lapierre.fr
Horaires visites guidées et cave : voir le site Internet. Tarif visites guidées : adulte 6 €. Accueil enfants.

Depuis 1972, ces caves sont installées dans des carrières du XIIe siècle d'où étaient extraites les pierres qui partaient autrefois vers Paris et qui servaient à la construction de nombre de monuments prestigieux. Vous dégusterez le Saint-Bris ou le crémant de Bourgogne dans l'ambiance étrange de ce lieu creusé au cœur d'un gisement de calcaire. Les responsables ont aménagé des places de parking, un cheminement adapté et des étiquettes en braille pour les personnes handicapées. Le personnel est sensibilisé à l'accueil des visiteurs en situation de handicap.

ABBAYE DE LA PIERRE-QUI-VIRE ★★

SAINT-LÉGER-VAUBAN ✆ 03 86 33 19 20
www.apqv.fr
Haute saison, boutique ouverte 7j/7 10h45-12h15 et 14h-17h30 (17h lundi). Dimanches et fêtes 11h15-12h et 15h15-17h30.

Fondé en 1850 par le Père Muard, le monastère de la Pierre-qui-Vire dispose d'une hôtellerie pour accueillir ceux qui veulent venir y vivre ou prier et à qui sera proposée une initiation à la lecture de la Bible. Les hôtes peuvent demander à bénéficier de l'accompagnement spirituel d'un frère. Une visite adaptée aux visiteurs en handicap moteur est possible grâce à une présentation et une visibilité des œuvres adaptées. Places de parking réservées à proximité. Chien guide autorisé.

VIGNERONS DE LA COLLINE ÉTERNELLE

4, route de Nanchèvres - **SAINT-PÈRE**
✆ 03 86 33 29 62
www.colline-eternelle.com
Mardi-samedi : 10h-13h/14h-18h. Lundi, dimanche, fériés : 10h-12h/14h-17h. Dégustation + visite à partir de 12 €/pers.

Situé au cœur du site classé Patrimoine mondial de l'Unesco, le vignoble de Vézelay est reconnu depuis l'époque gallo-romaine. Si le melon, ancien cépage de la région, est toujours produit pour garder la tradition, c'est essentiellement un chardonnay blanc qui tient la vedette aujourd'hui. La cave accessible aux personnes à mobilité réduite propose aussi du bourgogne rouge et du bourgogne rosé ainsi que du ratafia. Dégustation possible et accueil sympathique !

LE CLOS DES HÉRONS €€

Chemin de Tarte-Maillet - **TONNERRE**
✆ 03 86 55 20 76
www.leclosdesherons.com
4 chambres. 80 € la chambre pour 2. Tarif dégressif à partir de 4 nuits. Lit bébé gratuit (jusqu'à 2 ans).

Sur les hauteurs de Tonnerre, à dix minutes à pied du centre-ville, le Clos des Hérons est un bel écrin de verdure. De belles chambres de charme, très zen, aux couleurs fraîches et où la pureté du blanc domine. Un joli parc arboré d'un hectare et demi avec piscine, cuisine d'été, practice de golf, water-polo, et ping-pong... Que demander de plus ? Bon à savoir aussi : toute la maison est accessible aux personnes à mobilité réduite. Et le propriétaire se déplace en gare pour aller vous chercher, si besoin ! Pratique, non ? On recommande !

LE MOULIN DE LA COUDRE*** €€€

8, rue des Gravottes - **VENOY** ✆ 03 86 40 23 79
www.moulindelacoudre.com
28 chambres. A partir de 135 €/nuit/2 pers. Animaux acceptés 13 €/nuit. Parking privé. Restaurant : Carte 45 € env.

À mi-chemin entre Auxerre et Chablis, découvrez le charme de cet hôtel-restaurant, véritable havre de paix. 14 chambres se situent dans l'enceinte de l'hôtel, dont 7 dernièrement aménagées et 1 spécialement conçue pour l'accueil des visiteurs handicapés. Au restaurant vous dégusterez une cuisine aux accents du terroir et des traditions gourmandes… Le jardin paysager avec son espace jeux pour enfants vous invite aux plaisirs de vivre dans une atmosphère calme et reposante.

CAMPING LES CERISELLES**** €€

Route de Vincelottes - **VINCELLES**
✆ 03 86 42 50 47
www.campingceriselles.com
Label Tourisme & Handicap (moteur, mobilité réduite, mental, malvoyant). Ouvert 7j/7 en juillet-août. Restauration.

Au cœur des vignobles de Bourgogne, ce camping vous promet un agréable séjour dans un cadre calme, propre et fleuri. En bordure de l'Yonne, proche de la Voie Verte et du canal du Nivernais que vous pourrez admirer lors de flâneries pendant la durée de votre séjour, le camping des Ceriselles possède des mobil-homes très spacieux adaptés à la clientèle handicapée pouvant accueillir 3 personnes avec coin kitchenette, salle d'eau, W.C et terrasse couverte.

BRETAGNE

BELLE-ISLE-EN-TERRE TOURISME

15, rue Crech-Ugen - **BELLE-ISLE-EN-TERRE**
✆ 02 96 43 01 71
www.guingamp-paimpol.com
Label Tourisme & Handicap (moteur et mobilité réduite). Visite guidée : 5 € adulte, gratuit enfant. Boutique.

Ici encore plus qu'ailleurs, il est important de vous rendre dans cet office de tourisme pour réussir votre séjour. En effet, les richesses touristiques ne sont pas forcément visibles à l'œil nu et risqueraient de vous échapper. La région se prête parfaitement aux activités nature : randonnées, VTT ou encore pêche sur le Léguer. L'office de tourisme vous renseignera également sur les 11 chasses au trésor réparties dans la vallée : fascicules à retirer gratuitement et GPS à louer.

BALADE GUIDÉE ★★★

Office de tourisme
BINIC-ETABLES-SUR-MER
✆ 02 96 73 60 12
www.ville-binic.fr
Label Tourisme & Handicap (moteur, mobilité réduite, mental, malentendant, malvoyant).

Ce parcours sécurisé organisé par l'office de tourisme de Binic est adapté aux quatre formes de handicaps. Durant la visite, plusieurs supports d'aide à la compréhension sont mis à votre disposition, tels qu'un livret en braille ou des objets et visuels divers. Une maquette sensorielle de la ville permet d'en appréhender les grandes lignes architecturales. Mise à disposition de boucles magnétiques portatives. A noter qu'à certains endroits, les personnes en fauteuil roulant pourront être légèrement secouées à cause des pavés.

CAMPING MUNICIPAL LES FAUVETTES** €

Rue des fauvettes - **BINIC-ETABLES-SUR-MER**
✆ 02 96 73 60 83
Label Tourisme & Handicap (moteur, mobilité réduite, mental, malentendant, malvoyant). Famille Plus.

Le camping a reçu le label Tourisme et Handicap pour les 4 types de handicaps : sensibilisation du personnel permanent et saisonnier, mobilhome IRM entièrement adapté, aménagement de 2 blocs sanitaires et douches rendus accessibles aux personnes à mobilité réduite, mobilhome adapté Hélios pour 4 à 6 personnes de marque IRM, acquisition d'un système d'amplification auditive à l'accueil, agrandissement des plans et des tarifs et possibilité d'achat de jeux de société adaptés.

LE GRAND LARGE €€

1, quai Jean Bart - **BINIC-ETABLES-SUR-MER**
✆ 02 96 73 67 61
www.restaurant-le-grand-large.fr
Label Tourisme & Handicap (moteur, mobilité réduite, mental, malentendant, malvoyant). Menus de 17,20 à 39,50 €.

Situé en bord de mer, cet établissement de plain-pied est accessible à tous. La carte affiche une cuisine traditionnelle de la mer : plateaux de fruits de mer, poissons d'une fraîcheur irréprochable, filet de bar à l'andouille de Guéméné sans oublier la marmite à l'armoricaine (mijoté de poissons). Hôtes handicapés : dépose-minute possible devant le site. Place de stationnement réservée et adaptée située à proximité de l'entrée du site. Le personnel est présent et sensibilisé pour répondre aux diverses questions du visiteur.

HÔTEL LE BENHUYC*** €€

1, Quai Jean Bart - **BINIC-ETABLES-SUR-MER**
✆ 02 96 78 79 79
www.lebenhuyc.com
Label Tourisme & Handicap (moteur, mobilité réduite, mental, malentendant). Ecolabel européen. Famille Plus.

Cet établissement qui emprunte son nom à celui de la commune bretonne éponyme de Binic vous accueille dans ses chambres confortables. Certaines chambres et leurs salles de bains attenantes sont également adaptées. Place de stationnement réservée et adaptée située à proximité de l'entrée du site. Handicap auditif : le propriétaire s'engage à écrire pour pouvoir communiquer. L'alarme sonore est doublée d'une alarme avec flash lumineux. Handicap mental : pour se repérer facilement, les numéros des chambres sont en caractères agrandis.

HÔTEL SPA DU CONNÉTABLE*** €€

8, avenue René Cassin
DINAN
✆ 02 96 87 29 29
https://dinan.brithotel.fr/
Ouvert toute l'année. 22 chambres et 7 suites-appartements. Chambre double de 84 € à 137 €

Dans des bâtiments du XIXe siècle entièrement rénovés, l'Hôtel Spa Le Connétable*** affiche un esprit résolument contemporain et tendance. Les 22 chambres et 7 suites-appartements dont certaines complètement accessibles et adaptées aux personnes présentant un handicap possèdent des couleurs douces et apaisantes, et disposent de tout le confort nécessaire pour passer un agréable séjour. L'équipe bienveillante et affable ajoute à la qualité du lieu.

OFFICE DE TOURISME DE DINAN - CAP FREHEL

9, rue du Château - **DINAN**
✆ 08 25 95 01 22
www.dinan-capfrehel.com
Ouvert du lundi au samedi 9h30-12h30 et 14h-18h. Jours fériés et dimanches juillet et août : 10h-12h30 et 14h30-18h.

Titulaire du label Qualité Tourisme, l'office de tourisme de Dinan a à cœur de bien vous conseiller. Ici, vos envies et attentes sont écoutées pour vous faire découvrir au mieux toute la richesse naturelle, historique et culturelle offerte par Dinan et ses alentours : la ville et sa région n'auront plus de secrets pour vous. De nombreuses visites guidées sont proposées, ainsi qu'une sélection d'hébergements et d'activités adaptés aux personnes en situation de handicap.

OFFICE DE TOURISME

2, quai d'Aiguillon - **LANNION**
✆ 02 96 05 60 70
www.bretagne-cotedegranitrose.com
Du lundi au samedi 9h30-12h30 et 14h-17h30. Juillet-août : du lundi au samedi 9h30-13h et 14h-18h30, dimanche 10h-13h.

Situé sur les quais, l'office de tourisme constitue la véritable porte vers le territoire du Trégor (sauf Perros). L'accueil se fait désormais autour de trois îlots et en cinq langues. La réservation et l'obtention de billets peuvent s'effectuer ici. Vous pouvez y retirer un plan proposant trois balades urbaines, pour découvrir l'histoire de Lannion en autonomie. A vous les déambulations au Brélévenez ou dans le jardin des Ursulines, récemment réaménagé. Pour aller plus loin, vous pouvez louer des vélos à assistance électrique, à des prix intéressants.

OFFICE DE TOURISME

21, place de l'Hôtel de ville - **PERROS-GUIREC**
✆ 02 96 23 21 15
www.perros-guirec.com
Du lundi au samedi 9h-12h30 et 14h-18h30. Été : 9h-19h, dimanche et fériés 10h-13h et 16h-18h30.

Pour profiter au mieux des richesses de Perros-Guirec, vous serez bien inspiré de vous rendre à l'office de tourisme, classé catégorie 1 et labellisé Qualité tourisme. Vous y trouverez des brochures très bien faites et des cartes des randonnées à effectuer. Vous pouvez aussi y louer une cabine de plage, y acheter des billets pour différents événements ou lieux du coin, y réserver une visite guidée : balades contées, découverte de l'estran ou d'une cidrerie... C'est aussi une agence réceptive dynamique, qui propose des packages de courts séjours thématiques.

© GRABI - ISTOCKPHOTO.COM
Cap Fréhel.

CAMPING LA TOURELLE*** €

Le pont des vallées -gare de moncontour
PLÉMY
✆ 02 96 73 50 65
www.campinglatourelle.com
Adapté aux handicaps moteur et mobilité réduite. Tout équipé.

Situé à moins d'un kilomètre de la cité médiévale de Moncontour dans un cadre naturel et reposant, ce camping familial constitue un choix d'hébergement d'exception pour visiter les Côtes-d'Armor et découvrir les richesses qu'elles renferment. Le camping dispose de 36 emplacements herbeux plats, idéals pour planter la tente ou y garer le camping-car ou la caravane. Le camping propose également un service de location de vélos, la visite d'une mini-ferme, mais aussi un complexe aquatique disposant de plusieurs bassins qui ravira petits et grands.

BUREAU D'INFORMATION TOURISTIQUE

1, rue Winston Churchill
PLÉNEUF-VAL-ANDRÉ
✆ 02 96 72 20 55
www.capderquy-valandre.com
Label Tourisme & Handicap (moteur, mobilité réduite, mental, malentendant). Visites guidées.

Le bureau d'information touristique de Pléneuf-Val-André est une antenne de l'office de tourisme Cap d'Erquy Val-André, détenteur du label Qualité Tourisme, ce qui vous garantit une qualité de service optimale ainsi qu'un personnel compétent et disponible pour vous renseigner. Outre l'accueil et l'information, vous trouverez à la boutique un accès wifi, une billetterie maritime, la vente d'excursions, ainsi que des visites guidées sur réservation.

BRETAGNE

GÎTE DE TY GLAS €€

Croas-Hent – Lezardrieux - **PLEUDANIEL**
✆ 02 96 22 81 82
www.gites-du-croas-hent.com
Label Tourisme & Handicap (moteur, mobilité réduite, mental, malentendant, malvoyant). Gîtes de France.

Accessible puisque de plain-pied, le gîte se compose d'une séjour-salon avec cheminée de type insert et une coin cuisine, de quatre chambres (dont 3 accessibles aux PMR – la première équipée d'un lit double et deux dotées de lits simples), de deux salles d'eau dont une avec WC et d'une second WC. Handicap auditif : informations communiquées par écrit. Handicap mental : la location met à disposition un espace extérieur agréable et clos. Handicap moteur : la location de plain-pied offre une circulation aisée. Handicap visuel : les chiens guides sont acceptés.

STATION LPO DE L'ÎLE-GRANDE ★

L'Ile Grande - **PLEUMEUR-BODOU**
✆ 02 96 91 91 40
sept-iles.lpo.fr
Été : tlj 10h-13h et 14h30-19h (weekend : fermé matin). Juin, sept. et vacances (+weekend mai) : tlj 14h-18h. 4 €/3 €.

Gestionnaire de la réserve naturelle des Sept-Îles, la Ligue de protection des oiseaux (LPO) a ses quartiers dans ce centre installé sur l'Île-Grande, au cœur du site sauvage de Castel Erek. Il héberge une exposition qui présente, de façon interactive, l'écosystème des Sept-Îles : les oiseaux, bien sûr, mais aussi les richesses du monde sous-marin et de l'estran. Une salle de projection retransmet en direct les images saisies par la caméra installée sur l'île Rouzic : un point de vue privilégié sur la colonie de fous de Bassan qui y niche de janvier à octobre. La station accueille également un centre de soins de la faune sauvage spécialisé dans les oiseaux, notamment marins, en particulier ceux qui ont été mazoutés. Il faut dire qu'il a été créé en 1984, après une série de terribles marées noires (Amoco Cadiz, Torrey Canyon...), qui ont englué à mort des milliers d'oiseaux de mer et décimé des espèces en danger telles que le macareux moine. Aujourd'hui, environ 1 000 oiseaux continuent d'être soignés chaque année. Le centre est interdit d'accès au public, mais des vidéos retransmises dans l'espace musée permettent de suivre son activité en direct, tandis qu'à l'extérieur on peut observer les volatiles en convalescence dans une grande volière. La LPO organise également des sorties nature toute l'année : découverte de l'estran, de la flore du littoral, des oiseaux de l'Île-Grande... Elle anime également des excursions en bateau au cœur de l'archipel des Sept-Îles.

CITÉ DES TÉLÉCOMS ★★★

Parc du Radôme - **PLEUMEUR-BODOU**
✆ 02 96 46 63 80
www.cite-telecoms.com
Avril à septembre : semaine 10-18h, weekend 14-18h (tlj 10-19h en été). Vacances : tlj sauf samedi, 14-18h. 6 à 9 €.

A côté de l'imposant Radôme, ce musée retrace l'histoire des télécommunications, des inventions des pères fondateurs aux plus récentes innovations numériques. Les explications sont parfois techniques, mais ponctuées d'outils ludiques qui font de la visite un cheminement interactif. L'exposition temporaire porte en 2022 sur la voix et propose de multiples expériences amusantes. Des visites guidées adaptées sont proposées pour les groupes. Handicap moteur : visite totalement accessible. Accès au premier étage par un ascenseur.

GÎTE LES SABLES €€

16, route de la Nonne
PLURIEN
✆ 02 96 72 11 12
Adapté aux handicaps mental ; malentendant ; malvoyant. Gîtes de France (3 épis). Chambres accessibles PMR.

A 800 mètres de la plage des Sables d'or, dans un site calme et un environnement fleuri et arboré, un petit gîte moderne de 2001 mêlant harmonieusement la pierre et le bois est accessible aux personnes en fauteuil. Au rez-de-chaussée : un séjour avec coin cuisine et coin salon, deux chambres (un lit deux personnes et un autre de deux personnes de 160 cm et un lit bébé), une salle d'eau et un W.C. A l'étage, une chambre disposant d'un accès indépendant. Repères tactiles sur l'électroménager, prises et interrupteurs contrastés.

HÔTEL RESTAURANT EDGAR*** €€

15, rue Jouallan - **SAINT-BRIEUC**
✆ 02 96 60 27 27
www.saint-brieuc-hotel.fr
Label Tourisme & Handicap (mental ; malentendant ; malvoyant). Ouvert toute l'année.

Cette demeure patrimoniale révèle un intérieur design et cosy aux couleurs douces et apaisantes. Trois chambres sont spécialement équipées pour accueillir les personnes à mobilité réduite. Handicap auditif : le comptoir d'accueil est équipé d'une boucle magnétique. Les dispositifs d'alarme incendie sont doublés d'alarmes lumineuses dans les chambres dédiées. Handicap moteur : trois chambres accessibles aux personnes à mobilité réduite, salles de bains équipées de douches à l'italienne.

© LAËTITIA STEIMETZ

Place Duguesclin, à Saint-Brieuc.

MUSÉE D'ART ET D'HISTOIRE ★★

Rue des Lycéens-Martyrs
SAINT-BRIEUC
✆ 02 96 62 55 20
Label Tourisme & Handicap (moteur ; mobilité réduite ; mental ; malentendant).

Ce musée se donne pour mission de faire connaître les Côtes-d'Armor et les activités traditionnelles du département : maquettes, dessins et faïences ponctuent ainsi les riches collections archéologiques, ethnographiques et artistiques. Visites guidées en LSF pour les expositions temporaires. Boucles magnétiques individuelles Comfort Duett à disposition. Visites tactiles pour les personnes aveugles et malvoyantes (se renseigner au musée pour les horaires). Supports olfactifs.

OFFICE DE TOURISME DE LA BAIE DE SAINT-BRIEUC

2, quater, rue des Lycéens Martyrs
SAINT-BRIEUC ✆ 02 96 33 32 50
www.baiedesaintbrieuc.com
Le lundi de 13h30 à 18h, du mardi au samedi de 9h30 à 12h30 et de 13h30 à 18h. Visites guidées (sur inscription) : 5 €.

Il propose des visites guidées sur le cœur de ville et le port du Légué, mais aussi sur le patrimoine industriel (biscuiterie, fabrique de pinceaux...). D'excellents fascicules, baptisés « Patrimoine en poche », ont été édités : ces parcours en autonomie vous conduisent à la découverte des bâtiments Art déco, des fresques street art, des belvédères, etc. Des « Balades en poche », dans la campagne et le littoral environnants, existent aussi, ainsi que des livrets-jeux pour les enfants.

GÎTE LES HORTENSIAS €€

La grande ville Tano
SAINT-DONAN
✆ 02 96 73 87 42
Label Tourisme & Handicap (moteur ; mobilité réduite ; mental ; malentendant).Gîtes de France (3 épis).

Sept gîtes rénovés et intégrés à une grande propriété constituent un excellent point de départ pour rayonner à travers la baie de Saint-Brieuc, découvrir la Côte du Goëlo ou tout simplement bronzer sur la plage des Rosaires. Le gîte les Hortensias, accessible en fauteuil, dispose d'une capacité d'accueil de sept personnes avec au rez-de-chaussée : cuisine aménagée, séjour-salon, une chambre (1 lit pour deux personnes), salle d'eau et W.C. A l'étage, 3 grandes chambres confortables et spacieuses qui donnent un cadre agréable.

MAISON DES FALUNS ★★

47, route de Le Quiou
TRÉFUMEL
✆ 02 96 39 93 42
Label Tourisme & Handicap (moteur ; mobilité réduite ; malvoyant).Fermé pendant les vacances scolaires hors été.

La Maison des Faluns est un espace « nature et patrimoine » au cœur du pays au nom éponyme. Cet établissement met en vedette les faluns, ces fameuses roches calcaires sédimentaires formées il y a 15 millions d'années à partir de débris coquilliers. Le site se veut être un espace ludique et interactif. Les visiteurs parcourent une scénographie segmentée en sept salles thématiques sur la géologie, la faune et la flore, l'homme et les Faluns... entre autres. Les enfants (à partir de 10 ans) trouveront un vrai intérêt à la visite. Comptez 45 min.

BRETAGNE

GÎTE DE SAINTE-ANNE-DES-BOIS €€

BANNALEC ✆ 02 98 39 53 44

http://christien.pagesperso-orange.fr

Adapté aux handicaps moteur ; mobilité réduite ; mental ; malentendant. Bienvenue à la Ferme. Gîtes de France (3 épis).

Ce gîte, accessible aux personnes handicapées, est situé à côté d'une exploitation agricole. Entièrement rénové et au charme typiquement breton, il peut accueillir jusqu'à huit personnes. Labellisé pour les handicaps moteur, auditif et mental, il peut toutefois recevoir également des hôtes non ou mal voyants : absence d'obstacles à hauteur de visage, possibilité de gérer l'entrée de la lumière du jour, commandes d'eau adaptées et mise à disposition d'un téléphone à grosses touches.

OFFICE DE TOURISME

1, place de la Libération

BANNALEC

✆ 02 98 39 43 34

www.quimperle-terreoceane.com

Adapté pour personnes à mobilité réduite. Juillet-août : du lundi au samedi, 10h-13h/14h-17h30.

Ce point d'informations touristiques est l'antenne bannalecoise de l'office de tourisme Quimperlé Terre Océane qui regroupe 16 communes. Ce bureau vous accueille en saison estivale, vous pourrez à loisir vous y rendre afin de vous renseigner auprès d'un personnel compétent, et consulter toute la documentation nécessaire pour parfaire votre séjour. Des idées, des conseils, des renseignements et un accompagnement personnalisé en fonction de votre demande et de vos besoins vous permettront d'organiser vos vacances en toute sérénité.

BEST WESTERN PLUS EUROPE**** €€€

247, rue Général-Paulet - BREST ✆ 02 98 20 05 00

www.europe-hotel-brest.fr

Ouvert toute l'année. Accueil 24h/24. Room service ; blanchisserie ; piscine intérieure ; bar ; fitness.

2 chambres adaptées ; toutes les prestations sont accessibles (toilettes, restaurant...). La signalétique est adaptée au handicap mental. Les personnes malvoyantes font l'objet d'un accueil dédié, les cheminements sont adaptés, les menus en braille et grands caractères. Les personnes en situation de handicap auditif seront accueillies par un personnel sensibilisé, 2 chambres dédiées (réveil et alarme incendie lumineux) et 1 salle de réunion équipée de boucles magnétiques.

BIBUS

33, avenue Clemenceau

BREST

✆ 02 98 80 30 30

www.bibus.fr

Ouvert du lundi au samedi de 9h30 à 18h30.

Inauguré et mis en service en 2012 après de longs travaux, le tram a rapidement été adopté par les Brestois et fait désormais partie du paysage urbain. Bibus propose un service sur-mesure (Accemo) qui permet aux personnes à mobilité réduite de se rendre, sur réservation, en tout point de Brest métropole océane, sur présentation d'un titre de transport de la gamme Bibus. Le transport est assuré à bord de minibus, spécialement aménagés, permettant l'accès aux personnes à mobilité réduite. Ce service fonctionne sous conditions d'accès.

HÔTEL DE LA RADE €

6, rue de Siam - BREST

✆ 02 98 44 47 76

www.hoteldelarade.com

Ouvert toute l'année. Accueil 24h/24. Label Tourisme & Handicap. Animaux acceptés.

Situé à proximité du pont de Recouvrance, du musée de la Marine, de l'embarcadère pour Ouessant, cet hôtel propose 48 chambres décorées avec sobriété, insonorisées et dotées d'une literie de qualité. 2 chambres sont adaptées pour les personnes à mobilité réduite. Son gros plus : de nombreuses chambres ont vue sur la Rade, sur les bateaux et le pont de Recouvrance qui s'illumine la nuit ! Vous apprécierez l'accueil chaleureux et la proximité des commerces, des lieux culturels et des transports urbains. Votre animal de compagnie est également le bienvenu.

VOILIER SIRIUS - ASSOCIATION ORION

Bureau du port du Moulin Blanc - BREST

✆ 06 82 00 24 06

www.orion-brest.com

Ouvert toute l'année. Prendre contact et tarif sur demande. Label Tourisme & Handicap. Adapté aux malvoyants.

L'Association Orion propose des sorties en mer mais également une activité voile pour les personnes déficientes visuelles : repères sur les cordages, maquette articulée, cartes en relief et système d'informations par synthèse vocale. Les équipiers voyants se livrent à de petites séquences avec les yeux bandés afin de découvrir de nouvelles sensations de glisse. Équipage mixte voyants, non et malvoyants. Encadrement assuré par des moniteurs qualifiés diplômés du Brevet d'État Voile.

OFFICE DE TOURISME

Place Grafenhausen - **COMBRIT**
✆ 02 98 82 37 99
www.destination-paysbigouden.com
Avril, mai, juin, sept (L, Mer, S) : 10h30-12h30/14h30-17h. Été : 10h-13h/14h30-18h30. 14/07, 15/08 : 10h à 13h.

L'office de tourisme Destination Pays Bigouden Sud, accueil de Combrit-Sainte-Marine, vous reçoit au printemps et en saison estivale, sauf le dimanche. Si vous avez besoin de renseignements sur l'hébergement, les meilleurs restaurants, les lieux insolites ou encore les activités et festivités inratables du secteur, le centre d'informations touristiques est fait pour vous répondre. Vous y découvrirez aussi leurs boutiques et un service de billetteries. Bienvenue à tous les amoureux du Pays Bigouden et à tous ceux qui vont le devenir.

HANDIPÊCHE

- Carhaix Quai Pont de Kervouledic halage. Quai Pellerm contre-halage. Quai Pont Daoulas halage. Port contre-halage ; Nivernig, contre-halage et côté Kergoat : 1 poste accessible chacun.
- Châteauneuf-du-Faou Quai Pont-Lanmeur. Halage. Quai Jean-Guivarc'h. Halage. Quai Pont-Pol. Halage.
- Châteaulin Écluse de l'Aulne, halage. Calage amont Coatigrac'h halage. Écluse de Châteaulin aval halage.
- Cléden Quai Pont-Levarzay. Halage. Quai de Pont-Triffen. Contre-halage.
- Gouézec Pont-Coblant. Quai contre-halage.
- Lennon Quai Pont-ar-C'hlaon. Halage.
- Motreff Écluse de Pont-ar-Bros. Contre halage. Port de Carhaix. Contre-halage.
- Pleyben Pont Coblant, quai halage.
- Saint-Thois Écluse de Rosvéguen, contre-halage.
- Plabennec Lac de Bourg-Blanc. Jusqu'à 5 personnes.
- Port-Launay Quai Kerbrat, halage. Quai Louis-Hais halage.
- Saint-Goazec Quai Hir-Gars. Contre-halage.
- Saint-Thois Écluse de Rosvéguen. Contre-halage.
- Spézet Quai Le-Ster. Contre-halage. Écluse de Pont-Trif-fen. Contre-halage.

OCÉANOPOLIS ★★

Rue des Cormorans - **BREST**
✆ 02 98 34 40 40
www.oceanopolis.com
Haute saison ouvert tous les jours de 9h30 à 19h. Adulte : 21,90 €. Jeune de 14 à 17 ans : 16,50 €.

Créé en 1990, Océanopolis est l'un des sites bretons à ne pas manquer. En 2018, quelque 410 000 personnes sont venues visiter ce lieu unique dédié aux mondes marins, où les aquariums ne sont qu'une pierre de l'édifice. Ce centre de découverte et d'interprétation des océans présente quatre écosystèmes marins, répartis en quatre espaces : les pavillons Bretagne, polaire et tropical, ainsi que le sentier des loutres. Embarquez pour un voyage unique en Europe, au cœur des océans. 10 000 animaux, 76 aquariums soit 4 millions de litres d'eau de mer, divisés en pavillons avec un grand aquarium dans lequel évoluent des requins.

Ne manquez pas le sentier des loutres, un espace aménagé pour ces charmants mammifères marins. On y observe des loutres de mer et d'eau douce. Cette visite unique en France ravira petits et grands, grâce au parcours qui recrée les conditions de vie de l'animal. Explications et animations jalonnent la visite de ce très bel équipement, qui est bien plus qu'un aquarium. Bassin des requins et autres poissons colorés, nourrissage des espèces, déambulation dans la serre tropicale, observation de la manchotière, possibilité de toucher certains animaux, bassin de phoques polaires unique en Europe, etc. Océanopolis accueille également tous les ans des événements culturels et scientifiques, comme XPERIENSEA 2, un parcours immersif et technologique en 3D sur les environnements profonds, le Festival du film de l'Aventure Océanographique, la Nuit européenne des Chercheurs ou un programme de conférences, également accessible sur la chaîne YouTube d'Océanopolis. Ne manquez pas la visite privilège des coulisses d'Océanopolis, avec un médiateur scientifique ou la possibilité de devenir soigneur d'un jour. Découverte des différentes zones habituellement inaccessibles au public. Prévoir une demi-journée complète si vous voulez profiter de tous les espaces dédiés au monde marin. Visites en langue des signes. Site accessible en fauteuil (accès de plain-pied, ascenseurs adaptés). Visites adaptées au handicap mental. Des hublots ont été installés à hauteur de personnes assises pour admirer notamment les requins.

À mi-chemin entre science et société, Océanopolis développe de multiples actions en médiation scientifique et culturelle de dimension nationale et internationale, en collaboration avec ses partenaires. En tant qu'établissement maintenant des espèces animales sauvages en aquarium, il participe à de nombreuses actions ayant pour but de contribuer à la conservation de la diversité biologique du milieu marin.

MARINARIUM ★★

Place de la Croix
CONCARNEAU
✆ 02 98 50 81 64

Haute saison tous les jours 10h à 19h. Basse saison tous les jours 14h à 18h. Adulte : 7 €. Enfant de 3 à 12 ans : 5 €.

Fondée en 1859 et modernisée en 1970, cette structure explique aux visiteurs de façon ludique l'importance des océans et leur extraordinaire biodiversité. Pour les visiteurs handicapés moteur : l'ensemble du rez-de-chaussée est accessible. Niveau inférieur également accessible par escaliers et ascenseur. Comptoir d'accueil adapté à l'accueil de personnes en fauteuil, sanitaire accessibles et accès à l'ensemble des salles et aquariums. Possibilité de visite guidée avec intervention d'un médiateur pour visites de groupe avec réservation.

OFFICE DE TOURISME DE DOUARNENEZ

1, rue du Docteur Mével - **DOUARNENEZ**
✆ 02 98 92 13 35
www.douarnenez-tourisme.com

Adapté aux personnes à mobilité réduite.Les horaires varient en fonction des saisons, se renseigner sur le site.

L'office de tourisme vous accueille à bras ouverts, vous pourrez ici trouver tous les renseignements utiles à l'organisation de votre séjour, avec un personnel compétent et pléthore de brochures, qu'il est possible de télécharger sur le site. Découvrez également tous les itinéraires de balades autour de la baie de Douarnenez, les activités nautiques et la thalasso, ou le port-musée, et autres visites guidées. Demandez conseil pour faire de vos vacances un émerveillement.

HÔTEL- RESTAURANT DE LA POINTE*** €€

153, avenue de la Pointe du Cap Coz - **FOUESNANT**
✆ 02 98 56 01 63
www.hotel-capcoz.com

Fermé de janvier à mi-février. Chambre double à partir de 140 €. Petit déjeuner : 16 €.

Cette magnifique demeure délicatement posée au bout d'une lagune est un lieu magique. Les chambres accessibles sont très agréables avec une vue imprenable sur la plage ou bien sur l'anse de Port-La-Forêt : lumineuses et confortables. Handicap mental : accueil adapté, site sécurisé. Handicap moteur : le restaurant dispose de sanitaires accessibles et signalés. Accès sans rupture de niveau. Handicap visuel : accueil adapté, site sécurisé, accès sans rupture de niveau.

MAISON DES MARAIS ★

Marais de Penfoulic
FOUESNANT
✆ 02 98 56 62 20
www.tourisme-fouesnant.fr

Gratuit. Label Tourisme & Handicap. Accès gratuit. Visite guidée sur demande et payante.

Partez à la découverte des milieux humides dans les meilleures conditions qui soient ! Handicap moteur : accès aux deux salles d'exposition. Handicap auditif : matériel d'aide pour les personnes appareillées. Handicap visuel : objets et animaux à toucher et à écouter. Table sensorielle. Loupes grossissantes. Livrets Fouesnant Nature photocopiés agrandis à disposition. Fiches agrandies et plastifiées sur la faune et la flore avec caractères agrandis et braille. Handicap mental : documents ludiques. Jeux. Livres adaptés et mallettes pédagogiques.

HANDIPROMENADES

Goulven

Ancienne voie ferrée. Promenade sécurisée d'1,5 km permettant de découvrir la baie et l'arrière dune. Stationnement de la grève face au bourg de Goulven.

Tour des étangs

Chemin piétonnier de 3,5 km balisé et carrossable pour les promeneurs en fauteuil. T. 02 98 66 99 00.

Scaër

Ancienne voie ferrée. Promenade sécurisée de 3 km vers Rosporden jusqu'à Leigh-Bigot et promenade sécurisée de 3 km vers Scaër jusqu'au Drolou. Stationnement à l'ancienne gare.

Scrignac

Voie verte. Promenade de 10 km jusqu'au bourg de Poullaouën en direction de Carhaix par l'ancienne gare de Locmaria-Berrien. Parking. Toilettes accessibles en fauteuil et point d'eau.

Treffiagat

Piste cyclable de Kersaux. Promenade rustique de 600 m serpentant dans les milieux dunaires et les zones humides. Parking situé à côté du camping de la Grande-Plage.

Tréméoc-Combrit

Ancienne voie ferrée. Promenade sécurisée sur 5 km vers Quimper. Stationnement à l'ancienne gare.

SENTIER DE PENFOULIC ★

Bois de Penfoulic
FOUESNANT
✆ 02 98 51 18 88
Gratuit. Label Tourisme & Handicap.

Le bois de Penfoulic est la propriété du Conservatoire du littoral. 650 mètres de sentiers sont accessibles à tous les types de handicaps et ont été aménagés dans ce site naturel remarquable qui permet de découvrir de nombreuses sortes d'arbres, de plantes, d'odeurs ou encore d'écouter le chant des oiseaux… Le sentier d'interprétation de Penfoulic traverse le bois du même nom, longe le ruisseau de Pen Al Len et mène à la Maison des Marais. Handicap auditif : guide animatrice sensibilisée au handicap. Visite favorisant une approche autour de la vue et des odeurs. Système d'aide à l'audition doté d'une boucle magnétique. Sentier sécurisé principalement réservé à la randonnée pédestre. Possibilité d'intervention en langue des signes pour des groupes sur demande spécifique. Handicap mental : approche sensorielle et ludique avec utilisation de nombreux supports. Le rythme et la pédagogie des visites sont adaptés. Le sentier sécurisé est principalement réservé à la randonnée pédestre. Handicap moteur : mise à disposition d'emplacements réservés et signalés avec matérialisation au sol et en hauteur aux deux points de départ possibles du sentier. Un emplacement côté Maison des Marais en accès limité et deux emplacements côté parking général à l'autre extrémité. L'intégralité du sentier est empruntable en fauteuil. Cheminements sans obstacles à la roue. Aucune rupture de niveau. Absence d'obstacles au sol (types roches, racines…). Passerelles sécurisées avec lisses à différentes hauteurs faisant fonction de bordure chasse-roues, main courante et garde-corps. Cheminement large : 1,10 mètre au plus étroit au niveau des passerelles sinon trois mètres en moyenne. Absence de portions à déclivité forte. Pente naturelle assez douce. Deux aires de repos. Handicap visuel : cheminements contrastés en relief et en couleur. Pour la non-voyance : aménagement d'un fil d'Ariane en continu (lisse en bois ou talus de terre sur 8 à 15 centimètres de haut) comme moyen de guidage au sol. Pour la mal-voyance : les différences de sol (texture et couleur) sont des éléments de guidage naturel (sentier en terre et bordures en végétal). Absence d'obstacles à hauteur de visage. Personnel sensibilisé au guidage de public déficient visuel et aux adaptations à envisager en termes de supports de visite. Personne formée qui privilégie avant tout l'approche sensorielle dans ses randonnées accompagnées. De nombreux supports sont proposés : des fiches avec mention en braille. Mise à disposition d'une maquette tactile du tracé dans les locaux de la Maison du Marais.

GÎTE DE LANDUDAL €

Allée Saint-Tugdudal - **LANDUDAL**
✆ 02 98 57 70 91
www.rando-accueil.com
Ouvert toute l'année. Pour 13 personnes (5 chambres). 18 € la nuitée. Label Tourisme & Handicap.

Le gîte se trouve au cœur du charmant petit bourg de Landudal à 15 kilomètres de Quimper et permet de rayonner dans toute la région. Il se compose de deux chambres de deux lits (dont une adaptée aux personnes à mobilité réduite) et de trois chambres de trois lits. Pour préparer les repas et les partager dans la convivialité, une cuisine équipée ainsi qu'une salle à manger sont mises à disposition et pour ceux qui n'ont pas envie de cuisiner, un restaurant ouvrier est ouvert le midi en semaine. A savoir, le gîte dispose d'une salle pour les séminaires.

OFFICE DE TOURISME

Rue de Men Crenn - **LE GUILVINEC**
✆ 02 98 58 29 29
www.destination-paysbigouden.bzh
Adapté aux handicaps moteur et personnes à mobilité réduite.

Vous ne pourrez louper cet office du tourisme très moderne, à façade blanche et rouge avec ses lettres peintes évoquant le nom de la commune, et sa rampe d'accès en bois pour personnes handicapées. Un personnel compétent vous accueillera et vous proposera un accompagnement et des conseils personnalisés sur l'offre touristique territoriale, ils vous guideront vers les prestataires locaux adéquats. Vous aurez accès à une documentation de promotion touristique variée, et vous pourrez grâce à la billetterie sur place, réserver des places pour diverses activités.

CAIRN DE BARNENEZ

PLOUEZOC'H
✆ 02 98 67 24 73
www.barnenez.fr
Ouvert toute l'année (horaires variables, appeler). Visites adaptées pour les personnes handicapées. Adulte 6 €.

A première vue, on croirait un amas de pierres désordonné. Est-ce pour cela qu'il a failli disparaître et être transformé en carrière jusqu'en 1955 ? Echappant de peu à la destruction, il est devenu un site mégalithique d'envergure. Sa datation oscille entre 4 500 et 3 500 ans av. J.-C. Le site est accessible par une rampe extérieure, aide d'un accompagnateur nécessaire, possibilité de prêt d'un fauteuil adapté à l'accueil. Documents de visite en braille ou en gros caractères et documents de visite (personnes malentendantes) disponibles à l'accueil.

ÉCOMUSÉE DE PLOUGUERNEAU - MUSÉE DES GOÉMONIERS ★

Kerveogan - **PLOUGUERNEAU** ✆ 02 98 37 13 35
www.ecomusee-plouguerneau.fr
Label Tourisme & Handicap (mental ; malentendant ; malvoyant).Ouvert d'avril à septembre. Adulte : 6 €.

Depuis presque une trentaine d'année, l'écomusée de Plouguerneau se consacre à l'évolution du métier de goémonier et de l'utilisation de l'algue du XIXe siècle à nos jours. Handicap auditif : mise à disposition au comptoir et pour les visites guidées d'un système d'aide à l'audition portatif. Équipement visuel avec de nombreux supports écrits et illustrés. Handicap mental : orientation très aisée. Équipement visuel, très pédagogique et ludique. Présence de cartels illustrés.

ÉCOMUSÉE DE PLOUIGNEAU ★★

5, rue de la Gare - **PLOUIGNEAU**
✆ 02 98 79 85 80
Horaires et jours d'ouverture à retrouver sur le site Internet du musée. Adulte : 6,50 €.

L'écomusée vous permet de découvrir un village breton. Il évoque les nombreuses mutations qui ont bouleversé le monde rural trégorrois des années 1870 à 1970. Espaces thématiques, panneaux explicatifs et objets évoquent les transformations de cette société agricole sur le plan technique, avec l'apparition de nouvelles machines. La visite se déroule dans une ancienne métairie réaménagée, avec sa basse-cour et son intérieur breton. Le musée est adapté pour faciliter la visite des personnes en situation de handicap : auditif, mental, visuel ou moteur.

AGENCE D ATTRACTIVITE DU DEPARTEMENT DU FINISTÈRE

32, Boulevard Dupleix
QUIMPER
✆ 02 98 76 24 77
www.toutcommenceenfinistere.com

L'Agence est le siège du Comité départemental du Tourisme. Elle délivre la même prestation que l'Office de Tourisme auprès du public. Le site propose l'onglet « Finistère accessible » dès la page d'accueil (bandeau en haut) qui donne toutes les informations nécessaires, que ce soit à propos des équipements, des activités ou de l'hébergement adapté. Il fournit également beaucoup d'infos pratiques, textes de loi, contacts, etc. Il a obtenu le label AccessiWeb Argent en 2009.

HÔTEL DU CHEVAL BLANC** €€

6, rue au Lin - **SAINT-POL-DE-LÉON**
✆ 02 98 69 01 00
www.hotelchevalblanc.com
Label Tourisme & Handicap (moteur ; mobilité réduite ; mental ; malentendant ; malvoyant).

Ancien relais de Poste, cet établissement situé en plein centre de la ville est décoré avec soin. Labellisé Famille Plus, il propose des chambres pouvant accueillir jusqu'à 5 personnes. L'hôtel propose également des locations de vélos, pour partir en balade en laissant la voiture au parking. À deux pas des commerces et du port de plaisance, c'est une étape plaisante pour les visiteurs. Cet établissement est adapté aux personnes à mobilité réduite, aux personnes malentendantes et malvoyantes, ainsi qu'aux personnes souffrant d'un handicap mental.

DÉCOUVREZ LES HANDIPLAGES

- **Clohars-Carnoët :** Tiralo et Hippocampe.
- **Concarneau**
  Plage des Sables blancs : Tiralo et Hippocampe.
- **Crozon**
  Plage de Morgat : 1 Hippocampe et 2 Tiralos disponibles l'été. Rampe d'accès à la plage et sanitaires adaptés.
- **La Forêt-Fouesnant**
  Plage de Kerleven : accès aménagé et 1 Tiralo et 1 Hippocampe.
- **Fouesnant**
  Plage de Cap-Coz : contacter le 02 98 51 18 88.
- **Landéda**
  Plage de Sainte-Marguerite : 1 Hippocampe au camping des Abers. ✆ 02 98 04 93 35.
- **Moëlan-sur-Mer**
  Plage de Kerfany-Les-Pins : Tiralo et Hippocampe.
- **Plouescat**
  Plage de Posmeur : 1 Hippocampe. ✆ 02 98 69 62 18.
- **Plougouvelin**
  Plage du Trez Hir : plage surveillée, roulements aménagés, 2 Hippocampes, WC.
- **Plouhinec**
  Plages Gwendez et Mesperleuc : 2 Tiralos. ✆ 02 98 70 74 55.
- **Roscoff**
  Plage de Roch-Kroum : fauteuil amphibie. ✆ 02 98 61 12 13
- **Tregunc**
  Plages de Ploudohan, La Baleine, Pendruc : Tiralo et Hippocampe.

RESTAURANT L'ARDOISE €€

14, place de l'Eglise
BÉDÉE
✆ 02 99 07 00 37
www.hotel-bedee.com
Label Tourisme & Handicap (moteur ; mobilité réduite ; mental). Ouvert toute l'année, 7j/7.

L'Ardoise est un hôtel-restaurant à l'ambiance conviviale. L'établissement offre par ailleurs 4 chambres spacieuses labellisées pour les différents types de handicap : 2 sont accessibles aux personnes à mobilité réduite et 2 autres peuvent accueillir jusqu'à 4 personnes. Elles bénéficient d'une décoration moderne. Une ambiance bien-être ajoute à l'atmosphère calme et sereine des lieux grâce à la chromo-thérapie installée au plafond de chaque chambre. Handicap mental : entrée clairement identifiable et signalétique homogène facilitant l'orientation.

LE CONTINENTAL*** €€

4, quai Administrateur en Chef Thomas - **CANCALE**
✆ 02 99 89 60 16
www.hotel-cancale.com
Ouvert toute l'année. Chambre double à partir de 85 € - moyenne 120 €. Label Tourisme & Handicap. Chambre PMR à 125 €.

Idéalement situé sur le port de la Houle, face au marché aux huitres et à la plage, le Continental a pris ses quartiers dans une ancienne maison de Terre-Neuvas qui offre une vue imprenable sur la baie du Mont-Saint-Michel. L'hôtel propose sur plusieurs étages 17 chambres tout confort dont 11 avec vue mer et une entièrement adaptée à la clientèle handicapée. L'Ormeau – son restaurant –, tenu par le chef Christophe Wasser, offre quant à lui une cuisine savoureuse issue des producteurs locaux et du retour de pêche. Incontournable.

DÉCOUVREZ LES HANDIPLAGES

Dinard

Plages de l'Ecluse et de Saint-Enogat : un parking, des rampes d'accès. Fauteuils de mise à l'eau, Tiralos et Hippocampes.

Plage du Prieuré : des rampes d'accès et toilettes adaptés. Fauteuils de mise à l'eau, Tiralos et Hippocampes.

Plage Duguesclin : un parking, des rampes d'accès facilitent l'arrivée. Fauteuils de mise à l'eau, Tiralos et 2 Hippocampes.

Saint-Malo

Plages de la Hoguette, du Pont et de Bon-Secours : parking et rampes d'accès. Fauteuils de mise à l'eau, Tiralos et Hippocampes.

LES JARDINS DE BROCÉLIANDE ★

Les Mesnils
BRÉAL-SOUS-MONTFORT
✆ 02 99 60 08 04
www.jardinsdebroceliande.fr
Tlj l'été 11h-19h. 01/04 > 05/11 : mar-sam 13h30-18h (19h dim et fériés). Gratuit -6 ans. 10,20 € adulte. 5,80 € enfant.

Une expérience à vivre en famille aux portes de Rennes ! Ce parc floral de vingt-quatre hectares alterne collections botaniques, rocailles et massifs fleuris, collines et vallons, plage, aire de jeux… Quatre grandes animations sont organisées au cours de l'année : la fête des lilas, celle des iris et celle des roses sans oublier le festival du jardin amateur organisé durant toute la période estivale. Handicap mental : signalétique homogène avec texte et image facilitant la circulation. Le parc est clos. Les cheminements sont larges et sécurisés par des barrières végétales à proximité des points d'eau. Personnel présent sur le site. La visite libre se fait sur un parcours accessible et fléché. Sur réservation, possibilité d'une visite commentée (à partir de 10 personnes) pour vivre l'histoire et les couleurs de ces jardins. Handicap moteur : 4 emplacements de stationnement réservés réglementaires à 40 mètres de l'entrée du parc. Deux fauteuils roulants sont mis à disposition à l'entrée. Les cheminements sont larges avec un revêtement en sable compacté sans rupture de niveau. Toutes les ruptures de niveau sont compensées par un plan incliné de faible déclivité, inférieure à 4 %. Sanitaires accessibles à l'extérieur et à l'intérieur du parc. Bar et boutique accessibles. La visite libre se fait sur un parcours accessible et fléché. Sur réservation, possibilité d'une visite commentée (à partir de 10 personnes) pour vivre l'histoire et les couleurs de ces jardins.

LE PETIT TRAIN TOURISTIQUE

Place Raoul-II
FOUGÈRES
✆ 02 99 94 60 33
www.petit-train-fougeres.com
Tous les jours de mi-avril à fin septembre. Adulte 5,50 €, enfant (3-12 ans) : 3 €. Gratuit pour les moins de 3 ans.

Ce joli petit train se fait la promesse d'un périple charmant. Découvrez la commune de Fougères au travers d'une balade commentée et ludique, parfaite pour toute la famille. Le départ s'effectue au pied du château et la visite se poursuit au travers du jardin qu'appréciaient en leurs temps Balzac, Chateaubriand ou encore Victor Hugo avant de s'achever dans la ville basse et ses maisons à colombages. Il est possible de choisir sa langue en français ou anglais.

HÔTEL-RESTAURANT LES PALIS*** €€

15, place de l'Eglise - **GRAND-FOUGERAY**

✆ 02 99 08 30 80

https://www.hotellespalis.fr

Chambre double de 89 à 130 €. Petit déjeuner buffet 11 €. Chalet finlandais (sauna, hammam, jacuzzi). Restaurant.

Les Palis existe depuis plus d'un siècle : le maréchal Joffre y avait d'ailleurs établi ses quartiers en 1914. Cette jolie maison posée au cœur du bourg de Grand-Fougeray met à disposition 2 chambres entièrement adaptées pour la clientèle handicapée. Le restaurant est également accessible : il s'est imposé comme l'une des bonnes tables du Pays de Redon. Ascenseur avec touches en braille, cheminement contrasté, alarmes visuelles et TV avec télétexte.

COBAC PARC & AQUA'FUN PARK ★

D 75 Axe Saint-Malo/Rennes - **LANHÉLIN**

✆ 02 99 73 80 16

www.cobac-parc.com

Ouvert d'avril à septembre. Basse saison : ouvert le week-end de 11h à 18h. Haute saison : de 10h30 à 18h30.

Envie de vous éclater ? Cobac Parc et Aqua'Fun Park sont deux parcs d'attractions réunis en un sur plus de 12 hectares de verdure. Au programme ? Un grand huit, des carrousels, un train, des ponts de singe, mais aussi des circuits aquatiques. Le site est conforme aux normes de sécurité. Quel que soit votre type de handicap (auditif ou mental), la structure s'engage à donner des renseignements par écrit et la signalétique est homogène avec texte et image facilitant la circulation.

GÎTE RURAL DE LA PIRONNAIS €€

La Pironnais

MAXENT

✆ 02 99 22 68 68

Label Tourisme & Handicap (moteur ; mobilité réduite ; malentendant). Ouvert toute l'année.

Aux portes de la forêt légendaire de Brocéliande, calme et quiétude règnent dans ce gîte situé dans la campagne bretonne. La maison indépendante arbore un style moderne et convivial avec son poêle chaleureux et ses trois chambres confortables décorées avec goût. Handicap moteur : 1 chambre accessible au rez-de-chaussée pour 2 personnes dotée de 2 lits simples. La chambre dispose d'une salle d'eau avec une douche avec siphon (transfert à gauche) et de W.C. avec transfert à droite.

PARC BOTANIQUE DE HAUTE-BRETAGNE ★

Château de la Foltière - **LE CHÂTELLIER**

✆ 02 99 95 48 32

www.jardinbretagne.com

Du 1er mars au 15 nov. Été 10h30-18h30. Avril, mai, juin, sept : 11h-18h. Mars, oct, nov : 14h-17h30. De 6,90 à 10,90 €.

Suivez le parcours fléché qui vous guidera à travers les 24 jardins à thèmes fleuris toute l'année et découvrez des plantes exotiques dans un voyage des plus dépaysants ! Handicap auditif : possibilité de réserver par fax et mail. Renseignements par écrit à l'accueil. Possibilité de réserver un service d'interprétariat sur demande préalable pour des visites commentées. Handicap mental : site de vingt hectares clos sécurisé offrant la possibilité d'un contact direct avec la nature. La visite libre se fait sur un parcours de 1 à 1,5 km accessible et fléché. Le parcours est basé sur une approche sensorielle et ludique. Possibilité de visite commentée sur réservation préalable pour un groupe de vingt personnes minimum et de mettre des supports à disposition des accompagnateurs pour préparer la venue du groupe. Handicap moteur : entrée par la boutique facilement identifiable et accessible de plain-pied. Deux fauteuils roulants sont mis à disposition à l'entrée. Cheminements roulants et stabilisés. Bancs tout au long du parcours. W.C adaptés (transfert à gauche). La visite libre se fait sur un parcours de 1 à 1,5 km accessible et fléché tandis qu'un autre parcours est également proposé avec aide humaine. Sur réservation préalable, possibilité de faire une visite commentée pour un groupe de vingt personnes minimum. Le parc botanique a réalisé des supports écrits et illustrés aidant à la compréhension du site (document de visite + tables de lecture).

VISITE GUIDÉE DE LA VIEILLE VILLE DE REDON ★★

Maison du Tourisme du Pays de Redon

REDON

✆ 02 99 71 06 04

www.tourisme-pays-redon.com/fr

Label Tourisme & Handicap (moteur ; mobilité réduite ; mental ; malentendant ; malvoyant).

Les visites commentées portent essentiellement sur l'abbaye Saint-Sauveur, la vieille ville et le quartier du port ou sur le monastère des Calvairiennes et le souterrain de l'abbaye Saint-Sauveur. Handicap auditif : mise à disposition de 10 audioguides. Handicap mental : visite guidée de la vieille ville de Redon sur un circuit empruntant des rues peu fréquentées. Handicap visuel : mise à disposition de 10 livrets de découverte en caractères agrandis et de 10 livrets en braille.

ADT D'ILLE-ET-VILAINE

44, square de la Mettrie
RENNES
✆ 02 99 78 47 47
www.bretagne35.com
Ouvert du lundi au vendredi de 9h à 12h30 et de 13h30 à 17h30.

L'Agence de développement touristique d'Ille-et-Vilaine a en charge la promotion et le développement touristique du département. L'équipe apporte son expertise aux partenaires professionnels et institutionnels du tourisme en lien avec les services du Conseil départemental, de la Région et de l'Etat. Un onglet « tourisme et handicap » présent dès la page d'accueil *via* la rubrique « planifiez votre séjour », une brochure que vous pouvez commander ou télécharger : *Haute-Bretagne / Ille-et-Vilaine, un tourisme accessible pour tous*... Que demander de plus ?

LE CAFÉ DES CHAMPS LIBRES

10, cours des Alliés
RENNES
✆ 02 99 38 50 50
Du mardi au vendredi de 12h à 19h ; le week-end de 14h à 19h. Jeudi, vendredi, samedi : ouvert jusqu'à 1h.

Le personnel est sensibilisé à l'accueil des personnes en situation de handicap. Handicap auditif : menus sur plaquette et menu du jour sur ardoise. Le restaurant s'engage à fournir une information écrite. Handicap mental : entrée signalée et identifiable. Le restaurant est situé dans un endroit sécurisé. Handicap moteur : sanitaires accessibles et signalés. Hauteurs sous tables suffisantes et la circulation est facile. Handicap visuel : entrée signalée et identifiable.

GÎTES DE FRANCE EN BRETAGNE €€

✆ 02 57 18 00 00
www.mygitesbreizh.com
Toute l'année. Réservation par téléphone du lundi au vendredi de 8h à 18h et le samedi de 9h à 17h.

Partage, authenticité, responsabilité, engagement sont les valeurs des Gîtes de France depuis plus de 60 ans. Du séjour en gîte en passant par les chambres d'hôtes, profitez d'endroits insolites : manoirs, maisons bourgeoises ou anciennes... C'est aussi l'occasion de découvrir la table d'hôtes. A l'instar des chambres d'hôtes, les locations et gîtes sont classés en épis, jusqu'à 5. A noter que de nombreuses locations sont labellisées Tourisme & Handicap.

LES CHAMPS LIBRES ★★★★

10, cours des Alliés - **RENNES**
✆ 02 23 40 66 00
www.leschampslibres.fr
Fermé le lundi. Du mardi au vendredi de 12h à 19h (dès 13h durant les vacances d'été) ; le week-end de 14h à 19h.

Les Champs Libres rassemblent en plein cœur de Rennes des espaces d'expositions, de rencontres et de réflexions sur les grands enjeux de la société contemporaine au travers des approches historiques, sociales, scientifiques et littéraires. Ouverts en 2006, ils ont modifié la silhouette de cette partie de la ville. Le complexe a été dessiné par Christian de Portzamparc, un lauréat du prix Pritzker, soit l'équivalent du prix Nobel pour les architectes : une référence en la matière. Parfaitement accessibles et desservis par tous les moyens de transports de l'agglomération, les Champs Libres permettent à un large public d'accéder en un seul lieu à divers musées : musée de Bretagne, musée d'Histoire et de société, espace des sciences, centre de culture technique, scientifique et industrielle ainsi qu'à la bibliothèque dotée de ses 500 000 documents multimédias, livres, CD et DVD.

Handicap auditif : mise à disposition de boucles magnétiques pour personnes malentendantes appareillées à la banque d'accueil. Programmes et plaquettes d'informations écrites à votre disposition. Rendez-vous réguliers en LSF. Handicap mental : maquette visuelle et tactile des volumes extérieurs et des espaces intérieurs du bâtiment. Des codes couleur sont associés aux 6 thématiques de la bibliothèque. Handicap moteur : cheminements extérieurs de plain-pied. Des fauteuils roulants et des cannes sont mis à disposition à l'entrée en prêt. Larges allées. Ascenseur. Toilettes adaptées (transfert à gauche). Visites adaptées.

NOMINOË

RENNES
✆ 01 42 28 68 81
www.nominoe.eu
Toute la gamme est disponible sur le site en ligne ou dans les points de vente.

C'est une histoire qui s'ancre en Bretagne, et qui a vu le jour sur les sentiers côtiers du Morbihan. C'est le fruit d'une révélation, un déclic : pourquoi parcourir le monde à la recherche d'une herboristerie exotique alors que devant les deux créateurs de Nominoë s'offrait l'incroyable richesse botanique des bocages, des landes et des dunes de Bretagne ? Parmi ces plantes se trouve la criste marine, petite ombellifère des bords de mer, une des rares plantes capables de résister aux assauts de la marée haute. Les textures atypiques sont le propre des produits.

LA DOLCE VITA €€

29, avenue de Moka
SAINT-MALO
✆ 02 99 56 09 60

Ouvert du jeudi au mardi de 12h à 13h30 et de 19h à 21h. Carte : 20 € environ. Vente à emporter.

La cuisine italienne est mise à l'honneur avec des mets cuisinés maison à base de produits frais. Marina et Carlo, les propriétaires natifs du nord de l'Italie, vous feront découvrir des spécialités de leur pays. Découvrez à la carte les délicieuses bruschettas, les tortellis à la pizzaïola, les raviolis ricotta-épinard ou encore les traditionnelles lasagnes. En dessert le fameux tiramisu est remarquablement réalisé. Cette très bonne adresse propose aussi des produits italiens à emporter : plats, charcuterie, fromages, glaces, vins…

OFFICE DE TOURISME

Esplanade Saint-Vincent - **SAINT-MALO**
✆ 02 99 56 66 99
www.saint-malo-tourisme.com

Label Tourisme & Handicap. Gratuit jusqu'à 6 ans. Réservation et paiement en ligne conseillés, surtout en haute saison.

Rien de mieux pour découvrir l'histoire de Saint-Malo et de ses grands hommes qu'une visite guidée de la Cité Corsaire et de ses alentours. De février à octobre, l'Office de Tourisme destination Saint-Malo - Baie du Mont Saint-Michel propose des visites originales pour les petits et les grands. Chasses au trésor pour les 6-10 ans, visites « spécial grandes marées » pour découvrir les richesses naturelles de l'estran, pêche aux lançons, visite de Dol la mystérieuse, ou de Combourg et de son château, berceau du Romantisme, visites des parcs…

VELOFASTO

1, rue Antoine de Saint Exupéry
THORIGNÉ-FOUILLARD ✆ 02 99 62 25 50
www.velofasto.fr

Du lundi au samedi sur RDV au Tél. 02 99 62 25 50. RDV par tél ou mail avant de vous rendre sur place. Label Handisport.

Située près de Rennes, la société Vélofasto vend et loue des vélos aux personnes en situation de handicap (problèmes d'équilibre, maladies neurologiques, hémiplégie, mobilité réduite des membres supérieurs ou inférieurs…). Tricycles, vélos couchés ou encore vélos tandems, découvrez la vaste gamme de bicyclettes pour un moment de convivialité à partager seul, en famille ou entre amis. Ils vous conseillent pour choisir le modèle le plus adapté à vos besoins et proposent même une initiation sur rendez-vous pour que vous maîtrisiez les bases du vélo couché.

SENTIER DE ROPENARD ★★

VAL D'ANAST
✆ 02 99 71 06 04

Ouvert toute l'année. Gratuit. Label Tourisme & Handicap.

De nombreux panneaux explicatifs sur les curiosités naturelles ou traditionnelles du site jalonnent le sentier ombragé de Ropenard long de 850 mètres situé au cœur d'un vallon verdoyant. Le chemin commence dans le hameau de Ropenard près d'une chapelle dédiée à sainte Anne et serpente le long d'une rivière. Ce sentier possède un panneau de départ à hauteur avec parcours. Le cheminement est roulant, non meublé. La largeur de cheminement est supérieure à 1,60 m et la pente inférieure ou égale à 4 %. Les chicanes disposent d'un passage accessible supérieur à 90 cm.

CRÊPERIE LA CLÉ DES CHAMPS €€

1, boulevard de Laval
VITRÉ
✆ 02 23 55 24 40
www.creperie-vitre.fr

Label Tourisme & Handicap.

Mélange de produits locaux de qualité et de produits Bio (farine du moulin de la Fatigue, beurre fermier Bio comme les œufs, cidre des vergers de l'Ille ou des deux Eric, Bordelet et Baron, Saint-Jacques achetées fraîches…), ce restaurant est une excellente adresse où savourer des galettes. Les lieux sont adaptés pour différents handicaps : mental, moteur, auditif et visuel. Carte des menus est en caractères agrandis et contrastés. La crêperie accepte les chiens-guides.

CAMPING LE TINDIO*** €€

2, rue de Bilouris
ARZON
✆ 02 97 53 75 59
www.camping-golfedumorbihan.com
Ouvert de mars à novembre. Terrain de 5 ha. 213 emplacements. Chalet à partir de 238 €.

Ce camping municipal est idéalement placé pour qui souhaite planter sa tente en bordure immédiate du golfe du Morbihan et de ses sentiers. Les emplacements plutôt spacieux s'étendent sur un terrain bien arboré séparés de haies et d'arbres. L'équipement sanitaire est complet et propre. Vous pourrez également bénéficier d'animations notamment durant la période estivale. Handicap auditif : comptoir d'accueil équipé d'une boucle magnétique. La réservation peut se faire par fax ou par e-mail. Cabine de téléphone équipée d'une boucle magnétique.

ESPACE CULTUREL TERRAQUÉ DE CARNAC

26, rue du Tumulus - **CARNAC**
✆ 02 97 52 50 50
www.terraque.fr
Mardi, jeudi et vendredi de 15h à 18h. Mercredi et samedi 10h-12h30 et 14h-18h. Label Tourisme & Handicap.

Le mot « terraqué » signifie « qui est composé de terre et d'eau ». C'est également le nom d'un recueil de poème de l'écrivain local Eugène Guillevic, et depuis 2010, celui de l'espace culturel de Carnac. Cet espace accessible à tous répondra à vos attentes. Ici, la culture se conjugue sous toutes ses formes. Le personnel est formé à l'accueil des personnes handicapées. L'accueil, l'auditorium et l'espace « heure du conte » sont équipés d'une boucle magnétique.

LA GRANDE PLAGE ★★

Boulevard de la plage - **CARNAC**
✆ 02 97 52 13 52
www.ot-carnac.fr
Ouvert toute l'année. Gratuit. Label Tourisme & Handicap.

Amateurs de baignade ou de bronzette, la Grande Plage est faite pour vous : du sable blanc à perte de vue sur 2 km qui tranche avec le bleu profond de l'océan... Le décor est posé. Le personnel du point d'accueil ouvert tous les après-midi en juillet et en août accueille et accompagne si besoin les personnes handicapées à la baignade. Conviviale, la Grande Plage met également à disposition des personnes à mobilité réduite un service d'assistance, du matériel et des locaux adaptés : cabine avec douche à siphon de sol et W.C. intégrés. 2 Tiralos et 1 Hippocampe.

LES ALIGNEMENTS DE CARNAC ★★★

Route des alignements - lieu-dit le Ménec
CARNAC
✆ 02 97 52 29 81
www.menhirs-carnac.fr
Visite guidée toute l'année sur réservation. Gratuit jusqu'à 7 ans. Tarif réduit 6 et 9 €. Plein tarif 11 €.

Le spectaculaire site des alignements de Carnac regroupe la plus forte concentration de mégalithes au monde : près 3 000 menhirs sont alignés sur 4 km ! Ce lieu chargé d'histoire, que l'on longe par la route en arrivant d'Auray, est un incontournable de la région. D'ouest en est, les mégalithes s'étendent sur plusieurs lieux-dits carnacois (Le Ménec, Kerlescan, Kermario et Le Manio) et jusqu'à la commune de la Trinité-sur-Mer où se situe l'alignement du Petit Ménec. Ces extraordinaires pierres de granite auraient été érigées par les premiers agriculteurs du Néolithique, période la plus récente de la Préhistoire, il y a près de 6 000 ans. Parmi les menhirs les plus imposants, certains pèsent près de vingt tonnes ! Protégés au titre des Monuments historiques depuis 1889, le site des mégalithes de Carnac est dans l'attente d'un classement au patrimoine mondial de l'Unesco, et ce depuis 1996. Accessible facilement depuis Auray (13 km) et Plouharnel (3 km), le site dispose de plusieurs parkings tout le long du circuit, dont certains sont adaptés aux personnes à mobilité réduite. Les passionnés de grosses pierres seront ravis, le sentier des mégalithes a été redessiné afin de devenir un véritable lieu de promenade. La visite des alignements peut se faire en accès libre. Il est aussi possible de prendre part à une visite guidée, toute l'année sur réservation : plusieurs visites par jour en haute saison et pendant les vacances scolaires, une seule visite tous les dimanches en basse saison. À noter que certaines visites commentées, encadrées par un animateur pédagogique, sont spécialement conçues pour les enfants de 6 à 12 ans, tandis que d'autres à destination des familles sont également proposées : de quoi susciter l'intérêt de tous, petits et grands. Renseignements et réservations auprès de la Maison des mégalithes. Enfin, au mois d'août, le spectacle nocturne Skedanoz fait découvrir les menhirs sous un nouvel angle : ce festival, dont le nom signifie en breton « les nuits scintillantes », s'est donné pour mission de raconter en musique et en lumière l'histoire des mégalithes et du paysage naturel breton. Bâtiment d'accueil entièrement accessible. Possibilité de prêt d'un fauteuil. Sols non aménagés dans les alignements et certains sites ne sont accessibles aux personnes en fauteuil que selon l'état de la végétation. Chiens guides acceptés. Document de visite en braille ou en gros caractères disponible à l'accueil.

PARCOURS SENSORIEL DE LA CHARBONNIÈRE ★

Forêt de Trémelin
INZINZAC-LOCHRIST
✆ 02 97 51 09 37
Ouvert toute l'année. Accès libre.

Depuis 2010, en Forêt de Trémelin, le Parcours Sensoriel attire particulièrement les personnes à mobilité réduite et à déficience visuelle sur l'un des plus beaux sentiers aménagés de Bretagne. Jugez plutôt : 1,5 km de parcours en pleine forêt, sur 1,80 m de large, garde-corps, aires de repos, boîtiers vocaux d'orientation, tables de pique-nique, signalétique adaptée. Et bien sûr cet énorme plus qui fait la réputation du circuit : la Charbonnière.

LE CLOS DU TAY - GÎTE BLÉ NOIR €

Le Tay - **LA GACILLY** ✆ 06 65 55 36 58
www.closdutay.com
Pour 5 personnes (3 chambres). De 300 € à 600 € la semaine. 2 personnes : 76 €, petit déjeuner. Table d'hôtes : 30 €.

Posez vos bagages dans l'un des trois gîtes de cette ferme – « Blé Noir », la métairie de schiste rouge, « Palis », la maison à ossature bois et « Ardoisine », le logement labellisé Tourisme & Handicap – et reposez-vous... Ou bien partez à la rencontre de vos hôtes, très accueillants, et de leurs compagnons : des animaux de la ferme ou de compagnie qui seront ravis de vos caresses. Côté table d'hôtes, savourez des produits du terroir et bio, agrémentés de touches florales.

BUREAU D'INFORMATIONS TOURISTIQUES DE JOSSELIN

21, rue Olivier-de-Clisson - **JOSSELIN**
✆ 02 97 22 36 43
www.broceliande-vacances.com
Fermé de nov à mars. Lundi au samedi 10h-12h30 et 14h-18h, en été 10h-18h. En oct de lundi à vend 14h-17h (fermé jeudi).

Le bureau d'informations touristiques de Josselin dispose de tous les renseignements nécessaires pour un séjour réussi en pays de l'Oust à Brocéliande. Hébergements, randonnées, vélo-promenades, spectacles, marchés, animations, visites culturelles, sorties avec les enfants : tout est à disposition. Chaque année, en été, l'office renouvelle son offre de visites guidées pour des approches insolites et originales du patrimoine de cette cité médiévale au caractère bien trempé.

PARC ANIMALIER BRANFÉRÉ ★★

RD139a - **LE GUERNO** ✆ 02 97 42 94 66
www.branfere.com
Haute saison (2 juillet au 31 août) 7j/7 de 9h30 à 19h30. Adulte dès 21,50 €. Enfant de 4 à 12 ans dès 17 €.

Ce site est dédié au respect de la nature à cent lieues d'un concept classique de zoo. Parc animalier et botanique, parc de loisirs avec le Parcabout® et centre d'éducation à l'environnement, c'est la Fondation de France qui en est le propriétaire depuis 1989. Plus de 1 200 animaux des 5 continents arpentent les terres de Branféré. Emerveillez-vous devant le spectacle des chouettes, hiboux, cigognes, pélicans, qui vous survoleront. Plus Petit Futé : devenez soigneur d'un jour, une approche inoubliable que vous pourrez offrir à un jeune de votre entourage.

GÎTE MER ET LOGIS BROCÉLIANDE €€

5, rue de la Chapelle - **JOSSELIN**
✆ 02 97 70 67 60
Label Tourisme & Handicap (moteur ; mobilité réduite ; mental ; malentendant). Ouvert toute l'année. 75 m².

Le gîte Mer fait partie des gîtes logis Sainte-Croix situés tout près du château des ducs de Rohan et de la forêt légendaire de Brocéliande. Entièrement accessible pour les personnes en fauteuils roulants électriques ou manuels, il se compose d'une chambre avec un lit pour deux personnes en 140 cm et d'une autre chambre avec deux lits de 90 cm. Coin cuisine équipée avec lave-vaisselle, four à micro-ondes. Salle à manger et salon équipé de TV et d'un lecteur DVD.

GITE DE LA FERME DE BRESPAN €€

LIMERZEL
✆ 02 97 66 17 51
www.lafermedebrespan.fr
Gîte pour 12 avec piscine intérieure, sauna. Location du gîte : 1 150 € à 1 950 € la semaine ; 660 € à 825 € (2 nuits)

Aménagé dans une longère rénovée en 2009, ce gîte propose une habitation tout confort avec 12 couchages répartis dans 5 chambres avec sanitaires privatifs chacune. Vous pourrez profiter des parties communes, de la cuisine tout équipée, et été comme hiver de la piscine intérieure chauffée, avec son eau à 28 °C, et son sauna. Le plus *Petit Futé* ? Une vraie démarche en faveur des personnes en situation de handicap, avec un espace parfaitement adapté à leur accueil.

SITE DES MÉGALITHES DE LOCMARIAQUER - ★★★

Route de Kerlogonan - **LOCMARIAQUER**
✆ 02 97 57 37 59
site-megalithique-locmariaquer.fr
Ouvert toute l'année. Plein tarif : 6 €. Gratuit jusqu'à 25 ans. Label Tourisme & Handicap. Animations en haute saison.

Découvrez trois monuments emblématiques : le grand menhir brisé en place d'un alignement disparu, la table des marchands et le tumulus d'Er Grah, témoins de l'architecture funéraire néolithique en Bretagne. Pour tous : le bâtiment d'accueil et le parcours de visite sont au même niveau. Ligne de guidage naturelle et bancs de repos le long du site. Handicap auditif : boucle magnétique à l'accueil. Toilettes équipées d'alarme lumineuse. La visite libre s'effectue par la salle vidéo équipée d'un film en LSF sous-titré en français. Deux tablettes tactiles vous accompagnent dans votre visite. Présentation des équipements et des aménagements en LSF et VF sur le site des mégalithes. Handicap mental : visite libre avec un carnet adapté téléchargeable sur le site du monument. Handicap moteur : deux stationnements réservés à l'entrée. L'accueil dispose d'un comptoir-billetterie abaissé et d'un toilette accessible. Un fauteuil roulant est mis à disposition. La salle vidéo est accessible avec deux emplacements pour les PMR. La visite libre s'effectue de plain-pied par un chemin de circulation autour des monuments mégalithiques. Handicap visuel : chiens guides et d'assistance autorisés. Carnets en braille et/ou en gros caractères avec des dessins en relief ; tableaux tactiles représentant les gravures du dolmen et du Grand menhir brisé. Dans tous les cas, le personnel d'accueil et de visite de groupe est formé à l'accompagnement des personnes handicapées.

CROC'ÉPI €

2, rue Antoine-de-Saint-Exupéry - **LORIENT**
✆ 02 97 88 31 38
www.biocoop-les7epis.bzh
Ouvert toute l'année. Du lundi au samedi le midi. Suggestion du jour : 10,50 €. Label Tourisme & Handicap.

Au menu : un grand buffet de crudités, des plats différents chaque jour et des desserts variés. Un espace *snacking* est disponible pour les pressés qui ont peu de temps pour déjeuner avec tartes, quiches, salades, soupes, jus frais, sandwiches et desserts à consommer sur place ou à emporter. L'établissement peut recevoir des personnes en fauteuil : accès du parking adapté, entrée et terrasse accessibles, porte d'entrée manuelle, aide du personnel, circulation facile, circulation du *self-service* accessible, table accessibles, ascenseur et sanitaires adaptés.

OFFICE DE TOURISME

Quai de Rohan
LORIENT
✆ 02 97 84 78 00
www.lorientbretagnesudtourisme.fr
Basse saison de janvier à mars et de mi-septembre à décembre.

L'office de tourisme de Lorient vous indique toutes les adresses utiles pour un séjour réussi : restauration, hébergement, découvertes, musées, mais aussi les horaires des bateaux pour aller à l'île de Groix par exemple, les excursions, ou encore le programme du Festival Interceltique. L'office de tourisme propose également un point billetterie ainsi que des Breizh Box à la vente (coffrets cadeaux). L'office de tourisme de Lorient a obtenu en décembre 2017 la marque nationale Qualité Tourisme, gage d'une certaine qualité d'accueil et de prestations.

Site des Mégalithes de Locmariaquer.

AUBERGE AUX BONNES JOUES €€

2, rue des Primevères - **MONTERREIN**
✆ 02 97 74 63 53

Label Tourisme & Handicap (moteur ; mobilité réduite ; mental ; malentendant).Ouvert toute l'année.

Cette charmante adresse aménagée dans une ferme villageoise du XVIIe siècle typique du Morbihan Gallo propose une cuisine traditionnelle inspirée par de nombreux voyages : salade d'andouille tiède aux pommes, cuisses de grenouilles, terrine maison aux deux poissons, mignon de porc à la graine de moutarde, joue de lotte à la toscane, salade de Saint-Jacques, joue de porc cidre et pommes... Le personnel est sensibilisé à l'accueil des personnes en situation de handicap. Présence de 2 aires de stationnement réservées et signalées à proximité du restaurant.

CAMPING TY NÉNEZ*** €€

PONT-SCORFF
✆ 02 97 32 51 16
www.lorient-camping.com

Ouvert toute l'année. 93 emplacements (dont 69 en camping). Mobil-home dès 53 €/nuit. Restauration. Animations.

Ty Nénez est équipé d'une piscine couverte et chauffée toute l'année, mais aussi d'un espace barbecue collectif, d'une grande pergola, de terrains de pétanque, d'aires de jeux pour les enfants, d'un espace fitness extérieur... Des animations vous sont également proposées en juillet et août : quizz apéro 2 fois par semaine et concert une fois par semaine... Sans oublier, pour les petites faims, une épicerie dotée d'un rayon consacré aux produits bretons et un snack bar avec des plats cuisinés à emporter. De nombreuses animations sont proposées.

CELT'AVENTURES

Route du Menez - **SARZEAU**
✆ 06 13 08 87 00
www.celtaventures.com

Ouvert d'avril à octobre. Haute saison : 7j/7. Tarifs selon activités et âge des participants : voir site web.

Ce parc d'aventures propose plusieurs parcours acrobatiques en hauteur, au sol, chasses au trésor, escape game, LaserQuest, balades contées interactives... Celt'aventures, c'est aussi un village de lutins pour les tout-petits, une clairière des elfes dans laquelle vous volerez grâce à des élastico-trampolines, des hamacs propices au repos... Choisissez le Périple des Sylphes et vous serez entraîné dans une folle descente sur d'interminables tyroliennes. Le parc s'inscrit dans une démarche durable et d'inclusion des personnes en situation de handicap.

GOLFE DU MORBIHAN VANNES TOURISME

Quai Tabarly - **VANNES**
✆ 02 97 47 24 34
www.golfedumorbihan.bzh

Label Tourisme & Handicap. Ouvert toute l'année. Haute saison : 7j/7. Voir les différents horaires sur le web.

Golfe du Morbihan Vannes Tourisme coordonne les bureaux des 5 communes (Vannes, Arzon, Sarzeau, Saint-Gildas-de-Rhuys et Grand-Champ). Tous, avec les bureaux saisonniers (Île aux Moines, Arradon, Baden, Séné, Île d'Arz et Gavrinis) accueillent et renseignent sur les activités locales et les attractions à ne pas manquer. Le bureau de Vannes vous accueille toute l'année et propose une offre diversifiée de visites et activités sur la ville et la région.

LES JARDINS DU MORBIHAN**** €€

5, rue de Kersimon - **VANNES**
✆ 02 97 44 66 06

Ouvert d'avril à novembre. Réservation recommandée. 14 hectares. 360 emplacements. Mobil-home (semaine) dès 434 €.

Un mobil-home est adapté aux personnes en situation de handicap. Handicap auditif : comptoir d'accueil équipé d'une boucle magnétique. Handicap mental : le camping est clos et sécurisé y compris la piscine. Handicap moteur : place de stationnement réservée et adaptée près de l'accueil, comptoir d'accueil abaissé. Cheminements extérieurs bitumés, roulants, sans obstacle. Les blocs sanitaires (mixtes) disposent chacun d'une cabine de toilette (WC, douche et lavabo) accessible et adaptée.

CENTRE-VAL DE LOIRE

PARC FLORAL D'APREMONT

APREMONT-SUR-ALLIER

✆ 02 48 77 55 06

Ouvert de début avril à début octobre. Adulte 10 € ; enfant de 7 à 12 ans 6 €.

Dans l'un des Plus Beaux Villages de France, ce parc au label Jardin Remarquable nous enchante. Inspiré des jardins anglais, il abrite des essences rares : séquoias, cèdres pleureurs, cryptomerias du Japon... Une haie de plantes et d'arbustes blancs et argentés borde les maisons médiévales. Le plus insolite est la présence du pont japonais et du pavillon turc au milieu de l'eau. En bois exotique et sur pilotis, celui-ci abrite quatre toiles peintes qui symbolisent les saisons et les âges de la vie. Le belvédère en surplomb complète le tout !

TOURISME & TERRITOIRES DU CHER [AD2T]

11, rue Maurice Roy

BOURGES

✆ 02 48 48 00 18

www.berryprovince.com

Ouvert du lundi au vendredi de 9h à 12h et de 14h à 17h.

L'agence de développement du tourisme assure la promotion des lieux touristiques dans le Berry. Selon vos attentes, on vous fournira des informations précieuses pour partir à la découverte des merveilles de la région. Des dépliants et prospectus sont mis à la disposition de tous. Cet espace est à la fois un lieu d'accueil des particuliers venus se renseigner sur les activités de la région et un lieu utile pour les professionnels œuvrant dans le secteur touristique.

CENTRE AQUATIQUE DES PRESLES

Rue de Wittelsheim - **BELLEVILLE-SUR-LOIRE**

✆ 02 48 72 64 57

www.bellevillesurloire.fr

Label Tourisme & Handicap. Adapté aux PMR, aux malentendants et aux malvoyants et au handicap mental.

Le Centre Aquatique des Presles accessible à tous propose quatre bassins dont un de 25 m qui peut être entièrement découvert. Le centre propose également de nombreuses activités ludiques et de détente. On peut désormais aussi découvrir la fish pédicure et profiter. Un bel espace donc, où l'on prend soin de son corps afin d'être notamment mieux dans sa tête. N'hésitez pas à téléphoner au préalable pour réserver selon vos besoins spécifiques éventuels.

CENTRE CÉRAMIQUE CONTEMPORAINE ★

La Borne - **HENRICHEMONT** ✆ 02 48 26 96 21

www.laborne.org

Adulte 3 €, réduit 2 €. Fermeture annuelle en janvier. Label Tourisme & Handicap (moteur ; PMR ; mental ; malentendant).

Le centre de céramique contemporaine s'étend sur deux bâtiments accessibles à tous : l'ancienne école des filles abrite un atelier professionnel et un espace pédagogique tandis que l'extension de 665 m² se positionne comme un lieu d'expositions vaste et lumineux ouvert sur la nature. Les 55 potiers, céramistes et sculpteurs membres de l'association Céramique La Borne, présentent leurs œuvres et des expositions temporaires mettent la lumière sur des céramistes internationaux.

HÔTEL RESTAURANT TERRE DE LOIRE €€

10, route de Beaulieu - **BELLEVILLE-SUR-LOIRE**

✆ 02 48 54 30 30

www.terredeloire.com

Ouvert tous les jours le midi et le soir. Chambre double dès 74 €. Gîte indépendant pour 6 personnes. Jardin.

L'hôtel-restaurant Terre de Loire, situé à quelques pas des bords de Loire, sert des plats traditionnels dans un cadre contemporain. Aux beaux jours, vous pourrez manger en terrasse et même séjourner dans l'une des douze chambres de cet établissement ou louer un gîte indépendant qui peut accueillir jusqu'à 6 personnes. L'ensemble est bien adapté dans un cadre agréable et accessible, mais surtout moderne et donc conforme aux normes. Le personnel est disponible et à l'écoute.

LES COTTAGES DU PÔLE DU CHEVAL ET DE L'ÂNE €

Domaine des Amourettes - **LA CELLE-CONDÉ**

✆ 02 48 56 69 91

www.polechevaletane.fr

Bar. Label Tourisme & Handicap. Adapté aux PMR, aux malentendants, et au handicap mental. 7 €.

Ce village vacances insolite vous accueille au cœur du parc de nature et de loisirs du Pôle du Cheval et de l'Âne de Lignières-en-Berry. Composé de 50 roulottes de campagnes sédentaires, trois sont adaptées aux personnes à mobilité réduite. Réparties dans un environnement paysagé, chacune bénéficie de son espace préservé ainsi que d'un équipement complet. Classé Natura 2000, le site offre un cadre idéal pour des vacances en famille dans un cadre insolite tout confort.

AUBERGE DES PELLETS €€

Les Pellets
MOROGUES
✆ 02 48 26 90 68
www.auberge-des-pellets.fr
Fermé temporairement, cause vente.

L'Auberge des Pellets vous accueille dans sa chambre d'hôtes de 38 m² afin de vous ressourcer dans ce magnifique endroit situé en plein cœur de la nature. Profitez de cette escapade pour découvrir la région du Haut-Berry avec les châteaux de la route Jacques Cœur, la Tour de Vesvre chargée d'histoire, La Borne avec ses poteries. Les amoureux de randonnées pourront arpenter les chemins sur Henrichemont et des Aix-d'Angillon. Côté gastronomie, vous pourrez profiter des spécialités culinaires du Haut-Berry comme le crottin de Chavignol.

PÔLE DES ÉTOILES DE NANÇAY ★★

Route de Souesmes - **NANÇAY**
✆ 02 48 51 18 16
www.poledesetoiles.fr
Ouvert tous les jours. Label Tourisme & Handicap. Accueil handicap moteur et mobilité réduite.

Entre les arbres de Sologne se cache un paysage métallique atypique accessible à tous où l'on peut découvrir des instruments géants comme le radiohéliographe, le radiotélescope ainsi qu'une station LOFAR. Sur 250 m² d'expositions interactives, découvrez l'histoire de l'astronomie, ses moyens, ses méthodes et son avenir. Vous pourrez aussi réaliser des expériences interactives et ludiques ou embarquer dans un voyage cosmique à la découverte du ciel. Visite guidée.

FASTHÔTEL SAINT-AMAND-MONTROND ORVAL** €

ZI Les Noix Brûlées
ORVAL
✆ 02 48 82 18 21
Climatisation. Label Tourisme & Handicap. Adapté aux PMR, aux malvoyants et au handicap mental.

Situé à Saint-Amand-Montrond, l'établissement propose des chambres de plain-pied avec accès direct depuis le parking. Économiques, elles n'en sont pas moins spacieuses et entièrement équipées. Les salles de bains disposent de lavabo sans pied. Espace de circulation autour des lits. Sur place, le restaurant est spacieux et de plain-pied, parfait pour y prendre le petit déjeuner. Vous découvrirez dans les environs de charmants villages et châteaux au cœur d'une campagne bien verdoyante.

GRANGE PYRAMIDALE ★

2, route de Concressault
VAILLY-SUR-SAULDRE
✆ 02 48 73 87 57
Adapté aux handicaps moteurs et mentaux. Fermé en décembre et janvier.

Les granges pyramidales font partie du patrimoine paysan berrichon : il en reste aujourd'hui une trentaine qui sont toutes des propriétés privées sauf celle de Vailly-sur-Sauldre qui date du XVe siècle. Démontée, déplacée puis remontée, elle est désormais ouverte aux visites dont certaines sont adaptées aux personnes déficientes mentales. La particularité de ces granges est qu'elles n'ont pas de murs porteurs : leurs pans s'appuient sur des poutres qui se rejoignent en un haut faîtage pointu. Un très chouette lieu à découvrir.

SENTIER DE LA SALAMANDRE

Route d'Auxerre
VIERZON
✆ 02 48 75 49 99
Ouvert toute l'année. Gratuit.

Un sentier pédagogique dans un espace naturel sensible de la forêt de Vierzon de 2,3 km à la découverte du milieu forestier, de sa faune, de ses essences et même d'une mare. Au long de votre cheminement, des panneaux didactiques vous informent. A ces pupitres sensoriels avec relief et braille s'ajoutent des revêtements accessibles aux fauteuils roulants ou aux poussettes afin que le site soit accessible au plus grand nombre. Le parcours est jalonné de nombreux bancs parfaits pour une immersion méditative. Et rien de vous empêche de pratiquer un bain de forêt.

LE JARDIN DE LA PRÉHISTOIRE ★

Sente de l'Etang - **AUNEAU-BLEURY-SAINT-SYMPHORIEN** ✆ 02 37 33 11 04
www.jardin-prehistoire.fr

Ouvert le lundi, le mardi, le jeudi et le vendredi de 9h30 à 15h30 sur rendez-vous. Adulte : 9,50 €.

La Société Alnéloise d'Archéologie et d'Histoire Locale (SAAAHL) a ouvert un site de promotion des fouilles archéologiques réalisées dans la commune. Avec le Jardin de la Préhistoire, les visiteurs suivront un parcours accessible et ouvert à tous dans une roselière ponctué de panneaux pédagogiques mettant en valeur le patrimoine néolithique mis au jour par les archéologues. Autant d'activités ludiques qui permettent un retour vers le passé et la redécouverte de savoir-faire précieux.

CENTRE INTERNATIONAL DU VITRAIL ★

5, rue du Cardinal-Pie - **CHARTRES**
✆ 02 37 21 65 72
www.centre-vitrail.org

Tous les jours de 14h à 17h45. Adulte 7 €, enfant 5,50 €.

Ce musée installé dans le grenier de Loëns, classé Monument historique, présente une collection permanente de 70 vitraux authentiques de la Renaissance. Une salle pédagogique complète la visite, avec la présentation de l'ensemble des verrières de la cathédrale de Chartres, sous forme de maquettes et de schémas explicatifs, pour identifier toutes les scènes figurées dans les vitraux. La salle gothique, voûtée d'ogives, accueille les expositions temporaires de vitraux contemporains.

COMITÉ DÉPARTEMENTAL DU TOURISME D'EURE-ET-LOIR

10, rue Docteur-Maunoury
CHARTRES
✆ 02 37 84 01 00
www.tourisme28.com

Le comité départemental du tourisme d'Eure-et-Loir donne les clés pour préparer son séjour le plus sereinement possible. Avec des idées de séjours en famille, entre amis ou en couple, vous êtes sûr de trouver votre bonheur. Il y en a pour tous les goût : séjours sport, nature ou culture, chacun trouvera une activité qui lui correspond. Le comité du tourisme propose également une offre d'hébergements, de restaurants et des activités adaptées aux divers handicaps.

L'HÔTEL*** €€

28-30, rue du Grand-Faubourg
CHARTRES
✆ 02 37 18 52 77
www.l-hotel-chartres.com

Logis. Ouvert toute l'année. Label Tourisme & Handicap (moteur ; mobilité réduite).

A quelques dizaines de mètres de la place des Epars se trouve L'Hôtel qui vous accueille dans une ambiance chaleureuse. Les chambres récentes et colorées possèdent un mobilier à la fois sobre et design, et dégagent une modernité entraînante. 7 sont adaptées aux personnes en situation de handicap. Durant votre séjour, n'oubliez pas de vous régaler au restaurant attenant à L'Hôtel : L'Ecume met à l'honneur les poissons et autres produits de la mer. Un lieu sympathique où l'on se sent bien. Vous pouvez réserver en ligne et préciser vos demandes.

ENTRE BEAUCE ET PERCHE*** €€

9, RN 10 - **CHÂTEAUDUN**
✆ 02 37 66 30 00
www.hotelchateaudunlogis.fr

Accueil vélo. Logis. Label Tourisme & Handicap. Adapté aux handicaps moteurs et mentaux, et aux malentendants. Dès 79 €.

Aux portes des Châteaux de la Loire, de confortables et spacieuses chambres vous attendent à l'hôtel Entre Beauce et Perche. La décoration est sobre et fonctionnelle. L'accueil charmant et serviable. Une chambre de 21 m² est spécialement adaptée pour les personnes en fauteuil : vous disposerez d'un lit surélevé (160×200 ou 90×200), d'une douche de plain-pied avec siège et de W.C surélevés. Une belle adresse pour des vacances tranquilles et reposantes.

CHÂTEAU DE MONTIGNY-LE-GANNELON ★

Avenue du Marquis-de-Levis
CLOYES-LES-TROIS-RIVIÈRES ✆ 02 37 98 30 03
www.domainedemontigny.com

Adapté aux handicapés moteurs, mentaux, aux malentendants. Ouvert de Pâques à la Toussaint. 10 €/adulte.

Le domaine de Montigny-le-Gannelon est une grande et belle demeure située dans la vallée du Loir aux confins de la Beauce et du Perche. Visiter ce lieu accessible à tous les visiteurs, c'est un peu relire l'histoire de France. Vous découvrirez notamment une superbe collection de tableaux comprenant de magnifiques portraits de rois de France et vous visiterez les salons d'apparat du château. Les promeneurs apprécieront aussi de découvrir le vaste domaine de 15 ha.

CHAPELLE ROYALE SAINT-LOUIS ★★

2, Square d'Aumale - **DREUX**
✆ 02 37 46 07 06
www.chapelle-royale-dreux.com
Mercredi-lundi, d'avril à juin, 10h-12h30/13h30-17h30. Juillet-août 9h30-18h. Septembre 9h30-12h/13h30-17h30. 9,20 €.

La chapelle royale de Dreux abrite les sépultures de la famille des Orléans.Mobilité réduite : accès dans le chœur de la chapelle avec un monte-escalier. Vidéo-guide pour les deux cryptes. Déficience visuelle : audioguide avec visite audio-descriptive en français. Notice de visite en braille. Visite guidée tactile pour les groupes sur réservation. Déficience auditive : audioguide avec visite en LSF. Label déficients cognitifs : livret visite simplifié et parcours de visite balisé.

MUSÉE D'ART ET D'HISTOIRE MARCEL DESSAL ★

5, place du Musée - **DREUX**
✆ 02 37 50 18 61
www.musees.regioncentre.fr
Du mercredi au dimanche de 14h à 18h. Adulte 4 €. Gratuit le dimanche et - de 25 ans. Label Tourisme & Handicap.

Le musée de Dreux conserve une exceptionnelle collection de peintures et de sculptures avec des œuvres de Monet, Le Sidaner, Vernet, Granet, Pradier ou Vlaminck. La salle d'art religieux présente de rares chapiteaux romans historiés comme celui représentant la Vierge allaitant l'Enfant Jésus, ainsi que des vitraux du XIIIe siècle des plus remarquables. La section des arts décoratifs présente du mobilier et des objets provenant de célèbres châteaux.

MUSÉE DES MEULES ET PAVÉS D'ÉPERNON ★

23, avenue de la Prairie - **EPERNON**
✆ 02 37 83 61 47
Du 1er mai au 30 sept. Adulte : 4 €. Enfant (de 6 à 12 ans) 3 €. Samedi 14h-18h, dimanche et fériés 10h-12h et 14h-18h.

Cet écomusée ouvert et accessible à tous installé dans une ancienne bergerie en bois près de l'espace culturel des Prairiales raconte la vie du bourg à l'époque des carrières de grès et de pierres meulières qui ont permis son essor aux XIXe et XXe siècles. De nombreuses expositions temporaires y sont organisées. Ne manquez pas les promenades thématiques - certaines accessibles aux visiteurs handicapés - qui permettent de partir à la découverte de ce passé industriel.

CAMPING DU PERCHE

3, rue de la Ferrière
FONTAINE-SIMON
✆ 02 37 81 88 11
www.campingperche.com
Adapté aux personnes à mobilité réduite.

Emplacements traditionnels, mobil-homes, chalets. Le modèle Charlay est spécialement aménagé pour les campeurs en situation de handicap moteur. Une piscine et un hammam ainsi qu'un centre aquatique à proximité permettent au lieu d'avoir un certain charme tout en étant adapté. L'ensemble assez calme permet de se ressourcer. Des animations, des activités sont possibles à proximité. Le personnel est à l'écoute et reste disponible pour toutes questions. Une adresse à retenir dans un lieu agréable et permettant de jolies visites.

HÔTEL DE L'IMAGE** €€

18, place de l'Eglise - **ILLIERS-COMBRAY**
✆ 02 37 26 97 39
www.hotel-eure-loir-proust-illiers.fr
Ouvert toute l'année. Accueil vélo. Label Tourisme & Handicap (moteur, mobilité réduite, mental, malvoyant).

Au cœur de la patrie de Marcel Proust, l'Hôtel de l'Image affiche une ambiance résolument familiale, et une décoration sobre et épurée. A disposition : 8 chambres à la décoration classique et au mobilier en bois avec salle de bain privative. L'une d'entre elles est adaptée pour recevoir des clients à mobilité réduite. Labellisé « Tourisme et handicap », le lieu est bien adapté et le personnel est à l'écoute si besoin. Un cadre agréable et sympathique qui donne une bonne idée d'adresse pour des vacances idéales non loin des célèbres châteaux.

ACCESS' MOBILITÉ

40, rue des Vergers
LE COUDRAY
✆ 06 74 41 37 49
www.access-mobilite.fr

Si se déplacer en ville, et surtout dans le reste du département, n'est pas toujours évident pour les personnes à mobilité réduite, Access' Mobilité propose aux particuliers comme aux associations des solutions adaptées et adaptables : un service de transport à la demande pour les trajets occasionnels ou réguliers ainsi qu'un service de navettes vers les gares, les hôpitaux, les aéroports... N'hésitez pas à les contacter pour connaître toutes les modalités, tarifs et prestations possibles, leur offre évoluant régulièrement et étant spécifiques à chaque cas.

SÉMINAIRE DES BARBELÉS ★

36, rue des Bellangères - **LE COUDRAY**
✆ 06 95 76 41 16
www.franz-stock.org

Visite mercredi et samedi de 14h à 16h-17h ou sur RDV. Adulte : 4 €. Gratuit - de 12 ans. Label Tourisme & Handicap.

Classé à l'inventaire supplémentaire des monuments historiques depuis 1995, le séminaire des Barbelés est un lieu indéniablement chargé d'histoire. Entre 1945 et 1947, ce bâtiment a accueilli sous la direction de l'abbé Franz Stock (1904-1948) près d'un millier de prêtres et de séminaristes allemands ou autrichiens, qui étaient tous des prisonniers de guerre au sort incertain. Ils firent du bloc cm 101 une chapelle, et l'ornèrent de fresques. Aujourd'hui, il est possible de visiter ce bâtiment et d'appréhender directement ce témoignage unique.

FERME PÉDAGOGIQUE LA RENAISSANCE ★★★

Le Grand Archevilliers - **NOGENT-LE-PHAYE**
✆ 02 37 34 24 20

Visite libre du lundi au samedi de 10h à 12h30 et de 14h à 17h. Enfant de 2 à 12 ans : 4,50 €. Adulte : 6,50 €.

La ferme de la Renaissance présente des animaux d'élevage et quelques espèces sauvages mais aussi des cultures céréalières, potagères et fruitières autour d'animations éducatives sur la connaissance du monde rural. Le corps de ferme dispose de toutes les installations pour le bien-être des animaux (étable, bergerie, porcherie, chèvrerie, écurie, asinerie, basse-cour, prairies...) ainsi qu'un espace pédagogique ouvert à tous, équipé d'une cuisine pour les ateliers éducatifs.

AUBERGE DU MOULIN À VENT*** €€

23, chemin du Moulin à Vent - **MANOU**
✆ 02 37 81 85 48
http://aubergedumoulinavent.com

Adaptée aux handicaps moteurs et mentaux. Qualité Tourisme. Ouvert toute l'année 7j/7. 8 chambres.

Située au au cœur de la région percheronne, l'Auberge du Moulin à Vent propose plusieurs chambres agréables aux beaux volumes ainsi qu'un restaurant de cuisine traditionnelle à l'ambiance conviviale. Certaines chambres sont adaptées aux personnes à mobilité réduite : nous vous conseillons de téléphoner au préalable pour la réservation en fonction de vos besoins spécifiques. Un endroit sympathique avec un cadre proche de la nature qui permet de se sentir bien.

MAISON DE LA BEAUCE

Place de la Beauce - **ORGÈRES-EN-BEAUCE**
✆ 02 37 99 75 58
www.lamaisondelabeauce.com

Accès aux expositions permanentes et temporaires : 5 €. Label Tourisme & Handicap.

Orgères, capitale de la Beauce ! C'est en tout cas cette commune qui accueille la Maison de la Beauce qui organise notamment la Route du Blé en Beauce pour découvrir cette zone agricole, ses immenses champs, ses moulins et ses autres sites remarquables sur lesquels sont implantés des panneaux explicatifs. Dans la Maison, des expositions sont régulièrement organisées. Le lieu accueille aussi une boutique de produits régionaux et un centre de documentation et d'interprétation du territoire. C'est aussi une source d'informations touristiques de premier ordre.

LES LOGIS DU BREUIL €€

5, rue du Loir - **MARCHÉVILLE**
✆ 02 37 24 58 52
www.leslogisdubreuil.sitew.com

Gîtes de France. 3 chambres d'hôtes à partir de 68 € la nuit. Petit déjeuner inclus. Label Tourisme & Handicap.

Nathalie vous propose 3 agréables chambres. Jadis écuries, elles ont été entièrement restaurées offrant beaucoup de cachet avec leurs poutres apparentes, les tomettes au sol, les anciennes mangeoires et la belle façade à colombage. Leur accès est indépendant et de plain-pied. Le gîte La Grange de 60 m² dispose de tout le confort pour que vous preniez très vite vos marques. Même s'il n'est pas labellisé, le gîte est adapté aux visiteurs à mobilité réduite. Tout le monde peut donc prendre plaisir à se reposer dans cette belle maison avec jardin.

LA MAISON GAUTHIER €€

SAINT-AUBIN-DES-BOIS
www.gites-de-france-eure-et-loir.com

Gîtes de France. 90 m², 2 chambres. Capacité 4 personnes. A partir de 275 € la semaine. Label Tourisme & Handicap.

La Maison Gauthier est une belle demeure restaurée de plain-pied (90 m²) et de caractère où les vieilles pierres et les briques côtoient la terre cuite et les poutres apparentes. De-ci de-là, des nuances modernes ponctuent l'ensemble pour votre plus grand confort. Le gîte accessible aux personnes à mobilité réduite offre de beaux espaces lumineux avec une cuisine américaine ouvrant sur un grand espace. Vous y trouvez 1 chambre avec 1 lit de 140 et 1 chambre avec 2 lits de 90. L'endroit est idéal pour profiter d'un cadre authentique non loin de Chartres.

CAMPING LA QUINTAINE

La Quintaine - **BÉLÂBRE**
✆ 02 54 37 22 21
www.ville-belabre.fr
Ouvert de mai à septembre. Terrain de 1 ha. Label Tourisme & Handicap (mental, malentendant). Emplacement dès 7 €.

Terrain semi-ombragé au bord de l'Anglin de 24 emplacements. A 5 min de tous commerces et services. Pêche et baignade praticables. Blotti sur les coteaux dominant la vallée de l'Anglin, le village de Bélâbre se situe dans un environnement de bocage, de prés, landes, étangs et forêts caractéristiques de la petite Brenne, partie méridionale du Parc Naturel Régional. Un chouette endroit adapté aux personnes à mobilité réduite. L'occasion de profiter du charme du Berry et de l'environnement fort sympathique à proximité de la nature.

CHÂTEAUROUX BERRY TOURISME

7 bis, place de la Gare
CHÂTEAUROUX
✆ 2 54 34 10 74
www.chateauroux-tourisme.com
Adapté aux personnes à mobilité réduite. Basse saison : ouvert du mardi au samedi de 10h à 12h30 et de 13h30 à 18h.

© CHÂTEAUROUX BERRY TOURISME

L'office de tourisme de l'agglomération dispense de nombreux conseils et propose des visites guidées. Une boutique de produits locaux est également à la disposition des visiteurs. Le site Internet flambant neuf donne une liste des hébergements, des restaurants, des lieux de visite et des activités. Il met aussi en relation avec la salle de spectacles MACH 36. Traduction en anglais et en néerlandais. Les guides touristiques papier bénéficient également de traductions.

LA MANUFACTURE- BEST WESTERN COLBERT €€

4, rue Alfred Dauvergne - **CHÂTEAUROUX**
✆ 02 54 35 70 00
https://www.lecolbert36.fr/
Adapté aux handicapés moteurs et malvoyants. Ouvert toute l'année. Service midi et soir tous les jours sauf samedi midi.

Installé sur le site d'une ancienne manufacture de tabac, ce restaurant accessible vous accueille dans un décor lounge et une atmosphère conviviale. Les menus sont basés sur le concept « le vin, le pain cuit sur place et la broche » alliant gastronomie et plaisir avec une cuisine française traditionnelle préparée avec soin par le Chef qui a par ailleurs obtenu la distinction de Maître Restaurateur. Un vrai plus pour un lieu très agréable à découvrir ou faire découvrir.

MUSÉE DE LA VALLÉE DE LA CREUSE ★

2, rue de la Gare - **EGUZON-CHANTÔME**
✆ 02 54 47 47 75
www.musee-vallee-de-la-creuse.fr/fr
Adapté aux handicaps moteurs et mentaux et aux malentendants. Du mardi au vendredi 10h-12h et 14h-18h. Week-end 14h-18h.

Situé dans les anciennes écuries du château d'Eguzon, ce musée vous invite à découvrir ce que fut le quotidien des habitants de la région de la fin du XVIIIe siècle jusqu'au milieu du XXe siècle à travers la reconstitution d'espaces de la vie quotidienne : salle commune, école, place du village, ateliers d'artisans. Ne manquez pas la salle dédiée aux maçons de la Creuse. Le site accueille également des expositions temporaires ethnologiques et historiques, ou d'art contemporain.

GÎTE DU BEAU DE VARENNES €€

Les Traits - **FOUGEROLLES** ✆ 02 54 31 33 00
Gîte de France 4 épis. Ouvert toute l'année. Chambre à partir de 60 €/nuit. Piscine, parc. Label Tourisme & Handicap.

Dans ce coin tranquille, le calme côtoie l'histoire, la nature et les randonnées. Ce gîte fleuri et mitoyen a été construit à l'emplacement d'une vieille étable en matériaux anciens et éco-durables. Le rez-de-chaussée entièrement accessible se compose d'un séjour, d'une salle à manger, d'une chambre (1 lit 2 personnes), d'un W.C, d'une salle d'eau et d'une cuisine. A l'étage : 2 chambres (4 lits 1 personne) et 2 mezzanines avec canapé. Terrasses et jardin privatif non clos. Des hôtes disponibles et à l'écoute si besoin, un atout non négligeable.

LA RIFFAUDERIE €€

3, La Riffauderie
LOUROUER-SAINT-LAURENT
✆ 06 82 20 17 79

Gîtes de France. Pour 10 personnes (160 m², 4 chambres). À partir de 205 €. 2 nuits minimum. Label Tourisme & Handicap.

Au cœur du Bas-Berry, à une lieue et demie de La Châtre, à une lieue de Nohant et du passé de George Sand, La Riffauderie vous propose dans une ferme du XVIIIe siècle un gîte rural avec jardin et terrasse pour les beaux jours, mitoyen à un gîte de séjour. Au rez-de-chaussée, vous trouverez un séjour avec coin cuisine aménagé (45 m²), 1 chambre avec un grand lit, salle d'eau et WC. A l'étage : la chambre Rose (1 lit 160, lit bébé), la chambre Mauve (1 lit 2 personnes, 2 lits 120), la chambre Orange (1 lit 160, lit bébé), une salle de bains et WC.

L'ÉTOILE DE LA FONTCHEVRIÈRE €€

4, ruelle de la Fontchevrière
NEUVY-SAINT-SÉPULCHRE ✆ 09 52 97 18 16
www.etoiledelafontchevriere.com

Gîtes de France. 7 chambres. Chambre double à partir de 60 €. Petit déjeuner inclus. Label Tourisme & Handicap.

L'Étoile de Fontchevrière affiche un style contemporain. Située dans un endroit calme et accueillant, vous trouverez au rez-de-chaussée une cuisine équipée, un salon spacieux et un W.C. La chambre « étoile beige » est entièrement accessible aux personnes à mobilité réduite : elle se compose d'un 1 lit pour 2 personnes, d'une salle d'eau et d'un W.C. Au 1er étage, 3 autres chambres. Au second étage : une superbe suite familiale et 2 autres chambres avec salle d'eau et W.C communs.

RÉSERVE NATURELLE DE CHÉRINE ★

SAINT-MICHEL-EN-BRENNE
✆ 02 54 28 11 02
www.reserve-cherine.fr

Adapté aux handicapés moteurs et mentaux, aux malentendants et aux malvoyants.Ouvert toute l'année.

La Réserve naturelle de Chérine s'étend sur 370 ha composés de prairies, d'étangs, de bois, de landes et de fourrés où vit une faune protégée. La réserve est soumise à un plan de gestion de manière à maîtriser les espèces. Les visiteurs peuvent aussi se livrer à une observation passionnante grâce à plusieurs observatoires en libre accès : ceux des étangs Cistude, de La Sous et Purais sont accessibles aux personnes à mobilité réduite et aux malvoyants.

MAISON DE JOUR DE FÊTE ★

Place du Marché
SAINTE-SÉVÈRE-SUR-INDRE
✆ 02 54 30 21 78
www.maisondejourdefete.com

Fermé en janvier. Adulte : 8 €. Enfant : 6 €. Label Tourisme & Handicap.

A l'endroit même où Jacques Tati tourna son célèbre *Jour de Fête* en 1947, la Maison au nom éponyme est un musée qui restitue l'atmosphère du tournage grâce au procédé de scénovision : anecdotes, décors reconstitués et animés, ou encore films sur le film réalisés par les habitants... Une visite chaleureuse, authentique, drôle et émouvante ouverte et accessible. Un régal pour les passionnés, une belle découverte pour les curieux, mais dans tous les cas une activité intéressante et adaptée à se noter pour un séjour sur le secteur.

MUSÉE DE L'AUTOMOBILE ★

12, avenue de la Résistance - **VALENÇAY**
✆ 02 54 00 07 74
www.musee-auto-valencay.fr

D'avril à novembre 10h30-12h30 et 14h-18h. Label Tourisme & Handicap. Dates de fermeture hebdo sur le site internet.

Ce musée de 1 600 m² regroupe une exposition permanente avec une soixantaine de véhicules dont une très vieille Panhard-Levassor de 1898 ainsi qu'une salle vidéo, une boutique et un espace jeux vidéo. Entièrement accessible, vous pourrez assister à la bourse d'échange (Auto-Moto) chaque premier dimanche de juin. Des expositions temporaires ponctuent les activités de ce musée qui plaira aux petits et aux grands. L'ensemble est bien adapté et assez agréable, une chouette idée de visite pour les petits et les grands passionnés par les automobiles ou pour les curieux.

TOMBEAU DE TALLEYRAND ★

6, rue de Talleyrand
VALENÇAY

Accès libre et gratuit toute l'année, tous les jours de 9h à 19h. Gratuit. Label Tourisme & Handicap.

En 1803, Charles-Maurice de Talleyrand - ministre des relations extérieures de Napoléon - fit l'acquisition de Valençay, un château aux cent pièces luxueusement meublées où il reçut des hôtes illustres, et notamment les Princes d'Espagne lors de leur exil à Valençay de 1808 à 1814. Les restes du Prince de Talleyrand qui reposaient depuis son inhumation à Valençay en 1838 dans la crypte familiale ont été remontés dans la chapelle Notre-Dame afin que sa sépulture soit visible du public. Il faut suivre le chemin balisé avec de gros clous dorés à l'effigie du Prince.

CHÂTEAU DU CLOS LUCÉ - PARC LEONARDO DA VINCI ★★★★

2, rue du Clos-Lucé
AMBOISE
✆ 02 47 57 00 73
www.vinci-closluce.com

Haute saison : 9h-19h. Juillet/août : 9h-20h. Tarif adulte 18 €. Label Tourisme & Handicap.

Monument classé, le Château du Clos-Lucé est depuis 1854 la propriété de la famille Saint Bris. Un important chantier de restauration intérieur et extérieur est ouvert dès les années 1960 pour rendre à la demeure son aspect Renaissance : la cuisine, la grande salle du Conseil, la chambre, les salles du sous-sol où sont présentées quarante machines imaginées par Léonard de Vinci, ainsi que la chapelle et ses fresques, ont retrouvé leur visage d'antan.

OFFICE DE TOURISME

Quai du Général-de-Gaulle - **AMBOISE**
✆ 02 47 57 09 28
www.amboise-valdeloire.com

Horaires variables selon les saisons. Accueil vélo. Label Tourisme & Handicap.

En français, anglais, italien, espagnol ou allemand, l'équipe de l'office de tourisme vous accueille tout au long de l'année pour vous faire partager les meilleures visites du Val d'Amboise. Hôtels de charme, restaurants gourmets, manifestations à ne pas manquer ou encore endroits incontournables ou insolites, les conseils sont de qualité. Le site Internet est lui-même très bien fait pour commencer à préparer sa visite. Le petit plus : la découverte de la ville avec un greeter, un habitant bénévole et passionné ! Brochures, cartes, ou encore billetterie sur place.

LES TERRASSES ROYALES €€

21, rue Destouches - **AMBOISE**
✆ 06 88 44 01 45
www.les-terrasses-royales.com

Adapté aux handicaps moteurs et mentaux, aux malentendants et aux malvoyants. Parc. Gîtes de France. La Loire à Vélo.

Une vue imprenable sur le château d'Amboise : vous ne serez pas mieux logé ! Les terrasses royales regroupent des gîtes et une chambre d'hôtes dans la ville d'Amboise. Dans un quartier calme, vous bénéficiez d'une situation idéale. Les écogîtes aux noms évocateurs ont tous les atouts que vous recherchez. Une très bonne adresse. Un rez-de-chaussée adapté aux personnes à mobilité réduite. Les hôtes sont disponibles et le cadre est très agréable. Un peu se sentir comme à la maison, un critère très utile et à noter. Bref, une référence dans le secteur.

CHÂTEAU ROYAL D'AMBOISE ★★★★

Place Michel-Debré - **AMBOISE** ✆ 02 47 57 00 98
www.chateau-amboise.com

Haute saison : 10h-18h30. Juillet-août : 9h-19h. Adulte 13,50 €. Visite libre et guidée. Histopad compris. Restauration.

Bâti aux XVe et XVIe siècles, le château d'Amboise se visite en suivant différents parcours qui vous permettront chacun d'apprécier ce haut lieu de l'Histoire de France. Première demeure royale construite en France, ce château fut le témoin d'événements marquants : mort accidentelle de Charles VIII en 1498, décès de Léonard de Vinci en 1519, exécution des conjurés d'Amboise en 1560... Aménagé par Charles VIII et son épouse Anne de Bretagne entre 1492 et 1497, il fut la résidence de Louise de Savoie, mère du futur François Ier qui acheva la plus grande partie des travaux. Ancienne forteresse médiévale située sur un promontoire rocheux qui domine la Loire, il n'est pas toujours facile d'accès : si la présence d'un accompagnateur valide est obligatoire, la conservation du château s'est cependant engagée sur plusieurs types d'adaptations.

Tous handicaps : les jardins offrent une facilité d'accès pour les PMR. Le parcours de cette promenade est signalé sur la notice de visite. Les visiteurs non ou mal voyants ainsi que leur accompagnateur peuvent également profiter de cette promenade à l'aide du livret thermo-gonflé.

Handicap moteur : accès au château par la Porte des Lions rue Augustin Thierry. Un interphone vous met en relation avec l'accueil qui vous ouvre les grilles menant à la zone de stationnement à proximité du logis royal. Le logis royal se découvre grâce au vidéo-guide mis à disposition à l'entrée du site : ce dernier permet de visualiser ses parties inaccessibles comme la chapelle saint-Hubert, le second étage (présence d'escaliers en colimaçon) et la Tour des Minimes. L'accès au rez-de-chaussée du logis s'effectue côté cour tandis que celui du premier étage s'effectue côté jardin.

Handicap auditif : boucle magnétique à l'accueil, notice explicative disponible en 16 langues, visites en LSF sur réservation ou commentaires textuels en français et anglais. Boucle à induction fournie sur demande. Parcours audio-guidé adapté inclus dans le droit d'entrée du château.

Handicap mental : notice illustrée « comment grandissent les rois et les reines de France ? » en français et anglais. Audio-guide « parcours juniors » en français et anglais au choix (inclus dans le droit d'entrée).

Handicap visuel : audioguide disponible à l'entrée proposant un parcours adapté en français et anglais avec audio-descriptions élaboré en partenariat avec l'association Valentin Haüy. Clavier disposant de repère braille. Planches thermo-gonflées de présentation du monument à disposition des visiteurs individuels sur demande en billetterie.

© STÉPHAN SZEREMETA

Château royal d'Amboise.

HÔTEL DE BIENCOURT*** €€

7, rue Balzac - **AZAY-LE-RIDEAU** ✆ 02 47 45 20 75
hoteldebiencourt.fr/accueil/

Ouvert du 26 mars au 12 novembre. Chambre double de 73 à 100 €. Petit déjeuner 12,50 €. Label Tourisme & Handicap.

Vous apprécierez le calme de cette demeure tourangelle du XVIIIe siècle et de son patio fleuri. Idéalement situés dans une rue semi-piétonne du centre de la vieille ville conduisant au château, le charme du passé côtoie ici le confort moderne dans un environnement calme. L'établissement dispose d'une chambre spacieuse avec sanitaires adaptés et accessibles aux personnes en situation de handicap moteur. L'entrée de l'hôtel comporte une rupture de niveau franchissable par un plan incliné avec l'aide du personnel. Si vous arrivez tard, une sonnette est disponible.

MUSÉE MAURICE DUFRESNE ★★

17, route de Marnay - **AZAY-LE-RIDEAU**
✆ 02 47 45 36 18
www.musee-dufresne.com

Ouvert d'avril à fin septembre. 10h-18h/19h. Adulte 12 €. Gratuit pour -10 ans. Label Tourisme & Handicap. Restauration.

Maurice Dufresne a installé, dans l'ancienne papeterie du site de 1820, ses trésors patiemment amassés, conservés et restaurés qui peut être considéré aujourd'hui comme un haut lieu de sauvegarde de notre patrimoine commun. Ce musée abrite donc une impressionnante collection de véhicules, de machines et d'objets d'époque. Le site est accessibles à tous : accès de plain-pied, escaliers sécurisés, audio-guides avec volume réglable, boucle magnétique, panneaux explicatifs et mise en action automatique de 3 machines sur le parcours de visite.

AU CHAPEAU ROUGE €€

49, place du Général-de-Gaulle - **CHINON**
✆ 02 47 98 08 08
www.auchapeaurouge.fr

Du mardi soir au dimanche midi. Maître Restaurateur. Menus de 26,50 à 48 €. Terrasse. Label Tourisme & Handicap.

Au cœur de Chinon, ce restaurant se distingue déjà par sa façade rouge et lumineuse. Découvrez ici une cuisine savoureuse, inventive et raffinée. Le service est irréprochable tandis que la décoration intérieure très agréable avec ses pierres de taille et ses belles tables rondes soignées allient chic et modernité. Tous les plats sont élaborés à partir de produits choisis avec grand soin chez les producteurs locaux : filet de sandre, matelote de poissons sauvages de Loire, entrecôte, découverte de saveurs de gibiers, parmentier d'oie...

LE CHÂTEAU DE LA GRILLE

Route de Huismes - **CHINON**
✆ 02 47 93 01 95
www.chateau-de-la-grille.fr

Du mardi au samedi 10h-12h/14h-18h. Dégustation et vente directe. Visite guidée sur RDV 7 €. Label Tourisme & Handicap.

Fondé au XVe siècle, Baudry-Dutour s'associe avec ce domaine pour promouvoir de grands vins aux saveurs et aux arômes uniques dans la région. Découvrez les caractéristiques des breuvages à travers une visite passionnante de la cave du château, l'occasion de tout apprendre sur la fabrication et les secrets de cette maison. L'ensemble est assez adapté, n'hésitez pas à les appeler pour avoir toutes les infos nécessaires concernant une bonne prise en charge, le personnel est à l'écoute. Une belle idée de sortie et de visite alliées à une belle découverte.

CHÂTEAU DU RIVAU ET SES JARDINS DE CONTES DE FÉES ★★

9, rue du château - Le Coudray - **LÉMERÉ**
✆ 02 47 95 77 47 - www.chateaudurivau.com
Ouvert d'avril à début novembre. 10h-18h ou 19h selon la saison. Adulte 12,50 €. Restaurant. Label Tourisme & Handicap.

Le château du Rivau est l'archétype de l'architecture médiévale de la fin du XVe siècle. Il se compose d'une forteresse médiévale, des écuries royales Renaissance, un pressoir, une grange dîmière ainsi qu'un parc de 6 ha. Une bande roulante assure aux visiteurs en fauteuil ou à mobilité réduite l'accès aux jardins, aux écuries, au pressoir et à l'espace boutique. Les quatorze jardins à thème sont animés toute l'année par des ateliers, des contes et des goûters. Sanitaires adaptés.

OFFICE DE TOURISME LOCHES TOURAINE

Place de la Marne - **LOCHES** ✆ 02 47 91 82 82
www.loches-valdeloire.com
Haute saison : ouvert du lundi au dimanche. Label Tourisme & Handicap (moteur, PMR, malentendant, malvoyant).

De l'impressionnante cité royale de Loches à la vallée de l'Indre, en passant par quelques-uns des Plus Beaux Villages de France, le sud Touraine est une destination touristique à ne pas manquer ! Entre nature, patrimoine et gastronomie, il reflète l'art de vivre tourangeau, que l'équipe de l'office de tourisme se fera un devoir de vous transmettre à travers les meilleures adresses ! Des réductions sont prévues pour les visites des plus grands sites du Val de Loire. Accueil charmant !

GRAND AQUARIUM DE TOURAINE ★★

Les Hauts Boeufs
LUSSAULT-SUR-LOIRE
✆ 02 47 23 44 57
www.grandaquariumdetouraine.com
Tous les jours de 10h à 18h. Adulte : 14,50 €. Enfant de 4 à 12 ans : 11,50 €.

Le Grand Aquarium de Touraine vous accueille avec ses 10 salles : un univers fascinant pour petits et grands avec des décors à couper le souffle ! Des spécimens rares, que l'on trouve dans les grandes mers ou dans les rivières à côté de chez nous. Soixante bassins et plus de 2 millions de litres d'eau : esturgeons, brochets, sandres, piranhas, caïmans, sans oublier les requins. L'aventure est spectaculaire et des parcours ludiques sont organisés pour les enfants.

LA MAISON DU SOUVENIR ★

1, rue de la Paix - **MAILLÉ**
✆ 02 47 65 24 89
www.maisondusouvenir.fr
Toute l'année : tous les jours 10h30-13h et 14h-18h, dimanche de 14h à 18h seulement. Adulte 6,40 €. Enfant 3,20 €.

Le 25 août 1944, ce petit village a vu disparaître 124 de ses 500 habitants de l'époque massacrés par les armées ennemies. La Maison du souvenir, inaugurée en 2006, se veut un lieu de mémoire et de réflexion. A ce titre elle est attentive à tous ses visiteurs, notamment en situation de handicap. De plain-pied, les cartels sont accessibles, un audioguide gratuit est mis à la disposition des visiteurs malvoyants (les chiens-guides sont acceptés). Comme son nom l'indique, le lieu est chargé en souvenirs et peut atteindre les personnes sensibles.

LA CAVE €€

69, quai Albert-Baillet
MONTLOUIS-SUR-LOIRE
✆ 02 47 45 05 05
www.restaurant-la-cave.com
Maître Restaurateur. Fermé le mardi et mercredi toute la journée - dimanche soir. Menu 39 €.

Sous la roche des bords de Loire se cache un site insolite qui surprendra le gourmand et le curieux que vous êtes. Une belle étape s'impose dans ce restaurant troglodyte. Vous serez en effet séduit par la grande salle accueillante et son immense cheminée centrale. La cuisine se veut goûteuse, et tous les gourmets s'y rendent pour les plats locaux (beuchelle tourangelle et son riz pilaf) arrosés de vins du cru, chinon, bourgueil, saumur-champigny et bien sûr montlouis. Le chef concocte une cuisine régionale qui fait la part belle aux produits du terroir.

L'ARCHE DE MESLAY €€€

14, rue des Ailes - **PARÇAY-MESLAY**
✆ 02 47 29 00 07
www.larchedemeslay.fr
Maître Restaurateur. Ouvert du mardi au samedi et les jours fériés. Menus de 27 à 69 €. Label Tourisme & Handicap.

Si l'accueil ne fait pas tout dans un restaurant, il a comme une tendance à influencer sur tout le reste, et même à rendre la nourriture encore plus délicieuse... Ici, il y a les deux ! Ludovic, Isabelle et leur équipe sont fidèles à leur réputation et produisent une cuisine gastronomique raffinée et puissante depuis 1993. Nous vous recommandons les Saint-Jacques, la bouillabaisse ou la noix de ris de veau braisée au gingembre ! En dessert laissez-vous tenter par le craquant de tuiles aux amandes et au beurre salé. Le plus : le menu végétarien. On recommande !

OFFICE DE TOURISME

Place du Marché
RICHELIEU
✆ 02 47 58 13 62

Juillet-août : lundi-samedi 9h30-13h/14h-18h30 + dim : 10h-13h/14h-18h. Mai, juin, septembre : 10h-13h/14h-18h.

Modèle du XVIIe siècle, la ville de Richelieu, classée secteur sauvegardé depuis 1997, présente un bel ensemble architectural qui ne manquera pas de vous étonner. Aux alentours se cultivent le safran et la truffe de Touraine. Une ville parfaite, caprice d'un cardinal en goguette, ivre de son pouvoir. La Fontaine la dira « plus belle ville de l'Univers ». À noter que l'office de tourisme organise des visites guidées autour de la halle du marché, l'église, les places carrées, le musée de l'Hôtel de Ville et la Grande-Rue bordée de vingt-huit hôtels particuliers.

LE PUITS DORÉ €€

24, place du Marché - **RICHELIEU**
✆ 02 47 58 16 02
www.lepuitsdore.fr

Adapté aux handicaps moteurs et mentaux, aux malentendants et aux malvoyants.Logis. Ouvert toute l'année.

Si vous prenez l'autoroute (A10), sortie Sainte-Maure-de-Touraine, suivez Richelieu pendant 30 km pour trouver cet hôtel 3-étoiles qui dispose d'une très bonne table. Le menu change toutes les saisons afin de proposer des produits frais. Des spécialités qui nous font saliver d'avance avec de superbes assiettes, des légumes, des poissons, il y en a pour tous les goûts, en salé et en sucré. L'accueil est à la hauteur de la qualité des assiettes. Le restaurant met également à disposition une salle de 70 m² pour des réunions de famille, banquets et séminaires.

AUBERGE DE LA BONDE €€

3, La Bonde - **SAINT-MICHEL-SUR-LOIRE**
✆ 02 47 96 83 13
www.aubergedelabonde.com

Adaptée aux handicaps moteurs et mentaux, et aux malentendants. Qualité Tourisme. Logis. La Loire à Vélo.

Au restaurant sont servis les spécialités régionales et les poissons de Loire : matelote d'anguilles, sandre ou brochet au beurre blanc, accompagnés de chinon, bourgueil, vouvray. En dessert, vous vous régalerez avec les fameuses poires tapées à l'ancienne faites maison.Un délice ! Le restaurant dispose de 60 couverts et la majeure partie des tables sont aussi accessibles aux personnes à mobilité réduite. Grand parking attenant, privé et gratuit. Cet établissement propose également de confortables chambres réparties sur 2 niveaux.

LES PASSERELLES ★

Place du 8 mai 1945
SAINTE-MAURE-DE-TOURAINE ✆ 02 47 25 32 35
www.lespasserellestouraine.fr

Toute l'année. Juillet-août : lun-sam 10h-13h et 14h-18h. Entrée libre. Visite guidée 2,50 €. Label Tourisme & Handicap.

Dans l'office de tourisme, un espace est dédié au terroir de la Touraine : dans cette salle vous apprendrez tous les secrets du fromage de chèvre AOP Sainte-Maure-de-Touraine. Ponctué de vidéos à déclencher soi-même, de panneaux que l'on peut consulter à son rythme, cet espace interactif et ludique a tout pour séduire. Il est même possible d'ouvrir un tiroir pour en savoir plus, de tirer deux bancs cachés sous les modules pour faire une pause pendant que d'autres découvrent des fiches thématiques. Il existe aussi des fiches de lecture spécifiques pour les enfants.

AGENCE DÉPARTEMENTALE DU TOURISME

34, place de la Préfecture
TOURS
✆ 02 47 31 47 48
www.touraineloirevalley.com

Gratuit.

Voici la porte d'entrée vers la Touraine : le site web de l'Agence Départementale du Tourisme qui centralise les informations des différents offices de tourisme du département. L'Agence, avec son site web et ses conseillers par téléphone, s'adaptera à vos envies. Vous y trouverez l'onglet « Touraine Accessible » en bas dans la colonne de droite qui vous mènera à la liste des hébergements, des restaurants, des sites remarquables et des loisirs accessibles.

HÔTEL RONSARD** €€

2, rue Pimbert - **TOURS**
✆ 02 47 05 25 36
www.hotel-ronsard.com

Adapté aux handicaps moteurs et mentaux. climatisation. Ouvert toute l'année de 7h à 20h. 20 chambres. Dès 73 €.

Au cœur de Tours, l'Hôtel Ronsard allie charme et modernité. Cet établissement indépendant et entièrement rénové vous réserve un accueil chaleureux dans un cadre confortable et élégant. Une chambre est accessible aux personnes handicapées : elle est située au rez-de-chaussée où se situent aussi les principaux espaces (accueil et réception, salle des petits déjeuners). Toilettes adaptées et accessibles. Des chambres simples, propres et accueillantes où vous n'aurez aucun mal à trouver le sommeil. Une excellente adresse en centre-ville.

CHÂTEAU ET JARDINS DE VILLANDRY ★★★

VILLANDRY

✆ 02 47 50 02 09

www.chateauvillandry.com

Jardins ouverts toute l'année, château de février à mi-novembre puis en décembre. Label Tourisme & Handicap.

Dernier des grands châteaux bâtis à la Renaissance, cet édifice construit sur une plate-forme entourée de douves reprend l'ordonnancement typique de l'époque : un corps de logis principal flanqué de deux ailes en retour. Profondément remanié au XVIIe siècle par son acquéreur Michel-Ange de Castellane, il faudra attendre le début du XXe siècle pour que Joachim Carvallo lui rende son caractère originel en supprimant les ajouts architecturaux. Il s'attachera également à reconstituer les jardins en s'inspirant d'ouvrages de référence pour l'art de la Renaissance, empruntant le potager à la tradition monastique et les ornements à l'influence italienne. Aujourd'hui, ces jardins qui comptent parmi les plus beaux de France sont toujours entretenus par ses descendants. Les jardiniers proposent leur récolte de légumes aux visiteurs en fin de saison. Le site dispose de nombreux outils et aménagements pour faciliter son accessibilité à tous les publics : parcours de visite PMR/poussettes dans les jardins, toilettes adaptées, maquette tactile dans le château, vidéo sous-titrée des espaces inaccessibles et des jardins à différentes saisons, notice de visite en braille… Des visites guidées adaptées ou sensorielles sont proposées par le site, sur réservation. Côté agenda, ne manquez pas les Nuits de Mille Feux, où 2 000 bougies illuminent les jardins de manière exceptionnelle ! Et puis l'hiver, les décorations de Noël au Pays des Châteaux sont tout aussi immanquables !

L'ÉTAPE GOURMANDE €€

La Giraudière

VILLANDRY

✆ 06 73 08 90 50

www.letapegourmande.com

Ouvert lundi, mardi et du jeudi au dimanche 12h-14h30/19h30-21h. Menus 24,40 à 49,90 €. Label Tourisme & Handicap.

Dans une ferme du XVIIe siècle, venez découvrir la douceur de la bonne cuisine tourangelle ! Très bons repas. Que vous restiez sur la terrasse ombragée ou dans une des jolies salles rustiques et décorées avec un goût sûr, vous en ressortirez enthousiaste. L'accueil et les compositions à base de produits du terroir sont tellement réussis que l'on ne peut que se réjouir d'avoir trouvé cette adresse. Entre les salades, les tartes et les plats autour de la chèvre, le choix est difficile ! Pensez à réserver à l'avance, c'est très prisé !

VILLANDRY TOURISME

Le Potager - **VILLANDRY**

✆ 02 47 50 12 66

www.tours-tourisme.fr

Label Tourisme & Handicap (moteur ; mobilité réduite ; mental ; malentendant ; malvoyant). Haute saison 7j/7.

Un point d'information pour découvrir, entre autres, le château de Villandry et son superbe jardin « à la française », les châteaux de Montsoreau, Brézé, du Rivau, les jardins, les musées, les Grottes pétrifiantes de Savonnières, tout ce patrimoine et ce terroir n'auront plus de secrets pour vous grâce aux précieux conseils de l'équipe de l'office de tourisme. Elle vous donnera également des idées d'hébergement et les adresses des bonnes tables locales. Un lieu incontournable pour faciliter votre séjour et vos sorties en Val de Loire !

Le château de Villandry et ses jardins.

ASSA €€€

189, quai Ulysse-Besnard
BLOIS
✆ 02 54 78 09 01
www.assarestaurant.com

Ouvert le soir mercredi et jeudi, midi et soir vendredi, samedi et dimanche. Menus de 68 à 130 €.

L'union entre un natif de la Mayenne et sa compagne japonaise donne un mariage réussi entre l'élégance japonaise et la gastronomie française. La carte est un canevas que le Chef remplit chaque matin au gré de son inspiration et des caprices de la nature. Son choix se porte sur les produits frais et locaux. Le plaisir de voir les plats se réaliser dans la cuisine ouverte se prolonge à leur arrivée sur la table. L'accueil et le service parfaits, et les vins apportent la touche finale à ce voyage inoubliable entre France et Japon.

LES ATTELAGES DU CHÂTEAU

Place du Château
BLOIS
✆ 06 64 52 80 04
www.attelagesdeblois.fr

Circuit : 25 min. Adulte : 9 €. Enfant (de 5 à 12 ans) : 6 €. Circuits de 45 à 75 min.

Emmenés par un attelage de percherons, la visite commentée dure 25 min et passe par l'église Saint-Nicolas, les quais de la Loire, la rue Denis-Papin et l'église Saint-Vincent. Il existe une façon agréable et reposante de découvrir les secrets de Blois. Confortablement assis dans l'attelage tiré par deux percherons, vous pourrez profiter des commentaires du cocher qui sait se transformer en guide. Concernant l'accessibilité, possibilité de monter dans la calèche. Les chevaux étant assez calmes, la balade peut être accessible aux handicaps mentaux.

LE BISTROT DU CUISINIER €€

20, quai Villebois-Mareuil
BLOIS
✆ 02 54 78 06 70
www.lebistrotducuisinier.fr

Ouvert tous les jours midi et soir. Menu enfant : 12,50 €. Formules midi : 26 € et 29 €.

Sur les bords de la Loire, le Bistrot du Cuisinier est tout simplement l'une des meilleures adresses de Blois. La cuisine est alerte et inventive sur les bases du terroir : crème brûlée de foie gras, tourte de canard et pigeon, soufflé chaud de crevettes roses, gambas poêlées émulsion de fumet, suprême de poulet Label Rouge farci de cèpes sous la peau… qu'accompagne une excellente sélection de vins. Le restaurant est accessible aux personnes handicapées : une belle adresse pour se régaler dans un endroit adapté, que demander de plus ?

CENTRE DE LA RÉSISTANCE, DÉPORTATION ET MÉMOIRE ★★

6, place Victor-Hugo - **BLOIS** ✆ 02 54 44 67 40
www.blois.fr

Mardi au samedi de 10h à 12h et de 14h à 18h. Dimanche de 14h à 18h. Adulte 5 € (3 € de 18 à 25 ans, gratuit -18 ans).

Né de la volonté d'une poignée d'anciens résistants qui ont voulu laisser une trace pérenne de leur lutte contre l'occupant pendant la Seconde Guerre mondiale, ce musée de plain-pied propose de nombreuses activités pédagogiques à propos de cette période dans le Loir-et-Cher et en France. Les salles présentent chacune une thématique précise de la Résistance à la Libération en passant par les armées françaises, la déportation, Valin de la Vaissière ou encore l'aide alliée.

LE CLOS PASQUIER €€€

10-12, impasse de l'Orée-du-Bois
BLOIS
✆ 02 54 58 84 08
www.leclospasquier.fr

Chambre double de 120 à 160 € ; suite de 140 à 190 €. Petit-déjeuner inclus.

Claire et Laurent Nicot lui ont préféré l'appellation de « maison d'amis ». Et c'est dans un élégant manoir du XVIe siècle qu'ils vous accueillent. Tout confère à ces lieux une atmosphère calme et sereine qui invite à la détente : les doux clapotis de la fontaine, les senteurs envoûtantes de la glycine séculaire ou le feu qui crépite dans la cheminée. Deux chambres dans la maison invitent au cocooning, leur décoration est chic et sobre. A l'extérieur, la suite du jardin et celle du four à pain disposent chacune d'un accès indépendant pour plus de liberté.

OFFICE DE TOURISME DE BLOIS-CHAMBORD

5, rue de la Voûte - **BLOIS**
✆ 02 54 90 41 41
www.bloischambord.com

Ouvert toute l'année sauf 25 décembre et 1er janvier. Vente de E-Pass Châteaux et billets à tarif réduit Zoo de Beauval.

Informations sur les hébergements, restaurants, promenades et parcours à vélo entre bords de Loire, châteaux et Sologne sauvage, boutique en ligne. L'office de tourisme de Blois-Chambord est une adresse incontournable dans une ville qui ne l'est pas moins, pour bien commencer ses vacances dans la belle région des châteaux de la Loire ! Les Pass Châteaux permettent de faire des économies et un gain de temps pour visiter les châteaux et le zoo de Beauval.

CHÂTEAU ROYAL DE BLOIS ★★★★

Place du Château - **BLOIS** ✆ 02 54 90 33 33
www.chateaudeblois.fr

Adulte : 13 € + 4 € en visite guidée. Enfant (de 6 à 17 ans) : 6,50 €.

Résidence favorite des rois de France à la Renaissance, le château royal de Blois est le seul palais royal du Val de Loire. Le château réunit dans son architecture quatre siècles de dynasties royales. Dans la cour d'honneur, l'escalier en vis, témoignage de l'art de la Renaissance à l'époque de François Ier. Largement inspiré de l'école italienne, il est riche en ornementations : c'est sans doute l'une des plus belles pièces du château. Outre les appartements royaux, meublés et récemment restaurés, le château royal de Blois abrite le musée des Beaux-Arts et le Musée lapidaire, qui présentent des sculptures des XVIe et XVIIe siècles ainsi que des études et moulages en plâtre d'éléments décoratifs du château. Dominant la ville, la façade aux multiples loges colorées est tout simplement remarquable. Pour vous surprendre, la « visite insolite » du château, disponible sur réservation, présente les parties fermées au public. De nombreux supports de visites adaptés sont proposés aux personnes déficientes : documents en braille, en caractères agrandis, plan thermogonflé, maquettes tactiles. 80 % du site est accessible aux personnes à mobilité réduite : le premier niveau est desservi par des rampes d'accès. Un Scalamobil (monte-marches manipulé par un personnel formé) permet d'accéder à l'étage supérieur. Sur la place du Château, 2 places de stationnement pour PMR sont à votre disposition ainsi que des toilettes adaptées situées au fond de la cour à droite. L'accès se fait par le rez-de-chaussée de l'aile François Ier. Prêt d'un fauteuil roulant à l'accueil. Des sièges sont disposés dans les salles, tout au long du parcours de visite. Les chiens accompagnant les personnes handicapées sont acceptés dans l'enceinte du monument. Handicap auditif : notices de visite disponibles à l'accueil et boucle magnétique à l'accueil. Prêt de boucles magnétiques portatives pour le parcours avec audioguide. Handicap mental : pour les groupes, visites adaptées sur réservation. Handicap visuel : visites du château adaptées avec présentation d'une maquette tactile sur réservation. Pour la visite du Musée des Beaux-Arts (situé dans l'aile Louis XII, accès par l'escalier, au-dessus de la salle des États Généraux) : prêt de lunettes grossissantes (TVmax) et de loupes, livret en gros caractère présentant les œuvres phares du musée et d'un livret en relief expliquant le tableau *Valentine de Milan au tombeau de Louis d'Orléans*. Chaque année, des expositions mettent en valeur l'histoire du château et de ses hôtes. Le spectacle son et lumière est magnifique.

VAL DE LOIRE - LOIR-ET-CHER

2/4, rue du Limousin
BLOIS
✆ 02 54 57 00 41
www.val-de-loire-41.com

Une mine d'information sur le Loir-et-Cher. Onglet « Tourisme et Handicap » situé en bas de la page d'accueil avec une brochure consultable et imprimable ainsi que des conseils en LSF. Une carte interactive vous permet en un clin d'œil de visualiser les lieux que vous aurez sélectionnés. Si vous souhaitez vous y rendre, le comité départemental se trouve tout proche de l'office de tourisme. L'ensemble est bien fourni, tout est précisé, idéal pour préparer son séjour.

CHOCOLATERIE MAX VAUCHÉ

22, les Jardins du Moulin
BRACIEUX
✆ 02 54 46 07 96
www.maxvauche-chocolatier.com

Du mardi au samedi 10h-12h30 et 14h-19h, lundi et dimanche 15h-18h30. Boutique en ligne.

Passionné par son métier, le chocolatier créateur Max Vauché vous fait partager son univers avec, dès votre arrivée, une mise en bouche gourmande qui éveillera vos sens et vous préparera à une visite très chocolatée. Boutique particulièrement intéressante, premier prix très abordable et vraiment délicieux. C'est également l'occasion de voir les chocolatiers travailler dans leur laboratoire et d'admirer les sculptures en chocolat chaque fois plus réelles comme cette voiture de course des années folles qui semble prête à partir sur les routes de Sologne...

CAMPING LA GRANDE TORTUE***** €€

3, route de Pontlevoy - **CANDÉ-SUR-BEUVRON**
✆ 02 54 44 15 20
www.la-grande-tortue.com

Ecolabel européen. Emplacement 2 personnes à partir de 225 € la semaine. Label Tourisme & Handicap.

La Grande Tortue est un camping lové dans une ancienne forêt de chênes centenaires, source de promenades. Pensé pour privilégier les vacances en famille, une multitude d'activités sont en effet dédiées à vos bambins. La Grande Tortue a également été pensé pour accueillir les vacanciers non valides : un mobil-home est accessible aux personnes à mobilité réduite de même que le parc aquatique. Un chouette endroit qui peut faire l'objet d'une sortie agréable.

MAISON DU BRACONNAGE ★

Rue de Vouzon - **CHAON**
✆ 02 54 88 68 68
www.maisondubraconnage.com

Ouvert de fin mars à mi-novembre, tous les jours en été, week-end et mercredi sinon. Adulte : 6 €. Enfant : 3 €.

La Maison du Braconnage permet de découvrir la chasse en Sologne : entièrement dédié au braco, rien d'illégal cependant à visiter cette maison qui ressemble à une sorte de tente en bois où le visiteur découvre les techniques de braconnage à travers des photos et des objets liés à cet art d'estourbir la bête sans en avoir l'air. Une invitation à connaître le gibier, la nature et à regarder autour de nous pour apprendre et aimer la Sologne. En plus d'être accessible à tous, des aménagements de mise aux normes handicap visuel sont en cours de réalisation.

CONSERVATOIRE DE LA VIGNE ★

1, rue des Déportés-du-2-Mai-1944
CHÂTEAUVIEUX ✆ 02 54 75 21 06
mairiechateauvieux.blogspot.fr

Visite uniquement sur rendez-vous et pour groupe de 10 personnes minimum. Adulte : 8,50 €.

Vous pourrez découvrir plus d'une cinquantaine de cépages ainsi que des explications sur les différentes AOC et le travail de la vigne. Une loge de vigne reconstruite permet également de mieux s'imprégner de la vie des vignerons du siècle dernier. Une fresque peinte sur le pignon de la mairie a été réalisée par 5 étudiants de l'école supérieure nationale des arts appliqués. A compléter avec une visite du musée consacrée au vin, dans les caves troglodytiques du château.

LES HAUTS DE CHAUMONT €€

2, rue des Argillons - **CHAUMONT-SUR-LOIRE**
✆ 02 54 33 91 45
www.leshautsdechaumont.fr

Chambre à partir de 85 €/nuit. Gîte à partir de 1 370 €/7 nuits. Table d'hôtes 25 €/personne. Piscine extérieure.

Idéalement situé à proximité de Cheverny, Chambord, Chenonceau et Chaumont-sur Loire, le domaine Les Hauts de Chaumont est une ancienne demeure vigneronne au milieu d'un immense jardin de 3 000 m², rénovée avec goût et modernité. La piscine y est entièrement sécurisée et chauffée et des jeux pour enfants sont installés à proximité. Le lieu est donc idéal pour se reposer dans le calme et un confort exceptionnel mais aussi pour profiter des patrimoines culturels, historiques et culinaires de la région du Val de Loire tout proches.

DOMAINE DU CROC DU MERLE

38, rue Chaumette - **MUIDES-SUR-LOIRE**
✆ 02 54 87 58 65
www.domaineducrocdumerle.fr

Basse saison : mardi au samedi 9h-12h30/14h-18h30. HS : lundi au samedi 9h-12h30/14h-19h, dimanche 9h-12h30.

Patrice et Anne-Marie Hahusseau vous invitent sur leur domaine pour vous faire découvrir, sous forme de séances de dégustation, leurs vins tout comme le lait de leurs vaches qui sert à élaborer tous les produits fabriqués à la ferme : camembert, fromages au poivre ou aux légumes du jardin, faisselle, yoghourt, et bien sûr beurre et crème fermiers. Ne passez pas à côté de leur gelée et leur sirop de cassis. Au cours de la dégustation, vous aurez le choix entre les six cépages, dont le sauvignon, le chardonnay et le gamay, qu'ils cultivent sur 10 hectares de terre.

ESPACE AUTOMOBILES MATRA

17, rue des Capucins
ROMORANTIN-LANTHENAY
✆ 02 54 94 55 58
www.museematra.com

Adulte : 7 €. Enfant (de 8 à 16 ans) : 5 €. Groupe (15 personnes) : 5 €.

Sur deux niveaux accessibles aux PMR et 3 000 m² d'exposition, ce petit musée propose un panorama de l'histoire de la marque Matra : ses heures de gloire et ses heures sombres, ses prototypes et ses Formules 1 sans oublier les bolides qui firent notamment les beaux jours des 24h du Mans. Bornes vidéo, maquettes, photos et fiches explicatives facilitent l'accès aux personnes en situation de handicap sensoriel et mettent en valeur les étapes de la riche histoire du célèbre constructeur. Un endroit adapté et accessible pour une chouette sortie.

MUSÉE DU THÉÂTRE FORAIN ★

Quartier du Paradis - **ARTENAY** ✆ 02 38 80 09 73
www.musee-theatre-forain.fr

Toute l'année mercredi et vendredi et les 1er et 3e w-e : 14h-17h. Juil et août : 10h-12h/14h-18h. 3 €, enfant 2 €.

Dans la lignée de la tradition des théâtres itinérants (opérette, marionnettes, théâtre d'ombres...) ce musée présente au public le mode de vie des acteurs forains : scène de tréteaux, voyages, décors, costumes de scène, marionnettes... Quant aux collections d'archéologie attenantes, elles racontent l'histoire du canton d'Artenay, des premières traces d'occupation humaine jusqu'au haut Moyen Age. De nombreux objets témoignent de la vie quotidienne d'alors. Le musée reçoit régulièrement des structures d'accueil pour enfants ou adultes handicapés.

OFFICE DE TOURISME TERRES DE LOIRE ET CANAUX

1, place Charles de Gaulle - **BRIARE**
✆ 02 38 31 24 51
www.terresdeloireetcanaux.com

Ouvert du lundi au mercredi et vendredi 9h45-12h15 / 13h45-17h15. Fermé jeudi, samedi et dimanche.

Navigation, châteaux, dégustation, histoire : que d'occupations possibles sont offertes dans cet office de tourisme ! Une équipe souriante vous guide afin que vous puissiez découvrir avec plaisir Beaulieu-sur-Loire et ses environs. Les trois éléments éléments air, terre et eau se chargent de vous surprendre. Le musée de la mosaïque et des émaux, une balade ligérienne sur la fameuse toue *La Sterne*, le château médiéval de Guédelon : vous avez l'embarras du choix.

FAMILY ECOLODGE €€€

10 chemin de La Borde
BATILLY-EN-PUISAYE
✆ 02 38 31 83 20
www.family-ecolodge.com

Gîtes de France. Chambres à partir de 95 € la nuit. Petit déjeuner inclus. Sauna gratuit.

En plus de ses logements insolites (cabanes dans les bois, roulottes...), Family Ecolodge a aussi pensé à un hébergement plus traditionnel, avec une chambre d'hôtes familiale. La décoration est fort soignée et privilégie la thématique du retour au naturel (bois, vieilles pierres, etc.), avec ces petits plus qui font la marque des lieux : petits déjeuners bio compris, soirée au feu de bois, jeux d'antan en bois et jeux grandeur nature. Le lieu est idéal pour décompresser, vivre au rythme de la nature et profiter de vacances sous le signe de l'écologie.

HÔTEL DU PARC*** €€

5, place Aristide-Briand
CHÂTEAUNEUF-SUR-LOIRE
✆ 02 38 56 13 13
www.hotelduparc45.fr

24 chambres : simples 52 €, doubles 56 €, triples 74 €. Petit déjeuner 10 €. Soirée-étape. Wifi.

Situé face au château à côté de l'office de tourisme, cet hôtel propose 24 chambres décorées et aménagées de façon sobre, tout en restant agréables. Le bâtiment et le cadre alentour ont un certain cachet et la position géographique de cet établissement en fait un point de chute très intéressant sur le plan touristique : proximité du centre-ville et de ses commodités, de la Loire et de l'itinéraire de la Loire à Vélo. Deux chambres sont adaptées (plain-pied, douche à l'italienne...). Sans complexe, décontracté et les prix pratiqués sont plus que corrects.

OFFICE DE TOURISME TERRES DE LOIRE ET CANAUX

1, place Charles-de-Gaulle - **BRIARE**
✆ 02 38 31 24 51
www.terredeloireetcanaux.com

Haute saison du 16 juin au 30 septembre : ouvert du mardi au samedi 9h30-18h30 ; dimanche et jours fériés 10h-13h.

Avec son pont-canal, Briare est une ville qui relie, au propre comme au figuré. L'eau, l'émail, la batellerie, forment la trilogie indéniable de cette cité tout en couleurs. Cette enclave, proche de Gien, est un symbole tel un pont entre le nord et le sud de la Loire. À l'office de tourisme de Briare, dans une belle demeure, vous serez accueilli chaleureusement afin de vous aider à tout savoir de cette unique ville fluviale, comme réservée aux connaisseurs.

MUSÉE DE LA MARINE DE LOIRE ★

1, place Aristide-Briand
CHÂTEAUNEUF-SUR-LOIRE ✆ 02 38 46 84 46
www.musee-marinedeloire.fr/musee

Ouvert toute l'année. Fermé le mardi. Du 1er avril au 31 octobre, ouvert de 10h à 18h. Adulte : 5 €. Label Loire à Vélo.

Ce musée est situé dans le parc du château éponyme, il retrace un pan de l'histoire locale. La navigation sur la Loire y est envisagée sous tous ses aspects : historique, géographique, technique mais aussi artistique et sociologique grâce à la présentation d'une collection d'une exceptionnelle richesse. Accès du musée aux personnes à mobilité réduite, visites adaptées pour les personnes déficientes visuelles, texte de visite en braille et possibilité de visite tactile.

RESTAURANT LE COLIGNY €€

32, boulevard de la République
CHÂTILLON-COLIGNY ✆ 09 74 56 21 87
www.restaurant-chatillon-coligny.fr
Adapté aux handicaps moteurs et PMR. Du mardi au dimanche 12h-14h, le vendredi et samedi 19h-20h30. Terrasse. Parking.

Dans un cadre de verdure très charmant, ce restaurant gastronomique accessible aux personnes à mobilité réduite est niché dans une belle demeure de caractère. Le chef met à l'honneur une cuisine traditionnelle française : foie gras frais de canard aux épices douces chutney de figues, feuillantine de ris veau au Noilly Prat et champignons des bois, rognon de veau sauté jus corsé à la graine de moutarde à l'ancienne, pavé de sandre vapeur sauce émulsionnée au sancerre blanc à déguster dans la salle intérieure ou sur la vaste terrasse entourée d'agréables haies.

MUSÉE MUNICIPAL DE PRÉHISTOIRE ET D'HISTOIRE ★

47, rue Franche - **CHÂTILLON-SUR-LOIRE**
✆ 02 38 31 99 66
www.chatillon-sur-loire.com
Ouvert toute l'année, mardi à samedi, 10h-12h/14h-17h. Gratuit. Label Tourisme & Handicap. Animations.

Ce musée historique témoigne de la richesse du patrimoine de Châtillon-sur-Loire et oriente ses collections vers la Préhistoire régionale avec ses 2 salles consacrées à l'archéologie et à l'histoire. Pour les personnes à mobilité réduite ou en fauteuil, possibilité de dépose devant le musée, places de stationnement réservées et ascenseur aux normes. Une chouette plongée dans le monde des hommes préhistoriques qui plaira aux petits comme aux plus grands.

GÎTE RURAL €€

17, Villejouan - **CRAVANT**
✆ 02 38 62 04 88
www.reservation-loiret.com
Adapté aux handicaps moteurs et mentaux, et aux malentendants. Lave-linge, laverie, parc. Gîte de France.

Ce gîte rural prend place dans un corps de ferme indépendant avec cour à l'avant et jardin arboré à l'arrière sur 1 800 m². Situé dans un hameau très calme entre Beauce et Val-de-Loire, le rez-de-chaussée abrite une grande pièce à vivre avec salon, coin repas et cuisine ouverte, 1 chambre (2 lits 90), 1 chambre accessible (2 lits 90) et une salle d'eau avec W.C. A l'étage : 1 chambre (2 lits 90) et une salle de bains communicante. Un lieu adapté et sympathique avec des hôtes à l'écoute si besoin. Un endroit idéal pour se reposer.

MUSÉE DU CIRQUE ET DE L'ILLUSION ★

D952 - **DAMPIERRE-EN-BURLY**
✆ 02 38 35 67 50
www.museeducirqueetdelillusion.com
Label Tourisme & Handicap (moteur ; mobilité réduite ; mental).Adulte : 8,50 €. Enfant (de 4 à 13 ans) : 6 €.

Ce musée ouvert à tous se veut à la fois ludique, pédagogique et interactif. Sur 700 m², on vous raconte la fabuleuse histoire du cirque grâce à des vidéos projetées sur écran géant, des jeux de lumières, des effets d'optique, des miroirs magiques sans oublier les entre-sorts et les ménageries foraines. L'ensemble est bien adapté et permet la visite pour les personnes à mobilité réduite et à handicap mental, le lieu est labellisé. L'équipe est accessible et à l'écoute.

MUSÉE DE LA FAÏENCERIE DE GIEN ★

78, place de la Victoire - **GIEN** ✆ 02 38 05 21 06
www.gien.com
Du lundi au samedi de 10h à 18h en haute saison. Le jeudi et le dimanche en juillet et août. Adulte : 8 €. Enfant : 5 €.

Symbole du savoir-faire français, la Faïencerie de Gien conçoit intégralement la pâte, les moules et les émaux. Sa faïence fine est unique de par sa composition naturelle, la qualité de ses créations et de ses formes. Installé dans l'ancien couvent des Minimes restauré à l'occasion des 200 ans de la Manufacture en 2021, le musée de la Faïencerie de Gien se situe dans l'enceinte de la Manufacture. Il présente une collection unique, mêlant approches artistique, historique et technique.

OFFICE DE TOURISME

Place Jean-Jaurès - **GIEN**
✆ 02 38 67 25 28
www.gien-tourisme.fr
Octobre-mars : lundi-samedi 14h-17h. Avril-sept : lundi-samedi 9h30-12h30/14h-18h. Juillet-août : dim 9h-12h.

Les priorités de l'office de tourisme de Gien : Loire, châteaux, faïence et vins. Quatre éléments qui constituent une belle part de l'histoire de France : celle de Gien et de ses environs ne peut pas y couper. Les nombreuses brochures publiées réservent des surprises et donnent de la joie à la découverte. Guide Pêche, Fiches Restaurants, Baignades, Routes des Vignobles, Cartes touristiques, autrement dit une panoplie complète pour visiter cette cité et ses alentours pleins d'atouts. On apprécie autant d'enthousiasme à présenter sa ville et sa région…

ÉCOMUSÉE ★★

Place de l'Eglise - **LIGNY-LE-RIBAULT**
✆ 02 38 45 46 19
www.ecomusee-lignyleribault.fr
De mai à septembre, tous les dimanches de 14h à 18h. Du 1er juillet au 31 août : 7j/7. Adulte : 3 €. Enfants : 1 €.

Cet écomusée est entièrement dédié aux métiers anciens et à la Sologne : collection de dentelles et de coiffes, vieux instruments de l'ancienne fanfare municipale, reconstitution d'un intérieur de ferme avec lit, cheminée, cuisinière et table dressée avec de la faïence de Gien. Sous l'escalier, on découvre le coin du braconnier et les outillages des fabriques locales tombées en désuétude comme ces machines à fabriquer les balais. Une visite émouvante, riche en découvertes et en anecdotes qui rendent la visite sympathique. Le musée a le label Tourisme & Handicap.

MUSÉE DÉPARTEMENTAL DE LA RÉSISTANCE ET DE LA DÉPORTATION ★★

Esplanade Charles-de-Gaulle - **LORRIS**
✆ 02 38 94 84 19
www.museelorris.fr
1er juil./31 août : ts ls jours. 10h-12h/14h-18h. Basse saison : un w-e par mois 10h-12h/14h-17h. Plus de 18 ans : 6 €.

Créé à l'initiative de résistants et de déportés, ce musée, propriété du département du Loiret, est installé dans l'ancienne gare de Lorris. Sa collection émane essentiellement de dons de particuliers. Le musée aborde l'histoire de la Seconde Guerre mondiale dans son ensemble, depuis le traité de Versailles en 1919 jusqu'à la Libération en 1945, mais donne aussi à voir le quotidien des habitants du Loiret pendant cette période. Les dernières salles sont consacrées au maquis de Lorris – le plus important de ce département – ainsi qu'à la Libération. On y voit notamment une photo saisissante prise au cœur du maquis, où les maquisards ont improvisé des tentes à partir de toiles de parachutes. Cette partie du musée contribue à donner du sens à l'histoire locale : elle rappelle l'histoire de Liliane Rolfe, arrêtée le même jour que Jeannette Verdier, nom bien connu dans le Montargois. Liliane Rolfe était la radio du commandant Pierre Charié qui par la suite fut député du Loiret. On le voit le visage grave, au bureau de son PC. Le musée possède aussi le poste émetteur qui permettait au maquis de Lorris d'entrer en contact avec Londres. Sur un mur sont gravés les noms de tous les maquisards du Loiret morts au cours de leur action de résistance. Une visite immanquable et riche de sens qui permettra à tout le monde d'appréhender cette page d'histoire de France. Possibilité de visites adaptées sur demande et sur réservation pour les personnes déficientes mentales.

MUSÉE DES MÉTIERS ET DES LÉGENDES DE LA FORÊT ★★

Place Antoine-Masson
LOURY
✆ 02 38 65 42 07
Adapté aux handicaps moteurs et mentaux, et aux malentendants.

L'exposition de machines et d'outils utilisés par les forestiers rappelle au visiteur qu'il y a fort longtemps, le territoire du bourg a été conquis sur la forêt par des défrichements. Le musée est de plain-pied pour permettre l'accès aux personnes à mobilité réduite. Parcours et guide en braille pour les personnes déficientes visuelles. Attention : l'étage où sont installées les expositions temporaires n'est pas accessible en fauteuil. Toilettes, parking.

ARBORETUM NATIONAL DES BARRES

NOGENT-SUR-VERNISSON
✆ 02 38 97 62 21
Adapté aux handicaps moteurs et aux malentendants. De mars à novembre les vendredis, samedis, dimanches et mercredis.

L'Arboretum National des Barres est incontournable : créé en 1821 par Philippe-André de Vilmorin et enrichi d'un *fruticetum* où s'épanouissent de superbes collections d'arbrisseaux, ce site constitue avec plus de 2 500 espèces (environs 10 000 sujets), la plus belle collection d'arbres et d'arbustes de France. Trois grands sentiers balisés à travers 35 ha de paysages arborés permettent de découvrir ce domaine voué à l'Arbre. Une belle collection de vieilles variétés.

COMITÉ DÉPARTEMENTAL DE TOURISME DU LOIRET

15, rue Eugène Vignat
ORLÉANS
✆ 02 38 78 04 04
www.tourismeloiret.com

Installé dans un bel hôtel particulier, le Comité Départemental du Loiret vous accueille sereinement afin de vous faire découvrir le patrimoine diversifié du département : châteaux, parcs fleuris, musées... Il édite chaque année une brochure recensant tous les sites labellisés Tourisme & Handicap, également consultable sur le site Internet. Pour y accéder, il faut taper le mot « handicap » dans la barre de recherche en haut à droite de la page d'accueil.

HÔTEL GROSLOT ★

2, place de l'Etape
ORLÉANS
✆ 02 38 24 05 05
www.tourisme-orleansmetropole.com
Adapté aux handicaps moteurs et mentaux. Du 1er octobre au 30 juin.

L'Hôtel Groslot porte le nom d'une riche famille de tanneurs dont Jérôme Groslot, bailli de la ville, fit élever en 1549 la maison de la place de l'Etape. Le bâtiment se limitait alors à sa partie centrale actuelle. En 1560, François II s'y installa avec sa cour : il mourut le 5 décembre de la même année. Découvrez les nombreux souvenirs de Jeanne d'Arc, des toiles, des tapisseries d'Aubusson et du mobilier. Pour les visiteurs à mobilité réduite : l'accès par ascenseur se trouve dans la cour de la police municipale, à gauche.

MUSÉE DES BEAUX-ARTS D'ORLÉANS ★★

1, rue Fernand-Rabier - **ORLÉANS**
✆ 02 38 79 21 83
www.orleans-metropole.fr
Ouvert du mardi au jeudi et le samedi de 10h à 18h ; le vendredi de 10h à 20h ; le dimanche de 13h à 18h. Adulte : 6 €.

Ce musée, né à la Révolution, est installé près de la cathédrale depuis 1984. Les 2 000 peintures (françaises, flamandes, hollandaises, italiennes, et un chef-d'œuvre du peintre espagnol Velázquez), 700 sculptures, 10 000 dessins, 50 000 estampes, pastels et objets d'art rassemblés ici font partie de l'une des plus belles collections d'art en France, surtout pour le XVIIe siècle avec le décor peint et sculpté du château de Richelieu, et le XVIIIe siècle. Ils couvrent une large période de la création artistique du XVe siècle à nos jours. Les pastellistes du XVIIIe siècle sont à l'honneur dans un cabinet de dessins réputé le plus riche de France après celui du Louvre. Les courants artistiques du XIXe siècle sont représentés à travers les œuvres des peintres Delacroix, Courbet, Gauguin et celles des sculpteurs Triqueti, Pradier… L'art moderne et contemporain, organisé thématiquement, privilégie le portrait, la figuration narrative et l'art abstrait des années 1960 et 1970. La boutique permet d'acheter de nouveaux produits tels que des reproductions, des crayons, des livres, des marque-pages… Enfin, des animations et des ateliers sont organisés régulièrement pour les néophytes, adultes et enfants, et un programme de cours du Louvre (sur inscription) est ouvert à tous ceux qui souhaitent enrichir leurs connaissances artistiques. A noter que les salles consacrées à l'art de la période 1815-1900 sont actuellement fermées au public et font l'objet d'une grande phase de travaux.

ORLÉANS VAL DE LOIRE TOURISME

23, place du Martroi - **ORLÉANS**
✆ 02 38 24 05 05
www.tourisme-orleansmetropole.com
Avril-septembre : tous les jours, 9h30-19h. Octobre-mars, lundi-samedi, 9h30-18h30. Dimanche et jours fériés 10h-18h.

Sous les arcades, vis-à-vis de la cathédrale Sainte-Croix, accolé au Musée des Beaux-Arts, à deux pas du Conservatoire de musique et à quelques dizaines de mètres de l'Hôtel Groslot, on ne pouvait pas mieux installer l'office de tourisme désormais dénommé « Orléans Val de Loire Tourisme », afin de rappeler qu'Orléans n'est pas une ville moindre que d'autres en cette région castellisante. Pour ceux qui voudront en savoir plus, un bel accueil leur est réservé.

LE GÎTE DU VERGER €€

84, rue des Plains - **SAINT-MARTIN-D'ABBAT**
✆ 02 38 58 27 28
www.gite-du-verger.com
Pour 33 personnes. Week-end standard : 1 875 €. Grand week-end : 2 100 €. Week-end étendu : 2 320 €. Soirée étape 40 €.

Sur une exploitation agricole au cœur de la vallée des rois entre Loire et Forêt d'Orléans, le gîte propose hébergement et restauration de groupe (600 m², 33 lits et 100 couverts). Pour 1 séance de travail, 1 réception ou 1 réunion de famille, vos hôtes vous accueillent dans ce havre de paix. Au rez-de-chaussée : 3 chambres adaptées aux personnes à mobilité réduite (9 lits, fauteuils et chaises garde-robe à disposition). Vous pourrez profiter d'un séjour (125 m²) pouvant abriter jusqu'à 120 personnes et d'une cuisine professionnelle.

GÎTE RURAL DE TIRELOUP €€

Route de Ménestreau - **SENNELY**
✆ 02 38 76 94 96
www.tireloup.fr
Gîtes de France. Ouvert toute l'année. Pour 8 personnes : de 320 € à 480 € la semaine selon saison. 130 m2 - 3 chambres.

Entre La Ferté-Saint-Aubin, Lamotte-Beuvron et Sully-sur-Loire, ce gîte dispose d'un décor authentique de briques et de solives, et sa cheminée et ses meubles rustiques vous plongent au cœur de la Sologne. Avec ses 130 m², il peut accueillir jusqu'à huit personnes réparties dans trois chambres. Autour, l'espace est non clos. Le gîte est indépendant et les propriétaires, qui habitent à proximité, vous laissent les deux hectares de leur propriété pour vous promener. De surcroît ce gîte est bien adapté pour les personnes à mobilité réduite.

L'ACCESSIBILITÉ EN CORSE

Il est préférable de prendre contact directement avec les hôteliers pour vérifier si l'offre correspond bien à vos besoins. Il ne sont pas labellisés Tourisme et Handicap mais de sites estimés accessibles dotés d'équipements ajouts aux équipements standard ou à des terrasses abordables mais avec des toilettes qui ne sont pas aux normes, ce qui en rend l'usage impossible en cas de handicap lourd. Au niveau de l'accessibilité des visites, peu de sites sont correctement équipés. Compte tenu de la difficulté d'obtenir sur ce département des réponses en concordance avec les besoins des personnes en situation de handicap, les informations sont données à titre indicatif.

ABBARTELLO €€

Abbartello
OLMETO
✆ 04 95 74 04 73
www.hotelabbartello.com
Ouvert de mai à fin septembre. Haute saison 7j/7 midi et soir. Carte : 30 € environ. Accessible PMR.

Terrasse de rêve au-dessus de la plage, le restaurant Abbartello remplace désormais la paillote, déplacé de quelques mètres et toujours le petit vent pour vous rafraîchir ; une carte bien fournie entre soupe de poisson, sardines farcies à la brousse et menthe, moules de Diane safranées, filet de bœuf ou souris d'agneau, des grillades et des desserts joliment gourmands. Nous vous recommandons le croustillant de loup julienne de légumes à l'anis vert, mais il faudra faire un choix car en voyant passer les plats vous aurez envie de tout tester !

OFFICE DE TOURISME DE L'ORNANO ET DU TARAVO

Plage de la Viva - **PORTICCIO** ✆ 04 95 25 10 09
www.taravo-ornano-tourisme.corsica
Basse saison du lundi au vendredi de 9h à 16h30. Haute saison tous les jours de 8h30 à 19h. Accessible aux PMR.

De l'Ornano au Taravo, c'est tout une multitude de villages aux charmes bigarrés que vous découvrirez en vous éloignant du bord de mer. Aventurez-vous donc dans les petits villages de l'arrière-pays pour découvrir une architecture vernaculaire typique, des producteurs et des artisans aux savoir-faire ancestraux. Pour profiter des meilleurs conseils et recommandations, passez par l'office de tourisme où vous serez accueillis par une équipe attentive qui saura vous orienter au mieux.

A PADULACCIA €€

La Testa de Sainte Lucie
SAINTE-LUCIE-DE-PORTO-VECCHIO
✆ 06 11 95 75 65
Ouvert du 1er mai au 15 octobre. Semaine (meublé) de 2 350 € à 4 950 €. Non labellisé mais accessible aux PMR.

Louer au choix ces deux villas d'exception. Neuves, l'une est de plain-pied et l'autre sur deux niveaux. Elles sont situées sur un vaste terrain arboré. Chacune possède quatre chambres et une piscine sans système d'aide pour la mise à l'eau. Climatisation et WiFi complètent cette prestation haut de gamme. Vue mer et montagne exceptionnelle. L'ensemble n'est pas labellisé mais est accessible pour les PMR. Une environnement très sympathique et un cadre qui fait envie, pour des vacances d'exception. Une adresse à retenir si le principe plaît.

PLAGES ACCESSIBLES CORSE DU SUD

Ajaccio

Plages Trottel et Tahiti : une rampe permet l'accès à la place. Tiralo se trouve à disposition.

Appietto

Plage de Lava : tout près du centre des secouristes. Un tapis permet l'accès à la mer, ainsi que 2 Tiralos, des WC accessibles.

Calcatoggio

Plage Le Grand Bleu La Liscia : un accès de plain-pied rend la plage accessible. Un tapis est déroulé pemets d'accéder au bord de l'eau. Deux places GIG/GIC sont situées devant, à coté des sauveteurs.

Porticcio

Plage des Marines : un tapis permet l'accès à la plage près de la jetée du point info tourisme.

Isolella : des rampes de mise à l'eau pour bateaux peuvent servir d'accès à la plage pour un fauteuil roulant

Porto Vecchio

1 fauteuil Hippocampe se trouve à disposition. Le centre nautique « Les Fauvettes » 04 95 70 01 40.

Propriano

Plage de Propriano : un accès de plain-pied permet un accès facilité à la plage.

Plage du Lido : près de la cabine de surveillance, tapis d'accès à la mer. Un tiralo. Des WC et douche accessibles. De l'aide est disponible pour les nageurs malvoyants.

Vico

Sagone : près de la base des secouristes. Tapis d'accès à la mer. Pas de WC accessibles.

Marre de passer des heures sur internet pour trouver des bons plans ?
my petit fute
M'A FAIT GAGNER UN TEMPS FOU AVEC SES RECOMMANDATIONS D'ITINÉRAIRES ET SES BONS PLANS TESTÉS PAR DES RÉDACTEURS LOCAUX.
VOTRE GUIDE NUMÉRIQUE SUR MESURE EN MOINS DE 5 MINUTES POUR
2,99 €
mypetitfute.fr

BEST WESTERN BASTIA CENTRE*** €€

Avenue Jean-Zuccarelli
BASTIA
✆ 04 95 55 05 10

A partir de 94 € la nuit. Petit déjeuner buffet servi chaque matin. Restaurant de l'hôtel. Accessible pour les PMR.

Un grand bâtiment récent sur les hauteurs de la ville, à 15 minutes à pied du port, qui offre de bonnes prestations hôtelières à des tarifs tout à fait corrects. Certes, nous ne sommes pas dans une maison d'Américains capcorsains mais c'est une étape bien pratique dans la citée bastiaise avec son garage sécurisé et ses soixante et onze chambres. Certes, il n'est pas labellisé mais il possède plusieurs chambres accessibles aux personnes à mobilité réduite.

OFFICE DE TOURISME INTERCOMMUNAL MARANA GOLO

Domaine de Levant - **BORGO**
✆ 04 95 38 43 40
www.maranagolo-tourisme.com

Ouvert du lundi au vendredi de 9h à 12h et de 13h30 à 17h30.

Changement d'adresse pour l'office de tourisme intercommunal Marana Golo que l'on retrouve désormais avenue de Borgo. Passez vos vacances en Corse dans une région unique : Marana-Golo, entre mer et montagne, alterne villages de caractère, paysages d'exception, itinéraires variés et sites historiques. Rendez-vous à l'office de tourisme pour y dénicher tous les renseignements sur la région, les évènements, visites et conseils pour un séjour inoubliable...

CALVI NAUTIQUE CLUB

port de plaisance
CALVI
✆ 04 95 65 10 65

Ouvert d'avril à octobre. Location, cours et découverte en catamaran, planche à voile, optimist, kayaks, paddle,...

L'association Calvi Nautique Club organise des activités de loisirs, des cours et des stages d'apprentissage ou de perfectionnement mais loue aussi du matériel : planche à voile, catamaran, funboat... La base nautique de Calvi permet également l'accès aux personnes à mobilité réduite (PMR) et dispose d'installations et de matériels spécifiques adaptés (2 Tiralos et 2 kayaks adaptés). Il est également possible d'utiliser des paddles et d'autres nouveautés, à voir ce qu'il est possible de faire en fonction de vos besoins mais le club possède un large panel.

OFFICE DE TOURISME DE L'ÎLE-ROUSSE-BALAGNE

Avenue Calizi - **L'ILE-ROUSSE**
✆ 04 95 60 04 35
www.balagne-corsica.com

Ouvert toute l'année, tous les jours de 9h à 12h et de 14h à 19h et le dimanche matin en saison. Horaires sur site.

Pour toutes les informations, randonnée pédestre et tous circuits vélo, il est préférable de télécharger gratuitement l'application : cyclo rando Balagne. Pour toutes les informations liées à votre séjour, téléchargez gratuitement : so Balagne. Si vous ne savez pas par où commencer, il est tout à fait possible d'organiser votre séjour sur mesure grâce à l'office de tourisme, dont le personnel se rendra toujours disponible pour vous conseiller au mieux.

PLAGES ACCESSIBLES CORSE DU NORD

Bastia et Saint-Florent

2 fauteuils Hippocampe Handi 20 / Corsicapolar.

Arinella : plage de sable au sud de la ville.

Lido de la Marana : le restaurant Les Boucaniers à Biguglia met à la disposition de ses clients un tapis d'accès à la mer de juin à septembre.

Campomoro : tapis aménagé pour l'accès à la plage. Du 15 juin au 31 août.

Bonifacio

Pas d'installations spécifiques mais parking près du sable : Tonnara, Maora et Santa Manza.

Cavi

1 fauteuil Hippocampe.

Pinède : près des installations du Tennis-Club, une rampe d'accès, un tapis de sol et un Tiralo sont disponible. Appeler le 04 95 47 07 21.

Ghisonaccia

1 fauteuil Hippocampe. Veuillez contacter le SSIAD au 04 95 31 25 40.

Île Rousse

Marinella : plusieurs rampes inclinées donnent accès à la plage. Près du poste de secours, vous trouverez également un Tiralo. Il n'y a cependant pas de WC adaptés.

Macinaggio

Vous trouverez un plateau en bois donne accès à la plage ainsi qu'un Tiralo et 2 places de parking réservées.

Moriani Plage

1 fauteuil Hippocampe est disponible. Contacter le SSIAD au 04 95 31 25 40.

GRAND EST

© CORINNE - STOCK.ADOBE.COM

Place Ducale à Charleville-Mézières.

MUSÉE DE LA MÉTALLURGIE ★

103, rue de la Vallée - **BOGNY-SUR-MEUSE**
✆ 03 24 35 06 71
www.musee-metallurgie-ardennes.fr
Fermeture de la mi-décembre à fin février sauf groupes sur réservation. Label Tourisme & Handicap. Visite guidée. 6 €

Ce centre culturel retrace et illustre de façon vivante le travail des boulonniers à partir d'outils et de machines d'époque : presse à friction, four à boulons, machines à écrous... Des fiches techniques, des pages d'écrivains, des œuvres de peinture, une iconographie exceptionnelle et des animations. Eric Sleziak a imaginé un parcours sensoriel composé de centaines de pièces métalliques et de bavures formant deux cages d'environ 10 tonnes chacune qui permet aux visiteurs de toucher, sentir et voir des pièces de toutes sortes afin d'être au plus près du métal.

COMITÉ DÉPARTEMENTAL DU TOURISME

24, place Ducale
CHARLEVILLE-MÉZIÈRES
✆ 03 24 56 06 08
www.tourisme-champagne-ardenne.com
Du lundi au dimanche (18h hiver, 19h été).

La brochure concernant les adresses labellisées Tourisme & Handicap est téléchargeable via la page d'accueil, sous-rubrique « guides et brochures ». L'Office départemental du tourisme leur propose également des outils pour choisir leur hébergement avec Clévacances, la Carte des gîtes de France, Logis des Ardennes et bien sûr Tourisme & Handicap. Ils peuvent par ailleurs se renseigner et réserver pour visiter des entreprises de juin à septembre chaque année, pendant l'été.

LE RELAIS DU CHÂTEAU €€

Château de Chatel - **CHÂTEL-CHÉHERY**
✆ 03 24 30 78 54
www.chateaudechatel.fr
Gîtes de France. Chambre d'hôtes. Deux gites 1 à 4 chambres. Dès 230 € la semaine selon saison. Terrasse, parc.

Cette maison indépendante dressée dans un joli parc se compose au rez-de-chaussée d'un séjour, d'une cuisine équipée, d'un salon de détente en mezzanine, de deux WC et de trois chambres dont une accessible aux personnes à mobilité réduite, avec chacune toutes les commodités nécessaires. À l'étage se trouvent encore trois autres chambres. Lors de votre séjour, vous pourrez profiter de différents équipements : salle de jeux, terrain de foot, piscine couverte chauffée, pêche en étang privé, boulodrome, location de vélos pour de belles balades dans le coin.

GÎTE LES MARMOTTES €€

Lieu dit Ornon Village - **CHAUMONT-PORCIEN**
✆ 03 24 72 62 99
Gîtes de France (2 épis). Ouvert toute l'année. Pour 6 personnes (60 m²). 1 chambre accessible PMR.

Dans cette jolie maison indépendante sur terrain clos de 400 m², le rez-de-chaussée est accessible aux personnes à mobilité réduite ou en fauteuil. Il se compose d'un séjour salon, d'une cuisine intégrée, d'une chambre adaptée avec un lit pour 2 personnes, une salle d'eau et de WC. Une mezzanine à l'étage complète l'offre et s'ouvre sur 4 chambres et une salle de bains avec WC. Le cadre est verdoyant. L'ensemble est agréable et accueillant, les animaux sont acceptés, notamment pour les personnes non voyantes. Venez profiter du calme et de la nature.

CHALET DU COQ 🛏 €€

63, rue Charles De Gaulle
FLOING
✆ 03 24 29 22 87

La Clef Verte. Clévacances (4 clés). 4 chambres. Semaine à partir de 700 €. Label Tourisme & Handicap : adapté PMR.

En pleine campagne, Monsieur et Madame Lecocq vous ouvrent les portes de leur beau chalet tout en bois comprenant 4 chambres personnalisées pouvant héberger 8 personnes. Le rez-de-chaussée est entièrement accessible et se compose d'un hall d'entrée, d'une salle à manger, d'un salon, d'une cuisine à l'américaine équipée, de W.C, d'une chambre (lit 140x190) avec salle de bain (douche à l'italienne) et de W.C privatifs sans oublier un coin buanderie avec lave-linge, table de repassage et fer à repasser, sèche-linge et congélateur.

MUSÉE-ATELIER DU FEUTRE DE LAINE 🏛 ★

Place du Colombier - **MOUZON**
✆ 03 24 26 19 91

Ouvert du 1er avril au 31 octobre, tous les jours de 10h à 12h et de 14h à 18h. Label Tourisme & Handicap.

Ce musée a pris ses quartiers dans l'ancienne grange de l'abbaye. Découvrez le feutre, ce textile sans fil ni trame inventé il y a plus de 8 000 ans. Le musée recèle de magnifiques collections ethnographiques venues de Turquie, d'Afghanistan ou de Mongolie qui illustrent le feutrage dans les sociétés traditionnelles. Les visiteurs peuvent même toucher le textile pour mieux en apprécier les différentes caractéristiques. Des animations adaptées aux visiteurs avec handicap sont possibles.

MUSÉE DE LA FORÊT 🏛 ★★

Route de Sécheval
RENWEZ
✆ 03 24 40 17 92

Ouvert de fin avril à octobre du mardi au dimanche de 10h à 18h. Adulte : 6 €. Enfant (de 5 à 12 ans) : 3 €

Ce musée construit sur pilotis est situé au creux de la forêt avec ses 7 salles muséographiques qui présentent des maquettes, des vidéos ainsi que des reconstitutions théâtrales de marionnettes montrant l'évolution historique de la forêt primaire à l'enrésinement. A l'intérieur du bâtiment, un parcours audiovisuel fait un tour exhaustif de la thématique. Cheminements accessibles, stationnement aisé. Une bonne idée de sortie, bien adaptée à un public en situation de handicap et une belle découverte du monde de la nature qui émerveille.

LE SAINT-MICHEL 🍴 €€

3, rue Saint-Michel
SEDAN
✆ 03 24 29 04 61
www.le-saint-michel.fr

Chambre double à partir de 80 € la nuit.

Faites une halte à deux pas du château fort, au Saint-Michel. Dans le cadre élégant de ce restaurant, vous pourrez savourer un délicieux repas au coin du feu en profitant des illuminations du château à la nuit tombée. À table, toutes les saveurs de la région s'offrent à vous à travers une large variété de mets élégamment dressés. Ne passez pas à côté du foie gras de canard maison ! L'établissement vous propose également le gîte dans son hôtel qui compte 43 chambres spacieuses et raffinées, juste en face du palais des Princes.

AUBERGE DE L'ABBAYE 🍴 €€

2, place Aristide-Briand - **SIGNY-L'ABBAYE**
✆ 03 24 52 81 27
www.auberge-de-labbaye.com

Fermeture annuelle du 20 janvier au 7 mars. Label Tourisme & Handicap. 1 adaptée aux PMR. Fermé mercredi midi.

Blottie au creux d'une vallée ouverte et posée sur la place d'un joli village des crêtes préardennaises, l'Auberge de l'Abbaye prolonge un peu l'histoire de ce lieu au passé monastique. Vos hôtes vous réservent de bonnes recettes du terroir élaborées à partir de produits des Ardennes de France. Cet ancien relais de poste, tenu par la même famille depuis plus d'un siècle, perpétue ainsi les traditions et les recettes de leurs aïeux. Le mouton et le bœuf proviennent de leur ferme et les légumes de leur potager. L'auberge fait aussi hôtel.

GITE LA DAME BLANCHE €

4, route de Magnant - **BEUREY**
✆ 03 55 33 12 23
www.gites-de-France-aube.com
Gîtes de France 3 épis, Label Tourisme et Handicap. Ouvert toute l'année. Piscine extérieure, golf, équitation, pêche.

Ce gîte est aménagé dans une belle et spacieuse grange entièrement restaurée. Vous pourrez rêver grâce à cette vue à 180° sur les champs et la verdure. Il peut accueillir jusqu'à 12 personnes avec ses 5 chambres dont 2 situées au rez-de-chaussée. Le village est le départ de nombreuses promenades vers les lacs, le vignoble de champagne, Troyes et ses magasins d'usines. L'ensemble est relativement bien adapté, notamment grâce aux grands espaces. Un endroit sympathique et reposant avec un nom qui intrigue entre mystère et gourmandise.

PARC PIERRE PITOIS

54, avenue Aristide-Briand
LA CHAPELLE-SAINT-LUC
✆ 03 25 72 10 35
Haute saison ouvert tous les jours de 12h à 18h. Basse saison tous les jours de 12h à 17h. Gratuit.

Ce parc de 6,7 ha propose une belle promenade bucolique en sous-bois autour de 7 étangs mais également des aires de pique-nique avec tables et jeux pour les enfants. Le site offre aussi des aménagements répondant aux besoins des personnes en situation de handicap et charmera les amateurs de nature, de faune et de flore : se côtoient ici canards, cygnes, paons, faisans, pintades, aquariums d'eau douce et chèvres qui agrémentent un pavillon floral, un pavillon exotique et un jardin pédagogique. Dans la serre, des senteurs de mimosas.

LA COLIN'OTHE €

33, rue Jean-Thomas-Bonnemain
BUCEY-EN-OTHE ✆ 03 25 70 34 89
www.lacolinothe.jimdofree.com
Clévacances (3 clés). Label Tourisme & Handicap. Forfait à la semaine de 280 € à 425 €, de 1 à 4 personnes.

Ce gîte en brique séduit avec sa décoration où les tomettes font écho à la chaleur du bois. Les chambres sont modernes et disposent de tout le confort nécessaire pour passer un agréable séjour. Le bâtiment est intégralement conçu pour recevoir des hôtes handicapés : plain-pied, barres d'appui et siège de douche dans les sanitaires, aire de rotation pour les fauteuils, cour clôturée et fermée par un portail électrique... Barbecue et terrasse sont également à disposition. L'ensemble est agréable et permet de passer un séjour reposant.

GÎTE SAINT LAURENT €€

25, rue du Haut Dormont
MORVILLIERS
✆ 03 25 92 61 42
Gîtes de France (3 épis). Capacité : 8 personnes. Label Tourisme & Handicap.

Cette maison indépendante possède un accès handicapé sur terrain clos. L'ensemble du rez-de-chaussée est accessible et adapté : salle à manger, salon, coin cuisine équipé, salle d'eau, WC indépendants, 1 chambre (1 lit 2 personnes). À l'étage : 2 chambres avec 1 lit 2 personnes et 1 chambre avec 2 lits 1 personne, salle d'eau et WC. Chauffage et électricité en supplément selon la consommation. Linge de toilette et draps fournis. Lits faits. Labellisé Tourisme et Handicap, le lieu s'adapte et les hôtes restent très à l'écoute.

ÉTANG DE FOUCHY

LA CHAPELLE-SAINT-LUC
Ouvert du mardi au dimanche de 10h à 17h ou 19h15 selon saison. Interdits aux animaux. Label Tourisme & Handicap.

Parc animalier, parc de jeux ou promenades ? Tout cela en sept hectares de verdure pour les habitants de l'agglomération troyenne. Le parc de l'étang de Fouchy est un lieu idéal pour se balader, prendre l'air, pique-niquer, ou jouer dehors. Outre la grande aire de jeux pour enfants et les tables et bancs, le parc dispose d'un parc animalier, de ruches et de refuges pour insectes. La serre s'est aussi transformée en un jardin provençal plein d'essences de Méditerranée (citronniers, lavande...). À Pâques, une grande chasse aux œufs y est toujours organisée.

ESPACE FAUNE DE LA FORÊT D'ORIENT ★

Chemin du Gatty - **PINEY** ✆ 03 25 43 38 88
www.pnr-foret-orient.fr
Haute saison ouvert tous les jours et jours fériés de 14h à 19h. Basse saison dimanche de 14h à 18h. Adulte : 5 €.

Les lacs et les milieux forestiers permettent à de nombreuses espèces d'oiseaux migrateurs de faire une halte. Les vasières forment un écosystème unique en Europe. Les mares sont appréciées des amphibiens, favorisant aussi la présence de plusieurs reptiles liées aux milieux humides. 800 espèces de coléoptères ont été recensées ainsi que de nombreuses espèces de papillons, criquets et libellules menacées pour la plupart. L'Espace fauneest adapté aux personnes à mobilité réduite.

CHRISTLESGUT €€

162, lieu-dit Christlesgut - **BREITENBACH**
✆ 03 89 77 51 11
www.christlesgut.com
Fermé du 1er novembre à la mi-avril. Label Tourisme & Handicap (moteur, mental, malentendant, malvoyant). 2 nuits min.

Au-dessus de Breitenbach sur le Petit Ballon, le site labellisé pour les 4 types de handicaps offre une vue imprenable sur les sommets des Crêtes. Les chambres sont spacieuses et confortables ; toutes sont équipées de toilettes et de douches privées. Elles peuvent accueillir jusqu'à 4 personnes avec grands lits ou lits doubles. Sur place, possibilité de découvrir des plats régionaux élaborés à partir des produits de la ferme. L'ensemble est accueillant et sympathique, bien adapté et l'on s'y sent bien facilement. De quoi faire un beau séjour.

CHEMIN DES CIMES ALSACE

1, route de la BA 901 - **DRACHENBRONN-BIRLENBACH** ✆ 03 69 50 86 00
www.chemindescimes-alsace.fr
De janvier à mars, novembre et décembre : 9h-16h. Avril et octobre : 9h30-18h. De mai à septembre 9h30-19h.

Avec un sentier d'une hauteur de 5 à 23 mètres, de nouveaux horizons sur la plaine du Rhin, la Forêt-Noire et les Vosges du Nord s'offrent à vous. Avec une longueur totale de 1 050 mètres, le Chemin des Cimes Alsace offre une expérience unique de la nature. Le point culminant est la tour panoramique de 29 mètres de haut, avec en son centre un toboggan de 75 mètres de long. Petits et grands s'amuseront, observeront le paysage, mais aussi apprendront beaucoup grâce à de nombreux panneaux informatifs et ludiques. Le Chemin des Cimes est une belle sortie en famille !

CHAMP'ALSACE AÉRODROME*** €€

12, rue Saint-Exupéry - **HAGUENAU**
✆ 03 88 93 30 13
www.champ-alsace.com
Ouvert toute l'année. Label Tourisme & Handicap (moteur, mobilité réduite, mental).

A deux pas de l'aérodrome, l'accueil de cet établissement hôtelier est chaleureux avec un restaurant entièrement décoré de fresques. Une chambre d'une superficie de 23 m² installée côté sud et donc très ensoleillée est adaptée pour recevoir des hôtes handicapés moteur. La chambre dispose d'un beau parquet et d'un grand lit, d'une vaste salle de bain avec douche à l'italienne et de W.C sans oublier les équipements (TV HD écran plat, climatisation, connexion wi-fi et coffre-fort).

LE PETIT STAMM €€

9, rue de Buhl - **HATTEN**
✆ 03 88 73 74 72
http://lepetitstamm.com
Ouvert du mardi au jeudi midi. Les vendredi et samedi midi et soir. Le samedi après-midi brasserie-glacier.

Ce restaurant alsacien s'est spécialisé dans les cochonnailles et tout particulièrement les estomacs de porc farcis. Mention spéciale : les cartes se renouvellent chaque saison. La maison sert des plats du jour mais aussi des menus pour les groupes. Passez le samedi après-midi pour une glace ou une douceur. Pour les clients avec handicap visuel, des cartes en braille sont à votre disposition ainsi que la description du restaurant et une signalétique d'accès aux toilettes. Les sanitaires sont par ailleurs adaptées à toutes personnes en fauteuil roulant.

HÔTEL ROI SOLEIL** €

10, rue Joseph-Graff
HOLTZHEIM
✆ 03 90 20 22 22
www.hotel-roi-soleil.com
105 chambres. Parking. Chambre double dès 67 € la nuit. Label Tourisme & Handicap.

L'hôtel propose des chambres propres et fonctionnelles, accessibles et adaptées. Toutes disposent d'une salle de bains privative avec douche, téléphone direct, TV et un accès WiFi. Très bon rapport qualité-prix pour des prestations identiques dans tous les hôtels du groupe qui compte plusieurs établissements en Alsace, à Mundolsheim, Mulhouse et Colmar. Personnel très accueillant et à l'écoute dans une superbe infrastructure. L'ensemble est bien adapté et permet de faire un séjour où l'on se sent bien dans un cadre magnifique.

LE FORT DE SCHŒNENBOURG ★★

Rue du Commandant Martial Reynier - **HUNSPACH**
✆ 03 88 80 96 19 - www.lignemaginot.com
D'avril à novembre, du lundi au samedi 14h-16h ; le dimanche 9h30-11h et 14h-16h (et l'été). Adulte : 9 €. Enfant : 5 €.

Ce fort est le plus important ouvrage d'artillerie de la ligne Maginot visitable en Alsace : près de 3 km de galeries, à une profondeur moyenne de 22 mètres sous la surface du sol reliant 6 blocs dispersés sur plusieurs hectares. Prévoir des chaussures confortables et des vêtements chauds, la température constante étant de 13 °C environ. La découverte continue à l'extérieur du bâtiment militaire avec un parcours jalonné de pancartes explicatives. Seulement 90 % du circuit est accessible aux PMR mais des visites guidées spécifiques sont organisées.

7 HOTEL & FITNESS**** €€

550, boulevard Sébastien-Brandt
ILLKIRCH-GRAFFENSTADEN
✆ 03 88 40 84 84 - www.7hotel.fr
Hôtel 4 étoiles. 137 chambres. Restaurant, bar, accès illimité au club de fitness, SPA, salles de séminaire.

Les chambres de cet établissement sont toutes confortables, fonctionnelles, assez spacieuses (notamment celles adaptées pour les clients handicapés) et dotées de salles de bains pratiques équipées de sèche-cheveux et d'un miroir anti-buée. Au sixième étage, une terrasse à 360° offre une vue imprenable sur la cathédrale, les Vosges et la Forêt Noire. L'ensemble est assez bien adapté avec du personnel accueillant et à l'écoute, ce qui permet de se sentir bien rapidement. Une très belle adresse pleine de charme et de caractère, idéale pour se reposer.

CENTRE THÉODORE MONOD - FONDATION SONNENHOF €

9, chemin du Laeger - **ERCKARTSWILLER**
✆ 03 88 01 47 10
Ouvert toute l'année. Label Tourisme & Handicap (moteur, mental, malvoyant). 87 € en chambre double en pension complète

Le Centre d'accueil à destination des personnes handicapées et de leurs accompagnateurs, le centre Théodore Monod est géré par la Fondation Protestante Sonnenhof. En plein cœur du parc naturel des Vosges du Nord, il offre un cadre naturel idéal pour des vacances reposantes. Des locations de studios pour 4 personnes sont également proposées. Différentes formules de location sont proposées ainsi que de nombreuses activités : musicales, sportives ou culturelles.

LAC ACHARD

Centre nautique de la Hardt
ILLKIRCH-GRAFFENSTADEN
✆ 03 88 66 41 63
www.illkirch.eu
Baignade surveillée de mi-juin à fin août de 10h à 19h. Accès libre. Label Handiplage.

Dès les beaux jours, le lac Achard (qui est en fait une ancienne gravière) est pris d'assaut par les familles en quête de fraîcheur et de loisirs en plein air. Vous aurez le choix entre plage de sable et grande pelouse pour poser votre serviette et faire bronzette. Et pour ceux qui ont la bougeotte et qui ont envie de se défouler, des terrains sont aménagés pour le volley, le foot ou la pétanque. Sa proximité avec la piscine de la Hardt vous permet de vous réfugier à la piscine en cas où. Le site est en accès libre : pour une balade en milieu naturel.

HÔTEL LES ALIZÉS*** €€

9, rue des Vosges - **LIPSHEIM**
✆ 03 88 59 02 00
www.hotel-les-alizes.com
Chambres de 99 € à 119 €. Suite 162 €. Forfait escapade. Label Tourisme & Handicap. 2 restaurants. Espace détente SPA.

Succombez à la quiétude de la campagne dans cet hôtel convivial. Installé dans une bâtisse à colombages, on y retrouve l'authenticité des maisons alsaciennes avec en prime le confort moderne, une décoration élégante et un espace spa. Quatre chambres sont accessibles pour les personnes à mobilité réduite ; l'établissement est aussi labellisé pour les déficients mentaux. Côté chambres, on y trouve tout le nécessaire : wi-fi, TV écran plat, climatisation et salle de bains privative. De votre arrivée à votre départ, on est ici aux petits soins pour vous !

LA MONTAGNE DES SINGES ★

La Wick - **KINTZHEIM**
✆ 03 88 92 11 09
www.montagnedessinges.com
Haute saison ouvert tous les jours de 9h30 à 18h. Adulte : 11 €. Enfant de 5 à 14 ans : 8 €.

Quelque 200 macaques de Barbarie évoluent en liberté au pied du Haut-Koenigsbourg, dans une forêt de 24 ha. Créé en 1969, la Montagne des Singes met à disposition de ses visiteurs des outils pédagogiques permettant de tout connaître de la vie de ces animaux : panneaux interactifs, dossiers pédagogiques pour les scolaires, pôle d'information à la sortie du parc et projection de films. Des chemins forestiers ont été balisés et aménagés pour faciliter la visite des personnes handicapées. Le site et les sanitaires sont accessibles aux personnes en fauteuil.

LES LOGES DU RIED €€

21, avenue de l'Europe - **MARCKOLSHEIM**
✆ 03 88 58 25 00
www.logesduried.com
Ouvert toute l'année. Jardin. Label Tourisme & Handicap. Studio PMR dès 81 € par personne et par nuit.

L'hôtel possède un studio fonctionnel de 37 m^2 entièrement adapté pour les personnes à mobilité réduite pouvant accueillir jusqu'à 4 personnes. Équipé d'une agréable terrasse, le mobilier, la kitchenette et les sanitaires sont parfaitement accessibles aux personnes à mobilité réduite. Un lit médicalisé peut aussi être mis en place sur demande au préalable. La salle de bain est équipée de barres d'appui pour se mouvoir et s'asseoir, d'une douche sécurisée à l'italienne avec barres de maintien. Une très belle adresse avec un accueil charmant !

CHÂTEAU DU HAUT-KŒNIGSBOURG ★★★★

Route du Château - **ORSCHWILLER**
✆ 03 69 33 25 00
www.haut-koenigsbourg.fr
Ouvert toute l'année sauf jours fériés. Horaires, tarifs détaillés disponibles sur le site web. Restauration. Boutique.

Depuis le XIIe siècle, le château du Haut-Koenigsbourg fascine petits et grands. Dominant la plaine d'Alsace, cette place forte stratégique est passée de main en main durant toute son histoire. C'est au XIXe siècle qu'est envisagée la restauration de l'édifice commencée par Guillaume II sous l'Alsace allemande et achevée en 1908. De nos jours, la visite du château vous entraîne dans les coulisses passionnantes de ce géant de pierre. Tout au long de l'année, des manifestations sont organisées. Le château du Haut-Kœnigsbourg mène une réelle réflexion sur l'accueil des publics handicapés. Handicap moteur : 6 parkings réservés. Accès au château par un chemin de terre en légère montée. Les espaces du parking jusqu'à la cour basse sont accessibles avec l'aide d'un accompagnateur. De nombreux sièges de repos sont répartis sur le circuit de visite. Des sanitaires adaptés aux personnes à mobilité réduite sont situés à l'entrée du monument. Un espace audiovisuel d'interprétation est dédié aux personnes qui ne peuvent monter les marches menant dans le château. Handicap visuel : des bandes blanches signalent les marches les plus délicates. Des visites et des activités culturelles multisensorielles sont proposées. Le discours fondé sur la description et l'explication est complété par des éléments tactiles et sonores. Handicap auditif : visites et activités en LSF conduites par une personne sourde. Handicap mental : une grande partie des visites et des activités peut être adaptée.

LAC ACHARD

Rue du 23 Novembre - **OSTWALD**
www.illkirch.eu
De mi-mai à fin juin, surveillance de 13h à 19h mercredi, samedi, dimanche. Juillet et août, 7j/7 de 10h à 19h.

Le lac Achard est idéal pour les estivants à la recherche d'un peu de fraîcheur. La longue plage vous permettra de poser votre serviette ou votre transat face à l'eau, elle est accessible par un roulement aménagé. Et pour votre confort, de grands sanitaires sont à disposition, dont 21 douches adaptées. La jetée est équipée d'un tiralo. Allez-y en famille ou entre amis, pour un moment de détente ou un pique-nique ! Emmenez votre masque et tuba, car l'endroit possède une grande richesse aquatique (carpes, brochets, silures, poisson-chats, écrevisses, anguilles...).

HÔTEL-RESTAURANT DU MONT SAINTE-ODILE €€

Mont Sainte-Odile
OTTROTT
✆ 03 88 95 80 53
www.mont-sainte-odile.com
Chambre simple à partir de 70 € ; chambre double à partir de 75 €. Label Tourisme & Handicap.

Haut lieu de pèlerinage d'Alsace, le site propose 105 chambres tout confort, 4 salles de restaurant, 1 self-service et 5 salles de séminaires. 4 chambres sont accessibles aux personnes à mobilité réduite sur deux étages avec ascenseurs aux normes. Les sanitaires sont adaptés et deux fauteuils roulants sont disponibles sur demande. Parkings réservés devant l'établissement. L'ensemble est à voir avec son architecture impressionnante, une visite à faire.

ALSACE DESTINATION TOURISME

1, place du Qur Blanc
STRASBOURG
www.alsace-destination-tourisme.com

Alsace Destination Tourisme offre une multitude d'informations et de bons plans pour préparer son séjour le temps d'un week-end ou bien pour un séjour bien plus long. L'Alsace propose un vaste choix d'activité et de sorties à découvrir en famille ou entre amis comme la découverte du vignoble alsacien, la richesse de son patrimoine culturel et architectural et bien d'autres. Vous pourrez obtenir des informations sur les établissements ayant reçu le label Tourisme & Handicap.

LE CIARUS €€

7, rue Finkmatt - **STRASBOURG**
✆ 03 88 15 27 88
www.ciarus.com
Gratuit pour les enfants de moins de 3 ans. Lit bébé fourni gracieusement. Tarifs détaillés sur le site Web.

Situé en plein centre de Strasbourg, le Ciarus propose un service d'accueil complet et unique en son genre : 285 lits avec un excellent rapport qualité-prix, une restauration de qualité, des espaces de réunions et d'animations. Conçu comme une auberge de jeunesse au confort amélioré (douches et sanitaires dans chaque chambre), le centre dispose de 4 chambres adaptées avec 3 lits chacune. L'ensemble est bien adapté et le personnel est à l'écoute si besoin. Un lieu en cœur de ville qui offre un vrai pied-à-terre pour visiter dans les meilleures conditions.

ACCESSIBILITÉ DES MUSÉES DE STRASBOURG

Les musées de la ville de Strasbourg s'investissent beaucoup dans l'amélioration de l'accueil des visiteurs en situation de handicap afin de proposer une offre culturelle riche accessible à tous. Différentes solutions sont donc proposées :

- Pour les individuels : visites et ateliers adaptés gratuits.
- Pour les groupes : visites et ateliers adaptés payants. Réservation : 1 mois à l'avance.
- Pour les visites en LSF : dans la limite des interprètes disponibles.
- Pour en savoir plus : musees.educatif@strasbourg.eu ou téléphoner au 03 68 98 51 54 du lundi au vendredi de 14h à 17h.

MUSÉE ALSACIEN ★★★

23-25, quai Saint-Nicolas
STRASBOURG
✆ 03 68 98 51 60
www.musees.strasbourg.eu
Jours et horaires variables. Consulter le site Internet. Label Tourisme & Handicap. Entrée : 7,50 €.

Créé en 1902, ce musée a pour vocation de préserver les arts et les traditions populaires de la région. Ici on circule de pièce en pièce à la découverte du passé alsacien : reconstitutions d'intérieurs d'époques et scènes de la vie de tous les jours. Le matériel rassemblé est impressionnant : costumes, coiffes, objets du quotidien, céramiques, mobilier, jouets, imagerie populaire profane ou sacrée. Le musée bénéficie de parcours tactiles audioguidés destinés aux visiteurs avec handicap visuel (à demander exclusivement à l'accueil).

MUSÉE D'ART MODERNE ET CONTEMPORAIN ★★★

1, place Hans-Jean-Arp
STRASBOURG
✆ 03 68 98 51 55
www.musees.strasbourg.eu
Jours et horaires variables. Consulter le site Internet. Label Tourisme & Handicap.

Bâti par l'architecte Adrien Fainsilber, les collections du musée couvrent une large période allant de 1870 à nos jours. Le visiteur découvre de nombreux mouvements artistiques de l'impressionnisme à l'Art nouveau, en passant par abstraction et bien d'autres. Un étage est dédié à la photographie et aux arts graphiques. A l'issue de la visite accessible à tous, vous pourrez vous passer un moment à l'Art Café en profitant de la vue imprenable sur la ville qu'offre la terrasse.

MUSÉE DE L'ŒUVRE NOTRE-DAME ★★

3, place du Château - **STRASBOURG**
✆ 03 68 98 50 00
www.musees.strasbourg.eu
Jours et horaires variables. Consulter le site Internet.

Ce musée présente l'évolution des arts à Strasbourg et dans les régions du Rhin supérieur entre le XIe et le XVIIe siècle : chefs-d'œuvre de la sculpture du Moyen Age provenant de la cathédrale, œuvres majeures de l'art rhénan des XVe et XVIe siècles, collections de vitraux, tapisseries, orfèvrerie et mobilier... Vous voyagerez au cœur de l'invention artistique. Visiteurs malvoyants : un audioguide. Ce parcours tactile est accessible aux seules personnes mal et non-voyantes.

MUSÉE DES BEAUX-ARTS DE STRASBOURG ★

2, place du Château
STRASBOURG
✆ 03 68 98 51 60
www.musees.strasbourg.eu
Jours et horaires variables. Consulter le site Internet.

Le musée des Beaux-Arts vous invite à la découverte de la peinture en Europe de la fin du Moyen Âge jusqu'à 1870. Les époques sont faciles à discerner avec un code couleur pour chaque époque historique. Ne manquez pas *La Belle Strasbourgeoise* de Largillière, sans doute l'une des œuvres les plus appréciées. À noter : les premiers samedis du mois, les réserves du musée sont ouvertes à tous. Entièrement accessible, sauf aux visiteurs à mobilité réduite.

MUSÉE HISTORIQUE ★★

2, rue du Vieux-Marché-aux-Poissons
STRASBOURG
✆ 03 68 98 51 60
www.musees.strasbourg.eu
Jours et horaires variables. Consulter le site Internet.

Logé dans l'ancienne grande boucherie de 1587, le Musée historique retrace l'histoire urbaine de Strasbourg depuis le Moyen Âge jusqu'à la création des institutions européennes. Il présente sur quelque 1 400 m^2 près de mille six cent cinquante œuvres d'art et autres objets. Conçu pour accueillir tous les publics, sa muséographie met fortement l'accent sur l'interactivité : on y trouve ainsi de nombreuses bornes et autres animations multimédias. Les personnes qui le souhaitent peuvent également louer des systèmes d'audioguides.

© SERGEY KELIN / SHUTTERSTOCK.COM

Musée historique de Strasbourg.

MUSÉE TOMI UNGERER - CENTRE ILLUSTRATION ★★

2, avenue de la Marseillaise
STRASBOURG
✆ 03 68 98 51 53
www.musees.strasbourg.eu
Label Tourisme & Handicap. Jours et horaires variables. Consulter le site Internet.

Installé dans la Villa Greiner, il regroupe environ 300 œuvres signées Tomi Ungerer sur 700 m². Riche d'une carrière de plus de cinquante ans, l'artiste s'est illustré dans la littérature jeunesse, la sculpture, les affiches publicitaires et les dessins érotiques. En parallèle, le musée accueille des expositions temporaires d'illustrateurs français et étrangers. Il y a une boutique de vente de livres et de reproductions. Le site est labellisé Tourisme et Handicap.

LA MAISON MUSÉE DU KOCHERSBERG

4, place du Marché - **TRUCHTERSHEIM**
✆ 03 88 21 46 91
www.kochersberg.fr
Gratuit : moins de 16 ans, étudiants, Amis de la Maison du Kochersberg et détenteurs du Pass Musées.

Le rez-de-chaussée accueille une collection de jouets anciens, une pièce à vivre, la Stub, une cuisine et un atelier de cordonnier équipés comme au XIXe siècle. Quelques vestiges romains sont disposés près de l'écurie disparue. À l'étage, des expositions temporaires historiques, patrimoniales ou d'art contemporain alternent. Animations, ateliers et conférences y sont régulièrement organisés. La maison-musée abrite aussi l'office de tourisme et un restaurant.

MUSÉE DE L'IMAGE POPULAIRE ★

24, rue du Docteur-Albert-Schweitzer
VAL DE MODER ✆ 03 88 07 80 05
www.pfaffenhoffen.org
Ouvert du mercredi au dimanche. Fermeture annuelle mi-janvier. Label Tourisme & Handicap. Accueil enfants.

Religieuses ou profanes, les images et les vignettes ont rythmé la vie de nos grands-parents : naissance, baptême ou simples souvenirs, découvrez cette coutume qui était pratiquée jusqu'au début du siècle dernier. Le musée s'étend sur quatre niveaux tous accessibles par ascenseur. Une endroit riche en souvenirs pour se replonger dans des anecdotes pleines de vie d''un lieu haut en couleur. L'ensemble est assez bien adapté aux PMR qui peuvent profiter de toute la visite.

MUSÉE LALIQUE

40, rue du Hochberg
WINGEN-SUR-MODER
✆ 03 88 89 08 14
www.musee-lalique.com
Ouvert tous les jours de 10h à 18h. Fermé en janvier. Gratuit jusqu'à 6 ans.

Ce musée est consacré au maître verrier et bijoutier René Lalique et à ses successeurs. Vous y découvrirez de magnifiques créations qui ont été réalisées au fil de la saga des Lalique. Pour mieux comprendre la technique mise en œuvre pour la fabrication des pièces, prenez le temps de voir les deux films projetés sur le travail du verre, à la fin de visite. Ils sont particulièrement instructifs. Cette visite (comptez 2 heures) est une belle occasion de découvrir ces petits trésors en verre. La visite est tout à fait faisable avec des enfants à partir de 3 ans.

FERME-AUBERGE DU CHRISTLESGUT €€

162, lieu-dit Christlesgut
BREITENBACH-HAUT-RHIN ✆ 03 89 77 51 11
www.christlesgut.com

Ouvert du 14.04 au 29 octobre 2023. Repas Marcaire 22 €. Terrasse. 3 gîtes (2/8 pers.) : à partir de 371 €/semaine.

À l'écart de toute circulation, la ferme-auberge est située à 850 m d'altitude dans le massif du Petit Ballon dans la vallée de Munster. Dans un cadre champêtre et fleuri, elle compte une cinquantaine de couverts à l'extérieur ainsi qu'une trentaine en terrasse. Une place de parking adaptée a été aménagée pour les personnes handicapées moteur et le cheminement est de plain-pied jusqu'à l'entrée. Terrasse de plain-pied. Sanitaires adaptés. À la carte : tourte, choucroute, baeckaoffa...

BARTHOLDI €€€

2, rue des Boulangers - **COLMAR**
✆ 03 89 41 07 74
www.restaurant-bartholdi.fr

Ouvert du mardi au samedi midi et soir. le dimanche midi. Réservation recommandée. Terrasse. Label Tourisme & Handicap.

Au cœur de la vieille ville de Colmar, attablez-vous dans la salle de restaurant, authentique et chaleureuse à l'image de la cuisine proposée par une équipe chevronnée. Dégustez des plats traditionnels français et régionaux parfaitement exécutés : escargots maison ou cuisses de grenouilles à la provençale en entrée, truite braisée au riesling ou choucroute royale garnie, tarte flambée... Tout est préparé maison. Autant d'odyssées culinaires accompagnées bien évidemment d'un bon vin d'Alsace ! Une belle adresse à retenir et à tester.

COLLÉGIALE SAINT-MARTIN ★★

18, place de la Cathédrale - **COLMAR**
www.tourisme-colmar.com

Visite tous les jours de 8h à 18h30, sauf le dimanche matin et pendant les offices. Accessible PMR.

L'imposante collégiale Saint-Martin de Colmar est une œuvre gothique. Édifiée sur les vestiges d'une basilique du IXe siècle, elle devait comporter deux tours, mais une seule fut construite. Victime d'un incendie qui détruisit sa charpente et son couronnement en 1572, la tour fut remplacée en 1575 par le lanternon à bulbe qui donne à l'édifice sa silhouette remarquable. Les tons ocre du grès de Rouffach lui confèrent une intensité lumineuse remarquable. La lumière qui vient jouer sur les sculptures du portail Saint-Nicolas est franchement somptueuse !

COMITÉ RÉGIONAL DU TOURISME D'ALSACE

20 A, rue Berthe-Molly - **COLMAR**
✆ 03 89 24 73 50
www.visit.alsace

Expériences en Alsace, bons plans et préparer son séjour.

L'Agence régionale du tourisme Grand-Est s'inscrit dans le schéma régional de développement touristique 2018-2023. Grâce à l'innovation touristique, la promotion et la communication sur l'attractivité de la région avec des campagnes de grande ampleur, l'Agence régionale du tourisme Grand-Est avec l'Alsace Destination Tourisme a créé la marque « visit.alsace » et a ainsi mis en place des sites Internet thématiques pour vous proposer le meilleur des expériences touristiques

ÉGLISE DES DOMINICAINS ★★

Place des Dominicains - **COLMAR**
✆ 03 89 20 68 92
www.tourisme-colmar.com

Ouvert du 25 mars au 26 décembre. Entrée adulte : 2 €. Enfant : 1 €.

Cette église de style gothique fut construite entre 1283 et 1346. Initialement associée au couvent des Dominicains, elle hébergea longtemps la bibliothèque municipale colmarienne. Cet édifice avait pour ambition de faire ressentir un sentiment de grandeur. L'église des Dominicains est une sorte de grand vaisseau à plafond de bois illuminé de vitraux du XIVe siècle. Il s'agit de l'une des plus belles réalisations de l'ordre mendiant. La pièce maîtresse de la visite est, sans conteste, le fameux tableau de Martin Schongauer : *La Vierge au buisson de roses* (1473).

GRAND HÔTEL BRISTOL - BEST WESTERN**** €€

7, place de la Gare - **COLMAR** ✆ 03 89 23 59 59
www.grand-hotel-bristol.com

Ouvert toute l'année. 91 chambres. Dès 121 €/nuit/2 pers/PDJ inclus. Sauna, hammam. Parking fermé. Restaurant. Terrasse

Face à la gare, ce bel hôtel entièrement accessible aux personnes à mobilité réduite prend place dans un très beau bâtiment datant de 1920 et offre des prestations de qualité. Chambres de grand confort, climatisées et équipées d'un accès Internet gratuit ainsi que d'une TV par câble. Repas possible sur place. Des forfaits de séjours très intéressants sont proposés. Les clients en situation de handicap sont reçus avec une vraie attention par un personnel sensibilisé.

GREET HOTEL COLMAR*** €€

83, route de Bâle - **COLMAR**
✆ 03 89 24 14 79
https://all.accor.com
Ouvert toute l'année. 62 chambres. Nuitée dès 75 €/2 pers. PDJ buffet. Restaurant, terrasse. Parking, garage à vélo.

Le Greet Hotel a ouvert ses portes au printemps 2022 en lieu et place de l'hôtel des Maraîchers. Entièrement transformé, il repose sur un nouveau concept développé par le groupe ACCOR : donner une seconde chance aux lieux et aux objets pour créer un mouvement d'hospitalité positive. Trois chambres accessibles PMR sont disponibles. D'ici, vous rejoindrez le centre historique en 2-3 minutes, vous partirez sur la route des vins ou visiterez les musées du coin. Vous pourrez vous laisser tenter par la cuisine du restaurant de l'hôtel.

MUSÉE DU JOUET DE COLMAR ★★

40, rue Vauban - **COLMAR** ✆ 03 89 41 93 10
www.museejouet.com
Horaires variables selon la saison. Adulte 6,10 €. 8-15 ans 4,70 €. Gratuit moins de 8 ans. Museum-Pass-Musées.

Ouvert en 1993, ce musée absolument génial est géré par l'association du Musée animé du Jouet et des Petits Trains (MAJEPT) avec le soutien de la ville de Colmar. Il est aménagé au cœur de la zone piétonne colmarienne dans un ancien cinéma de quartier, transformé sur 3 niveaux en un véritable terrain de jeu. Au fil d'un parcours thématique, il présente l'histoire et l'évolution des jouets qui ont marqué les générations du XIXe siècle à nos jours. Plus encore qu'une vitrine ludique, c'est un musée ethnologique à part entière car les jouets présentés reflètent l'image du monde dans lequel ils ont été créés. Un étage entier est ainsi consacré à l'histoire du modélisme ferroviaire et du train en tant qu'objet de jeu. Il dévoile deux réseaux animés et soigneusement décorés par une équipe de bénévoles passionnés issus des associations Musée animé du Jouet et des Petits Trains (MAJEPT) et Modélisme ferroviaire alsacien (AMFA 68). Le musée fait aussi la part belle aux jeux de construction, poupées, robots et jouets mécaniques, modèles réduits et autres jouets optiques, scientifiques et de transport. L'établissement est totalement équipé pour répondre aux besoins des personnes ayant un handicap moteur et/ou mental. Un ascenseur dessert les 3 niveaux du musée et un élévateur est en service au 1er étage au niveau de l'agrandissement. Places de stationnement réservées aux personnes handicapées à proximité du musée : place Jeanne d'Arc, parking Saint-Eloi (à proximité de l'Hôtel Ibis) et rue de l'Ange.

MUSÉE UNTERLINDEN ★★★

Place Unterlinden - **COLMAR** ✆ 03 89 20 15 50
www.musee-unterlinden.com
Ouvert toute l'année (sauf jours fériés) du mercredi au lundi de 9h à 18h. Label Tourisme & Handicap.

Situé dans l'ancien couvent des dominicaines d'Unterlinden, le musée abrite le célèbre *retable d'Issenheim*, chef-d'œuvre de l'art religieux de l'Occident médiéval ainsi que la mosaïque romaine de Bergheim et le séquestre révolutionnaire, constitué de peintures et de sculptures du Moyen Age et de la Renaissance. L'ensemble du musée est accessible en fauteuil roulant. Pour les visiteurs avec handicap visuel, un parcours audioguidé permet de découvrir des sculptures gallo-romaines et médiévales et des bornes avec commentaires en braille ont été installées.

OFFICE DE TOURISME DE COLMAR ET SA RÉGION

Place Unterlinden - **COLMAR** ✆ 03 89 20 68 92
www.tourisme-colmar.com
Ouvert du lundi au samedi de 9h à 18h. Dimanche : de 10h à 13h. Boutique. Label Tourisme & Handicap.

L'Office de tourisme colmarien est situé à côté de l'extension du Musée Unterlinden. Il propose un grand choix de brochures (disponibles aussi en ligne) : hébergement, gastronomie, animations culturelles, loisirs, à Colmar et dans sa région. Côté boutique, on trouve des beaux livres, des cartes postales, des guides touristiques et autres cartes de randonnée. N'hésitez pas à consulter leur site web : il est régulièrement mis à jour. L'office est labellisé Tourisme et Handicap.

WOLFBERGER - BOUTIQUE DE COLMAR

11, rue Kléber - **COLMAR** ✆ 03 89 23 85 29
www.wolfberger.com
Ouvert du lundi au samedi : 10h-18h. Fermé le 1/01, 2/04, 1/11, 25-26/12. Boutique en ligne. Label Tourisme & Handicap.

La Boutique s'organise de façon attrayante dans un vaste espace. Un secteur propose un large choix d'accessoires œnologiques et de livres consacrés aux vins et à la cuisine tandis qu'un coin détente est réservé aux enfants. De nombreuses animations et ateliers sont organisés comme la visite guidée du vignoble. N'hésitez pas à vous attarder au bar de dégustation où l'on vous distillera quelques conseils de rigueur. Après quoi, il ne vous restera plus qu'à faire votre choix.

PARC DES EAUX VIVES

3, quai du Maroc - **HUNINGUE** ✆ 03 89 89 70 20
www.ville-huningue.fr
Ouvert tout les jours début mars à fin novembre. Calendrier précis sur leur site. Activités à partir de 15 €.

Créé en 1993, ce parc a été pensé pour permettre à tous de pratiquer en milieu urbain les sports d'eaux vives. Rafting, canoë-kayak, hydrospeed, stand-up paddle sont à portée de pagaie ! De nombreuses prestations sont assurées par les équipes : animations rafting accessibles à tous, stages d'initiation et de perfectionnement au kayak... Chacun trouvera son bonheur. Les installations sont adaptées et l'équipe d'animation qualifiée pour l'accueil de visiteurs handicapés moteur comme mentaux. En autonomie ou encadré, seul ou en famille, à vous de choisir !

GÎTE DE M. DANNER**** €€

19, rue de l'Est - **JEBSHEIM**
✆ 03 89 71 61 44
www.gite-jebsheim.fr
Ouvert toute l'année. Pour 10 personnes. Jardin. Label Tourisme & Handicap (moteur, mobilité réduite).

Grand gîte (120 m²) dans 1 maison indépendante et calme, située à la sortie du village. Au rez-de-chaussée : grand séjour (40 m²), coin-cuisine équipé, 1 chambre (lit 2 personnes, lit 1 personne) accessible aux personnes à mobilité réduite, salle d'eau, WC. À l'étage : 2 chambres (lit 2 personnes et 2 lits 1 personne), salle d'eau, WC. Grands espaces verts, salon de jardin, barbecue, parking privatif. Dans un cadre sympathique, proche de la nature, une adresse agréable assez bien adaptée avec de grands espaces. Une adresse à retenir.

ESPACE NAUTIQUE ARC-EN-CIEL

31, rue du Geisbourg - **KAYSERSBERG**
✆ 03 89 78 26 27
Horaires détaillés de la piscine et de l'espace forme sur le site web. Entrée : 3,50 €. Label Tourisme & Handicap.

Sport, loisir, forme et détente : ce centre nautique vous accueille en toute saison. Bassin de natation, bassin ludique de faible profondeur avec couloir de nage à contre-courant et jets massants, cascades d'eau et geyser, toboggan tube de plus de 60 mètres, pataugeoire avec petit toboggan et jeux d'eau, bain bouillonnant, espace détente et forme, aménagements extérieurs avec terrains de jeux, terrasse, solarium et snack : voici de quoi faire le bonheur des petits et des grands !

MUSÉE ÉLECTROPOLIS ★★

55, rue du Pâturage - **MULHOUSE**
✆ 03 89 32 48 50
www.musee-electropolis.fr
Ouvert mardi au dimanche 13h30-18h. Fermé en janvier et les jours fériés. Label Tourisme & Handicap.

Le musée EDF Electropolis est le plus important musée d'Europe consacré à l'énergie électrique. On y découvre l'histoire de l'énergie électrique à travers les âges en retraçant le parcours de l'électricité et on y retrouve avec nostalgie des appareils électroménagers au look désuet. Des animations et visites guidées, dont des visites adaptées (prévoir une réservation un mois à l'avance) sont programmées plusieurs fois par jour. Le musée est intégralement accessible, étant labellisé pour les quatre types de handicap par Tourisme et Handicap.

MUSÉE NATIONAL DE L'AUTOMOBILE ★★★★

17, rue de la Mertzau - **MULHOUSE**
✆ 03 89 33 21 23
www.musee-automobile.fr
Ouvert tous les jours sauf le 25/12. 18 €, 14 € réduit, 48 € famille. Visite groupe. Restaurant. Bar. Boutique.

Le plus grand musée automobile du monde présente plus de 400 voitures d'exception issues de la collection Schlumpf sur une surface de 25 000 m². Les industriels Schlumpf, passionnés d'automobiles, lancent ce musée grâce à leur collection secrète mais doivent l'abandonner en 1976, après la faillite de leur industrie textile. En 1982, le musée ouvre au grand public. Le site est adapté et un animateur spécialisé s'occupe de l'accueil des groupes de visiteurs en situation de handicap.

OFFICE DE TOURISME DE MULHOUSE ET SA RÉGION

1, avenue Robert-Schuman
MULHOUSE
✆ 03 89 35 48 48
www.tourisme-mulhouse.com
Ouvert 7j/7 en haute saison. Label Tourisme & Handicap.

Au pied de la Tour de l'Europe, l'équipe de l'O.T est à la disposition des familles, des couche-tard, des gastronomes ou encore les férus de musées... Les visiteurs profiteront du confort du lieu pour feuilleter les brochures, surfer en ligne sur des iPad prêtés, de l'espace enfants et faire quelques achats dans la boutique. L'office accueille les personnes en situation de handicap moteur pour lesquelles un plan de ville des cheminements accessibles a été créé.

GRAND EST

OFFICE DE TOURISME DE LA VALLÉE DE MUNSTER

1, rue du Couvent - **MUNSTER** ✆ 03 89 77 31 80
www.vallee-munster.eu
Qualité Tourisme. Horaires d'ouverture détaillés selon la saison : consulter le site Web. Boutique. Parking gratuit.

Labellisé Qualité Tourisme, l'OT de la Vallée de Munster est animé par une équipe dynamique qui ne manque pas d'arguments pour mettre en valeur les atouts de ce territoire authentique niché entre les Vosges et la Route du Vin. En famille ou avec des amis, sportifs, curieux ou gourmands, vous ferez ici le plein d'idées originales assorties de conseils avisés ainsi que de bonnes adresses pour vous loger et vous restaurer. Mise en relation sur demande avec des greeters !

OFFICE DE TOURISME ALSACE RHIN BRISACH

6, place d'Armes - **NEUF-BRISACH**
✆ 03 89 72 56 66
www.visitalsacerhinbrisach.com
Ouvert 7j/7 en été. Pour le reste de l'année, se référer au site. Wi-Fi gratuit. Boutique. Accueil Vélo.

Le Pays Rhin-Brisach regorge de trésors : fortifications de Vauban, train touristique, croisières sur le Rhin... En quête d'infos ? Faites un tour à l'OT ! Quelle que soit votre question, vous y trouverez la réponse. Attentif et réactif, le personnel en place vous conseille au gré de vos envies. Cartes et dépliants en main, vous partirez en toute sérénité à la découverte de Neuf-Brisach et de son intrigante région, notamment à vélo : 150 km de pistes cyclables sont à portée de roues !

HÔTEL-RESTAURANT AUX BRUYÈRES*** €€

35, rue Charles de Gaulle - **ORBEY**
✆ 03 89 71 20 36
www.auxbruyeres.com
Logis Hôtel Essentiel. Chambre double à partir de 65 €. Bar. Sauna. Restaurant. Jardin. Label Tourisme & Handicap.

Implanté face à un superbe parc, ce sympathique établissement a fêté ses 50 ans en 2018 et ne cesse pas de se réinventer ! Les familles et les groupes d'amis y sont particulièrement chouchoutés. De plus, l'hôtel est accessible en totalité aux personnes à mobilité réduite. Chambres spacieuses et confortables (avec balcon ou terrasse), ascenseur, jardin d'été, aire de jeu pour les enfants, sauna, sans oublier un bar-salon de thé et un excellent restaurant estampillé Logis 2 cocottes.

PFAFF LA CAVE DES VIGNERONS DE PFAFFENHEIM

5, rue du Chai - **PFAFFENHEIM** ✆ 03 89 78 08 03
www.pfaffenheim.com
Ouvert 7j/7 de 9h à 12h et de 14h à 18h ; ouverture à 10h le dimanche. Boutique en ligne. Label Tourisme & Handicap.

Depuis sa création en 1957, la cave regroupe 230 coopérateurs répartis sur 270 ha. Elle s'emploie à favoriser l'empreinte du terroir à dominante calcaire et argilo-calcaire, et encourager les bonnes pratiques dans le vignoble. Des raisins provenant de grands crus alsaciens sont vinifiés ici, constituant les fleurons de la production. En cave, les vins sont conservés sur lies après fermentation et ne sont proposés à la vente que lorsqu'ils ont atteint un niveau d'expression suffisant.

AU CHEVAL NOIR €€

2, avenue du Général de Gaulle
RIBEAUVILLÉ
✆ 03 89 73 37 83
https://cheval-noir-ribeauville.fr
Fermé le lundi et le mardi. Réservation recommandée. Menus à 23 € et 24 €. Carte, suggestions.

Un restaurant où l'on se met en quatre pour le plaisir de vos papilles. La label Tourisme & Handicap souligne l'adaptabilité de l'établissement à tous les publics et pour le bien-être de tous. Situé à l'entrée de la Grand'Rue de Ribeauvillé, cité médiévale au cœur du vignoble alsacien, le Cheval Noir vous accueille dans son univers authentique et boisé. Vous y retrouverez des petits plats simples et délicieux tels que la traditionnelle choucroute, le baeckoffa, les fleischnacka... De quoi se régaler avec les spécialités locales.

AUBERGE AU ZAHNACKER €€

8, avenue du Général de Gaulle - **RIBEAUVILLÉ**
✆ 03 89 73 60 77
www.restaurant-zahnacker.fr
1 Toque Gault & Millau. Du vendredi au mardi midi et soir, mercredi midi. Label Tourisme & Handicap.

Membre de l'Association Gastronomique des Disciples d'Escoffier, le chef Joseph Leiser vous propose d'excellentes spécialités alsaciennes. Escalope de foie d'oie poêlée aux pommes, choucroute de la mer, jambonneau braisé au munster, baeckeoffe aux 3 viandes, gibier de saison. Des mets très fins tels que la lotte au lait de coco ou l'œuf parfait au parmesan suscitent aussi de délicieuses sensations gustatives. Excellente carte des vins, salle de restaurant très cosy (mention spéciale aux belles boiseries), agréable terrasse nichée sous une somptueuse glycine.

BUREAU D'ACCUEIL TOURISTIQUE RIQUEWIHR

2, rue de la 1ère Armée - **RIQUEWIHR**
✆ 03 89 73 23 23
www.ribeauville-riquewihr.com
Horaires détaillés sur le site Internet. Permanence téléphonique du lundi au samedi. Service de réservation en ligne.

L'O.T de Riquewihr s'avère incontournable si vous souhaitez vous renseigner sur les activités et les événements à ne pas manquer, dans la ville et dans le Pays de Ribeauvillé. Vous y trouverez un vaste choix de plans, d'itinéraires de randonnées, de suggestions de balades en famille, de visites culturelles ou ludiques. N'hésitez pas aussi à consulter leur site Internet : une liste des partenaires labellisés Tourisme et Handicap y est notamment disponible.

ALSACE DESTINATION TOURISME

1, place du Qur Blanc
STRASBOURG
www.alsace-destination-tourisme.com

Alsace Destination Tourisme offre une multitude d'informations et de bons plans pour préparer son séjour le temps d'un week-end ou bien pour un séjour bien plus long. L'Alsace propose un vaste choix d'activité et de sorties à découvrir en famille ou entre amis comme la découverte du vignoble alsacien, la richesse de son patrimoine culturel et architectural et bien d'autres. Vous pourrez obtenir des informations sur les établissements ayant reçu le label Tourisme & Handicap.

GÎTE SAINTE-ANNE €€

88, Grand'Rue - **TURCKHEIM** ✆ 03 89 27 58 20
www.gitesainteanne.fr
Clévacances. Ouvert toute l'année. Label Tourisme & Handicap (mobilité réduite, mental, malentendant, malvoyant).

Installé dans un ancien corps de ferme datant de 1563 (inséré dans les remparts de la vieille ville de Turckheim) et labellisé « Qualité Vignobles & Découvertes » depuis 2013 pour ses deux meublés de vacances Aline et Paul (pour 4 personnes chacun), le Gîte Sainte-Anne dispose d'un nouvel hébergement labellisé Tourisme et Handicap depuis mai 2017. Origin Vin, c'est son nom, est équipé pour accueillir en tout confort une à deux personnes à mobilité réduite ou souffrant de déficience visuelle, mentale ou auditive. Des couleurs rappelant l'univers de la vigne.

FONDATION FRANÇOIS SCHNEIDER ★

27, rue de la 1ère-Armée - **WATTWILLER**
✆ 03 89 82 10 10
www.fondationfrancoisschneider.org
Ouvert du mercredi au dimanche de 11h à 17h, été et jours fériés de 11h à 18h. Adulte : 5 €. Label Tourisme & Handicap.

À part à Wattwiller, où aurait pu s'implanter un centre d'art contemporain dédié à l'eau ? Installé sur un ancien site d'embouteillage, le choix « coulait de source » pour François Schneider le fondateur. Le lieu, où l'eau s'inscrit en filigrane a été conçu pour accueillir les artistes émergents, œuvre à l'éclosion des talents. Entre vastes salles aérées et jardin de sculptures, quatre expositions se succèdent chaque année pour le plus grand plaisir des visiteurs.

LA PALETTE €€€

9, rue Herzog
WETTOLSHEIM
✆ 03 89 80 79 14
www.lapalette.fr
Maître Restaurateur. Fermé lundi, mardi midi, dimanche soir. Boutique traiteur. Plats à emporter.

S'attabler chez Henri Gagneux est source de bonheur ineffable ! Le chef de cette Table Distinguée (Logis) n'a pas son pareil pour transformer des plats savoureux en œuvres d'art hautes en couleur. Fidèle à la philosophie slow food, il élabore des mets qui font voyager les papilles, à l'instar de ce croustillant de cabillaud et sa gelée de langoustine au colombo ou ce ris de veau rôti servi avec un tajine de légumes et une sauce Addis Abeba. Outre un service traiteur sans faille, une épicerie fine a été ouverte juste à côté du restaurant.

HÔTEL-RESTAURANT LE SCHLOSSBERG*** €€

59 A, rue Fontaine - **ZELLENBERG**
✆ 03 89 47 93 85
www.leschlossberg.com
Chambre double à partir de 95 €. Suite à partir de 125 €. Petit déjeuner : 11 €. Restauration (Maître Restaurateur).

Située au centre de Zellenberg, un petit village sur la route des vins, la chambre « Mamie » (21 m^2) est homologuée pour les personnes déficientes visuelles et auditives : située au rez-de-chaussée, de plain-pied, coquette et chaleureuse, le rustique se mêle ici harmonieusement au moderne côté décoration. Tout confort, elle est équipée d'un grand lit en 140 cm et d'une salle de bain avec douche. Le restaurant est situé en face mais comporte trois marches à l'entrée.

PÔLE SPORT ET LOISIRS DE BIESLES

Les Patis

BIESLES

✆ 03 25 01 54 59

www.pslb52.com

Label Tourisme & Handicap (moteur, mobilité réduite, mental, malentendant, malvoyant).

Cette structure propose des activités adaptées et accessibles à tous : courts de tennis extérieurs dont un éclairé, mur d'entraînement en extérieur, court intérieur, terrain de golf (9/18 trous), terrain de beach tennis et volley, salle de remise en forme, saunas, salle commune avec TV, table de ping-pong, terrain de boule ainsi que différents parcours de randonnées. Une belle occasion de pratiquer un peu de sport en toute sécurité et un large panel.

MÉMORIAL CHARLES-DE-GAULLE ★★

COLOMBEY-LES-DEUX-EGLISES ✆ 03 25 30 90 80

www.memorial-charlesdegaulle.fr

1er mai-30 sept : 7j/7 9h30-19h. 1er oct-30 avril : 10h-17h30 sauf mardi. Tarif Parcours CDG : 16,50 €.

Le Mémorial est entièrement accessible aux personnes à mobilité réduite et propose aux malvoyants un audioguide résumant le contenu de chaque espace et décrivant les lieux d'exposition. Ce bâtiment de 13 m de haut et d'une surface d'exposition permanente de plus de 1 600 m^2 comprenant un amphithéâtre, une salle d'exposition temporaire, un centre de documentation, des salles pédagogiques, une boutique, un café et une salle de commission s'intègre parfaitement dans le paysage.

MUSÉE DE LA COUTELLERIE ★

Place Charles-de-Gaulle - **NOGENT**

✆ 03 25 31 89 21

7j/7 d'avril à octobre 10h-12h/14h-18h. Groupe sur réservation de mars à octobre. Adulte 3,50 €, enfant 1 €.

Installé dans une ancienne coutellerie, le musée est accessible aux personnes en fauteuil roulant. Il présente toute la variété de la production coutelière de la Haute-Marne et les lames fabriquées à Langres et dans le bassin nogentais du XVIIIe siècle à nos jours. Les collections proposent aux visiteurs de se familiariser avec les grandes classes de la coutellerie et offrent une approche technique des savoir-faire de fabrication, une sensibilisation aux réalisations humaines et sociales ainsi qu'une ouverture à la créativité contemporaine.

HÔTEL L'ARCOMBELLE €€

25, avenue de Lierneux - **VAL-DE-MEUSE**

✆ 03 25 90 30 18

www.hotel-arcombelle.com

Qualité Tourisme. Logis. Ouvert toute l'année. Label Tourisme & Handicap. Accessible aux PMR. 2 chambres adaptées.

L'Hôtel L'Arcombelle possède 2 chambres accessibles aux personnes handicapées moteur et d'autres adaptées aux déficients visuels avec une décoration contrastée. Avec son ambiance cosy et son atmosphère tranquille, les chambres sont confortables, vastes et impeccables. Le restaurant sur place offre une cuisine actuelle concoctée au gré du marché. Un lieu adapté avec de grands espaces dans les lieux communs et le restaurant qui permettent une bonne accessibilité. Une adresse où l'on se sent facilement bien et utile pour le secteur.

CAMPING DU LAC*** €€

14, rue Cotote

VILLEGUSIEN-LE-LAC

✆ 03 25 88 45 24

Ouvert de la mi-mars à la mi-octobre. Gardé 24h/24. Label Tourisme & Handicap (moteur, mental, malentendant, malvoyant).

Ce camping de 100 emplacements s'étendant sur 1,1 ha peut recevoir des clients en situation de handicap. Deux blocs sanitaires comprenant éviers, douches, lavabos et W.C sont répartis sur le site proposant chacun une cabine accessible aux personnes handicapées avec douches, vestiaires... Sur place, profitez aussi du snack-bar et de la proximité immédiate du lac de la Vingeanne. Un lieu sympathique et agréable, dans la nature, qui permet de se sentir bien. Une adresse à retenir pour les adeptes du camping, entre amis ou en famille.

AGENCE DE DÉVELOPPEMENT TOURISTIQUE DE LA MARNE

13 bis, rue Carnot
CHÂLONS-EN-CHAMPAGNE
✆ 03 26 68 37 52
www.tourisme-en-champagne.com
Ouvert du lundi au vendredi de 8h30 à 17h30.

L'Agence de développement touristique de la Marne vous propose de nombreuses activités œnotouristiques pour découvrir la Champagne. Visitez les caves des meilleures maisons de Champagne de la région, participez à des ateliers pour vous initier à l'art de la dégustation, devenez vendangeur d'un jour, visitez des sites classés au patrimoine mondial de l'Unesco, voilà un beau programme qui vous attend. On vous renseignera sur d'autres types d'activités ainsi que sur les hébergements.

COMITÉ RÉGIONAL DU TOURISME CHAMPAGNE-ARDENNE

5, rue de Jéricho
CHÂLONS-EN-CHAMPAGNE
✆ 03 26 21 85 80
www.tourisme-champagne-ardenne.com

Le comité régional du tourisme Champagne-Ardenne vous propose des idées de séjours vraiment très variées qui sauront séduire le plus grand nombre. Dégustation de champagne, cyclotourisme, balades à moto, écotourisme, city trip ou bien encore profiter des lacs de la région pour pratiquer des activités nautiques, il y en a pour tous les goûts. On saura également vous renseigner sur les hébergements et les restaurants à ne pas manquer pour un séjour reposant et gourmand.

JARDIN SENSORIEL D'HAUSSIMONT

HAUSSIMONT
✆ 03 26 67 46 69
www.haussimont.com/nature.php?rub=2
Ouvert toute l'année. Gratuit. Label Tourisme & Handicap.

Avec sa politique orientée vers l'accessibilité touristique, ce jardin a notamment été adapté aux besoins des personnes en situation de handicap. En se promenant, le public est invité par le biais de chambres végétales à utiliser tour à tour ses sens : l'ouïe par le bruissement des feuilles ; le toucher ; le goût se retrouve dans le verger ; la vue avec la large palette de couleurs qu'offrent les plantes et l'odorat est stimulé par les végétaux retenus pour leurs vertus enivrantes.

MÉDIATHÈQUE JEAN-FALALA

2, rue des Fuseliers - **REIMS**
✆ 03 26 35 68 00
www.bm-reims.fr
Ouvert mardi, jeudi et vendredi de 13h à 19h, mercredi de 10h à 19h, samedi de 10h à 18h.

Située face à la cathédrale, la BMVR (Bibliothèque Municipale à Vocation Régionale) Jean Falala offre près de 160 000 documents tous supports confondus : livres, disques, vidéos et cédéroms en consultation ou en prêt.

Accessibilité aux personnes à mobilité réduite.

Public sourd ou malentendant. Un agent de la bibliothèque pratiquant la langue des signes est à votre disposition pour présenter la bibliothèque municipale de Reims, ses collections et ses expositions au public sourd et malentendant. Deux fois par an, la bibliothèque propose un spectacle bilingue en français et en LSF.

Mal et non-voyants. Collections accessibles dans plusieurs établissements : 31 500 disques CD répartis entre les médiathèques Jean Falala, Croix-Rouge et Laon-Zola, 600 cassettes audio dans les médiathèques Jean Falala et Croix-Rouge, 1 200 textes lus sur CD ou cassettes pour adultes ou pour la jeunesse répartis dans les médiathèques, 3 700 livres en grands caractères répartis dans toutes les bibliothèques du réseau rémois. La bibliothèque municipale de Reims propose très peu de collections en braille : une dizaine de documents pour la jeunesse seulement dans les médiathèques Jean Falala et Croix-Rouge. La bibliothèque Carnegie et la médiathèque Jean Falala disposent de téléagrandisseurs mis à la disposition du public malvoyant. La médiathèque Jean Falala propose un espace dédié au public non et malvoyant au 1er étage équipé d'un ordinateur avec synthèse vocale, d'une plage et d'une imprimante braille, d'un scanner A3 et d'une machine à lire.

OFFICE DE TOURISME

6, rue Rockefeller - **REIMS**
✆ 03 26 77 45 00
www.reims-tourisme.com
Ouvert du lundi au samedi de 10h à 18h (17h en janvier) et le dimanche de 10h à 12h30 et 13h30 à 17h.

À deux pas de la cathédrale, l'office de tourisme et son équipe dynamique vous proposent toute la documentation nécessaire pour découvrir la ville de Reims, ses animations et son patrimoine inscrit à l'Unesco. Sur son site Internet, l'office de tourisme propose également des excursions dans les vignobles champenois et des visites de caves à des tarifs attractifs. De plus, l'office de tourisme est de plain-pied, les portes sont automatiques, des boucles magnétiques sont mise à disposition des personnes malentendante et un conseillé est formé à la LSF.

PLANÉTARIUM

49, avenue du Général-de-Gaulle - **REIMS**
✆ 03 26 35 34 70
www.reims.fr

Ouvert du lundi au vendredi 9h-12h et 14h-17h30 ; le week-end 14h-18h. Gratuit. Groupes en semaine, sur réservation.

Installé en 1979, le planétarium de Reims, première structure de ce genre implantée en province, compte aujourd'hui parmi les 20 planétariums permanents en France. Outil pédagogique, de spectacle et centre d'informations à la fois, il ouvre une fenêtre sur l'univers, il met l'astronomie à la portée de tous, avec une promenade dans la Voie lactée. On lève le regard sur la voûte céleste et l'animateur partage avec plaisir sa passion. Le planétarium est accessible aux personnes en fauteuil roulant et PMR, un dispositif radio est disponible pour les malentendants.

PALAIS DU TAU ★★★

2, place du Cardinal-Luçon
REIMS
✆ 03 26 47 81 79
www.palais-du-tau.fr

Actuellement fermé pour travaux.

Visitez le palais du Tau à Reims et découvrez une résidence archiépiscopale et royale, liée au sacre de 32 rois de France, du XIe siècle à Charles X en 1825. Séjour des rois de France pendant les cérémonies du couronnement, le palais du Tau présente aujourd'hui la mémoire de la cathédrale et la splendeur des sacres. Sculptures, tapisseries, costumes, ornements et pièces d'orfèvrerie constituent un trésor exceptionnel, du Moyen-âge au XIXe siècle.Comme la cathédrale voisine, le palais est inscrit par l'Unesco sur la liste du patrimoine mondial. Le palais du Tau a fait l'objet de nombreux travaux de mise en accessibilité permettant aux personnes à mobilité réduite de suivre le même parcours que les autres visiteurs. Tout au long de la visite, des banquettes permettent aux visiteurs de se reposer. Les chiens d'assistance sont autorisés sur le site et pendant la visite. Attention : le monument n'est pas chauffé, il est donc recommandé de porter des vêtements adaptés. Pour les visiteurs avec handicap visuel, une mise en accessibilité améliorant la sécurité des circulations sur l'intégralité du circuit de visite. Il est cependant conseillé aux personnes avec un handicap fort de se faire accompagner. Des stores micro-perforés tamisent les rayonnements lumineux dans toutes les salles du circuit de visite. Les matériels optiques grossissants et les chiens guides sont autorisés pendant la visite. Une boucle magnétique est mise à la disposition des visiteurs malentendants, elle est à demander à la billetterie.

SUITE NOVOTEL REIMS CENTRE €€

1, rue Edouard-Mignot
REIMS
✆ 03 26 89 52 00
www.suitenovotel.com

Ouvert toute l'année. Chambre double à partir de 117 €. Label Tourisme & Handicap.

En plein cœur de Reims, cet établissement propose des suites de luxe aménagées avec goût et un confort ultra-moderne. Tous les services suivants sont offerts : Internet, téléphone illimité, TV, vidéos et musiques à la demande. Trois chambres sont adaptées pour recevoir des personnes handicapées moteur ou mental : ce sont des suites communicantes avec une chambre standard. Le jeudi soir, bénéficiez d'une séance de relaxation offerte pour les clients de l'hôtel.

Sentier des Faux de Verzy.

PARCOURS POUR TOUS ★★

La Grange-aux-Bois
SAINTE-MÉNEHOULD
✆ 03 26 60 28 30
argonne.fr

Les circuits sont fermés du 15 septembre au 1er mars pour la chasse. Label Tourisme & Handicap.

Au cœur de la forêt d'Argonne, poumon vert de la Marne, ce parcours de santé botanique a été réaménagé afin de permettre l'accueil des personnes en situation de handicap mental, visuel ou auditif ainsi que les personnes à mobilité réduite. Sur les quatre aires d'intérêt, une signalétique décrit notamment les essences d'arbres remarquables. Les plus chanceux pourront également apercevoir de superbes spécimens de la faune locale comme des chevreuils, des lièvres, des rapaces, des hérons, des canards et beaucoup d'autres encore.

CENTRE D'INTERPRÉTATION DE SUIPPES ★★

4, ruelle Bayard - **SUIPPES**
✆ 03 26 68 24 09
www.marne14-18.fr

Ouvert du mardi au dimanche 13h-18h ; juillet-août 10h-18h. Fermé décembre-janvier. Adulte : 6,50 € ; Jeune : 3 €.

Ce centre d'interprétation accorde une grande place à la force de l'image et aux témoignages dans une perspective humaniste, passionnante et pédagogique. Possibilité de faire des visites guidées et adaptées sur réservation. Boucle magnétique à l'accueil pour les personnes malentendantes et sous-titrage du film *Si je reviens comme je l'espère*. Le Centre d'interprétation est entièrement accessible aux personnes à mobilité réduite et celles en fauteuil.

SENTIER DES FAUX DE VERZY

Site des Faux de Verzy
VERZY
✆ 03 26 59 44 44

Ouvert toute l'année. Gratuit. Label Tourisme & Handicap (moteur, mobilité réduite, mental, malentendant, malvoyant).

Ce sentier forestier sera l'occasion d'admirer le célèbre hêtre tortillard « fau de Verzy » au cœur du Parc naturel régional de la montagne de Reims. Des bornes audio, des panneaux en braille ainsi que des plaques de laiton présentant en relief le site et les faux ponctuent ce parcours de 2,8 km répondant aux besoins des personnes en situation de handicap. Les personnes en fauteuil roulant et celles à mobilité réduite pourront également emprunter un cheminement en concassé adapté.

HÔTEL TAMBOURIN*** €€

1, rue Auguste Choisy
VITRY-LE-FRANÇOIS
✆ 03 26 72 92 92
www.hotel-tambourin.com

Ouvert toute l'année. Chambre double à partir de 70 € la nuit. Garage. Label Tourisme & Handicap.

Cet hôtel moderne possède des chambres donnant sur une coursive extérieure particulièrement agréable à la belle saison. L'accueil est cordial et l'on met à votre disposition des chambres fonctionnelles et confortables aux salles de bain spacieuses. Une chambre est labellisée Tourisme et Handicap pour les personnes en déficience visuelle et mentale. Côté petit déjeuner, on vous propose un buffet très copieux. Un lieu accessible et adapté qui permet de se sentir bien. Une adresse agréable et utile à garder pour en profiter lors d'un séjour sur le secteur.

ÉCOLE FRANÇAISE DE PARACHUTISME

Aérodrome Nancy-Azelot - **AZELOT**
✆ 03 83 46 50 69
www.parananancy.com
Saison de mi-mars à mi-novembre. Label Handisport. Adapté aux handicaps mental, malentendant, malvoyant.

Au cœur de la campagne lorraine, le vaste terrain d'Azelot est entièrement dédié à la pratique du parachutisme. L'École française vous invite à en découvrir la pratique et propose des sauts en parachute handisport, en tandem..., le tout avec un moniteur titulaire d'une qualification fédérale spécifique et en toute sécurité. Des conditions sont requises, notamment un certificat médical, il est nécessaire de se rapprocher du centre au préalable pour une première rencontre.

HÔTEL RESTAURANT DE LA RENAISSANCE*** €€

31, rue des Cristalleries - **BACCARAT**
✆ 03 83 75 11 31 - hotel-la-renaissance.com
Chambre double à partir de 79 €. 1/2 pension. Petit déjeuner 9 €. Label Tourisme & Handicap. Restaurant fermé le vendredi, le samedi midi et le dimanche soir. Fermeture hôtel : 3 premières semaines de janvier, dernière semaine de juin et première de juillet.

Cet établissement cumule les distinctions : trois étoiles, trois cheminées et deux cocottes ! Dans un cadre rénové récemment, la Renaissance propose des menus à prix variés avec pour spécialités le saumon et le magret fumé ou la tête de veau. Côté hôtel, les chambres sont toutes équipées de la climatisation, trois sont accessibles aux personnes handicapées et un ascenseur dessert tous les niveaux. Une borne de location à l'extérieur, permet de réserver une chambre 24h/24.

PÔLE BIJOU GALERIE ★

13, rue du Port - **BACCARAT**
✆ 03 83 76 06 99
www.polebijou.com
Fermé en janvier. Visite guidée à la demande : visites commentées, animations diverses, conférences. Tarif : 2 €

Dans une architecture rénovée au sein d'un bâtiment du XIXe siècle, le site invite le visiteur à découvrir le bijou de créateur à travers des expositions temporaires accessibles, notamment aux personnes en fauteuil ou à mobilité réduite. Ces événements vous permettront de percer les motivations et les inspirations de ces bijoutiers qui ne vous laisseront jamais indifférent. Une boutique permet de faire l'acquisition d'ouvrages spécialisés, de matériel et d'objets de décoration sans oublier une belle sélection de bijoux, avec des expositions tournantes.

AUBERGE DE HEIDI €

23, rue Jean-Coltat - **BERTRICHAMPS**
✆ 03 83 75 18 42
http://chezheidi.fr
Ouvert toute l'année, du jeudi au dimanche. Label Tourisme & Handicap (moteur, mental, malentendant, malvoyant).

L'accueil y est chaleureux. Chez Heidi, on aime la simplicité et le côté rustique de l'établissement. La cuisine traditionnelle régalera les plus gourmands. Tartiflettes, fondues ou raclettes ont la part belle sur la carte suivies de près par les râpés de pommes de terre, jambonneaux, gratins, salades et pizzas les dimanches soir. Côté cadre, l'Auberge Heidi garantit une immersion dans un monde tout en bois à la façon des chalets. L'établissement accepte les groupes et est totalement adapté pour recevoir les personnes à mobilité réduite.

AUBERGE DU CHARDON LORRAIN €€

19, rue de Jury - **FLIREY** ✆ 03 83 81 66 80
www.aubergeduchardonlorrain.fr
Ouvert tous les midis sauf le mercredi. Le soir uniquement sur réservation. Label Tourisme & Handicap.

Bienvenue à l'auberge du Chardon Lorrain au cœur du petit village de Flirey. Le Chef vous concocte des plats maison d'une grande qualité. Son credo ? Des recettes traditionnelles savoureuses et des produits originaires du coin. Dans une atmosphère chaleureuse et conviviale, vous pouvez débuter votre repas : ravioles maison d'escargots cuisinés au Gris de Toul, suprême de pintade fermière, tagliatelles aux éclats de morilles et petits pois, pavé de truite cuit lentement...

VÉLORAILS VAL DE MORTAGNE

Aire du Pré-Fleury - **MAGNIÈRES**
✆ 03 83 72 34 73
veloraisvaldemortagne.jimdo.com
D'octobre à mars : sur réservation uniquement. En avril et septembre, 7j/7 de 14h à 18h. Label Tourisme & Handicap.

Une activité familiale typique de la région adaptée aux personnes en fauteuil, parfaite pour passer le dimanche après-midi dans la bonne humeur. Les draisines sont des véhicules accueillant le plus souvent quatre personnes dont deux pédalent pour les faire avancer sur les rails. Si la plupart des gares ont fermé dans les environs, les voies permettent toujours de se déplacer, certes moins vite, mais dans une ambiance attachante au milieu de la nature de la vallée de la Mortagne.

DESTINATION NANCY

Place Stanislas
NANCY
✆ 03 83 35 80 10
Ouvert 7j/7 de 9h30 à 18h30, le lundi de 13h à 18h30. Fermé les dimanches du 24/12 au 28/02. Label Tourisme & Handicap.

Situé au rez-de-chaussée du magnifique hôtel de ville, on découvre une mine d'infos pour partir à la découverte de Nancy et de ses environs. Les renseignements multilingues sont clairs, les brochures variées et le site Internet est à jour. Une boutique offre des produits made in Lorraine. L'office de tourisme de Nancy déploie un accueil de qualité aux personnes à mobilité réduite et met à leur disposition balises sonores, audio-guidage, plan de la ville agrandi, système Audio-T, multipack, dictaphones, documentation en braille et même un fauteuil roulant !

JARDIN DOMINIQUE-ALEXANDRE GODRON

36, rue Sainte Catherine
NANCY
✆ 03 83 36 59 04
Ouvert toute l'année, tous les jours. Gratuit. Label Jardin Remarquable. Label Tourisme & Handicap.

Situé à l'arrière de l'actuel Muséum Aquarium, il a été fondé par Stanislas en 1758. En 1993, il perd sa vocation botanique au profit du Jardin du Montet, et prend son nom actuel en hommage à celui qui dirigea le jardin durant la seconde moitié du XIXe siècle. Labellisé Jardin remarquable, il offre aux promeneurs des collections horticoles de plantes destinées à l'ornement floral ainsi qu'une riche collection d'arbres. Le jardin est accessible aux personnes handicapées moteur.

JARDIN PAUL VERLAINE

Rue Verlaine
NANCY
Ouvert toute l'année. Gratuit. Label Tourisme & Handicap.

Le jardin Paul-Verlaine est une succession d'ambiances et d'architectures végétales qui conduisent le visiteur de l'avenue de Boufflers à l'avenue Anatole-France. Après être passé sous la façade avenue de Boufflers conservée en mémoire du site, découvrez un parvis en forme d'hémicycle sur lequel des îlots de verdure se détachent, véritables petits paravents transparents qui découvrent l'allée centrale. Puis, débute le long de cette allée, l'aire de jeux et le jardin du petit Poucet et plus loin la forêt de bouleaux, le potager et le jardin des hautes herbes.

MUSÉE DES BEAUX-ARTS DE NANCY ★★★

3, place Stanislas - **NANCY**
✆ 03 83 85 30 01
Ouvert tous les jours de 10h à 18h, sauf le mardi. Accueil enfants. Accessible aux PMR. Label Tourisme & Handicap.

Installé dans l'un des pavillons de la place Stanislas, le musée propose un remarquable et vaste panorama de l'art européen du XIVe au XXe siècle. Peintures, sculptures, dessins, estampes, gravures et objets d'art y sont exposés. Le bâtiment bénéficie d'aménagements permettant aux personnes handicapées de circuler librement et en totale autonomie. Le parcours a donné lieu à la réalisation d'un plan de circulation à l'usage des personnes handicapées moteur et à mobilité réduite.

GRAND EST

Le musée des Beaux-Arts de Nancy.

Parc de la Pépinière à Nancy.

PARC DE LA PÉPINIÈRE

Boulevard du 26e Régiment d'Infanterie
NANCY
✆ 03 83 36 59 04

Jardin remarquable. Ouvert toute l'année, tous les jours. Label Tourisme & Handicap.

La Pépinière, c'est tout simplement le plus grand parc de la ville de Nancy et sans doute le plus beau aussi. D'abord pépinière royale fondée par Stanislas en 1765, le site était à l'origine destiné à fournir aux Nancéiens de jeunes plants pour agrémenter leurs propriétés. L'endroit devient un parc public en 1835 à la grande joie des habitants qui aiment y faire du sport tout comme s'y prélasser. Une étape indispensable à la visite de Nancy, d'autant que le parc est évidemment labellisé Jardin remarquable mais aussi Tourisme et Handicap.

CRT LORRAINE

Abbaye des Prémontrés
PONT-À-MOUSSON
✆ 03 83 80 01 80
www.tourisme-lorraine.fr

Vous retrouverez sur ce site de l'Agence régionale du tourisme Grand Est toutes les informations nécessaires à votre séjour en Lorraine : destinations possibles, adresses, réservations, bons plans, agenda, actualités, idées et conseils. Une rubrique est dédiée à l'handitourisme où sont recensés toutes les structures et établissements labellisés Tourisme et Handicap, soit plus d'une centaine de lieux ! Un site très bien conçu, qui vous sera sans l'ombre d'un doute d'une grande utilité pour explorer cette belle région historique.

LA MAISON DE LA MIRABELLE ★

16, rue du Capitaine-Durand - **ROZELIEURES**
✆ 03 83 72 32 26
www.maisondelamirabelle.com

Jours d'ouverture et horaires variables selon les saisons. Gratuit. Visite guidée. Label Tourisme & Handicap.

La Maison de la Mirabelle fut créée par la famille Grallet, distillateurs de père en fils depuis 1895. A la tête d'une exploitation de 25 hectares de mirabelliers, Hubert et Anne-Marie perpétuent aujourd'hui cette histoire d'amour entre le fruit jaune et le terroir lorrain en vous proposant un parcours de découverte guidé pour mieux connaître ce fruit délicieux. Au programme : visite de la distillerie, projection et dégustation. De quoi ravir les plus gourmands !

GÎTE RURAL SAINT-JULIEN**** €€

Ferme Saint-Julien - **VELLE-SUR-MOSELLE**
✆ 03 83 26 63 08
www.gitesaintjulien.fr

Gîtes de France (3 épis). Ouvert toute l'année. Parking. Label Tourisme & Handicap.

Le gîte est situé dans le haut du village sans voisinage immédiat. Pouvant accueillir jusqu'à 13 personnes dont 2 en fauteuil dans 200 m², les chambres du rez-de-chaussée possèdent une grande salle de bains avec lavabo et toilettes adaptés tandis que la douche est équipée d'un siège. Volets électriques. Terrasse et barbecue accessibles. Handicap moteur : une rampe d'accès facilite l'arrivée depuis le parking et la table du salon est pensée pour les fauteuils, chaise roulante.

COMITÉ DÉPARTEMENTAL DU TOURISME DE LA MEUSE

28, rue des Romains - **BAR-LE-DUC**
✆ 03 29 45 78 40
www.tourisme-meuse.com
Ouvert du lundi au vendredi de 9h à 12h et de 14h à 17h.

Le Comité départemental du tourisme a pour fonction essentielle de promouvoir l'ensemble du tourisme en Meuse au sein d'une structure de treize personnes qui sont en poste afin de gérer différents pôles : support Web, promotion et ingénierie. Valoriser et promouvoir les principaux sites à visiter et informer sur toutes les manifestations culturelles et sportives et les loisirs disponibles en Meuse, et trouver les informations sur les établissements Tourisme & Handicap.

LE MOULIN AUX CHAMPS €€

8, rue du Moulin-aux-Champs - **BONZÉE**
✆ 03 29 88 81 01
www.lemoulinauxchamps.com
Gîtes de France (3 épis). Bienvenue à la Ferme. Ouvert toute l'année. Accessible aux PMR. Label Tourisme & Handicap.

Dans cet ancien moulin rénové du village de Bonzée, les propriétaires ont construit leur ferme laitière bio dite « la Pouillotte ». Alliant architecture du passé et matériaux nobles modernes, ils vous accueillent dans leur gîte pouvant recevoir 8 personnes : la chambre arc-en-ciel au rez-de-chaussée est accessible aux personnes à mobilité réduite. À l'étage, les 3 jolies chambres boisées sont chaleureuses et agréables. Deux salles de bain avec WC dont une adaptée au public handicapé. Des chambres spacieuses qui permettent un bon accès.

LES GÎTES DU PETIT PÂTRE €€

Rue du Clos-Boutin - **LOISEY-CULEY**
✆ 03 29 45 79 76
gitesdupetitpatre.com
Gîtes de France (3 épis). Ouvert toute l'année. Label Tourisme & Handicap (moteur, mental, malentendant, malvoyant).

Dans un charmant décor de campagne, les Gîtes du Petit Pâtre vous assureront un séjour au calme. Les 4 logements (Sensations, Mélodie, Harmonie et Bulle) refaits à neuf et accessibles aux personnes handicapées disposent chacun de tous les équipements nécessaires à un excellent séjour, les propriétaires sont à l'écoute. L'ambiance cosy, l'orientation plein sud ou les couleurs chatoyantes sans oublier la vue aussi agréable que reposante sur le paysage environnant, vous assureront des vacances détente et conviviales entre amis ou en famille.

MUSÉE DÉPARTEMENTAL D'ART SACRÉ ★

Rue du Palais-de-Justice - **SAINT-MIHIEL**
✆ 03 29 89 06 47
www.coeurdelorraine-tourisme.fr
Horaires variables selon les saisons. Label Tourisme & Handicap (moteur, mental, malentendant).

Installé dans l'aile sud du palais abbatial, ce musée présente des objets d'art religieux : ciboires, croix, calices, vêtements sacerdotaux et statues en provenance de paroisses ou de communes de la Meuse. L'office de tourisme met à disposition un fascicule et organise des visites accompagnées à la demande pour tous les types de handicaps, ce qui permet d'organiser sa visite au mieux et sans souci. Les personnes présentes restent à l'écoute et sont disponibles si besoin.

MUSÉE DE LA BIÈRE ★

17, rue du Moulin
STENAY
✆ 03 29 80 68 78
www.museedelabiere.com
Ouvert du 1er mars au 1er décembre. Tous les jours : 10h-12h30, 13h30-18h. Adulte 5 €. -18 ans gratuit.

Brassez votre curiosité ! Le parcours didactique et ludique du musée de la Bière stimule aussi bien la vue, que le goût, l'odorat, le toucher et l'ouïe. A travers six séquences, le visiteur découvre l'histoire du bâtiment, les matières premières nécessaires à la fabrication de la bière, l'évolution des techniques de brassage, du transport et des débits de boissons. Cette découverte plaira aux grands comme aux plus jeunes qui trouveront de l'intérêt à comprendre les différentes approches pour réaliser cette boisson. Situé entre Sedan et les sites de mémoire de Verdun, le musée de la Bière est installé dans l'ancien magasin aux vivres de la citadelle de Stenay, transformé en malterie au XIXe siècle. Répartie sur 2 500 m², la collection retrace l'histoire des arts et traditions brassicoles des origines à nos jours. Point d'orgue du musée, la salle consacrée à la publicité et aux affiches révèle comment l'art publicitaire s'est mis au service des brasseurs. Avec sa houblonnière unique en Lorraine, le jardin botanique prolonge la visite. Le parcours muséographique est accessible aux personnes à mobilité réduite, les textes sont disponibles en braille et certaines machines sont reproduites en relief, des vidéos en LSF ponctuent le parcours, et il y a des ateliers adaptés aux personnes en situation de handicap mental. La découverte du musée se termine à la taverne, lieu de dégustation et de vente de produits du terroir avec un choix de 70 bières artisanales et industrielles à emporter ou à consommer sur place, avec modération !

LE CAMPING MUNICIPAL DE RAMSTEIN PLAGE €

BAERENTHAL ✆ 03 87 06 50 73
www.baerenthal.eu
Fermé du 1er octobre au 31 mars. Piscine chauffée. Label Tourisme & Handicap (mental, malentendant, malvoyant).

Situé entre forêt et plan d'eau dans l'enceinte de la Base de Loisirs Ramstein Plage, le camping*** Ramstein Plage bénéficie d'un environnement exceptionnel. Vous y trouverez 305 places à la saison mais aussi 50 places grand confort à la journée pour tente ou caravane, des places spéciales pour l'accueil des groupes ainsi qu'une aire de stationnement pour camping-car avec borne de service. Six blocs sanitaires modernes et trois respectent les normes pour personnes handicapées moteur.

CENTRE POMPIDOU - METZ ★★★★

1, parvis des Droits-de-l'Homme - **METZ**
✆ 03 87 15 39 39 - www.centrepompidou-metz.fr
Ouvert lundi, mercredi, jeudi de 10h à 18h et vendredi, samedi et dimanche de 10h à 19h. Fermé le mardi.

Le Centre Pompidou-Metz est un centre d'art dédié à l'art moderne et contemporain présentant des expositions temporaires et des spectacles vivants, des séances de cinéma et des conférences. Des ateliers permanents sont destinés à l'initiation artistique des enfants et des adolescents. Le bâtiment est accessible de plain-pied et dispose d'un ascenseur panoramique ainsi que de toilettes adaptées à tous les niveaux. Les guichets, l'auditorium et le studio de création sont équipés d'une boucle magnétique à destination des visiteurs avec handicap visuel.

CAMPING DE LA CROIX DU BOIS SACKER

Rue Ramstein - **BURTONCOURT**
✆ 03 87 35 74 08
www.campingcroixsacker.com
Fermé du 15 octobre au 1er avril. Label Tourisme & Handicap (moteur, mobilité réduite, mental, malentendant).

Dans un cadre agréable et une ambiance conviviale, le Camping de la Croix du Bois Sacker vous propose calme et détente. Sur 8 ha boisés avec 131 emplacements mais également avec la possibilité de louer des mobil-homes dont certains sont adaptés pour recevoir des personnes handicapées moteur, vous pourrez goûter à tous les plaisirs de la campagne et découvrirez des lieux propices et des sentiers de balades à vélo. Un endroit sympathique pour se ressourcer.

FONDS RÉGIONAL D'ART CONTEMPORAIN LORRAINE

1 bis, rue des Trinitaires - **METZ**
✆ 03 87 74 2002
www.fraclorraine.org
Ouvert du mardi au vendredi de 14h à 18h. Label Tourisme & Handicap (moteur, mental, malentendant, malvoyant).

Installé dans l'hôtel particulier Saint-Livier, un des plus anciens et des plus prestigieux de la ville, le FRAC-Lorraine s'avère être incontournable. Histoire et art contemporain se rencontrent dans ce lieu d'exception, restauré et aménagé pour mettre en valeur parcours et expériences artistiques autant que l'architecture de l'édifice. Toute l'année, les expositions présentent des œuvres tirées des collections du FRAC ou d'autres fonds publics. À découvrir !

AGENCE INSPIRE METZ

2, place d'Armes - **METZ** ✆ 03 87 39 00 00
www.inspire-metz.com/fr/
Ouvert tous les jours de 11h à 20h. Fermé les 25 décembre et 1er janvier. Label Tourisme & Handicap.

Depuis plusieurs années, la Ville de Metz s'efforce de rendre la cité accessible à tous. L'objectif est d'assurer aux personnes en situation de handicap un accès aux services publics de toute nature comparable à celui proposé aux personnes dites « valides » : bordures de trottoirs abaissées, cheminements aménagés sur la voirie, feux sonores fonctionnant en liaison avec une télécommande disponible auprès d'associations spécialisées,... Pour avoir plus d'informations sur l'accessibilité des bâtiments publics, vous pouvez contacter la Mission Handicap de la ville.

MAIRIE DE METZ

1, place d'Armes-Blondel
METZ
✆ 08 00 89 18 91
www.metz.fr
Ouvert du lundi au vendredi de 8h à 12h et de 13h à 17h.

Après son office de tourisme qui a obtenu le label « Tourisme et Handicap », la Ville de Metz a été saluée dès 2006 par l'attribution d'un trophée APAJH - Accessibilité de la Ville. Metz a par ailleurs créé la Mission Handicap, dont l'objectif est d'assurer aux personnes handicapées de meilleures conditions d'accès aux services publics. Régulièrement est organisée une semaine de sensibilisation avec expositions, spectacles, débats, animations de rues et démonstrations sportives pour conduire chacun à changer son regard sur le handicap sur l'autre et sur soi.

Le petit train du Parc animalier de Sainte-Croix.

LE CHÂTEAU DE COURCELLES

73, rue de Pont-à-Mousson - **MONTIGNY-LÈS-METZ**
✆ 03 87 55 74 74
www.montigny-les-metz.fr
Horaires d'ouverture selon les événements. Label Tourisme & Handicap.

Fermes-châteaux, granges fortifiées et maisons fortes font partie des vestiges remarquables du pays messin. Ne subsiste aujourd'hui que le château de Courcelles datant du XVIIIe siècle magnifiquement réhabilité. Un lieu magnifique où vous pourrez déambuler entre glaces et miroirs surmontés de trumeaux sans oublier les parquets, boiseries, marbres, lambris et soieries parfaitement conservés. Racine, La Fontaine ou Cocteau y ont séjourné tour à tour. Accessible aux personnes en fauteuil et à mobilité réduite, son parc offre une vue panoramique sur la vallée.

LA PLUME DE L'ARGILETE

57, rue de Metz
RÉMILLY
✆ 06 23 12 03 73
www.librairie-argilete.com
Ouvert le mardi et le vendredi de 14h30 à 18h ; le samedi de 10h à 12h et de 14h30 à 18h.

Spécialiste en éditions adaptées pour le handicap ou les pathologies diverses, vous trouverez ici des livres audio, d'autres imprimés en gros caractères, spécialement conçus pour les personnes dyslexiques ou encore pour les autistes ou ceux porteurs du syndrome d'Asperger. Tout est fait pour que tout le monde trouve son bonheur : des contrastes poussés, des phrases courtes, des interlignes importants, des collections éclectiques et pédagogiques... le tout à petit prix pour le plaisir de lire ! Des livres de tous thèmes principalement pour les enfants.

PARC ANIMALIER DE SAINTE-CROIX ★★

Route de Rhodes - **RHODES**
✆ 03 87 03 92 05
www.parcsaintecroix.com
Haute saison ouvert 7j/7 de 10h à 19h. Adulte 29 €, enfant 21 €. Label Tourisme & Handicap.

Sur près de 120 ha, ce parc animalier nous amène à découverte de la faune européenne et de la biodiversité mondiale. Trois sentiers aménagés pour les personnes handicapées moteur vous emmènent à la rencontre de plus de 1 500 animaux vivant en semi-liberté. On débute par la ferme de Gérald, la maison aux insectes, puis, on chemine dans la forêt des carnivores, lynx et loups mais aussi d'autres espèces issus des régions arctiques, tels les renards polaires ou les rennes de la toundra.

PLAN INCLINÉ DE SAINT-LOUIS ARZVILLER

Plan incliné - **SAINT-LOUIS**
✆ 03 87 25 30 69
www.plan-incline.com
D'avril à octobre de 10h à 17h (18h en juillet-août). Visite et circuit bateau/train de 5 € à 15 € selon la formule

Unique en Europe, le plan incliné transversal de Saint-Louis-Arzviller permet aux bateaux de franchir une dénivellation de 45 m, ce qui correspond à 17 écluses. Une réalisation spectaculaire à découvrir en petit train, en vedette ou les deux. Découvrez aussi en visite libre la péniche-musée *Sainte-Marie*, entièrement rénovée. Le site et les bateaux sont accessibles aux personnes à mobilité réduite mais il est recommandé de contacter l'office de tourisme avant.

MAISON D'HÔTES LA CANADIENNE €€

84, rue de Folpersviller - **SARREGUEMINES**
✆ 09 65 03 41 44
www.chambres-hotes-sarreguemines.fr
Gîtes de France (4 épis). Piscine extérieure chauffée. Jardin. Label Tourisme & Handicap (moteur, PMR).

Née de la sensibilité de ses propriétaires au développement des énergies renouvelables et aux matériaux sains, cette charmante maison d'hôtes possède la particularité d'être une habitation dotée d'une ossature de bois issu des forêts canadiennes. Trois chambres soignées et tout confort pouvant accueillir 2 et 4 personnes vous attendent dont une au rez-de-chaussée accessible aux touristes à mobilité réduite. Un endroit accueillant et agréable où l'on se sent bien.

MUSÉE DES TECHNIQUES FAÏENCIÈRES ★

125, avenue de la Blies - **SARREGUEMINES**
✆ 03 87 98 28 87
www.sarreguemines-museum.eu
Du mardi au dimanche et les jours fériés de 10h à 12h et de 14h à 18h. Adulte : 6 €. Label Tourisme & Handicap.

Installé dans un moulin dévolu à la fabrication des pâtes à faïence, le musée abrite une importante collection de machines et d'outils spécifiques à l'industrie de la céramique. De l'argile brute à la cuisson finale, le visiteur découvre toutes les étapes de la préparation tandis que le témoignage d'anciens faïenciers accompagne la visite de chaque atelier. Des visites guidées tactiles sont organisées par l'office de tourisme ; des ateliers sont également organisés par le musée.

OFFICE DE TOURISME SARREGUEMINES CONFLUENCES

8, rue Poincaré - **SARREGUEMINES**
✆ 03 87 98 80 81
www.sarreguemines-tourisme.com
Lundi-vendredi 9h30-18h, samedi 10h-17h, dimanche 10h-12h30 et 13h30-17h de mai à sept, et 10h-13h d'oct à avril.

L'OT Sarreguemines Confluences dispose d'écrans tactiles pour faciliter vos recherches. Une équipe sympathique saura vous aiguiller et vous fournir toutes les informations nécessaires, ainsi qu'un large choix de bons plans, de visites guidées et de séjours. La boutique propose des produits du terroir ainsi que de l'artisanat local autour du *platt*. Des visites guidées sur la faïence de Sarreguemines, reconnue et appréciée, dans les deux musées qui lui sont dédiés sont à faire.

GÎTE LES COCCINELLES €€

TURQUESTEIN-BLANCRUPT
✆ 03 87 01 18 50
www.gites-de-france.com
Gîtes de France (4 épis). Ouvert toute l'année. Label Tourisme & Handicap (moteur, mental, malentendant, malvoyant).

C'est au pied du Donon au milieu d'une vaste prairie entourée d'une magnifique forêt que se situe cette maison en bois contemporaine dotée de tout le confort. Au total, ce sont près de 100 m^2 habitables et de 100 m^2 de terrasse sur un terrain d'un hectare qui s'offrent à vous durant votre séjour. Deux chambres sont accessibles dans ce havre de paix, ce qui permet de se sentir bien avec des propriétaires à l'écoute si besoin. Un bel endroit, où l'on se sent facilement bien, idéal pour se reposer. Une adresse à retenir donc pour le secteur.

GRAND EST

© OLIVIER FRIMAT

Après une descente vertigineuse, le bateau retrouve le calme plat à Saint-Louis-Arzeviller.

LA TROTTELÉE €€

6, La Trottelée - **BELLEFONTAINE**
✆ 03 29 67 57 23
www.latrottelee.com
Gîtes de France (3 épis). Ouvert toute l'année. Label Tourisme & Handicap (moteur, PMR, mental, malentendant).

C'est dans un cadre calme que cette ancienne ferme vosgienne vous accueille : entre les villes thermales et les massifs montagneux, venez profiter de tout le confort dans une des chambres ou dans la suite familiale. Le petit-déjeuner sera l'occasion de déguster le pain du terroir cuit au four à bois ou encore les brioches et confitures maison. Les dîners simples et conviviaux sont élaborés avec des fruits et légumes du potager ou des produits du terroir. Une adresse sympathique. Labellisé tourisme et handicap, l'ensemble vous accueille dans de bonnes conditions.

CONSEIL DÉPARTEMENTAL DES VOSGES

8, rue de la Préfecture - **EPINAL**
✆ 03 29 82 02 14
www.tourisme.vosges.fr
Du 01/07 au 31/08 : du lundi au samedi 9h-19h, dimanche 10h30-15h30. Du 01/09 au 30/06 : 9h-12h30 et 13h30-18h.

Si vous souhaitez « Voir la Vie en Vosges » et quelle que soit la saison, alors... bienvenue dans les Vosges ! Que votre séjour soit consacré au ski, à la randonnée, au bien-être, au thermalisme, aux loisirs, à la culture ou encore au patrimoine, vous trouverez sur le territoire une multitude d'animations, d'idées « découverte » et un choix d'hébergements adaptés à vos attentes ! Il est également possible de commander des catalogues sur le site Internet.

GÎTE APOLLON €

16, rue de Liffol
GRAND
✆ 06 70 96 87 65
www.apollon-gite-grand.fr
Gîtes de France. Pour 13 personnes.

Située en plein cœur du village de Grand, vous serez séduit par cette ravissante demeure rénovée en pierre de taille. Les 4 chambres sont entièrement équipées pour le bien-être de tous. Le jardin laissera petits et grands se détendre autour d'un repas sur la terrasse. A quelques kilomètres des sites touristiques de la région, vous serez enjoué par ce havre de paix ainsi que l'atmosphère conviviale qui s'en dégage. La propriétaire étant anglophone, elle propose également des stages d'anglais. *Let's try*. Un lieu sympathique et convivial.

CAMPING DE BELLE HUTTE****

1 bis, vouille de Belle-Hutte - **LA BRESSE**
✆ 03 29 25 49 75
www.camping-belle-hutte.com
Terrain de 4 ha. 115 emplacements (15 chalets). Label Tourisme & Handicap (moteur, mental, malentendant, malvoyant).

À 900 m d'altitude, le camping est idéalement situé au cœur des montagnes du massif des Vosges et du parc régional des Ballons des Vosges pour des vacances dans ce havre de tranquillité accessibles aux personnes en situation de handicap. Goûtez au camping sans animation et profitez des différentes infrastructures dans une atmosphère conviviale. Un lieu, idéal en toute saison, dans lequel service et amabilité sont au rendez-vous. Un service aimable et de qualité est proposé.

DOMAINE DU HAUT DES BLUCHES €€

5, route des Planches
LA BRESSE
✆ 03 29 25 64 80
www.hautdesbluches.com
Fermé entre novembre et décembre.

À 710 m d'altitude, le domaine du Haut des Bluches vous accueille en camping, en chalet ou en chambre dans un espace naturel au cœur du massif des Vosges. On aime l'accueil convivial et chaleureux de l'équipe, sensibilisée au handicap. Une adresse fort sympathique pour des vacances familiales sereines. L'ensemble est assez accessible, ce qui permet un séjour reposant et adapté. Le site de La Bresse est l'un des plus beaux domaines skiables des Vosges.

PARCOURS DE PÊCHE

11, route du CD 417 - **LA FORGE** ✆ 03 87 74 20 02
www.ot-remiremont.fr
Pictos : moteur ; mobilité réduite ; mental ; malentendant.Ouvert toute l'année. Gratuit. Label Tourisme & Handicap.

Ce sentier est conçu pour l'accueil des personnes en situation de handicap. Il vous permettra de pêcher en toute sécurité au bord de la Cleurie, rivière de première catégorie. Vous trouverez le long des 500 m du parcours des coins de pêche spécialement aménagés pour les personnes à mobilité réduite, un abri couvert, des tables de pique-nique avec des emplacements pour les fauteuils et des toilettes publiques. La durée moyenne du parcours de promenade est d'environ 1 heure. L'occasion de faire une halte sympathique sur le secteur, avant d'arpenter les sommets.

MUSÉE DE LA LUTHERIE ET DE L'ARCHETERIE FRANCAISES

Cours Stanislas - **MIRECOURT** ✆ 03 29 37 81 59
www.musee-lutherie-mirecourt.fr
Ouvert toute l'année. Réservation conseillée. Visite libre 3,50 €, visite guidée 7,50 €. Label Tourisme & Handicap.

La visite est ouverte et accessible à tous : plan tactile, supports en relief, objets, boucle magnétique installée à l'accueil, colliers magnétiques disponibles afin de profiter des extraits sonores diffusés dans les bornes audio. Découverte tactile et sonore de l'exposition proposée aux groupes en situation de handicap sur réservation. Visite guidée sensorielle mettant en avant les aspects technique, sonore, esthétique et patrimonial de l'instrument de musique adaptée au handicap.

DOMAINE DU HAUT JARDIN €€

43b, rue du Village - **REHAUPAL**
✆ 03 29 66 37 06
www.domaine-du-haut-jardin.com
Logis. Maître Restaurateur. Qualité Tourisme. Label Tourisme & Handicap (moteur, PMR, mental, malvoyant).

Au coin du feu, dans une salle à l'esprit vosgien, découvrez une carte qui évolue au fil des saisons et qui évoque une cuisine gastronomique du terroir. AU choix, la formule gastronomique ou la formule bistrot. Vous pouvez opter pour un menu avec accord mets-vins. La planche de fromages fermiers est idéale pour découvrir les bons crus locaux. En été, vous profiterez de la quiétude du jardin. Cet établissement propose aussi des chambres et des chalets avec bains bouillonnants privés ou pour certains sauna et hammam. Un lieu atypique et sympathique.

LA CHARMANTE €€

563, route du Coney - **XERTIGNY**
✆ 03 29 30 18 26
www.charmantemaisondhotes.com
5 chambres (roulotte : 115 € la nuit). Petit déjeuner inclus. Label Tourisme & Handicap. 1 chambre adaptée.

Nichée dans le petit village de Rasey, cette maison d'hôtes porte bien son nom : il s'agit d'une ancienne ferme datant de 1841 tenue par Édith et Joël qui vous accueillent ici dans un charmant cadre bucolique au milieu des sapins et de la nature. Trois chambres offrent chacune différentes ambiances : La Pratique (adaptée), La Romance et L'Alcôve. Vous apprécierez également les saveurs de la cuisine locale à la table d'hôtes. Les espaces et les chambres sont assez grandes, ce qui permet une certaine accessibilité. Un bel endroit.

REFUGE DU SOTRÉ €€

Route des Crêtes - **XONRUPT-LONGEMER**
✆ 03 29 22 13 97
www.refugedusotre.com
Ouvert toute l'année. 11 chambres de 4 à 6 lits. Label Fédération Française Handisport.

À 1 200 m d'altitude au cœur du massif des Vosges, une équipe de professionnels du handicap et de la montagne vous accueille toute l'année pour vos séjours, voyages, vacances et week-ends adaptés au handicap. Entièrement rénové en 2012, le Refuge du Sotré dispose désormais de 50 places de couchage, organisées en chambres disposant toutes de sanitaires adaptés. Les lits peuvent être modulés en fonction des besoins des personnes. Il est également possible pour des séjours longs de louer un ou plusieurs lits médicalisés. Résa conseillée.

GÎTE DE LA FERME DE SURMONT €€

3, rue du Village - **BEAUMONT-EN-BEINE**
✆ 03 23 52 56 96
www.gite-campagne-saint-quentin.fr
Gîtes de France (3 épis). Ouvert toute l'année. Chambres adaptées. De 355 € à 455 € la semaine selon saison.

Dans cette grande maison rénovée, 3 chambres accueillent jusqu'à 6 personnes. Au rez-de-chaussée, vous trouverez une pièce principale avec cuisine ouverte sur séjour, 1 chambre individuelle et 1 chambre pour 3 personnes, salle de bains et W.C. A l'étage, 1 chambre avec une jolie vue, salle de bains et W.C. Un mobilier contrasté en couleur, alarme sonore avec système de flash lumineux dans la chambre ; cuisine ouverte équipée d'un plan de travail et évier réglable.

LA MAISON DU TEXTILE ★

54, rue Roger-Salengro
FRESNOY-LE-GRAND
✆ 03 23 09 02 74
Fermé en janvier. Ouverte du mardi au vendredi de 10h à 13h et de 14h à 17h et le samedi de 14h à 18h. Adulte : 7 €.

Ce musée est implanté dans une ancienne entreprise de textile, secteur industriel florissant dans la région à la fin du XIXe et dans la première moitié du XXe siècle. Le visiteur y découvre 28 métiers à tisser Jacquard et de nombreux exemples de ce qu'ils ont permis de produire. Les techniques de tissage et de broderie sont présentées en détail et des pôles d'animation et de démonstration permettent de s'exercer à quelques-uns des métiers du secteur. Une visite à faire en famille, un livret d'activités étant distribué aux enfants.

LE FORT DE CONDÉ ★

CHIVRES-VAL
✆ 03 23 54 40 00
www.fortdeconde.com
Ouvert tous les jours du 15 avril au 15 novembre. Adulte : 6,50 €. Label Tourisme & Handicap.

Le fort de Condé est un très bel exemple de l'architecture militaire du XIXe siècle. Ce monument historique est l'un des bastions du rideau défensif pensé par le Général Séré de Rivières après la défaite de 1870. Bâti en pierres de taille, cette édification d'une superficie de 5 ha et de forme pentagonale s'inscrit dans la tradition de la fortification française de Vauban à Maginot. L'ensemble est recouvert par trois mètres de terre engazonnée. Ce site joua un rôle pendant la Première Guerre mondiale dans le prolongement des combats du Chemin des Dames.

DOMAINE DE BLANGY €€

Rue d'Anor-d'en-Haut - **HIRSON**
✆ 03 75 10 01 00
www.domainedeblangy.com
15 bungalows en location, 30 chambres d'hôtel, camping du 1er avril au 30 septembre. Label Tourisme & Handicap.

Sur un site naturel exceptionnel, le domaine de Blangy est implanté entre une forêt, un plan d'eau et une cascade à deux pas de la frontière franco-belge. Remarquablement bien équipé que l'on soit en cottage ou au camping, il se trouve juste à côté d'une base de loisirs offrant un large choix d'activités de pleine nature (escalade, rando...). En quête de tranquillité et de convivialité, sportif aguerri ou simple randonneur, vous trouverez un cadre idéal pour un séjour ressourçant en famille, une escapade entre amis ou un séminaire d'entreprise.

Le Fort de Condé.

HAUTS-DE-FRANCE

COMITÉ DÉPARTEMENTAL DU TOURISME DE L'AISNE

Avenue du Maréchal Foch - **LAON**
✆ 03 23 27 76 76
www.jaimelaisne.com
Ouvert du lundi au vendredi de 10h à 13h et de 14h à 18h ; le week-end de 14h à 18h.

Le Comité départemental du tourisme de l'Aisne est une aide précieuse quand il s'agit de préparer son séjour dans le département. Activités sportives ou de plein air, vol inoubliable au-dessus du vignoble champenois en ULM au départ de l'aérodrome de Château-Thierry, escapades insolites en famille ou entre amis, présentation de la gastronomie et des produits locaux, venez profitez de la richesse naturelle de ce territoire vert ainsi que de son patrimoine culturel exceptionnel.

HÔTEL IBIS LAON*** €€

1134, avenue Georges Pompidou - **LAON**
✆ 03 23 20 18 11
www.ibishotel.com
Ouvert toute l'année. Chambre pour 1 personne dès 87 €. Label Tourisme & Handicap (mental, moteur, auditif et visuel).

Les chambres sont confortables. Trois sont adaptées pour la clientèle en fauteuil. Climatisées, elles sont toutes bien équipées. La literie est de qualité. Ibis fait mal à ses concurrents pour le plus grand bonheur de ses clients ! L'hôtel Ibis Laon est le point de départ idéal pour découvrir cette cité médiévale et sa cathédrale. A proximité du Center Parc de l'Ailette, du Chemin des Dames connu pour sa bataille durant la Seconde Guerre mondiale, et de la Caverne du Dragon, l'hôtel Ibis vous offre tout le confort nécessaire.

L'ERMITAGE RESTAURANT €€€

331, route de Paris - **SAINT-QUENTIN**
✆ 03 23 62 42 80
http://www.auberge-de-lermitage.fr
Ouvert le midi les lundi, mardi, jeudi, vendredi, dimanche et le soir du jeudi au samedi. Maître Restaurateur.

Ce restaurant installé dans un décor soigné propose à la carte des mets gourmands et savoureux : velouté de potimarron et noix de Saint-Jacques, magret de canard façon Rossini pommes vonassiennes, cœur de ris de veau aux écrevisses, linguine aux champignons des bois, carpaccio ananas et mangue glace au lait de coco ou pain perdu à l'ancienne pommes rôties au miel et crème d'amandes boule de glace pain d'épices. Le chemin entre le parking et l'entrée comporte une pente supérieure à 5 % : le propriétaire a donc ajouté une sonnette sur la place de parking réservée.

HÔTEL LE FLORENCE** €

42, rue Émile Zola - **SAINT-QUENTIN**
✆ 03 23 64 22 22
www.hotel-le-florence.fr
Ouvert toute l'année. Accueil 24h/24. 49 chambres. Chambre simple à partir de 62 €. Label Tourisme & Handicap.

En plein cœur du centre-ville et installé dans une maison de belle taille, cet ancien relais postal propose désormais des chambres réparties sur trois étages, sans ascenseur. Proprettes et confortables, chacune a son charme particulier. Côté accueil, le sourire est de mise. Le rapport qualité/prix est intéressant pour quiconque souhaite séjourner en centre-ville. Pourtant, on est loin des chaînes hôtelières sans charme. Un bon plan, donc ! Le rapport qualité/prix est en effet quant à lui remarquable. Un petit air de Florence pour un chouette séjour.

MUSÉE DE LA RÉSISTANCE ET DE LA DÉPORTATION ★

5, place Carnégie - **TERGNIER**
✆ 03 23 57 93 77
www.ville-tergnier.fr
Du mardi au samedi 10h-12h et 14h-18h, dimanche 14h30-18h30. Adulte : 5 €. Gratuit -18 ans.

Installé dans un bâtiment classé, ce lieu doit son existence à la volonté d'anciens résistants et déportés. Il présente la guerre et ses implications dans la région au travers d'archives et d'une collection exceptionnelle d'objets rassemblés depuis plus de 20 ans (casques, uniformes, matériels de parachutages, traction Citroën,...) avec comme fil directeur la Résistance et la déportation. Le musée est labellisé Tourisme & Handicap pour les handicaps moteur et mental.

HANDIPLAGES

Bray-Dunes. Parking avec 2 places réservées à proximité puis rampe d'accès vers la zone d'accueil où vous pourrez réserver l'un des 2 Tiralos disponibles ou le cyclo-side. Des tentes, une douche accessible, des toilettes adaptées, un vestiaire et un handiplagiste disponible... tout ce qu'il faut en somme pour se baigner et bronzer en toute sécurité à Bray-Dunes !

Dunkerque : Plage de Malo-Digue des Alliés. Accessible avec un parking proche et 2 places réservées, rampe d'accès, douche accessible, sanitaires à la zone d'accueil, vestiaires et tentes sur place. Pour profiter de l'eau, rien de mieux qu'un Tiralo et un cyclo-side. Le handiplagiste local vous accueillera avec le sourire.

Plage de Malo-Digue de mer. Rampe d'accès, douche accessible, roulement aménagé du parking à la baignade (caillebotis) et sanitaires adaptés à moins de 100 m, c'est la même qualité d'accueil qu'à la digue des Alliés. A la zone d'accueil, vous pourrez réserver tentes, vestiaires, un Tiralo et un cyclo-side. Ici aussi, un handiplagiste vous encadrera si besoin.

Gravelines. La plage est accessible, parking, rampe et cheminement, mise à l'eau facile. 1 Tiralo. Douches et W.C.

CAMPING LES COLOMBES*** €

2, rue des Colombes - **AUBENCHEUL-AU-BAC**
✆ 03 27 89 25 90 - campinglescolombes.fr/

Adapté aux handicaps mentaux, malentendants et PMR. Magasin d'alimentation ; pêche. Ouvert du 1er avril au 15 octobre.

Profitez de la vie en toute simplicité en vous rendant dans ce très sympathique camping à l'ambiance conviviale. Que vous soyez en caravane, en camping-car ou en tente, vous pourrez y réserver votre emplacement pour passer vos vacances. Dans cet espace fleuri et de verdure, vous découvrirez un étang privatif. Accès wifi sur toutes les parcelles. L'ensemble est accessible avec une ambiance calme et familiale où l'on peut se retrouver et se sentir bien au milieu d'un cadre naturel. Une adresse sympathique, à retenir pour en profiter.

LE PLUS, PALAIS DE L'UNIVERS ET DES SCIENCES ★

Rue du Planétarium - **CAPPELLE-LA-GRANDE**
✆ 08 00 53 75 87
www.le-plus.fr

Adapté aux handicaps moteurs et aux malvoyants. Du lundi au vendredi de 9h à 17h, le samedi de 10h30 à 17h30.

Le Plus vous donne rendez-vous avec le ciel. Depuis l'extérieur, on aperçoit la coupole du planétarium, celle-là même à l'intérieur de laquelle vous contemplerez l'univers tel un astronaute. La salle de projection accueille et transporte sous une voûte étoilée. Vous saurez tout sur le système solaire, les galaxies lointaines et découvrez l'histoire de la conquête spatiale. La séance dure une heure et se compose d'un film de 25 à 40 minutes suivie d'une description du ciel étoilé.

MUSÉE DE FLANDRE ★

26, Grand'Place - **CASSEL**
✆ 03 59 73 45 59
https://museedeflandre.fr

Ouvert du mardi au vendredi de 10h à 12h30 et de 14h à 18h ; week-end de 10h à 18h. Label Tourisme & Handicap. Consigne.

Le Musée Départemental de Flandre met à l'honneur l'histoire et la richesse de l'identité culturelle de la Flandre. L'accessibilité au plus grand nombre y a été pensée. Un fauteuil roulant et des sièges pliables sont disponibles sur demande à l'accueil, permettant l'accès à l'ensemble du parcours. Pour les visiteurs avec handicap mental, des visioguides et maquettes tactiles, réparties tout le long du parcours, peuvent servir d'outils de médiation durant la visite. Il est également possible de faire des visites et ateliers adaptés.

LA TAVERNE SAINTE MARGUERITE €€

81, rue de Lille - **COMINES**
✆ 03 20 39 00 60
www.tavernesaintemarguerite.com

Dim-mar et jeudi : midi. Vendredi et samedi : midi et soir. Menus : 33-35 €. Menu du jour 19 €. Menu lunch 25 €.

A la Taverne Sainte-Marguerite règne une atmosphère singulière, faite de chaleur, de convivialité et d'un je-ne-sais-quoi de rustique qui donne au lieu un joli charme suranné. Cette belle bâtisse authentique et son grand jardin servent d'écrin à un restaurant familial de très grande qualité. La cuisine promet de grands moments de partage autour de ce qui fait la réputation des lieux : son buffet de hors-d'œuvre bien garni. Un vrai régal pour les papilles.

OFFICE DE TOURISME - CENTRE-VILLE LE BEFFROI

Rue de l'Amiral Ronarc'h
DUNKERQUE
✆ 03 28 26 27 28
www.dunkerque-tourisme.fr
Horaires selon la saison.

C'est dans le beffroi, classé au patrimoine mondial de l'Unesco, qu'est installé l'office de tourisme. Parmi les services proposés : brochures, plans, boutique souvenirs, billetterie pour le parc d'attractions... De précieux conseils délivrés par une équipe accueillante et sympathique vous attendent pour découvrir Dunkerque et sa région dans les meilleures conditions ! Il est possible d'accéder à la terrasse panoramique à 58 mètres de hauteur. La vue à 360° y est à couper le souffle !

AU CAP COMPAS €€

Port de Plaisance - **GRAVELINES**
✆ 03 28 22 56 42
https://cap-compas.fr/
Basse saison : mar., mer. et dim. midi ; du jeu. au sam. midi et soir. Haute saison : 7j/7. Label Tourisme & Handicap.

Ancré sur le port de plaisance de Gravelines, ce restaurant est plutôt insolite avec son ossature en bois. La décoration l'est tout autant : chaque objet a sa propre histoire. Si la pièce principale peut paraître sombre, préférez les emplacements à côté des baies vitrées et contemplez à presque 180 degrés les bateaux à quai. La carte fait la part belle aux viandes : les grillades au feu de bois sont en effet la spécialité du Cap Compas. L'été, on mange de bonnes moules sur la terrasse. Compte tenu de la réputation de l'établissement, mieux vaut réserver !

MUSÉE MATISSE ★★★

Place du Commandant-Richez
LE CATEAU-CAMBRÉSIS ✆ 03 59 73 38 00
https://museematisse.fr
Musée fermé à partir du 22 mai 2023. Réouverture prévue en 2024.

Dans ce château du XVIIe siècle, vous découvrirez de nombreux œuvres du célèbre peintre Henri Matisse, mais aussi d'autres artistes dont Picasso, Chagall et Miró. Le site est accessible grâce à 2 ascenseurs et à un monte-charge. Fauteuils roulants et chaises sont disponibles sur demande. Des audioguides sont à la disposition des visiteurs malvoyants ou non voyants ; le musée est ouvert aux demandes de visites adaptées. Handicap mental : carnets et crayons pour dessiner proposés à l'accueil. Visites guidées adaptées de groupe et ateliers sur réservation.

WEEMBI

730, rue Maurice-Herzog - **LESQUIN**
✆ 03 74 09 00 00
www.weembi.com
Mercredi-dimanche 10h-21h. Sur réservation. Baptême 2 vols à partir de 59,90 €. Label Handisport.

Depuis Icare, l'homme rêve de voler... de ses propres ailes ! Grâce à ce simulateur de chute libre - le plus grand au monde - découvrez les sensations du vol humain. On débute par un baptême. Tout commence au vestiaire où vous enfilerez la combinaison ad-hoc, le casque et les lunettes. S'ensuit un briefing par un moniteur très qualifié qui vous permettra de connaître la position à adopter et les signes de communication nécessaire pour profiter pleinement de l'expérience. A votre tour, vous entrerez dans le simulateur de chute libre accompagné de votre moniteur.

OFFICE DE TOURISME DE LILLE

Rue du Palais Rihour
LILLE
✆ 03 59 57 94 00
www.lilletourism.com
Ouvert 7j/7 de 10h à 12h30 et de 13h30 à 17h30. Fermé les 01/01, 01/05 et 25/12. Accès PMR.

Aller à l'office de tourisme de Lille, c'est déjà un peu visiter la ville ! L'office occupe la salle des gardes au rez-de-chaussée du superbe Palais Rihour, dont la construction fut commencée en 1453. A l'étage, de superbes vitraux dans la salle du Conclave, parfois des expositions. Rien que pour ça, on vous conseille de faire un détour, mais aussi si vous êtes à la recherche de circuits et de brochures. Pensez au City Pass pour obtenir des prix et gratuités sur vos visites.

SUITE NOVOTEL LILLE EUROPE**** €€€

Boulevard de Turin - **LILLE** ✆ 03 20 74 70 70
www.suitenovotel.com
Ouvert toute l'année. Accueil 24h/24. 126 chambres. Chambre double dès 93 €. Check-in et check-out : midi.

73 chambres, dont 3 accessibles. Le client peut se détendre dans un espace privatif généreux et modulable grâce à une cloison coulissante et des équipements simples et mobiles : table mobile à usages multiples, méridienne convertible en lit, télévision avec chaînes du satellite, téléphone avec ligne privative et répondeur, bar aménagé, service de petit déjeuner en chambre sur demande. De plus, au cœur de l'hôtel, le client trouve à sa disposition un bar et une boutique gourmande.

GÎTE DU CHÂTEAU CARDON €€

39, hameau de Lannay - **NOMAIN**
✆ 03 20 64 56 33

Adapté aux handicaps moteurs, mentaux et aux malentendants. Parc.Gîtes de France. Ouvert toute l'année.

Marie-Hélène et Yannick Lassalle vous accueillent au Château Cardon, une ferme bourgeoise de 1850 récemment restaurée. Dans une aile indépendante de ce décor actuel et chaleureux, profitez d'une terrasse et d'un jardin privatif de 400 m2 sur un terrain arboré d'un hectare. L'hiver, vous apprécierez la chaleur bienfaisante du poêle à granulés de bois. Le gîte de 150 m2 est accessible à tous au bout d'une impasse dans un bâtiment rénové en 2005, perpendiculaire à la maison des propriétaires. Accès indépendant. L'ensemble est adapté et sympathique.

MUSÉE DE LA VIE RURALE ★★

49, rue du Musée - **STEENWERCK**
✆ 03 28 50 33 80
www.musee-steenwerck.com

Adapté aux handicaps moteurs, mentaux, aux malvoyants et aux malentendants. Musée ouvert pour groupes sur réservation.

Ouvert au public depuis 1987, ce musée présente aux nouvelles générations les activités de la ferme, celles du village et les aménagements des habitations du début du XXe siècle.Vous découvrirez les machines agricoles, l'habitation, les artisans, les commerces ou l'école. Handicap moteur : aide humaine personnalisée pour les individuels (dimanche après-midi). Handicap mental : site et accès aux objets présentés sécurisés, possibilité de prévoir des balades en calèche. Handicaps visuel et auditif : des éléments et des supports adaptés.

HÔTEL DES VERRIERS** €€

28, rue Clavon
TRÉLON
✆ 03 27 60 84 84
www.bolvert.com/hotel-des-verriers

10 chambres. Single sans petit déjeuner à partir de 68 €. Label Tourisme & Handicap.

Ancienne verrerie transformée en centre de loisirs (Le Bol Vert), ce bâtiment de belles briques rouges typiques abrite également un hôtel sans grande prétention (deux étoiles) mais qui permettra une halte dans l'Avesnois, et plus particulièrement dans ce pays spécialisé dans les arts du verre. Le centre propose une piscine-bain bouillonnant, un sauna, un squash, une aire de jeux, un minigolf et un centre équestre. Une halte intéressante pour profiter du site d'activités du Bol Vert, avec les enfants. L'ensemble est assez adapté pour tous.

MDPH 59 - MAISON DES PERSONNES HANDICAPÉES

21, rue de la Toison d'Or - **VILLENEUVE-D'ASCQ**
✆ 03 59 73 73 73
www.mdph.lenord.fr

Adapté aux handicaps moteurs, mentaux, aux malvoyants et aux malentendants.Ouvert du lundi au vendredi.

La MDPH est l'organe du Conseil départemental qui accompagne les personnes en situation de handicap dans le département du Nord. Son siège est à Villeneuve-d'Ascq, mais elle dispose également de deux autres sites à Valenciennes et Dunkerque et d'un réseau de 230 points d'accueil dans tout le département. La MDPH est en relation avec tous les acteurs du handicap : institutions, associations, éducation, insertion... Toutes les informations nécessaires et utiles pour le handicap.

BUREAU D'INFORMATION TOURISTIQUE DE WORMHOUT

60, place du Général de Gaulle - **WORMHOUT**
✆ 03 28 62 81 23
www.ot-hautsdeflandre.fr

Adapté aux handicaps moteurs et aux personnes à mobilité réduite. Ouvert du lundi au samedi.

Le bureau d'information touristique de Wormhout appartient à l'office de tourisme de la Communauté de communes des Hauts-de-Flandre. Vous êtes ici en effet dans le nord du département du Nord, en Flandre maritime et plus particulièrement dans le Houtland (pays du bois), région légèrement vallonnée avec des collines (les monts des Flandres) qui, malgré leur altitude très modeste, constituent des repères majeurs. On vous guidera vers les points d'intérêt du secteur.

CENTRE ÉQUESTRE LES CHEVAUX D'AGNETZ

384, rue Gaston Paucellier
AGNETZ
✆ 03 44 78 19 79
Ouvert toute l'année. Label Tourisme & Handicap. Équithérapie.

L'association Les Chevaux d'Agnetz participe au développement du tourisme équestre dans l'Oise en proposant à ses adhérents ainsi qu'aux personnes venues de l'extérieur de nombreuses activités : randonnées diurnes et nocturnes, reprises, stages de préparation pour le passage des galops, galops pleine nature, randonnées et diplômes poney. Grâce à la proximité avec la forêt, c'est le dépaysement assuré ! L'équithérapie représente environ 15 % de l'activité.

CHAMBRE D'HÔTES LES CHARMILLES €€

8, rue Neuve
AUCHY-LA-MONTAGNE
✆ 03 44 46 86 56
Adapté aux handicaps moteurs, mentaux, aux malvoyants et aux malentendants.Gîtes de France. Ouvert toute l'année.

Les propriétaires ont aménagé 3 belles chambres d'hôtes. La chambre Dolomites est accessible aux déficients moteur, auditif, visuel et mental. Par sa décoration, elle rappelle les origines italiennes de la famille. La chambre Lin rappelle la tradition linière de la Picardie tandis que la chambre Galets retranscrit la passion du couple pour la nature et l'ornithologie propre à la région picarde. La salle des petits-déjeuners est de plain-pied et accessible.

OFFICE DE TOURISME DE BEAUVAIS

1, rue Beauregard - **BEAUVAIS**
✆ 03 44 15 30 30
www.visitbeauvais.fr
Ouvert du lundi au samedi en basse saison, 7j/7 en haute saison. Label Tourisme & Handicap.

Idéalement situé, à 200 mètres de la cathédrale, l'office de tourisme vous propose sur place une information de qualité, avec la meilleure sélection possible, réalisée par l'équipe accueillante. Si le cœur de Beauvais est un incontournable, l'équipe saura vous montrer les atouts de l'agglomération, à savoir un côté plus champêtre et de beaux parcours de randonnée. Des brochures « Beauvaisis » sur le site Internet sont disponibles au téléchargement, classées par thématiques.

PLAN D'EAU DU CANADA

147, rue de la Mie-au-Roy
BEAUVAIS
✆ 03 44 06 92 90
www.plandeaucanada.fr
Toute l'année. Activités nautiques : pédalo, barque, paddle. Location de Rosalie. Label Tourisme & Handicap.

Quand vous parlez du Canada aux Beauvaisiens, ils ne penseront pas tout de suite au pays d'Amérique du Nord : cela leur évoque plutôt le plan d'eau où ils vont pour nager, se prélasser sur la plage, faire de la planche à voile, jouer avec les enfants, faire de la course à pied... Difficile d'imaginer quand on voit tous ces sportifs du dimanche ou joggeurs émérites courir le long des berges que ce même site servait au XIXe siècle de champ de course pour les chevaux et les lévriers ! C'est en tout cas désormais un espace avec 36 hectares de nature aux portes de la ville. Le site possède le label Tourisme & Handicap grâce à ses nombreux aménagements. Les personnes à mobilité réduite pourront profiter du lieu à travers trois types d'activités : une promenade autour du plan d'eau d'environ 3 km et sur des cheminements praticables, profiter de la plage (avec baignade surveillée en période estivale) avec aménagements spécifiques (fauteuil de plage et fauteuil roulant tout-terrain) et s'adonner aux activités nautiques grâce au Cercle Nautique de Beauvais dont le personnel est formé à l'accueil de personnes avec un handicap moteur, se dédiant essentiellement à l'initiation et à la formation de la voile (dériveurs solitaires comme collectifs, catamarans, planches à voile). Le site dispose également d'aires de jeux qui conviendront aux plus petits. Celles-ci sont adaptées aux enfants déficients moteur. Un service de restauration et des aires de pique-nique et de barbecue sont à disposition des visiteurs

CHATEAU DE CHANTILLY-MUSÉE CONDÉ ★★★

Château de Chantilly - **CHANTILLY**
✆ 03 44 27 31 80
www.domainedechantilly.com
Adulte : 17 €. Enfant : 13,50 € (7-17 ans). Pass domaine avec le spectacle équestre : de 24 à 30 €. Horaires sur site.

Le musée Condé possède l'une des plus belles collections françaises de peintures anciennes, de manuscrits et d'imprimés du Moyen Age. Abrité dans le château de Chantilly, il témoigne aussi de l'art décoratif de l'Ancien Régime. A noter : une grande partie du château n'est pas accessible aux personnes à mobilité réduite. Le cabinet des livres, les grands appartements et les écuries sont néanmoins accessibles. Des voitures adaptées à la visite du parc sont à la location.

HÔTEL DU NORD*** €€

1, place de la Gare - **COMPIÈGNE**
✆ 03 44 83 22 30
www.hoteldunordcompiegne.com

Logis. Accueil jusqu'à 23h. 20 chambres de 78 € à 115 €. Animaux acceptés. Label Tourisme & Handicap.

Cet hôtel est une valeur sûre. Il présente l'avantage d'être à 50 mètres de la gare, sans avoir l'inconvénient du bruit grâce à son insonorisation et son orientation. Une partie des chambres donne sur l'Oise et le centre-ville, situé juste sur l'autre rive. Les chambres, à la déco épuré, offre tout le confort nécessaire. Le buffet du petit-déjeuner est complet, avec de la charcuterie, du fromage, des cakes et des fruits... Pour agrémenter votre séjour, sachez que le restaurant et le bar de l'établissement (La Table d'Elisa) bénéficient d'une très bonne réputation.

MÉMORIAL DE L'INTERNEMENT ET DE LA DÉPORTATION ★★

2 bis, avenue des Martyrs-de-la-Liberté
COMPIÈGNE ✆ 03 44 96 37 00
www.memorial-compiegne.fr

Ouvert le mardi, le samedi et le dimanche de 10h à 18h ; du mercredi au vendredi de 14h à 18h. Adulte 5 €. Réduit 3 €.

La caserne de Royallieu a été construite en 1913. « Je suis ici avec des gens très bien et gentils : communistes, gaullistes, royalistes, curés, nobles, paysans. C'est une salade extraordinaire » écrivait Robert Desnos derrière les barbelés. Comme le poète, mort à Auschwitz en 1945, ils furent 45 000 à être internés au camp de Royallieu entre 1941 et 1944. A l'origine, c'était une caserne créée en 1913 dans un faubourg de Compiègne qui fut ensuite utilisée comme hôpital militaire au cours des deux guerres mondiales. En 1940, les Allemands l'utilisèrent pour regrouper des prisonniers de guerre : ils y rassemblèrent prisonniers politiques, résistants, ressortissants des pays ennemis et juifs. La plupart furent déportés vers les camps de concentration et d'extermination d'Allemagne et de Pologne. Ce mémorial retrace à l'aide de lettres, de témoignages et de documents administratifs le quotidien de ces hommes et femmes déportés, et met en parallèle l'histoire du site avec celui de l'Armistice de la Première Guerre mondiale situé à quelques kilomètres de là à Rethondes. Un tunnel d'évasion, un jardin de la mémoire et une chapelle complètent cette émouvante visite. De l'ancien camp sont conservés trois bâtiments. L'accessibilité au public en situation de handicap moteur a été prise en compte : l'ensemble du site peut être visité par des personnes en fauteuil. Cependant, quelques lieux de recueillement situés en extérieur ne pourront pas se faire en totale autonomie.

OFFICE DE TOURISME DU PAYS DE VALOIS

82, rue Nationale - **CRÉPY-EN-VALOIS**
✆ 03 44 59 03 97
www.valois-tourisme.fr

Du mercredi au vendredi de 9h à 12h30 et de 13h30 à 17h30 ; le week-end de 10h45 à 18h. Visites groupes sur réservation.

Cet office de tourisme vous informe efficacement via plusieurs biais : un personnel compétent et agréable, un site Internet complet, l'application mobile « Sortie en Valois » et une borne interactive en vitrine. Depuis 2015, l'office de tourisme est labellisé Tourisme & Handicap grâce à des brochures adaptées, la présence d'une boucle magnétique pour les personnes à handicap auditif, des documents en braille et bien d'autres dispositifs pensés afin de faciliter la venue de tous.

JARDIN DU PEINTRE ANDRÉ VAN BEEK

1, rue des Auges - **SAINT-PAUL**
✆ 03 44 82 20 18
www.andrevanbeek.com

Du 1/05 au 30/10 : samedi 14h-17h. Vendredi, dimanche, lundi de 14h à 19h. Juillet/août : tlj de 14h à 19h. Adulte 7 €.

Une parenthèse hors de l'effervescence de la ville dans ce qui fut le lieu d'inspiration du peintre André Van Beek. Dans cet espace lumineux où vivent dahlias, hortensias et autres plantes, les allées du jardin, en brique, sont sans obstacles ou aspérités. Environ 75 % du jardin est accessible en fauteuil. Les sanitaires sont accessibles aux visiteurs déficients moteur et une alarme visuelle de sécurité sera installée à destination des visiteurs déficients auditifs.

PONTONS DE PÊCHE

VERBERIE

Adapté aux handicaps moteurs et aux personnes à mobilité réduite.Ouvert toute l'année. Label Tourisme & Handicap.

L'Association agréée pour la Protection de la Pêche et du Milieu Aquatique de Verberie a aménagé 2 pontons de pêche accessibles aux personnes à mobilité réduite sur l'étang de la Sautriaute, avec pour chacun, un parking à proximité immédiate. Les pontons sont sécurisés par un garde-corps en métal. Chaque emplacement dispose de deux repose-cannes et de trois boîtes à faible hauteur permettent de disposer du matériel de pêche. Un « toboggan » permet de relâcher le poisson. Présence d'un banc et d'un panneau de signalétique avec le règlement accessible.

HANDIPLAGES

- **Berck**. Plage avec parking, W.C., rampe, cheminement. 5 Tiralos, 1 hippocampe. Handiplagiste de 14 à 18h.
- **Boulogne**. Plage avec parking, W.C., rampe.
- **Calais**. Plages de sable fin au cœur de la ville.
- **Le Portel**. Vaste plage de sable fin sans aucun bas fond et sans galets. Chaque jour la mer vient baigner la majeure partie de son étendue et laisse ensuite un espace de sable propre et dur propice aux jeux d'enfants, au repos complet sous la bienfaisante action d'un soleil ardent mais jamais accablant. 2 Tiralos, roulements aménagés. Parking, W.C., rampe, douche, fauteuils pour mise à l'eau

ARC FRANCE ★

132, avenue du Général de Gaulle
ARQUES
✆ 03 21 12 74 74

Ouvert du mardi au samedi de 10h à 17h. Tarif adulte : 6,50 €. Tarif enfant : 4,10 €. Site accessible à partir de 8 ans.

Découvrez les secrets de fabrication et l'histoire de cette verrerie qui de l'atelier artisanal fondé en 1825 est devenu le leader mondial des arts de la table. Durant la première partie de la visite, le guide vous explique comment la verrerie s'est développée jusqu'à devenir un groupe international. Le visionnage d'un film intitulé « *à la découverte de la magie verrière* » permet aux visiteurs de mieux comprendre l'histoire de cette société avant de découvrir le processus de fabrication, de tri et d'emballage des articles. Durée de la visite : 2h30.

AU CARRÉ SAINT-ÉLOI €

3, place du Wetz-d'Amain - **ARRAS**
✆ 03 21 51 00 98
https://aucarresainteloi.com

3 chambres. Simple à partir de 59 €, double à partir de 69 €. Petit déjeuner inclus. Label Tourisme & Handicap.

Découvrez 3 chambres d'hôtes dans le cœur historique d'Arras idéalement placées : à 500 m des Places, de la Citadelle et de la gare. La vieille bâtisse vous replonge au XVIIIe siècle. Le lieu emprunte son nom au refuge des moines de l'abbaye Saint-Eloi dont on peut encore admirer le porche. Derrière le mur du jardin, vous apercevrez le fameux Crinchon qui fit la richesse de la cité. Les chambres sont spacieuses (20 m²) avec salle de bain et douche à l'italienne ; certaines sont entièrement accessibles aux personnes en fauteuil.

OFFICE DE TOURISME DES LOISIRS ET DES CONGRÈS

Place des Héros
ARRAS
✆ 03 21 51 26 95
www.arraspaysdartois.com

Ouvert tous les jours. Horaires variables selon les saisons.

Situé sur la place des Héros, le cœur historique de la ville, l'office de tourisme est le point de départ de la montée du beffroi, de la visite des boves ou de celle des magnifiques salles protocolaires. Sur place, des « conseillers en séjour » vous aideront à concocter votre programme. Les City Pass permettent de visiter les principaux sites à prix réduit et en toute liberté. Ils sont valables un an et s'achètent sur place ou en ligne sur le site de l'office de tourisme.

AZINCOURT 1415 ★★

24, rue Charles-VI
AZINCOURT
✆ 03 21 47 27 53
http://azincourt1415.com

Ouvert tous les jours de 10h à 17h, sauf le mardi. Adulte : 9 €. Enfant : 6 €.

Au cours des siècles derniers, les relations entre la France et l'Angleterre n'ont pas toujours été au beau fixe : le 25 octobre 1415 sur le tristement célèbre site d'Azincourt, 8 500 hommes dont 7 000 francais ont perdu la vie lors d'une sanglante bataille. Le Centre historique médiéval d'Azincourt en témoigne : technologie et histoire s'associent ainsi pour vous faire revivre l'histoire à travers une scénographie sur panneaux présentant les causes et les conséquences de la bataille mais aussi grâce à une mise en scène interactive.

OFFICE DE TOURISME

Avenue Francis-Tattegrain - **BERCK**
✆ 03 21 09 50 00
www.berck-tourisme.com

Ouvert durant vacances scolaires et tous les jours en été : 10h-12h et 14h-17h sauf lundi matin. A vérifier sur le site.

Labellisé Famille Plus, l'office de tourisme de Berck est un lieu accueillant et dynamique. En plus d'un traditionnel programme de visites guidées et des nombreuses activités organisées par la ville, l'équipe de l'office a concocté des parcours ludiques où vous découvrirez Berck en famille, armé d'un questionnaire amusant. Que vous recherchiez une activité à faire en famille ou entre amis, vous trouverez de belles suggestions d'adresses et d'activités. Le site est accessible aux personnes à mobilité réduite et en fauteuil roulant.

OFFICE DE TOURISME DE LA RÉGION BÉTHUNE-BRUAY

3, rue Aristide-Briand - **BÉTHUNE**
✆ 03 21 52 50 00
www.tourisme-bethune-bruay.fr
Ouvert le lundi, le mardi et du jeudi au samedi de 9h30 à 12h30 et de 14h à 18h ; le mercredi de 14h à 18h.

L'envie de partager et de faire découvrir les richesses de la ville se fait vraiment sentir dans les conseils que l'on vous prodigue ici. Sachez-le, à Béthune, quasiment tous les monuments et grands points d'intérêt se font sur réservation. N'oubliez donc pas d'appeler avant votre arrivée pour avoir vos places ! D'astucieux guides disponibles sur place vous proposent également différents itinéraires. L'office de tourisme est labellisé Tourisme & Handicap.

CITÉ DE LA DENTELLE ET DE LA MODE DE CALAIS ★★

135, quai du Commerce - **CALAIS**
✆ 03 21 00 42 30
www.cite-dentelle.fr
Saison haute (1er avril-31 octobre) : 10h à 18h sauf le mardi. Collections permanentes et temporaires : 7 €.

Située dans le quartier Saint-Pierre, cœur historique de la dentelle de Calais, la Cité de la dentelle et de la mode a été aménagée dans une usine authentique, typique des années 1870. Les collections sont réparties dans six galeries où sont évoqués les savoir-faire et les techniques, l'histoire économique et sociale, les usages mais aussi les aspects les plus contemporains de la dentelle (mode, design, arts appliqués…). Tous les secrets de fabrication sont dévoilés au visiteur.

OFFICE DE TOURISME CALAIS CÔTE D'OPALE

12, boulevard Clemenceau - **CALAIS**
✆ 03 21 96 62 40
www.calais-cotedopale.com
Du 1er mai au 30 août du lundi au samedi de 10h à 18h, le dimanche de 10h à 17h. Horaires basse saison sur le site.

Halte obligatoire ! L'office de tourisme de Calais est grand et spacieux. Un point wifi gratuit vous permet de réserver vos tickets, mais surtout l'équipe, multilingue, pourra vous orienter vers les visites qui vous intéressent. Des visites guidées sont organisées par l'équipe de mi-juin à fin août, comme la balade du jeudi à travers la ville. L'office a aménagé une salle d'exposition et propose des souvenirs de votre séjour, notamment de la belle dentelle de Calais.

O MARAIS « BY ISNOR » ★

3, rue du Marais - **CLAIRMARAIS**
✆ 03 21 39 15 15
www.isnor.fr
Ouvert toute l'année. Billetterie de 10h à 12h30 et de 13h30 à 18h (17h en hiver). Label Tourisme & Handicap.

Une magnifique occasion de découvrir en barque les cultures maraîchères, la faune et la flore de ce lieu préservé, labellisé par l'UNESCO. Les personnes à mobilité réduite (il est nécessaire d'être autonome) peuvent aussi participer à cette activité grâce au Mainaleau conçu par un homme se déplaçant lui-même en fauteuil et passionné par la navigation : les roues du bateau à aube se tournent comme les roues d'un fauteuil ! Une Joëlette est également disponible sur réservation facilitant ainsi les déplacements en balade. Plusieurs visites guidées sont proposées.

LA TOUR DE L'HORLOGE ★

Rue du Château - **GUÎNES**
✆ 03 21 19 59 00
www.tour-horloge-guines.com
Basse saison : du dimanche au vendredi de 14h à 18h. Haute saison : tous les jours de 10h à 18h30. Adulte : 6 €.

L'horloge de la tour vous fait remonter le temps sur les traces de Sifrid le Viking, d'Henri VIII et de François Ier. Construite en 1763 sur une ancienne motte féodale au beau milieu de la cité, elle abrite désormais le centre d'interprétation historique. Profusion de bruits, d'odeurs et de matières, ici on goûte et on touche pour se plonger dans la vie d'autrefois. Ne manquez pas cette visite qui vous transporte dans le temps de manière interactive et ludique. Sons, images, jeux de lumière agrémentent le parcours. Une belle idée de visite.

OFFICE DE TOURISME PAYS DU COQUELICOT

9, rue Léon-Gambetta - **ALBERT**
✆ 03 22 75 16 42
www.tourisme-paysducoquelicot.com
Ouvert du lundi au samedi : 10h-12h et 14h-16h. Wifi. Boutique. Location de vélos. Petites expositions temporaires.

Un office de tourisme qui s'est bien modernisé avec le Centenaire de la Grande Guerre ! Outre l'accueil très professionnel et agréable de l'équipe, vous trouverez dans ces anciens bains-douches une maquette de la basilique, de la documentation sur le secteur, une boutique de produits locaux ainsi que diverses expositions temporaires. De nombreuses visites proposées sont accessibles à un public en situation de handicap et les guides sont formés à ce besoin.

AÉRO-CLUB PICARDIE AMIENS MÉTROPOLE

Aérodrome d'Amiens-Glisy (LFAY)
AMIENS
✆ 03 22 38 10 70
www.aeroclub-picardie-amiens.com
Pour les jours et horaires d'ouverture, contacter le club.

Créé en 1909, c'est l'un des deux clubs de l'aérodrome d'Amiens-Glisy. Il propose trois sections : ULM, vol à voile, vol à moteur avec formation théorique et pratique, de l'initiation, des vols de nuit, des voyages, de la voltige. Le site est sensibilité à la question du handicap et organise par ailleurs le Handivol, un évènement annuel durant lequel plus de 600 personnes en situation de handicap peuvent découvrir le vol en avion, planeur ou ULM.

AMIENS PLONGÉE OCÉAN

24, boulevard de Saint Quentin
AMIENS
✆ 06 85 45 76 05
www.amiens-plongee-ocean.com
Ouvert toute l'année. Abonnement : 160 €. Label Handisport.

Encadré par des moniteurs Diplômés d'État, vous pourrez plonger en bouteille, nager avec des palmes ou vous initier à l'apnée en toute sécurité. Ce club associatif loi 1901 encadre aussi des activités organisées avec des personnes en situation de handicap. Les séances sont organisées à la piscine du Nautilus et de la Providence, ainsi qu'en milieu naturel certains soirs de la semaine. Un club pas comme les autres, qui sent bon l'océan, la liberté et la découverte. Le planning, les tarifs et les actualités sont régulièrement mis à jour sur le site Internet.

L'ÉCHANSON €€

21-23, rue Flatters
AMIENS
✆ 03 22 80 60 66
Du dimanche au vendredi midi et soir ; samedi soir. Menus dès 19,90 €. Jardin. Terrasse. Label Tourisme & Handicap.

L'échanson était à l'origine un officier de confiance chargé de servir à boire au prince ou au seigneur. Dans cette brasserie fine, le Chef remet au goût du jour les plats régionaux et propose des produits de première fraîcheur pour un très bon rapport qualité-prix. Le vin est également à l'honneur, servi au verre ou à la bouteille. L'Échanson propose une cuisine française raffinée dans un cadre sobre et moderne accessible à tous : l'entrée se fait par l'hôtel Mercure ou par une entrée secondaire avec escaliers. Les sanitaires sont ceux du hall de l'hôtel.

HÔTEL MAROTTE***** €€€

3, rue Marotte
AMIENS
✆ 03 60 12 50 00
www.hotel-marotte.com
Chambre double dès 225 €. Petit déjeuner : 22 €. Label Tourisme & Handicap.

Les 12 chambres de l'hôtel rivalisent de style par le mobilier design et les salles de bains avec mosaïques et baignoires-îlots... Les différents salons, style Belle Epoque, séduiront eux aussi les plus exigeants. L'hôtel est accessible à tous. Handicap auditif : alarme visuelle de sécurité, téléphone avec témoin lumineux. Handicap mental : bonne signalétique ; une carte pour le petit déjeuner a été réalisée avec des photos. Handicap moteur : chambres accessibles mais une seule vraiment adaptée. Handicap visuel : bon contrastes de couleurs, pas d'obstacles.

SAMARA

Rue d'Amiens - **LA CHAUSSÉE-TIRANCOURT**
✆ 03 22 71 83 83
www.samara.fr
Ouvert du 2 avril à début novembre (10h-18h30 en juillet et août, 9h30-17h30 basse saison). Adulte 12,50 €, enfant 10 €.

C'est à un véritable voyage dans le temps que vous invite Samara. Accessible de manière ludique, l'Histoire a rarement été aussi palpable. Les armes et les outils créés par l'homme n'auront plus de secrets pour vous, et surtout pour vos enfants qui adoreront évoluer entre les reconstitutions d'habitats ou assister à la naissance du feu. Le village des artisans les passionnera avec les fameuses démonstrations de taille du silex. Une aventure en plein air, animée par des guides qui adorent partager leurs connaissances et sur un site labellisé Tourisme & Handicap !

FERME SUCRINE ET FÉCULINE ★★★

18, rue Edouard-Ruelle
BLANGY-TRONVILLE
✆ 03 22 38 18 97

Fermé de mi-novembre à avril. Ouvert tous les jours sur réservation.

A une dizaine de minutes d'Amiens, Alain et Dominique vous accueillent dans leur ferme où vous découvrirez l'agriculture moderne qu'ils pratiquent : betteraves, pommes de terre et élevage d'animaux. Vous visiterez les micro-parcelles de leurs différentes productions, goûterez aux plantes du mini-jardin aromatique et aux fruits de la haie gourmande. L'établissement est ouvert et accessible à tous, le site et les sanitaires étant adaptés aux personnes à mobilité réduite et en fauteuil roulant. Toute la visite se fait de plain-pied sans obstacles. Pour les handicaps auditifs, des supports écrits facilement compréhensibles présents. Madame Dereumaux fait preuve d'un grand sens pédagogique et est titulaire d'un BAFA spécialité handicap mental. Le contact des animaux et les ateliers basés sur les sens sont très appréciés. La salle pédagogique dispose de tables adaptées et un fauteuil roulant est disponible sur demande. Les animations pédagogiques passent essentiellement par les explications de Madame Dereumaux bien que des supports écrits soient disposés dans la pièce. Les petits animaux peuvent être apportés sur les genoux des visiteurs en fauteuil roulant et les boxes des chevaux sont ouverts (protection par une corde) afin qu'on puisse les voir. Une aide humaine est proposée le cas échéant. Pour les handicaps visuels, les visites commentées par la propriétaire sont prévues ainsi que des ateliers basés sur le toucher, sur l'odorat, l'ouïe ou le goût.

OFFICE DE TOURISME TERRES & MERVEILLES

1, rue Carnot - **LE CROTOY**
✆ 03 22 23 62 65
www.terresetmerveilles-baiedesomme.com

Ouvert tous les jours, toute l'année (9h30-12h30/14h-18h, d'avril à octobre, 17h de novembre à janvier). Boutique.

Cette office de tourisme est situé un peu à l'écart, en direction de la plage. On y trouve un accueil chaleureux, de bons conseils et toute la documentation pratique pour découvrir la station balnéaire infos en mains. Vous y obtiendrez aussi tous les conseils de sécurité nécessaires à votre visite de la baie. L'office de tourisme, labellisé Tourisme & Handicap, met tout en œuvre pour accueillir et accompagner toute personne en situation d'handicap.

HISTORIAL DE LA GRANDE GUERRE ★★

Château de Péronne - **PÉRONNE**
✆ 03 22 83 14 18
www.historial.fr

Ouvert tous les jours (fermé le mercredi du 1/11 au 31/03). Billet 10 € (12 € avec Thiepval). Gratuité moins de 7 ans.

Un musée d'histoire sociale et militaire, d'art et d'ethnographie, qui propose 4 parcours virtuels, à travers l'architecture, la vie quotidienne, l'imaginaire et la mémoire. Visites thématiques régulièrement renouvelées. Une vision du premier conflit mondial, tel qu'il a été vécu par les militaires et les civils. Des visites peuvent être organisées sur demande pour les personnes malvoyantes, et une plaquette de visite a été créée pour les visiteurs souffrant de handicap mental.

ILE-DE-FRANCE

MUSÉE « À LA RENCONTRE DES VIEUX MÉTIERS » ★

55, rue Haute - **BOURAY-SUR-JUINE**
✆ +33 7 49 10 02 33
www.musee-bouray.fr

Fermé du 1er au 31 juillet et du 1er décembre au 31 janvier. Tourisme & Handicap. Visite guidée. Entrée 5 € et 2,50 €.

Le parcours vous fera découvrir quatre mille objets et outils faisant revivre des métiers anciens. La visite débute par la présentation du matériel de coiffure, de l'ancêtre du lisseur au sèche-cheveux en passant par le rasage. Au fil des salles, vous découvrirez le travail du forgeron, du maréchal-ferrant, de l'apiculteur et du boulanger, du sabotier ou du bûcheron. Un long voyage historique et didactique ! Un lieu riche en souvenirs et anecdotes.

LA RAIMBAUDIÈRE €€

49, Grande-Rue de Milly
GUIGNEVILLE-SUR-ESSONNE ✆ 01 69 90 28 44
www.la-raimbaudiere.com

Chambre double à partir de 85 €. Petit déjeuner inclus. Label Tourisme & Handicap.

La Raimbaudière est l'endroit idéal pour se détendre. Située en plein cœur du gâtinais français, cette maison moderne possède quatre belles chambres spacieuses et lumineuses à la décoration originale. Vous serez courtoisement accueilli pour un séjour calme et convivial par les propriétaires. Le petit déjeuner se compose de produits frais et de qualité : les confitures sont préparées avec les fruits du jardin. La Raimbaudière peut accueillir les personnes en situation de handicap : une chambre avec douche à l'italienne est adaptée aux personnes à mobilité réduite.

CONSERVATOIRE NATIONAL DES PLANTES MÉDICINALES ★

Route de Nemours - **MILLY-LA-FORÊT**
✆ 01 64 98 83 77
www.cnpmai.net/fr

De début avril à fin octobre : mercredi, samedi, dimanche et jours fériés de 14h à 18h. Plein tarif 7,50 €.

De la vocation hospitalière de Milly date la spécialisation de la ville dans les plantes médicinales. Situé dans un ancien séchoir à plantes, cet espace de découverte retrace la fabuleuse épopée des plantes, des origines de leur culture à leur utilisation quotidienne d'aujourd'hui. Le Conservatoire possède une collection de plus de 1 500 espèces réparties dans plusieurs jardins et serres thématiques. Un espace muséographique y présente les plantes utilitaires et leurs utilisations.

LA COCCINELLE €€

4, place Roland-Vincent - **VILLABÉ**
✆ 01 60 86 27 47
www.gites-de-france.com

Clévacances. Location du samedi au samedi. Label Tourisme & Handicap (moteur, mental, malentendant, malvoyant).

Le gîte la Coccinelle vous accueille dans un chalet en bois de 49 m² avec terrasse. Une pièce salon-salle à manger avec cuisine équipée, une chambre avec lit double, une chambre avec lit simple et une salle de bain sont à votre disposition. Le chalet labellisé pour les 4 types de handicaps est donc notamment accessible aux voyageurs à mobilité réduite. L'aire de stationnement du parking privé est adaptée. Le portillon est automatique et fonctionne avec une télécommande. Rampe d'accès. Mobiliers, interrupteurs et accessoires de couleurs contrastées dans la chambre.

SENTIER DES TREIZE PONTS ★

Route des Treize Ponts
CHAVILLE
✆ 01 30 84 11 40
Ouvert toute l'année. Label Tourisme & Handicap. Six places de parking réservées à l'entrée du parcours.

Dans l'une des artères principales de la forêt de Meudon, ce sentier de 2 km permet de découvrir la forêt autrement : sécurisé, il est jalonné de clairières aménagées. Au programme : activités ludiques, pédagogiques et sensorielles adaptées à tous les handicaps pour découvrir de façon interactive les odeurs de la forêt, la faune et la flaure, le son du bois… Revêtement accessible aux fauteuils roulants, fil d'Ariane, borne audio, pupitres de lecture en braille et relief, parking réservé... Le site est également ouvert aux randonneurs, sportifs et aux familles.

HÔTEL COURTYARD BY MARRIOTT PARIS DEFENSE WEST**** €€

91, boulevard Charles de Gaulle - **COLOMBES**
✆ 01 47 69 59 49 - www.courtyardcolombes.com
150 chambres. Chambre à partir de 168 €/nuit. Wifi gratuit. Restauration. Séminaire. Label Tourisme & Handicap.

Des chambres claires, un esprit de confort et une ambiance moderne, l'hôtel Courtyard **** est situé à proximité du quartier d'affaires de La Défense et à seulement quinze minutes du cœur de Paris. Quatre chambres sont adaptées aux handicaps moteurs. Pour les handicaps auditifs, une alarme visuelle avec flash lumineux couplée à l'alarme sonore incendie est prévue dans les parties communes, chambres et salles de bain. Petit plus : la ligne de tramway qui passe juste devant l'hôtel.

RENAISSANCE PARIS HÔTEL LA DÉFENSE**** €€€

60, Jardin de Valmy - **COURBEVOIE**
✆ 01 41 97 50 50
www.renaissanceladefense.com
327 chambres. Chambre à partir de 176 € la nuit. Accessible pour les personnes en situation de handicap.

Situé à côté de la Grande Arche de La Défense, cet hôtel haut de gamme se trouve à quelques minutes des sites touristiques célèbres de la capitale et à seulement une station de métro des Champs-Élysées. Les 327 chambres sont spacieuses. Handicap moteur : 8 chambres adaptées dont 2 équipées de douche de plain-pied et 6 d'une baignoire avec tablette de transfert. Handicap auditif : alarme visuelle avec flash lumineux couplée à l'alarme sonore incendie dans les chambres.

MUSÉE FRANÇAIS DE LA CARTE À JOUER ★

16, rue Auguste-Gervais - **ISSY-LES-MOULINEAUX**
✆ 01 41 23 83 60
www.museecarteajouer.com
Jours d'ouverture et horaires variables selon saison. Entrée : 4,70 €. Audioguide gratuit. Tourisme & Handicap.

L'un des sept musées de la planète dédié à ce thème ! Unique en France, sa scénographie originale permet de découvrir l'univers et l'histoire des jeux de cartes français comme étrangers. Une galerie retrace également l'histoire d'Issy-les-Moulineaux et de son patrimoine. Tous les espaces sont accessibles en fauteuil. Sanitaires adaptés. Visites en LSF et audioguides équipés de boucle magnétique. Ateliers adaptés aux handicaps mentaux sur réservation.

MAISON DE LA PÊCHE ET DE LA NATURE

22, allée Claude-Monet - **LEVALLOIS-PERRET**
✆ 01 47 57 17 32
www.maisonpechenature.fr
Ouvert toute l'année. Jours d'ouverture et horaires variables en fonction des saisons. Label Tourisme & Handicap.

A l'origine de cette initiative, la volonté de sensibiliser adultes et enfants à la protection de notre patrimoine halieutique à travers une démarche à la fois pédagogique, scientifique et écologique : 18 aquariums d'eau douce de 300 litres présentent les espèces piscicoles de nos eaux, du gardon au silure en passant par le black-bass. Le musée présente également au rez-de-chaussée une jolie collection de matériel de pêche retraçant toute l'histoire de la pêche à la ligne.

HÔTEL L'AMANDIER** €€

14, avenue Pablo-Picasso - **NANTERRE**
✆ 01 47 29 10 77
www.hotelamandier.com
Qualité Tourisme. Ouvert toute l'année. Accessible aux handicaps mentaux, moteurs et aux PMR. Climatisation.

Ce charmant petit hôtel est situé en face du théâtre des Amandiers et du parc André-Malraux, tout à côté de La Défense. Parking privé gratuit, accessible aux personnes handicapées, 2 chambres doubles au premier étage, accessibles par ascenseur, salle de bains avec baignoire et barres d'appui, toilettes adaptées. Comptoir d'accueil équipé de boucles magnétiques, alarme visuelle avec flash lumineux et réveil vibreur dans 2 chambres. Le restaurant, qui mélange cuisine traditionnelle et spécialités savoyardes, est accessible (toilettes adaptées).

ARC DE TRIOMPHE ★★

Place Charles de Gaulle
PARIS (8e)
✆ 01 46 33 98 38
www.paris-arc-de-triomphe.fr
Ouvert toute l'année. Adulte : 13 €. Groupe (20 personnes) : 11 €. Label Tourisme & Handicap.

En plein cœur de la place de l'Etoile, l'Arc de Triomphe offre de magnifiques perspectives : à l'est les Champs-Élysées et le Louvre ; à l'ouest la Grande Arche de la Défense. Commandé par Napoléon Ier, sa construction prendra 30 ans et s'achèvera en 1836, sous le règne de Louis-Philippe. Haut de 50 mètres, il est décoré de hauts et bas-reliefs sculptés par une cinquantaine d'artistes et les noms de généraux et victoires emportées par les armées révolutionnaires ou impériales y sont notés. En 1921, sous le monument a été installée la tombe du Soldat Inconnu en souvenir des militaires morts durant la Première Guerre mondiale : une flamme y est ravivée tous les jours à 18h30. Une fois sur le toit et pour vous aider à repérer les sites importants de la capitale, des tables d'orientation sont installées sur la terrasse où se trouve également un musée qui raconte l'histoire de l'édifice. Pour les personnes en fauteuil, l'accès au monument n'est possible que par une place dépose-minute sur le rond-point : il faut prévenir à l'avance de votre venue. Un ascenseur permet aux visiteurs à mobilité réduite d'accéder à l'espace muséographique situé au 1er étage : attention, cet ascenseur est précédé de trois marches, ce qui nécessite une aide humaine. La terrasse et l'entresol ne sont pas accessibles aux personnes à mobilité réduite et les sanitaires ne sont pas adaptés. Pour les handicaps auditifs, des visites guidées en LSF et en groupes se font sur réservation. Animations et ateliers adaptés sont également proposés.

CITÉ DES SCIENCES ET DE L'INDUSTRIE ★★★★

30, avenue Corentin-Cariou - **PARIS** (19e)
✆ 01 85 53 99 74
www.cite-sciences.fr
Ouvert du mardi au samedi de 10h à 18h ; le dimanche de 10h à 19h. A partir de 12 €. Gratuit -2 ans. Infos sur le site.

Ce fut le premier site labellisé Tourisme et Handicap en France : l'accessibilité ayant été intégrée à la conception ! Pour ainsi dire, toutes les expositions, salles de spectacle – Géode, planétarium, cinéma Louis-Lumière… sans oublier la médiathèque et les espaces pour enfants sont accessibles à tous. Adultes ou enfants, quel que soit son handicap, sera accueilli dans les meilleures conditions et bénéficiera des mêmes avantages que tous les autres visiteurs. Pour les handicaps moteurs : vous pourrez aisément circuler et vous repérer tout en ayant accès aux contenus des expositions et aux manipulations. Les sanitaires sont adaptés. Pour les handicaps mentaux : expositions interactives avec éléments polysensoriels avec maquettes, audio visuel, objet jeux… Des visites guidées adaptées et ateliers pédagogiques sont possibles. Pour les handicaps auditifs : deux caisses, des salles de spectacle et de cinéma ainsi que des audioguides avec boucles magnétiques. Audiovisuels sous-titrés dont certains en version traduite en LSF. Animations, visites et ateliers en langue des signes française sur demande pour les individuels et sur réservation pour les groupes. Pour les handicaps visuels : bandes de guidage au sol à l'extérieur sur le parvis et à l'intérieur, maquette tactile et sonore. Expositions avec planches et maquettes tactiles. La salle Louis-Braille propose des postes informatiques adaptés pour lire, écrire, scanner, imprimer en braille, naviguer sur Internet…

COMITÉ RÉGIONAL DU TOURISME D'ÎLE-DE-FRANCE

11, rue du Faubourg-Poissonnière
PARIS (9e)
✆ 01 73 00 77 00
www.visitparisregion.com

Retrouvez sur le site Internet officiel de la destination Paris Ile-de-France, tous les services de l'office de tourisme de Paris étendus à la région. Un site très bien conçu qui vous permettra de préparer sereinement votre venue grâce à de nombreuses informations pratiques et idées de visite. Retrouvez également la brochure « Paris Ile-de-France accessible », un guide téléchargeable bien pratique et futé pour votre séjour dans la capitale et ses environs !

COMPAGNIE DES BATEAUX-MOUCHES

Pont de l'Alma - **PARIS** (8e)
✆ 01 42 25 96 10
www.bateaux-mouches.fr
Promenades (environ 1h10) : d'avril à septembre, de 10h15 à 19h, et de 19h à 22h30 ; d'octobre à mars, de 11h à 21h30

La Compagnie des Bateaux-Mouches® est une institution ! Elle a été fondée en 1949, par Jean Bruel, qui voulait faire retrouver après la guerre le goût de la capitale aux Parisiens. Pour cela, quoi de mieux que la montrer depuis le fleuve ? Celui-ci n'avait servi jusqu'alors qu'au transport de fret, l'idée de bateaux aux flancs vitrés permettant d'admirer les berges fut lancée. Une vraie réussite. Les bateaux sont accessibles aux personnes à mobilité réduite.

Arc de Triomphe.

DALI PARIS

11, rue Poulbot - **PARIS** (18e)
✆ 01 42 64 40 10
www.daliparis.com
Ouvert tous les jours et les jours fériés 10h-18h. Plein tarif : 13 €. Réduit : 9 €.

Ce musée présente une collection unique de gravures originales, lithographies, sculptures et aquarelles, toutes représentatives du génie créatif de Salvador Dalí (1904-1989), l'un des plus fameux représentants du courant surréaliste. ***Montres molles***, l'***Éléphant spatial***, ***Alice au pays des merveilles*** sont là, à portée de main pour les visiteurs malvoyants pour lesquels sont organisées des visites tactiles. Contact, informations en caractères agrandis, mais aussi audioguides avec boucle magnétique, accueil personnalisé des visiteurs avec handicap mental…

FIAP JEAN-MONNET

30, rue Cabanis - **PARIS** (14e)
✆ 01 43 13 17 17
www.fiap.paris/
Chambre 6 lits avec salle de bains dés 110 €. Label Tourisme & Handicap. Chambre accessible PMR

Le FIAP propose à ses hôtes un grand nombre d'activités culturelles et pédagogiques : visites d'expositions, concerts... Handicap moteur : entrée de plain-pied ou avec plan incliné, réception et caisse avec banque d'accueil basse et évidée en partie inférieure, 11 chambres adaptées. Handicap visuel : portes et parois vitrées transparentes prévenues par des éléments contrastés, absence d'obstacle au niveau du visage dans les circulation, ascenseur avec cabine insonorisée. Handicap mental : signalétique simple à comprendre, lisible...

HÔTEL HOR EUROPE**** €€

160, rue La Fayette - **PARIS** (10e)
✆ 01 40 05 18 05
www.hotel-hor.com
A l'année. Accueil des pers avec handicap (mental, moteur, malvoyants). Room service. Blanchisserie. Clim. Jardin. Bar.

Cet établissement contemporain permet de prendre son petit déjeuner dans un jardin ou de profiter d'une terrasse privée avec vue sur la ville. Le hall d'accueil est très vaste avec plusieurs coins salon dont un avec une cheminée. Toutes les chambres sont bien insonorisées et desservies par deux ascenseurs : 6 sont entièrement aménagées pour recevoir les personnes en situation de handicap moteur, mental et visuel. Elles disposent d'une salle de bains avec une douche à l'italienne. Leur décoration est moderne et originale. Une belle adresse.

LA MAISON DE VICTOR HUGO ★★

6, place des Vosges - **PARIS** (4e)
✆ 01 42 72 10 16
www.maisonsvictorhugo.paris.fr
Ouvert du mardi au dimanche de 10h à 18h (dernière visite à 17h40). Collections permanentes gratuites.

C'est dans un appartement situé au deuxième étage de l'hôtel de Rohan-Guéménée que Victor Hugo vécut de 1832 à 1848. Le musée a été créé en 1902, année du centenaire de sa naissance. L'exposition permanente se construit autour du fait majeur de sa vie : son exil. S'il n'a vécu que 16 ans dans cet appartement, le fonds du musée est impressionnant : éditions originales, peintures, sculptures, dessins, photographies, caricatures... Des expositions temporaires rendent régulièrement compte de la vie et de l'œuvre du grand écrivain. Sur place, un agent référent LSF est présent. L'accueil est équipé d'une boucle magnétique facilitant ainsi le dialogue avec les différents interlocuteurs. La salle diffusant un reportage sur Hauteville House est équipée d'une boucle magnétique et les textes sont sous-titrés. Des audioguides en six langues sont équipés d'une boucle inductive pour les personnes appareillées ; un visioguide en langue des signes sera prochainement disponible. Des visites en LSF ou en lecture labiale sont conduites dans les collections permanentes et les expositions temporaires pour les groupes par des conférenciers sourds ou malentendants ; pour le confort de tous, des audiophones sont également équipés de boucles inductives. Pour les handicaps moteurs : accessibilité aux différents espaces. Pour les handicaps visuels : des dispositifs grossissants ainsi que des cartels/fiches en braille, documentation proposée en gros caractères. Pour les handicaps mentaux : un guide de visite adaptée.

MUSÉE D'ART ET D'HISTOIRE DU JUDAÏSME ★★

71, rue du Temple - **PARIS** (3e) ✆ 01 53 01 86 60
www.mahj.org
Ouvert du mardi au vendredi de 11h à 18h ; le week-end de 10h à 18h. Tarif : 10 €. Tarif réduit : 7 €.

Ce musée présente 2 000 ans d'histoire et de culture juives de l'Europe à la Méditerranée, de l'époque médiévale à nos jours. Des audiophones et audioguides avec boucles magnétiques sont prévus pour les visiteurs à handicap auditif. Traduction LSF des visites guidées sur demande. Le site est accessible aux personnes en fauteuil roulant (sauf la médiathèque). Brochures de présentation en braille et en grand format disponibles à la billetterie. Parcours tactile proposé.

MUSÉE D'ORSAY ★★★★

1, rue de la Légion-d'Honneur - **PARIS** (7e)
✆ 01 40 49 48 14
www.musee-orsay.fr/fr
Ouvert le mardi, le mercredi et du vendredi au dimanche de 9h30 à 18h (nocturne le jeudi jusqu'à 21h45). Adulte : 16 €.

Construite à base de pierre et de fonte en 1898, la gare d'Orsay est empruntée pendant une quarantaine d'années par des voyageurs se rendant vers Orléans, Bordeaux et Nantes. Dans les années 1950, elle ne dessert plus que la banlieue. Après avoir servi de décor pour *Le Procès*, film d'Orson Welles, abrité un temps la compagnie de théâtre Renaud-Barrault puis des ventes aux enchères de l'hôtel Drouot, elle est menacée de destruction. Son inscription à l'inventaire supplémentaire des Monuments Historiques en 1973 la sauvera. Classé ensuite Monument Historique en 1978, elle est alors transformée en musée. L'aménagement de ce musée est dû à une équipe de scénographes et d'architectes dirigée par Gae Aulenti qui ont eu la bonne idée de ne pas masquer complètement les caractéristiques du bâtiment (verrière, horloge…). Handicap moteur : le musée est intégralement accessible aux visiteurs à mobilité réduite grâce à des aménagements spécifiques. Handicap auditif : tout au long de l'année, des visites sont proposées aux visiteurs en groupe en LSF autour de thématiques variées. L'auditorium dispose d'une boucle magnétique pour les visiteurs malentendants appareillés. Sur le site internet, plusieurs tableaux sont commentés en LSF. Handicap visuel : les chiens guides et d'assistance sont acceptés dans le parcours des collections du musée et des expositions ; les cannes avec embout sont autorisées tout au long du parcours ; la visite des collections avec des aides optiques est à signaler aux agents de surveillance présents.

MUSÉE GRÉVIN ★★

10, boulevard Montmartre - **PARIS** (9e)
✆ 01 47 70 85 05
www.grevin-paris.com
Lundi-vendredi : 10-18h. WE + vacances : 9h30-19h. Billet adulte non daté : 26 € et daté : 19 €. Enfant : 19 ou 16 €.

Créé en 1882 par l'homme de presse Arthur Meyer, le musée doit son nom à Alfred Grévin, célèbre caricaturiste, sculpteurs, directeur artistique de Grévin à sa création : arts, politique, sport, histoire ou cinéma... ils sont tous là ! De George Clooney à Omar Sy, de Lady Gaga au Pape François, de M. Pokora à Nolwenn Leroy ou encore de Louis XIV à Mozart… L'accès au musée est facilité grâce à des ascenseurs et toilettes adaptées, la circulation aisée dans les couloirs. Chaque année, certaines statues quittent le parcours et d'autres le rejoignent.

INFOS TRANSPORTS

Service Infomobi

Dans la banlieue parisienne et dans la capitale, la question des transports est un point crucial pour les citoyens handicapés. Le Conseil Régional propose Info-Mobi, un service d'informations sur l'état et l'accessibilité des transports collectifs : avantages tarifaires, dispositifs et services susceptibles de vous aider à préparer votre voyage ou à résoudre les difficultés rencontrées lors de vos déplacements. Sur le site Internet, vous trouverez 4 rubriques (voyageur en fauteuil roulant, déficient visuel, déficient auditif et déficient mental) qui fournissent conseils et informations pratiques en fonction de la spécificité de vos besoins. Infos : www.infomobi.com

PAM

Transport à la demande pour personnes à mobilité réduite. Mis en place par le STIF et la Région Ile-de-France. Chaque collectivité locale dispose de son service PAM qui est un transport public collectif, à la demande, de porte à porte, destiné aux personnes à mobilité réduite. Chaque département établit son mode de fonctionnement : règlement de service, conditions d'accès, tarifs. Pour Paris, consulter : www.pam-info.fr

RATP

Pour connaître l'accessibilité du réseau de transport de la RATP, consulter : www.ratp.fr/accessibilite

Infoparking

Cette société met à disposition une information détaillée sur les parkings publics parisiens accessibles. Infos : www.infoparking.com

Taxis G7

Cette compagnie de taxis dispose d'une trentaine de voitures équipées de rampe d'accès, de siège pivotant avec des chauffeurs formés aux situations de handicap. Infos : www.taxisg7.fr

MUSÉE DES ARTS ET MÉTIERS ★★

60, rue Réaumur - **PARIS** (3e)
✆ 01 53 01 82 63
www.arts-et-metiers.net
Ouvert du mardi au jeudi, le samedi et le dimanche 10h-18h ; le vendredi 10h-21h. Adulte : 12 €.

Partez sur les traces des inventeurs et aventuriers de l'histoire des sciences, de la technologie et de l'innovation ! Créé en 1794, le Conservatoire National des Arts et Métiers, « dépôt des inventions neuves et utiles », est le musée de l'innovation technologique. Il présente plus de 3 000 inventions réparties en sept domaines (instruments scientifiques, matériaux, construction, communication, énergie, mécanique et transport) et organisées chronologiquement. Un samedi par mois, un médiateur sourd invite le public à découvrir les sept domaines du musée et de l'église : ateliers, visites générales ou thématiques et contes. Enfin, le musée propose aux associations ou comités d'entreprise, étudiants en LSF et aux élèves interprètes, des visites guidées en LSF. Des audioguides avec collier magnétique sont mis à disposition. Pour les personnes à mobilité réduite : possibilité de dépose-minute (1, rue Vaucanson, après contact préalable avec le service des activités spécifiques), prêt de fauteuils roulants sur demande à l'accueil, accès aux différents niveaux du musée par ascenseurs. Certains espaces ne sont accessibles qu'au moyen de circuits adaptés. Renseignez auprès du service des activités spécifiques avant de venir. Pour les handicaps mentaux : le musée adapte régulièrement ses activités pédagogiques en lien avec les institutions spécialisées. Pour les handicaps visuels : une visite tactile de l'espace L'Imprimerie au bout des doigts est proposée.

MUSÉE DU LOUVRE ★★★★

Place du Carrousel
PARIS (1er)
✆ 01 40 20 53 17
www.louvre.fr
Ouvert tous les jours de 9h à 18h sauf le mardi. Billet 15 € sur place ou 17 € en ligne.

L'ancienne demeure des rois de France abrite aujourd'hui dans un espace de 58 470 m² des collections couvrant plusieurs millénaires et qui se répartissent en huit départements déployés dans trois ailes du palais : Richelieu, Denon et Sully. On y découvre des antiquités égyptiennes, orientales (Assyrie, Mésopotamie…) grecques, étrusques et romaines, des peintures, des sculptures, les arts de l'Islam. Des démarches ont été faites pour rendre le lieu accessible au plus grand nombre : tous les espaces du site sont accessibles et des plans-guides sont à disposition à l'accueil. Des visioguides avec parcours adapté aux personnes à mobilité réduite ainsi que des fauteuils roulants et sièges pliants sont mis à disposition. L'auditorium compte des places adaptées. Pour les handicaps auditifs : des comptoirs d'accueil et caisses dédiés, audioguides et auditorium équipés de boucle magnétique. Des visioguides sont proposés en langue des signes française ainsi que des visites-conférences et diverses activités. Nombreux cartels et fiches de salles. Pour les handicaps mentaux : le personnel est sensibilisé. Des visites adaptées et des ateliers pédagogiques (utilisation du tactile, ateliers croquis…) sont organisés à des dates fixes pour les individuels. Pour les handicaps visuels (non labellisé Tourisme & Handicap) : une galerie tactile avec description audio d'une sélection de sculptures ainsi qu'un prêt d'aides optiques (sur demande aux agents de surveillance) tout au long du parcours. Aucune attente à l'entrée n'est prévue.

Musée du Louvre.

MUSÉE DU QUAI BRANLY - JACQUES CHIRAC ★★★★

37, quai Branly - **PARIS** (7e)
✆ 01 56 61 70 00
www.quaibranly.fr
Ouvert du mardi au dimanche, nocturne le jeudi. Tarif : 12 € pour collections permanentes + temporaires. Réduit : 7 €.

Le bâtiment de Jean Nouvel expose sa gigantesque silhouette face à la Seine mêlant harmonieusement couleurs vives et teintes douces aux différents matériaux que sont le verre, le bois ou le métal. Le jardin est conçu comme un musée végétal avec 18 000 m^2 de sentiers, de petites collines, de chemins dallés de pierre, de torrents, de bassins, 169 arbres et une trentaine d'espèces végétales. La visite du musée débute par la montée d'une rampe lisse qui contourne une gigantesque colonne vitrée à l'intérieur de laquelle sont juxtaposés des milliers de tam-tams et autres artefacts. Le site vibre d'activités autour des arts du monde entier : master classes, visites guidées, salons de lecture, université populaire, cinéma... Handicap moteur : tous les espaces sont accessibles en fauteuils roulants ainsi que toutes les activités culturelles (visites, ateliers, conférences, spectacles...). Des places sont dédiées aux fauteuils roulants dans les salles de cinéma et de théâtre. Un marchepied est prêté au vestiaire pour les personnes de petite taille. Deux scooters électriques sont à disposition sur le parking pour les personnes à mobilité réduite. Prêt possible de fauteuil roulant. Handicap mental : visites de découverte, parcours ludiques à travers les collections, visites contées et ateliers de musique, de peinture ou de danse. Handicap auditif : des tours de cou magnétiques et des récepteurs infrarouges sont mis gratuitement à votre disposition à l'accueil vous permettant d'apprécier confortablement les visites guidées, les manifestations proposées au salon de lecture, au théâtre et en salle de cinéma sans oublier les multimédias des expositions temporaires. Visites en lecture labiale. Un guide vidéo LSF gratuit pour la personne handicapée et un accompagnateur est disponible à l'accueil. Un écran tactile au comptoir d'accueil vous permet de vous connecter librement à la plate-forme d'interprétation LSF à distance Elision de Websourd. Au début de chaque exposition temporaire de la galerie Jardin, une vidéo d'introduction vous présente en LSF son propos général et les grandes articulations du parcours. Handicap visuel : visites contées ou tactiles à travers le Plateau des collections ainsi que dans les espaces d'expositions temporaires, ateliers de musique ou de danse dans les salles d'ateliers du musée, écoute d'une lecture ou découverte sensorielle du fac-similé d'un objet des collections au salon de lecture Jacques Kerchache.

MUSÉE NATIONAL D'ART MODERNE - CENTRE POMPIDOU ★★★★

Place Georges-Pompidou - **PARIS** (4e)
✆ 01 44 78 12 33
www.centrepompidou.fr
Ouvert tous les jours sauf le mardi, de 11h à 21h. Adulte 14 €.

Voulu par le président Pompidou, le centre éponyme a ouvert ses portes en 1977. Aujourd'hui devenu lieu culte de l'art contemporain, son architecture a fait par le passé couler beaucoup d'encre. Le Centre abrite l'une des plus importantes collections d'art moderne au monde. Des parcours tactiles et différentes visites adaptées aux différents types de handicaps sont proposés : n'hésitez pas à vous renseigner auprès du musée. Le musée possède le label Tourisme & Handicap.

MUSÉE RODIN ★★★★

77, rue de Varenne - **PARIS** (7e)
✆ 01 44 18 61 10
www.musee-rodin.fr
Ouvert du mardi au dimanche de 10h à 18h30. Adulte 13 €. Dernière entrée à 17h45.

Dans un sublime hôtel particulier du XVIIIe siècle est exposée une importante partie de l'œuvre du sculpteur Auguste Rodin et de ses collections personnelles. *Le Penseur*, *Le Baiser*, *La Toilette de Vénus* ou encore *La Danaïde* sont autant de créations fascinantes dont on ne peut s'empêcher d'admirer la force. Impossible donc de faire l'impasse sur ce musée qui abrite aussi des œuvres de Camille Claudel ainsi que des toiles de Monet, Van Gogh et de bien d'autres artistes amis de Rodin. Des expositions sur le travail de Rodin ou sur d'autres thèmes sont régulièrement organisées. Le parc présente également quelques grandes œuvres du maître. Un lieu magnifique au cœur de Paris. L'exposition temporaire, le rez-de-chaussée des collections permanentes, le jardin, le café et l'auditorium sont accessibles aux personnes en fauteuil. Sanitaires adaptés avec portes automatiques munies de bouton-poussoir. Service d'accueil personnalisé proposé pour les personnes déficientes visuelles : un agent d'accueil vous remettra des gants, une liste des œuvres à toucher et vous accompagnera dans l'espace des collections permanentes. Attention : service proposé sous réserve d'un effectif suffisant. Handicap auditif : la billeterie, le vestiaire, la boutique et le comptoir sont équipés de boucles magnétiques. Audioguides et audiophones équipés de boucles magnétiques sur demande. Gratuité accordée à la personne handicapée et à son accompagnateur sur présentation d'un justificatif pour l'accès aux collections permanentes au jardin.

MUSÉUM NATIONAL D'HISTOIRE NATURELLE ★★★★

57, rue Cuvier - **PARIS** (5e)
✆ 01 40 79 56 01
www.mnhn.fr

Expositions/Musées/Zoo/Manège. Programme en ligne. Tarifs disponibles sur le site internet. Label Tourisme et Handicap.

Le Muséum vous propose de visiter la ménagerie, les plantations du Jardin des Plantes, les galeries de Botanique ou de Paléontologie et d'Anatomie comparée ou encore la Grande Galerie de l'Évolution. Le domaine que forme l'ensemble de ces sites est né du Jardin royal créé au XVIIe siècle. Une centaine d'années plus tard, notamment grâce au scientifique Buffon, le jardin s'enrichit de bâtiments consacrés à l'étude de la nature où se réunissent des savants. C'est sous la Révolution française qu'est véritablement fondé le Muséum lequel abrite depuis plus de deux siècles enseignants-chercheurs et élèves. Spécialistes, amateurs et néophytes se promènent avec bonheur d'une galerie à l'autre. La visite mérite plusieurs heures. Le site est accessible aux personnes en fauteuil. Le parcours tactile de la Galerie des Enfants ou une visite guidée avec un accès tactile privilégié à des spécimens et objets originaux (animaux naturalisés, squelettes, plantes, cristaux géants…) permettront aux personnes avec handicap visuel d'approfondir leur découverte. Les conférenciers du Muséum sont sensibilisés et formés pour répondre aux besoins et attentes des visiteurs à besoins spécifiques. Les personnes avec handicap auditif pourront approfondir leur visite en optant pour une visite guidée ou un atelier en LSF ou en lecture labiale avec une conférencière. Certains lieux intègrent la traduction en LSF et un sous-titrage texte dans tous les dispositifs avec langage parlé.

NOVOTEL PARIS GARE DE LYON★★★★ €€

2, rue Hector Malot - **PARIS** (12e)
✆ 01 44 67 60 00
www.novotel.com

Ouvert à l'année. Accessibilité : moteur ; mobilité réduite ; mental ; malentendant ; malvoyant.

Handicap moteur : parc de stationnement avec places adaptées réservées, 4 chambres adaptées avec salle de bain équipée d'une douche de plain-pied avec strapontin ou siège mobile, d'un lavabo avec partie inférieure évidée, d'un w.c. avec espace latéral et barre de transfert, salle de restauration accessible. Handicap visuel : portes vitrées transparentes prévenues par des éléments, pas d'obstacle à hauteur du visage dans les circulations. Adapté aux autres handicaps également.

TSCHANN 13 LIBRAIRIE - BNF

Quai François-Mauriac - **PARIS** (13e)
✆ 01 45 83 39 81
www.bnf.fr/fr/librairie-tschann-13

Du mardi au samedi de 10 h à 19 h et le dimanche de 13 h à 19 h.

Au pied des quatre tours en forme de livres ouverts, les salles de lecture de la BnF donnent accès à d'innombrables ouvrages : à peu près tout ce qui paraît ou est paru en France se trouve ici ! La Bibliothèque du Haut-de-jardin est ouverte à tous à partir de 16 ans : vous y trouverez des collections encyclopédiques en libre accès (livres, périodiques, audiovisuel). Toute l'année, des expositions sont proposées dont certaines bénéficient d'un parcours accessibilité. Sur place, des dispositifs in situ contribuent aussi à un meilleur accueil du public déficient auditif. Des boucles magnétiques sont installées à tous les points d'information. Un service de visio-interprétation en langue des signes et de sous-titrage en temps réel facilite la communication entre les personnes sourdes et malentendantes et le personnel de la BnF à tous les points d'accueil. Aussi, du matériel d'aide à la lecture est disponible pour faciliter l'accès des collections aux lecteurs déficients visuels (vidéo-agrandisseurs, claviers braille, logiciel de vocalisation, machines à lire…). L'accès au bâtiment se fait par une ceinture de marches. L'accès de plain-pied se fait sur l'avenue de France. Des ascenseurs situés à proximité de l'entrée Est permettent d'accéder au hall où un plan tactile et sonore permet aux visiteurs de découvrir la bibliothèque et de s'orienter. Par temps humide, il est conseillé d'emprunter le cheminement anti-dérapant. Un cheminement sécurisé et balisé guide le visiteur sur l'esplanade jusqu'à l'entrée principale du site, hall est : deux totems monumentaux identifient l'institution depuis l'avenue de France et la passerelle Simone de Beauvoir. Ils intègrent un plan en gros caractères et tactile ainsi qu'une borne sonore. Le cheminement tracé au sol à partir de ces totems comporte un motif de points et de traits dessinés dans une matière antidérapante. Il est délimité par deux bandes de guidage d'une largeur suffisante pour faciliter le passage des fauteuils roulants et mène à l'entrée principale. Un parking public est accessible rue Emile Durkheim. Sur demande, les personnes à mobilité réduite peuvent utiliser le parking du personnel de la bibliothèque dont les ascenseurs donnent accès directement aux halls. A noter également : Les chiens-guides sont autorisés et des fauteuils roulants sont disponibles sur demande aux vestiaires. Dans les salles de lecture du niveau rez-de-jardin, certaines places sont réservées aux personnes à mobilité réduite.

BnF | Richelieu

isitez librement et gratuitement le berceau historique de la Bibliothèque ationale de France.

n bijou d'architecture et plus de 900 trésors dans un tout nouveau musée u cœur de Paris !

Un **parcours tactile de 15 reproductions d'œuvres** emblématiques, en salle Ovale et dans le musée de la BnF;

Un **compagnon de visite** sur smartphone, en trois langues en audio description et en langue des signes française.

Des contenus enrichis sur l'histoire et l'architecture du lieu, sur les œuvres exposées et sur les stations tactiles.

Gratuit pour les groupes de personnes en situation de handicap

Activités de médiation accessibles

Offres dédiées https://www.bnf.fr/fr/visites-et-ateliers-publics-en-situation-de-handicap

Bnf – Richelieu / 5 rue Vivienne 75002 Paris
Ouvert mardi 10h-20h et mercredi-dimanche 10h-18h

Tarifs et réservations : bnf.tickeasy.com / 01 53 79 49 49 / visites@bnf.fr

éléchargez le compagnon de visite sur votre téléphone mobile en scannant un des QR codes ci-dessous

iOs

Android

OFFICE DE TOURISME DE PARIS

29, rue de Rivoli
PARIS (1er)
www.parisinfo.com
Ouvert tous les jours de 10h à 18h.

L'office de tourisme ne donne pas de renseignements par téléphone, mais compte six points d'accueil où vous pouvez également acheter des billets pour les visites et des titres de transport. Ils sont situés dans les gares de Lyon, de l'Est et du Nord – la liste n'est pas exhaustive – ainsi que dans le point d'accueil principal de la capitale, situé à l'Hôtel de Ville. Le site Internet possède une rubrique relative à l'handitourisme très complète, à consulter !

LES OMBRES QUAI BRANLY €€€

27, quai Jacques Chirac - **PARIS** (7e)
✆ 01 47 53 68 00
www.lesombres-restaurant.com
Ouvert du mardi au dimanche soir. Menus de 58 € à 188 €. Vin au verre. Terrasse. Voiturier.

Posé sur le toit du musée Branly, le restaurant Les Ombres offre une vue imprenable sur la tour Eiffel. La cuisine, contemporaine, évolue au gré des saisons et des produits du marché. En entrée, œuf poché et velouté, toast de tête de veau, ou bien foie gras de canard mi-cuit. On continue avec la volaille de Challans rôtie, ou le bœuf confit, pomme de terre et champignons à la moutarde de Meaux, oignons nouveaux et écume d'estragon. Côté desserts, millefeuille framboise, crème mascarpone ou craquant, mousse chocolat, sauce dulcey...

RATP

54, quai de la Rapée
PARIS (12e)
www.ratp.fr
Réseau ouvert tous les jours.

La RATP s'engage en faveur de l'accessibilité de ses réseaux aux personnes handicapées : mal ou non-voyantes, utilisateurs de fauteuil roulant, sourds ou malentendants, personnes âgées et voyageurs chargés de bagages ou accompagnés d'enfants en bas âge. Ce travail de longue haleine est mené en partenariat avec les associations œuvrant pour l'accessibilité au sein d'un comité consultatif dédié. Toutes les informations complètes et nécessaires pour vos déplacements dans Paris et sa région sont à retrouver sur le site Internet de la RATP.

LE PALAIS-ROYAL ★★★★

Place du Palais-Royal - place Colette – rue de Montpensier – rue du Beaujolais – rue de Valois
PARIS (1er)
✆ 01 47 03 92 16
Les galeries du Palais-Royal sont ouvertes en continu. Basse saison : tlj 8h-20h30. Haute saison : tlj de 8h-22h30.

Le domaine national du Palais-Royal recèle trois institutions de la République française : le Conseil d'État, le Conseil Constitutionnel, le ministère de la Culture et de la Communication. Dans ses bâtiments se trouvent également la salle Richelieu de la Comédie-Française et le théâtre du Palais-Royal. Un très agréable jardin bordé de galeries commerçantes orne le milieu du domaine. Au sud du jardin on accède à la cour d'Honneur. C'est là que sont implantés les « colonnes de Buren » et les *Sphérades* de Pol Bury, deux fontaines-sculptures.. À l'origine du domaine, on trouve un hôtel particulier que le cardinal de Richelieu fait transformer. Cédé au roi Louis XIII, il est encore modifié et devient Palais-Royal. La reine Anne d'Autriche et le jeune Louis XIV y logent un temps, puis le palais passe aux mains de Philippe d'Orléans, le frère du monarque. En 1780, l'un de ses descendants enrichit le domaine en faisant bâtir des immeubles qui ceinturent le jardin. C'est à cette époque que le Palais-Royal devient un des plus vivants lieux publics de la capitale. On y trouve des cercles de jeux, des boutiques, des cafés, des théâtres... Des courtisanes, des artistes, des écrivains ou des orateurs politiques s'y mélangent. C'est sous le règne de Louis-Philippe, dans les années 1830, que les tripots et les prostituées seront chassés de ce site. Aujourd'hui, le jardin accueille de paisibles flâneurs et des familles. Au n°17 de la galerie du Beaujolais, vous pouvez voir le Grand Véfour, l'un des plus anciens restaurants de Paris.

RÉSIDENCE INTERNATIONALE DE PARIS - RIP €€

44, rue Louis-Lumière - **PARIS** (20e)
✆ 01 40 31 45 45
www.residence-paris.com
Ouvert à l'année. Accessible aux handicapés moteur et PMR, aux malentendants. Climatisation.

La Résidence Internationale de Paris, membre d'Ethic Etapes, est un complexe hôtelier entièrement adapté pour l'accueil de personnes valides ou handicapées. Handicap moteur : entrée de plain-pied ou avec plan incliné, réception avec banque d'accueil basse.Tous les espaces sont adaptés : brasserie, club, self-service avec des allées larges et du mobilier adapté. Handicap visuel : portes et parois vitrées transparentes prévenues par des éléments contrastés, absence d'obstacles...

MUSÉES POUR TOUS EN SEINE-ET-MARNE

Le Conseil départemental de Seine-et-Marne mène une politique volontariste pour améliorer l'accueil des visiteurs en situation de handicap dans ses musées départementaux et favoriser la rencontre de tous les publics. Les agents des musées ont été formés à l'accueil des personnes handicapées et des actions ont été mises en place dans le but de développer visites, animations et projets adaptés : découverte par le toucher et l'odorat, visites en LSF, animations spécifiques pour les personnes handicapées mentales, dispositifs permanents d'aide à la visite... Une brochure remarquable et très détaillée a été éditée : à télécharger sur https://www.musee-seine-et-marne.fr/fr/accueil-pour-tous.

© ANDREY_POPOV - SHUTTERSTOCK.COM

FERME DE LA MERCY €€

Route de La Croix
CHENOISE
✆ 01 64 00 93 10

Gîtes de France (3 épis). Accès aux fauteuils roulants, aux PMR. Label Tourisme & Handicap.

Dans un corps de ferme situé non loin de la forêt domaniale de Jouy, découvrez cinq jolies chambres pouvant accueillir jusqu'à 12 personnes sur 220 m². Le gîte est réparti sur 3 niveaux. Au rez-de-chaussée : grand séjour/salon, poêle à bois et cuisine équipée. Dans les étages se trouvent les chambres. Grande terrasse, meubles de jardin et barbecue. A côté, la ferme pédagogique et ses animations. Un lieu adapté et adaptable, le propriétaire est à l'écoute et l'ensemble est spacieux. Le tout dans un joli cadre de verdure, bien agréable.

MUSÉE DES PEINTRES DE BARBIZON ★★

92, Grande-Rue - **BARBIZON**
✆ 01 60 66 22 27
www.musee-peintres-barbizon.fr

Ouvert du mercredi au lundi de 10h à 12h30 et de 14h à 17h30, jusqu'à 18h en juillet et août. Adulte : 6 €. Visites.

Ce musée est installé dans deux lieux de mémoire que sont l'Auberge Ganne et la Maison-Atelier de Théodore Rousseau. L'auberge représente le principal lieu historique de résidence des artistes venant travailler en forêt de Fontainebleau entre 1830 et 1875. Les salles d'exposition restituent parfaitement l'atmosphère chaleureuse et chère aux « Peint'à Ganne » grâce aux meubles, aux décors et à la centaine d'œuvres présentées attribuées à Jean-François Millet, Narcisse Diaz, Constant Troyon, Rosa Bonheur... L'accueil est équipé de boucles magnétiques pour les personnes malentendantes et appareillées. Au rez-de-chaussée, la salle audiovisuelle propose des films sous-titrés en français. Elle est aussi équipée de boucles magnétiques et est accessible aux personnes en fauteuil roulant, des places assises sont également prévues. L'ensemble des espaces d'exposition est également accessible aux personnes à mobilité réduite excepté la dernière pièce et l'intégralité de l'étage. A noter : le cheminement entre le parking et l'auberge se fait par la voie publique puis par le franchissement d'un trottoir pavé. On peut aussi y visiter l'atelier où vécut le célèbre paysagiste Théodore Rousseau de 1847 jusqu'à sa mort en 1867. Le site se visite sur réservation et à l'occasion des expositions temporaires. L'accueil est équipé de boucles magnétiques pour les personnes malentendantes appareillées. L'accès à la maison-atelier implique le franchissement d'une place pavée puis gravillonnée avec une pente supérieure à 5 % et l'entrée dans la maison implique le franchissement de deux marches. La largeur de la porte sans vantail est inférieure aux normes et l'espace de médiation est accessible au moyen d'une courte rampe d'accès dont la pente est comprise entre 15 % et 20 %... Les personnes à handicap mental peuvent effectuer des visites guidées sur les deux sites : une mallette adaptée permet de découvrir les peintres de l'Ecole de Barbizon, les techniques de la peinture et la forêt de Fontainebleau, ses ressources et son histoire à travers nos cinq sens. La balade littéraire permet une sensibilisation à la forêt aux personnes malvoyantes au travers de textes d'auteurs connus ou moins connus signés Senancour, Sand, Musset, Stendhal, Murger, de Kock, Stevenson ou les frères de Goncourt. La marche d'environ 1h15 environ ne présente pas de difficultés, néanmoins les personnes présentant un handicap visuel doivent être accompagnées individuellement.

LE CHÂTEAU DE FONTAINEBLEAU ★★★★

FONTAINEBLEAU ✆ 01 60 71 50 70
www.chateaudefontainebleau.fr/

Tous les jours sauf mardi et jours fériés. Avril à septembre : 9h30-18h. Octobre à mars : 9h30-17h. Plein tarif 13 €.

Classé au patrimoine mondial de l'UNESCO depuis 1981 et inscrit sur la liste des Monuments historiques dès 1862, c'est l'un des joyaux du patrimoine. Il s'agit du seul monument qui présente un témoignage continu de l'histoire de France du XIIe au XIXe s. Plus que tout autre site, le château de Fontainebleau incarne l'art de vivre à la française, et les pièces que l'on découvre sont des témoins des différentes phases de l'histoire. Le château, dans son architecture comme dans son décor intérieur, mélange les styles médiévaux, Renaissance et classiques. Les visiteurs à mobilité réduite peuvent se faire déposer en voiture à l'entrée du château en passant par la Cour des Mathurins dont l'accès se fait face au théâtre municipal. La visite des Grands Appartements leur est accessible. Les visiteurs non-voyants sont autorisés à accéder au château, accompagnés de leur chien-guide. Pour les visiteurs malentendants, l'audioguide est compatible avec les appareils auditifs. Des visites guidées en LSF sont proposées aux groupes. Pour les visiteurs à handicap visuel, deux visites sont disponibles : *Les Grands Appartements du bout des doigts* (visite des Grands Appartements évoquant la résidence de chasse, le château Renaissance et la période Empire en alternant discours et découverte tactile), un bronze *de* Primatice (visite dans la galerie des Cerfs qui permet de découvrir le château à la Renaissance via le travail du Primatice et la découverte tactile d'une ou deux de ses œuvres*)*.

LA CROIX D'AUGAS €

RD116
FONTAINEBLEAU
✆ 01 64 23 49 25

Ouvert du lundi au vendredi de 11h45 à 14h et de 19h15 à 22h ; le week-end jusqu'à 22h30.

Située à la sortie de Fontainebleau, la Croix d'Augas recrée le décor d'une vieille auberge : omniprésence du bois, nappes à carreaux rouge et blanc, vieux sabots et outils accrochés au mur. Les deux terrasses donnent sur la forêt : calme assuré ! Dans cet univers campagnard aux inspirations savoyardes, le fromage se décline sous toutes ses formes : en tartiflette, en raclette et en fondue, savoyarde comme bourguignonne. le tout accompagné d'une assiette de jambon de pays. Viandes et poissons sont également proposés à la carte. Une adresse conviviale.

SEINE ET MARNE ATTRACTIVITÉ

4, place d'Armes - **FONTAINEBLEAU**
✆ 01 60 39 60 39
www.seine-et-marne-attractivite.fr

Ouvert du lundi au vendredi de 9h à 12h30 et de 13h30 à 17h30. Fermeture à 17h le vendredi.

Vous y trouverez le portail du tourisme dans le département. Seine-et-Marne Attractivité a de nombreuses missions et notamment de soutenir le développement des territoires et de les accompagner dans leur vision stratégique, d'animer les bassins d'emploi, de favoriser les investissements qualitatifs, et somme toute de faire de la Seine-et-Marne un territoire innovant. Cet organisme s'attache aussi (entre autre) à accélérer le développement du slow tourisme dans la région.

Le château de Fontainebleau.

CAMPING DES PRÉS - AQUADIS LOISIRS** €€

1, chemin des Prés
GREZ-SUR-LOING
✆ 01 64 45 72 75

Fermé du 7 novembre au 14 mars. Accueil jusqu'à 19h. Terrain de 7 ha. 133 emplacements. Label Tourisme & Handicap

Situé à une dizaine de kilomètres de Fontainebleau et fort de son passé historique, Grez a su garder de son charme d'autrefois. Nombreux sont les artistes qui ont vécu à l'hôtel Chevillon et à la pension Laurent. Simplicité et style caractérisent son camping, situé au bord du Loing, ce camping et son parc boisé sont le prétexte à de nombreuses balades. Le label en fait foi : tout, ou presque, a été aménagé en matière d'accessibilité, pour un séjour idéal.

LE GRAND TERRE** €€

LA FERTÉ-GAUCHER
✆ 01 64 65 97 74
www.le-grand-terre.fr

Logis. Ouvert toute l'année, sauf entre Noël et jour de l'An. Accueil jusqu'à 19h. Label Tourisme & Handicap.

A la fois hôtel et camping et situé à proximité du circuit automobile de la Ferté-Gaucher, Le Grand Terre propose dix-neuf chambres, toutes équipées, pouvant accueillir jusqu'à trois personnes et dix-neuf bungalows pour une à cinq personnes. Neuf des chambres de l'hôtel sont adaptées et équipées pour accueillir les clients à mobilité réduite. Son restaurant, « Entre Ciel et Terre », est également équipé pour vous recevoir confortablement. Un service petit déjeuner est également assuré et un parking privé gratuit est mis à disposition de la clientèle.

GÎTES DE LA FERME DE BEAUMOULIN €€

LA MADELEINE-SUR-LOING
✆ 01 64 28 13 04
www.gites-seine-et-marne.com

Gîtes de France (3 épis). Pour 5 personnes (70 m², 2 chambres). A partir de 257 € la semaine. Label Tourisme & Handicap.

Ces deux gîtes mitoyens, avec terrasse et jardin clos privatif, donnent sur le calme Canal du Loing. De plain-pied avec terrasse et jardin clos, le parking est commun aux deux adresses. Les gîtes sont spacieux et disposent chacun d'un séjour avec canapé, d'un poêle à bois et d'un coin cuisine, d'une chambre avec un lit deux personnes et d'une chambre avec trois lits simples. Les W.C de la salle d'eau sont accessibles aux voyageurs à mobilité réduite.

DISNEYLAND PARIS ★★★★

MARNE-LA-VALLÉE
✆ 08 25 30 05 00
www.disneylandparis.com

Ouvert tous les jours à partir de 10h. Les parcs Walt Disney Studios et Disneyland ont des horaires variables.

Bienvenue dans le rêve ! La souris américaine de référence installée dans l'Hexagone depuis 1992 a apporté dans ses valises son univers féérique qu'elle a su mettre en vie de la plus belle des façons. Les détails sont soignés que l'on regarde les murs de Main Street (l'arcade principale qui mène au château de la Belle au bois dormant, point névralgique du parc), face aux costumes de tous les employés ou au cœur même des attractions. Chavirer et se croire loin, très loin de Paris... c'est le petit miracle qui s'opère. Les attractions sont diverses et peuvent s'adresser à un public de tout âge. On en dénombre aujourd'hui une cinquantaine réparties sur deux parcs (Disneyland et Walt Disney Studios) et neuf univers. Les visiteurs en situation de handicap sont les bienvenus, les lieux ont été pensés pour le meilleur accueil possible ! Le site Internet dispose d'informations spécifiques complètes. Attention : même si vous avez priorité pour l'accès aux attractions, il est préférable de venir les jours creux afin d'éviter les fatigues liées à la foule. L'accès à certaines attractions nécessite un transfert et vous devrez être accompagné, le personnel du parc n'étant pas autorisé à vous aider. Des fauteuils roulants sont en location. Le nombre d'emplacements réservés aux fauteuils roulants sur le trajet des parades et dans les salles de spectacle étant limité, il est conseillé d'arriver à l'avance. Amis à handicap visuel, les chiens guides sont acceptés. Les hôtels du parc sont accessibles aux visiteurs à mobilité réduite.

MUSÉE DE LA GRANDE GUERRE DU PAYS DE MEAUX ★★★

Rue Lazare Ponticelli - **MEAUX**
✆ 01 60 32 14 18
www.museedelagrandeguerre.eu
Ouvert du mercredi au lundi de 9h30 à 18h. Adulte : 10 €. Audio guide : 2 €. Label Tourisme & Handicap.

Fort d'une collection unique en Europe, le Musée de la Grande Guerre du Pays de Meaux propose une vision nouvelle du premier conflit mondial (1914-1918) à travers une scénographie innovante illustrant les grandes mutations et bouleversements de la société qui en ont découlé. Un patrimoine exceptionnel à transmettre aux nouvelles générations. Un musée d'histoire et de société pour découvrir des épreuves passées, mieux comprendre la société d'aujourd'hui et construire le monde de demain. L'accessibilité du musée n'est malheureusement pas à la hauteur de sa thématique : les Gueules cassées ont pourtant fait partie de ces milliers d'invalides après-guerre ! En dépit de sa labellisation Tourisme & Handicap, les visiteurs déficients visuels ne disposent d'aucune autonomie, l'audioguide ne décrit pas les pièces numérotées auxquelles il se réfère et il n'existe pas de guidage podotactile, pas même pour accéder au plan relief et braille du musée installé à l'accueil ou au 1er étage... Manquent également des bandes d'éveil de vigilance sur les escaliers reliant le parking au musée ainsi que sur la traversée piétonne face à l'entrée dont l'abaissé est à pan coupé. Pas de boucle magnétique près des nombreuses installations multimédias ou sonores. Les visites en LSF ne sont pas annoncées sur le site du musée mais elles existent. Une rampe d'accès est prévue pour les visiteurs en fauteuil roulant, mais les lourdes portes vitrées sont cependant à ouverture manuelle.

LE LOGIS DE LA VOULZIE €€

16, rue Aristide-Briand - **PROVINS**
✆ 06 14 02 25 10
www.logisdelavoulzie.com
Gîtes de France (3 épis). Chambre simple à partir de 50 € ; chambre double à partir de 75 €. Label Tourisme & Handicap.

A 500 m de la gare, le Logis de la Voulzie apparaît dans un cadre délicieux, accueillant et très spacieux. Les quatre chambres sont décorées avec goût. On apprécie sa cour arborée, idéale pour partager un repas que l'on peut soi-même réaliser grâce à la cuisine équipée mise à disposition. Côté petit déjeuner, il reste traditionnel (confitures maison !). Autre point fort de cette chambre d'hôtes : l'accent mis sur l'accès aux handicapés, les chambres, sanitaires, salles d'eau, cheminements intérieur/extérieur, et places de stationnement étant adaptés.

ROSERAIE DE PROVINS ★★

11, rue des Prés
PROVINS
✆ 01 60 58 05 78
www.roseraie-provins.com
Horaires variables selon les saisons. Le jardin est accessible au public de 10h jusqu'à 19h30.

Après le trophée des quatre branches, la Roseraie de Provins s'est vu attribuer le label « Jardin Remarquable ». Plus qu'une roseraie classique à la française, c'est un écrin de verdure au pied de la ville médiévale dont on apprécie, au détour de sa visite, de magnifiques vues. Il abrite plus de 450 variétés de roses anciennes et modernes, dont la fameuse Rose de Provins. On découvre ainsi le charme d'un lieu enchanteur qui était à l'origine une pépinière laissée à l'abandon, magnifiquement restaurée depuis pour le plus grand bonheur des visiteurs.

AUX VIEUX REMPARTS €€

3, rue Couverte
PROVINS
✆ 01 64 08 94 00
www.auxvieuxremparts.com
Ouvert tous les jours de 12h à 14h30 et de 19h30 à 21h30. Menu à 49 €.

En poussant la porte de ce Bistrot des Remparts, on entre dans une salle *cosy* au confort déjà palpable. La vaisselle, les meubles, la décoration, tout a été choisi et placé de manière raffinée. On découvre les compositions originales du chef (crémeux aux châtaignes, tourte maison, risotto d'épeautre, poitrine de cochon, desserts à la rose, crumble aux pommes de chez M. Hardouin). Les plats sont bons et bien relevés. La sélection des vins est excellente et laisse place à des petits producteurs tout autant qu'à de grandes maisons.

À L'ORÉE DES CHAMPS €

40, rue de Nogent
VILLIERS-SAINT-GEORGES
✆ 01 64 01 95 85
www.aloreedeschamps.fr/
Gîtes de France (3 épis). Accessible aux handicapés moteur, PMR, malentendants). Jeux. Jardin.

Trois chambres au très bon rapport qualité-prix sont proposées dans cette dépendance de ferme briarde typique, des chambres toutes simples qui ont le mérite d'être spacieuses et très calmes. Chacune d'entre elles possède ses espaces salle de bain et W.C. séparés. Possibilité d'avoir sur demande un grand lit double ou deux lits simples. Dans une des fermes à l'extrémité d'un village, un espace est adapté aux personnes à mobilité réduite : chambres accessibles avec une douche à l'italienne dans la salle de bains. Une adresse de charme.

Jardin du Musée Mallarmé.

MUSÉE DÉPARTEMENTAL DE LA SEINE-ET-MARNE ★

17, avenue de La Ferté-sous-Jouarre
SAINT-CYR-SUR-MORIN ✆ 01 60 24 46 00
www.musee-seine-et-marne.fr
Dimanche, lundi, mardi, jeudi et vendredi 10h-12h30 et 14h-17h30. Mercredi 10h-12h30. Plein tarif 5 €.

Situé dans le cadre campagnard de la vallée du Petit-Morin, ce musée présente les activités anciennes de la société rurale seine-et-marnaise : agriculture, fabrication de fromages de brie, vannerie, tissage de rubans, exploitation de la pierre meulière… Machines, outils, photographies et films retracent l'évolution sociale et technique de ce territoire autrefois grenier à blé de Paris et aujourd'hui campagne aux frontières des villes nouvelles. Le musée rend également hommage à l'écrivain Pierre Mac Orlan, auteur du roman *Le Quai des Brumes* dont la salle éponyme offre les clés de la vie et de l'œuvre de l'écrivain autour de manuscrits, dessins, photographies, livres illustrés et archives. En complément, la visite guidée de sa maison dévoile le cadre intime et quotidien de l'écrivain. Pour les handicaps auditifs, un espace audiovisuel équipé de boucles magnétiques existe pour les personnes appareillées ainsi qu'un appareil équipé en boucle magnétique pour des visites guidées. Les expositions du musée sont accessibles aux visiteurs à mobilité réduite (excepté la maison de l'écrivain Mac Orlan). Des prêts de fauteuil roulant, de cannes-sièges et de déambulateurs sont possibles à l'accueil. Une programmation en lien avec les expositions temporaires et adaptée aux handicaps visuels et mentaux est organisée annuellement : visites commentées, animations, ateliers et événements. N'hésitez pas à vous renseigner auprès du musée avant toute visite.

MUSÉE DÉPARTEMENTAL STÉPHANE-MALLARMÉ ★

4, promenade Stéphane-Mallarmé
VULAINES-SUR-SEINE ✆ 01 64 23 73 27
www.musee-mallarme.fr
Ts les jours sauf le mercredi, de 10h à 12h30 et de 14h à 17h30 (18h en juillet et août). Label Tourisme & Handicap.

De 1874 à sa mort en 1898, Stéphane Mallarmé a séjourné dans cette ancienne auberge qui fait face à la Seine et à la forêt de Fontainebleau devenue sa maison. Le musée qui lui est consacré restitue le charme de cette villégiature à travers les meubles et les objets familiers du poète, sa bibliothèque et des œuvres de ses amis peintres et sculpteurs. Le beau jardin où Mallarmé aimait « faire la toilette des fleurs avant la sienne » contribue à l'agrément de ce lieu de mémoire. Dans les salles du rez-de-chaussée, les expositions temporaires complètent l'évocation de l'univers de cet écrivain exceptionnel qui joua un rôle de premier plan dans la vie intellectuelle et artistique de son temps. Un parking gratuit est à proximité et un dépose-minute est possible devant la grande grille du musée. L'accès au musée peut s'effectuer directement depuis cet endroit. L'entrée du musée comporte une marche de 18 cm. Une large grille peut être ouverte sur demande pour permettre un accès de plain-pied. La cour, seul accès pour la maison et le jardin de derrière, est pavée et gravillonnée. Le jardin de derrière reste difficilement accessible pour les personnes en fauteuil roulant en raison de ses allées gravillonnées. La maison n'est malheureusement pas adapté aux visiteurs en fauteuil, voir à mobilité réduite en raison de nombreuses marches. Aussi, les sanitaires ne sont pas adaptées aux personnes en fauteuil, cependant des barres d'appui ont été installées dans 2 toilettes.

RESIDENCE LES LILAS PARIS €€

6, rue Lucien Noël
LES LILAS
✆ 01 82 88 26 25

Studio 2 personnes dès 130 € les 2 nuits. Duplex (2 adultes + 2 enfants) dès 200 € les 2 nuits.

La résidence Les Lilas se situe à environ 100 mètres de la station de métro des Lilas, d'où vous pourrez rejoindre le centre de Paris en 10 minutes. Versailles n'est qu'à 27 km tandis que l'aéroport le plus proche (Paris-Charles de Gaulle) n'est qu'à 17 km. Cette résidence propose des appartements indépendants avec tout le confort moderne et une petite cuisine. Pas envie de cuisiner ? Pas de souci, des commerces et des restaurants sont à proximité.

HÔTEL COURTYARD BY MARRIOTT PARIS SAINT- DENIS**** €€

34, boulevard de la Libération - **SAINT-DENIS**
✆ 01 58 34 91 10
www.marriott.fr/parsd

Ouvert toute l'année. Accueil 24h/24. Accessibilité pour les handicapés mentaux, moteur, PMR, malentendants). Fitness.

L'Hôtel Courtyard by Marriott Paris Saint-Denis se situe à proximité des grands axes routiers et de la ligne 13 du métro. L'établissement propose des chambres modernes et confortables avec lits moelleux, TV à écran plat et accès Internet haut débit. Une adresse de référence pour un séjour d'affaires ou d'agrément. Un lieu atypique, plein de charme et adapté pour les personnes à handicap avec un personnel à l'écoute et de grand espace ou chambres notamment.

BASILIQUE CATHÉDRALE DE SAINT-DENIS ✝ ★★★★

1, rue de la Légion-d'Honneur - **SAINT-DENIS**
✆ 01 48 09 83 54
www.saint-denis.monuments-nationaux.fr

Ouvert toute l'année. Fermé les 1er janvier, 1er mai, 25 décembre.

La construction de la basilique Saint-Denis s'est organisée au cours des siècles autour de la tombe de saint Denis, martyrisé vers 250. Différentes architectures se sont succédé du Ve au XIIIe siècle. Outre une crypte carolingienne, vestige de l'édifice consacré par Charlemagne en 775, la basilique conserve le témoignage de deux bâtiments déterminants pour l'évolution de l'architecture religieuse : le chevet de Suger, manifeste du nouvel art gothique et la partie reconstruite, au temps de Saint Louis, dont le transept, d'une ampleur exceptionnelle, était destiné à accueillir les tombeaux royaux. L'impression de hauteur est très forte dans la basilique. Les maîtres d'œuvre utilisèrent notamment des piliers formés par plusieurs colonnettes engagées, chacune correspondant aux nervures des différents arcs des voûtes. Quarante-deux rois, trente-deux reines, soixante-trois princes et princesses, dix grands du royaume y reposaient. Plus de soixante-dix gisants et tombeaux monumentaux sont encore visibles. La basilique est aussi un lieu de rendez-vous très apprécié des mélomanes qui viennent assister ici chaque mois de juin à des concerts de musique classique. Le site est labellisé Tourisme et Handicap (handicaps mental et auditif). La basilique est accessible aux PMR à l'exception du chevet. Des visites-conférences en LSF peuvent être organisées pour un groupe sur réservations. Pour le handicap visuel, des documents à gros caractères sont disponibles sur demande.

Statue près du tombeau de Louis XII et d'Anne de Bretagne dans la basilique Saint-Denis.

© GOKTURK_06 - SHUTTERSTOCK.COM

Vue aérienne du Stade de France.

NOVOTEL SUITES PARIS STADE DE FRANCE HOTEL**** €€

31, rue Jules-Rimet - **SAINT-DENIS**
✆ 01 49 46 54 54
https://all.accor.com
Ouvert toute l'année. Avec chambres adaptées aux handicapés mentaux, moteur, PMR, malvoyants). Clim. Bar. Fitness.

Idéalement placé face au Stade de France, cet hôtel possède 101 suites modernes et spacieuses dont 4 pouvant accueillir des personnes présentant un handicap. Toutes les chambres sont équipées de la climatisation, d'une salle de bains, de la TV, d'un bureau, d'un micro-ondes, d'un téléphone et d'une connexion WiFi. Un bar est à la disposition des clients tous les jours de 6h à 1h. Une adresse non loin des grands axes autoroutiers et à quelques centaines de mètres du métro.

MUSÉE PIERRE CARDIN ★

33, boulevard Victor Hugo - **SAINT-OUEN**
✆ 01 49 21 08 20
https://pierrecardin.com
Label Tourisme & Handicap (aménagement pour les malvoyants). Visite guidée. Fermé pour une durée indéterminée.

Découvrez par le toucher l'histoire de la mode et celle de la maison Pierre Cardin au travers des nombreux modèles haute couture les plus connus ainsi qu'une collection de meubles des années 1970 dessinée par le célèbre couturier. Un lieu atypique qui reflète bien l'image de l'artiste. mme Renée Taponier, conservatrice du musée et fidèle collaboratrice du couturier, vous fera (re) découvrir sa carrière. Elle vous documentera sur les différents tissus, matériaux, techniques utilisées et vous livrera également des anecdotes sur la vie du créateur.

STADE DE FRANCE ★★★

SAINT-DENIS
✆ 01 55 93 00 45
www.stadefrance.com
Visite possible hors événement. Adulte : 16 €.

Passionnés du ballon rond, le Stade de France se visite toute l'année hors événement. Outre la découverte du bâtiment et de ses installations, le site offre depuis un belvédère une vue panoramique sur la ville et la basilique de Saint-Denis. C'est là que le 12 juillet 1998 la France a battu le Brésil 3 à 0 lors de la finale de la Coupe du monde de football ! Le Stade de France est doté de 80 000 places assises et couvertes. Il a demandé trois années de travaux. C'est en prévision de cette fameuse Coupe du monde qu'il a été bâti selon les plans de plusieurs architectes de renom. Plus grand stade modulable du monde, il s'articule autour de trois tribunes, dont la basse peut reculer pour laisser place à la piste d'athlétisme et aux sautoirs. Les compétitions sportives de haut niveau font bien sûr partie des événements organisés dans l'enceinte, sans oublier les nombreux spectacles et concerts. Durant les visites guidées, tout n'est pas entièrement accessible même si tous les niveaux le sont. Rassurez-vous : vous verrez quand même le principal. Le musée, équipé d'ascenseurs, et le restaurant du stade sont accessibles. En revanche, les vestiaires ne le sont pas facilement pour les individuels. Il vaut mieux venir en groupe car cela incite l'organisation du stade à ouvrir des voies spéciales. Signalétique adaptée pour les malvoyants. Sanitaires adaptés (zone d'approche latérale, barre d'appui murale). 1 200 places réparties dans tout le stade sont accessibles et il est possible d'être accompagné d'un stadier.

GÎTE AUX ÉCURIES €

5 bis, rue de la Bourgogne - **AUVERS-SUR-OISE**
✆ +33 6 84 81 67 52
www.legiteauvers.com
8 chambres (5 gîtes jusqu'à 32 couchages. Superficie 300 m²). Chambre double 69 €. Petit déjeuner : 11 €.

En plein cœur du village des impressionnistes, le Gîte aux écuries propose plusieurs formules d'hébergement : un gîte de séjour pouvant accueillir des groupes de 30 à 40 personnes, des gîtes individuels dans l'une des 8 chambres et une suite familiale. Les chambres sont de plain-pied. Une est adaptée aux personnes à mobilité réduite. Pour faciliter la vie des visiteurs malvoyants, les propriétaires du gîte ont apposé des panneaux d'information faciles à lire - certains sont même en relief - sur les portes des chambres par exemple.

ILE DE LOISIRS CERGY-PONTOISE

Rue du Chemin-Neuf - **CERGY** ✆ 01 30 30 21 55
https://cergy-pontoise.iledeloisirs.fr
Ouvert toute l'année, parkings payants du 1/04 au 6/11. Activités payantes. Hébergements. Label Tourisme & Handicap.

Plage, pêche, bateaux à pédales, stages... la liste des activités de la base est impressionnante. Et son accessibilité aussi : afin de permettre aux personnes en situation de handicap de participer en toute sécurité aux activités sportives, la base a développé un plan de formation spécifique pour sensibiliser l'ensemble de ses agents. Les personnels d'accueil et d'animation sont donc préparés à recevoir des groupes et les individuels pour leur proposer des activités adaptées.

AU PARC FLEURI €€

4, place du Pâtis - **L'ISLE-ADAM**
✆ +33 1 34 08 01 10
www.auparcfleuri.fr
A l'année. TLJ midi & soir. Chèque Restaurant. Label Tourisme & Handicap (accessible aux handicapés moteur et PMR).

Au Parc Fleuri, qui tient dans le paysage commerçant de la ville une belle place depuis plus d'un quart de siècle, on découvre pizzas et pâtes déclinées mais aussi poissons, viandes, tartines, salades, galettes et crêpes ! Les formules proposées sont nombreuses et à petits prix. Dans ce vaste endroit où la couleur rouge domine, l'espace ne manque pas. Le restaurant propose un environnement moderne qui peut accueillir des personnes à mobilité réduite grâce à une large rampe d'accès, un grand sas d'accueil, un restaurant de plain-pied et des toilettes adaptées.

LE CHIQUITO €€€

3, rue de l'Oise
MÉRY-SUR-OISE
✆ +33 1 30 36 40 23
www.lechiquito.fr
Ouvert toute l'année. Label Tourisme & Handicap (moteur, mental, auditif, visuel).

Le Chiquito a ouvert ses portes dans une magnifique bâtisse datant du XVIIe siècle disposée désormais à accueillir de gros événements grâce à ses cinq salles très accueillantes. Ces dernières sont accessibles aux personnes en fauteuil. Alain Mihura et son équipe vous proposent ici plusieurs menus de tradition française : truite de mer citron vert vodka mascarpone d'avocat, lotte cuite sur l'os persillée d'ormeaux, filet de Saint-Pierre et bien d'autres encore. Pour les clients à mobilité réduite, un parking, des sanitaires et un accès sont prévus côté jardin.

OFFICE DE TOURISME CERGY-PONTOISE PORTE DU VEXIN

Place de la Piscine
PONTOISE
✆ 01 34 41 70 60
www.ot-cergypontoise.fr
Ouvert du mardi au dimanche, horaires variables selon la saison.

Documenté et dynamique, l'office de tourisme rassemble des informations sur l'agglomération de Cergy-Pontoise, mais aussi sur l'ensemble du Val-d'Oise, permettant d'obtenir des informations tant sur le patrimoine historique de Pontoise que sur celui, plus contemporain, de Cergy-Pontoise et des environs. Il édite notamment d'astucieux plans à thème (nature, patrimoine ou encore architecture contemporaine), et propose plusieurs circuits de visites guidées.

MUSÉE DE LA MOISSON ★

Hameau du Petit-Mesnil - **SAGY**
✆ 01 34 66 39 62
www.museedelamoisson.fr
Ouvert toute l'année en semaine sur rdv. Accessibilité pour les handicaps mentaux, fauteuils roulants et PMR.

Fan de petits producteurs locaux ou nostalgiques des moissons à la main, ce lieu vous est destiné ! Pédagogique et original, le musée de la Moisson est installé au cœur du grenier à blé du bassin parisien. Handicap moteur : parc de stationnements avec places adaptées réservées. Entrée de plain-pied ou avec plan incliné. Handicap mental : signalétique lisible et simple à comprendre. Porte d'entrée surveillée et visible depuis la réception. Handicap auditif : possibilité de faire sa réservation et de payer sur le site Internet.

LA GUINGUETTE DE L'ÎLE DU MARTIN-PÊCHEUR

41, quai Victor-Hugo - **CHAMPIGNY-SUR-MARNE**
✆ 01 49 83 03 02
www.guinguette.fr
Ouvert du mercredi au dimanche de 17h à minuit et de 11h à minuit les week-ends. Label Tourisme & Handicap.

La guinguette, située sur une île accessible grâce à une passerelle, est dotée d'un terrain arboré où les enfants peuvent s'amuser (balançoires, jeux de chamboule-tout). La cuisine, traditionnelle, fait la part belle aux poissons, moules, viandes grillées, andouillette... Pour ce qui est de la musique à danser, vous aurez de l'accordéon musette et de la chanson de variétés et aussi de la salsa le dimanche soir (avec cours, mais pas de restauration).

LE JARDIN D'ARISTIDE €€

133, boulevard Aristide Briand
CHAMPIGNY-SUR-MARNE
✆ 06 83 85 74 73
www.lejardindaristide.fr
Clévacances (3 clés). Chambre simple 55 € ; chambre double 72 €. Petit déjeuner inclus.

C'est en plein cœur du Val-de-Marne que Karine et Sylvain vous accueillent dans leur belle bâtisse du XVIIIe siècle. La maison se situe dans un quartier résidentiel, entouré de nature et de verdure. Vous dormirez dans les anciennes écuries où 3 chambres ont été réaménagées avec goût et confort. L'une décorée style classique, l'autre cocooning et la dernière nous la définirons comme haute en couleur. Les trois sont indépendantes. Le petit déjeuner traditionnel vous sera servi dans la véranda attenante à la maison, avec une vue panoramique sur le jardin.

BASE DE PLEIN AIR ET DE LOISIRS DE CRÉTEIL ★★

9, rue Jean-Gabin - **CRÉTEIL** ✆ 01 48 98 44 56
www.creteil.iledeloisirs.fr
De juin à septembre. Piscine tous les jours en été, le week-end et le mercredi en juin, de 11h à 19h. Piscine : 7 €.

La base de plein air et de loisirs de Créteil est un lieu captivant hors du tumulte de la ville où l'on peut faire de la planche à voile, du canoë, de la voile sur dériveurs, Optimist ou catamarans mais aussi courir ou se promener toute l'année. En été, d'autres activités aquatiques sont proposées : barques et bateaux à pédales, toboggan aquatique, pêche ou piscine à vagues. Vélo-cross, ping-pong et pétanque complètent le rayon sportif. Les PMR peuvent faire bon nombre d'activités.

ILE DE LOISIRS CRETEIL

9, rue Jean-Gabin - **CRÉTEIL**
✆ 01 48 98 44 56
http://creteil.iledeloisirs.fr
Ouvert toute l'année. Piscine (été) lundi-vendredi : 13h-19h, samedi : 12h-19h, dimanche et jours fériés : 11h-19h.

L'île de loisirs de Créteil, située à quelques minutes de Paris, est un espace où il fait bon de s'y détendre. Les plus sportifs apprécieront les activités nautiques qui y sont proposées. En effet, le lac du parc vous permettra de pratiquer la voile, la planche à voile mais aussi le canoë. En été également, la piscine à vague en plein air vous séduira. Si toutes ces activités se pratiquent lorsque les températures remontent d'autres peuvent vous être proposées. Toute l'année vous pourrez profiter de la faune et la flore, de promenades, aires de jeux, etc.

ÉCOMUSÉE DU VAL DE BIÈVRE ★

41, rue Maurice-Ténine
FRESNES
✆ 01 41 24 32 24
Ouvert toute l'année. Fermeture annuelle en août. Gratuit. Label Tourisme & Handicap.

Ce musée s'intéresse aux thèmes qui concernent les populations locales et la façon dont elles vivent sur le territoire. Un travail collaboratif est donc préparé avec les habitants, notamment pour les expositions temporaires, afin de toucher au plus près de la réalité et des préoccupations sur le territoire. Un lieu à visiter pour être en prise avec l'actualité ! Stationnement, accès, sanitaires et revêtements du site sont adaptés aux handicaps moteurs.

GITE HANDICAPE JOINVILLE €€

50, rue de Paris - **JOINVILLE-LE-PONT**
✆ 01 45 11 99 83
Location à la semaine pour 450 €, week-end 2 nuits à 250 €, 3 nuits à 300 €, 4 nuits à 350 €.

Situé à l'orée du Bois de Vincennes, ce gîte se situe au rez-de-chaussée d'une maison en pierres. Les propriétaires, qui ne vivent qu'à 5 min, vous accueillent dans un cadre calme et campagnard. Le gîte est parfaitement adapté aux personnes à mobilité réduite ou en fauteuil roulant et est parfaitement équipé pour passer un séjour en toute indépendance. Idéal pour se reposer, flâner au marché, visiter les guinguettes du bord de Marne ou la région d'Ile-de-France. Joinville-Le-Pont ne se situe qu'à 15 min de la capitale et à 20 min du Parc Eurodisney.

SENTIER DE MAINCOURT ★

Route de Maincourt - D58
DAMPIERRE-EN-YVELINES ✆ 01 30 52 09 09
www.parc-naturel-chevreuse.fr
Ouvert toute l'année. Gratuit. Label Tourisme & Handicap (moteur ; mobilité réduite ; malentendant).

Le Parc naturel de la Haute Vallée de Chevreuse propose à ses visiteurs en situation de handicap de parcourir le sentier découverte de Maincourt. La balade vous emmène découvrir les plus grands marais du parc, le long de l'Yvette. Plusieurs stations d'observation ainsi que des panneaux pédagogiques ponctuent le parcours donnant principalement des informations sur l'histoire, la faune et la flore. Une partie du parcours est accessible aux personnes à mobilité réduite grâce à une passerelle en bois qui permet un cheminement optimal.

MAISON PRAIRIE BONHEUR €€

6, chemin des Patissiaux - **MAGNY-LES-HAMEAUX**
✆ 01 30 44 26 08
www.chambres-hotes-prairie-bonheur.com
Chambre double de 82 à 117 €. Petit déjeuner inclus. Lit supplémentaire : 30 €.

Cette maison d'hôtes est proche de la petite maison dans la prairie. Elle propose 5 chambres très confortables et soigneusement décorées, ainsi qu'un gîte de 50 m² pouvant accueillir jusqu'à 6 personnes. Les chambres bénéficient toutes d'accès indépendants, et ont toutes un style différent : rétro, *shabby chic*, nature, douillette ou pastel... toutes sont d'agréables cocons. Le gîte chaleureusement décoré propose 2 chambres doubles, 1 séjour, canapé-lit, en rez-de-jardin avec sa terrasse, 2 salles de douche et 2 sanitaires, une petite cuisine équipée.

CHÂTEAU DE MAISONS ★★★

2, avenue Carnot
MAISONS-LAFFITTE
✆ 01 39 62 01 49
www.chateau-maisons.fr
7j/7 sauf le mardi. 10h-12h30/14h-17h (18h de mi-mai à mi-septembre). -18 ans gratuit. Adulte : 8 € (réduit : 6,50 €).

Bâti au milieu du XVIIe siècle sur les plans du célèbre architecte François Mansart, le château de Maisons fut édifié pour René de Longueil, surintendant des Finances de Louis XIV et conçu pour recevoir le Roi-Soleil après la chasse. L'équilibre de ses formes symétriques et l'élégance de ses toitures en font un modèle qui préfigure l'art classique français. Le domaine resta la propriété des Longueil et de leurs descendants jusqu'en 1777, date à laquelle il sera acquis par le comte d'Artois, frère de Louis XVI. Au XIXe siècle, les propriétaires se succéderont parmi lesquels le maréchal Lannes et le banquier Jacques Laffitte. En 1905, l'Etat rachète l'édifice qui deviendra une annexe du département des sculptures du Musée du Louvre. Ce n'est qu'en 1980 que le château sera accessible quotidiennement aux visites. A l'intérieur, on peut y admirer la Grande Galerie, les appartements du roi et de la reine, le vestibule d'honneur et son grand escalier, des tapisseries des Gobelins ainsi que du mobilier et des peintures des XVIIe, XVIIIe et XIXe siècles. Depuis 2017, le château géré par le Centre des monuments nationaux (CMN) accueille des meubles, peintures et objets du château de Saint-Ouen, commandés personnellement par Louis XVIII en 1824-1825. Des visites adaptées pour les personnes à handicap auditif, mental et visuel sont possibles (visite en LSF) mais le site reste malheureusement inaccessible aux personnes à mobilité réduite en raison des marches à gravir pour accéder au château et de ses nombreux escaliers.

Le château de Maisons-Laffitte.

ILE-DE-FRANCE

HÔTEL DE LA CHAPELLE*** €€

2, route de Chevreuse - **MILON-LA-CHAPELLE**
✆ 01 30 23 49 40
www.hotelchapelle.com

17 chambres (dont 1 chambre adaptée aux personnes handicapées moteur et PMR). Jardin.

Dans cet ancien relais de chasse et haras du XIXe siècle, ce superbe hôtel - qui a reçu plusieurs labels de qualité - dispose de 16 chambres ravissantes à la décoration classique et raffinée dont une accessible aux personnes handicapées moteur : située au premier étage avec ascenseur, vous disposerez d'une literie 160 x 200 et d'une seconde 90 x 200, ainsi que d'une salle de bain spacieuse dotée d'une belle douche à l'italienne (rotation 130 cm). Les chambres sont équipées d'une TV écran plat, d'un coffre-fort et d'un sèche-cheveux.

DOMAINE DE LA VALLÉE AUX PAGES €€

2, rue de la Vallée
PARAY-DOUAVILLE
✆ 01 30 59 04 54
www.vallee-aux-pages.com

5 chambres (14 couchages). Chambre double de 75 € à 130 €. Label Tourisme & Handicap.

Au pied de la vallée de l'Aunay, Isabelle et Philippe vous accueillent dans cette ferme du XVIIIe siècle entièrement rénovée. Le gîte possède 5 chambres parfaitement équipées dont une est accessible aux clients à mobilité réduite : la chambre « écurie » peut accueillir 3 personnes (un lit double et un simple) ; elle est dotée d'une salle d'eau équipée. Salon commun pour tous les hôtes et coin cuisine. Ils sont associés à un traiteur pour proposer des repas.

BERGERIE NATIONALE DE RAMBOUILLET ★★★

Parc du Château - **RAMBOUILLET**
✆ 01 61 08 68 70
www.bergerie-nationale.educagri.fr

Ouvert mercredi, week-end, jours fériés de 14h à 17h30. Adulte : 7 €. Enfant -12 ans : 5 €. Label Tourisme & Handicap.

En 1785, Louis XVI décida la création d'une ferme au sein du domaine de Rambouillet. La vocation d'élevage du site débuta avec l'achat d'un troupeau de mérinos espagnols qui connut une renommée internationale grandissante jusqu'au début de la Première Guerre mondiale. Vaches suisses, moutons d'Afrique et chèvres angora furent rejoints sous Napoléon Bonaparte par des buffles d'Italie et des chevaux. Aujourd'hui, la bergerie reçoit des milliers de visiteurs.

GÎTE DE GREFFIERS €€

56, rue Droue - **SONCHAMP**
✆ 01 30 41 01 10
www.gites-de-france-charme.com

17 chambres (dont 1 chambre adaptée aux personnes handicapées moteur et PMR). Jardin.

Ce gîte de caractère est situé sur une exploitation agricole. Environnement de qualité et ambiance raffinée sont au programme lors d'un séjour dans cette confortable maison. Séjour avec cheminée, grandes chambres avec sanitaires privés, jardin privatif avec vue sur la campagne... Les cavaliers et leurs chevaux sont également les bienvenus : trois boxes sont aménagés dans la ferme avec un pré et un manège à disposition. Cuisine adaptée aux PMR avec espace disponible sous évier, plan de travail et plaques de cuisson. Miroir inclinable dans la salle d'eau.

ZOO SAFARI DE THOIRY ★★

Rue du Pavillon-de-Montreuil
THOIRY
✆ 01 34 87 40 67
www.thoiry.net

Haute saison tous les jours de 10h à 18h. Adulte : 32 €. Enfant de 3 à 11 ans : 25 €.

Au Zoosafari, vous observerez de nombreux troupeaux évoluant en liberté sur près de 150 ha. Au total, 8 km de safari en voiture pour le plus grand bonheur des petits et des grands. L'occasion de découvrir 800 animaux sauvages et exotiques de 130 espèces différentes. Le parc possède aussi son arche des petites bêtes, avec amphibiens et invertébrés. Le parc est accessible aux personnes à mobilité réduite et deux fauteuils roulants sont disponibles à la location. Il est toutefois conseillé de venir accompagné pour le zoo en raison de pentes.

OFFICE DE TOURISME DE VERSAILLES

2 bis, avenue de Paris - **VERSAILLES**
✆ 01 39 24 88 88
www.versailles-tourisme.com

Toute l'année, tous les jours. Horaires variables selon saison. Ouverture le lundi uniquement en haute saison.

Sur place, vous pourrez trouver des plans de Versailles, des guides sur les sites à visiter, les hôtels et les restaurants. L'office est accessible et de nombreux supports et outils sont prévus afin de faciliter le séjour des personnes en situation de handicap : plan des itinéraires accessibles aux PMR, documents en braille, plan en relief, boucles auditives, brochures adaptées aux handicaps mentaux... Des brochures pour les quatre types de handicaps sont téléchargeables sur Internet.

CHÂTEAU DE VERSAILLES ★★★★

Place d'Armes - **VERSAILLES**
✆ 01 30 83 78 00
www.chateauversailles.fr
Ouvert toute l'année, horaires variables selon la période. Tarifs selon les visites : voir le site internet.

Classé depuis trente ans au patrimoine mondial de l'humanité, le château de Versailles constitue l'une des plus belles réalisations de l'art français au XVIIe siècle. Dès 1623, Louis XIII construisit à Versailles « un rendez-vous de chasse, un petit château de gentilhomme » en brique, pierre et ardoise, dans lequel il se plaisait tant qu'il le fit agrandir par son ingénieur et architecte Philibert Le Roy : cette première version du château de Versailles correspond aujourd'hui aux bâtiments qui entourent la Cour de Marbre. De 1661 à 1668, le jeune Louis XIV le fit embellir par Louis Le Vau. Mais ce « petit Château de Cartes », selon l'expression de Saint-Simon, demeurait trop étroit, et des agrandissements furent commandés à l'architecte. Celui-ci entreprit, de 1668 à 1670, la construction de « l'enveloppe » autour du petit château d'origine. La terrasse centrale, inspirée des modèles italiens, fut achevée à la mort de Le Vau en 1670, par François d'Orbay. Les façades de pierre blanche, qui cernent le château vieux en brique et pierre firent dire, toujours à Saint-Simon : « Le beau et le vilain, le vaste et l'étranglé furent cousus ensemble. » Le 6 mai 1682, Versailles devint la résidence principale de la Cour de France, aux dépens du Louvre et de Saint-Germain : la galerie des Glaces, symbole de la puissance du monarque absolu fut élevée (1678-1684) sur l'ancienne terrasse du château neuf, et, sous les ordres de Jules Hardouin-Mansart, on éleva rapidement les ailes du Nord et du Midi, l'Orangerie, les Ecuries, le Grand Commun, enfin la Chapelle royale, dernière grande construction de l'époque du Roi-Soleil achevée en 1710 par Robert de Cotte. A la fin du règne de Louis XV, en 1770, Ange-Jacques Gabriel édifia l'Opéra et s'attela à la transformation des façades côté ville. Mais seul le pavillon de droite, dit pavillon Gabriel, fut effectivement reconstruit, selon les règles de l'architecture classique. De l'autre côté de la cour, le pavillon symétrique, commandé par Napoléon Ier, fut réalisé en 1814. Le château fut ensuite transformé sous Louis-Philippe, qui décida d'y élever un musée historique dédié « à toutes les gloires de la France » ; il passa de nombreuses commandes auprès des plus grands peintres, qui retracèrent dans leurs œuvres l'histoire du pays.

Entrée. L'accès se fait par les entrées A ou H. Une rampe facilite l'accès aux personnes à mobilité réduite : celle-ci est située le long du pavillon à droite de l'entrée A. Des fauteuils roulants non motorisés sont gracieusement mis à disposition permettant de visiter les salles intérieures du Musée exclusivement sous réserve de disponibilité et contre dépôt temporaire d'un document officiel d'identité. Des visio-guides en LSF sous-titrée en français sont disponibles sur présentation d'un justificatif pour la visite des Grands Appartements du Roi et de la Reine. Pour les visiteurs malentendants, des audioguides compatibles avec boucles à induction et prothèses auditives de type « contour d'oreille » sont également disponibles. Les personnes équipées de prothèses auditives de type analogique munies d'une position « T-coil » peuvent aussi demander lors de visites-conférences individuelles, des audiophones équipés de boucles à induction magnétique. Pour les personnes en situation de handicap visuel, un dispositif tactile est à leur disposition avec audio-description dans les nouvelles salles d'Histoire. L'accès des chiens guides est autorisé, mais il convient d'avertir si possible le bureau des publics spécifiques. Visite libre pour les Grands Appartements, la Galerie des Glaces, les appartements de la Reine et les appartements de Mesdames.

Grand et petit Trianon. Visite du Grand Trianon possible. Au rez-de-chaussée du Petit Trianon, une salle multimédia permet d'expliquer le mécanisme des tables volantes commandé par Louis XV. Cette salle est accessible aux visiteurs à mobilité réduite afin de présenter une visite virtuelle des étages du château. Un parcours balisé rose permet la visite du jardin anglais et du Hameau.

Expositions. Des expositions temporaires complètent régulièrement ce riche voyage.

Jardins et bosquets du Château. L'accès se fait via l'ascenseur situé dans la partie Nord de la Terrasse dite parterre Nord ou en allant stationner dans le parc près du Grand Canal.

Parking. Les personnes en situation de handicap peuvent se faire déposer en voiture à proximité de l'entrée dans la cour d'honneur du Château et stationner sur autorisation délivrée par le bureau des publics spécifiques ou sur place en fonction des places disponibles. Le parking municipal, situé place d'Armes face au Château, est ouvert 24h/24 : des emplacements gratuits sur présentation de justificatifs y sont exclusivement réservés.

Restauration. Le Grand Café situé cour des Princes, en salle ou en vente à emporter accessible à tous. Restaurant la Flottille situé en tête du Grand Canal, en salle ou en terrasse, vente à emporter, accessible à tous. Brasserie la Girandole située dans les jardins, terrasse et vente à emporter, accessible à tous.

Jeune public. Le château de Versailles s'est doté de tout nouveaux espaces pouvant accueillir les plus jeunes dans le cadre d'ateliers plastiques ou d'expression corporelle. Le Château propose de nombreuses activités et visites à destination des familles qui mêlent découverte du domaine, des œuvres et des métiers d'artisans y travaillant avec une initiation à une pratique artistique. Programme et réservation sur le site du Château.

NORMANDIE

PROMENADES ACCESSIBLES

Bénouville

Chemin de halage du canal de Caen à la mer. Parking places réservées près du café Gondré à Pegasus Bridge. Toilettes sur le parcours. Longueur du parcours 6 000 m vers Ouistreham et 8 000 m vers Caen. Piste commune avec les vélos.

Bernières-sur-Mer

Parking places réservées près du poste de secours. Longueur du parcours 1 000 m. Accessible handicapés moteur et malentendant. Toilettes au poste de secours.

Cabourd

Digue. Parking près du Casino. Longueur du parcours 1 800 m. Toilettes au poste de secours n° 4.

Colleville Montgomery

Piste piétons au bout de la plage. Parking devant l'office de tourisme. Longueur du parcours 800 m. Continuité vers Ouistreham ou Hermanville.

Courseulles-sur-Mer

Parc Juno Les Jardins de la Mer. Parking du Centre Juno Beach. Longueur du parcours 800 m. Promenade du port à la croix de Lorraine.

Deauville

Les Planches. Parking et toilettes près du poste de secours principal. Longueur du parcours 2 000 m.

Hermanville-sur-Mer

Digue. Parking au niveau du Club de Voile et rue Félix Faure. Longueur du parcours 1 800 m. Toilettes au poste de secours principal. Pour les randonneurs chevronnés en fauteuil roulant, il est possible de joindre Lion-sur-Mer à Caen, via les digues et le chemin de halage du canal soit une distance d'environ 18 km. Continuité vers Lion-sur-Mer ou Colleville-Montg.

Houlgate

Digue. Parking sur le côté ouest de la promenade. Longueur du parcours 400 m. Toilettes publiques sur la digue.

Lion-sur-Mer

Parking face à la Mairie. Longueur du parcours 500 m. Pour les randonneurs chevronnés en fauteuil roulant, il est possible de joindre Lion-sur-Mer à` Caen, via les digues et le chemin de halage du canal soit une distance d'environ 18 km.

Luc-sur-Mer

Digue. Parking près du Casino (descente du parking avec aide). Longueur du parcours 500 m.

Ouistream

Digue. Parking près du Casino et au poste de secours n° 2 se trouvent aussi des toilettes. Longueur du parcours 2 000 m. Pour les randonneurs chevronnés en fauteuil roulant, il est possible de joindre Lion-sur-Mer à Caen, via les digues et le chemin de halage du canal soit une distance d'environ 18 km. Continuité vers Colleville-Montg ou Bénouville.

Saint-Aubin-sur-Mer

Digue. Parking et toilettes à proximité de l'office de tourisme. Longueur du parcours 1 800 m.

Trouville-sur-Mer

Les Planches. Promenade Savignac. Parking devant le Casino. Longueur du parcours 1 800 m. Toilettes publiques côté piscine.

Villers-sur-Mer

Digue. Parking près du poste de secours principal. Longueur du parcours 1 800 m. Toilettes publiques côté piscine.

DOMAINE DE LA HUREL €€

30, hameau de Coupigny - **AIRAN**
✆ 02 31 44 68 85
www.domainedelahurel.com

5 chambres. Chambre double 105 €. Petit déjeuner inclus. Label Tourisme & Handicap.

Dans un ancien corps de ferme du château d'Airan du XVIIIe siècle, vous serez accueilli par Françoise et Christophe dans l'une des cinq chambres d'hôtes lumineuses et agréables. Le Domaine de la Hurel, idéalement situé pour visiter la Normandie, vous promet un séjour agréable en pleine nature. En rez-de-jardin, une chambre pouvant accueillir deux personnes est labellisée pour les quatre types de handicaps. Au premier étage, quatre chambres toutes équipées. La diversité du jardin réjouira les férus de botanique. Table d'hôtes sur réservation.

HÔTEL REINE MATHILDE - LE GARDE MANGER** €€

23, rue Larcher
BAYEUX
✆ 02 31 92 08 13
www.hotel-bayeux-reinemathilde.fr

Chambre double à partir de 95 €. Petit déjeuner 14 €. Restauration. Accueil vélo.

Situé à deux pas de la cathédrale et au bord de l'Aure, on parle français et anglais dans cet établissement tenu par Anne-Sophie et Emerick tout droit rentrés d'Angleterre il y a quelques années. Les chambres sont confortables et joliment décorées avec une vue imprenable sur le cœur de la cité bayeusaine. L'hôtel dispose d'une annexe accessible aux fauteuils roulants avec lits king size et salles de bains gigantesques. Une certaine idée du bonheur, quoi !

HÔTEL VILLA LARA***** €€€

6, place de Québec - **BAYEUX** ✆ 02 31 92 00 55
www.hotel-villalara.com

Ouvert toute l'année. Maître Restaurateur. 28 chambres (dont 5 suites). Qualité Tourisme. Label Tourisme & Handicap.

Du linge de bain (peignoir, pantoufles, serviette...) aux dessus de lit en passant par le mobilier entièrement dessiné par Moissonnier - la célèbre maison d'ébénistes qualité et luxe Made in France, tout a été pensé comme une ode au confort et au raffinement dans cet hôtel de charme. Revisitant les styles anciens avec audace et modernité, chaque chambre révèle une personnalité unique. Sur place, bar lounge et un restaurant où le Chef prépare en direct les œufs du petit déjeuner à votre convenance. L'établissement est accessible aux personnes à mobilité réduite.

LE POMMIER €€

38-40, rue des Cuisiniers - **BAYEUX**
✆ 02 31 21 52 10
www.restaurantlepommier.com

Fermé du 31 octobre au 31 mars. Maître Restaurateur. Qualité Tourisme. Label Tourisme & Handicap. Terrasse.

Au cœur du quartier médiéval, Isabelle et Thierry Lhuillery sont aux fourneaux de cette table à la clientèle essentiellement anglo-saxonne et « carte vermeil ». A la carte, une cuisine normande et des plats savoureux à déguster dans une ambiance cosy à l'atmosphère façon brasserie chic sur fond de poutres et pierres apparentes avec une touche de fantaisie côté mobilier et ornements : poisson du jour en marinade à cru, terrine de foie gras de canard aux saveurs normandes, viande de bœuf normande, magret de canard ou poisson fin en coulis.

CALVADOS ATTRACTIVITÉ

8, rue Renoir
CAEN
✆ 02 31 27 90 30
www.calvados-tourisme.com

Un site Internet très bien fait où l'on trouve toutes sortes d'infos futées sur les loisirs, l'agenda et le patrimoine du département. On peut aussi chercher par thématiques : partager, roucouler, se dépenser, se chouchouter, se régaler ou encore s'étonner. Pour les groupes et séminaires, de nombreuses possibilités sont également offertes. Une rubrique permet d'obtenir de nombreuses informations relatives à l'handitourisme, vous y trouverez aussi une brochure intitulée *Calvados accessible* éditée avec l'Association des Paralysés de France.

CALVADOS CHRISTIAN DROUIN ★

1895, Route de Trouville - **COUDRAY-RABUT**
✆ 02 31 64 30 05
www.calvados-drouin.com

Ouvert toute l'année, avec visite guidée gratuite du lundi au samedi de 9h à 12h et de 14h à 18h.

Cette distillerie familiale et artisanale de Calvados se trouve dans un ensemble de bâtiments à colombages du XVIIe siècle au cœur du pays d'Auge. Vos hôtes vous accueillent au cœur d'une carte postale normande : pommiers, manoir et dépendances à pans de bois... Durant la visite guidée, vous découvrirez le pressoir, les alambics à repasse, les chais de vieillissement et le manoir. Sur place sont produits cidre, pommeau et calvados, sans oublier une gamme unique de millésimes.

FERME DU LAVOIR

Route de Saint-Laurent-sur-Mer - **FORMIGNY**
© 02 31 22 56 89
www.fermedulavoir.fr

Ouvert tous les jours en juillet et août. Tarif par emplacement : 15 € la nuit tout compris. Label Tourisme & Handicap.

La Ferme du Lavoir est une halte gourmande sur le circuit des plages du Débarquement. Miryam et Guillaume Capelle ont repris cette exploitation cidricole de treize hectares de vergers en 2010 se tournant vers une agriculture résolument biologique. Tous les produits sont issus des pommes des vergers conduits dans le respect de la faune et de la flore environnantes associant méthodes traditionnelles et techniques modernes avec toujours le même souci de dégager l'ensemble des arômes de la pomme. La gamme ainsi élaborée se compose notamment de cidres demi-secs.

LES PIÉRIS €

Le Hameaux Poix - **GRANDCAMP-MAISY**
© 02 31 92 33 63
www.lespieris.fr

Chambres d'hôtes (petit déjeuner compris), lodges et gîtes. Piscine.

Les Piéris vous permettront de passer d'agréables vacances ou un simple week-end dans la région du Bessin. Les deux gîtes indépendants rénovés d'une capacité de 4 et de 8 personnes sont situés à 2 kilomètres de la mer à Grandcamp-maisy. L'un d'entre eux est adapté pour recevoir des hôtes en situation de handicap. Les Piéris proposent également des chambres d'hôtes parmi lesquelles deux installées au rez de chaussée sont aussi habilitées à accueillir les convives handicapées. Une cuisine d'été, un salon de jardin et un barbecue complètent la prestation.

HÔTEL DU DAUPHIN ET DES LOGES*** €€

10, place Berthelot - **HONFLEUR**
© 02 31 89 15 53 - www.hotelhonfleur.com

Ouvert toute l'année. Chambre double à partir de 48 €. Normandie Qualité Tourisme. Label Tourisme & Handicap.

Hôtel de charme situé en plein centre de Honfleur à deux pas du vieux bassin, cet établissement offre des chambres très confortables dans trois maisons de pêcheurs entièrement réhabilitées ainsi que des petits déjeuners agrémentés de produits du terroir. Une chambre au rez-de-chaussée est accessible pour les personnes handicapées motrices avec l'équipement sanitaire adapté tandis que trois autres chambres sont équipées de l'alarme incendie lumineuse pour les malentendants.

AQUA-SUD

Route de Caen - **LE HOM** © 02 31 79 03 18
www.aqua-sud.com

Ouvert à l'année (sauf jours fériés). Normandie Qualité Tourisme. Label Tourisme & Handicap.

Lové dans un écrin de verdure à l'entrée de la ville, Aqua-Sud possède un bassin sportif, un bassin ludique, un impressionnant toboggan long de 45 m, une pataugeoire, un espace nage à contre-courant, un bain bouillonnant, un sauna et un hammam. De l'accès jusqu'à l'entrée du bassin, tout est pensé pour que les personnes handicapées puissent profiter du site en toute autonomie : place de stationnement, bandes podotactiles, boucle magnétique disponible pour les malentendants, fil d'Ariane pour les personnes malvoyantes ainsi que des vestiaires aménagés...

PLAGES ACCESSIBLES

Bernières-sur-Mer

1 Tiralo. 1 Hippocampe. WC adaptés à proximité. Douche accessible. Renseignements au téléphone 02 31 96 44 02

Blonville-sur-Mer

5 places de parking réservées. Sanitaires adaptés à 100 m. Douche accessible. 1 Tiralo. Renseignements au téléphone 02 31 87 92 09

Deauville

1 Tiralo. Toilettes. Parking. Renseignements au téléphone 02 31 14 02 02

Merville-Francheville

Plage centrale. 1 Tiralo. WC adaptés. Douche accessible. Renseignements au téléphone 02 31 24 23 57

Ouistreham

2 Tiralos. Descente à la mer avec aide. Vestiaire. Douche et toilettes adaptées. Renseignements au téléphone 02 31 14 02 02 et 02 31 97 73 25

Ver-sur-Mer

Espace réservé aux fauteuils près du poste de secours. 1 Tiralo. 1 Hippocampe. 1 handiquattro. Système audioplage. Renseignements au téléphone 02 31 22 21 68

CENTRE AQUATIQUE LE NAUTILE

25, rue Joseph-Guillonneau - **LISIEUX**
✆ 02 31 48 66 67
www.lenautile.com
Ouvert toute l'année. Horaires variables. Label Tourisme & Handicap. Natation Handisport.

Ce centre aquatique est le pôle de loisirs le plus prisé de l'agglomération. Grands et petits y trouvent tous les plaisirs aquatiques et profitent du bassin ludique et de son toboggan, des sièges massants, de ses cratères bouillonnants ou de son bassin sportif de 25 mètres. De nombreuses activités sont proposées en fonction des âges, des envies et des besoins de chacun : natation douce troisième âge et futures mamans, aquaphobie, aquabike, aquaboxing, plongée…

LES PEUPLIERS**** €

10, allée des Pins - **MERVILLE-FRANCEVILLE-PLAGE**
✆ 02 31 24 05 07
www.camping-peupliers.com
Label Tourisme & Handicap (moteur, mental, malentendant, malvoyant). Magasin d'alimentation ; piscine extérieure.

A trois kilomètres de Cabourg sur la Côte Fleurie et à peine douze kilomètres de Ouistreham sur le circuit des plages du débarquement et de la Bataille de Normandie, voilà un établissement idéal entre mer et campagne logé dans la verdure et à deux pas de la plage. Il fait partie de ces endroits de plein air où la famille s'égaie toute la journée. Divers hébergements sont proposés depuis le camping traditionnel (tentes, camping-cars, caravanes) jusqu'au village locatif qui privilégie l'espace et la tranquillité. Tout le monde y est le bienvenu !

FERME DES PÂTIS ★★

MÉRY-CORBON ✆ 02 31 23 66 21
fermedespatis-normandie.fr
Du lundi au samedi de 10h à 12h et de 17h à 19h. Visite de la ferme pour les familles, le jeudi en été à 16h.

Dans un cadre verdoyant, ils vous proposent leurs spécialités et vous font découvrir avec passion leur ferme pédagogique. Au cœur de leur exploitation, l'affaire va bon train : les vaches laitières – une quarantaine – sont en pleine forme. Le lait dont une bonne partie est transformée sur place permet de découvrir et de goûter une large palette du savoir-faire paysan : crème, fromage frais, faisselle, confiture de lait, teurgoule, caramels à la confiture de lait, gelée de pommes, confitures, pommé (ou raisiné de pommes, une très vieille recette du Pays d'Auge).

VIEUX-LA-ROMAINE, MUSÉE ET SITES ARCHÉOLOGIQUES ★★

13, chemin Haussé
VIEUX
✆ 02 31 71 10 20
www.vieuxlaromaine.fr
Lundi au vendredi 9h-17h (fermé le mercredi), samedi et dimanche 10h-18h. Tarif 5 €.

Bienvenue à Aregenua, fabuleuse cité gallo-romaine, la petite Rome du Calvados ! Un musée et trois sites archéologiques pour mieux appréhender l'organisation de cette antique cité où les vestiges du forum et de prospères maisons romaines ont été mis au jour. Ce n'est pas de la 3D mais du réel. Inventif, le musée, qui fête ses 20 ans en 2022, est un lieu vivant qui captive petits et grands. Les collections retracent l'histoire d'Aregenua, actuelle Vieux-la-Romaine, de sa fondation au Ier siècle à son évolution en village médiéval. Illustrée par de grands panneaux agréables à lire et une foule d'objets retrouvés sur le site (magnifiques mosaïques), la visite se double de bornes tactiles et d'animations ludiques. Qui saura ouvrir la serrure gallo-romaine ou écrire son nom en lettres latines ? De passionnantes vitrines en mini-challenges, on évolue au gré des différents espaces pour découvrir la vie quotidienne à l'époque gallo-romaine tandis que les enfants parcourent les lieux en mode détective munis d'un livret à énigmes. À l'extérieur, on flâne dans le jardin antique (celui-ci n'est malheureusement pas accessibles aux personnes à mobilité réduite) et parmi les vestiges de la Maison. Le musée, labellisé Tourisme & Handicap, possède des installations en braille, propose des visites commentées en langue des signes et a également équipé son site Internet d'une visite virtuelle en 3D. Après une telle visite, vous saurez tout de l'époque gallo-romaine !

CHAMBRES D'HÔTES LA FERRONNERIE €€

Hameau la Ferronnerie - **BARNEVILLE-SUR-SEINE**
✆ 02 32 42 89 64
www.la-ferronnerie.com

Gîtes de France (3 épis). Ouvert toute l'année. Label Tourisme & Handicap.

Dans un ancien pressoir restauré, trois chambres pouvant accueillir dix personnes composent La Ferronnerie. Les propriétaires assurent un accueil adapté aux personnes souffrant d'un handicap : la chambre Camaïeu est ainsi accessible aux personnes à mobilité réduite. Les soubassements en pierre de pays et les poutres maîtresses y sont apparentes. Lit de 140 x 190 cm. Une grande porte fenêtre lui permet d'être accessible par l'extérieur et donne directement sur le jardin.

COMITÉ RÉGIONAL DE TOURISME DE NORMANDIE

14, Rue Charles Corbeau
EVREUX
✆ +33 2 32 33 79 00
www.normandie-tourisme.fr

Le site Internet du CRT de Normandie est un outil précieux pour préparer votre séjour dans la région. Vous y trouvez toutes les informations pour vous loger, pointer les centres d'intérêt touristiques et surtout des rubriques spéciales sur l'handitourisme : un annuaire thématique (visites, sport, hébergements, restaurants, offices de tourisme...) vous permettra de retrouver les établissements labellisés Tourisme & Handicap de Normandie. Un site bien futé !

OFFICE DE TOURISME BERNAY TERRES DE NORMANDIE

29, rue Thiers - **BERNAY**
✆ 02 32 44 05 79
www.tourisme.bernaynormandie.fr

BS : lun - ven 9h30-12h30 et 14h-17h, sam 9h30-13h et 14h30-17h. HS : lun - sam 9h30-13 h et 14h-18h, dim 10h-13h

L'office de tourisme est situé dans la rue principale de Bernay et dispose de cinq autres accueils touristiques sur son vaste territoire. Vous pourrez y trouver toute la documentation nécessaire pour découvrir la première commune de l'Eure labellisée Ville d'Art & d'Histoire. Labellisé Tourisme & Handicap depuis 2015. L'équipe des conseillers saura vous aider dans la préparation de votre séjour grâce aux connaissances de chacun et aux supports adaptés.

GÎTE RURAL LE VERT GALANT €€

Le Bourg - **FATOUVILLE-GRESTAIN**
✆ 02 32 57 98 01

Gîtes de France (3 épis). Label Tourisme & Handicap (moteur ; mobilité réduite ; mental ; malentendant ; malvoyant).

A 8 km d'Honfleur et 5 km du pont de Normandie, le gîte Le Vert Galant peut recevoir jusqu'à 9 personnes. Plein de charme avec sa véranda victorienne, il est installé dans un ancien corps de ferme rénové. Au rez-de-chaussée, une chambre accessible avec lit en 140 cm et prises surélevées à 1,20 mètre, une salle de bains avec douche au sol, siège mobile et strapontin, jet hydro-massant, toilettes surélevées, lavabo et barres d'appui, séjour et cuisine entièrement accessible.

RESTAURANT LE CLOS DU MAS €€

1075, route de Pont-Audemer - **BOURG-ACHARD**
✆ 02 32 42 21 49
www.leclosdumas.fr

Ouvert du mardi au dimanche le midi, samedi et vendredi soir. Terrasse. Label Tourisme & Handicap.

Le label d'accessibilité récompense aussi un état d'esprit et une manière de vivre et de partager avec les autres, le savoir-faire du cuisinier et les instants privilégiés qu'il offre à ses hôtes autour d'une table. La carte est régulièrement alimentée par les créations maison et des produits frais et locaux, l'ensemble est assez coloré. La salle est spacieuse et accessible, les sanitaires également. Le personnel est à l'écoute et les menus proposent un bon rapport qualité-prix.

MAISON D'HÔTES ET GÎTE LA RÉSERVE €€€

GIVERNY
✆ 02 32 21 99 09
www.giverny-lareserve.com

Chambre double de 110 € à 170 €. Petit-déjeuner inclus. Gîte de 650 € à 1200 €. Animaux acceptés.

Amoureux de la nature, la Réserve est faite pour vous ! Sur les hauteurs de Giverny, entre plaines et bois et à quelques kilomètres de Vernon, faites une pause dans la maison de Valérie et François. La maîtresse des lieux vous accueillera avec un verre de cidre maison ou un jus de fruits avant de vous faire découvrir sa magnifique demeure, bâtie récemment avec des matériaux du XVIIIe siècle. Les 5 chambres sont feutrées et spacieuses, une est accessible.

Musée des Impressionnismes Giverny.

MUSÉE DES IMPRESSIONNISMES GIVERNY ★★★

99, rue Claude-Monet - **GIVERNY**
✆ 02 32 51 94 65
www.mdig.fr

Ouvert de 10h à 18h (jours d'ouverture variables selon la saison). Exposition 9 €. Jardin 2 €.

Entre Paris et Rouen, dans l'un des plus beaux musées de Normandie, retrouvez au fil des expositions temporaires les chefs-d'œuvre originaux de grands maîtres de l'impressionnisme : Pierre Bonnard, Edgar Degas, Claude Monet, Auguste Renoir... Partiellement enterré et couvert de toits végétalisés, ce musée, qui a succédé au musée d'Art américain, a pour vocation de mettre en lumière l'impressionnisme sous toutes ses formes. Il a fait peau neuve récemment.

MUSÉE DES INSTRUMENTS À VENT ★

2, rue d'Ivry - **LA COUTURE-BOUSSEY**
✆ 02 32 36 28 80
www.lacoutureboussey.com

Fermé de mi-novembre à janvier. Ouvert du mardi au dimanche de 14h à 18h. Qualité Tourisme. Label Tourisme & Handicap.

Le musée présente une collection exceptionnelle d'instruments à vent. Des visites adaptées sont prévues à 14h30 et 16h du mardi au dimanche pour les personnes handicapées mentales et sensorielles. Des sièges disposés régulièrement dans le musée facilitent le repos des personnes à mobilité réduite ou gênées par la station debout. Toute la salle d'exposition du musée est accessible aux personnes en fauteuil roulant mais les toilettes ne sont pas équipées.

LA CORNE D'ABONDANCE €€

6, rue de Rouen
GRAND BOURGTHEROULDE
✆ 02 35 78 68 01
www.lacornedabondance.fr

Logis. Qualité Tourisme. Chambre double dès 65 €. Garage fermé. Label Tourisme & Handicap.

Ancien relais de poste, les chambres offrent une grande variété de choix incluant plusieurs chambres familiales pouvant chacune accueillir entre quatre et cinq personnes, et deux adaptées pour les personnes à mobilité réduite accessibles par la cour en rez-de-jardin. L'hébergement offre un bon niveau de confort. Quant à la cuisine normande, elle est généreuse et subtile : ravioles d'escargots et crème de potimarron, filet de bar à la verveine et au citron vert ou aspic de fruits à la citronnelle. Une étape de charme et de qualité.

LA FERME DU BOURG €€

16, rue du Bourg - **LA CROISILLE**
✆ 02 32 30 08 57
www.la-ferme-du-bourg.fr

Ouvert toute l'année. Vendredi soir au dimanche midi sur réservation uniquement. Label Tourisme & Handicap.

Toutes les spécialités normandes sont mises à l'honneur dans cette maison du XIIIe siècle : tarte au camembert, poule au pot, fricassée de volaille... La salle à manger ne manque pas de cachet avec la très belle cheminée tandis que la très agréable cour arborée est idéale pour faire une pause autour d'un thé ou d'un café. L'établissement est accessible aux personnes souffrant des quatre types de handicap. N'hésitez pas à les contacter pour une réservation si besoin. Ils sont labellisés Bienvenue à la ferme, la garantie de produits de qualité.

AUBERGE DE LA FORÊT €€

55, rue Saint-Adrien - **MORGNY**
✆ 02 32 27 27 37
www.aubergedelaforet-morgny.fr

Toute l'année, du mercredi au dimanche, midi et soir. Maître Restaurateur. Qualité Tourisme. Label Tourisme & Handicap.

L'auberge est nichée dans la campagne près de Lyons. Le Chef et son équipe concoctent ici une délicieuse cuisine du terroir avec des produits extra frais : foie gras maison justement réputé. Un vrai talent et une belle gentillesse, le Chef n'hésite pas à venir en salle discuter avec ses clients. Vous pourrez également déguster un camembert frit sur son lit de salade et de viande fumée, une fricassée de Saint-Jacques au whisky, un tournedos sauce cognac ou encore une tarte Tatin tiède et sa crème fraîche. L'établissement est accessible à tous.

ATELIER DE LA GALERIE DU BORD DE SEINE

12, chemin du Halage
POSES
✆ 02 32 59 38 54

Ouvert toute l'année. Jours d'ouverture variables en fonction des saisons. Visite gratuite. Label Tourisme & Handicap.

Michèle Ratel est une artiste peintre impressionniste paysagiste. Son travail restitue toute l'atmosphère du bord de Seine : les fleurs, les brumes du matin, le miroir et la transparence de l'eau. Un univers très poétique. La galerie est accessible à tous les types de handicap, l'occasion de découvrir de jolies œuvres et une belle activité pour les personnes à handicap mental. N'hésitez pas à vous renseigner cependant sur les horaires de visites, elles fluctuent.

MUSÉE ALFRED-CANEL ★

64, rue de la République
PONT-AUDEMER
✆ 02 32 56 84 81

HS : lun, mer-ven : 14h-18h. BS : mer et ven : 14h-18h, WE : 10h-12h30 et 14h à 18h. Gratuit.

Installée en centre-ville, cette habitation privée du XVIIe siècle a été repensée au XIXe siècle comme un bâtiment public conçu à la gloire de son donateur Alfred Canel (1803-1879), un républicain, humaniste et historien. L'espace est partagé entre le fonds ancien de la bibliothèque et le musée qu'il a fondé. Le fonds comporte 25 000 livres, documents et manuscrits dont une forte proportion concerne la Normandie, répartis dans leurs meubles d'origine. Le musée, crée pour « moraliser par l'instruction, charmer par les arts et enrichir par les sciences » s'exhibe comme un cabinet de curiosités. Inondé de lumière zénithale, il présente des tableaux, le plus souvent de peintres régionaux, jusqu'à saturation. S'y mêlent coléoptères, herbiers, fossiles, céramiques et autres objets. Public déficient visuel : effectuée par un guide pour permettre un accès privilégié aux collections permanentes du musée, la visite tactile emmène le public à découvrir quelques sculptures emblématiques de la maison de l'écrivain. Une approche progressive de l'œuvre permet d'identifier les éléments constitutifs de la sculpture. A travers les matériaux utilisés ou encore les formes et les traits de la sculpture, les repères plastiques et stylistiques sont appréhendés. La visite est basée aussi bien sur le contexte artistique qu'historique de l'œuvre. Cette visite est proposée aux individuels, aux groupes n'excédant pas cinq personnes et aux groupes mixtes (voyants, malvoyants et non-voyants) afin de provoquer une rencontre et un moment d'échange.

La Risle traverse la ville de Pont-Audemer.

LA FERMETTE €€

42, route du Mont-Saint-Michel
BEAUVOIR
✆ 02 33 60 03 28
www.lafermette-beauvoir.com
Fermeture de début novembre à début février. Carte : 25 € environ.

A seulement trente minutes de Saint Malo, le restaurant La Fermette offre à sa clientèle la possibilité de déguster les produits du terroir. L'intérieur, impeccable avec un style contemporain, est cependant loin d'offrir le cadre champêtre de la ferme ! À la carte, vous trouverez donc des spécialités locales et des plats de saison comme le célèbre agneau de prés salés AOC. Si vous préférez les grands classiques, l'endroit propose également tartines et pizzas sans oublier crêpes et galettes pour les inconditionnelles. La Fermette est une valeur sûre.

HÔTEL LE MYTHIQUE €€

17, rue Saint-Pierre - **CANISY**
✆ 02 33 72 81 33
www.restaurant-le-mythique.fr
Ouvert toute l'année. 4 chambres. Petit déjeuner : 8 €. Chambre lit double à partir de 50 €. Chambre familiale 65 €.

Pour une halte ou un séjour plus long au cœur du village de Canisy, entre Saint-Lô et Coutances, trois chambres à l'étage vous attendent. Elles sont équipées d'un lit double, d'une salle de bains, de W.C, d'un téléviseur et d'un téléphone. Au rez-de-chaussée, une grande chambre familiale est quant à elle adaptée aux personnes à mobilité réduite : elle se compose d'un lit double, d'un lit simple, d'une salle de bain, de W.C, d'un téléviseur et d'un téléphone. Sur place ou à emporter, vous pourrez également déguster une cuisine traditionnelle.

LA MAISON DU PARC ★

3, village Ponts-d'Ouve - **CARENTAN LES MARAIS**
✆ 02 33 71 65 30
www.parc-cotentin-bessin.fr
Octobre à avril : ouvert du mercredi au dimanche. Avril à juillet : mardi au dimanche. Juillet et août : tous les jours.

Sur près de 500 m^2, la Maison du Parc Naturel Régional est le point de départ idéal pour organiser votre découverte des Marais du Cotentin et du Bessin. Pour y accéder : un cheminement adapté, des audioguides, des documents en braille et en gros caractère, des boucles magnétiques pour tous les éléments audio. Documents de soutien pour les visiteurs en situation de handicap mental. Attention, cette accessibilité ne signifie pas que tous les déplacements dans le parc sont adaptés. La Maison vous renseignera selon vos besoins spécifiques.

AU MARQUIS DE TOMBELAINE €€

25, route de la Falaise - **CHAMPEAUX**
✆ 02 33 61 85 94 - www.hotel-les-hermelles.com
Ouvert toute l'année. Chambre à partir de 58 €. Réservation recommandée. Menus dès 23 €.

C'est une étape gastronomique quasi incontournable ! Situé face à la baie du Mont Saint-Michel dans une ambiance qui mélange rustique et contemporain, ce restaurant, accessible à tous offre, un espace chaleureux et confortable. En cuisine, le Chef mêle subtilement tradition et invention. La carte est savoureuse et met à l'honneur les produits et les saveurs régionales avec de temps à autre un audacieux accord des saveurs terre-mer. Une bonne adresse à (re) découvrir. Un lieu assez bien adapté pour un public à handicap grâce à son personnel disponible.

ZOO DE CHAMPRÉPUS ★

493, rue Saint-Gaud
CHAMPREPUS
✆ 02 33 61 30 74
www.zoo-champrepus.com
Haute saison ouvert tous les jours de 10h à 19h. Adulte : 20,50 €. Enfant de 3 à 11 ans : 14,50 €.

Fondé en 1957 par Lucien Lebreton, le parc zoologique de Champrépus associe étroitement monde animal et monde végétal. Découvrir les animaux sauvages au moyen des sept jardins thématiques est une aventure pour le plaisir des petits et grands. Champrépus participe avec les plus grands parcs européens à la sauvegarde des espèces en voie de disparition comme le tigre de Sumatra, la panthère de Perse, le babiroussa, le guépard, le zèbre... Les petits adoreront la mini-ferme où on peut toucher les animaux et participer au nourrissage. Un mini parc d'attractions est également à la disposition des enfants avec piscine de balles et structures gonflables. On ne peut que saluer l'approche à la fois scientifique, ludique et pédagogique d'un zoo qui aime vraiment ses animaux.

Le parcours du Parc est rendu accessible à 95 % avec un réaménagement du circuit de 2 kilomètres d'allées. Le restaurant, la boutique et les sanitaires sont également adaptés aux personnes à mobilité réduite. Un dispositif d'aide est mis en place pour franchir la passerelle grâce à la présence des agents et des fauteuils roulants peuvent être prêtés. Deux caméras permettent même de projeter sur écran le troisième observatoire de la zone africaine, partie qui peut s'avérer difficile d'accès en raison d'une pente. Pour les handicaps auditifs, une boucle magnétique est disponible à l'accueil. Il est également possible sur réservation d'obtenir une visite guidée spécialement adaptée aux personnes ayant des handicaps visuels (10 personnes min.).

LA CITÉ DE LA MER ★★★★

Gare maritime transatlantique
CHERBOURG-EN-COTENTIN
✆ 02 33 20 26 69
www.citedelamer.com
Tarifs : adulte 19 €, junior 14 € (5 à 17 ans), gratuit -5 ans. Horaires : 10h-18h et 9h30-19h en juillet et août.

Site phare du tourisme normand, un passage par Cherbourg-en-Cotentin ne peut être complet sans une visite en ces lieux magiques. Prenant place dans l'ancienne gare transatlantique de Cherbourg - plus grand monument de France de style Art Déco désormais inscrit aux Monuments historiques - le bâtiment surnommé Notre-Dame des Queens fut construit par René Levavasseur à la fin des années vingt puis réhabilité par l'architecte Jean-François Milou. Surplombant le port de Cherbourg de son imposante allure, la Cité de la Mer prend place en ces terres. Immense complexe historique, scientifique et ludique qui n'a cessé d'évoluer depuis son ouverture en 2002, la Cité de la Mer se consacre à l'exploration sous-marine et à la découverte des grandes profondeurs. Le parc est composé de différents espaces très distincts tels que celui du « Redoutable », premier sous-marin nucléaire français lanceur d'engins (1967) ouvert au public. La cité propose également de belles expositions temporaires.

Un monde à explorer avec de nombreux aménagements rendant le site accessible : caisses dotées d'un portillon spécial, signalétique à hauteur de vue des personnes en fauteuil roulant, mains courantes et signalisation des marches, plans inclinés doublant les escaliers, sonorisation et boutons placés à bonne hauteur dans les ascenseurs, sanitaires accessibles et adaptés, guides en braille. Pour la visite du sous-marin, une porte a été aménagée pour les fauteuils roulants. Des visites en LSF sont possibles sur réservation.

COTENTIN CROISIÈRES

Port de Plaisance - **CHERBOURG-EN-COTENTIN**
✆ 06 62 11 60 69
www.cotentincroisieres.fr
Toute l'année selon conditions météorologiques. Entrée : 102 € (sortie d'une demi-journée). Label Tourisme & Handicap.

Profiter de Cotentin Croisières et de l'air du large pour partir en mer en toute sécurité grâce à un encadrement spécialisé par skipper-éducateur diplômé. L'équipe accueille les personnes en situation de handicap mental ou physique en individuel ou en groupe sur des projets spécifiques. Labellisé Tourisme & Handicap, l'ensemble est accessible également pour les personnes à mobilité réduite avec une bonne écoute du personnel à ce sujet et une bonne adaptabilité globale qui permet de se sentir bien, ce qui n'est pas toujours simple pour ce type d'activité.

CHEMIN DE RANDONNÉE LE LONG DE LA SÉLUNE

4, rue du Génie - **DUCEY-LES CHÉRIS**
✆ 02 33 89 67 00
www.normandie-tourisme.fr
Ouvert toute l'année. Gratuit. Label Tourisme & Handicap (moteur ; mobilité réduite ; mental ; malentendant).

Ducey possède un circuit pédestre labellisé Tourisme et Handicap avec deux pontons handipêche. Ce circuit dispose également d'un fil d'Ariane sur une longueur d'environ 850 mètres et longe la rivière de la Sélune, classée première catégorie riche en saumons. Au niveau du départ du circuit, un panneau indique le parcours. Présence d'un texte explicatif en braille. L'ensemble est donc globalement très bien adapté pour tous handicaps, permettant un bol d'air agréable.

LA CITADELLE €€€

34, rue du Port - **GRANVILLE** ✆ 02 33 50 34 10
www.restaurant-la-citadelle.fr
Ouvert du jeudi au mardi midi et soir. Réservation recommandée. Menus de 38 € à 95 €. Label Tourisme & Handicap.

Face au port, disposant en extérieur d'une superbe terrasse abritée des vents et à l'intérieur d'un cadre choc dans lequel trône l'immanquable aquarium et ses beaux homards, la Citadelle reste fidèle à sa réputation : vous êtes ici dans l'un des meilleurs restaurants de poissons et fruits de mer de la région ! En provenance directe de la mer, les fruits de la pêche se déclinent selon différents menus. Quelques viandes sont proposées également. Pensez à réserver, surtout en été. L'ensemble est assez bien adapté pour du public en situation de handicap.

LE PIRATE

2, place du Général de Gaulle
GRANVILLE
✆ 02 33 50 03 83
www.lepirategranville.fr
Ouvert tous les jours.

C'est un lieu de vie permanent, puisque le Pirate en mode « café », c'est un bar, lieu de rassemblement bien connu des Granvillais, et situé en plein cœur de la ville, vous offrant une vue imprenable sur l'activité de la cité. Que vous preniez votre petit déjeuner du matin ou vos consommations de la journée, le service est rapide et efficace. En été, la terrasse, vaste, est fortement prisée et appréciée. On n'oubliera pas, si vous avez une petite faim, que l'établissement est aussi une brasserie proposant d'excellents et simples plats.

LA LAITERIE €€

6, Hamel au Curé - **GROSVILLE**
✆ 02 33 03 21 41
www.la-laiterie.eu
Ouvert toute l'année. Chambre simple à partir de 66 € ; chambre double à partir de 82 €. Label Tourisme & Handicap.

Les chambres d'hôtes de la Laiterie sont situées entre Bricquebec et les Pieux. En arrivant, vous serez saisi par l'imposante bâtisse en pierre, si bien entretenue. Vos hôtes vous ouvrent les portes de cette ferme édifiée il y a déjà plus de deux siècles et demi. Refuge LPO, on y respecte la faune et la flore. Derrière le verger, vous apercevrez quelques ruches. Fruits et légumes Bio se cultivent quant à eux au potager : une récolte que vous aurez peut-être le plaisir de déguster à la table d'hôte. Cette adresse détient le label pour les quatre types de handicaps.

AUBERGE DES GROTTES €€

8, rue des Falaises - **LA HAGUE**
✆ 02 33 52 71 44
www.aubergedesgrottes.com
En saison fermé le mercredi, hors saison le mercredi et le jeudi. Réservation recommandée. Label Tourisme & Handicap.

Un point de vue époustouflant au sommet des falaises du Nez-de-Jobourg. Que ce soit pour déguster des fruits de mer ou des produits locaux, vous serez conquis par cet endroit magnifique et dont la situation est, vous l'aurez compris, incroyable. Différents menus et une belle carte, principalement basée autour des offres gastronomiques de la mer. L'intérieur, très bien agencé, est chic et sobre, et l'accueil est excellent et souriant. Pensez à réserver, surtout l'été et le week-end. L'établissement est labellisé pour les quatre types de handicap.

LA BARATTE €€

Le Bourg - **SAINT-DENIS-LE-VÊTU**
✆ 02 33 45 45 49
www.restaurant-labaratte.fr
Ouvert le lundi et du jeudi au samedi le midi et le soir, du dimanche au mardi le midi. Menus de 25,50 € à 34,50 €.

Le Chef travaille des produits frais régionaux que l'on savoure dans la grande salle, dans l'épicerie ou en terrasse. L'accueil est chaleureux et la cuisine maison : foie gras mi-cuit, gelée de coquelicot et pain d'épices, cuisse confite de canard de la vallée et marmelade de fruits secs, parfait glacé à la pistache et mousse à la noix fraîche... On profite du calme ambiant autour d'une table sympathique. L'ensemble des locaux est adapté aux personnes à mobilité réduite, le personnel peut être disponible et se mettre à l'écoute.

ATTITUDE MANCHE - AGENCE D'ATTRACTIVITE

1283, avenue de Paris
SAINT-LÔ
✆ 02 33 05 98 70
www.manchetourisme.com

La Manche est riche d'une nature préservée aux visages multiples. Entre terre et mer, les sentiers cheminent au cœur de paysages d'exception : les côtes de granit et de sable, les marais du Cotentin, le bocage verdoyant du Pays de Coutances, les reliefs du Mortainais, et puis... la baie du Mont-Saint-Michel. Le site Internet met à votre disposition de nombreuses informations relatives à l'handitourisme, notamment les établissements labellisés Tourisme & Handicap.

MUSÉE DU DÉBARQUEMENT UTAH BEACH ★★★

Utah-Beach - **SAINTE-MARIE-DU-MONT**
✆ 02 33 71 53 35
www.utah-beach.com
Basse saison : ouvert de 9h30 à 19h. Haute saison : tous les jours de 10h à 18h. Adulte : 8 €. Enfant (6/15 ans) : 5 €.

Ce musée est implanté sur les lieux mêmes du débarquement des soldats américains. Les visiteurs peuvent voir une réplique grandeur nature d'un B26 Marauder utilisé lors de l'opération Overlord ainsi qu'un simulateur de vol. Le site permet de comprendre pourquoi cette plage fut choisie et en quoi le débarquement fut un succès à la fois militaire et technologique. Le musée est accessible à toutes les personnes en situation de handicap (fauteuil roulant en prêt à l'accueil).

HÔTEL RESTAURANT LE SAINTE-MÈRE €€

8, rue Richedoux - **SAINTE-MÈRE-EGLISE**
✆ 02 33 21 00 30
www.hotel-sainte-mere.com
Basse saison du lundi au jeudi le soir. Haute saison du lundi au samedi le soir. Le midi réservation. Hôtel 3 étoiles.

Les chambres sont très agréables et disposent de tout le confort nécessaire pour passer un charmant séjour : salles de bains avec baignoire, sèche-cheveux, wifi gratuit, téléphone direct, offre satellite et TNT... Sur place, le restaurant-grill La Cotentine permet de découvrir une cuisine traditionnelle composée de produits locaux, viandes, poissons grillés et huîtres. Info futée : pour toute arrivée tardive à l'hôtel, un plateau-repas froid peut être proposé dans votre chambre.

PLAGES ACCESSIBLES ET SURVEILLÉES

Agon-Coutainville

Stationnement situé en bordure de plage avec 2 places réservées à la cale du centre, 1 place réservée au Passous, 1 place réservée rue Dramard et une place à l'école de voile. Cheminement goudronné, plan légèrement incliné menant à la promenade (continu le long des quatre plages, enrobé), postes de secours à proximité. Accès à l'eau par plan incliné avec accompagnement. Sanitaires et douches adaptés près des postes de secours et à l'école de voile. 2 fauteuils Hippocampe disponibles à l'école de voile. Activité char à voile accessible à l'école de voile.

Brehal

Stationnement situé en bordure de plage avec trois places réservées. Cheminement menant à la promenade. Accès à l'eau par plan incliné avec accompagnement. Sanitaires et douches adaptés près du poste de secours. 1 fauteuil Tiralo disponible au poste de secours.

Barnveille-Carteret

Plage de Barneville. Stationnement situé en bordure de plage avec deux places réservées. Cheminement goudronné menant au poste de secours. Accès à l'eau par plan incliné avec accompagnement. 1 fauteuil Tiralo disponible au poste de secours. Sanitaires et douches adaptés à 10 m de la plage.

Plage de la Potinière de Carteret. Stationnement situé en bordure de plage avec deux places réservées. Cheminement goudronné menant au poste de secours. Accès à l'eau par plan incliné avec accompagnement. 1 fauteuil Tiralo disponible au poste de secours. Sanitaires adaptés à 50 m de la plage. Douches adaptées sur la plage.

Carolles

Stationnement situé 50 m de la plage avec deux places réservées. Cheminement goudronné menant au poste de secours et à la promenade. Accès à l'eau par plan incliné avec accompagnement. Sanitaires adaptés situés à mi-chemin entre le stationnement et la promenade.

Donville-les-Bains

Stationnement situé à 150 m de la plage avec six places réservées. Cheminement goudronné menant au poste de secours et à la promenade avec accompagnement. Accès à l'eau difficile (absence de plan incliné). 1 fauteuil Hippocampe disponible au poste de secours. Douches adaptées au poste de secours. Piscine de mer accessible avec accompagnement.

Gouville-sur-Mer

Stationnement situé en bordure de plage avec une place réservée. Cheminement goudronné menant au poste de secours. Accès à l'eau par plan incliné avec accompagnement. 2 fauteuils Tiralo disponibles au poste de secours et 1 Tiralo et 1 Hippocampe au centre les Sables d'Or. Sanitaires et douches adaptés à 30 m de la plage.

Granville

Stationnement situé 150 m de la plage avec quatre places signalées mais non homologuées. Cheminement goudronné menant au poste de secours et à la promenade. Accès à l'eau par plan incliné avec accompagnement. 1 fauteuil Tiralo disponible au poste de secours. Sanitaires et douches adaptés au poste de secours.

Hauteville-sur-Mer

Stationnement situé en bordure de plage avec trois places réservées. Cheminement goudronné menant au poste de secours et à la promenade (avec accompagnement). Accès à l'eau par plan incliné avec accompagnement. 1 fauteuil Hippocampe disponible à l'école de voile. 1 fauteuil Hippocampe et 1 Joëlette disponibles à l'office de tourisme. Activités catamaran et char à voile accessibles à l'école de voile.

Jullouville

Stationnement situé en bordure de plage avec deux places réservées. Cheminement goudronné menant au poste de secours et à la promenade. Accès à l'eau par plan incliné avec accompagnement. 1 fauteuil Hippocampe disponible au poste de secours. Sanitaires adaptés situés à 100 m.

Les Pieux

Plage de Sciotot. Stationnement situé en bordure de plage avec deux places réservées. Cheminement goudronné menant au poste de secours. Sanitaires adaptés à 60 m de la plage.

Pirou

Stationnement situé à 500 m de la plage avec deux places réservées. Cheminement goudronné menant au poste de secours. Accès à l'eau par plan incliné avec accompagnement. Promenade en béton le long de la plage. Portbail Face au poste de CRS. Stationnement situé en bordure de plage avec une place réservée. Poste de secours à 10 m. Accès à l'eau par plan incliné avec accompagnement. 2 fauteuils Tiralo disponibles au poste de secours.

Siouville-Hague

Stationnement situé 150 m de la plage avec deux places réservées. Cheminement goudronné menant au poste de secours. Accès à l'eau par plan incliné avec accompagnement. 1fauteuilTiralo disponible au poste de secours. Sanitaires et douche adaptés à 150 m de la plage.

Tourlaville

Stationnement situé en bordure de plage avec quatre places réservées. Cheminement goudronné menant au poste de secours. Accès à l'eau par plan incliné avec accompagnement. Sanitaires adaptés à 10 m de la plage.

HÔTEL DES DUCS*** €€

50, avenue Wilson - **ALENÇON**
✆ 02 33 29 03 93
www.hoteldesducs-alencon.fr
Ouvert toute l'année, 7j/7. Chambre double de 89 à 101 €. Parking fermé et gratuit.

Face à la gare d'Alençon, les propriétaires vous ouvrent les portes de leur établissement cosy qui affiche une décoration soignée et personnalisée dans chaque chambre. Modernes et confortables, toutes possèdent une salle de bains avec douche, lavabo et W.C, sèche-cheveux, écran plat HD avec TNT et chaînes du satellite, téléphone. Quatre chambres sont accessibles aux personnes à mobilité réduite. Jardin avec terrasse. L'ensemble est bien adapté avec de grands espaces pour l'accessibilité des personnes à mobilité réduite, y compris les toilettes.

TOURISME 61

27, Boulevard de Strasbourg
ALENÇON
✆ 02 33 28 88 71
www.ornetourisme.com

Tout ce que vous voulez savoir sur l'Orne se trouve auprès de Tourisme 61 ! Le site Internet de la structure touristique de l'Orne, qui dépend du Conseil départemental, regorge d'idées de balades, de bonnes tables, de courts séjours, etc. Vous pouvez y réaliser vos réservations auprès des gîtes, hôtels ou chambres d'hôtes de la région (y compris en dernière minute). Le site Internet recense entre autres les établissements de nombreux hébergements labellisés Tourisme & Handicap dans la rubrique nommée « L'Orne accessible à tous ».

CAMPING DE LA VÉE*** €€

5, avenue du Président-René-Coty - **BAGNOLES DE L'ORNE NORMANDIE** ✆ 02 33 37 87 45
www.campingbagnolesdelorne.com
Emplacement + véhicule + 2 personnes de 11,90 € à 13,30 €. Mobil-homes de 354 € à 434 € la semaine.

A seulement 1 kilomètre du centre-ville, de ses commerces et de ses marchés, et à 500 mètres de l'établissement thermal, le Camping de la Vée offre sur quatre hectares des emplacements ombragés et des locations de résidences de plein air dont certaines sont labellisées pour le handicap moteur. Les sanitaires comprennent des cabines douche et des lavabos, des douches seules ou des lavabos seuls avec accès handicapé. Une adresse idéale pour des vacances en toute tranquillité, dans un cadre sympathique et qui ne manque pas de charme.

HÔTEL DU BÉRYL*** €€€

1, rue des Casinos - **BAGNOLES DE L'ORNE NORMANDIE**
✆ 02 33 38 44 44
www.hotel-bagnoles.com
Ouvert toute l'année. 7j/7. 75 chambres. Chambre double dès 71 €. Label Tourisme & Handicap.

Cet hôtel à l'architecture moderne installé dans un cadre qui invite au repos propose 75 chambres dont certaines sont accessibles aux personnes à mobilité réduite ou en fauteuil. Bien équipées, elles disposent quasiment toutes d'un balcon ou d'une terrasse avec vue sur le lac, la forêt des Andaines ou le parc. L'établissement dispose d'un ascenseur. Sur place, vous pourrez aussi vous attabler à la Pommeraie qui propose une cuisine haute en couleurs où se mêlent harmonieusement produits du terroir et traditions. Un lieu sympathique et assez bien adapté.

CHAMBRE D'HÔTES LA THIBOUVIÈRE €€

La Thibouvière – Le Saussay
BEAUFAI
✆ 02 33 24 52 17
Gîtes de France (3 épis). Ouvert toute l'année. Capacité : 8 pers. Label Tourisme & Handicap. Chambre double dès 58 €.

Anciens exploitants agricoles, les propriétaires ont installé dans une belle maison contemporaine deux chambres de plain-pied avec séjour. L'une d'entre elle est accessible aux personnes à mobilité réduite : elle est équipée d'un lit pour deux personnes, d'une salle d'eau et de toilettes adaptées privatifs. Possibilité de télévision et lit d'appoint dans les chambres. Machine à laver et cuisine à disposition à partir de 4 nuits. Jardin non clos agréable.

MAISON DU PARC ET DU GEOPARC ★

Le chapitre, CS 80005 - **CARROUGES**
✆ 02 33 81 13 33
www.parc-naturel-normandie-maine.fr
Fermé de novembre à mars. Gratuit. Accessible aux personnes à mobilité réduite ; aménagements pour handicaps.

Créé en 1975, ce parc qui occupe 235 000 hectares abrite une belle variété de paysages : contreforts du massif armoricain, forêts des Andaines et d'Ecouves, bocage, lande, tourbières… Il possède également un riche patrimoine architectural à l'image du château de Carrouges situé à quelques encablures de la Maison du Parc, un centre de ressources installé dans une ancienne dépendance du château et doté d'espaces d'accueil accessibles à tous les visiteurs.

Maison du parc et du geoparc.

LE BISTROT DES ÉCURIES €€

La Grande Maison - **COUR-MAUGIS SUR HUISNE**
✆ 02 33 25 46 06
www.bistrot-des-ecuries.com

Maître Restaurateur. Ouvert toute l'année. Réservation impérative. Menu 39 €. Label Tourisme & Handicap.

Une belle idée que ce restaurant niché dans un centre équestre du Perche ! Ulrike Rudolph et Sandrine Strauch y ont installé leurs passions : le vin, les chevaux et la bonne cuisine mêlant spécialités régionales à base de produits frais et plats autrichiens. Leur travail a été récompensé par le label Maître Restaurateur obtenu en 2013. On y déguste salade de pousses d'épinards, plancha percheronne ou strudels viennois sans oublier une riche carte des vins dont des blancs autrichiens qui méritent d'être connus ! Un endroit sympathique et adapté.

GÎTES ET CAMPING D'ECOUVES €€

Les Noyers - **ÉCOUVES**
✆ 33 2 33 28 75 02
www.ecouves.net

Emplacement à partir de 6,20 €/jour. Chalets : à partir de 330 €/semaine. Gîte : de 320 à 340 €/semaine.

Les amoureux de la nature trouvent ici le lieu idéal pour leur séjour. Vacances sportives ou paisibles, camping ou gîtes, vous séjournerez dans un cadre verdoyant où l'air pur se respire à pleins poumons. Au camping : wifi gratuit, bibliothèque et jeux de société, aire de jeux pour enfants, terrains de pétanque, volley-ball et tennis de table, plan d'eau et pains et croissants en été. Les gîtes et la roulotte ont chacun leur spécificité afin de répondre au mieux à vos envies.

CENTRE ÉQUESTRE DE MONTMIREL

Chedouet
LES VENTES-DE-BOURSE
✆ 02 33 28 02 73
www.centreequestredemontmirel.fr

Ouvert toute l'année. Tous les jours.Label Tourisme & Handicap. Hippothérapie.

Vous pouvez y pratiquer l'équitation de loisir, travailler votre cheval pour les concours, pratiquer la voltige, faire des randonnées dans la forêt d'Écouves ou la forêt de Bourse, d'une demi-journée à trois jours, avec visite de châteaux, d'une fromagerie, etc. Notons que les stages sont accessibles aux enfants et que le club accueille les personnes en situation de handicap (tous types confondus) pour des séances basées sur la rencontre et la relation.

LE GROS CHÊNE €€

Le Gros Chêne
MORTAGNE-AU-PERCHE
✆ 02 33 25 02 72
www.fermedugroschene.com

Prix par nuit : à partir de 80 € pour deux personnes. Label Tourisme & Handicap.

Dans cette ancienne grange restaurée au cœur du Parc naturel régional du Perche, vos hôtes proposent cinq chambres, situées au sein de l'exploitation agricole, pouvant accueillir jusqu'à 14 personnes. Le rez-de-chaussée, entièrement accessible aux personnes à mobilité réduite, se compose d'une vaste salle à manger, d'un salon, d'une cuisine équipée, d'une chambre en suite, d'une salle d'eau et de W.C. L'étage possède quant à lui un salon ainsi que trois autres chambres et une salle d'eau avec W.C pour chacune. Possibilité de table d'hôtes sur demande.

FERME AUBERGE DE VILMESNIL €€

1, route de Vilmesnil - **ANNOUVILLE-VILMESNIL**
✆ 02 35 10 59 84
www.fermeauberge-vilmesnil.fr
Ouvert toute l'année. Du lundi au vendredi uniquement pour les groupes de +10 personnes. Label Tourisme & Handicap.

Dans une ancienne maison de maître, on découvre le goût des produits de la ferme normande. L'exploitation est tournée vers la polyculture et l'élevage de volailles et de moutons. Dans la salle de l'auberge avec feu dans l'âtre, vous pourrez vous régaler de terrines, volailles, tartes maison et charlotte aux pommes. L'établissement est accessible et adapté à recevoir des personnes en situation de handicap. L'endroit est spacieux et le personnel est à l'écoute.

GÎTE LA BOTTINIÈRE €€

45, rue de l'Eglise - **GRIGNEUSEVILLE**
✆ 06 12 27 45 20
www.gite-la-bottiniere-54.webself.net
Ouvert toute l'année. Pour 10 personnes (5 chambres). Semaine à partir de 800 €. Label Tourisme & Handicap.

Dans une ancienne étable joliment restaurée, le gîte La Bottinière se fait l'étape idéale pour des vacances en pleine nature dans la campagne verdoyante de Normandie. Cosy, la décoration est élégante et moderne. Les espaces sont vastes et confortables, et permettent de circuler facilement d'une pièce à l'autre. Parmi les cinq chambres, une peut recevoir des personnes en fauteuil. Chaque chambre dispose de sa salle de bains privative. L'ensemble est spacieux et assez accessible pour les personnes à mobilité réduite. Un lieu avec beaucoup de charme.

GÎTE RURAL LE CELLIER €€

BOISSAY
✆ 08 26 04 01 76
Ouvert toute l'année. Gîtes de France (3 épis). Location à la semaine dès 220 €. Label Tourisme & Handicap.

Avec une capacité d'accueil de six personnes, ce gîte situé à 30 kilomètres de Rouen est aménagé à proximité d'un corps de ferme dans un ancien cellier restauré en briques et boiseries anciennes. Au rez-de-chaussée, on trouve une cuisine ouverte sur la salle à manger dotée d'une cheminée, un coin-salon installé dans une véranda ainsi qu'une chambre accessible (un lit 2 personnes) et une salle d'eau avec W.C adaptés. Le premier étage abrite une chambre (deux lits 1 personne), un vestibule, des W.C et une seconde chambre (lit 2 personnes).

PARC LA SAUVAGETTE ★

459, route départementale 6015 - **LANQUETOT**
✆ 02 32 84 33 76
www.lasauvagette.com
Haute saison ouvert tous les jours de 11h à 19h. Adulte : 8,50 €. Enfant de 3 à 12 ans : 7 €.

Ce parc vous apprendra tout sur les chiens et leur univers au travers d'une visite à la fois ludique et éducative. Possibilité de découvrir la nurserie de labradors, le jardin des connaissances pour apprendre tout en jouant, l'incroyable musée et ses 2 500 objets, le cyclochien mais également le jardin des câlins où les enfants se feront un plaisir de caresser ces animaux... De nombreux jeux et animations sont au programme : mini-ferme, petit-train, structure gonflable pour adultes ou encore baptême à poney et cheval pour enfants et adultes. Un parc étonnant.

OFFICE DE TOURISME INTERCOMMUNAL DE FÉCAMP

Quai Sadi-Carnot - **FÉCAMP**
✆ 02 35 28 51 01
www.fecamptourisme.com
Du lundi au samedi 9h-12h30 et 14h-17h30, sauf les mardis matin hors vac. scol ; dimanches des vac. scol. 9h-13h.

C'est derrière un slogan qui veut tout dire, « Jetez l'ancre », que l'office de tourisme de la ville vous ouvre ses portes ! Un service de qualité et une documentation importante sur les visites à faire à Fécamp et dans ses alentours, tels sont les atouts de cet office de tourisme dynamique. Notez que l'office est labellisé Tourisme & Handicap pour les quatre types de handicap et qu'un bureau est également présent dans le petit village côtier de Yport.

MUMA - MUSÉE D'ART MODERNE ANDRÉ-MALRAUX ★★★

2, boulevard Clemenceau - **LE HAVRE**
✆ 02 35 19 62 62
www.muma-lehavre.fr
Ouvert du mardi au dimanche. Fermé le 1/1, lundi de Pâques, 1/5, lundi de Pentecôte, 11/11, 25/12. Adulte : 7 €-10 €.

Inauguré en 1961 par André Malraux, ce musée présente un vaste panorama de la peinture du XVIIe au XXe siècle et témoigne du rôle déterminant joué par Le Havre dans la peinture, tant par le nombre des artistes qui y sont nés que par l'influence des paysages ou sa volonté de participer aux recherches artistiques contemporaines. Parking avec places réservées à proximité de l'entrée spécifique, accessibilité complète, toilettes adaptées, prêt de fauteuil roulant.

NORMANDIE

LE FUNICULAIRE

Rue de l'Amiral-Courbet - **LE TRÉPORT**
✆ 02 35 50 55 20
destination-letreport-mers.fr
Lundi au vendredi : 7h45-20h45. Samedi : 7h45-0h45. Dimanche : 7h45-23h. Mi-juin à mi-septembre : 7h45-0h45. Gratuit.

Les origines du funiculaire remontent à 1881 même s'il ne fut inauguré qu'en 1908 : il reliait Le Tréport et Eu. Après une première chute de fréquentation due à la Première Guerre mondiale, il fermera ses portes à la fin de la Seconde Guerre mondiale après avoir été utilisé par les troupes allemandes. Remis en service en 2006, il relie désormais « les Terrasses » au centre-ville. Ses deux cabines sont accessibles à tous comme la cafétéria qui porte son nom ! Une belle expérience sympathique et adaptée à la plupart des handicaps.

LE CLOS DU QUESNAY €€

651, route de Rouen - **MAUQUENCHY**
✆ 02 35 90 00 97
www.leclosduquesnay.fr
Gîtes de France. 5 chambres (et 4 roulottes). Chambre double 98 €. 1 chambre labellisée Tourisme & Handicap.

Le Clos du Quesnay est un ancien corps de ferme aménagé en maison d'hôtes. Son grand parc de quatre hectares accueille des roulottes qui feront le bonheur des vacanciers en quête d'une ambiance bohème et originale au contact de la nature sans pour autant négliger le confort. Les quatre roulottes sont ravissantes : toutes en bois coloré, elles sont bien équipées. Pour un hébergement un peu plus classique, la propriété propose également cinq chambres très confortables. L'établissement est labellisé pour les quatre types de handicaps.

MUSÉUM DE ROUEN ★★

198, rue Beauvoisine - **ROUEN**
✆ 02 35 71 41 50
www.museumderouen.fr
Mardi-samedi : 13h30-17h30, dimanche : 14h-18h. Entrée gratuite. Label Tourisme & Handicap. Visite guidée.

Ouvert au public depuis 1834, ce cabinet de curiosités abrite près de 400 000 objets sur un fonds complet de 800 000 pièces permettant d'explorer tous les courants de la pensée scientifique depuis le XIXe siècle. Dans une atmosphère surannée, le musée s'inscrit dans une démarche scientifique contemporaine en prenant notamment en compte les échanges et la réflexion autour de problématiques actuelles telles que le réchauffement climatique, le développement durable et de la bioéthique. Un lieu superbe et insolite à visiter absolument.

MUSÉE NATIONAL DE L'ÉDUCATION ★

185, rue Eau-de-Robec - **ROUEN**
✆ 02 35 07 66 61
www.reseau-canope.fr/musee/fr
Lun, mer au ven : 13h30-18h15. WE et jf : 10h-12h30 et 13h30-18h15. Fermé 1/1, 1/5, 15/8, 1/11, 24-25 et 31/12. Gratuit.

Situé dans la maison des quatre fils Aymon en plein cœur de Rouen, ce musée est accessible à tous les publics. Classé monument historique, le site tient lieu de véritable machine à remonter le temps ! L'exposition permanente « Cinq siècles d'Histoire » accumule des centaines de milliers d'œuvres, d'objets et de documents qui transportent les visiteurs au XVIe siècle. Vous y découvrirez l'histoire et l'évolution de l'école, quelles étaient les pratiques et les méthodes utilisées en classe jusqu'au XXe siècle... Le clou de la visite se loge dans la salle de classe reconstituée, contemporaine de Jules Ferry et de son école « gratuite, obligatoire et laïque ». Tout y est : le mobilier scolaire, le matériel pédagogique et les travaux d'élèves. Mais ne vous y trompez pas car ici, l'ancien côtoie le moderne. Le parcours du musée qui accueille aussi des expositions temporaires et thématiques se veut ludique et s'accompagne du numérique. Chaque exposition met à disposition des plus jeunes des jeux et des « stations de manipulations » pour découvrir en s'amusant. Les bambins pourront aussi participer à une « chasse au trésor numérique » qui les baladera dans le musée. Les adultes se verront remettre gratuitement à l'accueil des tablettes numériques avec contenu audio et vidéo. Le musée est situé dans une rue piétonne et le stationnement peut sembler assez éloigné si vous êtes en fauteuil. Par contre, le déplacement en fauteuil se fait facilement au sein du musée.

GÎTE RURAL DES FERRIÈRES €€€

La Ferrière - **SAINT-LÉONARD** ✆ 06 77 83 96 40
www.gitehachard.com
Gîtes de France (3 épis). Ouvert toute l'année. Label Tourisme & Handicap. Accessible pour 4 fauteuils roulants.

Dans une cour de ferme au calme, le rez-de-chaussée de ce gîte rural est entièrement accessible aux personnes handicapées : séjour, salon, TV-DVD, coin cuisine (lave-vaisselle, lave-linge et sèche-linge, micro-ondes), deux chambres de deux personnes, avec salle d'eau et W.C. A l'étage : trois chambres de deux personnes et une chambre cinq personnes, toutes équipées de salle de bains. Les lieux ont gardé toute leur authenticité, un vrai retour aux sources ! Aménagés dans une ancienne écurie, les intérieurs sont spacieux et confortables.

DÉCOUVREZ LES HANDIPLAGES

Dieppe

11 places de parking donnent accès aux plages. Roulement aménagé entre le parking et les galets. Deux Tiralos dont un à la plage Ruys sont disponibles à la zone d'accueil. Douche et sanitaires accessibles à 100 m. Surveillants et personnel de la piscine du front de mer à votre service. Renseignements ✆ 02 35 06 60 96.

Le Havre

Les bains maritimes . Vestiaires, douches, toilettes, parking à vélos. 10 places de parking sur le front de mer. Roulement aménagé du parking à la baignade et rampe d'accès. Douche accessible et toilettes adaptées à proximité. 3 Tiralos, 2 Hippocampes et 2 handiplagistes. Renseignements ✆ 02 51 55 79 79.

Club nautique havrais. En plus d'un accueil personnalisé pour les personnes à mobilité réduite, le club dispose d'un équipement complet leur permettant de pratiquer la natation : 1 cabine adaptée dans chaque vestiaire (hommes et femmes) avec barres d'appui, douches et sanitaires adaptés, toilettes surélevées côté dames et côté hommes. Un ascenseur permet d'accéder au bassin où la mise à l'eau se fait avec l'assistance des moniteurs ou à l'aide d'un élévateur. Une salle de musculation vient compléter l'équipement. Renseignements www.cnhavrais.fr

Saint-Valéry-en Caux

Front de mer. Plage surveillée. Roulements aménagés. WC adaptés et douche accessible. 1 Tiralo. Renseignements ✆ 02 35 97 00 63.

GÎTE RURAL LA CLAIRIÈRE €€

SAINT-LÉONARD ✆ 02 35 27 31 60

Gîtes de France (3 épis). Ouvert toute l'année. Pour 3 personnes. Semaine à partir de 250 €. Label Tourisme & Handicap.

C'est un petit coin de paradis sur la côte d'Albâtre… Aménagé dans une ferme, ce gîte restauré à l'ancienne allie caractère et authenticité. De plain-pied et adapté à recevoir des hôtes handicapés, il se compose d'un séjour-salon avec cheminée et canapé convertible, d'une cuisine équipée, d'une salle d'eau avec W.C, d'une chambre accessible (1 lit 2 personnes, 1 lit 1 personne, 1 lit bébé). Sur place : jardin clos, deux terrasses et jeux pour enfants. Accès direct à la mer par sentier, promenades dans la forêt accessible en fauteuil, GR 21 vers Etretat.

GÎTE RURAL LE PRÉ AUX ÂNES €€

121, rue du Parc
SAINTE-MARGUERITE-SUR-FAUVILLE
✆ 02 35 56 73 84 - www.preauxanes.com

Gîte 4 étoiles ouvert toute l'année. Pour 15 personnes (6 chambres). Semaine dès 820 €. Label Tourisme & Handicap.

Voici un gîte peu banal installé dans un ancien manège ceint de 3 000 m² de parc arboré. Fait de bois, il est entièrement adapté. En installant des portes de 90 cm de large sur l'ensemble du rez-de-chaussée, l'accès aux autres pièces est possible en fauteuil. Prises et interrupteurs sont tous placés à 1,10 m. Lavabo avec rebords larges pour s'accouder, cales pour rehausser les tables et penderie adaptée. Pour les malvoyants, tout a également été pensé.

BASE DE LOISIRS DE BÉDANNE

TOURVILLE-LA-RIVIÈRE
✆ 02 35 87 91 89
www.bedanne.com

Ouvert toute l'année. Gratuit. Animations payantes. Label Tourisme & Handicap. Label Qualité Tourisme.

Ce lieu est idéal pour se détendre et s'amuser. La base de loisirs s'articule en effet autour d'un espace de pleine nature et d'un plan d'eau de 53 hectares sur lequel vous pourrez vous initier à la voile, louer un optimist (petit voilier solitaire), faire du kayak ou encore du catamaran. Baignade surveillée et restauration en juillet et août. N'hésitez pas à vous renseigner pour connaître l'ensemble des activités adaptées selon votre type de handicap.

MUSÉE MUNICIPAL DES IVOIRES ★

8, place du Maréchal Joffre - **YVETOT**
✆ 02 35 95 08 40
www.yvetot.fr/le-musee-des-ivoires/

Ouvert toute l'année. Label Tourisme & Handicap : accessible aux personnes en situation de handicap. 2,60 € l'entrée.

Étape de la Route de l'Ivoire et des Épices qui traverse la Seine Maritime, ce musée accueille la deuxième collection d'ivoires du département après Dieppe. Grâce à la généreuse donation de Louis Ferron, un homme politique local passionné d'art, c'est dans la même bâtisse que l'office de tourisme que vous découvrirez près de 200 œuvres en ivoire : bijoux, statuettes, figures de personnages historiques… Une deuxième salle met la faïence et la terre cuite à l'honneur.

PASSPORT

NOUVELLE-AQUITAINE

PENSE FUTÉ AVANT TOUTE RÉSERVATION !

Qu'il s'agisse de la réservation d'un hébergement (gîte, hôtel, meublé, camping...) ou d'un restaurant, ou encore d'un simple souhait d'aller visiter et découvrir un monument, nous vous conseillons de manière systématique avant de confirmer votre venue et de payer vos arrhes, de prendre contact avec le responsable de la structure d'accueil. Email, téléphone, fax... Les moyens ne manquent pas : ceci vous permettra en amont de votre visite d'être certain que le site dans lequel vous espérez aller corresponde réellement à vos attentes et réponde parfaitement à vos besoins spécifiques !

EUROPÉEN HÔTEL*** €€

1, place Gérard Pérot - **ANGOULÊME**
✆ +33 5 45 92 06 42
www.europeenhotel.fr

Ouvert toute l'année. Chambre double de 66 € à 85 €. Label Tourisme & Handicap. Accessible aux PMR. Chambres adaptées.

Cet hôtel, au cœur du centre-ville, propose aux premier et deuxième étages, desservis par ascenseur, trente et une chambres en double, twin et triple adaptées. Dans les salles de bains de certaines chambres se trouvent une baignoire avec barres d'appui et des toilettes adaptées. L'établissement assure la livraison de plateaux chauds en room service. Garage privé accessible et payant. Les propriétaires qui connaissent très bien la ville auront grand plaisir à partager avec vous leurs bons plans. Un lieu adapté et agréable où l'on se sent bien.

MUSÉE D'ANGOULÊME ★

1, rue de Friedland - **ANGOULÊME**
✆ 05 45 95 79 88
www.musee-angouleme.fr

Ouvert du mardi au dimanche, adulte 5 €. Label Tourisme & Handicap.

Le musée d'Angoulême vous fera découvrir la Charente préhistorique, des objets provenant d'Océanie et d'Afrique ainsi les beaux-arts du XVIe au XXe siècle. Tous les espaces sont accessibles. Il est en effet possible d'emprunter des sièges pliants ainsi que des fauteuils roulants. Des audioguides avec réglage du son peuvent être loués et de nombreuses œuvres peuvent être touchées. Des documents en caractères agrandis et en braille sont disponibles. Possibilité de visites en LSF sur rendez-vous. La salle de conférences est aussi équipée d'une boucle magnétique.

MUSÉE DU PAPIER - LE NIL ★★

134, rue de Bordeaux
ANGOULÊME
✆ 05 45 92 73 43
www.musee-du-papier.fr

Ouvert toute l'année. Fermé les lundis. Adulte : 3 €. Enfant : 2 €. Ateliers pour les enfants.

Le musée témoigne de l'activité industrielle qui régnait autour du fleuve. Il propose une exposition permanente qui permet de découvrir les rouages de cette activité (l'exposition s'organise autour des roues et vannes où l'eau passe encore) mais également son histoire, ses répercussions socio-économiques ainsi que la Charente, puissance naturelle et nécessaire à la fabrication du papier. Des expositions temporaires avec un espace scénographique destiné aux enfants, des conférences et des visites guidées y sont aussi organisées. Les deux niveaux sont accessibles.

BRILLAC VILLAGE DE VACANCES €€

Les Recloux - **BRILLAC** ✆ 05 45 89 42 73
www.brillac-16.com

Ouvert toute l'année. 18 chalets dont 1 accessible aux personnes handicapées. Label Tourisme & Handicap.

Un chalet accessible devant lequel on peut garer son véhicule pouvant accueillir 6 ou 7 personnes, dont 2 en fauteuil. Dans la salle de bains, douche de plain-pied et toilettes adaptées avec barres d'appui. Le coin cuisine est également accessible. Côté loisirs, certaines animations sont adaptées, de même que la salle de jeux vidéo et les tables de billard. Un lieu sympathique dans un cadre de verdure très agréable pour se ressourcer dans les meilleures conditions.

GÎTE RURAL CHEZ BARIOT €€

Le Moulin Masset - **CHAMPNIERS**
✆ +33 5 45 69 98 89
www.gites-chez-bariot.fr

Gîtes de France. Ouvert toute l'année. Chambres adaptées (téléphonez pour réserver). Label Tourisme & Handicap.

D'une surface de 146 m², le gîte est aménagé dans une ancienne grange sur une propriété localisée dans un petit hameau. Au rez-de-chaussée : vaste séjour-cuisine, 1 chambre accessible (1 lit 140 cm), salle d'eau et w.c. indépendants. À l'étage : 3 autres chambres, salle d'eau, w.c. indépendants et mezzanine. Plancher chauffant et rafraîchissant. A l'extérieur : terrasse, terrain clos de 1 000 m² et piscine réservée au gîte. Possibilité de ménage quotidien. Un lieu campagnard et confortable qui vous permettra de profiter de la nature et du grand air.

LE CIRCUIT DU CHÊNE

1, rue de la Boucle
CHASSORS
✆ 05 45 80 98 91

Ouvert du 1er juillet au 31 août : visites du mardi au jeudi. Label Tourisme & Handicap (mental, malvoyant).

François et Gabriel Moine sont viticulteurs et bouilleurs de cru. Ils proposent un circuit complet autour du chêne et du cognac. Une visite passionnante qui vous conduit chez le fendeur de merrains, à la tonnellerie puis à la distillerie. La balade se termine dans les chais où vous pourrez vous initier à ces spiritueux par une dégustation : jus de raisin pour les juniors, cognac et pineau pour les adultes. Une belle balade atypique et au grand air adaptée à la plupart des handicaps, n'hésitez pas à vous renseigner pour des demandes particulières.

LA COURTINE €€

Parc François-Ier - **COGNAC**
✆ +33 5 45 82 34 78
www.restaurant-la-courtine.fr

Maître Restaurateur. Tables & Auberges de France. Réservation recommandée. Label Tourisme & Handicap.

Située au cœur du Parc François Ier, La Courtine séduit déjà par son cadre authentique et raffiné. Côté assiette, la magie opère également avec des menus soignés et de belles assiettes bien présentées. Au programme : assiette de saumon fumé, crème d'aneth ; œuf poché aux pleurotes et crème d'estragon ; piccata de Lotte au jus de viande fumé, flan de légume et fenouil ; burger de charolais La Courtine sauce reblochon, bacon et frites maison... Soulignons enfin l'accueil très aimable de l'ensemble du personnel sensibilisé au handicap ainsi que leur écoute.

HÔTEL FRANÇOIS IER**** €€

3, place François-Ier
COGNAC
✆ +33 5 45 80 80 80
www.hotelfrancoispremier.fr

Ouvert toute l'année. Accueil 24h/24. Label Tourisme & Handicap.

Cet hôtel est implanté dans un élégant édifice du XIXe siècle. Dans cet univers de charme au décor contemporain jouant sur les couleurs du terroir, tout est propre et le service de haut standing. Les chambres climatisées sont équipées d'une télévision à écran plat, d'un mini-bar et d'une connexion WiFi gratuite. Deux chambres de la catégorie supérieure sont accessibles aux personnes en situation de handicap : elles possèdent des lits jumeaux (2 lits de 90 x 200 cm) avec douche ou baignoire, et W.C. séparés. Un lieu de rêve très bien implanté.

MUSÉE DES ARTS DU COGNAC ★

Place de la Salle Verte - **COGNAC**
✆ 05 45 36 21 10 - www.musees-cognac.fr

Gratuit -12ans. Adulte 5 €. Billets à coupler avec Musée d'Art & d'Histoire.

Le musée est installé au cœur de la vieille ville dans le très bel hôtel Perrin de Boussac. Il permet de découvrir cette fameuse eau-de-vie, son origine, son histoire, son élaboration et son commerce. Découvrez aussi l'histoire de la ville, son développement économique et industriel ainsi que son patrimoine architectural. Les salles se succèdent selon certaines thématiques relayées par des ambiances sonores, olfactives ou encore visuelles permettant de comprendre son incidence dans la région. Des supports spécifiques sont mis à votre disposition.

LE CHAMBON, SPORT ET NATURE EN CHARENTE

Le Chambon - **EYMOUTHIERS**
✆ 05 45 70 70 42
www.lechambon.org

Ouvert tous les jours de 8h30 à 17h30. Label Tourisme & Handicap.

A partir de 8 ans, les activités de plein air sont nombreuses dans ce centre : VTT, spéléologie, escalade, équitation, tir à l'arc, parcours aventure, canoë, golf rustique ou course d'orientation, etc. L'hébergement et la restauration sont possibles dans des bâtiments en collectif ou en modules individuels. Les formules sont adaptées aux groupes ou aux individuels. Les infrastructures du Chambon sont adaptées et labellisées pour des séjours sportifs adaptés à tous types de publics.

CAMPING DE L'ÎLE MADAME***

1, Quai Ile Madame - **JARNAC**
✆ +33 6 26 91 40 92
www.entreprisefrery.fr/jarnac

Ouvert de mai à fin septembre. Emplacements et locations. 1 mobil-home accessible PMR. Label Tourisme & Handicap.

Un site verdoyant pour ce camping posé sur les rives de la Charente avec tout un programme d'animations pour tous : un pot de bienvenue tous les lundis, des concours de pétanque, jeux gonflables, soirée paella avec DJ, loto, animation jeunesse et chasse au trésor, etc. Un petit marché artisanal vient régulièrement. On y découvre tous les produits de la région. Ce camping est un endroit idéal pour se ressourcer, de nombreuses activités sont proposées aux alentours.

MUSÉE FRANÇOIS MITTERRAND ★★

10, quai de l'Orangerie
JARNAC
✆ 05 45 81 38 88
Ouvert du mai à mi-septembre. Fermé le lundi, mardi et le matin en semaine. Label Tourisme & Handicap.

La donation rassemble des objets offerts au président Mitterrand par des personnalités du monde entier : rois, reines, présidents, Premiers ministres, ambassadeurs, représentants de collectivités locales… C'est François Mitterrand lui-même qui a offert tous ces objets à sa ville natale... Incontestablement, le raffinement côtoie le mauvais goût ou l'insolite… Accueil sympathique et attentionné en particulier vis-à-vis des personnes handicapées mentales.

LE LOGIS DE FLAMENAC €

Flamenac - **PRANZAC**
✆ +33 6 46 63 04 98
www.logisdeflamenac.com
Gîtes de France (3 épis). Ouvert toute l'année. 3 chambres. Petit déjeuner inclus Label Tourisme & Handicap.

Dans des bâtiments anciens complètement restaurés, Claire et Eric vous accueillent en toute simplicité. Le gîte Le Verger est labellisé Tourisme & Handicap. De plain-pied, il allie pratique et authenticité avec ses poutres en bois, ses murs aux pierres apparentes et sa belle luminosité. La cuisine est quant à elle équipée et adaptée favorisant l'autonomie des personnes à mobilité réduite. On notera la présence de 2 chambres. La salle d'eau et les toilettes sont également équipés pour les personnes handicapées. Barbecue, terrasse et jardin.

PLAN D'EAU DE LA GUERLIE

PRESSIGNAC
Baignade surveillée du 1er juillet au 31 août. Accessible aux PMR. Label Tourisme & Handicap.

Lors des chaudes journées estivales, on apprécie l'ombre et les joies de la baignade de ce cadre verdoyant. Le cheminement a été aménagé pour permettre aux personnes déficientes motrices d'accéder à la plage où 2 Tiralos sont mis à disposition. Cette dernière est également équipée du système audio-plage pour les malvoyants et les non-voyants. La baignade est surveillée en juillet et en août. Le plan d'eau de La Guerlie dispose également de tables de pique-nique. Voilà un espace où prévoir en été de jolies sorties pour mieux supporter la chaleur.

MAISON DE CLAIRE ET BRUNO €

54, Impasse de la Chapelle - **ROUILLAC**
✆ 05 45 65 55 39
maison.claire.bruno.free.fr
Gîtes de France. Ouvert toute l'année. 5 chambres : simples ; doubles ; suite. Label Tourisme & Handicap. Restauration.

Claire et Bruno ont acheté et transformé cette grande et belle demeure du XIXe siècle pour en faire des chambres d'hôtes. Ces dernières sont meublées avec goût. Elles disposent de tout le confort pour passer un bon séjour. Trois chambres se situent en rez-de-chaussée avec leurs salles de bain privatives et sont accessibles aux personnes à mobilité réduite. La maison est d'ailleurs classée tourisme-handicap. Vous pourrez également partager un excellent repas avec vos charmants hôtes.

GÎTE RURAL LE MAS DE BEAU €€

Le Mas de Beaud
SAINT-GERMAIN-DE-MONTBRON
✆ 05 45 70 23 83
Accessibilité malentendant et handicaps mental. Gîtes de France (2 épis). Ouvert toute l'année.

Le Mas de Beau est un petit gîte indépendant situé dans un hameau calme près de Montbron. De plain-pied, il est équipé d'un séjour-cuisine avec canapé pour deux personnes, d'une chambre accessible avec lit en 140 cm, d'une salle d'eau et de W.C. Jardin clos et terrasse couverte. Chauffage à régler sur place selon la consommation. Les propriétaires sont accueillants et l'endroit invite au calme, à la promenade, à la relaxation. Un lieu agréable et bien adapté.

PLAGES ACCESSIBLES ET LABELLISÉES

Châtelaillon Plage

Surveillée. Roulements aménagés. 1 Tiralo. Toilettes et douche accessibles.

Fouras : Plage Nord

Surveillée. Parking à proximité. Chemin de plage. Mise à disposition de fauteuil de baignade. Toilettes et douches adaptées.

Ile d'Oléron : plages de Boyardville, de la Phibie, de Gatseau et des Bonnes

L'île d'Oléron a engagé des efforts considérables pour la mise en accessibilité de ses plages : cheminements adaptés, pentes inférieures à 5 %, fauteuils de plage amphibies de type Tiralo ou Hippocampe mis gratuitement à la disposition en juillet et en août.

La Rochelle

Plage des Minimes. Parking à proximité. Chemin de plage.Toilettes et douches adaptées. Système audioplage.

Plage de la Concurrence. Surveillée. 1 Tiralo. 1 Hippocampe. Système audioplage.

Marennes plage

Surveillée. Tapiroule. 1Tiralo. Toilettes accessibles.

Royan : La Palmyre

Surveillée. Système audioplage. Toilettes et douche accessibles.

Saint-Georges-de-Didonne : Grande plage

Surveillée. Fauteuil hippocampes. Toilettes et douche accessibles.

Saint-Denis-d'Oléron : Plage de la Boirie

Surveillée. Roulements aménagés. Tapiroule. 2 Tiralos. Système audioplage. Toilettes et douche accessibles.

CAMPING LE CORMORAN***** €€

Route de Radia - **ARS-EN-RÉ** ✆ 05 79 87 02 59

www.cormoran.com

Accessibilité malentendant, malvoyant, PMR, handicaps moteur et mental. Ouvert du 1er avril au 2 octobre.

Au milieu des vignes et en bordure de forêt, Le Cormoran affiche tout le confort d'un camping 5 étoiles. Les installations et les services sont multiples et répondent à toutes les demandes : sur ce terrain de 3 ha, une rétaise a d'ailleurs été adaptée aux personnes handicapées. Piscine chauffée et couverte d'avril à mi-juin. Terrain multisports. Tennis, boulodrome, salle de remise en forme. L'ensemble est assez spacieux et bien agencé, avec un plan, un fléchage et des repères adaptés. Le tout dans un cadre sympathique non loin de l'océan.

HÔTEL ACADIE SAINT-VICTOR** €€

35, boulevard de la Mer - **CHÂTELAILLON-PLAGE**
✆ 05 46 56 25 13

Ouvert toute l'année. Chambre double à partir de 66 €. Petit-déjeuner 10 €. Restaurant : menu à 31,90 €, formule à 18 €.

Ce charmant hôtel tenu par la même famille depuis plus de 70 ans possède 1 chambre au rez-de-chaussée spécialement aménagée pour les personnes en situation de handicap avec salle d'eau équipée d'une douche avec siphon de sol et sanitaires adaptés. Le restaurant sur place est également accessible : ce sera l'occasion de déguster de délicieux produits de la mer à l'instar de l'assiette de mouclade à la Charentaise, des profiteroles de Saint-Jacques ou encore du filet de bar...

MAISON TRANSBORDEUR ROCHEFORT - ÉCHILLAIS ★

Rue de Martrou - **ECHILLAIS** ✆ 05 46 83 30 86

www.pont-transbordeur.fr

Qualité Tourisme. La Loire à Vélo. Ouvert du 1er avril au 5 novembre. Monument Historique. Visite guidée.

Découvrez les ponts les plus atypiques du Pays Rochefortais, de Charente-Maritime et d'ailleurs ! La maison servait autrefois de lieu de stockage des pièces de rechange destinées au Pont Transbordeur situé à une centaine de mètres. Inauguré en 1900, ce dernier reliait Rochefort à Echillais. Labellisé « Tourisme et Handicap », ce site permet à tous de mieux comprendre l'univers du pont avec une version braille de l'exposition permanente, une maquette tactile et une boucle magnétique.

HÔTEL LA GALIOTE EN RÉ*** €€

7, avenue du 8-Mai - **LA FLOTTE**
✆ 05 46 09 50 95

www.hotellagaliote.com

Fermé décembre-février. Ouvert pendant les fêtes de fin d'année. 21 chambres. Petit déjeuner : 14,50 €.

Bienvenue à bord de la Galiote où l'équipage vous accueille avec gentillesse. Deux cabines de plain-pied situées à proximité de l'espace petit déjeuner ont été spécialement aménagées pour les personnes à mobilité réduite. La décoration est de bon goût avec des meubles en bois clair, des salles de bains modernes et adaptées, claires et confortables. La circulation en fauteuil est possible dans tout l'établissement. De quoi passer de belles vacances.

AQUARIUM LA ROCHELLE ★★

Quai Louis-Prunier - **LA ROCHELLE**
✆ 05 46 34 00 00
www.aquarium-larochelle.com
Haute saison tous les jours de 9h à 23h. Adulte : 17,50 €. Enfant de 3 à 17 ans : 12,50 €.

C'est un lieu unique et emblématique. Sa grande façade vitrée attire le regard et son histoire est étonnante. Le parcours mène vers toutes les mers du monde : l'océan Atlantique bien sûr, la Méditerranée, les Caraïbes. Si la serre tropicale est surprenante, c'est bien le Théâtre des Requins qui fascine le public. Profitez de ce moment pour en connaître davantage sur cette espèce si souvent décriée. Devenu le premier site touristique de Charente-Maritime, l'affluence peut être soutenue en plein été et lors des journées pluvieuses. Le Petit Futé vous conseille d'y aller le matin dès l'ouverture ou le soir, à partir de 18h. Non seulement il y aura moins de monde, mais en plus vous bénéficierez d'une ambiance particulière. En juillet et en août, profitez du calme des nocturnes, l'Aquarium est ouvert jusqu'à 23h ! A noter, une boutique « Mémoires d'Océans » vous permet de rapporter quelques souvenirs : livre, film, jeux pédagogiques, peluches... Vous voulez rester encore un peu ? Alors, direction le deuxième étage dans le Café de l'Aquarium où vous pourrez déjeuner.

L'aquarium est totalement accessible grâce aux rampes et aux ascenseurs. Il est aussi équipé de boucles magnétiques pour améliorer l'accueil des visiteurs malentendants et offrir plus de confort aux caisses d'accueil, vestiaire et amphithéâtres. Des audio-guides avec casques à induction magnétique compatible avec la fonction (T) de l'appareil auditif sont également disponibles. Visites accompagnées en LSF pour les groupes ou encore fauteuils roulants sur réservation.

HÔTEL LA MONNAIE ART & SPA**** €€€

3, rue de la Monnaie - **LA ROCHELLE**
✆ 05 46 50 65 65
www.hotelmonnaie.com
36 ch : double 109 €-299 € ; triple 239 €-359 € ; suite 299 €-479 €.

Cet établissement profite d'une excellente situation à quelques centaines de mètres du vieux port. Datant du XVIIe siècle et posé au pied de la tour de la Lanterne, cet ancien atelier monétaire abrite aujourd'hui de nombreuses œuvres d'artistes contemporains. Rénové avec soin, l'hôtel affiche une décoration contemporaine somptueuse. Labellisé pour les 4 types de handicaps, les chambres apportent un véritable confort avec climatisation, TV LED, literie haut de gamme et mini-bar.

OFFICE DE TOURISME DE LA ROCHELLE

2, quai George-Simenon - **LA ROCHELLE**
✆ 05 46 41 14 68
www.larochelle-tourisme.com
Basse saison, lundi-samedi : 10h-12h50/14h-17h50. Haute saison, tous les jours : 9h-19h. Label Tourisme & Handicap.

L'office de tourisme propose des places de stationnement gratuites réservées pour les PMR devant les bureaux d'accueil, un cheminement de plain-pied sans aucun obstacle, des comptoirs d'accueil adaptés, des présentoirs à document accessibles, des informations sur l'accessibilité du territoire et une application dédiée aux PMR pour faciliter l'accessibilité. A noter que l'ensemble des locaux publics répond aux normes d'accessibilité y compris les toilettes.

HÔTEL RESTAURANT & SPA PLAISIR*** €€

56-57, avenue du Passage-des-Bœufs
LE BOIS-PLAGE-EN-RÉ ✆ 05 46 09 00 26
www.hotel-plaisir.com
Ouvert toute l'année. Chambre double à partir de 109 € ; Petit déjeuner : 18 €. Animaux acceptés (12 €).

Premier en France à être labellisé environnemental et décoré dans le style rétais, cet hôtel est joliment intégré dans l'environnement. Deux choix s'offrent à vous : séjourner dans l'une des 20 chambres ou dans l'espace meublé qui propose des appartements de location. Chaque chambre est confortable, climatisée et possède une terrasse privée et un salon de jardin appréciable durant les beaux jours. L'hôtel dispose d'un restaurant qui offre une ambiance à la fois moderne et feutrée.

MAISON DU FIER

Route du Vieux-Port
LES PORTES-EN-RÉ
✆ 05 46 29 50 74
Réserve Naturelle Nationale de Lilleau des Niges. Fermé du 6 novembre au 8 avril. Gratuit jusqu'à 5 ans. Adulte : 4 €.

La Maison, installée au cœur de la Réserve naturelle de Lilleau des Niges, accueille tous ceux souhaitant voyager au cœur de la nature. Située aux portes de la Réserve naturelle, elle propose une exposition « Ré, île nature ». Grâce aux expositions et promenades dans le dernier hangar à sel de l'île de Ré, découvrez et observez le patrimoine naturel. Un fauteuil roulant est mis à disposition à l'accueil, les sanitaires sont adaptés, les bornes sont inclinées ou un recul est possible pour accéder aux contenus muséographiques qui ne sont pas à hauteur des yeux.

OFFICE DE TOURISME SAINTONGE DORÉE

12, rue André-Brugerolle
MATHA
✆ 05 46 32 04 72
www.pro-saintongedoree.com
Horaires variables selon saison.

L'office de tourisme Saintonge Doré vous permettra de trouver toutes les informations nécessaires à l'organisation de vos vacances. On notera néanmoins qu'aucune brochure sur l'handitourisme n'est mise en évidence sur leur site. Le bureau d'information situé à Matha est cependant labellisé Tourisme & Handicap. Vous trouverez sur place une boutique de produits régionaux, une librairie régionale et des souvenirs ainsi qu'une billetterie pour de nombreux événements.

RÉSERVE NATURELLE DE MOËZE-OLÉRON ★

MOËZE ✆ 07 68 24 70 23
www.reserve-moeze-oleron.fr
1/07-31/08 : dimanche au vendredi 14h30-18h. Du 1/09 au 31/10 : fermeture à 17h. Label Tourisme & Handicap.

Gérée par la LPO (Ligue de Protection des Oiseaux), la réserve naturelle de Moëze-Oléron est un site essentiel dans l'accueil des oiseaux, avec 220 hectares de terres protégées et 6 500 autres hectares sur la mer, entre le continent et l'île d'Oléron. Nicheurs, hivernants en halte migratoire, plus de 200 espèces la fréquentent. L'espace muséographique, à la Ferme de Plaisance, bénéficie du label « Tourisme et Handicap » (handicaps moteurs, mentaux et malentendants).

LE LOGIS DE PORT PARADIS €€

12, route Port-Paradis - **NIEULLE-SUR-SEUDRE**
✆ 05 46 85 37 38 - http://portparadis.com
Gîtes de France (3 épis). Ouvert du 01/03 au 31/12. Tables d'hôtes sur réservation. Label Tourisme & Handicap.

Bienvenue au logis de Port Paradis. Les chambres sont décorées dans l'esprit des cabanes ostréicoles : chacune possède un nom et une jolie terrasse. Au cœur des marais de la Seudre, cette charmante maison d'hôte possède aussi une belle piscine (sans système de mise à l'eau) au cœur d'un jardin arboré où il est bon de se reposer. La maison possède également un coin repos. La chambre lle Madame répond aux critères du Label Tourisme & Handicap : lumineuse, elle dispose d'un lit en 160 cm. Vous serez séduit par son caractère intime, un peu à l'écart dans le jardin.

ECOMUSÉE DE LA PRESQU'ÎLE ★★

Boulevard de la Charente - **PORT-DES-BARQUES**
✆ 05 46 84 19 19
www.ecomuseeportdesbarques.net
Ouvert toute l'année pour groupes/scolaires, pendant les vacances scolaires et de juin à septembre du lundi au samedi.

Installé en bord de Charente au cœur d'une zone ostréicole, cet écomusée labellisé Tourisme & Handicaps invite les visiteurs à découvrir l'huître et son environnement. De sa naissance à sa consommation, le mollusque n'aura plus de secret pour vous. Une cabane ostréicole entièrement aménagée rassemble, en outre, de nombreux outils qu'il est possible d'admirer. Ce musée a pour but de participer à la protection de l'estuaire de la Charente et valoriser le patrimoine du littoral. Il a, par ailleurs, un parking accessible pour les personnes en situation de handicaps. Le musée est ainsi accessible à toutes et à tous grâce à de nombreux moyens et aménagements mis en place pour répondre aux besoins des personnes en situation de handicap. Tout d'abord vous trouverez un livret d'aide à la visite disponible en braille et en gros caractères. Si vous êtes malvoyants, sachez que vous pourrez également toucher les objets du musée ; des modèles réduits des forts et une maquette tactile ont été ajoutés pour vous aider. De même tous les cartels sont inscrits en braille. Il est bon de savoir que le personnel a été formé à l'accueil de personnes ayant un handicap mental. De même, des visites sont proposées en langue des signes. Si vous êtes en fauteuil ou avez un handicap moteur : pas d'inquiétude, vous circulerez facilement au sein du musée qui a réalisé des travaux en 2013 et 2014 pour vous faciliter l'accès au bâtiment et à la visite. En bref, voilà un musée 100 % accessible à ne pas manquer.

HÔTEL DE LA MARÉE - ILE DE RÉ*** €€€

321, avenue Albert-Sarrault - **RIVEDOUX-PLAGE**
✆ 05 46 09 80 02
www.hoteldelamaree.com
Demi-pension (à partir de 48,50 € pers.). Petit déjeuner buffet : 16 €. Animaux acceptés. Parking. Local pour vélos.

La Marée jouit d'une superbe vue sur l'océan. Dans un style contemporain, deux chambres ont été aménagées pour les personnes déficientes motrices et auditives. Labellisées, elles se situent au rez-de-chaussée et à l'étage (grâce à un ascenseur). Salle d'eau équipée d'une douche avec siphon de sol et flash lumineux permettant d'avertir les personnes malentendantes caractérisent ces 2 chambres. La piscine est quant à elle accessible mais il n'y a pas d'appareil de mise à l'eau.

HÔTEL DES REMPARTS*** €€

43, avenue Camille-Pelletan - **ROCHEFORT**
✆ 05 46 87 12 44
www.hotel-remparts.com
Ouvert toute l'année. Accueil 24h/24 (7j/7). 71 chambres. Petit déjeuner. Chambres à partir de 65 €. restauration.

Cet hôtel labellisé est particulièrement privilégié des curistes car il est relié aux Thermes par un ascenseur permettant d'y accéder en peignoir. Les touristes de passage trouveront ici une équipe chaleureuse proposant un accueil agréable. Les chambres sont spacieuses et confortables. Certaines possèdent un balcon ou une terrasse privative. Cet établissement bénéficie d'un restaurant, également accessible et labellisé 4 handicaps, dans lequel vous prendrez votre petit déjeuner ou votre dîner. Un excellent pied-à-terre pour découvrir la région.

O'GABIER €

25, avenue Marcel Dassault
ROCHEFORT
✆ 05 46 87 56 24
www.ogabier.fr
Ouvert toute l'année. Menu 27 €. Menu enfant 8,80 €. Terrasse. Label Tourisme & Handicap.

A deux pas des Thermes et face au Port de Rochefort, ce resto à l'ambiance Saint-Tropez avec ses palmiers a l'avantage de posséder une belle terrasse donnant sur le port de plaisance. Ici, la mer autant que les petits plats charentais sont mis à l'honneur. La maison propose des planches repas terre ou mer, des assiettes et plateaux de crustacés, et la fameuse chaudrée charentaise (dont une version avec des seiches) ou la traditionnelle recette d'anguilles locales persillées. De quoi manger local jusqu'au dessert. La carte saura séduire toute la famille.

HÔTEL CORDOUAN THALASSOTHERAPIE ET SPA**** €€€

6, allée des Rochers - **ROYAN** ✆ 05 46 39 46 39
www.hotel-cordouan-royan.com
Accueil de 12h à 14h et de 19h à 22h. 83 chambres. Chambre double à partir de 168 €. Hammam, sauna, thalasso.

L'Hôtel Cordouan intégré au centre de thalassothérapie Thalazur fait face à la mer. Il dispose de 83 chambres confortables et spacieuses ayant un balcon ou une terrasse dont 3 aménagées pour les personnes déficientes motrices avec salle d'eau équipée d'une douche avec siphon de sol. La terrasse de la piscine est accessible et un appareil facilite la mise à l'eau des personnes en situation de handicap. Le restaurant de l'hôtel propose des plats axés sur les produits de la mer.

MUSÉE DE ROYAN

31, avenue de Paris - **ROYAN**
✆ 05 46 38 85 96
www.musee-de-royan.fr
Ouvert toute l'année. Horaires d'ouvertures variables selon les saisons, voir site. Label Tourisme & Handicap. Boutique.

Collections préhistoriques, ethnologiques, coquillages, peintures régionales, film d'époque et bornes interactives… Cet espace culturel retrace l'histoire de la ville de l'Antiquité à nos jours à travers les fastes de la Belle Epoque et de la Reconstruction. Entièrement de plain-pied, ce musée est accessible aux personnes à mobilité réduite. Il dispose d'un emplacement de stationnement à proximité de l'entrée ainsi que des sanitaires adaptés. Un service et des ateliers pédagogiques permettent l'organisation de visites adaptées.

LE PHARE DES BALEINES ★★

155, route du Phare - **SAINT-CLÉMENT-DES-BALEINES**
✆ 05 46 29 18 23
www.pharedesbaleines.com
Basse saison : ouvert tous les jours de 10h30 à 17h30. Haute saison : tous les jours de 9h30 à 21h. Adulte : 4,10 €.

Ouvert toute l'année à la visite, le touriste pourra gravir les 257 marches du phare et découvrir le panorama de la pointe ouest de l'île de Ré. La visite se poursuit par deux salles d'exposition accessibles quant à elles aux personnes en fauteuil qui ont été aménagées dans l'une des anciennes habitations des gardiens du phare au pied de l'édifice. La première salle présente le phare et son histoire sous forme d'exposition de cartes postales anciennes tandis que la seconde présente une exposition temporaire sur l'histoire des passages d'eau de l'île de Ré.

LE LOGIS DU PÉRÉ €€

SAINT-COUTANT-LE-GRAND
✆ 05 46 84 07 17
www.le-logis-du-pere.com
Restaurant : mardi-jeudi, 12h-13h30/19h30-21h et vendredi-dimanche, jusqu'à 21h30. Hôtel : accueil à 16h, départ 11h.

Le domaine se trouve dans un parc arboré situé aux confins de l'Aunis et de la Saintonge ce qui vous permettra de découvrir la belle région. Le Logis du Péré est une seigneurie dont on retrouve les premières mentions dès 1392. C'est un parfait équilibre entre calme esthétique et confort. L'établissement ayant reçu le label national « Tourisme et Handicap » est par ailleurs adapté pour accueillir au sein de la partie hôtel toutes personnes ayant un handicap auditif ou mental. Le restaurant pourra également accueillir les personnes ayant un handicap visuel.

© GRÉGORY CEDENOT - FOTOLIA

Le phare des Baleines.

PHARE DE CHASSIRON ★★

Pointe de Chassiron - **SAINT-DENIS-D'OLÉRON**
✆ 05 46 75 18 62
https://chassiron.jimdo.com

Ouvert tous les jours de 10h à 12h30 et de 14h à 17h/19h/20h selon la saison. Adulte phare + musée 5 €. Enfant : 2,50 €.

Un ascenseur permet aux personnes à mobilité réduite d'accéder jusqu'au premier étage du phare autour duquel un jardin a pris la forme d'une rose des vents paysagère avec plantes et produits de la terre d'Oléron. Bornes avec espace libre de 70 cm pour le passage des jambes, inclinaison des panneaux d'exposition et signalétique adaptée, présence de nombreux bancs et d'une carte en relief avec traduction braille, découverte podotactile des lieux. La borne audio du jardin est équipée d'une boucle magnétique qui fonctionne en permanence.

HÔTEL DE PLEIN AIR & SPA LES GROS JONCS***** €€€

850, route de Ponthézières
SAINT-GEORGES-D'OLÉRON ✆ 05 46 76 52 29
www.camping-les-gros-joncs.com

La Clef Verte. Qualité Tourisme. Ouvert toute l'année. Fermé en janvier. 253 emplacements. Hammam, bain bouillonnant...

Situé en bordure de forêt et à 200 mètres de la mer en accès direct, cet établissement dispose de toutes les commodités nécessaires pour passer un agréable séjour : laverie, alimentation, restauration, location de vélos, piscine... Certains se rapprocheront de la nature en plantant leur tente sur l'un des 253 emplacements délimités par des haies. Tous sont raccordés à l'eau, à l'électricité et au réseau des eaux usées. D'autres profiteront des mobil-homes de types chalets.

LE MAREYEUR €€

7, place André-Lemoyne
SAINT-JEAN-D'ANGÉLY
✆ 05 46 59 01 20

Ouvert du mercredi au dimanche midi et soir. Menus de 25 € à 30 €. Label Tourisme & Handicap.

Installé sur une jolie place, au cœur de la ville, ce restaurant constitue une halte incontournable pour tous ceux qui veulent déguster de délicieux poissons et fruits de mer. En arrivant, vous serez charmés par la décoration maritime mais aussi et surtout par l'accueil des jeunes propriétaires qui mettent tout en œuvre pour satisfaire leurs clients. La carte ne fait pas mystère, elle est ouvertement tournée vers la mer, proposant des poissons venus essentiellement de France. Nul doute, les produits sont d'une grande fraîcheur.

MUSÉE ERNEST COGNACQ - HÔTEL DE CLERJOTTE ★

Avenue Bouthillier - **SAINT-MARTIN-DE-RÉ**
✆ 05 46 09 21 22
www.musee-ernest-cognacq.fr

Fermé tous les mardis. Juillet et août : 10h-19h. Novembre-mars : Ouvert uniquement pendant les vacances scolaires.

Classée Monument Historique, cette demeure est considérée comme le plus bel exemple d'architecture civile de l'île de Ré. Elle abrite une impressionnante collection d'objets d'art, d'ethnologie et de documents anciens. Notons la présence de guides d'aide à la visite pour les visiteurs déficients sensitifs et mentaux. Le musée est accessible à tous grâce aux différents aménagements : ascenseur, main-courante, signalétique en gros caractères et sanitaires adaptés aux PMR.

MUSÉE DE L'ÎLE D'OLÉRON ★

9, place Gambetta - **SAINT-PIERRE-D'OLÉRON**
✆ 05 46 75 05 16
www.musee-ile-oleron.fr
Ouvert tous les jours de 10h à 12h et de 14h à 18h. Haute saison : tous les jours de 10h à 19h. Adulte : 4,50 €.

Ce musée est situé en plein cœur de Saint-Pierre. Inauguré en 1963, il est installé depuis 2006 dans une magnifique bâtisse du XVIIIe siècle. Une fois passé l'accueil souriant et les explications d'usage, laissez-vous transporter pour tout savoir sur l'histoire et l'ethnographie de l'île. Lieu de partage ouvert à tous les publics, il est facile de se déplacer entre les différents espaces d'exposition. On y retrouve les activités traditionnelles mises en valeur par une sélection d'objets représentatifs du mode de vie d'Oléron.

ECHAPPEE NATURE VITREZAY ★

Port Vitrezay - **SAINT-SORLIN-DE-CONAC**
✆ 05 46 49 89 89
Juin/septembre : lundi-vendredi 10h-18h. Juillet/août : tous les jours 10h-19h.

Le visiteur découvre des espaces d'expositions et d'animations pour observer la faune et la flore de l'estuaire et connaître la vie mais aussi les traditions liées à cet estuaire. La labellisation de ce site concerne uniquement le bâtiment d'accueil et les itinéraires de découverte pédestre autour des plans d'eau. Une chouette idée de sortie sous le signe de la nature adaptable pour la plupart des activités avec la possibilité de choisir ce que l'on veut faire. A découvrir ou faire découvrir, à l'inscrire dans les choses à faire en tout cas.

HÔTEL LES PINS** €€

Place du Maréchal Leclerc
SAINT-TROJAN-LES-BAINS ✆ 05 46 76 07 07
www.hotel-les-pins.fr
Ouvert toute l'année. Chambre double dès 89 € ; triple : 99 €. Petit déjeuner : 9,50 €. Label Tourisme & Handicap.

L'Hôtel des Pins dispose de 16 chambres avec vue sur mer ou sur la forêt de Saint-Trojan-les-Bains. Les chambres doubles sont idéales pour un week-end avec un mobilier aux couleurs de l'océan et une touche de lambris rappelant les cabanes de pêcheurs. D'autres chambres sont dédiées aux familles ; une seule pour les personnes à mobilité réduite. Le petit déjeuner se prendra dans la cour intérieure, idéal pour profiter du beau temps. Les enfants profiteront de la salle de jeux tandis que les plus grands siroteront un cocktail au bar El Cactus.

HÔTEL DE RÉ*** €€

12, rue de la Terre-Rouge - **SAINTE-MARIE-DE-RÉ**
✆ 05 46 30 33 20
www.hoteldere.com
10 chambres de 59 à 259 € ; 22 Family Suites et Appart. de 74-89 à 295-365 € pour 1-5 pers. Petit déj 13,50 €. Piscine.

Cet hôtel trois étoiles dispose de 10 chambres et de 22 appartements. Les hôtes peuvent profiter sur place de différents services tous accessibles et adaptés : piscine chauffée, aire de jeux pour les enfants, terrasse ombragée... Chaque hébergement est équipé d'un téléviseur mural avec les chaînes du satellite, téléphone, Internet, coffre-fort, minibar, terrasse en bois ainsi que d'un espace cuisine dans les appartements. Deux chambres et un appartement ont été spécialement conçus pour les vacanciers en situation de handicap.

HÔTEL LES VIGNES DE LA CHAPELLE**** €€€

5, rue de la Manne - **SAINTE-MARIE-DE-RÉ**
✆ 05 46 30 20 30
www.lesvignesdelachapelle.com
Piscine ext. chauffée. Ch. Cosy double 149-350 €. Suite 159-495 €/nuit pour 1 à 4 pers. Petit déjeuner buffet 18,50 €.

Situé dans un écrin de verdure face au vignoble et à la mer, l'hôtel est entièrement de plain pied. Sur le parking, des places vous sont réservées tandis qu'à l'accueil, vous pourrez demander une boucle magnétique. L'hôtel propose de confortables lodges « Côté Jardin ». Cette suite de 32 m² avec terrasse et salon peut accueillir jusqu'à 4 personnes. Sur place, profitez également de la piscine : accessible, cette dernière dispose du système handimove et d'un fauteuil de baignade.

LE COMMERCE** €€

7, rue de Saintonge - **SAUJON** ✆ 05 46 02 80 50
www.hotel-saujon.com
Ouvert toute l'année. 20 chambres de 58 à 90 €. Label Tourisme & Handicap. Restauration. Parking fermé.

Cet hôtel est idéalement placé pour tous ceux voulant séjourner dans une petite ville pleine de charme. En entrant dans cet ancien relais de poste du XVIIIe siècle, vous profiterez de l'accueil très chaleureux de vos hôtes. Profitez de l'ambiance pour vous installer dans l'une des chambres labellisées pour la clientèle handicapée. Toutes affichent un style résolument contemporain et proposent une ambiance élégante. Douillettes et disposant d'une literie confortable, elles sont idéales pour un week-end en amoureux. Vous pourrez déguster de bons plats au restaurant.

LA RIVIERA LIMOUSINE** €€

ALTILLAC

+33 1 76 34 00 14

www.mvacances.com

Label Tourisme & Handicap : moteur ; mental ; auditif. Ouvert d'avril à octobre.

Ce village de vacances est implanté à 300 mètres du bourg sur une presqu'île verdoyante au bord de la Dordogne. Tous les logements allant du 2 pièces pour 4 personnes au 3 pièces pour 6 personnes sont entièrement neufs ou rénovés. Équipés d'un séjour, d'une kitchenette, de chambre(s), de salle d'eau, de W.C et d'une belle terrasse avec mobilier de jardin, ils peuvent recevoir en toute quiétude les personnes en situation de handicap moteur, mental et auditif. Un lieu de résidence avec du charme, un cadre sympathique et bien adapté.

PLAN D'EAU DE MIEL

BEYNAT

05 55 85 50 66

www.camping-miel.com

Handiplage : handicap mental et malentendants. Ouvert de mai à fin septembre. Payant juillet-août : 2,50 €. Animations.

Ce plan d'eau de 12 ha accessible à tous est alimenté par des sources. Situé au cœur d'un site exceptionnel en pleine nature, le cadre invite à la baignade en toute sécurité durant la belle saison. Pêche, jeux d'enfants, toboggan aquatique, plongeoirs, bateaux à pédales, kayaks, pêche et mini-golf complètent l'offre. Les plus téméraires s'élanceront également dans le parcours sportif autour du lac. Un lieu sympathique comme son nom, plutôt bien adapté et dans un cadre naturel où l'on se sent bien. A noter pour une halte reposante.

CAMPING PARADIS**** €€

Centre touristique du Coiroux - **AUBAZINE**

+33 5 55 27 21 96

www.campings-paradis.com

Label Tourisme & Handicap : mental, auditif, malvoyants. Qualité Tourisme. Ouvert d'avril à septembre.

Dans un écrin de verdure à deux pas de la vallée de la Dordogne, le Camping Le Coiroux et ses quatre étoiles, vous accueille au milieu de forêts de chênes, châtaigniers, bouleaux et hêtres. Non loin de là, le lac vous attend pour vous rafraîchir. Labellisé pour les handicaps visuels, auditifs et mentaux, le site est éloigné des axes routiers majeurs : c'est donc au calme et en toute sécurité que vous passerez des vacances animées et reposantes à Aubazine à 450 mètres d'altitude. Voilà un lieu sympathique et accueillant où l'on se sent bien.

LE PÉRIGORD €€

9, avenue de Paris

DONZENAC

05 55 85 72 34

Du dimanche au mardi de 12h à 13h30 ; du jeudi au samedi de 12h à 13h30 et de 19h15 à 21h. Accessible tous handicaps.

Ce restaurant propose une savoureuse cuisine traditionnelle du terroir. Situé dans un cadre néo-rustique, vous serez immédiatement charmé par l'ambiance cosy de cet établissement où trône dans la salle intérieure dominée par du bois massif une belle cheminée. Succombez à la tête de veau sauce gribiche, la grande spécialité du Chef ! En dessert, vous opterez peut-être pour la tarte au citron revisitée. Un service sans faute et aimable pour cette adresse sans chichi qui fleure bon l'authentique. Un bel endroit, sympathique et adapté.

Plan d'eau de Miel.

La ville de Tulle.

HÔTEL-RESTAURANT LA BASTIDIE*** €€

1, rue des Ecoles - **NOAILHAC**

✆ +33 9 51 94 99 07

www.la-bastidie.fr

Label Tourisme & Handicap : moteur ; mobilité réduite ; mental ; malentendant ; malvoyant. Logis. Qualité Tourisme.

Au cœur du village, ce charmant établissement prend place dans une très belle bâtisse du XVIIe siècle. Les chambres possèdent une décoration unique. L'équipe est particulièrement sensible au handicap : aussi, n'hésitez pas à leur faire part de vos besoins spécifiques. Si vous souhaitez vous garer sur le parking situé à 50 m de l'hôtel, demander de l'aide si besoin, il y a une petite pente. La terrasse et la salle de restaurant sont accessibles pour les personnes handicapées.

PARC ARBORETUM ET SYLVATUM ★

Le Bourg - **SAINT-SETIERS**

✆ 05 55 95 61 75

Accessible handicaps : mental ; malentendant ; malvoyant. Ouvert de mai à octobre le vendredi, samedi et dimanche.

Situé au cœur du Plateau de Millevaches à 1 000 m d'altitude, découvrez plus d'une centaine d'essences différentes d'arbres et arbustes dans des décors paysagers vivifiants : rivière anglaise, petites cascades et ruisseaux. L'exposition forestière dans une ancienne serre est aménagée : panneaux pédagogiques présentant les différents aspects de la forêt, du bois et de la filière bois en Limousin et sur le Plateau de Millevaches. Un magnifique lieu où profiter d'une bouffée d'air frais.

MUSÉE JACQUES CHIRAC ★

SARRAN

✆ 05 55 21 77 77

www.museepresidentjchirac.fr

Ouvert du mardi au dimanche de 10h à 12h30 et de 13h30 à 18h. Adulte : 4,50 €. Enfant : 3 €.

Tous les espaces sont accessibles aux personnes à mobilité réduite grâce aux rampes d'accès et ascenseurs. Toilettes adaptées. Mise à disposition d'un fauteuil sur demande. Dans le cadre contemporain du bâtiment, offrez-vous une balade dans l'histoire des relations internationales. A travers 200 objets offerts au président dans l'exercice de ses fonctions, un regard sur le monde d'aujourd'hui. En accès libre, une maquette tactile de l'architecture du musée et des visites tactiles organisées pour les personnes déficientes visuelles.

CORRÈZE TOURISME - DÉVELOPPEMENT TOURISTIQUE

45 Quai Aristide Briand - **TULLE** ✆ 05 44 41 90 20

www.tourismecorreze.com

Ouvert du lundi au vendredi de 9h à 12h30 et de 13h30 à 17h.

Dans l'onglet « Pratique » en bas de la page d'accueil vous trouverez une rubrique « Tourisme & Handicap ». Cette dernière rassemble et présente les structures labellisées en Corrèze : hébergements, sites et activités, mais aussi restaurants. De quoi organiser votre séjour sereinement. Vous pourrez également vous rendre sur place à l'Agence de Développement et de Réservation Touristiques. Attention néanmoins, l'office de tourisme est certes accessible, mais n'est pas labellisé.

ÉCOMUSÉE TUILERIE DE POULIGNY 🏛 ★★

Chemin des Tuiliers
CHÉNIERS
✆ 05 55 62 19 61
Ouverture selon la saison. Tarif 5,50 €, enfant 4 €.

Découvrez l'histoire des métiers du feu. Disparus pour la plupart aujourd'hui, plongez dans le passé fascinant des tuiliers, des briquetiers, des potiers ou des forgerons. Composé d'un bâtiment d'accueil comprenant une boutique et une salle de projection, les espaces muséographiques sont accessibles à tous. Possibilité de participer à des ateliers de poterie en famille dès 6 ans. Un lieu atypique où l'on fait de belles découvertes et où l'on est bien accueilli.

GÎTE LA TRIBU DU DADET €€

5, Le temple - **LE BOURG-D'HEM** ✆ 06 75 77 38 87
www.gite-la-tribu-du-dadet.fr
Gîtes de France. Ouvert toute l'année. Langues parlées à l'accueil : français, anglais. Label Tourisme & Handicap.

Accessible à tous, le site se fait la promesse d'un délicieux et reposant séjour dans un cadre de rêve. Situé dans une belle demeure en pleine campagne, vous pourrez également profiter de la terrasse de 80 m^2. Au rez-de-chaussée se trouvent le séjour, la cuisine équipée, un salon ouvert sur la terrasse, 1 chambre dotée d'un lit 2 places avec salle d'eau et WC, une salle de jeux, un second WC et une buanderie. A l'étage : 5 belles chambres pouvant chacune accueillir 2 personnes ainsi que 2 salles d'eau et 2 WC indépendants. C'est sans oublier la mezzanine aménagée.

FERME ARC-EN-CIEL

14, Le Pradeau - **SAINT-LÉGER-LE-GUÉRÉTOIS**
✆ 06 84 51 26 99
www.la-ferme-arc-en-ciel.com
Ouvert mercredi et week-end. Sur réservation. Adulte : 8 €. Enfant de 2 à 10 ans : 6,50 €. Aire pour camping-cars.

Cette ferme pédagogique propose des visites ludiques et intéressantes de différentes activités : traite et nourrissage des animaux, collecte des œufs fraîchement pondus, découverte des animaux. Visite du poulailler et de ses habitants, pour leur donner à manger, et on peut aussi les approcher par petits groupes, voir leur habitat, ce qu'ils mangent et leurs petits. Découverte d'une couveuse et éventuellement selon la période de petits poussins. Pour le pique-nique, ils mettent à disposition une terrasse chauffée et couverte avec tables et bancs adaptés.

HÔTEL RESTAURANT LE CYGNE** €€

10, rue de la Gare - **AIRVAULT**
05 49 63 30 58
www.airvault-hotelducygne.fr
Chambre double 79 €. Petit déjeuner : 8 €. Restaurant fermé du ven soir au dim. Menu du jour dès 13 €. Formule 18,50 €.

Dans cet établissement à l'ambiance familiale, une chambre située au rez-de-chaussée est accessible pour les personnes en situation de handicap. Côté restauration, deux belles salles chaleureuses sont à votre disposition pour découvrir une cuisine de tradition et de terroir qui ravira vos papilles. A noter que les toilettes du restaurant sont également adaptées pour les personnes handicapées et que l'établissement est doté du label tourisme et handicap.

AU PETIT BRASSEUR

10, place Emile Zola - **BRESSUIRE**
05 49 65 00 75
www.aupetitbrasseur.fr
Du lundi au vendredi le midi (petite restauration) et le vendredi soir jusqu'à 22h (tartes flambées). Couchage insolite.

Voici un concept convivial et réjouissant : brasser sa propre bière avant de la consommer, avec modération. Vous trouverez donc ici tout le matériel et les ingrédients nécessaires. L'outillage peut également être loué car malt, orges et houblons y sont trouvables. Vous avez, de même, la possibilité de louer des remorques frigorifiques avec trois tailles disponibles. L'enseigne propose plus de 250 références de bières. Avec le caviste Le repère des Bouchons, Au Petit Brasseur organise vos soirées, mariages et anniversaires...

DOMAINE DU CANAL - CHAMBRES D'HÔTES ET GÎTE*** €€

10, rue de l'Ouche - **ARÇAIS**
06 29 05 81 72
www.gite-maraispoitevin.com
Gîte à partir de 350 €/ semaine, chambre double à partir de 65 €.

Le Gîte Le Tilleul n°262 s'étend sur une superficie de 146 m². Labellisé pour tous les types de handicaps sauf pour les personnes déficientes visuelles, cet hébergement a été aménagé dans une ancienne grange en pierre restaurée. Lumineux et exposé nord, il comporte au rez-de-chaussée, 1 chambre avec salle d'eau et W.C adaptés. A l'étage, vous jouirez de 2 belles chambres (l'une avec lit en 160 cm et sanitaires privés ; l'autre est pourvue de 2 lits en 90 cm et sanitaires privés).

CHAMBRE D'HÔTES LES FUYES €€

50, route de Malécot - **COULON**
05 49 35 95 07
www.lesfuyes.fr
Chambre simple à partir de 80 € ; chambre double à partir de 90 € ; chambre triple à partir de 115 €.

Détendez-vous dans une maison pleine de charme où le raffinement est de rigueur. De plain-pied et entourée d'un parc arboré de 7 200 m², 4 superbes chambres vastes et confortables vous attendent. Décoration soignée pour toutes, chacune est dotée d'un univers qui lui est propre. La chambre Exotique est adaptée aux personnes en fauteuil. Farniente et découverte des alentours feront de votre séjour un pur bonheur ! Un copieux petit déjeuner sucré et salé vous est servi dans le séjour.

LA CLEF DES CHAMPS

Rue du Vieux-Platane
BESSINES
05 49 17 35 84
www.magasin-bio-dietetique-niort.fr
Ouvert du lundi au samedi de 10h à 19h30.

La Clef des Champs, installé dans la zone d'activité de Bessines en pleine expansion, est un magasin bio spacieux et agréable. De plus, il est pratique et bien achalandé avec plus de 14 000 références, dont 5 000 en soins naturels. Bien organisé et rangé, vous vous repérez facilement parmi les nombreux produits frais bio, produits d'épicerie bio, soins naturels, produits d'entretien écologiques et le rayon culture et bien-être. Le magasin met également à votre disposition un salon de thé bio pour se détendre ainsi qu'une salle de soin où des intervenants viennent.

SÈVRE AUTRUCHE

Route de Bressuire
COURLAY
06 62 81 23 63
https://sevre-autruche.fr
Haute saison ouvert tous les jours de 11h à 19h. Adulte : 10 €. Enfant de 5 à 12 ans : 8 €.

Alban et Christelle Gatard se sont lancés dans le pari d'élever et faire connaître l'autruche. Outre la visite de cette ferme un peu spéciale, le visiteur peut acheter de la viande et des œufs d'autruche mais également faire connaissance avec un couple d'émeus, cousins australiens ou avec des nandous originaires d'Amérique du Sud. Labellisée « ferme pédagogique » par le réseau Bienvenue à la Ferme, la visite - en français ou en anglais - est adaptée à tous les types de publics, y compris aux personnes à mobilité réduite ou déficientes mentales.

La ville de Niort sur les bords de la Sèvre.

LE PETIT PILLAC*** €€

LA CHAPELLE-BÂTON
✆ 06 82 25 02 77
www.lepetitpillac.com
Label Tourisme & Handicap : mental ; malentendant ; malvoyant. Piscine chauffée ; jardin. Gîtes de France.

Le Petit Pillac 4* prend place dans un hameau tranquille et bucolique. Le gîte est exposé plein sud. L'intérieur est décoré avec goût alliant matériaux nobles et modernité. Très confortable aussi bien dedans que dehors, Le Petit Pillac possède une cour et un jardin clos agrémentés de jeux pour les enfants, une agréable piscine privée chauffée de mai à septembre et une table de ping-pong. Votre hôte est un passionné de grands crus classés : n'hésitez pas à lui demander conseil. Un lieu plein de charme où l'on se sent bien et bien accueilli.

LE JARDIN DE PRUNELLE*** €€

8, rue des Lavandières - **LA FORÊT-SUR-SÈVRE**
✆ 06 63 29 95 13
www.lejardindeprunelle.fr
Label Tourisme & Handicap : moteur ; mobilité réduite ; mental ; malentendant ; malvoyant. Piscine intérieure ; jardin.

Le propriétaire de ce gîte mérite des pluies de recommandations. Très bien conçu, son établissement est optimisé pour recevoir personnes handicapées et enfants. Tout est sécurisé, et notons que la piscine est accessible aux personnes handicapées. Le propriétaire est engagé dans une démarche de protection de l'environnement en utilisant les énergies renouvelables ainsi qu'en pratiquant le compost et la récupération des eaux de pluie. Le gîte a été élu premier au top du tourisme (catégorie Tourisme et Handicap) et a reçu le premier prix Coup de Cœur Gîtes de France.

CENTRE D'HÉBERGEMENT LE CHÂTELIER €

Route de Doret - **MISSÉ**
✆ 09 52 75 10 62
www.lechatelier-79.fr
Label Tourisme & Handicap : moteur ; mobilité réduite ; mental ; malentendant ; malvoyant.Gîtes de France.

Le long de la vallée du Thouet, ce domaine offre des prestations de qualité dans un cadre verdoyant pour les particuliers et les groupes. Deux chambres situées au rez-de-chaussée sont accessibles tous handicaps. Chacune possède trois lits et une salle de bain équipée pour accueillir les personnes à mobilité réduite. Le parking, la cour intérieure, les chemins d'accès, les salles d'activités et une des salles de détente sont aménagés pour être accessibles à tous.

COMITÉ DÉPARTEMENTAL DU TOURISME

Mail Lucie Aubrac
NIORT
✆ 05 49 77 87 79
http://www.tourisme-deux-sevres.com
Ouvert du lundi au vendredi de 9h à 17h.

Vous trouverez toutes les informations spécifiques et nécessaires à partir de l'onglet « préparer votre séjour » à droite sur la page d'accueil. Vous accédez ensuite aux hébergements, loisirs ou sites accessibles. Les fiches ne sont cependant pas toutes très explicites en matière d'accessibilité. Aussi, nous vous conseillons de téléphoner pour avoir plus de renseignements. Quoi qu'il en soit, vous pourrez obtenir tout ce qu'il vous faut pour préparer en toute sérénité vos vacances.

CENTRE AQUATIQUE GÂTINÉO

boulevard Georges-Clemenceau - **PARTHENAY**
✆ 05 49 71 08 90
cc-parthenay-gatine.fr
Ouvert toute l'année. Voir horaires d'ouvertures de la piscine et cours sur le site Internet. Entrée adulte : 4,40 €.

Le centre aquatique Gâtinéo comprend quatre bassins, adaptés aux activités de chacun. Des « loisirs adaptés » sont proposés et ouverts aux personnes en situation de handicap. L'objectif ? Vous offrir une certaine autonomie de déplacement mais aussi du bien-être à l'aide de l'eau. De quoi vous apporter liberté et détente. Ces activités se pratiquent sous la responsabilité des maîtres nageurs de la Communauté de Communes de Parthenay Gatine. Adaptées à chaque public, de nombreuses plages sont mises à disposition autour des bassins.

GÎTE COUETTE ET POTAGER D'ANTAN €€

POUFFONDS ✆ 05 49 29 95 13
www.coubortiges-gites.com
Gîtes de France (3 épis). Ecolabel européen. Label Tourisme & Handicap. Label Charmance. Table d'hôtes.

Cette maison typique du Pays Mellois vous propose des chambres dont La Poitevine située au rez-de-chaussée et adaptée à tous ainsi qu'une salle à manger accessible elle aussi. La maison comporte un jardin et une petite cour close de murets. Sur place, plusieurs activités sont proposées : balade en 2 CV avec la Deuch'Génie ou la Deuch' à René mais aussi tables d'hôtes autour du four à pain. Au fond du jardin, des abeilles s'activent dans les ruches pour fabriquer du miel !

MUSÉE DE RAURANUM ★★★

1, place de l'Eglise - **ROM**
✆ 05 49 27 26 98
D'avril à fin octobre. Juillet août mardi-vendredi 10h-12h/14h-18, le week-end l'après-midi. Entrée 5 €, ateliers 5 €.

La cité gallo-romaine de Rauranum a prospéré du Ier au Ve siècle de notre ère. Le musée expose les trouvailles des fouilles effectuées en 1883 puis celles comprises entre 1994 et 1998 : éléments d'architecture, verres sculptés, vaisselles, céramiques, amphores, pièces de monnaie, mobilier, objets liés aux vêtements et au maquillage... Découvrez autour d'une visite adaptée passionnante la vie quotidienne des gallo-romains avec de nombreuses animations autour du thème de l'archéologie. Attention néanmoins, l'établissement n'est pas labellisé Tourisme et Handicap.

CHATEAU DE SAINT-MESMIN

SAINT-ANDRÉ-SUR-SÈVRE
✆ 05 49 80 17 62
www.chateau-saintmesmin.com
Billetterie en ligne. Visite guidée. Stationnement handicaps de 1 ou 2 places, accès aux portes d'entrée du site facile.

Château construit vers 1370 par le seigneur Pierre de Mont Faucon, ce fut la principale résidence de la famille qui y ajouta l'imposant donjon de 28 m. Il est passionnant à visiter d'une part pour son architecture impressionnante et aussi grâce à ses nombreuses animations et activités médiévales. Le château est labellisé 4 handicaps. Des approches différentes des animations pourront vous être proposées pour répondre à des besoins spécifiques. Une visite toute particulière pourra d'ailleurs être conçue au préalable spécialement pour vous.

LA FERME DE LA MANTELLERIE ★★★

36, rue de la Mantellerie
SAINT-POMPAIN
✆ 06 79 15 00 27
http://lamantellerie.com
Visite sur réservation. Accueil des scolaires. Visites guidées en été.

Dans une optique à la fois pédagogique et ludique, l'équipe de la Ferme de la Mantellerie vous fait découvrir le métier d'agriculteur et l'origine des produits que vous consommez dans vos assiettes tout en vous sensibilisant à la protection de l'environnement. Visitez le potager ou encore le verger, et découvrez les légumes et les fruits frais. Rencontrez les habitants de la ferme. Les enfants pourront éventuellement participer au travail des fermiers en nourrissant les bêtes.

OFFICE DE TOURISME PÉRIGORD DRONNE BELLE

2, rue du Puyjoli-de-Meyjounissas
BRANTÔME-EN-PÉRIGORD ✆ 05 53 05 80 63
www.perigord-dronne-belle.fr
Haute saison : tous les jours, 10h-18h30. Reste de l'année : vérifier les horaires sur le site.

L'office de tourisme se situe dans l'ancienne église Notre-Dame. L'accueil est fait par des animatrices qui, en plus de conseils avisés, pourront vous orienter vers les brochures qui vous intéressèrent. Dans la boutique on peut acheter des petits cadeaux souvenirs aux couleurs du Périgord. Sur le site internet en tapant « handicap » dans l'onglet de recherche vous trouverez l'offre « Tourisme & Handicap » ainsi que des établissements accessibles notamment des hébergements et adresses.

LA FERME DE MARAVAL €

Le Maraval
CÉNAC-ET-SAINT-JULIEN
✆ 05 53 30 26 95
Ouvert à l'année. 6 chambres : 3 doubles, 1 triple, 1 quadruple, 1 accessible PMR, de 70 à 110 €.

Sandrine et Eric quittent le travail de la ferme pour préparer de délicieux repas aux couleurs du terroir : soupe paysanne, cou de canard farci, magret farci au foie gras et aux cèpes, pommes de terre sarladaises, salade, fromage, tarte aux noix... Un gîte non-fumeur est également aménagé : Charmante, D22, Les Hirondelles, Les Merveilles et Mellifère sont ainsi labellisées pour le handicap mental ; la chambre Lou Cocal – qui signifie noix en occitan et qui rappelle le magnifique noyer qui autrefois se dressait ici – dispose quant à elle des 4 labels.

LE RELAIS DE L'AURIVAL €€

La Carral - **COUX ET BIGAROQUE-MOUZENS**
✆ 05 53 30 33 19
www.laurival.com
Gîtes de France (2 épis). Ouvert à l'année. Pour 79 pers (16 chbs). Tarif devis. Chèque Vacances. Tourisme & Handicap.

Dans un cadre champêtre au cœur de la vallée de l'Aurival, ce relais accessible à tous organise des séjours en fonction de thèmes choisis, et en relation avec les enseignants et les formateurs. La chambre n°17 est adaptée pour les personnes en fauteuil ; les chambres n°2 et n°3 pour les personnes en déficience auditive ; les chambres n°15 et n°16 pour les personnes en déficience visuelle qui apprécieront également la documentation en braille mise gratuitement à leur disposition. Il est entièrement sécurisé pour ceux qui souffrent d'une déficience mentale.

MAISON DE LA POMME D'OR ★

4, place Bugeaud - **LANOUAILLE**
✆ 05 53 52 60 821
www.tourisme-perigord-lanouaille.com
Haute saison, ouvert dimanche 10h-12h30 & 14h30-18h. Hors saison, ouvert sur résa. Gratuit. Label Tourisme & Handicap.

Vous découvrirez tout sur la pomme, sa culture et sa transformation. La pomme vous est également proposée dans tous ses états et dans tous ses voyages. Personnes en situation de handicap visuel : arbres tactiles et sonorisés, film audio traduit en LSF et sous-titré, documents en braille et en relief. Site entièrement accessible aux personnes handicapées moteur. A noter que l'office de tourisme du Pays de Lanouaille également situé dans ces locaux est également accessible aux quatre déficiences. Un lieu original et sympathique.

AQUARIUM DU PÉRIGORD NOIR ★★

99, avenue Paul-Jean-Souriau
LE BUGUE
✆ 05 53 07 10 74
www.aquariumperigordnoir.com
Horaires variables selon saison. Adulte 16,90 €. Enfant de 4 à 12 ans 12,90 €.

Il fait partie des plus grands aquariums privés d'Europe ! 30 bassins à ciel ouvert abritent une riche collection de poissons d'eau douce. En compagnie des biologistes, participez aux repas des pensionnaires et profitez des baies vitrées pour voyager sous l'eau au beau milieu des poissons. Accès facile pour les personnes en fauteuil, toilettes et parking adaptés. Documents écrits à la demande pour les personnes déficientes auditives. L'ensemble est bien adapté.

GOUFFRE DE PROUMEYSSAC ★★

Route de Proumeyssac - **LE BUGUE**
✆ 05 53 07 27 47 - www.gouffre-proumeyssac.com
Fermé janvier. Horaires hors saison en ligne. Juil/août 9h-19h. Réservation conseillée. Adulte 12,90 €. Enfant 9,50 €.

Proumeyssac est sans doute la plus grande cavité aménagée du Périgord. Un tunnel en pente douce permet d'accéder facilement à l'immense voûte souterraine aux parois ornées d'une multitude de cristallisations d'une densité exceptionnelle. Accessible aux personnes en fauteuil ou à motricité réduite, ces dernières peuvent accéder au balcon qui domine le gouffre et, à l'aide d'audio-guides, de profiter des commentaires du guide lorsqu'il descend avec les visiteurs au fond du Gouffre. Pour les visiteurs ayant un handicap mental : possibilité de visite commentée.

LES GROTTES DE MAXANGE ★

Mestréguiral - **LE BUISSON-DE-CADOUIN**
✆ 05 53 23 42 80
www.maxange.com
Ouvert d'avril à novembre. Adulte 9,50 €. Enfant 5,90 €. Tourisme & Handicap.

Un trésor de nombreux cristaux excentriques a classé le lieu au Titre des Sites par le gouvernement. La concentration de concrétions de calcite, mates ou translucides est mise en scène par l'utilisation des dernières technologies en matière d'éclairage et de sonorisation mettant en valeur les cristallisations. Une autre galerie ouverte en 2009 révèle une belle composition de stalagmites et stalactites. Au-delà de ce parcours de 200 mètres, il existe des extensions inexplorées ! Document écrit à la demande pour les personnes déficientes auditives.

ABRI SCULPTÉ DU POISSON ★★

LES EYZIES-DE-TAYAC-SIREUIL ✆ 05 53 06 86 00
www.sites-les-eyzies.fr
Label Tourisme & Handicap : PMR, mental ; malentendant ; malvoyant. Ouvert toute l'année. Sur réservation à l'avance.

Les groupes peuvent bénéficier de visites-conférences adaptées durant lesquelles est abordé le thème de l'art pariétal lié à l'habitat au Paléolithique supérieur. Le parking est situé à environ 300 m de la cavité. Attention au sentier de terre à monter pour atteindre l'abri avec sa pente supérieure à 8 %. Handicap auditif : carnets de visite et possibilité de casques reliés au micro du conférencier. Handicap visuel : jeux de planches en relief, chiens-guides non autorisés dans l'abri. Handicap mental : adaptation du discours.

GISEMENT PRÉHISTORIQUE DE LAUGERIE-HAUTE ★★★

LES EYZIES-DE-TAYAC-SIREUIL ✆ 05 53 06 86 00
http://musee-prehistoire-eyzies.fr
Label Tourisme & Handicap : moteur ; mobilité réduite ; mental ; malentendant. Ouvert toute l'année.

Le gisement de Laugerie-Haute est l'un des plus importants gisements du Paléolithique supérieur. Il a livré de l'industrie osseuse, des objets d'art ainsi qu'une abondante série de silex taillés. Handicap auditif : 5 carnets de visite. Possibilité de casques reliés au micro du conférencier. Handicap visuel : 5 planches du site en relief. Approche tactile sur demande : tête d'ovibos sculptée, objets d'art mobilier, industries lithique et osseuse, reproduction d'une stratigraphie.

MUSÉE NATIONAL DE PRÉHISTOIRE ★★

1, rue du Musée - **LES EYZIES-DE-TAYAC-SIREUIL**
✆ 05 53 06 45 45
www.musee-prehistoire-eyzies.fr
Juillet/août 9h30-18h30 7j/7. Autres horaires sur internet. Adulte 6 €. Atelier ludique 7 €. Label Tourisme & Handicap.

C'est le passage obligé pour resituer dans leur contexte les visites des abris situés à proximité. Grâce à l'acquisition de pièces d'origine, le musée retrace l'ordre chronologique de la période du Paléolithique depuis l'installation des premiers chasseurs-cueilleurs en Aquitaine jusqu'à la fin des périodes glaciaires. Handicap auditif, possibilité d'augmenter le son des vidéos à la demande et fiche descriptive des vitrines à disposition. Les salles sont accessibles par ascenseur.

NOUVELLE-AQUITAINE

Le gouffre de Proumeyssac.

GROTTE DE FONT-DE-GAUME ★

LES EYZIES-DE-TAYAC-SIREUIL ✆ 05 53 06 86 00
www.sites-les-eyzies.fr
Ouvert du dimanche au vendredi de 9h30 à 12h30 et 14h à 17h30, sans interruption l'été. Entrée adulte 11,50 €.

Découverte en 1901 par Denis Peyrony, le docteur Capitan et l'abbé Breuil, on y a recensé quelque 250 figurations animales sur les parois de la galerie principale, pour l'essentiel des peintures polychromes et des gravures datant de l'époque magdalénienne : 84 bisons, des chevaux, des mammouths, des cerfs et des rennes constituent l'un des plus beaux sanctuaires paléolithiques du monde. Des petits groupes de 3 à 4 personnes maximum sont composés pour les visites aux personnes ayant un handicap auditif et/ou mental. Pour celles et ceux ayant un handicap moteur, le parking est situé à 50 m de la billetterie, puis le cheminement sera de 400 m (pente supérieure à 8 %) pour accéder à la cavité. Le site lui-même n'est pas accessible aux personnes en fauteuil, mais un film est proposé au Musée national de la Préhistoire qui présente la grotte et les peintures polychromes. Attention à la température intérieure (environ 14 °C), à la forte humidité de l'air (98 %) ainsi qu'à la pénombre. Les visites guidées pour handicap visuel sont limitées à 2 personnes plus accompagnateur. Un livret en braille et en relief sera fourni. Des figurines et reproductions de matériel pariétal sont également mises à disposition. Vous aurez néanmoins seulement la possibilité de toucher la paroi extérieure à l'entrée de la grotte uniquement. Les chiens-guides ne sont pas autorisés, mais pourront être accueillis au bureau des guides sur demande. Pour celles et ceux ayant un handicap auditif, vous aurez aussi à votre disposition un carnet de visite.

GROTTE DES COMBARELLES ★

LES EYZIES-DE-TAYAC-SIREUIL ✆ 05 53 06 86 00
www.sites-les-eyzies.fr
Adulte : 11,50 €. Gratuit jusqu'à 18 ans. Label Tourisme & Handicap : mental, malentendant, malvoyant.

Plus de 600 figurations de l'époque magdalénienne, gravées ou dessinées sont représentées sur les murs de cette grotte : des chevaux, des rennes, des mammouths, des bouquetins, des rhinocéros, des ours ou encore des figures anthropomorphes. Visiteurs en fauteuil : prévoyez le transfert obligatoire pendant la visite vers un fauteuil à petites roues adapté à la largeur du circuit de visite et le franchissement de 13 marches hautes de 15 cm et larges d'un mètre. Pour des raisons de responsabilité, la prise en charge totale par l'accompagnateur est demandée sur l'ensemble du circuit (transfert, marches à monter, manipulation du fauteuil durant la visite). La période préférentielle pour l'organisation de cette visite est d'octobre à mai. Attention, la pénombre pourra désorienter certains visiteurs. La température intérieure est d'environ 12 °C et l'humidité de l'air : 98 %. Prévoyez une petite laine. La visite guidée destinée aux personnes ayant un handicap visuel est limitée à deux personnes et un accompagnateur. Un livret en braille est mis à disposition. Les chiens-guides ne sont pas autorisés mais pourront être accueillis au pavillon des guides sur demande. Les visites destinées aux personnes ayant un handicap auditif ou mental sont limitées à 3 à 4 personnes. La lecture des gravures pourra se faire à l'aide de planches en relief ou par guidage manuel (sans toucher la paroi). Fac-similé tactile d'une gravure de la grotte. Carnet de visite avec relevé des figures principales pour handicap auditif.

NATUR' HÔTEL** €

Route de Bordeaux - **MENESPLET**
✆ 05 53 80 01 01
http://hotel-montpon.com
Label Tourisme & Handicap. Chambres simples, doubles, triples Petit déjeuner buffet. Animaux acceptés.

Le Natur'Hôtel jouit d'une situation idéale à la frontière de la Dordogne et de la Gironde. Implanté dans un cadre paisible et verdoyant, il allie modernité et décoration fonctionnelle et confortable. Une chambre de plain-pied avec sanitaires privatifs et un lit 2 places est labellisée pour les quatre types de handicaps. Onze sont labellisées handicaps moteur et auditif. Vingts autres sont labellisées handicaps mental et visuel. Toutes jouissent d'un accès direct sur la nature. L'hôtel possède également un parc clos dont vous pourrez profiter.

HÔTEL EDWARD IER*** €€

5, rue Saint-Pierre
MONPAZIER
✆ 05 53 22 44 00
www.hoteledward1er.com
17 chambres de 114 €. Petit déjeuner : 15 €. Parking inclus. Piscine et centre bien-être.

Vos hôtes vous accueillent dans cette gentilhommière à tourelles du XIXe siècle dont toutes les chambres sont personnalisées et meublées avec goût. L'une des chambres DeLuxe est labellisée handicap moteur, mental, auditif et visuel. Cependant, il est à noter que le lavabo de la salle d'eau privative est de 88 cm ; un robinet avec levier automatique vient compenser cela. En outre, 8 chambres sont labellisées handicap mental et visuel et 8 autres encore handicap mental. Le restaurant est quant à lui labellisé pour les 4 handicaps.

PÔLE D'INTERPRÉTATION DE LA PRÉHISTOIRE ★

30, rue du Moulin - **LES EYZIES-DE-TAYAC-SIREUIL**
✆ 05 53 06 06 97
www.pole-prehistoire.com

Entrée libre. Ouvert à l'année sauf samedi en basse saison. Voir site pour les horaires. Label Tourisme & Handicap.

Lieu de sensibilisation des publics à l'univers de la Préhistoire et à la découverte de la vallée de la Vézère, le site couvre au total 16 000 m². Il comprend salle de lecture, espace pédagogique, auditorium, salle d'exposition, boutique et cafétéria. L'ensemble du bâtiment a été prévu pour être accessible aux personnes handicapées. Pour les handicaps auditifs : des documentaires sous-titrés sont disponibles à l'espace documentation, une boucle magnétique se trouve à l'accueil, dans l'exposition permanente et à l'auditorium, des ardoises effaçables pour communiquer sont placées dans tous les points d'accueil et d'information, des animations dédiées pour les groupes accompagnés d'un traducteur sont possibles sur réservation. Handicap mental : exposition permanente visuelle (illustrations, reconstitutions, vidéos...) et animations de courtes durées pour les groupes sur réservation. Handicap moteur : mobilier adapté, ascenseur et animations dédiées autour de l'expérimentation de la fouille archéologique sur réservation. Handicap visuel : plan du bâtiment en relief et en braille à l'accueil, livret en gros caractère et en braille, dessins en relief, représentations schématiques des hommes de Néandertal et de Cro-Magnon à l'échelle 1, moulages et reconstitutions tactiles, documentaires en audiodescription, ordinateurs équipés d'un logiciel de reconnaissance vocale à l'espace documentation et animations dédiées pour les groupes autour d'expérimentations tactiles sur réservation.

COMITÉ DÉPARTEMENTAL DU TOURISME DORDOGNE PÉRIGORD

25, rue du Président-Wilson - **PÉRIGUEUX**
✆ 05 53 35 50 24
www.dordogne-perigord-tourisme.fr

Disponibles par téléphone et sur leur site. Interlocuteur indispensable à contacter pour préparer un séjour en Dordogne.

Le Comité Départemental du Tourisme est l'endroit indispensable à contacter ou à visiter pour préparer et réussir un séjour en Dordogne. Vous trouverez sur leur site internet une brochure gratuite spécifiquement dédiée au « Tourisme et Handicap ». Vous y trouverez recensés tous les hébergements, restaurants, sites, monuments, lieux de visites, etc., labellisés. Une carte et des repères sont inclus dans la brochure pour mieux vous aider à retrouver les établissements.

SITE-MUSÉE GALLO-ROMAIN VESUNNA ★★★

20, rue du 26e Régiment-d'Infanterie - **PÉRIGUEUX**
✆ 05 53 53 00 92
www.perigueux-vesunna.fr

Juillet-août : 10h-19h. Hors saison fermé lundi et fériés. Adulte 6 € (réduit 4 €). Label Tourisme & Handicap.

Vesunna s'organise autour d'espaces architecturaux dominant les vestiges de la domus. Un plan simplifié du musée avec un code couleur est remis à disposition à l'accueil sur demande pour le handicap mental. Handicap auditif : audio-guides, carnets de visite, boucle magnétique. Handicap moteur : cheminement aisé, les différents niveaux sont distribués par un ascenseur. Handicap visuel : approche tactile, fiches en relief, document en braille, caractères agrandis, etc.

LA CHÊNAIE DU ROC***** €€

Village le Moustier - **SAINT-LÉON-SUR-VÉZÈRE**
✆ 06 79 60 31 17
www.la-chenaie-du-roc.fr

De 829 € à 1 189 €/semaine. Label Tourisme & Handicaps 4. 5 chambres PMR. Matériel PMR. Chiens guides acceptés.

Ces petites maisons en bois dans un style chalet sont situées au cœur du Périgord et ont entièrement été pensées pour les personnes atteintes de handicaps. Les chambres PMR sont ainsi largement aménagées pour vous faciliter la vie : plan de travail amovible et ajustable, éviers avec mitigeur « bec de canard », lits médicalisés, table en demi-lune, poignets de réfrigérateur sans effort, etc. L'intérieur comme l'extérieur ont été réfléchis pour permettre une totale accessibilité. De votre terrasse, vous pourrez admirer la vue en toute tranquillité.

LE PRESSOIR €€

20, rue de Montpon - **SAINT-MÉARD-DE-GURÇON**
✆ 05 53 80 56 78
www.opressoir.com

Ouvert à l'année. Haute saison jeu-lun midi & soir. Basse saison sur résa Menus 28 €/46 €. Enfant 12 €.

Vos hôtes reçoivent leurs clients avec beaucoup de simplicité, pourtant le Chef a fait ses armes dans de beaux établissements avant d'ouvrir sa propre table. Il attache énormément d'importance à la qualité et à la fraîcheur. Tout est fait maison, les viandes sont d'origine française et les foies gras de canard sont certifiés Périgord. La carte, renouvelée tous les deux mois, est plus qu'alléchante. Le tournedos et autres merveilles sont délicieux. Alors, pourquoi se refuser un tel établissement, qui plus est, labellisé pour les 4 handicaps ?

LES COLLINES D'EYVIGUES €€

SALIGNAC-EYVIGUES ✆ 05 53 30 54 27
https://lescollinesdeyvigues.fr
Fermé de novembre à mars. Gîtes de 2 à 11 pers dès 290 € pour 2 ou dès 495 € pour 11 personnes. Tourisme & Handicap.

Le village de gîtes des Collines d'Eyvigues de Dominique et Guy Massedre est idéalement placé pour la randonnée, la découverte des sites emblématiques de la région et le farniente. Il accueille des grandes familles, des randonneurs ou encore des individuels. Les 10 gîtes sont bien aménagés et bien équipés avec des filtres à café, des sacs pour les poubelles, de vraies couettes et des couvertures propres. Ils bénéficient tous d'un vaste espace et sont implantés dans un esprit de village. Il existe une totale indépendance entre les lieux.

MUSÉE DU CHOCOLAT BOVETTI ★

7, Rue auguste Lumière
TERRASSON-LAVILLEDIEU ✆ 05 53 51 81 53
www.bovetti.com
Musée ouvert : lundi au samedi de 10h à 12h et de 14h à 17h (19h l'été). Été et décembre : ouvert le dimanche 10h à 17h.

L'histoire du cacao, des Mayas aux grandes cours européennes, éveille ici vos sens. On apprend tout sur la fabrication du chocolat, de sa plantation à sa transformation. On observe aussi dans l'atelier de production entièrement vitré le travail des chocolatiers tandis que la salle des turbines en cuivre permet d'assister à la fabrication des enrobés. La boutique affiche plus de 150 sortes de tablettes aux saveurs différentes : chocolats Bio équitable, blanc aux éclats de coquelicots...

ÂNES À CHRONIQUES €

La Rougerie - **TOURTOIRAC**
✆ 05 53 50 09 49
https://anesachroniques.wordpress.com
Ouvert toute l'année. Accès PMR, Label Tourisme & Handicaps. 4 chambres (dont 1 accessible PMR). Restauration.

Sur une exploitation agricole qui met à la disposition des voyageurs de charmantes chambres et un gîte, osez passer des vacances différentes ! Une chambre de plain-pied au rez-de-chaussée avec sanitaire privatif dotée de 2 lits d'une place est accessible aux PMR ; une autre à l'étage avec sanitaire privatif et pourvue de 2 lits simples est labellisée pour le handicap auditif et mental. Ânes à Chroniques propose également un service de table d'hôtes paysanne. Une adresse bucolique où passer de bons moments et se ressourcer dans la nature.

GROTTE DE VILLARS ★★

Le Cluzeau - **VILLARS** ✆ 05 53 54 82 36
www.grotte-villars.com
Avril à septembre : 10h-12h et 14h-18h. Juillet-août : 10h-19h. Octobre-novembre : 14h-18h. Adulte 11 €. Enfant 7,50 €.

Découverte en 1953 par une équipe de spéléologues, cette grotte présente des concrétions naturelles et une trentaine de peintures du magdalénien ancien âgées de plus de 18 000 ans avant J.-C. Authentifiés par l'abbé Breuil en 1958, découvrez le superbe cheval bleu, des bouquetins et un homme attaqué par un bison, l'une des rares représentations humaines de l'art préhistorique ! Aménagé sur 2 ha, le jardin préhistorique invite à une découverte ludique sur le thème de l'homme de Cro-Magnon. Le site est labellisé Tourisme et Handicap : auditif, visuel, mental.

HÔTEL PLAISANCE*** €€

Le Port - **VITRAC**
✆ 05 53 31 39 39
www.hotelplaisance.com
42 chambres. Chambre double de 65 € à 122 € ; chambre triple de 98 € à 150 € ; suite de 108 € à 210 €.

Dans un environnement enchanteur doté d'un cadre reposant, cette maison conserve sa grande et belle réputation depuis plus de cinq générations. Une chambre située au premier étage et une autre située au second étage peuvent recevoir des personnes en situation de handicap moteur. Une troisième au deuxième étage est quant à elle uniquement labellisée pour les handicaps visuel et auditif. Côté cuisine, le Chef réinvente la gastronomie locale en respectant la tradition. Un lieu sympathique, plutôt bien adapté avec un personnel à l'écoute.

DÉCOUVREZ LES HANDIPLAGES

Bègles Plage

La sécurité est assurée par une équipe de 4 sauveteurs et 1 chef de poste. La baignade se pratique sur une zone de 1 000 m² d'une profondeur allant jusqu'à 1,80 m ; la plage de sable est de même superficie. Une surface engazonnée de 2 000 m² borde l'ensemble. Le site est totalement accessible aux personnes à mobilité réduite ou en fauteuil avec la possibilité de mise à disposition d'un Tiralo pour la baignade. Les MNS assurent le transfert et la baignade. Ouvert le mercredi et le week-end en juin et septembre. Haute saison : tous les jours et les jours fériés de 11h à 19h. Renseignements par téléphone au 05 57 96 96 78 et sur www.mairie-begles.fr

Carcans-Maubuisson

Située sur la rive du plus grand lac de France, la ville a été aménagée afin d'offrir le maximum d'activités de loisirs. Les plus paisibles se promèneront dans la forêt où se mêlent pins, chênes verts, chênes-lièges et arbousiers ou bronzeront sur le sable des longues plages. Sur la plage du lac Maubuisson, 3 places de parking sont réservées aux personnes à mobilité réduite et 1 bande de roulement a été aménagée afin de rejoindre la rive. 2 Tiralos sont disponibles au niveau de la zone d'accueil. Attention : les seuls sanitaires accessibles sont à plus de 100 m et les douches ne sont pas accessibles. Renseignements : Mairie de Carcans par téléphone au 05 56 03 90 20 ou office de tourisme au 05 56 03 34 94.

Gujan-Mestras. Côté bassin d'Arcachon

Une plage familiale surveillée pendant l'été avec 1 place de parking réservée, 1 accès de plain-pied, des roulements aménagés (sol dur), une zone d'accueil, un abri contre le soleil, 1 Tiralo, des W.C adaptés à proximité et 1 douche accessible. Présence d'un handiplagiste. Renseignements sur www.gujanmestras.com

Hourtin

Plage de Piqueyrot-d'Hourtin. 2 places de parking sont réservées. 1 roulement a été aménagé du parking à la plage. 1 Tiralo est à disposition sur la zone d'accueil. Sanitaires accessibles à plus de 100 m.

Plage La Jetée. 3 places de parking réservées, 1 Tiralo, 1 roulement aménagé du parking à la baignade, des sanitaires accessibles à moins de 100 m. Renseignements : Mairie d'Hourtin au 05 56 73 28 43 ou office de tourisme au 05 56 09 19 00.

Lanton

Plage familiale. Baignade surveillée en juillet et août. Renseignements au 05 56 03 86 00.

GÎTE L'EAU-VERGNE €€

BERNOS-BEAULAC

✆ 05 56 25 44 96

Label Tourisme & Handicap : moteur ; mobilité réduite ; malvoyant ; jardin ou parc.Gîtes de France (3 épis).

Installé dans un ancien moulin à papier, ce vaste gîte de 107 m² est de plain-pied. Il se compose d'une pièce à vivre de 40 m² pourvue d'une agréable vue sur un beau terrain clos avec une terrasse dominant la rivière du Ciron. Vous profiterez d'une belle salle à manger, d'une cuisine équipée avec évier adapté, d'une grande salle de bains avec douche à l'italienne, de toilettes surélevées, de miroirs inclinables et de 3 chambres dont 2 labellisées. Une chouette adresse pour des vacances à la campagne. Sympathique en tous points.

PLANÈTE BORDEAUX

route de Pasquina

BEYCHAC-ET-CAILLAU

✆ 05 57 97 19 20

www.planete-bordeaux.fr

Ouvert du lundi au vendredi de 9h à 12h30 et de 14h à 18h30 ; le samedi en haute saison.

Eveillez vos sens en famille à Planète Bordeaux. Au travers de techniques audiovisuelles et scénographiques spectaculaires, vous découvrirez les secrets qui entourent la naissance et la vie du vin. Expositions et projections ont été soigneusement étudiées pour faire de l'endroit un lieu accueillant. La dégustation finale devient un lieu d'échange où il est possible d'obtenir une mine d'informations ainsi qu'une interview du vigneron qui a élevé le vin dégusté. Une escale incontournable, assez adaptée et sympathique pour les handicaps moteurs !

MUSÉE NATIONAL DES DOUANES ★★

1, place de la Bourse - **BORDEAUX**

✆ 09 70 27 57 66

www.musee-douanes.fr

Ouvert du mardi au dimanche de 10h à 18h sauf 25 décembre et 1er janvier. Tarif plein : 4 €. Gratuit jusqu'à 18 ans.

Installé sur la place de la Bourse, ce musée national a investi l'ancien magasin de dédouanement de l'Hôtel des Fermes du Roy édifié entre 1735 et 1738. Sous de magnifiques voûtes défilent les grandes étapes historiques de l'administration douanière française. Plus loin sont retracées les multiples missions et activités de ces services douaniers trop méconnus. Documents d'archives, uniformes et armes, maquettes, instruments de travail et œuvres d'art acquises sont ainsi présentés.

MUSÉE D'AQUITAINE ★★

20, cours Pasteur - **BORDEAUX**
✆ 05 56 01 51 00
http://www.musee-aquitaine-bordeaux.fr
Ouvert du mardi au dimanche de 11h à 18h. Tarif plein : 8 € / réduit : 4,50 €. Gratuit -18 ans. Audioguide : 2,50 €.

L'actuel Musée d'Aquitaine a pour lointain ancêtre le Musée Lapidaire créé vers 1783 afin de rassembler les vestiges romains mis au jour par d'importants travaux d'urbanisme entrepris en ce temps. En 1962, la Ville de Bordeaux le transforma en musée d'histoire, d'archéologie et d'ethnographie régionales. Installé dans l'ancienne faculté des Lettres et des Sciences construite au XIXe siècle sur l'emplacement du couvent des Feuillants où Michel de Montaigne fut enterré en 1592, ce musée est l'un des plus grands de province. Plus de 150 000 visiteurs par an parcourent ses 28 000 m² répartis sur quatre niveaux consacrés à l'histoire et à l'ethnologie régionale, de la Préhistoire à nos jours. Les collections réunissent environ 700 000 pièces qui sont distribuées en trois grands domaines : archéologie, histoire et ethnographie. Elles sont présentées selon un parcours chronologique et thématique. Notez également qu'une importante section d'arts d'Afrique et d'Océanie témoignant de l'importance de l'activité portuaire de la ville dans le passé. Régulièrement, de très belles expositions temporaires y sont organisées. L'entrée est gratuite sur présentation de la carte d'invalidité. Pour les visiteurs en fauteuil, il faut se présenter à droite de l'entrée où se situe une sonnette. Si habituellement le musée dispose d'ascenseurs, ils sont actuellement en cours de rénovation. Aussi, n'hésitez pas à contacter directement le musée pour plus de renseignements. Des visites en langue des signes sont proposées et des activités organisées.

MUSÉE DES BEAUX-ARTS DE BORDEAUX ★★★

20, cours d'Albret - **BORDEAUX** ✆ 05 56 10 20 56
www.musba-bordeaux.fr
Fermé les jours fériés. Ouvert du mercredi au lundi de 11h à 18h. Gratuit jusqu'à 17 ans. Adulte : 5 € et réduit 3 €.

Le 31 août 1803, Bonaparte créa dans quinze grandes villes de province des dépôts de tableaux, diffusant ainsi dans la France entière un ensemble d'œuvres d'art qui provenait aussi bien des anciennes collections du roi ou des émigrés que de prises de guerre faites à l'étranger, et en Italie notamment. Les envois résultant de cette décision vont constituer le premier fonds du musée et comportaient déjà certaines œuvres prestigieuses sur lesquelles reposera plus tard sa notoriété. Ce musée présente 8 000 œuvres occidentales de la Renaissance à nos jours. Vous y admirerez des chefs-d'œuvre d'Eugène Delacroix, Matisse, Picasso, Titien, Rubens… Intégré au réseau Tourisme & Handicap, la plupart des œuvres sont équipées de vidéos en langue des signes et sous-titrées ainsi que de tablettes tactiles afin de s'imprégner de la création de l'œuvre, de la vie de l'artiste et de ses restaurations. Vous pourrez profiter des visites guidées du musée et des jardins en groupe en individuel et en langue des signes. Des visites multisensorielles sont également organisées. Pensez alors à réserver votre place, néanmoins gratuite si vous êtes en situation de handicap ou accompagnateur. A l'entrée des ailes nord et sud, une rampe d'accès a été mise en place avec un éclairage du cheminement au sol. Un petit ascenseur s'ajoute aux quelques marches qui interdisaient encore l'entrée du musée à de nombreuses personnes. Vous trouverez également 2 places de stationnement situées juste devant l'entrée.

NOUVELLE-AQUITAINE

La ville de Bordeaux.

OFFICE DE TOURISME ET DES CONGRÈS

12, cours du 30 Juillet - **BORDEAUX**
✆ 05 56 00 66 00
www.visiter-bordeaux.com
Ouvert du lundi au samedi de 9h à 18h30 ; le dimanche et les jours fériés de 9h30 à 17h. Label Tourisme & Handicap.

L'office de tourisme est idéal pour commencer à visiter Bordeaux. Ici, vous trouverez des idées d'excursions : visite-dégustation dans des châteaux, visite guidée dans le cœur historique de la ville, etc. Le personnel parle de nombreuses langues et n'est pas avare de conseils et de bons plans ! Le personnel est souriant et chaleureux, très sensibilisé au handicap. Demandez le city guide accessible : très pratique, il présente la ville par quartier.

CAMPING DE MAUBUISSON*** €

81, avenue de Maubuisson - **CARCANS**
✆ 05 56 03 30 12
www.camping-maubuisson.com
Ouvert de mars à mi-novembre. Emplacement à partir de 13 €. Chalets et mobil-homes à partir de 350 € la semaine.

Installé au cœur de Maubuisson dans un parc boisé, ce camping dispose de 7 chalets adaptés moteurs, de 4 mobil-homes adaptés moteurs et visuels, et de 40 autres pouvant recevoir des personnes déficientes auditives et mentales. La piscine bénéficie quant à elle d'un élévateur hydraulique et d'un pédiluve de plain-pied permettant le passage de fauteuil. Le camping est également équipé de 2 véhicules pouvant transporter des personnes en fauteuil, d'un fauteuil électrique et d'un Tiralo pour la Handiplage de la station au lac. Boucle magnétique à l'accueil.

CERCLE DE VOILE DE BORDEAUX CARCANS-MAUBUISSON

Domaine de Bombannes - **CARCANS**
✆ 05 56 03 30 19
www.cerclevoilebordeaux.com
Label Tourisme & Handicap : moteur ; mobilité réduite ; mental ; malentendant.Ouvert de mars à novembre.

Labellisé École Française de Voile (EFV), ce club propose à tous de pratiquer de la voile loisir et / ou de compétition en stages ainsi que des cours particuliers. Possibilité de balades, raid à la journée et navigation libre surveillée. Locations diverses. Le bateau Echo 90 peut accueillir des personnes à mobilité réduite : doté d'une capacité de 11 personnes en plus du moniteur de voile, il peut notamment recevoir à son bord trois personnes personnes en fauteuil.

CHÂTEAU LANESSAN - MUSÉE DU CHEVAL

CUSSAC-FORT-MÉDOC ✆ 05 56 58 94 80
www.lanessan.com
Ouvert de mai à septembre tous les jours sur réservation et les week-ends. Basse saison : 10h-17h. Haute S : 10h-18h.

A la fois château viticole et musée, Lanessan a été bâti en 1878. Le domaine est entouré d'un parc, d'une serre hollandaise et d'un jardin fleuriste. Son musée du cheval présente une collection familiale extraordinaire avec notamment des voitures hippomobiles. Les écuries avec mangeoires en marbre bleu sont remarquables. Pour profiter de ce domaine extraordinaire, plusieurs visites sont proposées : des chais ou du musée du cheval, le tout suivi d'une dégustation de vins.

HÔTEL NOVALIS*** €€

9, avenue de l'Hippodrome
GRADIGNAN
✆ 05 57 35 37 80
www.novalishotel33.com
20 chambres. Chambre double à partir de 65 €.

A proximité de Bordeaux, cet hôtel labellisé « Tourisme & Handicaps » reste une référence en matière de confort et de sérieux. Agréables et douillettes, les chambres sont élégantes et spacieuses et vous attendent avec un plateau de courtoisie. L'une d'entre elles est accessible pour les personnes en fauteuil. La prestation est complète et professionnelle. Le matin, le petit déjeuner buffet (sur réservation) est composé de divers produits frais avec viennoiseries et salade de fruits maison. Un bon rapport qualité-prix pour un bon séjour dans la région.

LES OURMES**** €€

90, avenue du Lac - **HOURTIN** ✆ 05 56 09 12 76
www.lesourmes.com
Label Tourisme & Handicap : moteur ; mobilité réduite ; mental. Plats cuisinés à emporter ; vidange wc.

Situé à 400 m du plus grand lac naturel de France et à 10 km des plages de la côte Atlantique, ce camping satisfera les amoureux de la nature, les sportifs et les amateurs de farniente. Dans un cadre agréable posé au cœur d'un domaine paysagé de 7 ha propice au repos et à la détente, installez-vous dans les 2 mobil-homes confortables, totalement adaptés et aménagés avec 2 cabines privatives (douche avec siège, lavabo et W.C avec barre de maintien). L'ensemble du site est accessible aux personnes handicapées moteur grâce à la présence d'un sol dur.

CHÂTEAU LANGOIRAN

16, route du Lieu-dit - **LANGOIRAN**
✆ 05 56 67 08 55
www.vignobles-gonfrier.fr
Ouvert toute l'année, du mardi au samedi, de 10h30 à 12h30 et de 14h à 19h. Visite et dégustation.

Eric et Philippe Gonfrier poursuivent avec passion et enthousiasme le travail initié par leur père depuis plus d'un demi-siècle. S'ils sont à la tête de plusieurs châteaux, le château de Marsan reste la référence de l'entreprise familiale. Après avoir étendu et développé le vignoble de ce domaine, ils ont œuvré avec force et envie pour faire de ces vins des incontournables des terres bordelaises. De plus, l'établissement est labellisé pour les handicaps moteur, visuel et mental. Néanmoins n'hésitez pas à les contacter pour vous assurez une visite sans encombre.

BASSIN DE BAIGNADE AMÉNAGÉ

Route de la Plage - **LANTON**
✆ 05 56 03 86 00
Accessibilité pour les handicaps moteurs et PMR. Label Handiplage. Baignade surveillée en juillet et août.

Pour une baignade en famille en toute sécurité sur le bassin d'Arcachon, le bassin de baignade de Lanton est idéal. Sur le plan d'eau de mer aménagé, petits et grands s'amuseront comme des fous en profitant du grand air. Profitez également en pleine saison des activités ludiques et sportives. A noter que les personnes à mobilité réduite sont accueillies sur cette plage labellisée Handiplage. Vous serez séduit par le côté pratique mais également par la beauté du paysage.

CAMPING KER HELEN**** €€

Avenue de la Côte d'Argent - **LE TEICH**
✆ 05 56 66 03 79
www.kerhelen.com
Ouvert du 7 avril au 13 octobre 2023. Emplacement de 19,60 à 33,50 €. Locations de 249 à 1 055 €/sem. Prêt de vélos.

Situé à quelques minutes du parc ornithologique, du village ostréicole et des plages, ce camping bordé par la l'Eyre prend place dans un environnement fleuri pour un dépaysement garanti ! Vous pourrez choisir entre des emplacements de camping ou la location de cottages, mobil-homes et bungalows. Des chalets très confortables de 25 m² pouvant accueillir trois personnes sont totalement adaptés pour les personnes à mobilité réduite. Ils sont équipés d'une kitchenette avec vaisselle, réfrigérateur, micro-ondes, cafetière électrique.

CHÂTEAU HAUT CHÂTAIN ★★

NÉAC
✆ 06 88 34 77 96
www.hautchatain.com
Label Tourisme & Handicap : moteur ; mobilité réduite ; mental ; malvoyant.Ouvert du lundi au vendredi de 10h à 17h.

Les Vignobles Rivière-Junquas exploitent plus de 12 ha de vignes dans la région du Libournais tout près des Grands Vins prestigieux de Pomerol et de Saint-Emilion. Madame Martine Rivière, viticultrice-œnologue, dirige cette propriété familiale créée en 1912 par son grand-père, Pierre-Henri Lacoste. Les vins sont vinifiés et élevés dans le respect des traditions afin d'obtenir des produits authentiques et typiques du terroir. Découvrez à travers une visite accessible aux personnes en situation de handicaps moteur, mental et visuel.

CHÂTEAU DE LOS €€

12, route de Los - **SAINT-GENÈS-DE-LOMBAUD**
✆ 05 56 78 79 16
www.chateau-de-los.fr
Ouvert toute l'année. Tarif sur demande uniquement : 2 gîtes (4 et 6 pers.). Label Tourisme & Handicap. Piscine. Jardin.

Au cœur du vignoble de l'Entre-Deux-Mers et à proximité d'une propriété viticole, deux beaux gîtes aménagés dans les dépendances d'un castel bordelais proposent cuisine, salle à manger et espace détente : le gîte de Montval et le gîte de la Salamandre sont accessibles et adaptés aux personnes handicapées, notamment motrices avec accessibilité facilitée de plain-pied, séjour et cuisine aménagée en conséquence ainsi qu'une chambre avec sa salle de douche et toilettes adaptés. Les deux gîtes sont labellisés Tourisme & Handicap (moteur, auditif et mental).

GÎTE DE BÉTAILLE €€

14, impasse Bétaille
VAYRES
✆ 05 56 81 54 23
Label Tourisme & Handicap : malentendant ; mental. Non labellisé mais accessible PMR. Ouvert toute l'année.

Cet ancien cuvier restauré et mitoyen à la maison du propriétaire et d'une autre habitation dispose d'une cour close privative et d'un terrain non attenant (30 m²) donnant sur la Dordogne où vous pourrez pratiquer la pêche et admirer le mascaret. Au rez-de-chaussée entièrement de plain-pied, vous trouverez une cuisine aménagée et équipée, un séjour-salon, une chambre (1 lit 140 cm), une salle d'eau et un W.C. A l'étage : une chambre avec deux lits 90 cm. Location draps et linge de toilette, forfait ménage fin de séjour. Un bel endroit !

ESPACE PAUL REBEYROLLE ★

Route de Nedde - **EYMOUTIERS**
✆ 05 55 69 58 88
www.espace-rebeyrolle.com
Fermé en janvier. Voir site pour les horaires. L'espace n'est pas labellisé mais accessible PMR et handicaps mental.

Si l'on connaît Paul Rebeyrolle (1926-2005) pour être l'un des peintres majeurs dans l'art français du XXe siècle, on sait moins qu'il est né à Eymoutiers, une commune où, depuis plus de 20 ans, un espace d'exposition d'une richesse exceptionnelle lui est consacré. Une cinquantaine de toiles ainsi que des sculptures monumentales peuvent y être admirées comprenant une de ses œuvres réputées : *Le Cyclope*, en hommage à la figure historique locale et nationale Georges Guingoin. C'est sans oublier les nombreuses expositions temporaires.

L'AQUARIUM DE LIMOGES ★★★

2, boulevard Gambetta - **LIMOGES**
✆ 05 55 33 42 11
www.aquariumdulimousin.com
Horaires et jours d'ouverture variables selon saison. Adulte : 10 €. Enfant de 3 à 12 ans : 6 €.

Implanté dans les anciens bains-douches de la ville, le public évolue dans cet espace comme s'il était dans un sous-marin, accessible à tous, effectuant un voyage autour du monde à travers toutes les eaux du globe. Sur 800 m² d'exposition, plus de 2 500 animaux aquatiques de 300 espèces différentes sont présentés dans une quarantaine de bassins d'une capacité de 160 000 litres. On découvre tour à tour l'esturgeon, le poisson-chat, l'énorme silure glane puis des poissons électriques et autres silures de verre sans oublier le poisson-clown et son anémone, le poisson-chirurgien et le chatoyant poisson-cachemire. L'aquarium étoffe également sa collection de raies à pointe bleue, raies-guitares et raies bouclées. De nombreuses animations sont proposées ainsi que des visites commentées, des soirées thématiques, des expositions... Un circuit est entièrement accessible aux personnes en fauteuil roulant grâce à des plans inclinés. Une place devant l'aquarium est réservée aux personnes munies du macaron. De même, une sonnette se trouve à l'entrée et à la sortie pour les personnes ayant besoin d'une assistance. Des livrets en braille sont disponibles en prêt gratuit à l'accueil. Des repères podotactiles existent tout au long de la visite. Des ateliers tactiles sont également organisés. Pour les groupes : des visites commentées sont adaptées à votre demande. Les toilettes de l'aquarium sont adaptées pour les personnes en situation de handicap. Pour plus de renseignements, n'hésitez pas à contacter l'aquarium.

LE CHEVERNY €€€

57, avenue Baudin
LIMOGES
www.lecheverny.fr
Maître Restaurateur. Label Tourisme & Handicap : 4 handic. Ouvert du mardi au vendredi, le samedi soir et dimanche midi.

Depuis 1986, l'équipe du restaurant veille à la qualité des produits qui entrent dans la composition d'une cuisine maison où le traditionnel mêlé d'un zeste d'originalité compose des assiettes délicieuses et généreuses. La carte change au rythme des saisons tout en vantant les produits phares du Limousin. Le restaurant est accessible à toutes personnes ayant un handicap. Le personnel est sensibilité et aimable : aussi, n'hésitez pas à les solliciter en cas de besoin. Une place de stationnement est réservée devant l'établissement.

COMITÉ RÉGIONAL DU TOURISME LIMOUSIN

30, cours Gay-Lussac - **LIMOGES**
✆ 05 56 01 70 00
www.nouvelle-aquitaine-tourisme.com
Ouvert du lundi au jeudi de 8h30 à 12h30 et de 13h30 à 17h30 ; le vendredi de 8h30 à 12h30 et de 13h30 à 16h30.

La Nouvelle-Aquitaine est la première région française « Tourisme et Handicap » et propose ainsi de nombreux aménagement et offres adaptés. Elle compte en effet plus de 1 300 sites touristiques ayant reçu le label que vous pourrez retrouver sur le site internet. Par ailleurs, ce dernier vous recense également tous les liens utiles à l'organisation de vos vacances tels que « Handi cap Nouvelle-Aquitaine », « Handi Plus Aquitaine », etc. De quoi profiter de votre séjour en sérénité !

ÉTANG DE LA POUGE

11, Rue François Chénieux
LIMOGES
✆ 05 55 45 10 10
Sentier labellisé tourisme & Handicap : moteur, auditif, visuel et mental. Ponton : moteur, auditif et mental.

D'une superficie de 36 ha, la gestion de l'étang et de ses abords est orientée vers la fauche et le pâturage des prairies mais aussi vers la restauration de certains habitats, la régulation des espèces exotiques envahissantes et l'amélioration de la qualité des eaux. Le ponton de pêche est accessible aux personnes en situation de handicap. Labellisé pour les 4 formes de handicaps, un sentier d'interprétation de 2,5 km jalonné de panneaux explicatifs sur les rives du plan d'eau permet aux visiteurs de mieux connaître les richesses naturelles du site.

© FEERILAND

Feeriland.

LES ÂNES DE VASSIVIÈRE

Champseau - **PEYRAT-LE-CHÂTEAU**
✆ 05 55 69 41 43
www.anes-de-vassiviere.com

Label Tourisme & Handicap : mental. Randonnées d'avril à octobre. Ane supplémentaire : 19 €/30 €.

La ferme des ânes propose des activités ludiques et pédagogiques : balades contées, randonnées thématiques… Pour répondre à la demande de structures spécialisées, un atelier de découverte de l'âne a été spécialement adapté pour les personnes en état de handicap mental, adultes ou enfants.

Cet atelier se déroule avec une prise de contact avec les bêtes et se poursuit autour d'une agréable promenade (1h) avec les ânes. L'objectif est de créer un lien affectif avec les animaux. Un lieu sympathique et accueillant où même les moins adeptes des animaux se sentiront bien.

FEERILAND ★★

10, route de Réjasvislle - **VEYRAC**
✆ 05 55 03 16 71
www.feeriland.com

Horaires variables selon la saison. Adulte : 8 €. Enfant : 5,50 €. Label Tourisme & Handicap : moteur et mental.

Fëeriland abrite une collection de maquettes animées de taille géante sur près de 300 m² : la plus grande s'étend sur 7,20 m de long ! Chacune a nécessité des années de travail à Gérard et Nathalie Jourdy qui fabriquent, peignent et habillent les figurines qui peuplent les tableaux. Pour les reconstitutions historiques, ils utilisent les matériaux les moins anachroniques possibles. On tourne plusieurs pages de l'Histoire en découvrant une motte féodale et un château fort assiégé ou Azay-le-Rideau avant de faire un saut aux États-Unis dans une scène du Far West.

HOTEL RESTAURANT L'AZUR** €€

10, rue Evariste-Galois - **SAINT-JUNIEN**
✆ 05 55 02 10 22
www.hotel-azur-saintjunien.fr

Accès handicaps : moteur ; mental ; visuel. Ouvert toute l'année. 30 chambres (dont 2 sont aménagées).

L'hôtel met à disposition de ses vacanciers handicapés 2 chambres spécialement adaptées. La salle de restauration accessible et climatisée peut accueillir jusqu'à 65 couverts. La carte propose plusieurs formules ainsi qu'un vaste choix de plats qui s'inspirent des recettes régionales : foie gras, canard, viandes limousines... L'ensemble est agréable et le personnel est à l'écoute et rassurant si nécessaire. Très bon accueil global, assez bien adapté.

OFFICE DE TOURISME DES GRANDS LACS

55, place Georges Dufau - **BISCARROSSE**
✆ 05 58 78 20 96
www.biscagrandslacs.com
Qualité Tourisme. Accueil vélo. Tourisme & Handicap. Ouvert toute l'année.

C'est LA bonne adresse pour vous documenter et trouver de quoi passer un bon séjour ! Vous trouverez de nombreuses informations sur le site internet et sur les écrans à l'intérieur de l'Office de Tourisme. Des places de parkings se trouvent à proximité du bureau, l'accès est de plain-pied, le bureau est équipé d'une boucle magnétique, les présentations principaux lieux d'intérêt en braille... En bref, l'établissement est accessible et vous pourrez y organiser vos vacances sereinement.

MAISON BERNACHOT €€

68, chemin Bernachot
LALUQUE
✆ 06 86 08 33 93
Label Tourisme & Handicap : moteur ; mental ; malentendant ; malvoyant.Gîtes de France (3 épis). Qualité Tourisme.

Dans un cadre verdoyant, le gîte Maison Bernachot est une grange entièrement rénovée. Les chambres offrent une agréable et reposante vue sur le parc et la forêt. La salle de douche italienne est adaptée pour les personnes à mobilité réduite bien que le gîte ne soit pas labellisé pour ce type de handicap (se renseigner). La cuisine ouverte sur le séjour est un lieu convivial qui à travers ses grandes baies vous permet d'apercevoir forêt et piscine. Salon de jardin et terrasse, transat, table de ping-pong, jeux pour enfants... Tout est là pour un séjour au calme.

LES CHAMBRES D'HÔTES DE LO REY DU LAC €€

251, route des Lacs - **HOSSEGOR**
✆ 05 58 43 91 20
www.loreydulac.fr
Petit et grand lodge, bulle, châlet, kota, cabane, roulotte. Petit déjeuner inclus pour les logements couple.

Vous aurez le choix de passer une nuit en amoureux dans l'un des hébergements pour couples avec spa privatifs ou bien de réserver un long séjour dans des logements pour familles. Choisissez l'hébergement qui vous ressemble et venez passer une nuit insolite au cœur de la nature. Le petit déjeuner est frais et maison ! Attention néanmoins ; si l'établissement est labellisé « Tourisme et Handicap », il n'est pas aménagé PMR mais uniquement pour handicap auditif, mental et visuel.

COMITÉ DÉPARTEMENTAL DU TOURISME DES LANDES

4, avenue Aristide Briand - **MONT-DE-MARSAN**
✆ 05 58 06 89 89
www.tourismelandes.com
Ouvert du lundi au jeudi de 8h30 à 12h15 et de 13h30 à 17h ; le vendredi de 8h30 à 12h15.

Ce sont plus de 80 structures qui sont labellisées « Tourisme & Handicap » dans le département. Vous pourrez les retrouver recensées sur le site internet de l'office de tourisme. Véritable mine d'or, ce sont autant d'hébergements, que de restaurants qui sont référencés. Un magazine « Tourisme Accessible » y est également consultable et dont la dernière parution date d'avril 2021. Privilégiez la prise de contact par e-mail ou téléphone, l'office de tourisme n'étant pas labellisé.

OFFICE DE TOURISME DE SOORTS-HOSSEGOR

166, avenue de la Gare - **HOSSEGOR**
✆ 05 58 41 79 00
www.hossegor.fr
Accueil vélo. Qualité Tourisme. Ouvert toute l'année. Jours et horaires d'ouverture variables selon la saison. Boutique.

Au centre de toutes les animations sur la Côte landaise, la ville d'Hossegor vous promet toute l'année un programme animé. L'office de tourisme sera pour vous une excellente source d'information pour organiser votre séjour. Une brochure est même disponible sur internet, et l'accessibilité des établissements y est précisée avec un pictogramme. Attention néanmoins, l'office de tourisme n'est pas labellisé et l'accès n'y est donc pas garanti. Privilégiez les appels téléphoniques.

OFFICE DE TOURISME TERRES DE CHALOSSE

55, place Foch - **MONTFORT-EN-CHALOSSE**
✆ 05 58 98 58 50
www.chalosse.fr
Qualité Tourisme. Accueil vélo. Ouvert toute l'année. Jours et horaires d'ouverture variables selon la saison.

L'office de tourisme délivre un programme riche et varié : manifestations autour du Printemps des Landes, Nuit des Musées, des Moments Musicaux en Chalosse en juillet, festival des duos éclectiques 40 en Paires à Mugron, Festival de Blues à Hinx, Fête des Vendanges, marché de l'avent à Poyanne... Sur place : vente de produits locaux. Néanmoins, attention, l'établissement n'est pas labellisé. N'hésitez donc pas à privilégier les appels téléphoniques ou le site internet, très complet.

AU GRILLON DORT €€

17, avenue Cousseau de Labarthe
MOUSTEY
✆ 05 58 07 71 86
www.augrillondort.com
Toute l'année. 5 chambres. Petit déjeuner inclus. Chambre double de 65 à 75 €.

Au cœur du Parc naturel des Landes de Gascogne, découvrez sur le chemin de Compostelle, 5 belles chambres d'hôtes confortables. Chacun porte un nom et a son propre thème. L'une d'entre elles est labellisée Tourisme & Handicap et est accessible aux PMR. La décoration aux couleurs dynamisantes vous permettra de lutter contre la morosité. Très bon rapport qualité-prix. De plus, l'ensemble est très bien adapté, avec des personnes accueillantes et qui sont à l'écoute si nécessaire. On s'y sent bien et le cadre nous permet un certain apaisement.

OFFICE DE TOURISME TERRES DE CHALOSSE

8, rue Vincent Depaul - **MUGRON**
✆ 05 58 98 58 50
www.chalosse.fr
Qualité Tourisme. Accueil vélo. Ouvert d'avril à octobre. Jours et horaires variables selon la saison.

Arènes, église, anciens chais, atelier de maréchal-ferrant… Partez à la découverte du village, mais aussi de son histoire. Jusqu'au 1er avril 2022, l'office de tourisme se trouve à la Mairie de Louer. L'équipe de l'établissement saura vous conseiller pour l'organisation de votre séjour dans les environs. N'hésitez pas à aller fouiller sur leur site internet, pour trouver de nombreuses informations ; d'autant que l'office n'est pas labellisé. Aussi, l'accès peut être compliqué.

LES CHAMBRES D'EUGÉNIE €€

152, rue Adour-et-Chalosse - **POYANNE**
✆ 05 58 97 28 75
www.leschambresdeugenie.fr
Label Tourisme & Handicap : moteur ; mobilité réduite.Ouvert toute l'année. Accueil 24h/24. 70 chambres.

Eugénie est tombée amoureuse de cette maison en rendant visite à sa voisine ! Quelques années plus tard, elle et son mari Christophe ont pu l'acquérir. Pour la transformer en chambres d'hôte, il était impératif de repenser les volumes pour en faire une maison chaleureuse et fonctionnelle. Garder l'âme du passé et de sa propriétaire était aussi important pour eux. La pierre révélée dans la pièce de vie, les meubles anciens scellés dans les murs et la grosse cheminée sont les éléments principaux de la salle des petits déjeuners.

DOMAINE DE BENAUGE €€€

29, chemin de Benauge - **RENUNG**
✆ 05 58 71 77 30
Label Tourisme & Handicap : moteur ; mobilité réduite.Ouvert toute l'année. Accueil 24h/24. 70 chambres.

Le château de Benauge est une commanderie fortifiée du XVe siècle restaurée soigneusement située au milieu de vues tranquilles de la vallée de l'Adour au cœur des Landes. Proche d'Eugénie-les-Bains (7 km), d'Aire-sur-l'Adour (10 km), de Grenade-sur-l'Adour (5 km) ou encore de Mont-de-Marsan (18 km), l'hébergement propose cinq chambres d'hôtes, chacune avec une entrée privée. Afin de poursuivre son accueil à tous, elles sont toutes situées en rez-de-chaussée. Prêt de matériel spécifique possible. Le Domaine de Benauge propose également une piscine chauffée.

KYRIAD** €

71, allée Mamoura
SAINT-AVIT
✆ 05 58 44 43 91
Tourisme & Handicap. Ouvert toute l'année. Chambre double à partir de 64 € en semaine et 59 € le week-end. Pdj : 8 €.

Cet hôtel labellisé pour les quatre types de handicaps et donc accessible à tous propose des prestations remarquables pour cette chaîne plutôt classique d'ordinaire : jolies couettes, écrans plats, salles de bains confortables, chambres insonorisées… le tout situé dans un secteur calme en bord de zone d'activités en développement à la croisée des chemins entre le nord du département et la côte landaise. Une bonne adresse qui peut être utile, d'autant plus que c'est bien adapté, bien situé et plutôt agréable dans son ensemble !

LA PETITE COURONNE*** €€

Route d'Amou - **SAINT-CRICQ-CHALOSSE**
✆ 05 58 79 38 37
www.hotel-lapetitecouronne.com
Ouvert toute l'année. Chambre double à partir de 92 €. Lodge à partir de 165 €. Petit déjeuner inclus. Bain chaud.

Depuis 2009, La Petite Couronne prend place dans un cadre très respectueux de la nature, à la fois fonctionnel et élégant. Les charmants propriétaires de ce havre de paix vous accueillent dans leur établissement détenteur des 4 labels Tourisme et Handicap. Une excellente adresse que l'on recommande vivement aussi bien pour la qualité des prestations que pour l'ambiance très agréable qui y règne. La chambre n°3 est aménagée comme les autres ; elle dispose cependant d'une salle d'eau supplémentaire complètement adaptée aux besoins des personnes handicapées.

CENTRE AQUATIQUE AYGUEBLUE

300, rue du Gave - **SAINT-GEOURS-DE-MAREMNE**
✆ 05 58 56 92 34
www.vert-marine.com/aygueblue/
Label Tourisme & Handicap. Tous les jours. Adulte : 5,45 € ; enfant (de 3 à 14 ans) : 3,80 €. Fitness et bien-être.

Le Centre Aquatique Aygueblue propose plusieurs bassins intérieurs, sportifs, éducatifs et de loisirs sur une superficie de 4 000 m² ainsi qu'un espace en extérieur de 6 000 m² comprenant un bassin de loisirs de 190 m². Un solarium, des plages végétales, des espaces forme ainsi que des gradins viennent compléter ces aménagements. Le site est labellisé pour le handicap mental et le handicap moteur. L'espace bien-être a d'ailleurs été récemment rénové.

LE CADET DE GASCOGNE*** €€

6, allée Gaston Phoebus - **SAINT-JUSTIN**
✆ 05 58 51 84 59 - https://le-cadet-de-gascogne.fr/
Ouvert toute l'année. Chambre de 69 à 109 € ; familiale (3/4 pers.) de 119 à 137 €. Petit déjeuner : 12 €. Restauration.

L'accueil est d'emblée chaleureux dans cet établissement récemment repris par la dynamique Brigitte, aussi à l'aise à la gestion de l'hôtel qu'au service dans le restaurant, et Jean-Luc, le talentueux chef cuisinier. Dans un décor de pierres et de briquettes, les couloirs mènent à neuf chambres lumineuses et idéalement agencées. Dont une PMR mais aussi accessibles aux personnes ayant un handicap visuel. Le petit déjeuner servi dans la salle ou sur la terrasse à l'ombre des érables est copieux et fait la part belle aux produits locaux.

CLUB DE VOILE SOUSTONS MARENSIN

Route d'Azur
SOUSTONS
✆ 05 58 41 11 95
www.cvsm.org
Cours particulier (1h) : 40 € + coût de la location. Séance découverte. Stages. Autres tarifs.

L'Ecole française de Voile du club de voile Soustons Marensin est ouverte à tous. En famille ou entre amis, vous avez la possibilité de partir à la découverte de la faune et de la flore du lac de Soustons en caravelle (dériveur), avec un moniteur diplômé. Des VRC : voiles radio-commandées, vous permettront également de profiter de l'eau sans risque. Vous pourrez, en effet, diriger votre petite embarcation à l'aide d'une télécommande qui contrôle le gouvernail et les voiles.

VILLAGE VACANCES LA FORÊT DES LANDES €€

91, avenue Julian Grimau - **TARNOS**
✆ 05 59 74 61 00
www.touristravacances.com
Label Tourisme & Handicap : moteur ; mobilité réduite ; mental. Magasin d'alimentation ; laverie ; piscine extérieure.

En tant que village éco-responsable, ces chalets nature situés au calme dans un environnement boisé dans les Landes sont labellisés Tourisme & Handicap. Vous pourrez y faire du vélo, participer aux fêtes régionales basques ou encore profiter de la plage d'autant que le village vacances est situé au bord de l'océan. Pour les enfants, un club leur propose olympiades, chasses au trésor, activités ludiques, manuelles et créatives ainsi que des spectacles.

HANDIPÊCHE

Afin de développer cette activité auprès des personnes handicapées, le Conseil Général des Landes a aménagé plusieurs postes handipêche pour permettre aux personnes à mobilité réduite de pêcher en toute sécurité. L'aménagement consiste à implanter à proximité d'une voie ou d'un chemin existant un ensemble qui se compose d'une place de stationnement handicapée, d'une allée de liaison entre la place de stationnement et le ponton de pêche et de pontons de pêche équipés d'un banc. Sortes de balcons en bois donnant sur le fleuve, ils sont assez vastes pour permettre aux pêcheurs en fauteuil de manier leur canne tout en ayant l'œil sur la surface de l'eau. Construits selon les normes de sécurité obligatoires, ils garantissent à la fois confort et praticité et s'intègrent parfaitement à l'environnement. L'accès se fait avec le minimum de difficultés (sauf le plus beau des deux pontons d'Urt qui nécessite un peu plus de courage ou de force). A proximité : aires de pique-nique avec tables en bois.

Azur. Près de Soustons, ce ponton de pêche de 50 m s'avance sur le lac côté Azur.

- **Biscarrosse**. 4 postes aménagés.
- **Gastes**. 3 postes aménagés.
- **Guiche**. Au bord de l'Adour. Tél : 05 59 56 28 57.
- **Léon**. Pontons de pêche tous handicaps.
- **Mimizan**. Pontons de pêche 13 et 15.
- **Ondres**. Pontons de pêche tous handicaps.
- **Parentis-en-Borne**. 3 pontons de pêche.
- **Sames**. Au bord de l'Adour.
- **Saint-Paul-en-Bornes**. 1 poste aménagé.
- **Sanguinet**. 2 postes aménagés.

DÉCOUVREZ LES HANDIPLAGES

Biscarrosse

Plage du lac Maguide. 20 places de parking réservées et Tiralo (zone d'accueil). Sanitaires à 100 m. Tél : 05 58 09 83 27 (poste de secours). Plage du centre. 1 Hippocampe. 1 Tiralo. Accès par tapiroule. Aide à la mise à l'eau par les MNS. Douche et W.C accessibles. Tél : 05.58.78.20.76

Capbreton

Plage du Centre. 2 places réservées. Roulement du parking à la baignade et rampe d'accès. 3 Tiralos (zone d'accueil). Sanitaires accessibles à plus de 100 m. Vestiaires. Tél : 05 58 72 11 35 (poste de secours) et 05 58 72 12 11 (office de tourisme).

Hossegor

Plage du Chêne-Liège. 1 Tiralo.

Moliets

Si la plage du Centre n'est pas la plus facile d'accès, 1 Tiralo est toutefois à disposition.

Mont de Marsan

Plage de Saint-Pierre-du-Mont. Base de loisirs labellisée niveau 3. 2 Tiralos. Poste de secours en saison. 2 handi-plagistes formés. WC accessibles à proximité du poste de secours. Un tapis spécial a également été mis en place sur le sable pour faciliter les déplacements du fauteuil. 3 places de parking. 1 local vestiaire-douche pour les personnes handicapées avec une zone de stockage pour les Tiralos. Cheminements depuis le parking en direction du point informations, de la baignade, du local vestiaire-douche, du restaurant et de toilettes publiques.

Soustons

Véritable île verte, cette station balnéaire est entourée de 5lacs marins ou d'eau douce dédiés aux sports nautiques, aux promenades en bateau ou à bateau à pédales, au golf ou à la randonnée sur des sentiers pédestres balisés.

La plage Oxygène-Lac Marin n'est pas forcément plus facile d'accès que celle de Moliets mais elle met à disposition 1 Tiralo. 1 handiplagiste est à votre service pour tout ce qui concerne la baignade.

Tarnos

Plage de la Digue. 2 places de parking réservées. Par la bande de roulement aménagée, rejoignez la zone d'accueil où vous pourrez réserver l'un des 2 Tiralos. Sanitaires et douches accessibles à proximité. Tél : 05 59 64 00 40 (Mairie).

Vielle-Saint-Girons

Plage Saint-Girons. Elle donne sur le lac. Parking de 9 places et Tiralo. Tél : 05 58 47 92 23 (poste de secours) ou 05 58 47 90 23 (Mairie).

TOURISME LOT-ET-GARONNE

271, rue de Péchabout
AGEN
✆ 05 53 66 14 14
www.tourisme-lotetgaronne.com

Ouvert du lundi au jeudi de 8h30 à 13h et de 13h30 à 18h ; le vendredi jusqu´à 17h.

L'office de tourisme du Lot-et-Garonne vous permettra d'organiser vos vacances et votre séjour en toute sérénité en vous fournissant de nombreux bons plans et adresses. Pas d'inquiétude si vous n'avez pas le temps de passer leur rendre visite sur place, sur leur site sont référencés de nombreux établissements pour loger, découvrir la gastronomie locale... De plus, n'oubliez pas qu'à l'occasion du mois des Journées Nationales Tourisme et Handicap de nombreuses visites sont organisées ! N'hésitez pas à les contacter pour en savoir davantage.

VILLA GALLO-ROMAINE DE LAMARQUE ★★

22, rue de lamarque
CASTELCULIER
✆ 05 53 68 56 00

Jardin archéologique en accès libre 7j/7, 9h30-17h30. Label Tourisme & Handicap.

Découvrez le mariage de l'Antiquité et des nouvelles technologies : Villascopia vous entraîne dans la vie des Gallo-Romains à travers un spectacle en images de synthèse et 3D. Pour les visiteurs malvoyants, des fac-similés manipulables ainsi que des cartes en gros caractère sont disponibles à l'accueil. Pour les personnes malentendantes équipées d'un appareil auditif avec la position T, des boucles magnétiques seront mises en place prochainement pour profiter du scénovision.

FOUS DE GARONNE ★

14, Impasse Lacave - **COUTHURES-SUR-GARONNE**
✆ 05 53 76 35 48
www.fous-de-garonne.com

Avril, mai, juin, septembre du mardi au dimanche 10h-18h. Juillet, août 7j/7 10h-19h. 10 €, 6 € pour les - de 18 ans.

La conquête du Lot-et-Garonne n'est certes pas l'histoire du Far West mais dans un cas comme dans l'autre, il s'agit d'une domination de la nature par l'homme ! Lot ou Garonne ? Ces deux cours d'eau capricieux ont depuis leurs débuts englouti pas mal d'hommes autant qu'ils en ont fait vivre... Gens de Garonne constitue donc un spectacle étonnant sur la façon dont l'homme s'accommode de son environnement. Le parcours comprend une salle 3D, un scénovision avec 25 places dont 6 accessibles aux personnes handicapées, une maquette animée du village.

CHAMBRES D'HÔTES CHAUGIER €€

Lieu dit Botte - **DURAS**
✆ 05 53 83 81 27
Label Tourisme & Handicap : moteur ; mobilité réduite ; mental.Clévacances (2 clés). Ouvert toute l'année.

Cette vieille maison en pierres abrite 3 chambres labellisées, toutes desservies par ascenseur. Situées à l'étage dans l'ancien séchoir à tabac, chacune dispose de sa propre entrée. Spacieuses, fonctionnelles et bien équipées avec sanitaires et salles de bains indépendantes dotées d'une douche ou d'une baignoire, elles se partagent un salon commun décoré des toiles du maître des lieux, lui-même en fauteuil roulant. Possibilité de table d'hôtes sur réservation.

L'HOSTELLERIE DES DUCS €€

Boulevard Jean Brisseau - **DURAS**
✆ 05 53 83 74 58
www.hostellerieducs-duras.com
Haute saison tous les jours sauf lun midi et sam midi. Oct. à juin, fermé sam midi, dim soir et lun. Menus 41 à 59 €.

A l'Hostellerie des Ducs, la cuisine est une histoire de famille où le talent suit les générations. Entre Jean-François Blanchet, le père et Vincent le fils, l'empreinte est similaire, le titre de Maître Restaurateur obtenu à 4 mains le prouve. Fait maison, produits frais et locaux, ces fondements font de beaux plats : clafoutis tomates confites, émincé de canard au vin de Duras, diplomate pruneaux crème anglaise. Divers menus sont proposés. En 2020, la salle a été rénovée en gardant l'esprit Famille et la terrasse donnant sur le jardin est d'une grande capacité.

OFFICE DE TOURISME DE FUMEL - VALLÉE DU LOT

1, Place Georges Escande - **FUMEL**
✆ 05 53 71 13 70
www.tourisme-fumel.com
En juillet-août, du lun au ven 9h30-12h30 et 14h-18h, dim 9h30 -12h30. Voir le site internet pour les autres périodes.

L'office de tourisme organise plusieurs visites, programmées pendant les vacances ou à la demande sur réservation, du château de Fumel, de Penne d'Agenais, de Monsempron-Libos, de la centrale hydroélectrique de Fumel ou encore des promenades « Nature et Patrimoine ». C'est ici également que vous pourrez réserver votre place sur la Gabarre Fuméloise et avoir des informations sur Bonaguil. L'office de tourisme est labellisé « Sourire du Lot-et-Garonne » et « Tourisme et Handicap ».

MUSÉE DU LIÈGE ET DU BOUCHON ★

Rue du puits Saint-Côme - **MÉZIN**
✆ 05 53 65 68 16
Ouvert d'avril à octobre. Jours et horaires selon la période. Groupes sur réservation toute l'année. 5 €.

La ville s'est spécialisée dans le bouchon en liège depuis le XIIIe siècle. Ce musée en retrace l'histoire et la fabrication au travers de documents, outils anciens et machines. Il s'agit d'une collection unique en France qui permet de rappeler au village son passé bouchonnier. Les objets que vous trouverez dans la boutique ont été fabriqués à Ousses dans les Pyrénées-Atlantiques. De nombreuses animations accessibles aux personnes en fauteuil sont organisées par ce musée.

VILLAGE VACANCES DE LA TAILLADE*** €€

319 chemin vert - **POMPOGNE**
✆ 05 53 93 00 93
www.pleinsud-vacances.fr/net/
Label Tourisme & Handicap : moteur ; mental ; malentendant ; malvoyant.Hébergements chalets, emplacements.

Vacances, séjours de repos à la sortie d'un établissement de soins, pause dans le quotidien... Les raisons sont multiples pour goûter aux charmes de La Taillade. Plusieurs formules d'accueil : séjours adaptés ou en pension complète s'adressent aux personnes handicapées physiques ou mentales ainsi qu'aux personnes à mobilité réduite. Les dimensions des couloirs, des portes et des pièces facilitent le déplacement des personnes en fauteuil ou avec des béquilles.

SAUVETERRE MUSÉE DE PRÉHISTOIRE ★★

51, Rue du Vieux Bourg - **SAUVETERRE-LA-LÉMANCE**
✆ 05 53 40 73 03
www.sauveterre-prehistoire.fr
Ouvert en juillet/août, pendant les vacances scolaires de printemps et d'automne de la zone A du lun au ven. 6 €/adulte.

Réparties sur 2 niveaux sur 450 m2, les collections de ce musée présentées sur quatre séquences permettent de découvrir la période sauveterrienne, le Mésolithique et l'adaptation de l'homme à son environnement en perpétuel changement. L'ensemble des pièces exposées est issu des fouilles de la vallée de la Lémance et d'une partie des collections de Laurent Coulonges, un archéologue autodidacte. Le site est accessible à tous avec un parcours de visite adapté.

BUREAU D'ACCUEIL TOURISTIQUE

Karrika - **AINHOA / AINHOA**
✆ 05 59 29 93 99
www.en-pays-basque.fr
Ouvert toute l'année, horaires selon saison consultables sur le site. Centrale de réservation hébergement, billetterie.

14 des 18 bureaux d'accueil touristiques du Pays Basque ont déjà reçu le label « Tourisme et Handicap » en 2020. Aussi la majorité sont-ils équipés pour vous accueillir et vous proposeront des documents adaptés pour l'organisation de votre séjour : document recensant les offres touristiques et services accessibles, documentation en braille, caractères agrandis et FALC, boucle magnétique, dictaphone... Notons que le site internet est également accessible RGAA.

HÔTEL LAMINAK*** €€

3, route de Saint-Pée
ARBONNE / ARBONA
✆ 05 59 41 95 40
www.hotel-laminak.com
Fermé pour travaux.

Entre couleurs verdoyantes et paysages bossus, cette ancienne ferme du XVIIIe siècle nichée au creux des terres basques offre un véritable havre de paix. Les chambres lumineuses sont décorées avec goût et élégance. Certaines sont labellisées pour le handicap visuel, auditif et mental. D'autres ont même un coin salon ou une terrasse privée donnant sur le jardin. Ils vous donneront également de précieux conseils de visites incontournables. Situé entre terre et mer, l'hôtel offre un point de chute idéal pour explorer le Pays basque.

LA PIERRE HANDIS PYRÉNÉES

ARETTE ✆ 06 85 60 51 14
www.lapierrehandiski.com
Label Tourisme et Handicap : moteur ; PMR ; mental ; malentendant ; malvoyant.Ouvert toute l'année. Label Handisport.

Le centre rend la montagne en Vallée du Barétous accessible à tous et en toutes saisons au travers d'un accueil spécialisé sans faille et de pratiques sportives adaptées à tous les types de handicaps. Handis Montagne réunit ainsi près de 10 initiateurs de la Fédération Handisport, des bénévoles connaissant la langue des signes, des pilotes de tandems ski... C'est sans oublier le matériel spécifique mis à disposition des usagers. Vous pourrez donc profiter des activités en toute sécurité.

LA MAISON DU BARÉTOUS ★

Place de la Mairie - **ARETTE**
✆ 05 59 88 90 82
https://arette64.fr/
Ouvert toute l'année. Visite de 2h. Gratuit jusqu'à 11 ans. Adulte : 5 €. Enfant : 3 €. Label Tourisme & Handicap.

Cet espace muséographique permet de découvrir le Barétous autour de plusieurs salles d'exposition : la vallée en mouvement présente les vallées de Barétous et de Roncal ; la terre en mouvement est un espace consacré à la spéléologie, au réseau souterrain de la PSM et à la sismologie ; la tradition en mouvement expose une collection unique d'objets anciens et expose les multiples aspects de la vie rurale en Barétous ainsi que les métiers d'hier et d'aujourd'hui ; les hommes en mouvement racontent l'histoire qui s'est construite avec celle des espagnols, célébrée chaque année avec le traité de la Junte de Roncal. Le site est adapté aux visiteurs présentant tous types de handicaps. L'accueil et les sanitaires respectent les normes d'accessibilité (hauteur de comptoir, boucle magnétique de bureau, flash d'alerte lumineux dans les sanitaires, W.C. adaptés, barre de transfert et lave-mains intérieur sans oublier de bons contrastes de couleur). Dans l'espace muséographique : bornes interactives, jeux simplifiés, nombreuses photos, outils, bandes-son et mannequins retracent l'histoire de la géologie et de la spéléologie. Les contrastes de couleur, les aires de rotation, la hauteur des cartels d'information et l'accès aux bornes interactives à hauteur ont été pris en compte. Un ascenseur permet l'accès aux étages. De nombreux documents écrits sont proposés. Un document en braille est aussi disponible tandis que les films et les jeux rendent le contenu du musée ludique et accessible pour la clientèle présentant un handicap mental.

L'AUBERGE DU RELAIS** €€

460, Grande-Route - **BÉRENX**
✆ 05 59 65 30 56
www.auberge-du-relais.com
Label Tourisme et Handicap : moteur ; mobilité réduite ; mental ; malentendant ; malvoyant. Ouvert toute l'année. Logis.

Situé en plein cœur du Béarn des gaves, cet établissement confortable et moderne offre un accueil chaleureux à tous ses visiteurs. L'établissement d'Yves et Véronique multiplie les qualifications et les reconnaissances : logis 3 cheminées, Ecolabel européen, Qualité tourisme, Tourisme et Handicap... Les chambres sont refaites à neuf dans de beaux tons chaleureux qui oscillent entre le taupe et le gris. Certaines sont climatisées et possèdent même un balcon qui donne sur la campagne environnante. Cuisine du terroir avec une carte variée.

MAISON DU JAMBON DE BAYONNE ★

Route de Samadet - **ARZACQ-ARRAZIGUET**
✆ 05 59 04 49 93
www.maison-du-jambon-de-bayonne.com
Boutique : lun-sam 9-12h30/14h30-18h. Visite audio-guidées : lun-sam 9-11h/14h30-16h. 4,90 €, enfant 3 €, -7a gratuit.

Construit comme un immense jeu de l'oie à taille humaine, ce musée vous emmène au travers d'un cheminement en boucle dans l'histoire du cochon et du jambon à travers les siècles et les âges. Le site dispose d'un parking privé avec 2 emplacements réservés. L'entrée est de plain-pied sans hauteur de seuil de porte. Le cheminement est aisé pour une personne en fauteuil grâce aux aires de rotation. Le comptoir d'accueil est installé à 80 cm de hauteur non évidé. Les toilettes ont un transfert droit, la cuvette est à 48 cm de hauteur et la barre d'appui présente. Un ascenseur adapté dessert les 2 niveaux. Les objets et vitrines sont tous placés à bonne hauteur. La visite du musée se fait par audioguide. Le parcours comprend 2 salles de projection vidéo et se termine par une dégustation où des tables basses sont évidées à 74 cm de hauteur depuis le sol et les chaises sont mobiles. Le site reçoit des personnes ayant des déficiences mentales et organise, notamment pour les groupes, des visites spécifiques avec un discours plus simplifié que celui de l'audioguide. Le thème du jambon se prête bien à l'exploration de différents autres sujets très concrets. Les supports de visites sont attractifs et colorés. La visite comprend aussi 3 bornes interactives sous forme de jeux questions-réponses confortant ainsi le côté ludique de la découverte du site. Une occasion sympa de découvrir de façon ludique ce qui se cache derrière l'appellation Jambon de Bayonne.

BIARRITZ TOURISME

Square d'Ixelles - **BIARRITZ / MIARRITZE**
✆ 05 59 22 37 10
https://tourisme.biarritz.fr/
Ouvert toute l'année (sauf 25/12 et 1/01). Horaires, tarifs, centrale réservation en ligne. Office de tourisme classé.

Dans une ville remplie de sites incontournables, Biarritz Tourisme est avec le hall d'accueil et ses îlots de consultations digitales interactifs et ses hôtesses, un véritable centre de renseignements ! Vous y trouverez, en plus d'un accueil chaleureux, une documentation complète et mise à jour sur les principaux lieux remarquables de la cité mais aussi de précieux conseils pour votre hébergement, les activités disponibles, les spectacles et les nombreux restaurants qui valent le coup. Vous trouverez également de nombreuses informations sur leur site Internet.

ZOO D'ASSON ★

6, chemin Brouquet
ASSON
✆ 05 59 71 03 34
www.zoo-asson.org
Haute saison ouvert tous les jours 10h à 19h. Adulte : 16 €. Enfant de 3 à 11 ans : 10 €.

Ce zoo propose d'aller à la découverte de la faune et de la flore exotiques le long d'une promenade où vous découvrirez les panthères des neiges, le parc aux kangourous, les loups à crinière ou l'espace Savane. Parcours et signalétique directionnelle et pédagogique simples. La promenade est libre et sécurisée. Parking privé d'environ 100 places. Deux places sont réservées et adaptées. Le comptoir d'accueil est à 80 cm de hauteur et la porte d'entrée du site est à 90 cm de passage utile. La visite se déroule le long d'un chemin en dur stabilisé. Toutes les parties de la visite peuvent se faire en fauteuil roulant. La seule difficulté est l'accès aux parcs aux kangourous à cause d'une descente trop pentue (la personne doit être accompagnée) ainsi que l'accès récent à l'enclos des tigres. Ce problème est en partie pallié par la circulation en liberté dans le zoo de quelques kangourous. Le zoo dispose de sanitaires adaptés avec transfert possible des W.C. à 50 cm grâce à une barre de transfert inférieure à 80 cm. Boucle magnétique de bureau à l'accueil. Les panneaux pédagogiques permettent de bien comprendre les sujets présentés. La visite au milieu des animaux est agréable et ludique : on note la présence d'une signalétique associée texte et image. La direction propose sur demande des visites agencées comme des jeux de piste ou sous forme de quiz sur les animaux. Aucune dangerosité sur la chaîne de déplacement. Le site n'est toutefois pas adapté pour les clients en situation de handicap visuel.

HÔTEL DE SILHOUETTE•••• €€€

30, rue Gambetta - **BIARRITZ / MIARRITZE**
✆ 05 59 24 93 82
www.hotel-silhouette-biarritz.com
21 chambres de 200 à 539 €. Petit déjeuner 19 €. Parking privé. Restaurant estival. Soirées Apéros Jazz. Bar. Clim.

L'ancienne demeure d'Etienne de Silhouette est une parenthèse de calme. L'adresse est discrète : un porche annonce l'élégance des lieux et nous laisse basculer de l'effervescence du quartier à une atmosphère préservée par un superbe jardin et une vue sublime sur l'océan. Le décor joue la carte du contemporain avec quelques touches d'originalité. Le restaurant propose une carte simple et variée : des plats à base de produits frais et du marché. L'établissement a d'ailleurs été labellisé Tourisme et Handicap, une chambre est adaptée à tous types de handicaps.

AQUARIUM DE BIARRITZ ★★

Esplanade du Rocher de la Vierge
BIARRITZ / MIARRITZE
✆ 05 59 22 75 40
www.aquariumbiarritz.com
Ouvert 7j/7 : 9h30-19h. Adulte 16,50€. 13/17a : 14€. 4/12a : 12€. Combiné Aquarium/Cité de l'Océan 26€. Enfant 17,50€.

Face au rocher de la Vierge dans un cadre d'exception et une architecture de type art déco, le musée de la Mer vous propose une visite vivante et originale des milieux sous-marins du golfe de Gascogne. Il fut l'un des 1ers instituts océanographiques en France, puisque c'est le visionnaire Marquis Léopold de Folin qui en eut l'idée à la fin du XIXe. Ouvert au public en 1933, puis ayant connu de nombreuses vagues de rénovation, il propose une visite originale des fonds marins. Chaque année, ce sont plus de 300 000 visiteurs qui viennent s'émerveiller de la beauté des océans et de ses habitants. La visite débute devant les bassins du golfe de Gascogne : méduses, poulpe, hippocampes... pour découvrir les espèces qui peuplent la côte atlantique. La visite de l'aquarium vous dévoilera une collection exceptionnelle de 150 espèces de poissons et invertébrés, des phoques et des requins. Entièrement restructuré et agrandi, la visite répond aux normes des installations modernes avec une accessibilité adaptée au handicap mental et moteur. 2 places de parking adaptées desservent l'entrée du musée. Les portes d'entrée sont automatisées et le comptoir d'accueil est à bonne hauteur. 2 ascenseurs modernes desservent les différents niveaux ainsi que 2 élévateurs hydrauliques. La quasi-totalité des œuvres muséographiques ainsi que les aquariums sont situés à hauteur des yeux. Sanitaires adaptés avec barre de transfert, lavabo à hauteur et aire de rotation possible à disposition dans l'enceinte muséographique.

HÔTEL OXO*** €€

38, avenue de Verdun - **BIARRITZ / MIARRITZE**
✆ 05 59 24 26 17
www.hotel-oxo.com
20 chambres de 63 à 210 €. Petit déjeuner : 8 €. Animaux acceptés sur demande. Label Tourisme & Handicap : PMR, mental.

A 400 mètres des plages, du Casino et du Palais des Congrès, l'Hôtel Oxo est situé au cœur des activités professionnelles et de loisirs. Son excellent confort vous assure des séjours agréables. L'hôtel ne possède pas de parking privé mais une dépose du client est possible ; un parking public adapté est localisé à proximité. La chambre adaptée est située de plain-pied : le lit est à 50 cm pour le transfert, barre de cintre dans la penderie à 110 cm, les aires de rotation sont respectées, douche à l'italienne et W.C en salle d'eau avec barres de transfert.

HÔTEL TXUTXU-MUTXU*** €€

44, avenue de la Marne - **BIARRITZ / MIARRITZE**
✆ 05 59 24 85 90
www.hotel-txutxu-mutxu.com
12 chambres de 55 à 250 € selon catégorie et saison). Petit déjeuner : 9 €. Garage 14 €/jr. Animaux acceptés (8 €/jr).

L'hôtel Txutxu-Mutxu propose des chambres simples et modernes. Elles offrent un rapport qualité-prix intéressant tout en restant en centre-ville. L'hôtel s'adapte à tous les séjours : loisirs, voyages professionnels, soirées-étapes... De plus : boucle magnétique de bureau à l'accueil, salle d'eau et toilettes avec flashs lumineux reliés à une alarme sonore, couleurs contrastées, signalétique en caractères agrandis... sont autant d'aménagements qui vous faciliteront un peu la vie. Une chambre est d'ailleurs équipée pour tous handicaps.

MUSÉE D'ART ORIENTAL-ASIATICA ★

1, rue Guy-Petit - **BIARRITZ / MIARRITZE**
✆ 05 59 22 78 78
www.musee-asiatica.com
Ouvert mardi au vendredi 10h-17h. Adulte 10 €, 13-25a : 8 €, 8-12a : 2 €. Gratuit -8a. Groupes, se renseigner. Boutique.

Le Musée Asiatica est l'occasion de découvrir la culture asiatique dans toute sa splendeur. Dans la pénombre, les œuvres exposées retracent 4 000 ans d'Histoire selon les régions géographiques. Grâce à des fiches que l'on peut consulter sur place, le visiteur peut prendre le temps de s'enrichir pour mieux comprendre l'art asiatique du Tibet au Népal en passant par l'Inde et la Chine. Une bibliothèque de plus de 2 000 ouvrages est à la disposition des lecteurs.

HÔTEL RESTAURANT LES SOURCES DE LA NIVE €€

ESTÉRENÇUBY / EZTERENZUBI ✆ 05 59 37 10 57
www.hotelsourcesdelanive.com
Label Tourisme & Handicap : moteur ; mobilité réduite.Restaurant ouvert ts les jours, du 1/03 au 30/12. Menus dès 23 €.

C'est la cinquième génération avec Xabalt et son épouse qui, tout en amenant les atouts du XXIe siècle, ont su conserver le charme de la campagne. Du côté des assiettes, la cuisine est au diapason, régionale à partir de produits de saison. Quant à l'hôtel, il compte 25 chambres spacieuses qui donnent sur la rivière ou sur les montagnes dont 2 peuvent accueillir les personnes à mobilité réduite. De plus, l'ascenseur permet d'accéder à toutes les parties communes de l'établissement.

LA MAISON DU PARC NATIONAL DES PYRÉNÉES ★★★

Le Bourg - **ETSAUT**
✆ 05 59 34 88 30
www.pyrenees-parcnational.fr/
Juillet/août ouvert tous les jours : 10h-12h30/14h-18h30. Vacances (zone C) ouvert : lundi-vendredi, 14h-17h.

Le Parc national des Pyrénées, parmi ses missions, vise à donner un accès à son patrimoine à tous. Un objectif réalisé par la Maison du parc qui diffuse une information précise et ciblée sur le Parc national ! En son sein, vous trouverez des informations sur les refuges, les gardes moniteurs et un espace muséographique. Dans cet espace le visiteur découvre l'exposition permanente consacrée à la grande faune des Pyrénées autour de publications, cartes et conférences. Un sentier d'interprétation extérieur (arbres, rapaces, roches, ours...) complète la visite. Le personnel a reçu une formation spécifique sur l'accueil du public handicapé. Tous les critères sont respectés : largeur de porte, hauteur de seuil, hauteur de comptoir, élévateur moderne aux normes, présentation des œuvres et documents à bonne hauteur. Les contrastes de couleurs sont aussi respectés. Pas de dangerosité sur la chaîne de déplacement. Il est possible de toucher certains objets ou animaux en résine et de participer à des jeux ou ateliers tactiles. Le personnel accompagne la personne ou les groupes pour présenter le contenu pédagogique et expliquer les ateliers ou panneaux d'information dont beaucoup sont en caractères agrandis. Le contenu pédagogique est expliqué et détaillé clairement. Une boucle magnétique de bureau est présente à l'accueil ainsi que dans l'amphithéâtre de projection. Tous les espaces où il y a un risque de se retrouver seul, sont équipés de flashs lumineux reliés à une alarme sonore.

LES TERRASSES DE XAPITALIA*** €€

Route de Cambo - **HASPARREN / HAZPARNE**
✆ 05 59 55 02 15
www.camping-au-pays-basque.fr
Ouvert du 8/04 à fin 10. Locatifs dès juin. Véh/2 pers 15-30 €. Locatifs 364-1 300 €/sem. Piscine couverte chauffée.

Situé à l'intérieur des terres, le camping 3 étoiles Les Terrasses de Xapitalia offre un véritable havre de paix. Vous découvrirez un camping proposant des mobil-homes, des emplacements pour camping-cars dont la grande majorité offre des espaces ombragés. Côté sanitaires, une salle d'eau chauffée est accessible aux personnes à mobilité réduite. Entre terre et mer, les plages sont à 30 minutes, les commerces et le village d'Hasparren à quelques minutes à pied.

ABBADIA - LE CHÂTEAU-OBSERVATOIRE ★★★

Route de la Corniche - **HENDAYE / HENDAIA**
✆ 05 59 20 04 51
www.chateau-abbadia.fr
Tous les horaires et tarifs consultables sur le site internet. Réservation conseillée en période de vacances scolaires.

Ce château a été construit par l'architecte Viollet-le-Duc sur commande du comte d'Abbadie, membre de l'Académie des sciences. Il légua son château à cette dernière en 1901. En 2000, 80 objets et appareils d'astronomie furent ressortis pour être exhibés. Le château propose des documentations en braille, gros caractères et avec de nombreuses iconographies ainsi que des boucles magnétiques au pavillon accueil. Accès au parc et au pavillon avec accueil possible pour les PMR.

CAMPING ESKUALDUNA**** €€€

route de la Corniche - **HENDAYE / HENDAIA**
✆ 05 59 20 04 64
www.camping-eskualduna.fr
Ouvert du 1/05 au 15/09. Locatifs de 290 à 1 880 €/sem. Emplt 2p/véh./élec 26,80-47,10 €. Parc aquatique. Club enfants.

Face à un espace naturel protégé, ce camping proche de la plage, possède un superbe parc aquatique avec une piscine chauffée accessible à tous grâce à un appareil de mise à l'eau adapté... Les mobil-homes Hélios Premium spacieux, élégants, avec terrasse et salon de jardin, sont accessibles aux PMR et disposent de tout l'aménagement et l'équipement nécessaires. Le restaurant, l'accueil, les sanitaires du camping sont également accessibles. Les animations sont diverses ! Point de départ idéal pour découvrir la région et s'assurer des vacances en mode « détente » !

HÔTEL VALENCIA-RÉSIDENCE*** €€

29, boulevard de la Mer - **HENDAYE / HENDAIA**
✆ 05 59 20 01 62
www.hotel-valencia-hendaye.com
20 chambres de 75 à 170 €/cat./saison. Ascenseur. Parking-garages gratuits. Garage accueil vélos. Wifi. Clim. Vue mer.

A l'Hôtel Valencia, vous aurez quasiment les pieds dans l'eau, idéal pour profiter d'un séjour en toute sérénité. Au-delà du cadre exceptionnel, l'établissement hendayais, 3 étoiles, présente un intérieur entièrement rénové. Une modernisation réussie et largement rehaussée par un style plus contemporain et raffiné. Les chambres élégantes et confortables sont toutes équipées d'une salle de bain avec douche à l'italienne. Les baies vitrées offrent un des plus beaux panoramas d'Hendaye...

OFFICE DE TOURISME

67, boulevard de la Mer - **HENDAYE / HENDAIA**
✆ 05 59 2000 34
www.hendaye-tourisme.fr
Juillet/août, ouvert du lundi au samedi 9h-19h, dimanche/fériés 10h-13h/15h-18h. Hors saison, horaires sur le site web.

Labellisé Tourisme et Handicap et Qualité Tourisme, l'office de tourisme d'Hendaye vous propose ses services : une centrale de réservation pour trouver un hébergement à des prix avantageux, un service de billetterie à tarif préférentiel pour musées, concerts, des idées séjours... L'établissement est adapté et dispose d'un accès par portes automatiques sans obstacle, d'un comptoir et de présentoirs de documentations adaptées, d'une boucle magnétique, de documents de présentation en braille, et en gros caractères, pour les personnes aveugles et malvoyantes.

CAMPING IXTILA** €€

Le bourg - **LARRAU / LARRAINE** ✆ 05 59 28 63 09
https://campingixtilalarrau.com/
Ouvert de février à october. Emplacement/véh/2p : 14/19€. Mobil-home 300 à 500€/sem, chalet 280 à 690€/sem. Snack. Bar.

C'est au pied du Pic-d'Orhy, à 650 m d'altitude que se situe ce camping, très bien entretenu, très fleuri et convivial avec une vue panoramique imprenable sur la vallée. Le camping dispose du label « Tourisme et Handicap » et est donc accessible aux personnes à mobilité réduite, handicap auditif, handicap mental, handicap moteur et handicap visuel. Aussi trouverez-vous 2 emplacements réservés et adaptés, plats, mais aussi situés dans le prolongement du bloc sanitaire pour vous en faciliter l'accès. Tous les équipements et espaces sont également adaptés.

HÔTEL-RESTAURANT ETCHEMAÏTE*** €€

Le Bourg - **LARRAU / LARRAINE**
✆ 05 59 28 61 45
www.hotel-etchemaite.fr
Logis. 17 chambres de 75 à 140 €/saison, dont 1 PMR. Petit déjeuner 10 €. Animaux non admis. Wifi. Restaurant. Parking.

Dans l'assiette, la cuisine aux accents basques vous interpellera : coquilles St-Jacques rôties, julienne d'andouilles ; pavé de bœuf de Soule grillé, beurre maître d'hôtel et frites de polenta, julienne de pleurotes grillés... Pour finir, succombez à la crème de lait coco, à la salade de fruits exotiques ou au financier à la pistache. Sur place, un hôtel vous attend : 17 chambres entièrement rénovées et pourvues de beaux meubles anciens dont 1 accessible aux PMR.

OFFICE DE TOURISME DU HAUT-BÉARN

Allées du Comte de Tréville - **OLORON-SAINTE-MARIE**
✆ 05 59 39 98 00
www.hautbearn.fr
Ouvert toute l'année, du lundi au samedi de 9h à 12h et de 14h à 18h. Le dimanche en juillet et août. Qualité Tourisme.

Engagé dans différentes marques de qualité (Label Qualité Tourisme, label Tourisme et Handicap), l'Office de Tourisme du Haut-Béarn propose 4 points d'informations : Oloron-Sainte-Marie, Arette, Bedous et La Pierre Saint-Martin. Vous pourrez tout y savoir de votre destination (hébergement, restauration, randonnée, patrimoine...) grâce aux conseils avisés des salariés de l'Office. Vous pourrez également réserver vos forfaits ou une visite dans un des lieux incontournables du territoire.

DOMAINE PÉDELABORDE €€

Domaine Pédelaborde - **POEY-D'OLORON**
✆ 05 59 39 59 93
www.domainepedelaborde.fr
Gîtes de France 3 épis. Chambres d'hôtes avec petit déjeuner compris dès 55 €. Gîte 350 à 650€/sem selon saison.

Thierry et Odile vous invitent à découvrir leur ferme spécialisée dans l'élevage de canards gras. Vous résiderez dans les dépendances de leur maison de maître du XIXe siècle où de belles chambres vous attendent. Les personnes en situation de handicap moteur pourront évoluer dans cet espace accessible avec des largeurs de portes comprises entre 85 cm et 90 cm, des aires de rotation respectées et une salle d'eau avec porte coulissante, douche à siphon de sol avec barre d'appui, siège de douche mural, lavabo à fond plat (80 cm), miroir à 85 cm du sol et W.C adapté.

LA ROSERAIE CHEZ JEAN ★★

19, chemin Henri-IV - **SAINT-VINCENT**
✆ 05 59 53 53 93
www.laroseraiedesaintvincent.fr
Ouvert toute l'année. 7j/7 de 9h à 19h. Gratuit. Restauration. Boutique. Accessible PMR. Label Tourisme & Handicap.

Avec les Pyrénées en toile de fond, le site fait honneur à la rose. Découvrez des espaces scénographiques investis par 3 000 rosiers de 1 000 variétés différentes. Voir, effleurer, respirer et frémir sont autant de verbes qui se conjuguent ici lors de votre venue. Vous pouvez aussi acheter la rose de vos rêves dans les pépinières sur place ou acheter des produits de beauté ou un parfum... à la rose bien sûr ! Handicap moteur : parking réservé et signalé, sanitaires avec barre de transfert à bonne hauteur. Profitez également du restaurant et salon de thé !

GROTTE DE LA VERNA ★★

D113 - **SAINTE-ENGRACE / URDATX-SANTA-GRAZI**
✆ 06 37 88 29 05
www.laverna.fr
Ouvert toute l'année. Sur réservation. Tous les tarifs et visites sont sur le site. Adultes dès 18 €, enfants 11 €.

C'est la plus grande salle souterraine de France et d'Europe avec ses dimensions hors normes : 250 m de diamètre et 190 m de haut répartis sur une superficie de 5 ha ! Dans ce gouffre étonnant, 3 terrains s'y opposent : les schistes et les calcaires de l'ère primaire d'une part et les calcaires de l'ère secondaire d'autre part. Au milieu de cet univers minéral fascinant, une faune remarquable s'est installée composée de petits invertébrés, aveugles et dépigmentés. Si vous avez une mobilité réduite, pour organiser au mieux la visite téléphonez au préalable.

LA SALINE ★

1, Avenue Jacques-Dufourcq - **SALIES-DE-BÉARN**
✆ 05 59 38 96 90
www.sel-salies-de-bearn.com
Label Tourisme & Handicap : moteur ; mobilité réduite ; mental ; malentendant ; malvoyant. Ouvert toute l'année.

À Salies-de-Béarn, l'exploitation de l'eau salée a commencé au XIXe siècle. Dix fois plus salée que l'eau de mer, cette manne devait être exploitée et elle est intimement liée au développement de la ville. Actuellement, ce sont près de 2 000 tonnes de sel qui sont produites tous les ans. Unique sel employé pour la salaison du jambon de Bayonne, il a depuis juin 2016 obtenu son IGP (Indication Géographique Protégée). L'espace d'observation des Salines permet de retracer la fabrication du sel grâce à des panneaux explicatifs sur l'activité, détaillant chaque étape.

CAMPING ETCHE ZAHAR*** €€

175, allée de Mesplès - **URT / AHURTI**
✆ 05 59 56 27 36
www.etche-zahar.fr
Ouvert début avril à début octobre. Emplacement 21 à 31 €. Chalets/MH 318 à 981 €/sem. Lodge 190 à 645 €/sem. Piscine...

Ce camping familial est un Eco Camping, à la limite des Landes et à seulement 15 min de Bayonne. Il propose des emplacements et hébergements de type HLL, dont 2 sont accessibles PMR. Cadre de verdure idéal. Attention, pour les personnes à mobilité réduite et mal-voyantes, les cheminements étant en graviers et pouvant avoir des trous, il n'est pas facile de se déplacer seul. Une boucle magnétique se trouve néanmoins à l'accueil pour les personnes mal-entendantes. En outre, la gérante du camping est sensibilisée à l'accueil de personnes ayant un handicap mental.

DÉCOUVREZ LES HANDIPLAGES

Anglet

Plage du VVF. 10 places de parking réservées. Rampe d'accès. Roulement aménagé du parking à la baignade. Tapiroule et douche publique. 2 Tiralos avec 1 handiplagiste.

Biarritz

Plage de la Milady. 4 places de parking réservées. Roulement aménagé du parking à la baignade. A la zone d'accueil, demandez caillebotis et tapis, mais aussi l'accès à une tente. Sanitaires à moins de 100 m. Vestiaires et douches accessibles. 2 Tiralos et 2 handiplagistes complètent l'ensemble. Tél : 05 59 23 63 93 (poste de secours).

Bidart

Plage de l'Uhabia. 2 places de parking. Roulement aménagé du parking à la baignade. Signalisation Handiplage à l'entrée du site. 2 Tiralos et 1 maître nageur-sauveteur. Tél : 05 59 59 24 21 (association Handiplage)
Plage du Centre. 2 Tiralos, W.C. adaptés et douche accessible.

Ciboure

Plage de Socoa. 4 places de parking prioritaires. Signalisation Handiplage. Roulement aménagé du parking à la baignade. 1 Tiralo. 1 handiplagiste à la zone d'accueil + 1 MNS à proximité. Sanitaires accessibles à plus de 100 m au parking Fort. Tél : 05 59 47 05 66 (poste de secours) ou 05 59 59 24 21 (association Handiplage).

Saint-Jean-de-Luz

Plage du Port de pêche . Un tracé au sol bleu relie la gare SNCF au site Handiplage. 6 places de parking. Signalisation Handiplage. Roulement aménagé du parking à la baignade. 3 Tiralos à la zone d'accueil ainsi qu'un système audioplage qui permet aux personnes malvoyantes de se baigner. Sanitaires accessibles à plus de 100 m. Douches vestiaires accessibles. 1 handiplagiste est à votre disposition. Tél : 05 59 26 03 16 (office de tourisme) ou 05 59 59 24 21 (association Handiplage).

Saint-Pée-sur-Nivelle

Plage du Lac. 9 plages de parking réservées. Accès de plain-pied. 1Tiralo. Pas de W.C. adaptés et douches non accessibles.

LE PIGEONNIER DU PERRON*** €€

22, lieu-dit Le Perron
AVAILLES-EN-CHÂTELLERAULT
✆ 05 49 19 76 08
www.lepigeonnierduperron.com

16 chambres dont deux apparts hôtel de 91 à 142 €. Terrasse. Piscine extérieure chauffée.

Il est une métairie, ancien fief seigneurial de René Descartes dont il prit le nom, sieur du Perron, selon l'usage dans la noblesse de robe. De nos jours, Emilie Thiollet vous accueille dans cet hôtel de charme de 16 chambres joliment décorées. Vous découvrirez le fameux pigeonnier aux 600 boulins, les vieilles pierres de cette bâtisse du XVe siècle, le jardin potager, le parc, sa piscine. Le soir, un menu vous sera proposé au restaurant. Un cadre bucolique propice au repos.

FUTUROSCOPE ★★★

Avenue René-Monory
CHASSENEUIL-DU-POITOU
✆ 05 49 49 11 12
www.futuroscope.com

Calendrier et horaires : futuroscope.com. Adulte : 48 €, enfant : 39 €, - de 5 ans : gratuit.

Plus de vingt-cinq attractions avec spectacles et animations vous feront vivre des sensations inédites riches en émotion grand format et interactivité pour le plaisir de tous. Accueil personnalisé pour les personnes handicapées avec remise d'un guide pour faciliter la visite. Un fauteuil roulant pourra vous être prêté sur demande. Dans le parc, un itinéraire est recommandé avec paliers de repos. Attractions en audio-vision (description audio adaptée aux aveugles et malvoyants) : La Vienne Dynamique, Les Ailes du Courage. Le prêt des casques audio s'effectue à l'entrée du Parc et à la gare TGV-Futuroscope : service gratuit avec caution et dans la limite des stocks disponibles. Vous bénéficierez d'une réduction de 15 % sur le tarif du billet d'entrée aux caisses du parc sur présentation d'une carte d'invalidité pour le titulaire et une personne l'accompagnant ; tarifs réduits sur les séjours pour le titulaire d'une carte d'invalidité et une personne l'accompagnant. Parking gratuit sur présentation du ticket et de votre carte d'invalidité à l'entrée du parc pour validation. Possibilité de louer un scooter électrique pour personne à mobilité réduite (20 € par jour avec caution dans la limite des stocks disponibles) ; le scooter ne permet pas l'accès aux attractions, transfert indispensable en fauteuil roulant ou à pied. Le parc du Futuroscope se renouvelle régulièrement : aussi, on prend aussi énormément de plaisir à (re) découvrir ses attractions qui nous permettent de nous évader, loin de la réalité.

HÔTEL ALTÉORA*** €€

1, avenue du Futuroscope - **CHASSENEUIL-DU-POITOU**
✆ 05 49 49 09 10

Chambre double à partir de 70 €. Petit déjeuner : 11,50 € (enfants 5/12 ans : 7,50 €). Parking gratuit. Restauration.

Ce complexe hôtelier est l'adresse idéale pour visiter le Futuroscope, notamment grâce aux navettes gratuites mises à disposition de la clientèle matin et soir durant les périodes de vacances scolaires selon les horaires du Parc éponyme. On y trouve deux types de chambres qui proposent des éléments permettant une bonne adaptabilité. Certaines chambres sont même labellisées pour les 4 types de handicaps ce qui en fait une adresse accessible à tous. Des services spécifiques à la clientèle handicapée sont proposés afin que chacun profite pleinement de son séjour.

MUSÉE ARCHÉOLOGIQUE ★

30, place de Gomelange - **CIVAUX**
✆ 05 49 48 34 61
www.musee-civaux.fr

Gratuit jusqu'à 12 ans. Adulte : 4 €. Groupe : 3 €. Demi-tarif : 2 €. Audioguide : 1 €. Horaires : voir site internet.

Moderne et élégant, le musée retrace l'histoire de la ville de la préhistoire au Moyen Age avec plus de 200 objets découverts à/et autour de Civaux. On y admire de nombreuses céramiques provenant d'une villa qui a perduré jusqu'au milieu du IVe siècle. Ce qui a le plus attiré notre attention, c'est une tombe de la nécropole des Genêts : un exemplaire unique de ce type. Dans les salles dédiées à l'époque mérovingienne, on trouve des objets découverts dans les nécropoles de la ville dont une exceptionnelle applique décorative provenant d'Europe de l'Est.

TERRE DE DRAGONS

Route du Fond-d'Orveau - **CIVAUX**
✆ 05 49 91 80 00
www.terre-de-dragons.com

Fermé en janvier. Horaires variables. Voir site internet. Adulte : 16 €. Enfant de 3 à 12 ans : 12 €. Restauration.

Construite sous un dôme abritant une serre tropicale, le site permet de découvrir 8 espèces de reptiles : les prédateurs australiens, les alligators de Chine, le crocodile du Nil, le Faux-gavial africain ainsi que les caïmans originaires de Louisiane. Chaque bassin a été agrémenté de fleurs spécifiques à chaque continent et/ou région du monde. La vocation pédagogique est primordiale : la connaissance de la faune et la flore est assurée par le personnel mais et des panneaux tout le long de la visite. Les chiens (y compris les chiens guides) ne sont pas autorisés.

OFFICE DE TOURISME ET DU THERMALISME

14, boulevard Victor Hugo - **LA ROCHE-POSAY**
✆ 05 49 19 13 00
www.larocheposay-tourisme.com
Fermé la semaine de Noël et le jeudi matin hors saison. Accessible PMR. Aménagements handicapés mentaux ; malentendants.

La Roche-Posay est une ville bien connue pour toutes ses prestations relatives au thermalisme. Venez vous refaire une petite santé dans les parages, vous n'en serez pas déçu ! L'office de tourisme vous sera d'une grande aide pour obtenir toutes les informations dont vous aurez besoin pour préparer au mieux votre séjour de remise en forme. Non seulement c'est le meilleur endroit pour tout ce qui touche à la promotion du thermalisme mais également ce qui concerne le tourisme.

COMITÉ RÉGIONAL DU TOURISME

45, place Charles de Gaulle - **POITIERS**
✆ 05 49 41 21 24
www.nouvelle-aquitaine-tourisme.com
Label Ecolabel. Accessible aux PMR. Label Tourisme & Handicap (mental, malentendant, malvoyant, moteur).

Le site a été complètement remanié pour notre plus grand bonheur. Retrouvez les informations « Tourisme et Handicap » dès la page d'accueil. Complètes et faciles d'accès, tout est bien présenté : des hébergements adaptés aux restaurants labellisés sans oublier les activités accessibles à tous. Une bonne façon de bien préparer son séjour en toute sérénité en commençant par les contacter via leur site web ou encore en les appelant pour vous rassurer.

CAMPING DE L'ALLOCHON••• €€

31, avenue Fernand-Tribot - **MONTMORILLON**
✆ 06 14 88 43 99 - www.montmorillon.fr
Ouvert de mars à octobre. Campeur : 2,35 € + 0,55 € taxe de séjour. Emplacement : 1,36 €. Moto ou auto : 1,36 €.

Dans un environnement calme, le camping dispose de 69 places aménagées et d'un personnel sensibilisé au handicap avec une permanence à l'accueil et un téléphone rouge accessible pour appeler à tout moment. Le règlement et les tarifs du camping sont affichés en gros caractères dans le hall d'entrée et sont disponibles en braille. Cabine téléphonique adaptée, signalétique également adaptée pour publics handicapés visuels, rampe aménagée jusqu'à l'accueil et cheminement matérialisé au sol par un repérage des marches fait de bandes de couleurs vives.

MUSÉE DU MACARON ★

32, boulevard de Strasbourg - **MONTMORILLON**
✆ 05 49 83 03 38
www.museedumacaron.com
Lun.-sam : 9h30-12h et 14h-18h. Dim. et jrs fériés : 10h-12h et 15h30-18h. Juil.-août : dès 14h30. Adulte : 3,50 €.

Situé à l'étage du chocolatier Rannou-Métivier, l'établissement présente autour d'un parcours ludique et gourmand l'épopée de l'amandier à travers les continents et les siècles, les secrets de l'amande douce, les dangers et les usages de l'amande amère sans oublier l'histoire et la fabrication du macaron. Des panneaux descriptifs illustrés, des bornes interactives, des machines ainsi que des instruments de cuisine anciens complètent la visite entièrement accessible. Ascenseur, place de stationnement publique réservée aux personnes en situation de handicap.

LA VALLÉE DES SINGES ★★★

Le Gureau - **ROMAGNE** ✆ 05 49 87 20 20
www.la-vallee-des-singes.fr
Du 4 fév au 12 nov 2023. Haute saison ouvert tous les jours de 10h à 19h. Adulte : 22 €. Enfant de 3 à 12 ans : 14 €.

Le parc compte plus de 450 primates, une trentaine d'espèces du monde entier. Accessible aux visiteurs en fauteuil, le site couvre plus de 15 hectares : les activités et les espèces sont réparties sur 5 territoires tandis que des expositions présentent les coulisses de la vallée des singes. Vous les rencontrerez évoluant en liberté. Plus grand territoire d'Europe de chimpanzés, plus grand groupe de gorilles de France, c'est aussi le seul parc français à détenir l'atèle à face rouge. Également, plusieurs espèces de lémuriens, des bonobos ou encore des tamarins.

LE CAIRN*** €€

Pont de Verdun où Pont Vieux
CHÂTEAU-VERDUN
✆ 06 76 60 78 90

Clévacances (3 clés). Ouvert toute l'année. Label Tourisme & Handicap (moteur, mobilité réduite, mental, malvoyant).

Au centre des Pyrénées ariégeoises, cinq gîtes entièrement rénovés ont été installés dans d'anciennes maisons. Le n°4 est entièrement adapté pour recevoir des personnes en situation de handicap moteur, mental ou visuel : d'une superficie de 47 m², il peut accueillir jusqu'à 4 personnes et possède une terrasse couverte de 16 m² ainsi qu'un barbecue. La salle de bains est quant à elle équipée d'une douche à l'italienne. Une belle démarche pour un chouette endroit avec un accueil sympathique. Une adresse à retenir pour visiter le coin.

LA MANTÈGUE €€

Cominac - **ERCÉ**
www.leschaumieresdecominac.fr

Gîtes de France 3 épis. Ouvert toute l'année. Pour 4 personnes. Label Tourisme & Handicap. Jardin et vue magnifiques !

Avec pour décor les Pyrénées et le Mont Valier, cette maison familiale mêle harmonieusement tradition et modernité. Les chambres ont beaucoup de charme avec un mélange de vieilles pierres et de bois. Leurs couleurs douces leur confèrent une ambiance cosy. Le rez-de-chaussée se compose d'un séjour avec coin salon (cheminée, accès Internet) et coin cuisine. En rez-de-jardin, deux chambres (1 lit 2 personnes + 2 lits 1 personne), salle d'eau et W.C. A l'étage, petits et grands apprécieront la vaste salle de jeux avec TV et lecteur de DVD. Chauffage électrique.

OH LES BEAUX JOURS €€

Route de Montségur, - **FOUGAX-ET-BARRINEUF**
✆ 05 61 01 64 42
oh.lesbeauxjours.free.fr

Ouvert toute l'année. 5 chambres. Chambre double à partir de 60 €. Petit déjeuner inclus. RDC accessible aux PMR.

Comme un hommage à Samuel Beckett, vos hôtes - éleveurs de chèvres angora - vous ouvrent les portes de leur jolie maison située en bordure de rivière et entourée de prairies où ont été aménagées cinq spacieuses chambres d'hôtes dont une accessible aux handicapés. Chambre familiale avec lit double, à l'étage : 2 lits 1 personne. Une mezzanine avec un lit 2 personnes. Chambre avec un lit supplémentaire 1 personne au rez-de-chaussée. Une cuisine est mise à disposition pour vos repas. Un lieu plein de charme où l'on se sent bien. Dans un cadre sécurisant et adapté.

LE TRAIN ROUGE DU PAYS CATHARE ET DU FENOUILLÈDES

3, place de la Gare - **AXAT**
✆ 04 68 20 04 00
www.tpcf.fr
Ouvert d'avril à fin octobre. Décembre train du père Noël. Visite guidée (commentaires de la balade en train).

Les trains au départ d'Axat partent de la nouvelle gare située entre l'ancienne gare SNCF (aujourd'hui salle polyvalente) et la piscine découverte. Les jours de circulation sont variables selon la saison. Avec cet autorail diesel garanti d'époque, vous prendrez place à bord d'une Caravelle de 130 places ou d'une des voitures baignoires (couvertes ou découvertes) tractées par une puissante locomotive diesel. Plusieurs parcours vous sont proposés : le grand parcours (de la forêt de la Haute Vallée de l'Aude à la plaine du Roussillon en aller-retour), le parcours des viaducs et du Fenouillèdes (d'Axat à Lapradelle ou Caudiès selon saison) et d'autres à découvrir sur la brochure que vous trouverez aisément dans la plupart des gares SNCF de l'Aude et des Pyrénées-Orientales. Des viaducs, le château de Puilaurens, les gorges de Galamus, des vignes... Quelle que soit la durée de votre « croisière ferroviaire », vous sillonnerez des paysages exclusifs, d'une beauté à couper le souffle, ainsi que sur de magnifiques ouvrages d'art... A chaque tour de roue de nouvelles émotions, c'est une balade exceptionnelle et inoubliable ! A certaines période un train à thème circule ! En outre, pour votre pause déjeuner vous pourrez vous arrêter au village du train rouge et goûter l'une des délicieuses spécialités locales. Handicap moteur : places de parking PMR. Cheminements et zone d'embarquement adaptés et sécurisés. W.C adapté à la gare d'Axat et dans le train L'Impériale. Plateformes élévatrices et emplacements réservés dans les trains. Pavillons d'attente accessibles avec montagnarde, le train monte par des rampes audacieuses jusqu'au Col de Campérié à 510 m d'altitude. À la belle saison, les voitures panoramiques vous offrent une vision à 360° des magnifiques paysages traversés, très contrastés. Grâce à d'impressionnants ouvrages : viaducs et tunnels, vous arrivez en Haute-Vallée de l'Aude mobilier urbain adapté. Handicap auditif : boucle magnétique à la gare d'Axat. Visite guidée commentée à bord du train avec équipement pour malentendant (équipé de système T ou non). Accueil en Langue des Signes Française à la billetterie. Niveau débutant. Handicap visuel et mental : documentation adaptée, braille, caractères agrandis, documents pédagogiques... Signalétique d'information et directionnelle. Personnel formé à l'accueil des personnes handicapées. Sites sécurisés. Accueil physique à la gare d'Axat.

AGENCE DE DÉVELOPPEMENT TOURISTIQUE DE L'AUDE

Allée Raymond Courrière
CARCASSONNE
✆ 04 68 11 66 00
www.audetourisme.com
Ouvert du lundi au vendredi de 8h à 12h30 et de 13h30 à 17h. Accessible aux PMR.

La brochure Tourisme & Handicap Aude met l'accent sur les sites d'hébergement, de loisirs, les prestations culturelles et sportives adaptées aux personnes présentant une déficience auditive, mentale, motrice ou visuelle. Vous pourrez par exemple, directement sur le site web, trouver tous les hébergements labellisés Tourisme & Handicap®. De l'hôtel moderne, en passant par le charmant gîte ou le logement insolite, vous trouverez forcément votre bonheur.

CAMPING DE LA CITÉ**** €€

Chemin Bernard Délicieux
CARCASSONNE
✆ 04 68 10 01 00
www.campingcitecarcassonne.com
Ouvert d'avril à septembre. Emplacement + véhicule + 2 pers 19 € à 27 €.

Situation de choix pour ce camping situé au pied de la Cité médiévale. Le camping de la Cité est le seul de la ville : d'une surface de sept hectares, le terrain est arboré et les emplacements sont délimités par des haies assez hautes pour avoir un peu d'intimité. Du côté des sanitaires, les trois blocs ont été entièrement rénovés début 2012, certains sont accessibles aux personnes en situation de handicap moteur. Le camping propose une multitude d'animations pour toute la famille : pétanque, piscine, terrain multisports, ping-pong, tournois sportifs, soirées...

CHÂTEAU & REMPARTS DE LA CITÉ DE CARCASSONNE ★★★★

1, rue Viollet-le-Duc - **CARCASSONNE**
✆ 04 68 11 70 70
www.remparts-carcassonne.fr
Basse saison : 9h30 - 17h. Haute saison : 10h - 18h30.A partir de 9,50€. Label Tourisme & Handicap.

L'Unesco estime la restauration de Viollet-le-Duc exemplaire et en a fait l'un de ses critères de sélection pour le classement de la cité de Carcassonne au patrimoine mondial. Le château comtal est à voir absolument. La ville est riche et animée : elle vaut un séjour complet d'un point de vue historique, architectural et touristique. Hélas, en fauteuil la visite est quasiment impossible : présence de marches, de cheminement caillouteux. Seule la cour d'honneur est accessible.

MIRAGE PÉNICHE D'HÔTES €€€

28, rue du Canal - **CARCASSONNE**
✆ 06 42 99 18 96
www.mirage-hotes.fr
3 cabines. Tarifs variables selon saison. CB non acceptée.

Amarrée à 5 min de Carcassonne, sur le canal du Midi, au niveau de l'écluse d'Herminis, cette ancienne péniche céréalière parfaitement rénovée et écologique, vous propose 3 cabines, avec salles de bain privatives et climatisation. Un intérieur cosy et raffiné avec en prime, un salon avec bibliothèque partagée, une terrasse de 50 m² équipée de transats, chaises longues ainsi qu'un bain à remous. Deux formules sont proposées ; chambres d'hôtes à quai et formule croisière. Possibilité de privatisation (6 personnes maximum). Ouvert toute l'année.

MUSÉE DE L'ÉCOLE ★

3, rue du Plô
CARCASSONNE
✆ 04 68 25 95 14
Tous les jours 9h30-12h30, 13h30-18h, fermé le dimanche et lundi en basse saison. Gratuit jusqu'à 12 ans. Adulte : 4 €.

Le musée se situe dans l'ancienne école des garçons de la Cité. Dès l'entrée, vous pourrez consulter des manuels scolaires. Dans la première salle, un rappel des lois de Jules Ferry, des expositions temporaires et une très belle collection d'outils et de matériels pédagogiques d'autrefois. La deuxième salle, dite « la Communale », abrite une reconstitution fidèle d'une classe unique. Dans la troisième, vous découvrirez l'évolution de la classe, mobilier, nécessaire d'écriture à l'encre violette avec plumes gauloises et Sergent-Major.

AU ROYAL HÔTEL** €€

22, boulevard Jean-Jaurès - **CARCASSONNE**
✆ 04 68 25 19 12
www.auroyal-hotel-carcassonne.com
Ouvert toute l'année. 19 chambres (dont 1 chambre PMR et 3 familiales). Chambre double de 57 € à 97 €. Animaux acceptés.

Situé dans une grande bâtisse à quelques pas du cœur de la bastide de Carcassonne, cet hôtel vous propose ses 19 chambres rénovées entièrement équipées dont une adaptée pour les clients à mobilité réduite avec 1 lit (140 cm), TV écran plat, coin bureau, téléphone et salle d'eau avec W.C. Un petit déjeuner buffet fait maison est servi chaque matin. Un endroit agréable et convivial où l'on se sent bien, dans un cadre adapté, à deux pas de la cité audoise et du canal du midi. Un lieu plein de charme avec du personnel à l'écoute.

DOMAINE GRAND GUILHEM

1, chemin-du Col-de-la-Serre
CASCASTEL-DES-CORBIÈRES ✆ 04 68 45 86 67
www.grandguilhem.com
Ouvert tous les jours et les jours fériés de 10h30 à 12h30 et de 17h à 19h. Chèque vacances. CB non acceptée.

Installés depuis une dizaine d'années sur un magnifique terroir de schistes exclusivement en coteaux, Séverine et Gilles Contrepois ont fait le choix de l'agriculture biologique et, sans nul doute, avec raison. Depuis peu, le couple s'est détaché des appellations Fitou, Corbières, Rivesaltes, pour étiqueter leurs vins « vin de France » afin d'obtenir plus de libertés de création et d'éthique. L'ingéniosité permet de créer des vins qui sont différents parce qu'ils sont fins, frais, élégants, complexes, harmonieux. Ils sont le reflets du terroir.

HÔTEL DU CANAL** €€

88-108, avenue Arnaut-Vidal - **CASTELNAUDARY**
✆ 04 68 94 05 05
www.hotelducanal.com
Ouvert toute l'année 24h/24. Qualité Tourisme. Label Tourisme & Handicap (moteur, mobilité réduite, malvoyant).

Il règne dans cette très belle demeure de caractère une atmosphère empreinte de calme et de sérénité. Située en bordure du Canal du Midi et proche du centre-ville, les chambres sont joliment décorées, climatisées et bénéficient de tout le confort moderne. Deux d'entre elles sont adaptées pour des visiteurs en situation de handicap moteur. Parking privé, garage et possibilité d'amarrage le long du canal. Un lieu adapté où l'on se sent bien avec du personnel à l'écoute et qui ont l'habitude. Une ambiance de calme et de bien-être.

CANALOUS PLAISANCE LOCATION

Port Minervois
HOMPS
✆ 03 85 53 76 74
www.canalous-plaisance.fr
Label Tourisme & Handicap (moteur, PMR, mental, malentendant).

Forts de leurs 30 ans d'expérience, Les Canalous vous proposent des vacances sur mesure au fil de l'eau. En famille ou entre amis, à deux ou à douze, pour un week-end ou une semaine – voire plus –, vous trouverez dans leur vaste flotte le bateau qui correspond à vos envies. Et pas besoin d'être un pilote chevronné, ni de permis, juste quelques explications suffisent... Au départ de Homps, profitez d'une croisière au soleil pour découvrir le canal du Midi.

OFFICE DE TOURISME

Avenue Francis-Vals - **LEUCATE**

✆ 04 68 40 91 28

www.tourisme-leucate.fr

Haute saison : ouvert 7j/7. Label Tourisme & Handicap (moteur, PMR, mental, malentendant, malvoyant).

L'Office de tourisme de Leucate vous fournit toutes les informations nécessaires pour préparer votre séjour en toute sérénité. Vous pourrez y trouver des idées de séjours, des suggestions d'activités, des endroits pour se loger, des recommandations de restaurants… LOffice de tourisme est adapté à l'accueil des personnes handicapées moteur, mental, auditif ou visuel et a donc ainsi obtenu le label national « Tourisme & Handicap ». Elle est d'ailleurs accessible par un parking et un cheminement adaptés. Un guide spécifique est disponible sur le site de l'office.

OFFICE DE TOURISME DE LA CÔTE DU MIDI - NARBONNE

31, rue Jean-Jaurès - **NARBONNE**

✆ 04 68 65 15 60

www.cotedumidi.com

Ouvert à l'année. Horaires variables en fonction des saisons. Fermé le 25 décembre, 1er janvier et 1er mai.

C'est en plein centre historique, au bord de la Robine, dans l'ancien Moulin Entre-deux-Villes (1503), que l'Office de tourisme vous accueille. Doté d'un bel espace avec salle d'exposition, espace Wifi, mur d'images présentant la Côte du Midi et donnant des informations pratiques en continu, borne interactive installée à l'entrée du bâtiment pour une information 24h/24. L'Office de tourisme a reçu le label « Tourisme & Handicap » pour les 4 familles de handicap.

HÔTEL DE LA CLAPE** €€

4, rue des Fleurs - **NARBONNE-PLAGE**

✆ 04 68 49 80 15

www.hoteldelaclape.com

Ouvert du 01/04 au 05/11. Chambre double 83 à 119€. Stationnement. Animaux acceptés (10 €). Label Tourisme & Handicap.

Situé à moins de 100 mètres d'une plage de sable fin, cet établissement est entièrement accessible pour les personnes en situation de handicap moteur dans ses parties communes : accueil, restaurant, patio, terrasse et salon de télévision. Deux chambres de 2 à 3 personnes en rez-de-chaussée sont adaptées aux personnes à mobilité réduite avec lits (2 personnes) surélevés à 52 cm du sol. Salles de bains avec douche sans receveur et fauteuils médicaux disponibles. Barres de maintien pour faciliter l'accès à la douche ainsi qu'aux W.C surélevés à 45 cm.

LES BAINS DE MINERVE

5, chemin de Sainte-Marie - **PEYRIAC-MINERVOIS**

✆ 04 68 24 67 89

www.lesbainsdeminerve.fr

Ouvert toute l'année. Label Tourisme & Handicap (moteur, PMR, mental, malentendant, malvoyant). 6,20 €.

Les Bains de Minerve se composent d'un bassin extérieur et de deux bassins intérieurs, d'un espace détente avec sauna et hammam, d'un snack et d'un restaurant. Des animations sont organisées pour les enfants qui peuvent par exemple fêter ici leur anniversaire. L'espace détente permet quant à lui bénéficier de prestations telles que différents types de massages, des séances d'ostéopathie aquatique, des séances au sauna ou au hammam, ou encore de la thérapie florale. Tout est étudié pour le bien-être et le confort des visiteurs.

GÎTE L'ARBOUSIER*** €€

Les Jardins du Moulin - **VILLEGAILHENC**

✆ 04 68 25 61 37

www.gites-de-france.com

Clévacances (3 clés). Ouvert toute l'année. Label Tourisme & Handicap (moteur, PMR, mental, malentendant).

Le propriétaire du gîte est lui-même paraplégique : c'est la garantie que les abords du lieu et de la maison – jardin et garages – sont aménagés pour qu'il puisse se déplacer en fauteuil ! La table de la cuisine est équipée de rallonges permettant au fauteuil de passer sous le plateau. De même, il y a un espace sous l'évier. La chambre est équipée de 2 lits indépendants réglables en hauteur avec rehausseurs, placard aménagé à bonne hauteur, W.C, douche et lavabo. Un lieu fort sympathique où l'on se sent bien dans un cadre adapté.

PONTON DES PÉLIES

CONQUES-EN-ROUERGUE
✆ 05 65 69 82 38
www.tourisme-conques.fr

Ouvert à l'année. Carte de pêche obligatoire. Label Tourisme & Handicap (moteur, PMR, mental, malentendant, malvoyant).

Ce ponton de pêche permet d'accueillir quatre personnes en fauteuils simultanément. Si la chance est de votre côté, vous pourrez espérer attraper gardons, brèmes, carpes, goujons, ablettes, brochets, sandres et perches. Pour cela, il est recommandé d'utiliser une canne avec moulinet, un bouchon et des asticots. Vous trouverez deux places de parking attenantes ainsi qu'une table de pique-nique adaptée. Un lieu sympathique globalement bien adapté pour les amateurs de pêche. L'occasion de faire une pause ou de prendre un bol d'air.

GÎTE SAINT ANDRÉ €

Lieu-dit « Sibe-Long » - **SAINT-CHÉLY-D'AUBRAC** ✆ 05 65 44 26 87

Ouvert de mars à octobre. 6 chambres. Nuitée 19,60 €. Demi-pension 41,60 €. Petit déjeuner : 6 €. Accessible aux PMR.

Ce gîte de groupes et de séjour de six chambres est équipé de trois chambres adaptées pour une capacité totale d'hébergement de 19 places, Le maître des lieux, titulaire du Brevet d'État d'accompagnateur en montagne, se propose de vous accompagner pour des randonnées en Joëlettes à travers les monts d'Aubrac : deux sont par ailleurs disponibles et peuvent être mises gratuitement à disposition des randonneurs autonomes. Un lieu fort sympathique où l'on se sent bien dans un cadre adapté. L'environnement et le charme de la région font effet rapidement.

LES CONQUETTES••• €€

Les Conquettes Cornelach - **SALLES-LA-SOURCE**
✆ 05 65 46 86 28
www.gitedesconquettes.fr

Ouvert toute l'année. Pour 4 personnes. Label Tourisme & Handicap (moteur, PMR, mental, malentendant, malvoyant).

Les Conquettes est un gîte meublé dans une maison en bois située dans un cadre verdoyant. Entièrement écologique et accessible aux personnes handicapées, cette maison indépendante de 79 m² peut accueillir jusqu'à quatre personnes et possède un agréable jardin. Vaste séjour de 43 m², coin cuisine équipée (lave-vaisselle, micro-ondes et congélateur), 1 chambre (10 m²) avec 1 lit en 140 cm, 1 seconde chambre (13 m²) comprenant 2 lits en 90 cm et 1 salle d'eau accessible avec W.C (5 m²). Second W.C. séparés. Petits et grands aimeront.

PLAISIR PÊCHE

14, rue Notre-Dame
VILLEFRANCHE-DE-ROUERGUE
✆ 06 29 74 37 64
www.tourisme-aveyron.com

Ouvert toute l'année. Label Handisport. Accessible aux PMR.

Amateurs de pêche, Plaisir Pêche vous permet de vous adonner à votre passion en bateau, en bord de lac ou sur des parcours spécifiques. Pour réaliser cela, Jean-Charles Amalric a mis au point un projet de pêche en bateau pour les personnes à mobilité réduite : grâce à du matériel adapté (moulinets électriques, détecteurs sonores de touches...), il vous emmène sur des sites particulièrement accessibles. Très patient et à l'écoute de ses clients, vous pourrez lui expliquer vos éventuels besoins spécifiques liés à votre handicap.

TRAIN À VAPEUR DES CÉVENNES

38, place de la Gare - **ANDUZE**
✆ 04 66 60 59 00
www.trainavapeur.com
Ouvert d'avril à fin octobre. Aller-retour au départ d'Anduze 17,50 €, enfant 12 €. Label Tourisme & Handicap.

Un voyage long de 13 km de viaducs en tunnels à la découverte de la vallée des Gardons et ses admirables panoramas. On dispose de deux heures entre deux trains pour visiter la bambouseraie. Un wagon est aménagé spécifiquement pour les personnes à mobilité réduite. Aux personnes malvoyantes, le voyage offre quantité de sensations, notamment par le biais des mouvements de la locomotive et des bruits de l'engin. Restauration possible à Saint-Jean-du-Gard.

LE VISIATOME DE MARCOULE ★★

CEA de Marcoule - **BAGNOLS-SUR-CÈZE**
✆ 04 66 39 78 78 - www.visiatome.fr
Ouvert toute l'année. Adulte 4 €. Qualité tourisme. Label Tourisme & Handicap. Aire de pique-nique ombragée.

Entièrement consacré aux enjeux énergétiques, à la radioactivité, à l'énergie nucléaire et au devenir des déchets radioactifs, le Visiatome constitue un espace de découverte unique en France qui présente sur 600 m² une exposition permanente illustrant les réalisations, les technologies et les recherches développées dans le domaine de l'énergie nucléaire. Une sortie impressionnante et fascinante qui nous plonge dans un univers que tout le monde de maîtrise pas. Enrichissant et sympathique. Une sortie adaptée à faire en famille.

CIRQUE DE NAVACELLES ★★★★

Route de Saint-Maurice-de-Navacelles - **BLANDAS**
✆ 04 67 81 01 72 - www.cirquenavacelles.com
Pensez à bien vous chausser pour le Grand site. Label Tourisme & Handicap pour les quatre types d'handicaps.

Dans ce Cirque aux dimensions surnaturelles, la Vis a joué un bien joli tour à la nature, creusant lentement les parois calcaires du causse de Blandas. Qu'on y arrive par Blandas ou par Saint-Maurice-de-Navacelles : la vue est à couper le souffle. Les deux corniches possèdent un bar qui permettra de se délecter du panorama. En entamant la descente, ne manquez pas le sentier qui mène à la résurgence de la Foux, l'endroit où apparaît la Vis. Classé Grand site de France, le Cirque est sans doute la particularité naturelle la plus impressionnante du département.

LA BAMBOUSERAIE EN CÉVENNES

552, rue de Montsauve - **GÉNÉRARGUES**
✆ 04 66 61 70 47
www.bambouseraie.fr
Ouvert de mi-février à mi-novembre, 7j/7. Basse saison 10h-17h, mi-saison 10h-18h, haute saison 9h-19h. Entrée 8,20 €.

Créé en 1855, ce parc est un enchantement, un étonnant morceau d'Extrême-Orient à l'orée des Cévennes. Le site n'est pas entièrement accessible à l'image du jardin japonais ou de ce passage étroit dans le labyrinthe comme dans la serre aux plantes rares et exotiques. Comptez environ 2h de visite pour profiter de cette forêt luxuriante, respirer les effluves des fleurs colorées et découvrir cases asiatiques, lotus pourpres ainsi que le jardin aquatique.

LA MAISON DES MÉTIERS ANCIENS ★★

45, rue des Poilus - **LA GRAND-COMBE**
✆ 04 66 86 57 85
Ouvert tous les après-midi et le matin sur rendez-vous. Label Tourisme & Handicap (moteur, PMR, mental, malvoyant).

Qu'il est bon de se souvenir ou de (re) découvrir la vie quotidienne des travailleurs d'autrefois ! Des métiers disparus ou oubliés retrouvent vie à la Maison des métiers anciens : autrefois couvreur-zingueur, André Albérola a la passion des métiers manuels ! C'est face à la maison des mineurs qu'il a réalisé son rêve d'exposer de nombreux outils et objets anciens qui retracent la vie et les gestes des gens d'antan. Certains trouveront des objets ou des outils qu'ils ont connus.

SEAQUARIUM ★★

Avenue du Palais-de-la-Mer - **LE GRAU-DU-ROI**
✆ 04 66 51 57 57
www.seaquarium.fr
Haute saison ouvert tous les jours de 9h30 à 23h30. Adulte 16 €. Enfant de 5-15 ans 11,50 €, et - de 5 ans : gratuit.

Créé en 1989, le Seaquarium du Grau-du-Roi s'étend sur 2400 m² et regroupe plus de 2 000 poissons de la Méditerranée et des zones tropicales. Le tunnel à requins vous donnera des frissons. Le Requinarium compte à lui seul 1 000 m² d'exposition sur deux niveaux. Plusieurs espaces interactifs vous feront découvrir les mystères des océans. Découvrez également l'Imaginarium : tourné vers les problèmes environnementaux, cet espace nous fait découvrir les animaux légendaires et imaginaires. Un moyen ludique d'apprendre et de découvrir le peuple aquatique.

CARRÉ D'ART - MUSÉE D'ART CONTEMPORAIN ★★★

Place de la Maison Carrée - **NÎMES**
✆ 04 66 76 35 70
www.carreartmusee.com

Ouvert tous les jours sauf le lundi, 10h-18h. Adulte 8 €, réduit 6 €. Gratuit le 1er dimanche du mois.

Le Carré d'Art abrite un musée d'art contemporain dans un bâtiment conçu par l'architecte Norman Foster qui propose tout au long de l'année des expositions temporaires et des accrochages renouvelés régulièrement de ses collections accompagnés d'activités d'animations et de formations. Le site abrite également entre autres un centre de documentation spécialisé en art contemporain et une librairie renommée. Accueil adapté : sur rendez-vous pour les personnes handicapées.

HÔTEL LOU GARBIN SAS BOUGET PERE ET FILS** €€

210, avenue des Jardins
SAINT-LAURENT-D'AIGOUZE
✆ 04 66 88 12 74
www.lou-garbin.com

Ouvert du 15 mars au 15 octobre. Qualité Tourisme. Terrasse d'été. Accessible aux PMR.

Ce petit hôtel de charme est situé sur un ancien domaine viticole de plus de 2 hectares. De l'entrée de l'hôtel aux chambres, de la terrasse d'été à la salle en passant par le parking, l'établissement s'est doté d'un piétonnier coloré où les vacanciers à mobilité réduite pourront accéder à leurs places de parking réservées puis cheminer librement dans toute la propriété. Les chambres paysagères ont été rénovées et le lieu dispose de deux piscines.

COMITÉ DÉPARTEMENTAL DU TOURISME DU GARD

3, rue de la Cité Foulc - **NÎMES**
✆ 04 66 36 96 30
www.tourismegard.com

Ouvert toute l'année, du lundi au samedi de 96h à 12h, puis de 14h à 19h. Fermé le dimanche.

A deux pas des arènes, le Comité Départemental du Tourisme en accès libre, propose un stock d'informations sur le Gard. Également disponibles des brochures éditées par les différents offices de tourisme gardois et de l'info sur les musées et les actions des collectivités régionales en matière de patrimoine. Le site de l'office de tourisme propose une catégorie spéciale pour les établissements adaptés aux personnes en situation de handicap (porteurs du label Tourisme & Handicap).

CAMPING DU DOMAINE DE MASSEREAU***** €€€

1803, route d'Aubais - **SOMMIÈRES**
✆ 04 66 53 11 20
www.massereau.com

Emplacement + véhicule + 2 personnes à partir de 27,50 €. Réservation conseillée.

Niché sur 10 hectares au milieu d'un domaine viticole de 40 hectares sur les hauteurs de Sommières, le camping du Domaine de Massereau a tout pour plaire : deux piscines (l'une avec toboggan et pataugeoire ; l'autre chauffée à 28°C dès la fin mars et jusqu'à la mi-novembre), une aire de jeux, une piste VTT pour les enfants, un trampoline, un parcours de santé, une épicerie et un restaurant. Mention spéciale pour cet établissement qui lutte pour la protection de l'environnement.

LE PRÉHISTORAMA ★

75, chemin de Panissière - **ROUSSON**
✆ 04 66 85 86 96
www.prehistorama.com

Fermé décembre et janvier. Ouvert tous les jours, basse saison 14h-18h, haute saison 10h-19h. Adulte 6 €, enfant 4 €.

Le visiteur déambule entre scènes et paysages reconstitués animés de personnages et animaux grandeur nature. On aborde l'histoire des êtres vivants sur la Terre - ères géologiques et naissance de la vie, règne des dinosaures et évolution des primates - pour arriver à notre espèce : l'homme. La vedette incontestable du lieu est Lucy. A côté d'elle sont exposées les découvertes paléontologiques et archéologiques qui sont à la base de ces scènes. Musée totalement accessible aux fauteuils roulants et au personnes à mobilité réduite en général.

MUSÉE DE LA VANNERIE ET DE L'ARTISANAT ★

4, rue Carnot - **VALLABRÈGUES**
✆ 04 66 59 48 14

Fermé du 1er novembre au 31 mars (sauf pour groupe sur réservations). Jours d'ouverture en fonction des saisons.

Vallabrègues a compté de nombreux vanniers qui exploitaient des oseraies le long du fleuve. Le musée, installé dans un grand café du XIXe siècle, propose une exposition permanente de vannerie avec des pièces authentiques. Vie et travaux des vanniers, utilisation des outils, tout y est expliqué, commenté. Une exposition est également consacrée aux différents métiers : sabotier, baissier, chaisier... Chaque année, le deuxième week-end d'août, a lieu la Fête de la vannerie.

CATHÉDRALE SAINTE-MARIE

Rue Arnaud-de-Moles - **AUCH** ✆ 06 30 41 19 38
www.auch-tourisme.com
Ouvert toute l'année de 9h à 12h et de 14h à 17h30. Le dimanche seulement l'après-midi. Entrée au chœur : 2,5 €.

Dans la capitale de la Gascogne, cette vaste cathédrale dédiée à la Nativité de la Vierge Marie est l'une des dernières construites en France entre le XVe et le XVIIe siècle. Sur le chemin de Compostelle, elle est inscrite au Patrimoine mondial de l'Unesco. Le bâtiment mesure 105 mètres de long et 40 mètres de large. On peut y voir notamment ses 113 stalles incomparables présentant dans des décors de dentelles flamboyantes plus de 1 500 personnages. Pas de visites pendant les offices. Une atmosphère impressionnante, un beau monument.

LE PARC DU COULOUMÉ

Rue du Professeur Ramon
AUCH
✆ 05 62 05 22 89
www.auch-tourisme.com
Accès libre toute l'année. Accessible aux PMR.

Ce parc sylvestre à l'anglaise de 5 hectares qui s'étend autour d'un château du XVIe siècle possède une grande clairière permettant les jeux de plein air ou les bains de soleil. D'une grande richesse variétale avec ses 450 arbres étiquetés, découvrez 257 essences présentes parmi les collections de pommiers, poiriers, prunus, peupliers, saules et chênes. Les massifs arbustifs recèlent quant à eux 33 essences différentes. Accessible et labellisé pour le handicap, le Parc du Couloumé est un lieu idéal de promenade, d'amusement et de relaxation pour tous.

FERME EN COTON

Route d'Agen
AUCH
✆ 05 62 65 53 20
www.lafermeencoton.fr
100% BIO. Ouvert toute l'année.Visite sur RDV

Éleveurs de volailles Bio, Anne-Catherine et Nicolas Petit vous attendent pour des animations et des ateliers de découverte de la ferme : volailles, moutons, cochons et lapins, visite et découverte du potager Bio, du matériel agricole. Petits et grands seront également sensibilisés au rôle de l'eau et à l'importance des haies. Les tout-petits profiteront de l'heure des contes pour écouter de jolies histoires ! A noter que la médiation animale permet un travail de relaxation, de bien-être, de confiance en soi et de développement sensori-moteur.

HANDIPÊCHE

Samatan

Allée Jean Cahuzac : amateurs de pêche, profitez-en ! Il s'agit du premier ponton labellisé « Tourisme & Handicap » du Gers et il est ouvert toute l'année. Posé sur le paisible canal de la Save, vous passerez un moment agréable tout en sérénité. Vous devrez être titulaire de votre carte de pêche en vente à l'Office de Tourisme du Savès. Vous pouvez choisir pour une carte à la journée, à la semaine ou encore à l'année. Foncez à l'Office de tourisme pour plus de renseignements. Téléphone : 05 62 62 55 40.

OFFICE DE TOURISME ARMAGNAC ET D'ARTAGNAN

2, rue Félix-Soules - **EAUZE**
✆ 05 62 09 85 62
www.grand-armagnac.com
L'été, ouvert du lundi au samedi de 9h30 à 12h30 et de 13h30 à 18h ; le dimanche de 10h à 13h. Visites guidées

Point d'accueil et d'information pour les visiteurs, l'office de tourisme d'Eauze assure une mission d'accueil, d'animation et de promotion touristique locale. De nombreuses manifestations (concerts, marchés, festivals, feria, etc.) sont organisées dans la ville et tout au long de l'année. L'Office de tourisme pourra vous renseigner sur l'agenda en cours. En plus des conseils et des suggestions de visites, cet office du tourisme propose également des visites guidées.

OFFICE DE TOURISME DE GONDRIN EN GASCOGNE

18, place de la Liberté - **GONDRIN**
✆ 05 62 29 15 89
www.tourisme.gondrin.fr
Ouvert du lundi au samedi de 14h à 17h ; de 10h à 18h en juillet et août.

L'Office de tourisme de Grondin vous fera découvrir un beau village de 1 200 habitants, sa base de loisirs, ses chemins de randonnée, son circuit VTT, sa voie verte, ses terrains de sport. Gondrin c'est aussi une belle richesse patrimoniale avec ses églises, son lavoir, ses charmantes ruelles et chapelles. En été, les animations s'enchaînent notamment autour de l'œnotourisme et de la gastronomie : repas pensés avec l'accord mets et vins ou démonstrations de fabrication de croustade.

GÎTE DE BRIOLE €€

LUPIAC

✆ 05 62 61 79 00

https://gite-briole.fr/

ictos : moteur ; mobilité réduite ; mental ; malentendant ; malvoyant ; lave-linge, laverie.Ouvert toute l'année.

C'est à partir d'une ruine qu'Isabelle et Thierry Fourquet ont décidé en 2003 de construire ce gîte : depuis, le mur restant s'est transformé en une très jolie maison typiquement gasconne de 146 m² réalisée dans un souci d'accessibilité pour tous. Une chambre est en effet adaptée au handicap moteur ; téléphone avec flash lumineux pour les personnes malentendantes ; mobilier contrasté et repères tactiles sur les équipements pour les personnes déficientes visuelles. Les chambres sont décorées avec goût et disposent de tout le confort nécessaire.

PISCINE LUDINA

Domaine aquatique de l'Astarac - **MIRANDE**

✆ 05 62 66 50 13

www.coeur-dastarac.fr

Ouvert tous les jours de 11h15 à 19h de début juillet au 31 août. Accessible aux PMR. Adulte : 6,10 €. Enfant : 4,90 €.

Ludina est un magnifique parc aqua-ludique dans un domaine d'un hectare et demi de verdure situé le long des berges de la Baïse. Vous aurez à votre disposition et à celle de vos enfants plusieurs bassins sympathiques pour varier les activités. Les lieux, labellisés Tourisme et Handicap, sont idéaux pour profiter du soleil gersois tout en se rafraîchissant. Impossible de s'y ennuyer. Un cadre sympathique pour un lieu qui l'est autant et bien adapté. Une sortie à programmer dans un cadre sécurisé où l'on se sent bien. Une bonne idée !

HÔTEL-RESTAURANT SOLENCA*** €€

984, Avenue Daniate - **NOGARO**

✆ 05 62 09 09 08

www.solenca.com

Chambre double de 87€ à 97 €. Petit déjeuner 13 €.

Au cœur de l'Armagnac, Cet établissement constitue le point de départ idéal pour tous ceux et celles qui veulent découvrir le Gers. De construction récente, l'établissement dispose de 49 chambres ainsi que d'installations complètes et attractives lui permettant d'accueillir toutes sortes de clientèles : groupes, familles et individuels sans oublier les personnes malvoyantes, malentendantes et celles à mobilité réduite : soulignons les 22 chambres situées au rez-de-chaussée.

LA MAISON DE L'AIL

Barban

SAINT-CLAR

✆ 07 69 84 76 68

www.maison-de-lail.com

Ouvert du lundi au samedi de 14h30 à 17h30. Fermé du 15 octobre au 15 juin.

Ici, la star c'est l'ail ! Que ce soit à travers l'achalandage de la boutique, les manifestations organisées ou encore les différentes expositions, l'ail et ses diverses variétés n'auront plus aucun secret pour vous une fois que vous serez passé par cette adresse fort intéressante. Découvrez cet aliment dans sa forme la plus classique, en tresse, mais également dans de bonnes recettes du terroir, en conserves. L'escapade est d'autant plus agréable que la maison de l'ail se trouve en plein cœur de la campagne lomagnole. Sympathique !

MAISON ARDURE €€

TERRAUBE

✆ 05 62 68 59 56

www.ardure.fr

Gîtes de France (4 épis). Contact nécessaire pour toute réservation. Label Tourisme & Handicap.

Dans cette maison gersoise rénovée dans le respect des matériaux traditionnels, Florence propose quatre chambres d'hôtes vastes et confortables avec salle de bains et toilettes séparées. Au rez-de-chaussée, une chambre est spécialement conçue pour l'accueil d'hôtes handicapés. Espaces de vie accessibles : bibliothèque, salon de détente avec vue sur le parc et la campagne environnante, TV et collection de DVD. Les abords de la maison sont également accessibles. Un lieu sympathique et agréable où l'on se sent bien. Attention cependant, fermé une partie de l'année.

GÎTE D'EN LÉBÉ €€

TOUGET

✆ 05 62 06 81 86

www.gitedenlebe.fr

Gîtes de France (3 épis). Ouvert toute l'année. Accueil 24h/24. Accessible aux PMR. Label Tourisme & Handicap.

Aménagé dans une magnifique demeure gasconne, le gîte est bien équipé et aménagé avec climatisation et WiFi. Les chambres sont agréablement meublées, la cuisine est parfaite pour préparer des repas en commun qui seront pris sur la grande table de la salle à manger devant la cheminée. Labellisé Tourisme & Handicap, le gîte est équipé pour l'accueil des personnes à mobilité réduite, handicapés mentaux et des fauteuils roulants. Accès trottoir large. Dans les chambres : deux lits de 90 cm, douche de plain-pied avec siège pliable ou baignoire avec siège.

CENTRALE HYDROÉLECTRIQUE DU LAC D'OÔ - ESPACE EDF ★

74, avenue Jean-Jaurès - **BAGNÈRES-DE-LUCHON**
✆ 05 61 79 21 21
www.pyrenees31.com

Visite guidée sur RDV uniquement. Visite gratuite. Prévoir des chaussures fermées. Label Tourisme & Handicap.

L'espace EDF propose une découverte ludique et pédagogique de cette formidable énergie naturelle qu'est l'hydroélectricité. Construite en 1921, la centrale alimente une ville d'environ 30 000 habitants. La salle des machines permet de comprendre le fonctionnement des installations. Alimentée par le barrage du lac d'Oô, elle est haut lieu de randonnée. Possibilité de visite guidée individuelle ou en groupe pour des personnes souffrant d'une déficience auditive, visuelle ou mentale.

AEROSCOPIA ★★★★

Allée André-Turcat - **BLAGNAC** ✆ 05 34 39 42 00
www.musee-aeroscopia.fr

Ouvert tous les jours fériés de 9h30 à 18h (19h pendant vacances. Adulte 14 €. Visite guidée (+ 3,50 €), audioguide 3€.

Après avoir célébré en 2019 les cinquante ans du premier vol du Concorde, en 2020 Aéroscopia s'est agrandi pour proposer un nouvel espace d'exposition : le Tarmac Nord. Aux vingt-cinq avions civils et militaires déjà exposés s'ajoutent ainsi cinq appareils emblématiques de l'aventure aéronautique et de l'histoire airbusienne. Embarquez à bord du géant A380 et découvrez-y des cabines de luxe futuristes ! Ludique et interactive, l'exposition offre de nombreux espaces explicatifs, une superbe fresque chronologique, des maquettes et même des simulateurs de vol.

LA SOULAN €€

Col de mente
BOUTX
✆ 05 61 79 10 65
gite-soulan-mourtis.com

Gîtes de France (2 épis). Ouvert toute l'année. Label Tourisme & Handicap.

Posé au cœur des Pyrénées, La Soulan est un lieu charmant qui se décline en gîte-auberge. Vivez en toute saison un séjour nature des plus agréables dans cette maison exposée plein sud. Les chambres (doubles, twins, mezzanines, familiales et *dream team*) peuvent accueillir entre 2 et 6 personnes tandis que le salon vous offre une vue époustouflante sur les pics des 3 000. Le gîte détient le label Tourisme et Handicap pour les malentendants et les déficits mentaux. Un lieu sympathique dans un cadre agréable, proche de la nature.

O CHENE DE LO €€

34, allée de La Mouyssaguèse
SAINT-MARCEL-PAULEL ✆ 06 68 86 61 47
www.ochenedelo.fr

Ouvert toute l'année. Petit déjeuner inclus. Accessible aux PMR, une chambre adaptée. Label Tourisme & Handicap.

Dans un cadre bucolique à souhait, Laurence et Gilles vous reçoivent dans leur havre de paix entouré de champs et de bois. C'est l'endroit idéal où faire le plein d'énergie et se ressourcer en toute quiétude. Sur place, vous disposerez de 3 chambres. Celle du rez-de-chaussée détient le label Tourisme & Handicap pour les 4 déficiences, promesse d'un séjour agréable. Vous pourrez profiter de la piscine, du boulodrome ou encore du salon pour un petit moment de détente. Possibilité de goûter à la cuisine de vos hôtes : œufs frais du poulailler...

LES ABATTOIRS ★★★

76, allée Charles-de-Fitte
TOULOUSE
✆ 05 34 51 10 60
www.lesabattoirs.org

Toute l'année, du mercredi au dimanche de 12h à 18h. Nocturne le jeudi. Accessible PMR. Label Tourisme & Handicap.

Le musée des Abattoirs, qui bénéficie de l'appellation Musée de France, est consacré à l'art moderne et à l'art contemporain. A l'intérieur des anciens abattoirs construits par Urbain Vitry entre 1828 et 1831 se tient un vaste centre d'art moderne et contemporain aux fonctions muséographique, documentaire, éducative et culturelle. Rendez-vous le long de la Garonne pour découvrir l'exposition permanente et / ou celles temporaires qui ponctuent le calendrier annuel des manifestations toulousaines. Parmi les fleurons d'une collection riche de plus de 3 500 œuvres couvrant la seconde moitié du XXe siècle, citons le magnifique rideau de scène intitulé *La Dépouille du Minotaure en costume d'Arlequin* (13 m x 8 m) peint en 1936 par Pablo Picasso. Il y a également les collections d'Anthony Denney et Daniel Cordier. La médiathèque rassemble de son côté plus de 25 000 documents, véritable lieu de ressources en art moderne et contemporain. Ne manquez pas de vous balader dans le beau jardin de 2 hectares en bord de Garonne et de prendre un café à l'Hémicycle. Pour le public handicapé auditif : les vendredis il y a un atelier de création comprenant une visite de trente minutes de l'exposition suivi d'un atelier plastique de 1h30. La communication se fait en langue des signes française (LSF). Public non voyant ou malvoyants : une visite tactile et une découverte sensorielle des œuvres à destination des adolescents déficients visuels du CESDV et de l'Institut des Jeunes Aveugles de Toulouse est prévu le mardi et le jeudi.

CITÉ DE L'ESPACE ★★★

Avenue Jean-Gonord - **TOULOUSE**
✆ 05 67 22 23 24
www.cite-espace.com
Tous les jours. À partir de 10h. Fermeture entre 17h et 23h selon la saison. A partir de 24,50 € adulte, 18 € enfant.

De la salle de contrôle de Kourou à la visite de la station Mir, c'est tout l'univers qui s'offre à votre curiosité ! Manipulations, bornes interactives et animations audiovisuelles, objets venus de l'espace, planétarium... découvrez l'univers fascinant de l'espace dans ce site accessible aux personnes en situation de handicap moteur. Le personnel est sensibilisé à l'accueil des visiteurs handicapés mentaux et des parcours adaptés leur sont d'ailleurs proposés. Certaines conférences et animations sont également traduites en langue des signes.

ESPACES EDF BAZACLE ★

11, quai Saint-Pierre - **TOULOUSE**
✆ 05 62 30 16 00
www.edf.fr
Du mardi au dimanche 10h-18h. Gratuit. Visites et animations gratuites. Réservation obligatoire au 05 62 30 16 00.

En plein cœur de Toulouse, l'Espace EDF Bazacle située sur la rive droite de la Garonne propose une offre au public très variée et accessible à tous : nouveau parcours muséographique, grande terrasse s'ouvrant sur la Garonne, expositions temporaires avec le soutien de la Fondation d'entreprise EDF Diversiterre qui agit en faveur de la solidarité sociétale et environnementale, galerie photos, passe à poissons et visites guidées incluant l'usine hydro-électrique encore en activité. Une sortie ludique et pédagogique particulièrement intéressante à ne pas manquer !

HAUTE-GARONNE TOURISME

14, rue Bayard - **TOULOUSE**
✆ 05 61 99 44 00
hautegaronnetourisme.com
Ouvert du lundi au vendredi de 8h30 à 18h ; le samedi de 10h à 17h. American Express.

Située au centre de Toulouse, cette agence vous attend pour préparer vos séjours et vos escapades. Envie d'une virée gourmande dans le Lauragais ? De découvrir les villages de la vallée de Garonne ? De vous frotter aux sommets pyrénéens ? D'organiser une excursion dans les caves du Frontonnais ? De vous offrir un week-end culturel en pays de Comminges ? De naviguer sur le canal du Midi ? La Haute-Garonne, c'est tout ça et plus encore. Toute la documentation pour donner corps à vos envies est disponible à cette adresse. N'hésitez pas à y demander conseil.

MUSÉE SAINT-RAYMOND ★

Place Saint-Sernin - **TOULOUSE**
✆ 05 61 22 31 44
www.saintraymond.toulouse.fr
Du mardi au dimanche et jours fériés de 10h à 18h. Gratuit pour les - 19 ans. Entrée : 5 €. Label Tourisme & Handicap.

Nocturne le mercredi jusqu'à 21h avec petit concert d'orgue gratuit sur présentation du billet d'entrée du musée. Visites commentées tous les jours. Nombreux rendez-vous et conférences en histoire de l'art. Animations et ateliers pour le jeune public. Métro Esquirol. Installé dans un bel édifice du XVIe siècle, voisin de la basilique Saint-Sernin, le musée a été entièrement rénové en 1999 et, sur 3 niveaux, propose au public un voyage dans l'Antiquité toulousaine. De nombreuses pièces sont exposées, provenant de la région toulousaine.

RÉSIDENCE VESTREPAIN €€

24, rue Vestrepain - **TOULOUSE**
✆ 05 61 14 61 31
www.espacevestrepain.com
Ouvert toute l'année. 8 appartements du studio au 3 pièces. Tout le gîte est accessible mais non labellisé.

La Résidence Vestrepain propose 8 appartements du studio au 3 pièces. De taille spacieuse (entre 29 m² et 66 m²) certains disposent d'une agréable terrasse ou d'un balcon privatif. Tous sont climatisés, confortables et entièrement équipés (cuisine, séjour, salon) avec possibilité d'intercommunication entre deux appartements. Les logements sont adaptés et accessibles à tous publics y compris aux personnes en situation de handicap. Un lieu sympathique et typique où l'on se sent bien, dans la ville rose qui permet ainsi de se déplacer facilement.

MAISON DU PATRIMOINE ET DE LA CULTURE

Place du Bourdalès
VALENTINE
✆ 05 61 88 89 65
Du mercredi au vendredi 9h-12h et 14h-17h30. Samedi : 10h-12h et 14h-17h. Dimanche : 10h-13h. Accessible aux PMR.

Dans une grande bâtisse, anciennement propriété de la famille paternelle du maréchal Ferdinand Foch, le visiteur découvre quatre espaces dédiés aux activités culturelles et à la promotion du patrimoine de la commune : la médiathèque, l'ancien salon de la famille Foch orné de toiles peintes du XIXe siècle qui accueille une exposition permanente sur Foch et les porcelaines de Bleu de Valentine, une exposition sur les vestiges trouvés dans la villa gallo-romaine.

CAMPING SOLEIL DU PIBESTE**** €€

16, avenue du Lavedan - **AGOS-VIDALOS**
✆ 06 72 32 17 04
www.pibeste.fr
Compter de 46 € à 170 € pour un mobil-home ou un chalet de 2 à 6 personnes, selon la saison.

Au pied d'un espace Natura 2000 et de la réserve du Pibeste, vos hôtes vous accueillent dans leur camping labellisé écotourisme où vous logerez dans des caravanes résidentielles ou des bungalows, certains pouvant accueillir des personnes handicapées. Le camping dispose d'un terrain de jeu et d'un terrain de sport. Les emplacements ont une superficie de 100 m2 ; une partie est disposée sur des terrasses. Les sanitaires sont proches de l'entrée et de la piscine située au fond du camping.

GÎTE HABAS €€

5, rue de Porteourat - **AGOS-VIDALOS**
✆ 05 62 97 12 30
www.gites-de-france-65.com
Gîtes de France. A partir de 65 € la nuit pour ce gîte pouvant accueillir 9 personnes. Label Tourisme & Handicap.

Ce gîte pour 9 personnes au centre d'un village de 300 habitants propose une chambre en rez-de-chaussée pouvant accueillir deux personnes à mobilité réduite avec sanitaires accessibles en fauteuil (douche à l'italienne avec siège et toilettes...), cuisine équipée et accessible séparée du salon-séjour par un bar-plan de travail, canapé, fauteuils et cheminée protégée. Le bonheur en somme ! A l'étage, trois chambres pour les copains (2 fois 2 personnes et 1 chambre de 3 personnes), salle de bains et W.C indépendants. Sympathique !

L'AGENCE TOURISTIQUE DES VALLÉES DE GAVARNIE

15, place de la République
ARGELÈS-GAZOST
✆ 05 62 97 00 25
www.valleesdegavarnie.com
Ouvert du lundi au samedi de 9h à 12h et de 14h à 18h ; et le dimanche matin en haute saison.

L'Agence Touristique des Vallées de Gavarnie est installée dans les 8 communes qui bordent le cirque de Gavarnie. Les différentes antennes renseignent les visiteurs sur les randonnées, les circuits VTT ou vélo et les activités sportives proposées. Elles mettent aussi en avant la richesse du patrimoine culturel de la région. Bien évident, elle est en mesure de s'adapter aux besoin des personnes en situation de handicap (mental, visuel, auditif, moteur).

AQUENSIS, CITÉ DES EAUX

Rue du Pont-d'Arras
BAGNÈRES-DE-BIGORRE
✆ 05 62 95 86 95
www.aquensis.fr
Ouvert de 10h30 à 20h et de 12h30 à 20h le mardi et dimanche. Entrée dès 16 € pour 2 heures.

Aquensis, c'est le site où vous trouverez une offre complète liée à la détente et à la remise en forme. Parmi les établissements thermoludiques, il est l'un des plus novateurs. Implantée dans un très beau bâtiment rénové de style fin de siècle typique de l'âge d'or des cures thermales, sa voûte de bois surplombe la piscine intérieure. Le site est entièrement accessible pour les personnes handicapées moteur : hall d'entrée avec ascenseur central, 1 vestiaire individuel adapté, W.C et douches accessibles (côté dames et côté hommes) entre l'espace vestiaires et le grand bassin, grand bassin avec appareil de mise à l'eau, présence d'un maître-nageur, petit bassin d'aqua-musique avec appareil de mise à l'eau. Attention ces derniers ne fonctionneront que si vous téléphonez au moins la veille pour réserver. Accès à l'entre-sol par élévateur, hammam avec assises à hauteur, soins individuels avec W.C adaptés, salle de gymnastique et de musculation avec vestiaires, W.C et douches adaptés (côté dames et côté hommes). Une partie des appareils de musculation est utilisable par des personnes en fauteuil roulant. Deux saunas adaptés avec W.C et douche à proximité immédiate, et 1 Jacuzzi extérieur adapté. Pas d'aménagement pour les déficients visuels ni auditifs. Handicap mental : signalétique directionnelle bien visible et lisible, associant textes et pictogrammes. Pas de tarif pour les personnes handicapées. Attention : lorsque vous prenez un forfait, votre temps de change est compté et pas d'exception pour les handicapés...

PARC NATIONAL DES PYRÉNÉES

Le Parc National des Pyrénées est engagé dans une action globale en faveur de l'accueil des personnes en situation de handicap sous la bannière « La montagne pour tous ». A cet effet, les Maisons du Parc National à Etsaut, de Laruns, d'Arrens-Marsous de Tarbes et de Cauterets sont labellisées pour les 4 types de handicaps. Sur chaque site, les visiteurs en situation de handicap visuel ont à leur disposition des documents en braille, en caractères agrandis et en relief. Deux films sont présentés en version sous-titrée. Enfin, des boucles auditives se déclenchent dans les espaces d'accueil et les salles de projection des Maisons du Parc.

OFFICE DE TOURISME TOURMALET- PIC DU MIDI

3, allée Tournefort - **BAGNÈRES-DE-BIGORRE**
✆ 05 62 95 50 71
www.grand-tourmalet.com
Ouvert du lundi au samedi de 9h à 12h et de 14h à 18h. Label Tourisme & Handicap (moteur, PMR, malentendant, malvoyant).

Pour découvrir les multiples facettes d'une ville aux charmes infinis comme l'est Bagnères-de-Bigorre, l'office de tourisme est un partenaire incontournable. Vous y trouverez les bons plans pour la cité thermale ou les sport de glisse avec le domaine du Grand Tourmalet, au cœur des attentions avec le pic du Midi. L'office de tourisme a reçu le label Tourisme & Handicap qui garantit un accueil adapté aux besoin des personnes en situation de handicap (moteur, mental, visuel, auditif).

GÎTES DU POIRÉ••• €€

Route de Capvern - **BENQUÉ-MOLÈRE**
✆ 07 80 07 14 83
www.legitedupoire.com
Gîtes de France (3 épis). Ouvert toute l'année. Accessible aux PMR. Label Tourisme & Handicap.

Installé dans une maison indépendante de 60 m^2 avec accès de plain-pied et portes coulissantes, le premier gîte (4 personnes dont 2 en fauteuil) comporte deux chambres avec 1 lit 2 places dans chacune et une cuisine accessible avec passages libres sous évier et plan de travail. Dans la salle de bains, douche de plain-pied avec siège rabattable et barre d'appui. Les toilettes sont également adaptées. Deux chambres à l'étage portent sa capacité d'accueil à 8 personnes. Handicap mental : propriétaires très sensibilisés à l'accueil de publics de toutes déficiences.

TRAÎNEAUX PYRÉNÉENS

Chemin de Caou
CAMPAN
✆ 05 59 04 46 16
www.traineaux-pyreneens.kazeo.com
Ouvert toute l'année. Accessible aux PMR. Label Tourisme & Handicap.

Activités en traîneaux ouvertes à tous avec de gentils chiens bien dressés pour des balades ludiques en toute sécurité. Les fauteuils tout terrain peuvent accueillir deux personnes plus un accompagnant. Stables, très bien amortis et munis de puissants freins, vous pourrez goûter aux joies et aux sensations du mushing en y attelant des chiens. Après un petit briefing, partez sur les sentiers de montagne et forestiers ! Une balade qui vaut le détour dans un cadre magique. A tenter rien que pour l'expérience unique et les sensations !

LA MAISON DU PARC NATIONAL DES PYRÉNÉES ★

CAUTERETS
✆ 05 62 92 52 56
www.parc-pyrenees.com
Ouvert toute l'année. Label Tourisme & Handicap.

Située au cœur de la station de Cauterets, la maison du Parc national est un pôle d'accueil et d'information touristique. Les espaces intérieurs ont été entièrement repensés dans le but d'être accessibles à tous les publics avec une nouvelle scénographie interactive portée sur l'éveil de tous les sens. Le sous-sol comprend un espace d'interprétation autour des chauves-souris. Le rez-de-chaussée abrite l'accueil, l'auditorium, une salle de projection.

Pic du Midi.

GÎTE DE SÉJOUR LA PAUSE €€

Les Viellettes - **ESTAING**

✆ 05 62 97 49 80

Gîtes de France (3 épis). Ouvert toute l'année. Accessible aux PMR. Label Tourisme & Handicap.

Dans le cadre enchanteur du Val d'Azun, ce gîte entièrement adapté où tout est de plain-pied peut accueillir 11 personnes en fauteuil roulant. Il est doté de quatre chambres (4 lits en 90 cm + 1 lit en 140 cm + 1 lit en 90 cm + 2 lits en 90 cm + 1 lit en 140 cm) adaptées pour recevoir des personnes handicapées motrices. Deux salles d'eau, trois W.C ainsi qu'une belle cuisine équipée et une vaste salle à manger complètent la prestation. Activités sportives adaptées à proximité. Un lieu bien adapté et sympathique où l'on se sent bien.

HÔTEL PADOUE**** €€

1, rue de la Reine-Astrid

LOURDES

✆ 05 62 53 07 00

www.hotelpadoue.fr

Accueil 24h/24. Label Tourisme & Handicap (moteur, PMR, mental, malentendant, malvoyant).

A proximité immédiate des sanctuaires, l'Hôtel Padoue vous comblera par la chaleur de son accueil, son confort, sa décoration et son design contemporain. Grâce à la qualité et à la modernité de ses équipements harmonieusement adaptés et intégrés, cet établissement est le premier hôtel de Lourdes à bénéficier des quatre labels Tourisme & Handicap. Un lieu bien adapté et sympathique avec du personnel à l'écoute si nécessaire. L'ensemble est bien situé et l'établissement est spacieux et permet de se sentir bien dans un cadre accueillant.

ECOMUSÉE MILLARIS ★

Place de la Bergère

GAVARNIE-GÈDRE

✆ 05 62 92 35 25

www.valleesdegavarnie.com

Ouvert toute l'année. Label Tourisme & Handicap.

Cet ensemble muséographique accessible à tous propose quatre thèmes de la découverte des paysages mythiques de Gavarnie-Gèdre à l'importance de l'eau en passant par l'agriculture, le pastoralisme et le Patrimoine mondial de l'Unesco. Millaris vous fera voyager au cœur du pays des Cirques dans un parcours ludique et interactif au cours duquel vous assisterez également à un spectacle audiovisuel émouvant présentant cinq personnages du pays. La visite peut se faire avec un audioguide. Cette activité sympathique en séduira plus d'un.

OFFICE DE TOURISME DE LOURDES

Place du Champ Commun

LOURDES

✆ 05 62 42 77 40

www.lourdes-infotourisme.com

Du lundi au samedi de 09h à 12h30 et de 14h à 18h. Tous les jours d'avril à octobre.

L'Office de tourisme et son architecture magnifique vous accueillent toute l'année. Ici, une équipe vous conseille et vous guide dans la multitude d'offres d'hébergements, de restaurants, de musées, d'animations et de sites culturels et historiques. N'hésitez pas à solliciter cette dynamique équipe pour vous aiguiller dans les propositions plus confidentielles et vous informer sur les multiples solutions proposées pour les visiteurs en situation de handicap.

CAMPING DU LOUP**

Route de la Forêt

LOURDES

✆ 05 62 94 23 60

www.camping-du-loup-lourdes.com

Du 20 mars à début décembre. 60 emplacements, à proximité des sanctuaires.

Avec sa soixantaine d'emplacements ombragés, camping-cars, caravanes et férus de vacances sous la tente sont les bienvenus dans ce camping tenu par Ginette et Jean-Pierre qui vous accueillent avec gentillesse. L'établissement est accessible aux personnes handicapées. Bloc sanitaire adapté. Un lieu sympathique comme son nom qui nous plonge dans la nature, non loin des lieux de culte et de la ville. L'ensemble permet de se sentir bien et dans un cadre sécurisé avec du personnel à l'écoute et présent si besoin. Une adresse adaptée et sympathique.

LA VOIE VERTE DES GAVES ★

LOURDES

✆ 05 62 97 00 25

www.pyrenees-cyclo.com/velo-de-route

Accès libre.

Sur l'empiétement d'une ancienne voie ferrée, la voie verte des Gaves est l'occasion de faire une belle balade de 19,6 kilomètres. Idéale pour découvrir la vallée, cette piste piétonne est ouverte à tous. Profitez de la promenade pour découvrir la magnifique vue sur les Pyrénées. Le parcours est labellisé Tourisme et Handicap. Une piste cyclable utilisable par les personnes en fauteuil relie le centre-ville de Lourdes à Pierrefitte-Nestalas, une petite bourgade proche d'Argelès-Gazost : la très faible pente la rend praticable par tous.

© FRANCESCO DE MARCO - SHUTTERSTOCK.COM

Basilique de L'immaculee-Conception à Lourdes.

GÎTE LAGUES €€

Rue de l'Eglise - **POUEYFERRÉ** ✆ 06 78 96 06 67
www.gitelagues.fr/fr

Gîtes de France (3 épis). A partir de 55 €. Label Tourisme & Handicap. Animaux acceptés (sur demande).

A 4 km de Lourdes, cette ancienne grange restaurée donne sur la chaîne des Pyrénées. Handicap moteur : circulation aisée à l'extérieur – terrasses Nord et Sud – et à l'intérieur. Passage libre sous évier, plaques de cuisson et plan de travail. Douche à siphon de sol. Handicap mental : document écrit de présentation, toutes pièces très lumineuses, propriétaires sensibilisés à l'accueil des déficients mentaux. Handicap visuel : documents d'accueil et de fonctionnement en gros caractères et en braille. Mobilier et tous éléments préhensibles contrastés en couleurs.

DES SENTIERS D'INTERPRÉTATION OUVERTS À TOUS

Le Parc National des Pyrénées propose des randonnées accompagnées par des gardes-moniteurs. Leur objectif est de permettre la pratique de la randonnée en haute montagne pour que personnes valides, en situation de handicap ou défavorisées puissent se dépasser ensemble. Des sorties terrain sont possibles toute l'année sur rendez-vous pour les groupes constitués. Situées à proximité des Maisons du Parc national, ces balades pédagogiques permettent une immersion dans la nature en autonomie.

- Le sentier des arbres à Etsaut en Vallée d'Aspe explore le thème des arbres et de la diversité de la vie pouvant s'y développer. Sa découverte est destinée aux 4 types de handicaps.
- Le sentier de la vallée du Tech en Val d'Azun est un projet d'interprétation unique en France du milieu montagnard. Depuis Arrens-Marsous jusqu'au Plan d'Aste, le visiteur découvre sur une quinzaine de kilomètres 3 sites d'interprétation avec des départs de sentiers accessibles à tous : le lac du Tech (800 m de promenade sur le plat, 1h30 AR avec pauses), la cabane de l'Arcouèche sur le thème du pastoralisme et le Plan d'Aste qui est un sentier en 7 étapes abordant les thèmes de l'eau, de la souche, du sapin, de la forêt et de la roche (200 m de promenade avec une pente comprise de 4 % maximum. Prévoir 1h AR avec pauses). A noter que le sentier de la vallée du Tech est labellisé pour les 4 types de handicaps.

CENTRALE HYDROÉLECTRIQUE DE SAINT-LARY

Parc Benoît Fourneyron - **SAINT-LARY-SOULAN**
✆ 05 62 39 50 00
www.saintlary.com

Visites guidées en été du mardi au jeudi, à 10h, 14h ou 16h sur réservation. En juin le jeudi sur réservation. Gratuit.

Cette centrale hydroélectrique d'EDF ouvre ses portes au public tout au long de l'année dans le cadre du développement du tourisme industriel qui génère de plus en plus de visiteurs. Sa visite est instructive et passionnante. A Saint-Lary, le rôle et le fonctionnement d'une centrale hydraulique vous sont dévoilés de façon détaillée au moyen de vidéos, de maquettes animées et enfin par l'observation directe des turbines. Comment cette eau des montagnes nous fournit-elle de l'électricité ? Une exposition avec des panneaux ludiques, et de belles photos d'illustrations complètent les réponses à cette question légitime. Immergé dans l'ambiance de salle des machines, vous comprendrez mieux le travail et le rôle des divers intervenants sur le site. Y est également expliqué le rôle très important de régulation du débit des rivières, grâce aux variations de niveau d'eau dans les retenues artificielle, afin de prévenir les risques d'inondation en aval à la suite de fortes précipitations de pluie ou de fonte rapide des neiges. Sont également décrits les nombreux autres équipements hydrauliques présents tout au long des vallée d'Aure et du Louron : prises d'eau, retenues, autres centrales. La visite permet également d'apprécier le travail titanesque de construction d'une telle centrale, dans un milieu compliqué et peu accessible. Les intervenants qui participent à cette visite guidée sont non seulement passionnés et instruits, mais ils savent se mettre au niveau de leurs visiteurs.

HÔTEL HÉLIOS*** €€

12, rue du Labech - **AGDE**
✆ 04 67 01 37 68
www.hotel-helios.com

Chambre dès 80 €. Petit déjeuner buffet : 13 €. Label Tourisme & Handicap (PMR). Animaux acceptés (12 €).

Cet établissement présente toute les qualités pour passer un séjour très agréable dans la station grâce à ses 40 chambres spacieuses, parfaitement équipées (climatisation, insonorisation, TV satellite...) et aux décorations multiples (Art-Déco, contemporaine, exotique...). Certaines disposent d'une terrasse avec vue sur la piscine ou sur le jardin. Chambres familiales avec lits king size et cabine à lits superposés. L'Hôtel Hélios dispose de 2 chambres accessibles. A 5 minutes du port, l'établissement est situé dans un écrin de calme et de fraîcheur.

HÔTEL LES RIVES BLEUES** €€

3, place de l'Eglise - **LA GRANDE-MOTTE**
✆ 04 67 56 07 77
www.hotel-lesrivesbleues.com

Ouvert toute l'année. 51 chambres. L'établissement est accessible entièrement aux PMR, 2 chambres et parking adaptés.

Toutes les chambres sont confortables et lumineuses. Certaines ont été adaptées pour recevoir une clientèle handicapée ; elles sont équipées de leur propre salle de bains avec baignoire et W.C. La décoration moderne de l'établissement et l'accueil chaleureux du personnel sauront rendre votre séjour agréable. L'hôtel est bien situé entre plage, centre-ville et espaces verts. Bon rapport qualité prix. Un lieu sympathique et bien adapté dans un cadre qui l'est tout autant avec un personnel à l'écoute si besoin. Un endroit sécurisant et relaxant.

OFFICE DE TOURISME CÉVENNES MÉDITERRANÉE

26, avenue Pasteur - **GANGES** ✆ 04 67 73 00 56
www.ot-cevennes.com

Ouvert du lundi au jeudi de 9h30 à 12h30, du mardi au jeudi de 14h à 17h30, le samedi et les jours fériés de 10h à 13h.

L'Office de Tourisme Cévennes Méditerranée a pour but d'accompagner et conseiller tous ceux qui souhaitent préparer leur séjour dans les Cévennes. Ils ont également pour mission de mettre en avant et valoriser le territoire et ce qu'il a à offrir en mettant en œuvre des actions et supports de promotion. Tout cela dans le but de proposer une offre complète répondant parfaitement aux attentes des visiteurs qu'ils aient envie de sport, de nature, de gourmandise, de visites culturelles,

MAISON FAMILIALE LA VILLA €€

15, impasse du Levant
LA GRANDE-MOTTE
✆ 04 66 27 98 98
www.lapronimes.com

Accessible aux PMR.

Découvrez cette villa qui peut accueillir jusqu'à 14 personnes avec ses 14 lits en 90 cm de large équipés chacun d'un traversin. Le rez-de-chaussée met à disposition de ses hôtes une chambre pour deux personnes (deux lits) entièrement adaptée pour les vacanciers en situation de handicap moteur ainsi qu'une salle de bain accessible. Un lieu adapté avec du personnel à l'écoute et formé qui permet de se sentir bien encadré dans une atmosphère sécurisante.

MUSÉE DE LA CLOCHE ET DE LA SONNAILLE

Espace Campanaire André Malraux - **HÉRÉPIAN**
✆ 04 67 95 39 95
www.grandorb.fr

Fermé du 20 octobre au 20 avril. Ouvert du mardi au dimanche de 14h à 19h. Adulte : 5 €. CB non acceptée.

Cela fait 20 ans que ce musée nous conte l'histoire des cloches et des sonnailles. Logée dans l'ancienne gare d'Hérépian, cette adresse culturelle nous en apprend beaucoup de la conception à l'installation de ces instruments à percussion, on apprécie le fait de pouvoir les manipuler et de les faire tinter. Accessible à tous les handicaps, le musée est particulièrement adapté aux personnes aveugles et malvoyantes, grâce à un parcours spécifiquement pensé pour leur visite.

OFFICE DE TOURISME

55, rue du Port - **LA GRANDE-MOTTE**
✆ 04 67 56 42 00
www.lagrandemotte.com

Basse saison : ouvert du lundi au samedi de 10h à 12h et de 15h à 18h ; le dimanche et les jours fériés de 10h à 13h.

L'office de tourisme joue le rôle de vitrine de la ville balnéaire, jusqu'à ouvrir ses 200 m² d'espaces à l'expression artistique et architecturale. Outre le service de billetterie pour les spectacles et animations régionales, ainsi que les visites guidées. Entièrement accessible aux personnes à mobilité réduite, et quel que soit le type de handicap, elle a obtenu le label « Tourisme & Handicap ». L'office de tourisme délivre aussi une information 24h/24, grâce à un écran tactile placé dans un sas d'accueil et à partir de votre smartphone sur *lgmtoday.com*

RANDO JET LA GRANDE MOTTE

Esplanade Jean-Baumel
LA GRANDE-MOTTE
✆ 06 10 44 06 60
www.randojet.eu
Jet-ski sans permis 70 € les 30 minutes. Label Handisport.

Une invitation à vous envoyer en l'air... mais dans l'eau ! Les sports nautiques riment avec sensations. Rando Jet rajoute à ces dernières « fous rires garantis » et c'est valable pour tout le monde, paraît-il, « de 5 à 105 ans » et aux personnes en situation de handicap, aussi, n'hésitez pas à vous renseigner. Essayez-vous à la pratique du jet ski et/ou au parachute ascensionnel. Rando Jet, c'est la meilleure adresse pour (re) découvrir les joies de la mer et du vol !

LE RELAIS DU SALAGOU €€

8, rue des Terrasses - **LE BOSC**
✆ 04 67 44 76 44
www.relais-du-salagou.com
Fermé de la mi-novembre à la mi-mars. Accessible aux PMR. Label Tourisme & Handicap.

Le Relais du Salagou est une structure familiale composée d'un gîte de groupes et de 27 chalets de 2 à 8 personnes dont certains sont accessibles et adaptés aux touristes non ou malvoyants. Lavande possède 2 chambres pour 2 personnes, 1 séjour-cuisine avec banquette 2 lits, 1 salle d'eau avec lavabo, douche et W.C accessibles. Grande terrasse couverte. Les Oliviers offre 4 chambres de 4 personnes (lits superposés), 1 chambre pour 2 personnes avec douche et lavabo accessibles, 2 autres salles d'eau de 3 lavabos chacune, 2 douches et 1 WC accessible.

PAPY'S GRILL €€

3, rue de l'Estacade
LE CAP-D'AGDE
✆ 04 67 00 33 33
Fermé de novembre à avril. Accessible aux PMR. Label Tourisme & Handicap.

Situé tout au bout du Cap, ce restaurant jeune et à l'allure moderne domine l'avant port et les bateaux de pêche face à la capitainerie. Le Chef élabore des plats concoctés maison à partir de produits frais pour des suggestions à l'ardoise selon les arrivages. Découvrez une belle cuisine issue des produits de la mer : gratinées de moules à la crème de Picpoul, huîtres gratinées au Noilly-Prat, loup grillé sauce aïoli, rougets en tapenade, plateaux de coquillages, parillade de poissons (seiches, dorades, gambas, etc.) ou encore rouilles de seiches à la sétoise.

HÔTEL D'ARAGON*** €€

10, rue Baudin
MONTPELLIER
✆ 04 67 10 70 00
www.hotel-aragon.fr
Chambre double dés 104 €. Label Tourisme & Handicap.

En plein centre ville et à deux pas de la place de la Comédie, l'Hôtel d'Aragon accueille ses clients dans un espace harmonieux alliant noblesse de l'ancien temps et technologie high-tech. C'est sans conteste une adresse futée que l'on adore ! Cet hôtel boutique d'un genre bien à lui dispose de chambres spacieuses, climatisées, insonorisées et parfaitement équipées. Celle du rez-de-chaussée est entièrement adaptée pour recevoir la clientèle handicapée. Décoré avec soin et élégance, l'établissement allie charme du passé montpelliérain et technologie.

MUSÉE FABRE ★★★

13, rue Montpelliéret - **MONTPELLIER**
✆ 04 67 14 83 00
museefabre.montpellier3m.fr
Ouvert du mardi au dimanche de 10h à 18h. Gratuit jusqu'à 6 ans. Expositions temporaires et collections permanentes.

Le musée doit son origine au peintre montpelliérain François-Xavier Fabre, il est créé en 1825. Elles peuvent se prolonger par des ateliers de pratique artistique dédiés aux arts plastiques ou numériques accessibles à tous. Des audioguides adaptés au système de boucle magnétique sont à votre disposition ainsi que les ordinateurs de la galerie multimédia. L'auditorium est équipé du système de boucle magnétique et programme chaque saison des films, conférences et autres manifestations culturelles ou artistiques. Guide en braille. Visites en LSF sur réservation.

OFFICE DE TOURISME DE MONTPELLIER

Place de la Comédie - **MONTPELLIER**
✆ 04 67 60 60 60
www.montpellier-tourisme.fr
Ouvert du lundi au samedi 9h30-13h/14h-19h, dimanche 10h-13h/14h-17h. Billetterie. Label Tourisme & Handicap.

Point de rencontre du tout-Montpellier, la place de la Comédie est également le lieu de rendez-vous de l'information. C'est sur cette place vivante que se situe l'office de tourisme de la ville, une mine d'or pour tous les vacanciers qui souhaiteraient en apprendre un peu plus sur les lieux. Mais ce n'est pas tout ! En plus de proposer une documentation complète en ligne et en direct, le bureau organise de nombreuses visites guidées passionnantes au sein de la ville et des alentours.

VISITE GUIDÉE DU CENTRE-VILLE

MONTPELLIER

Ouvert toute l'année. Rendez-vous 10 minutes avant le départ à l'office de tourisme. Label Tourisme & Handicap.

Découvrez Montpellier autrement ! Adapté aux personnes malvoyantes et non voyantes, le parcours se déroule au cœur du centre historique avec la découverte en exclusivité de deux cours d'hôtel particulier. Voilà une belle manière de rendre le patrimoine montpelliérain accessible à tous avec une visite sympathique qui reste assez adaptée. N'hésitez pas à vous renseigner sur les parcours et les contraintes, le personnel sait s'adapter aux différents publics.

GROTTE DES DEMOISELLES ★★★★

Route départementale 986/108e

SAINT-BAUZILLE-DE-PUTOIS

www.demoiselles.com

Eté : ts les jours. Horaires flexibles selon les saisons (généralement de 11h à 17h30). Adulte : 13,50€. Visite guidée.

L'endroit est un créateur de sensations et d'émotions. Les visiteurs qui s'aventurent au sein de la grotte peuvent apprécier son spectacle grâce aux installations intelligentes du gouffre. Durant la visite, on explore un décor sculpté par l'eau, mis en valeur par des jeux de lumières et de sons. Au fil de nos pas, on découvre des « grandes orgues », un « baldaquin » et la pièce maîtresse de la cavité : une stalagmite incomparable baptisée « la Vierge et l'Enfant ». Penser à se couvrir, la grotte conserve une température de 14 °C été comme hiver.

OFFICE DE TOURISME CANAL DU MIDI AU SAINT-CHINIAN

8, allée Gaubert

SAINT-CHINIAN

✆ 04 67 37 85 29

www.tourismecanaldumidi.fr

Heures d'ouverture sur le site internet. Accessible aux PMR.

L'office de tourisme de Saint-Chinian vous fera part de toutes les informations dont vous aurez besoin pour votre séjour dans la région. Il met à disposition des visiteurs des bornes d'information en libre service. Une bonne occasion de venir découvrir les bons produits locaux et de repartir avec des souvenirs ou des cadeaux destinés à votre entourage. Les paramètres d'affichage de son site Internet sont réglables pour les personnes avec une déficience visuelle.

ALLOSORTIR, L'HÉRAULT ACCESSIBLE

Comment trouver facilement un hôtel, un restaurant ou une activité de loisirs quand on se déplace en fauteuil roulant ou porteur d'une déficience ? La réponse est aujourd'hui simple comme un coup de fil grâce à AlloSortir, un concept qui repose sur un outil simple : le téléphone. Interactif, disponible 24h/24 et 7j/7, ce serveur vocal lancé par l'entreprise Proximité avec l'appui technique et financier du conseil général de l'Hérault informe gratuitement les personnes en situation de handicap de l'offre touristique adaptée dans le département. AlloSortir fonctionne comme un portail Internet : il suffit de composer le 04 89 84 89 84 depuis un poste fixe ou un mobile et prononcer le nom du département, en l'occurrence « 34 », pour connaître les sites adaptés les plus proches. En effet pour commencer, il faut d'abord préciser le département et / ou la ville dans laquelle vous vous trouvez : le système doit localiser votre position pour pouvoir vous indiquer vocalement les lieux accessibles les plus proches. Ensuite, il suffit de se laisser guider par la voix. A vous de lui dicter votre choix parmi trois modes de recherche : découverte des établissements proches, recherche par nom dans l'annuaire ou recherche par mot-clé. Horaires, animations, nouveautés, dernières minutes, mise en relation directe... Des données fournies par les professionnels du tourisme adhérents au service via une adresse Internet dédiée.

SORTIES ESCAPEO

9, place de l'Église

SAINT-JEAN-DE-LA-BLAQUIÈRE

✆ 06 43 70 26 18

www.escapeo.fr

Label Handisport.

Et si vous découvriez la montagne ? Escapeo propose un encadrement professionnel et sympathique. Les accompagnateurs sont qualifiés, sensibilisés et expérimentés pour recevoir et gérer le public en situation de handicap (handicap auditif, handicap mental, handicap visuel et handicap moteur) : matériel de randonnée adapté de type Joëlette, fil d'Ariane, VTT assistance, fauteuil tout terrain électrique sans oublier un minibus de 9 places pourvu d'une rampe et d'un ancrage pour fauteuil roulant, séjour chez des partenaires sensibilisés et/ou accessibles.

MUSÉE DE PRÉHISTOIRE RÉGIONALE ★

8, Grand Rue
SAINT-PONS-DE-THOMIÈRES
✆ 04 67 97 22 61
Fermé d´octobre à mai. Ouvert du jeudi au dimanche de 10h à 12h, de 15h à 18h. Adulte : 3,50 €. Enfant : 2 €.

Ouvert depuis 1985 suite à la donation du préhistorien Gabriel Rodriguez, le musée se divise en trois espaces : l'accueil qui peut recevoir d'importantes expositions temporaires, un espace administratif et le musée lui-même réparti sur un seul niveau qui expose le mobilier découvert dans les grottes du Haut-Languedoc. Le moment fort de la visite accessible à tous est la mise en scène de neuf statues-menhirs dans un décor peint et animé par un jeu de lumière.

CENTRE DE VACANCES MER ET SOLEIL

Les Orpellières
SÉRIGNAN
✆ 04 67 32 17 33
www.pep34vacances.com
Tarif sur demande. Label Tourisme & Handicap.

Ce village vacances propose une structure adaptée à l'accueil des personnes handicapées : parking pour PMR, cheminements en platelage et rampes d'accès dotées d'un dénivelé de 5 %. Les salles d'études et celle de la restauration sont quant à elles également à niveau. Les chambres accessibles se situent toutes au rez-de-chaussée : elles sont notamment pourvues de flashes lumineux. Une boucle magnétique est mise à disposition des personnes malentendantes.

CENTRE RÉGIONAL D'ART CONTEMPORAIN ★★

26, quai Aspirant-Herber - **SÈTE**
✆ 04 67 74 94 37
www.crac.laregion.fr
Tourisme & Handicap. Lundi et du mercredi au vendredi de 12h30 à 19h. Week-end de 14h à 19h. Gratuit. Visites guidées.

Niché sur les quais, le Centre régional d'Art contemporain est une œuvre d'art à lui tout seul imaginé par l'architecte Lorenzo Piqueras. Le CRAC accueille toute l'année des artistes créateurs du monde entier et permet des échanges autour de l'art actuel sous toutes ses formes. Les expositions sont souvent consacrées aux jeunes talents. On y découvre les tendances actuelles en peinture, sculpture, vidéo, installation. Le centre est labellisé Tourisme & Handicap.

OFFICE DE TOURISME DE SÈTE

60, grand-rue Mario-Roustan - **SÈTE**
✆ 04 99 04 71 71
www.tourisme-sete.com
Basse saison : ouvert du lundi au samedi de 9h30 à 17h30 ; le dimanche de 10h à 13h. Été : 7j/7 de 9h30 à 19h.

C'est au cœur de la ville que l'O.T de Sète vous accueille tout au long de l'année. Facilement localisable, il est très bien documenté pour vous aider à découvrir la ville et ses activités. Le personnel en place sera d'excellent conseil. L'office contient aussi un service de billetterie pour les spectacles, activités de loisir et visites guidées. Une boutique de souvenirs se trouve sans l'office. Ce lieu est également le point de départ de nombreuses visites de la ville.

BUREAU D'INFORMATION TOURISTIQUE DE VIAS

Avenue de la Méditerranée - **VIAS**
✆ 04 67 21 76 25 - www.capdagde.com
Ouvert toute l'année. En haute saison : 7j/7 de 9h à 19h. Qualité Tourisme Occitanie. Accueil vélo. Accessible PMR.

Le bureau d'information touristique de Vias vous fournira toutes les informations nécessaires pour pouvoir planifier votre séjour. L'équipe pourra vous conseiller sur les activités, les hébergements et les restaurants de la région. Vous pourrez également accéder à la billetterie pour réserver vos visites guidées, escapades, spectacles et bien d'autres. Un accès est prévu pour les personnes à mobilité réduite et une boucle magnétique est mise à disposition des personnes malentendantes.

HANDIPLAGES

- Agde, Grau-d'Agde

Plage du mail de Rochelongue : 2 accès sur la plage. Signalétique indiquant les plages accessibles, 2 emplacements réservés conformes éloignés. Pas de toilettes accessibles ni de douche. Cheminement sur du sable (bois et tapis). Pas d'équipement de mise à l'eau.

Plage de la Roquille : un parking à proximité est proche de la plage avec 6 places réservées. Un roulement aménagé permet d'aller du parking à la baignade, des douches accessibles et toilettes adaptées se trouvent à moins de 100 m. A la zone d'accueil, vous pourrez profiter de 2 Tiralos. Infos T. 04 67 48 55 63 (CCAS) ou 04 67 01 04 04 (office de tourisme).

Plage du Richelieu Ouest : poste de secours. Accès à la promenade du bord de mer. 6 emplacements avec stationnement réservé conformes et passage du parking à la plage avec aide car la pente est supérieure à 5 %. Signalétique indiquant les plages accessibles, toilettes et douches accessibles, cheminement sur du sable, 1 Tiralo.

Plage du Richelieu Est : un grand parking de 12 emplacements réservés conformes est disponible avec la signalétique indiquant les plages accessibles. L'accès à la plage doit être aidé car la pente est supérieure à 5 % puis cheminement sur le sable. 1 Tiralo disponible sur demande au poste de secours, WC accessibles et douches avec un seuil de 5 cm.

Plage du mole : emplacements de stationnements réservés puis cheminement depuis le parking vers la plage moyennement indiqué (attention : cheminement bord de mer et accès à la plage sans bordure). 1 Tiralo et une piscine accessible avec potence (attention : l'entrée secondaire est mal indiquée) sont disponible ainsi que des douches et WC accessibles.

Plage naturiste : 2 emplacements de stationnement réservés. Toilettes et douches accessibles puis cheminement aisé sur le sable. 1 Tiralo à disposition. Accès facile depuis village jusqu'à la plage.

Plage du poste de secours du Grau d'Agde centre : 2 emplacements de stationnement réservés puis cheminement accessible sur le sable. 1 Tiralo mis à disposition. Toilettes et douches accessibles. Accès facile du village à la plage.

Le Grau accès 24 : 2 emplacements de stationnement réservés puis accès à la plage seulement avec aide (pas de cheminement aménagé sur le sable). Accès direct à la promenade au bord de mer. Toilettes et douches accessibles.

- Balaruc-les-Bains

Plage du poste de secours : accès par la promenade en bord de mer, personnel sensibilisé et formé. 1 Tiralo. Les douches sont accessibles mais hélas, pas les toilettes. La plage est équipée du système audioplage.

- Carnon-Mauguio.

Plage du Toukan : 1 emplacement de stationnement réservés, cheminement sur sable jusqu'au bord de l'eau, ni toilettes ni douches accessibles. Pas de matériel de mise à l'eau.

Plage du Cemea : aucune signalétique mais 2 emplacements de stationnement réservés (non conformes), cheminement sur tapis, ni toilettes, ni douche, ni équipements de mise à l'eau.

Plage du poste de secours Est : il n'y a pas de signalétique mais 2 emplacements de stationnement réservés (conformes) sont disponibles. Un cheminement sur du sable permet d'accéder à la plage, il n'y a cependant pas de toilettes et la douche est assez difficilement accessible. Il n'y a pas de matériel de mise à l'eau non plus.

Plage du centre nautique : il n'y a pas de signalétique indiquant les plages accessibles. 2 emplacements réservés conformes permettent de garer près de la plage. Un cheminement en partie sur le goudron donne accès aux plages, des toilettes et douches accessibles se trouvent à l'école de voile. 2 Tiralos sont à disposition.

- Clermont-L'Hérault Lac du Salagou

Centre nautique : accès facile de la promenade du port de plaisance, 2 places de stationnement réservées, mais pas de signalétique indiquant la plage, ni de cheminement sur le sable. Toilettes accessibles et douches sans strapontin. Pas de matériel de mise à l'eau.

- La Grande-Motte

Plage du centre nautique parking Ouest : repérable grâce à la signalétique indiquant les plages accessibles. 4 places de stationnement réservées conformes aux normes. Le cheminement se fait sur le sable. Toilettes accessibles ainsi que les douches sans siège. Pour la mise à l'eau, 1 Tiralo est disponible au centre de secours.

- Marseillan

Plage de la capitainerie : attention, pas de signalétique indiquant la plage accessible, pas plus que de places de stationnement réservées ! Pas de toilettes mais douche accessible (sans strapontin). Pas de cheminement sur la plage et pourtant... 3 Tiralos sont disponibles sur demande à la capitainerie...

Mèze

Plage de la capitainerie : le cheminement est facile à partir du port jusqu'à la capitainerie. Il y a une place de stationnement réservée, mais pas de cheminement sur la plage. Aucune aide humaine ni matériel de mise à l'eau n'est prévue. Des toilettes et douches sont accessibles sur la plage (par le sable).

Palavas-les-Flots

Plage du Sarrail : bien signalée, cette plage dispose de 3 emplacements de stationnement réservés à 150 m. Le cheminement se fait sur un tapis. Il n'y a pas de toilettes, ni de douches mais les plagistes du poste sont sensibilisés au handicap. 1 Tiralo est disponible au poste de secours. A l'intention des malvoyants : la plage est équipée du concept audioplage. Les baigneurs sont équipés d'un bracelet étanche avec système d'appel d'urgence (disponible au poste de secours).

Plage du jockey : le cheminement sur la plage se fait sur un tapis installé sur le sable, et des douches accessibles se trouvent à proximité.

Poste de secours plage le Saint-Pierre : l'accès est direct pour la promenade en bord de mer. La plage n'est pas signalée et malheureusement aucune place de stationnement spécifique n'est réservée. Les toilettes ne sont pas accessibles accessibles pourtant les douches le sont. Un tapis installé sur le sable facilite le cheminement. Handiflot à disposition et plagistes du poste sensibilisés.

Plage l'Albatros : la promenade en bord de mer est accessible. Aucune place de stationnement n'est réservée, la pente de la rampe d'accès supérieure à 5 % il faudra donc se faire aider. Roulement sur tapis, et toilettes accessibles se trouvent au poste de secours (200 m). Il n'y a cependant pas de matériel de mise à l'eau.

Plage du Saint-Maurice : une rampe mène au poste de secours où 1 Hippocampe est disponible. Une douche accessible et toilettes accessibles également (mais payantes) se trouvent à proximité.

Plage du zénith : une rampe mène jusqu'au poste de secours et 1 tapis installé sur le sable facilite le cheminement sur la plage. Une douche accessible se trouve à proximité mais pas de toilettes.

Portiragnes

Plage de la redoute : 2 places de stationnement réservées mais non conformes aux normes sont disponibles. Un cheminement a été aménagé pour accéder à la plage, des toilettes et une douche accessibles (pas de strapontin) se trouvent à proximité. 1 Tiralo est à votre disposition.

Sète

Plage de Villeroy : un poste de secours est présent sur cette plage. 4 emplacements de stationnement réservés et une signalétique indiquant les plages accessibles se trouvent à poximité. Il y a 4 tapis de cheminement sur la totalité de la plage pour pouvoir circuler. Le personnel du poste est sensibilisé. Des toilettes et douches accessibles, 1 Tiralo à disposition. Restaurant de plage accessible.

Plage des quilles : l'accès à la promenade des Marinas est facile, l'accessibilité de la plage est bien signalée (attention cependant la pente de la rampe est supérieure à 5 %), l'accès à la plage se fait par tapis de cheminement. Des toilettes accessibles se trouvent sur place mais pas de douche. 1 Tiralo est à disposition.

Valras

Plage du poste de secours du casino : 4 places de stationnement réservées se trouvent sur le parking, l'accès à la promenade au bord de mer est direct et il y a un cheminement (tapis) sur le sable. Des douches et des toilettes accessibles se trouvent sur place. Vous trouverez un équipement de mise à l'eau : 1 Tiralo.

Plage du poste de secours central : 3 places de stationnement réservées, accès direct à la promenade en bord de mer et cheminement irrégulier sur le sable. Douches et toilettes accessibles à proximité. Matériel de mise à l'eau : 1 Tiralo disponible sur demande au poste.

Vias

Plage de la Farinette : Le parking a été aménagé pour les personnes à mobilité réduite, places réservées, rampe d'accès à la plage difficilement accessible (pente supérieure à 5 %), pas de cheminement sur le sable, toilettes accessibles mais pas de douches ni de matériel de mise à l'eau.

Villeneuve-les-Maguelone

Plage du poste de secours Ouest : Accessible par un roulement aménagé du parking (4 places) à la baignade. 1 Tiralo disponible à la zone d'accueil. Rens. T : 04 67 69 75 75. Fax : 04 67 69 33 67. Signalisation à l'entrée du site.

© JACKF - ISTOCKPHOTO.COM

Le pont Valentré à Cahors.

LOT TOURISME

CAHORS

tourisme-lot.com

Pas d'accueil physique du public.

Cette agence est l'outil officiel du Département du Lot chargé de préparer et de mettre en œuvre la politique départementale de développement touristique. Lot Tourisme affiche une ambition claire pour le département du Lot : développer le tourisme, diffuser, communiquer et promouvoir le territoire. Pour cela, l'ADT s'est doté d'un site Internet très complet centralisant toutes les informations pratiques, édite des brochures pour vanter les mérites du Lot et effectue des salons de tourisme en France et à l'étranger et mène des actions auprès de la presse.

OFFICE DE TOURISME DE CAHORS

Place François Mitterrand - **CAHORS**

✆ 05 65 53 20 65

www.cahorsvalleedulot.com

Lundi au samedi 9h30-12h30 et 13h30-17h30. De juin à sept 9h-19h + dimanche et jours fériés 10h-18h. Qualité Tourisme.

Ville d'art et d'histoire, capitale historique du Quercy, la ville de Cahors s'impose. Afin de mieux préparer son séjour, ou encore de programmer une visite guidée de la ville de Cahors ou de toute la vallée du Lot, l'office du Tourisme met tout en œuvre pour recevoir et aiguiller les visiteurs. Une mutualisation des offices de tout le sud du Lot permet d'obtenir ici un service global. L'office de tourisme propose des séjours entièrement adaptés aux visiteurs en situation de handicap.

LA FORGE DE CREMPS €€

Le bourg - **CREMPS**

✆ 05 65 24 33 12

www.gites-cremps.com

Gîtes de France (3 épis). Ouvert toute l'année. 1 gîte de 4 personnes bien adapté mais non labellisé.

Dans le village de Cremps se tient une ancienne forge du XVIIIe siècle rénovée en gîte. La décoration est semblable à celle que nous pouvions trouver dans les anciennes bâtisses quercynoises : dépaysement assuré ! Une grande cheminée occupe la pièce principale, et devient vite agréable lors de séjours hivernaux. Avec sa terrasse et son terrain privatifs, le lieu est signe de détente. Accessible aux personnes à mobilité réduite, ce gîte ravira toute la famille pour une découverte lotoise riche en souvenirs. Un descriptif du fonctionnement du lieu a été rédigé.

CAP NATURE

Chemin de l'Ile - **PRADINES** ✆ 05 65 22 25 12

www.capnature.eu

Ouvert d'avril à novembre. Horaires selon saison. Accrobranche 15-21€. Paintball 25-35€. Lazerwood et footbulle 20€.

Accrobranche avec de nombreux atouts : ponts de singe, tyrolienne, filets… Plus de 110 jeux sont répartis sur des parcours adaptés à chaque âge. La pratique ne nécessite pas de compétence physique particulière et fait abstraction des notions d'extrême ou de compétition. Les parcours en hauteur sont accessibles pour tous niveaux à partir de deux ans, pour un bon moment en famille ou entre amis. Autres attractions : bubble game, paintball, chasse aux trésors, ski nautique, wake board, mini-golf etc. La nature préservée du site participe à la détente !

Rocamadour.

DOMAINE DES GRANDS-CAMPS €€

Cazes - **PRADINES** ✆ 05 65 30 51 13
www.lescampsgrands.jimdofree.com
Gîtes de France (3 épis). Label Tourisme & Handicap (moteur, PMR, mental, malentendant, malvoyant).

En surplomb de la vallée du Lot, le hameau de Cazes vous offre une vue panoramique sur les environs. Le gîte de plain-pied est entièrement adapté aux visiteurs en fauteuil ; la piscine est également aménagée. Si nécessaire, vous pouvez demander du matériel spécialisé. Un livret d'accueil contient toutes les informations utiles pour la maison et les environs, les équipements sont contrastés pour le handicap visuel (téléphone, documentation adaptée). Une maison où il fait bon séjourner, quels que soient vos besoins spécifiques.

PISCINE DE PUY-L'ÉVÊQUE

Promenade de Héron - **PUY-L'EVÊQUE**
✆ 05 65 30 84 33
ccvlv.fr/bouger-se-divertir/piscine
De mi-février à début décembre. Adulte 4 €, enfant 2,90 €. Vestiaire gardé. Cabines, sanitaires, douches. Activités.

Située face au bourg médiéval de Puy-L'Evêque au bord du Lot, cette piscine couverte permet une halte sportive adaptée et accessible à tous en toutes saisons. Elle est équipée d'un bassin de natation et d'un espace ludique avec un pentagliss à trois pistes, d'un geyser, d'une banquette à bulles et d'un cerceau à jet d'eau. De nombreuses activités y sont proposées : aquagym, bébés nageurs pour les enfants de quatre mois à trois ans, des cours de natation ou de natation synchronisée. Une très bonne idée de sortie pour petits et grands !

LA GRANGE DE ROCAMADOUR « GÎTE DURANDAL » €€

La gare - **ROCAMADOUR** ✆ 05 65 33 48 71
www.la-grange-de-rocamadour.fr
De 70 à 125 €/nuit selon saison et emplacement. Chèques, virements, espèces, chèques vacances. Hébergement non fumeur.

Le gîte Durandal est aménagé dans une grange lotoise totalement rénovée dans l'esprit traditionnel et écologique puisque le chauffage et l'eau chaude sont assurés par des panneaux solaires. Totalement adapté, vous disposez d'un salon, d'une chambre et d'une terrasse. Vos hôtes sont par ailleurs attentifs et disponibles sur le site si vous en avez besoin. Un très beau lieu, assez accessible et dans un très beau cadre. Une adresse à retenir pour un très chouette séjour.

LA GRANGE DU BOS €€

Le Bos-de-Rouffilhac
ROUFFILHAC
✆ 05 65 41 21 35
www.lagrangedubos.fr
Ouvert toute l'année. Non labellisé mais le RDC peut accueillir 2 personnes en fauteuil roulant.

Cette superbe ferme de 240m^2 comprend huit pièces réparties en deux gîtes. Un gîte de 10 personnes se compose au rez-de-chaussée d'un grand séjour, d'une salle à manger, d'un salon, d'une cuisine équipée, d'une chambre double, d'une salle de bains et de toilettes. A l'étage, 4 chambres, salle de bains et toilettes. Le gîte mitoyen de 2 personnes est loué en juillet et août : doté d'une entrée séparée, il se compose d'un séjour, d'une salle à manger, d'une cuisine, d'une salle de bains et de toilettes, deux grands lits en mezzanine.

GÎTE D'ÉTAPE AIRE DE CÔTE €

BASSURELS
✆ 04 66 44 70 47
www.aire-de-cote.com
Accessible aux PMR.

Le gîte Aire de Côte est le gîte d'étape pédestre et équestre du Parc national. Perché à 1 085 m d'altitude sur les flancs du Mont Aigoual, il est à la croisée des nombreux GR qui sillonnent les Cévennes... Au rez-de-chaussée, une deuxième chambre a été aménagée pour l'accueil de 4 personnes handicapées moteur et trois accompagnateurs, en complément d'une chambre existante pouvant accueillir 2 personnes en situation de handicap et deux accompagnateurs.

OFFICE DE TOURISME INTERCOMMUNAL CŒUR DE LOZÈRE

Place du Foirail - **MENDE** ✆ 04 66 94 00 23
www.mende-coeur-lozere.fr
Ouvert toute l'année. En juillet/août : 7j/7. Horaires à consulter sur le site Internet. Accessible en fauteuil roulant.

Ses vastes locaux, chaleureux et accueillants, ne sont pas les seuls atouts de l'office de tourisme Mende Coeur de Lozère. Sur place, une petite armée de professionnels se démène, parfois au pied levé, pour apporter des réponses à vos questions, et promouvoir, avec une sincérité affichée, son petit bout de territoire. Outre les informations, les conseils, la structure propose aussi plans, brochures et audioguides, qui permettent de découvrir la ville en toute autonomie et à son rythme.

LES SOUS-BOIS DU LAC***

CHASTANIER
✆ 04 66 69 52 43
www.campinglozere.com
Ouvert du 1er mai au 15 octobre. Qualité Sud de France. Qualité Tourisme. Label Tourisme & Handicap.

A 900 mètres du grand lac de Naussac, le camping offre un joli choix d'hébergements : chalets bois premium, gîtes et cosy-lodges. Certains mobil-homes sont quant à eux adaptés pour recevoir la clientèle handicapée. En juillet et en août, le camping s'enrichit d'activités sympathiques pour toute la famille avec un parc aquatique comprenant piscine chauffée, toboggans, pataugeoire avec jeux arroseurs, aire de jeux et tyrolienne de 27 mètres ! Animations enfants et en soirée, ou encore restaurant, tout est là pour se régaler. A découvrir !

DOMAINE AIGOUAL CÉVENNES*** €

250, chemin du languedoc - **MEYRUEIS**
✆ 04 44 05 23 03
www.domaine-aigoual-cevennes.com
Ouvert toute l'année. Accueil jusqu'à 20h. Maison 2 à 4 personnes dès 470€. Jusqu'à 8 personnes, dès 940€.

Le village de vacances est composé d'une soixantaine de pavillons de plain-pied dont certains sont adaptés pour la clientèle en situation de handicap. Dans ce cadre verdoyant, toutes les commodités ont été prévues (accueil, laverie) complétées par le village tout proche. Les loisirs sont privilégiés (bibliothèque, prêt de jeux de société) et les activités alentour sont nombreuses, de l'équitation à la spéléo en passant par le canyoning ou le canoë.

LA CHAZELLE €

La Capelle - **LA CANOURGUE**
✆ 04 66 94 06 38
www.lachazelle.com
Gîtes de France (3 épis). Ouvert toute l'année. Pour 24 personnes (350 m², 7 chambres). Label Tourisme & Handicap.

Élisabeth Lenglen a restauré l'ancienne bergerie familiale pour en faire un vaste gîte pouvant accueillir jusqu'à 24 personnes. Sa particularité est de pouvoir accueillir dans les meilleures conditions de confort et d'accessibilité des personnes handicapées particulièrement celles en fauteuil roulant. Découvrez de beaux espaces clairs et chaleureux où individuels et groupes séjournent en gestion libre, demi-pension ou pension complète. A l'extérieur, l'espace est tout aussi vaste avec un demi hectare de terrain. Location de matériel sur place.

LES HAUTS DU GÉVAUDAN €€

Vimenet - **MONTRODAT** ✆ 04 66 49 58 58
www.leshautsdugevaudan.com
Ouvert toute l'année. Structure labellisée et spécialisée dans l'accueil de personnes en situation de handicap.

Situés en bordure de forêt, les Hauts du Gévaudan dominent la vallée de la Colagne. Associant à leur environnement la modernité, l'accessibilité et le confort, les 30 gîtes très spacieux (83 m2) comprennent chacun un grand séjour (1 canapé-lit 2 places en 140 cm), 2 chambres (2 lits en 90 x 200 cm) et un coin cuisine équipé. Les éléments de cuisine et le plan de travail sont à hauteur accessible. Les salles de bains et les W.C sont adaptés : sièges de douche muraux, barres de relèvement... Pour le plaisir de tous, la piscine est aménagée avec un accès par rampes.

LA BORIE DE L'AUBRAC €€€

La Grange des Enfants - **NASBINALS**
✆ 04 66 45 76 97
www.borie-aubrac.com

5 chambres de 110 € à 180 €. Animaux non acceptés. Table d'hôtes. Label Tourisme & Handicap.

Dans cet imposant bâtiment de pierre du XIXe siècle, Pat et Laurent ont installé leur maison d'hôtes. Ils proposent cinq chambres de facture contemporaine dont la sobriété, l'usage du bois et de la pierre sont un rappel de la nature environnante. La chambre Marchastel est située au rez-de-chaussée : elle peut accueillir des touristes à mobilité réduite. Elle dispose d'une douche et d'une terrasse privée. La table d'hôte met en avant les arômes et saveurs de le région avec des recettes originales intégrant parfaitement les produits du terroir.

GÎTE À L'ABRI DU TEMPS €€

PRINSUEJOLS-MALBOUZON
✆ 04 66 32 76 64

Gîtes de France (4 épis). Ouvert toute l'année. Accessible aux PMR. Label Tourisme & Handicap.

Le gîte est né de la restauration d'une ancienne grange à proximité du château de la Baume. Au rez-de-chaussée, découvrez une grande pièce comprenant une cuisine intégrée, un salon, une salle à manger avec poêle à bois, une télévision et un lecteur DVD. Une chambre adaptée dotée d'un lit en 140 cm, une salle d'eau, un sauna finlandais, des W.C indépendants et un lave-linge complètent la prestation. A l'étage : 1 chambre (lit en 160 cm et 1 en 90 cm), 1 chambre (lit en 140 cm), 1 chambre (2 lits en 90 cm), salle de bains et W.C. indépendants.

MAISON DES VAUTOURS ★

Le Truel - **SAINT-PIERRE-DES-TRIPIERS**
✆ 05 65 62 69 69
www.maisondesvautours.fr

Haute saison : 7j/7 de 9h30 à 19h30. Adulte : 7,50 €. Enfant de 5 à 12 ans : 5,50 €. Visite guidée. Boutique.

On possède des témoignages de leur existence qui remonterait à plus de 70 000 ans… Dans les grandes falaises aux anfractuosités marquées – conditions de vie idéale des vautours – la faune sauvage abonde. Disparus dans les années 40, ils sont réintroduits dans les années 80 avec des spécimens venus d'Espagne tout d'abord en volières avant d'être relâchés en milieu naturel. Comptant une soixantaine de rapaces au début de son existence, la colonie représente aujourd'hui environ 200 grands oiseaux dont on peut admirer le vol à partir du belvédère aménagé.

FONDATION DU PRIEURÉ DE MARCEVOL €€

Hameau Marcevol - **ARBOUSSOLS**
✆ 04 68 05 24 25
www.prieure-de-marcevol.fr

Ouvert d'avril à octobre. Label Tourisme & Handicap (mental, auditif). Visite guidée 1h sur RDV (min. 10 personnes).

Découvrez ce prieuré du XIIe siècle autour d'une visite passionnante déclinée sur plusieurs thèmes : église romane, fresques et lieu de pèlerinage. Des ateliers pédagogiques ainsi que des animations sont organisés à partir des deux maquettes tactiles : construction d'une voûte du Moyen Age et du prieuré. Carnet de visites en braille et gros caractères, planches dessins en relief. Un magnifique lieu à voir, adapté aux handicaps mentaux et aux malentendants.

CAMPING EUROPE*** €€

Avenue du Général-de-Gaulle - **ARGELÈS-SUR-MER**
✆ 04 68 81 08 10
www.camping-europe.net

Ouvert d'avril à septembre. Label Tourisme & Handicap. Animaux acceptés. Mobil-homes adapté : 464 €-1 000 €/semaine.

Ce camping dispose de mobil-homes totalement adaptés aux campeurs à mobilité réduite ainsi que des allées bitumées facilitant les déplacements en totale autonomie. Bloc sanitaire accessible. Le site est également labellisé pour les handicaps mental et auditif. Une très bonne adresse où passer ses vacances bien adaptée, accueillante avec du personnel compréhensif et qui s'adapte facilement. Un camping agréable dans un joli petite ville non loin de la Méditerranée, à quelques kilomètres des Pyrénées. Bien situé, il ravira petits et grands.

CAMPING LE SOLEIL***** €€

Route du Littoral - **ARGELÈS-SUR-MER**
✆ 04 68 81 14 48
www.camping-le-soleil.fr

Ouvert à l'année. 830 emplacements. Tarifs sur le site du camping. Mobil-home PMR. Aire camping-cars. Wifi. Animations.

Le camping tout entier a été aménagé pour accueillir la clientèle en situation de handicap. Les déficients visuels bénéficieront de dispositifs de guidage et de lecteurs MP3 permettant d'aiguiller ces vacanciers en totale autonomie et en toute sécurité. Cinq mobil-homes ont par ailleurs été adaptés aux déficients visuels. Un mobil-home est accessible aux déficients moteurs. Un Tiralo est mis à la disposition de la clientèle avec un accès direct à la plage. Un personnel à l'écoute si nécessaire, un camping non loin de la mer, de quoi passer de bonnes vacances.

OFFICE DE TOURISME D'ARGELÈS-SUR-MER

Place de l'Europe - **ARGELÈS-SUR-MER**
✆ 04 68 81 15 85
www.argeles-sur-mer.com

Basse saison du lundi au vendredi et le samedi matin. Tous les jours en haute saison.

Des documents de présentation de la ville et du département sont disponibles à l'accueil en braille et en gros caractères. L'Office de Tourisme a également créé un document listant les structures accessibles dans la ville. Vous y trouverez toutes les précisions concernant la plage « Handiplage ». Il y a deux emplacements accessibles devant les deux entrées de l'office de tourisme dont un matérialisé au sol et un autre par un panneau. Le personnel est sensibilisé au handicap.

OFFICE DE TOURISME

Avenue de la République
BANYULS-SUR-MER
✆ 04 68 88 31 58
www.banyuls-sur-mer.com

Ouvert tous les jours en haute saison. Moyenne et basse saison du lundi au samedi.

Situé en bord de mer, l'office met à disposition de la clientèle handicapée un guide concernant l'accessibilité en ville avec une présentation du département et un recensement précis des structures accessibles. Le personnel d'accueil a suivi une formation pour accueillir les personnes handicapées. Tous les aménagements concernant les handicaps moteur et mental ont été réalisés : documentation adaptée, pictogrammes associés aux textes et images. Vous aurez toutes les informations nécessaires pour un voyage ou séjour adapté.

HANDIPÊCHE

Parcours pêcheur handicapé de la Jasse de Calvet

Ce site de pêche de 200 m de long décomposé en 3 parcours est exclusivement réservé aux pêcheurs handicapés (personnes à mobilité réduite, handicapés mentaux ainsi que titulaires d'une pension selon un taux de 85 %). Seuls les pêcheurs handicapés ont accès à ces sites de pêche même lorsqu'ils sont libres de toute occupation.

Parcours de Millas

Sur le plan d'eau de Millas, deux pontons de deux places sont réservés aux personnes à mobilité réduite. Seuls ces pêcheurs ont accès à ces sites de pêche, même libres de toute occupation.

Le Racou.

L'ABBAYE SAINTE-MARIE ET SON CLOÎTRE ★★★

ARLES-SUR-TECH
✆ 04 68 83 90 66
www.tourisme-haut-vallespir.com

Ouvert du lundi au samedi en basse saison et le dimanche après-midi en haute saison. Entrée par l'office de tourisme.

Fondée en 778 par les bénédictins, c'est la plus ancienne abbaye carolingienne de Catalogne. L'abbaye Sainte-Marie possède – chose unique en Roussillon – une abside orientée à l'ouest dans la tradition préromane. L'intérieur surprend par la hauteur de la nef (17 m) et une certaine austérité. Les sculptures en réserve du portail (pantocrator) sont une des toutes premières manifestations de l'art roman pyrénéen. La contre abside creusée intérieurement dans le mur de façade est un ensemble architectural de type carolingien ; la niche centrale est ornée de fresques datant du XIIe siècle. Avec ses colonnes géminées et ses moulures sobres, le cloître gothique rappelle dans ses lignes celui de Moissac auquel l'abbaye était affiliée. Le grand orgue est le dernier joyau hérité des moines : il est dans sa tonalité d'origine et fait d'Arles un haut lieu de la musique baroque. L'endroit le plus spectaculaire est sans conteste ce que l'on a coutume d'appeler la sainte Tombe visible à gauche sur le parvis de l'église : depuis des décennies, celui-ci se remplit d'une eau claire, une énigme pour les scientifiques. Le personnel a fait l'objet d'une formation spécifique aux différents types de handicaps tandis que différents outils pédagogiques ont été mis au point permettant par exemple de travailler sur les odeurs dans un jardin de cloître au Moyen Age. Carnets en braille et en gros caractères, planches en relief et maquette tactile sont également disponibles. Visites contées.

CHÂTEAU-MUSÉE DE LA PRÉHISTOIRE ★★

5, rue du Château - **BÉLESTA** ✆ 04 68 84 55 55
www.belesta.fr

Ouvert toute l'année. En haute saison tous les jours de 14h à 19h. Voir site Internet pour les horaires en basse saison.

En 1983, des archéologues ont mis au jour la plus ancienne sépulture collective du Midi datant de 6 000 ans et regroupant une trentaine d'individus ainsi que les offrandes les accompagnant dans leur dernier voyage. Vous découvrirez tout sur les premiers agriculteurs. Des visites guidées sont possibles pour petits groupes et sur réservation. Mallettes pédagogiques : poteries, silex, arcs, flèches et tissage. Carnet de visite en braille et gros caractères et planches dessins en relief.

LE CHALET DU TICOU** €€

Avenue de la Coume - **BOLQUÈRE**
✆ 04 68 30 02 44
www.chaletduticou.fr

Ouvert toute l'année. Formules variées. 2 chambres sont adaptées PMR.

Situé à 2 km de la station de ski de Pyrénées 2000 et à 5 km de Font-Romeu, le Chalet du Ticou se niche en bordure de forêt, à proximité de l'étang du Ticou. Le Chalet vous accueille dans une ambiance conviviale et familiale. Il dispose de 2 grandes salles à manger avec terrasses panoramiques, un bar avec coin salon et cheminée, une grande salle de spectacle. Deux chambres sont adaptées au handicap moteur. La situation du chalet rend possible la pratique de nombreuses activités aux alentours. Le site est proche des services commerciaux de Font-Romeu.

CENTRE DE SCULPTURE ROMANE - MAESTRO DE CABESTANY ★★★★

Parc Guilhem - **CABESTANY** ✆ 04 68 08 15 31
www.maitre-de-cabestany.com

Ouvert toute l'année. Tous les jours en haute saison. Visite guidée. Spectacles et conférences.

Au XIIe siècle, un sculpteur anonyme au style singulier laisse des œuvres uniques dans les Pyrénées-Orientales et dans tout l'arc latin (de la Navarre à la Toscane). On l'appellera le Maître de Cabestany suite à la découverte en 1930 d'un tympan roman lors de la réfection de l'église de Cabestany. Artiste isolé ou atelier de sculpture, nous ne le saurons probablement jamais. On sait peu de choses sur lui sinon qu'il se distingua par un style d'une grande originalité, les œuvres d'alors étaient anonymes. Il se caractérise par son atypisme et sa « modernité » ; la grandeur des mains, les immenses yeux exorbités de ses personnages ainsi que les effets d'ombre et de lumière et le relief sont, entre autres, « sa patte ».

Le Centre de Sculpture Romane propose un voyage fascinant dans l'univers de cet artiste itinérant qui a essaimé ses œuvres sur les chemins de Compostelle et sur la route de Rome. De Navarre en Toscane, on retrouve à travers des sculptures, les traces de son passage. Les œuvres présentées sont des moulages mis en scène dans un espace ultra contemporain grâce à de savants jeux de lumière. Les malvoyants peuvent « visualiser » les sculptures, car ici on peut toucher, caresser les œuvres exposées. Déficients visuels ou non, toucher les sculptures et en suivre courbes et détails du bout des doigts ou avec la paume de la main procure des sensations extraordinaires... Des expositions temporaires toujours liées à l'art se déroulent à l'étage.

HANDIPLAGES

Argelès-sur-Mer

Poste de secours n° 3 : Handiplage niveau 2, 4 places de stationnement réservées. Signalétique à l'entrée de la plage, bande de roulement entre le parking et la zone de baignade, zone d'accueil équipée de tapis, 1 Tiralo, 1 handiplagiste, douches et toilettes aménagées à l'intérieur du poste de secours. Rens. T. 04 68 81 15 85.

Banyuls-sur-Mer

Plages des Elmes : accessibles mais non labellisées, 4 places stationnement réservé.

Plage du centre Hélio-marin : entrée du site signalée, roulement aménagé depuis le parking, 3 Tiralos. Douche et toilettes accessibles à moins de 100 m.

Canet-en-Roussillon

Poste de secours n° 3 : label Handiplage niveau 2.

Plage Grand Large : 2 places stationnement réservées, roulement aménagé du parking à la baignade, douches et sanitaires adaptés. 1 handiflot.

Port-Barcarès

Plage Lydia, poste n° 2 et village n° 7 : 8 places de stationnement réservées, roulement aménagé depuis le parking, 2 Tiralos. Douche accessible et sanitaires adaptés à moins de 100 m.

Sainte-Marie-la-Mer

Plage de Sainte-Marie : label Handiplage niveau 2, deux places stationnement réservé parking.

Plage centrale Agora : entrée signalée, roulement aménagé depuis le parking, 1 Hippocampe, 1 handiplagiste, douche accessible et sanitaires à moins de 100 m.

EL PASTURAL**** €

Route du Puigmal - **ERR**

✆ 04 68 04 04 79

www.levedrignans.com

Ouvert toute l'année. Pour 5 pers. de 390 à 610 € la semaine selon saison. Location week-end 2 nuits de 54 à 118 €.

Heureux les vacanciers qui auront le plaisir de séjourner à Err, joli village de Cerdagne perché à 1 300 mètres d'altitude au cœur du Parc Naturel des Pyrénées Catalanes ! El Pastural vous propose des chalets en bois tous équipés du confort moderne pour 5, 7 ou 8 personnes en toute saison. Certains sont adaptés pour la clientèle handicapée moteur. Si vous venez en été, vous pourrez profiter de la base de loisirs du village avec piscine, toboggans et jeux pour enfants. De somptueuses balades vous attendent dans des paysages à vous couper le souffle.

CAMPING L'ESCAPADE**** €€

Cami del Sègre - **ESTAVAR**

✆ 04 68 30 81 00

www.lescapade.com

Ouvert à l'année. Location de chalets week-end, semaine ou longue durée. Tarifs pour séminaires et comités d'entreprise.

A deux pas du cœur du village d'Estavar, dans un parc arboré longeant une rivière à truites, le Parc résidentiel de loisirs L'Escapade vous ouvre les portes de ses chalets (2 sont accessibles) individuels en famille ou en groupe. Dans un environnement totalement naturel et protégé, le Parc s'étend actuellement sur 6,5 hectares. L'ouverture d'un nouveau bâtiment collectif permet de disposer de nouvelles salles de loisirs et de restaurations accessibles au public handicapé moteur (ascenseur). Les gestionnaires sont particulièrement sensibilisés aux handicaps.

OFFICE DE TOURISME DE FONT-ROMEU

38, avenue Emmanuel-Brousse

FONT-ROMEU-ODEILLO-VIA ✆ 04 68 30 68 30

www.font-romeu.fr

Qualité Tourisme. Ouvert tous les jours de 9h à 12h et de 14h à 18h. Vacances scolaires été de 9h à 12h et de 14h à 19h.

Situé au pied de la télécabine des Airelles, l'office sera votre allié pour « changer d'altitude », comme le clame le slogan. Ils vous renseigneront sur les activités de la station été comme hiver ainsi que sur les hébergements disponibles. Bon à savoir : des « skibus » gratuits circulent tous les jours pendant la saison de ski entre Via-Odeillo et Font-Romeu. Sur leur site Internet, visualisez les pistes avec la webcam, tenez-vous informé de l'enneigement et de la météo en temps réel.

LES BAINS DE SAINT-THOMAS

Village Saint-Thomas

FONTPÉDROUSE

✆ 04 68 97 03 13

www.bains-saint-thomas.fr

Fermé 3 semaines en novembre. Sinon ouvert tous les jours en haute et basse saison. Soins. Snack et boutique.

Un amphithéâtre en pierres abrite des bassins d'eau chaude thermale sulfureuse naturelle. En extérieur, 3 bassins vous attendent. On peut se relaxer dans ces bassins à 37 °C (en moyenne). L'espace bien-être offre une gamme très variée de soins. En hiver, environnés de neige et au clair de lune, les bains deviennent absolument magiques ! Vestiaires adaptés pour les personnes handicapées au niveau de l'accueil des bains, possibilité d'accès aux bassins et à l'étage du hammam.

LE COL DE L'ULLAT ★★

LAROQUE-DES-ALBÈRES

✆ 04 68 95 49 97

www.tourisme-pyrenees-mediterranee.com

Ouvert toute l'année. Gratuit. Label Tourisme & Handicap.

Serpentant au milieu d'une jolie forêt de pins Laricio et de hêtres, ce sentier conduit à un point d'observation depuis lequel la vue panoramique sur la côte rocheuse des Albères est splendide. La promenade labellisée pour les handicaps mental, moteur et malentendant est agrémentée de panneaux et de pupitres de lecture mais également bordée d'équipements de sécurité et de mobiliers adaptés. Un lieu haut en couleur, avec une belle vue. Une jolie sortie qui ravira petits comme grands. A découvrir en escale sur le secteur.

OFFICE DE TOURISME DE BARCARÈS

Place de la République

LE BARCARÈS

✆ 04 68 86 16 56

www.portbarcares.com

Ouvert tous les jours en saison.

L'office de tourisme de Barcarès fournit toutes les informations nécessaires pour planifier son séjour et ses activités. Afin de promouvoir le tourisme pour tous, l'office de tourisme a mis en place de nombreuses solutions afin de se rendre accessible. Il a ainsi obtenu le label national « Tourisme & Handicap » pour les quatre familles de handicap : visuel, auditif, moteur et mental. Le personnel a été sensibilisé à l'accueil des personnes en situation de handicap.

OFFICE DE TOURISME

6, rue Arago - **LE BOULOU** ✆ 04 68 87 50 95

www.vallespir-tourisme.fr

Ouvert du lundi au samedi toute l'année. Le dimanche matin en haute saison. Visites guidées 5 €.

Une vraie mine d'informations. Le souriant personnel, très professionnel vous donnera toutes les clés pour appréhender au mieux votre séjour dans la ville thermale et organiser vos escapades dans les environs. Des fascicules concernant les promenades, à pied, avec un VTT ou à cheval, autour du Boulou sont à votre disposition. Les passionnés d'histoire pourront randonner sur les traces de la bataille du Boulou. L'Office de tourisme a reçu le label « Tourisme & Handicap » pour les solutions mises en place pour l'accueil des personnes en situation de handicap.

LE FORT DE BELLEGARDE ★★

LE PERTHUS

✆ 04 68 54 27 53

www.mairie-le-perthus.com

Ouvert tous les jours en saison. Sur RDV hors saison. Renseignements au point info tourisme du Perthus.

L'histoire de ce fort commence bien avant le XVIIe siècle et Vauban : les châtelains qui s'y succédèrent touchaient l'octroi au col de Perthus. En 1659, le traité des Pyrénées crée la frontière actuelle entre la France et l'Espagne : le château devient français et le prieuré construit à ses pieds est partagé en deux. En 1679, Vauban fait raser le château et récupère les pierres du prieuré pour la construction du fort d'où l'on pouvait surveiller le plus ancien passage connu des Pyrénées-Orientales. Le panorama est exceptionnel.

MAS SARAGOSSE €€

Route de Thuir

MILLAS

✆ 04 68 57 13 69

www.mas-de-saragosse.com

Gîtes de France. Ouvert toute l'année. Label Tourisme & Handicap.

Situé dans une partie d'un mas spécialisé dans l'agriculture biologique, il s'agit d'un grand studio de 40 m² aménagé dans une ancienne étable pouvant accueillir deux personnes. Proche de la source qui lui a donné son nom, il est situé en rez-de-chaussée : il est entièrement accessible aux personnes en fauteuil roulant. Petit jardin privatif. Dans un joli cadre, proche de la nature de la montagne et de la mer, ce qui donne une sympathique destination de voyage, le tout dans un cadre assez équipé et rassurant. L'idéal pour faire de ce séjour un séjour réussi.

PARC NATUREL RÉGIONAL DES PYRÉNÉES CATALANES

1, rue Dagobert

MONT-LOUIS

✆ 04 68 04 97 60

www.parc-pyrenees-catalanes.fr

Le parc propose des sorties montagne encadrées par des professionnels dont certains ont été formés à l'accueil et l'encadrement des visiteurs en situation de handicap. 67 communes des Pyrénées-Orientales ont signé la charte du parc naturel régional. Le but étant la préservation et la connaissance de la faune et de la flore du PNR au travers de conférences de sensibilisation, de balades, expositions ou de randonnées pédestres et bien d'autres encore.

Fort de Bellegarde.

OFFICE DE TOURISME PERPIGNAN MÉDITERRANÉE

Place de la Loge - **PERPIGNAN**
✆ 04 68 66 30 30
www.perpignantourisme.com
Ouvert du lundi au samedi et le dimanche (sauf entre novembre et janvier).

L'Office de tourisme Perpignan Méditerranée est désormais installé dans le magnifique bâtiment de la Loge de Mer contigu à la mairie. La ville vous étonnera par son riche patrimoine culturel et son goût pour la fête. Vous serez accueilli par une équipe dynamique de professionnels du tourisme prête à vous donner les meilleurs conseils afin que votre séjour à Perpignan et ses environs soit des plus agréable. Sourire, disponibilité et compétences sont les mots qui résument cette équipe !

OFFICE DE TOURISME COMMUNAUTAIRE PYRÉNÉES CERDAGNE

1, place del Roser - **SAILLAGOUSE**
✆ 04 68 04 15 47 - www.pyrenees-cerdagne.com
Ouvert du lundi au samedi. En basse saison fermé le samedi après-midi. Guide rando et jeu de rôle/piste à la vente.

Entrez faire le plein d'informations à l'Office de tourisme Pyrénées Cerdagne et profitez de conseils personnalisés dans le bel espace accueil. Que vous soyez en famille, en duo, seul ou entre amis, venez vivre des activités de pleine nature accessibles à tous, grâce à la station Err-Puigmal. Loisirs, patrimoine, bains d'eaux chaude sulfureuse, sports de sensation, gastronomie, produits du terroir, hébergements, les lieux et les acteurs de ce fabuleux territoire n'attendent que vous !

CHEZ PLANES €€

6, place des Comtes-de-Cerdagne - **SAILLAGOUSE**
✆ 04 68 04 72 08
www.chezplanes.com
Maître Restaurateur. Ouvert tous les jours en haute saison. Terrasse. Hôtel 3 étoiles. Label Tourisme & Handicap.

Dans la tradition, un ancien relais de diligences devait apporter le coucher et le souper, ce qui donna naissance à la célèbre expression : qui dort dîne. Dans ce charmant village, les us et coutumes perdurent… Côté restaurant, prenez place dans la jolie salle typique : on attaque les festivités par une assiette de charcuteries du Pays avant l'arrivée de la brandade de morue à l'huile d'olive, croustillant de poitrine fumée et coulis de crustacés. L'établissement propose également des chambres accessibles et labellisées sur quatre étages.

MUSÉE DE TAUTAVEL - CENTRE EUROPÉEN DE PRÉHISTOIRE ★★★

Avenue Léon-Jean-Grégory - **TAUTAVEL**
✆ 04 68 29 07 76 - www.450000ans.com
Ouvert toute l'année, non stop en juillet-août de 10h à 19h et le reste de l'année de 10h à 12h30 et de 14h à 18h.

Ce musée est entièrement dédié aux premiers habitants de l'Europe et du Paléolithique. Le visiteur part à la rencontre de l'Homme de Tautavel, le plus vieux retrouvé sur le sol français. Rampe d'accès et ascenseur rendent le musée accessible avec des toilettes adaptées. Audioguides et guides en braille pour les personnes malvoyantes. Visite tactile des outils et des os encadrée par un animateur spécialisé. Visite auditive par écrans holographiques.

ALBIRONDACK PARK CAMPING LODGE ET SPA

31, allée de la Piscine - **ALBI**
✆ 05 63 60 37 06
www.albirondack.fr
Ouvert toute l'année. Location à partir de 420 € la semaine.

Ce camping vous accueille au coeur d'une nature préservée et propose un hébergement insolite dans de luxueuses cabanes ou sur des emplacements de camping ombragés par des arbres presque centenaires. Un chalet est accessible aux personnes à mobilité réduite avec toilettes adaptées, tout comme le hammam et le restaurant (intérieur et terrasse). Deux chalets sont également accessibles aux personnes avec handicap visuel grâce à une signalétique. Le restaurant possède un menu adapté.

COMITÉ DÉPARTEMENTAL DU TOURISME DU TARN

10, rue des Grenadiers - **ALBI**
✆ 05 63 77 32 10
www.tourisme-tarn.com
Ouvert du lundi au vendredi de 9h à 13h et de 14h à 18h.

Le Comité départemental du tourisme du Tarn valorise l'image et la notoriété du département. C'est le « bras armé » du Conseil Général du Tarn en matière de tourisme. Il a également pour but de promouvoir avec les différents acteurs touristiques du département, son tourisme en France et à l'étranger. Une brochure mettant en avant le label « Tourisme et Handicap » est téléchargeable gratuitement sur le site de l'Office de tourisme pour préparer son voyage en toute sérénité.

SCENE NATIONALE D'ALBI

Théatre des Cordeliers
ALBI
✆ 05 63 38 55 73
www.sn-albi.fr
Tarifs spéciaux abonnés, sans emploi, moins de 18 ans et étudiants, groupes, scolaires...

Avec un programme artistique contemporain riche et varié tout au long de l'année, la Scène Nationale d'Albi propose des spectacles originaux, soutient la création artistique dans le but de sensibiliser à l'art et à la culture tous les publics. Il y en a pour tous les goûts, du théâtre au ballet, de la danse au cinéma d'art et essai créé avec le soutien du Centre national de la cinématographie. Il propose chaque saison 200 représentations et conduit plus de 50 projets d'action culturelle sur l'ensemble du département. Le tout accessible à tous.

HÔTEL-RESTAURANT LA BOMBARDIÈRE*** €€

23, route de Castres
CUQ-TOULZA
✆ 05 63 75 70 36
www.hotel-restaurant-la-bombardiere.fr
Chambre double de 70 à 80 €. Petit déjeuner : 9 €. Label Tourisme & Handicap.

Ici ça bombarde en cuisine. On ne badine pas avec la bonne ripaille ! Réputé pour sa cuisine et son accueil, cet hôtel-restaurant situé sur l'axe Toulouse-Castres est un établissement familial. Les chambres sont confortables et simples, la décoration ancienne et le cadre pittoresque. La salle de restaurant donne sur une terrasse où vous profiterez d'un instant pour vous détendre au soleil. L'endroit est réputé pour ses nombreux plats locaux tels que le foie gras.

LE PAVILLON DU CHÂTEAU**** €€€

Château de Garrevaques
GARREVAQUES
✆ 05 63 75 04 54
www.garrevaques.com
Chambre double dès 175 €. Petit déjeuner : 20 €.

Le magnifique château construit en 1470 a été remanié après avoir été brûlé à la Révolution : il appartient aujourd'hui toujours à la même famille, à Marie-Christine et Claude Combes, descendantes du comte Henri de Gineste ! Chaque chambre est unique et porte le nom d'un des ancêtres de leur famille. Calmes et lumineuses, toutes sont spacieuses et non-fumeur décorées dans un esprit « château » avec des meubles de famille tandis que d'autres sont plus contemporaines et raffinées.

LA MAISON DES MÉTIERS DU CUIR ★

33, rue Saint-Jean
GRAULHET
✆ 05 63 42 16 04
De mai à juin et septembre : mardi au vendredi 9h30-12h 13h30-17h30.Été : mardi au samedi 9h-12h et 14h-18h.Adulte 6 €.

Depuis le Moyen Age, les Graulhétois tannent les peaux. Véritable culture locale depuis des siècles, le travail du cuir a fait de Graulhet la capitale de la basane, cuir essentiellement utilisé pour la doublure des chaussures. La ville est encore aujourd'hui le plus grand centre français de la mégisserie, le tannage des petites peaux. Installée sur les rives du Tarn et Dadou. Handicap auditif : commentaire écrit de la visite guidée. Handicap mental : accueil adapté.

MUSÉE DÉPARTEMENTAL DU TEXTILE ★

1, rue de la Rive
LABASTIDE-ROUAIROUX
✆ 05 63 98 08 60
Ouvert de mars à décembre, tous les jours. Entrée : 5 €. Visite guidée. Boutique.

Dans les bâtiments de l'ancienne manufacture textile Armengaud de 1880, cet espace présente le savoir-faire traditionnel en matière d'industrie textile. On découvre la chaîne de fabrication, du fil au tissu. Démonstrations sur cadre à échantillonner et métiers à tisser, matériel ancien toujours en fonctionnement, expositions temporaires et ateliers créatifs complètent le parcours. Le musée est accessible pour les personnes atteintes de handicap moteur, visuel ou mental.

ESPACE DES SOURCES CHAUDES

Rue de la Balmette
LACAUNE
✆ 04 67 97 59 09
Famille Plus. Ouvert tous les jours de 10h15 à 18h30. Label Tourisme & Handicap.

Lacaune était dans le temps une station thermale très réputée, aux eaux sortant à température idéale : 23 °C à la source. Sur place, le complexe aqualudique dispose d'espaces de remise en forme avec balnéo, spa, sauna, piscine, pentagliss et rivière à contre-courant pour faire le plein d'émotions. Cet espace prévoit des prestations liées aux handicaps moteur (fauteuil, vestiaire et mise à l'eau hydromécanique), auditif (flash d'alarme, boucle magnétique) et mental (personnel attentif).

LA MAISON DE LA CHARCUTERIE

3, rue de Biarnès - **LACAUNE**
✆ 05 63 37 46 31
Visite libre du 19 juin au 15 septembre, du lundi au samedi de 14h à 18h. Adulte 5 €. Jeu de piste (à partir de 7 ans).

Découvrez les progrès et les techniques liés à la charcuterie qui ont permis à la commune de Lacaune de s'imposer dans ce domaine et ce savoir-faire ancestral. Entre innovation et tradition, vous apprendrez comment sont élevés et tués les cochons (le masèl), vous connaîtrez mieux la traçabilité, les innovations et la démarche qualité de la production. A l'issue de la visite ouverte à tous, vous dégusterez les meilleures spécialités dont les jambons de Lacaune. Personnel sensibilisé.

PLANÈTE TARN ★

L'Ourtal, Avenue des Docteurs Lavergne
MONTREDON-LABESSONNIÉ ✆ 05 63 75 63 12
www.planetarn.com
Ouvert toute l'année. Fermeture annuelle en décembre. Animations à partir de 6 €. Label Tourisme & Handicap.

Le premier observatoire de France a été créé ici par Guillaume le Nautonier, un pasteur qui se livre à des expériences : il prévoit des mouvements de marées et prévient le roi Henri IV qui ordonne à sa flotte de se mettre à l'abri ! Il devient ensuite astronome et géographe du roi. Cet observatoire-planétarium privé a pour vocation de vous permettre d'observer, de découvrir, de rêver et de comprendre l'univers. Participez à des spectacles vivants, et bâtissez et/ou tirez des fusées à eau sous pression. Des spectacles et des animations sont accessibles.

LE MUSÉE DU SAUT-DU-TARN ★

2, impasse des Aciéries - **SAINT-JUÉRY**
✆ 05 63 45 91 01
www.musee-saut-du-tarn.com
Ouvert de fin mars à début novembre. Adulte 5 €, enfant 2,50 €.

Accessible aux visiteurs en fauteuils roulants, l'usine du Saut-du-Tarn a marqué durant près d'un siècle l'histoire de sa région et la vie de centaines de familles. L'attachement que lui manifestent les anciens employés de l'usine métallurgique - désormais reconvertis en guides bénévoles - en fait des témoins privilégiés qui vous feront partager leur passion. Les visites s'adressent à tous : scolaires, étudiants, seniors ou familles. Une visite sympathique, adaptée et enrichissante, une escale à ne pas rater lorsqu'on visite Albi.

CAVE DU TECOU - VINOVALIE

100, Route de Tecou
TÉCOU
✆ 05 63 57 18 10
www.cavedetecou.fr
Ouvert du lundi au samedi de 8h30 à 12h30 et de 14h à 18h.Entrée gratuite. Label Tourisme & Handicap.

La cave rassemble une centaine de producteurs sur 850 hectares de vignes dont 2/3 sont situés sur les terrasses graveleuses de la rive gauche du Tarn, connues pour l'excellente qualité de ses vins rouges. Les autres pieds de vigne sont implantés sur la rive droite, idéale pour la production de vins blancs bouquetés. Le personnel est sensibilisé à l'accueil du public handicapé mental. Les personnes en fauteuil pourront circuler aisément dans la cave située en rez-de-chaussée.

OFFICE DE TOURISME DES DEUX RIVES

4-6, rue du Couvent - **AUVILLAR**
✆ 05 63 39 89 82
www.officedetourismedesdeuxrives.fr
D'avril à août : 7j/7 de 10-12h30 et de 14-18h. Juillet/août : jusqu'à 19h. Hors saison : du mardi au samedi 14-17h.

L'office de Tourisme des Deux Rives est installé dans l'ancien couvent des Ursulines. Le couvent des Ursulines fut fondé par Marie de Laborie en 1646. La chapelle a été édifiée entre 1827 et 1831. Ne manquez pas la visite de ce lieu historique, en cheminant depuis la place du Château, découvrez les œuvres de Louis Perrin, sur la thématique jacquaire, poussez les portes de l'Office pour découvrir les expositions temporaires dans l'ancienne chapelle.

ABBAYE DE BEAULIEU-EN-ROUERGUE ★★

Lieu-dit Beaulieu - **GINALS** ✆ 05 63 24 50 10
www.beaulieu-en-rouergue.fr
Ouvert toute l'année sauf en janvier. Entrée : 6 €. Gratuit jusqu'à 25 ans inclus. Label Tourisme & Handicap. Boutique.

Cette ancienne abbaye cistercienne fondée en 1144 a été rachetée en 1960 par deux amateurs éclairés d'art contemporain, Pierre Brache et Geneviève Bonnefoi. Avec l'aide des pouvoirs publics, les bâtiments furent restaurés et une petite dizaine d'années plus tard naissait le premier centre d'art contemporain de Midi-Pyrénées. Aujourd'hui propriété du Centre des Monuments Nationaux mais gérée par son association culturelle, l'abbaye héberge une riche collection.

MAS DE MONILLE

Mas de Monille
LOZE
✆ 05 63 65 76 85
www.masdemonille.com
Ouvert toute l'année.

Le Mas de Monille se niche sur les Causses du Quercy, au cœur d'un environnement préservé de bois de chênes, de sentiers bordés de murets en pierre. Un cadre que Benoît Leverrier a choisi pour créer un élevage de porcs noirs gascons en plein air et vous accueillir pour des moments de détente savoureux. Un lieu atypique où l'on se sent bien avec de bons produits à découvrir, le tout dans un écrin de verdure et de nature qui permette un séjour des plus agréable. L'occasion de se ressourcer en famille ou entre amis. L'ensemble est assez bien adapté.

GÎTE LES SYRIADES €€

Marcayran
MONTALZAT
✆ 05 65 75 55 66
Gîtes de France (3 épis). Ouvert toute l'année. Label Tourisme & Handicap.

Situé à seulement 2 kilomètres de Caussade, ce gîte de construction traditionnelle possède un beau jardin de 2 000 m² privatif. L'accès est facilité par une entrée de plain-pied et un intérieur tout en rez-de-chaussée. Tout ici a été conçu pour être pratique et confortable à vivre, notamment pour les personnes en situation de handicap. Un endroit convivial et agréable dans un cadre sécurisé et proche de la nature. Le gîte aux couleurs contrastées et sans obstacle et avec salle de bain et sanitaires adaptées, permettra à tous de profiter au mieux de son séjour..

AGENCE DE DÉVELOPPEMENT TOURISTIQUE

100, boulevard Hubert-Gouze
MONTAUBAN
✆ 05 63 21 79 65
www.tourisme-tarnetgaronne.fr

L'Agence de développement touristique de Montauban vous permet de préparer votre voyage en Tarn-et-Garonne. Vous y trouverez des idées de séjour, des activités, des hébergements, des restaurants ou même des événements saisonniers. Si vous souhaitez vous adonner à l'handipêche vous trouverez des renseignements sur les différents sites qui proposent cette activité. Vous pourrez également dénicher des pépites accessibles en vous renseignant à l'agence ou sur le site internet.

OFFICE DE TOURISME

4, rue du Collège - **MONTAUBAN**
✆ 05 63 63 60 60
www.montauban-tourisme.com
Horaires à consulter sur le site Internet. Accessible aux PMR et aux personnes en fauteuil roulant.

Situé dans l'ancien collège des Jésuites, l'Office de tourisme se site au cœur du centre-ville de Montauban, dans ses palpitations et ses respirations. Labellisée Ville d'Art et d'Histoire, Commune touristique ou Ville Gourmande, Montauban fait aussi partie de la liste des « Grands sites d'Occitanie ». Elle présente bien des atouts et des petits secrets que vous pourrez découvrir en visitant ce point d'informations. En effet, toute l'équipe de l'Office du Tourisme du Grand Montauban se fait une joie d'accueillir et d'accompagner tous les visiteurs de la ville.

HANDIPÊCHE

Grisolles

Labellisé pour les 4 types de handicaps, ce site de pêche est accessible par un cheminement large (100 à 150 mètres) qui permet de manœuvrer assez facilement. Au complexe de Julias, 3 plans d'eau équipés sont à disposition des personnes en situation de handicap et peuvent accueillir 5 personnes chacun. Cet endroit est particulièrement intéressant pour les amateurs de cyprinidés, de carpe, de brochet, de sandre et de truite AEC.

Touffailles

Labellisé pour les 4 types de handicaps, ce site de pêche est accessible par un cheminement large de 2 mètre qui permet la circulation en fauteuil roulant. Sur le plan d'eau communal, un poste de pêche pour personne en situation de handicap a été aménagé, il peut accueillir 1 personne. Cet endroit est particulièrement intéressant pour les amateurs de cyprinidés.

Albias

Labellisé pour les 4 types de handicaps. Intérêt halieutique : sandre, brochet, cyprinidés, silure. 2 personnes. Départ du stationnement pouvant présenter des difficultés (pente de 5 à 6% et dévers de 4%). Cet endroit est particulièrement intéressant pour les amateurs de sandre, de brochet, de cyprinidés et de silure.

Pour ces 3 sites de pêche, pensez à vous munir de votre carte de pêche (www.cartedepeche.fr)

Contact fédération de pêche du Tarn-et-Garonne : 05 63 63 01 77. www.federationpeche82.com et contact@fedepeche82.fr

MUSÉE INGRES-BOURDELLE ★★★

19, rue de l'Hôtel-de-Ville - **MONTAUBAN**
✆ 05 63 22 12 91
museeingresbourdelle.com

Ouvert toute l'année. Adulte 10 €. Visite guidée 12 €. Réservation pour les groupes de plus de 10 personnes.

Le palais épiscopal datant du XVIIe siècle abrite les collections de deux illustres Montalbanais : le peintre Jean-Auguste-Dominique Ingres et le sculpteur Antoine Bourdelle. Dans la superbe salle du XIVe siècle se déploie l'archéologie gallo-romaine. Au chapitre des œuvres contemporaines : Olivier Debré, Zao Wou-Ki... Le public sourd et malentendant peut télécharger l'application *La lyre d'ivoire, Picou et les Néo-Grecs* : un onglet spécial permettra à toute personne de lire un contenu spécifique devant une dizaine d'œuvres. Visites en langue des signes proposées sur demande et pour les groupes sur réservation. Pour les personnes en situation de handicap visuel : une aide à la visite transcrite en braille est prévue. Différents ateliers menés en présence d'un médiateur permettent d'apprendre à utiliser tous les sens pour pénétrer de façon sensible les collections du musée. Ce parcours peut aussi se faire de façon autonome. Découverte tactile individuellement ou en groupe des collections du musée (prévoir des gants). Pour les personnes à mobilité réduite, l'accessibilité du rez-de-chaussée est partielle. Des places réservées aux personnes handicapées se trouvent au pied du musée. Ascenseur extérieur pour rejoindre le musée par le parking des berges. Handicap mental : accueil des groupes par un médiateur spécialisé tout au long de l'année à partir de plusieurs thématiques. Pour une découverte active de nos collections, les visites sont proposées sur un temps court et accompagnées d'ateliers.

Montauban.

PAYS DE LA LOIRE

© LINDA CASTAGNIE

Cité médiévale de Guérande.

HÔTEL DE LA LOIRE - RESTAURANT LES BATELIERS** €€

Le Jarrier d'Ancenis - **ANCENIS** ✆ 02 40 96 00 03
www.hotel-loire.net/fr

Label Tourisme & Handicap (appeler pour préciser vos besoins). Animaux acceptés. Logis. 40 chambres. Terrain de tennis.

La grande bâtisse se niche au milieu d'un grand parc arboré. La plupart des 40 chambres dont deux adaptées aux besoins des personnes handicapées de l'établissement disposent d'une vue sur les arbres, au calme. A 500 m de la Loire, l'hôtel est idéalement situé pour rayonner dans les environs. Le personnel est irréprochable, les chambres sont claires et agréables, il n'y a rien à redire sur la propreté des lieux. L'Hôtel de la Loire est une très bonne adresse de la région d'Ancenis.

LA BOIZONNIÈRE €€

1, rue Moulin-de-la-Boizonnière
CHAUMES-EN-RETZ ✆ 02 40 64 85 81
www.laboizonniere.com

Label Tourisme & Handicap moteur, mobilité réduite, mental, malentendant, malvoyant. Gîtes de France. À partir de 45 €.

À la campagne mais à proximité des commerces, Marie-Claire propose cinq chambres d'hôtes dont une accessible aux personnes handicapées. Entrée indépendante. Salle d'eau et toilettes privatives. Un coin cuisine jouxte la véranda dans laquelle vous pourrez prendre vos repas. Les enfants apprécieront le vaste jardin de 500 m^2 non clos avec jeux. Barbecue et salon de jardin. Parking privé. Un lieu sympathique plutôt bien adapté, où l'on se sent bien. Agréable dans un cadre qui l'est tout autant non loin des endroits à visiter, de la nature.

CAMPING DU MOULIN*** €

Route de Nantes
CLISSON
✆ 02 40 54 44 48

Label Tourisme & Handicap moteur, PMR, mental. À partir de 14 €/nuit. Ouvert d'avril à mi-octobre. Animaux acceptés.

Situé en surplomb de la Sèvre Nantaise et à proximité du centre historique de Clisson, ce camping offre de beaux points de vue. Doté de tout le confort nécessaire pour passer de belles vacances, certains mobil-homes sont adaptés pour recevoir la clientèle en situation de handicap et peuvent être loués toute l'année. Dans un cadre sympathique avec du personnel à l'écoute. Un lieu où l'on se sent bien, assez bien adapté et centré géographiquement. Idéal en famille ou entre amis, sans se poser trop de question, pour des vacances simples.

OFFICE DE TOURISME

1, place du Marché-au-Bois - **GUÉRANDE**
✆ 02 40 24 34 44
www.labaule-guerande.com

Haute saison : 7j/7 de 9h30 à 19h. Hors saison 10h-12h30/14h-18h ; dimanche et férié : 10h-13h & 15h-17h (fermé l'hiver)

Cette cité médiévale d'art et d'histoire a besoin d'un décryptage, pour en connaître l'histoire. Réservez ici une participation à toutes les visites guidées aux thèmes divers, dont la collégiale Saint-Aubin, la cité au temps des ducs de Bretagne. Les familles avec enfants en bas âge ne sont pas oubliées, lors des visites « chasse aux trésors ». Tous les ans, Guérande organise la Fête médiévale. Notez également que l'office de tourisme a une activité de billetterie et qu'il offre un tarif préférentiel pour de nombreux sites touristiques régionaux.

PLAN D'EAU DE MER

LA BERNERIE-EN-RETZ

Label Tourisme & Handicap moteur, PMR, mental, malentendant.Ouvert toute l'année.Surveillé en été seulement. Gratuit.

Unique sur la côte de Jade, ce plan d'eau d'une superficie de 2,5 ha permet la baignade en toute sécurité et à toute heure de la journée sans être tributaire des marées. Il dispose d'un haut de plage totalement accessible aux personnes à mobilité réduite avec la présence d'une rampe et d'un Tiralo. Les abords et les espaces verts ont été valorisés et les milieux végétaux restaurés. Un balisage lumineux a été mis en place ainsi qu'un panneau explicatif sur l'estran. On notera également la mise en accessibilité des contours du site. La baignade est surveillée.

HÔTEL & RESTAURANT DE PEN BRON*** €€

Avenue du Traict

LA TURBALLE

✆ 02 28 56 77 99

www.odesia-vacances.com

Label Tourisme & Handicap moteur, PMR. Location de vélos. Chambre double 58 €-131 €.

On trouve cet hôtel exceptionnel au bout de la presqu'île de Pen Bron d'où l'établissement tire son nom. Dans la nature, les pieds dans l'eau et au cœur d'une pinède privée, l'établissement est dans un lieu naturel classé, calme et protégé, proche de La Turballe, de La Baule et du Croisic. De plus, la circulation à cet endroit est strictement réglementée. Vous vous reposerez dans une des 43 vastes chambres. L'hôtel est labellisé pour le handicap moteur.

L'AUBERGE DE LA FORÊT*** €€

La Maillardais - **LE GÂVRE** ✆ 02 40 51 20 26

www.auberge-delaforet.fr

Label Tourisme & Handicap moteur, PMR. Chambre double dés 83 €. Restaurant fermé dimanche soir et lundi.

Au détour d'une petite route à l'orée de la forêt du Gâvre, on découvre ce très beau bâtiment moderne rouge qui abrite des chambres à la qualité irréprochable accessible aux personnes en fauteuil. Cet ancien relais de poste– déjà connu des initiés – a entièrement été refondu par son actuelle propriétaire. Les chambres à la décoration moderne et aux tons vivifiants sont équipées dernier cri. 13 cottages sont également à disposition. Vous vous trouvez seulement à une demi-heure de Nantes et trois quart d'heure de la côte ou de Rennes.

DOMAINE DES CROIX

23, Les Croix - **MAISDON-SUR-SÈVRE**

✆ 02 40 06 65 07

www.domainedescroix.fr

Label Tourisme & Handicap moteur, PMR, mental, malentendant, malvoyant. Ouvert : 9h-20h. Réserver 72h avant.

Le Domaine des Croix a grandi sur le site d'un ancien relais de diligences. Aujourd'hui comme hier, l'accueil demeure au rendez-vous. Après la visite et les explications, un savoureux goûter accompagnera la dégustation des vins du Domaine et en particulier, le muscadet-sèvre-et-maine-sur-lie élevé en fût de chêne. Le Domaine des Croix est la première cave du vignoble à avoir bénéficié de l'agrément Tourisme et Handicap. Un lieu sympathique et chaleureux où l'on se sent bien. Une aire de camping sur place. Les hôtes sont à l'écoute.

CAMPING LE RELAIS DES GARENNES

La Bauche Coiffée

MONTBERT

✆ 02 40 04 78 73

www.camping-lerelaisdesgarennes.com

Ouvert du 1er juin au 30 septembre. Terrain de 1 ha. Capacité d'accueil : 20 personnes.

Ce charmant camping propose de beaux emplacements ombragés ou ensoleillés avec électricité et points d'eau. L'ambiance est familiale. Les sanitaires sont neufs et une salle d'eau individuelle est accessible aux personnes handicapées (normes APF). Dans la salle commune d'une superficie de 20 m², tables, chaises, canapé et réfrigérateur sont à disposition des campeurs. Un vrai havre de nature où l'on se sent bien. Avec du personnel accueillant et adapté.

LA MAISON DES LANDES €€

Les Landes

MOUZILLON

✆ 02 40 06 96 00

Chambre double à partir de 70 €. Petit déjeuner inclus. Label Vignobles et Découvertes. Label Tourisme & Handicap.

Magnifique propriété en plein cœur du vignoble, la Maison des Landes offre des chambres de charme à ses visiteurs. Chacune d'elle propose une ambiance différente. Toutes sont équipées d'une salle de bains à l'italienne avec W.C privés et entrée indépendante. La chambre Nelumbo a été pensée dans un esprit zen : de plain-pied avec un lit de 160x200 cm, elle possède un accès pour les personnes handicapées ainsi qu'un coin salon avec canapé convertible. La salle commune d'une superficie de 40 m² est bien agréable avec sa cheminée et son coin salon.

CHÂTEAU DES DUCS DE BRETAGNE ★★★★

4, place Marc-Elder
NANTES
✆ 08 11 46 46 44
chateaunantes.fr

Cour et remparts en accès libre tous les jours de 8h30 à 19h (20h l'été). Du mardi au dimanche de 10h à 18h.

Labellisé Musée de France, le château a reçu en 2008 le Prix des musées pour tous. Jalonné de dispositifs multimédias, il se déploie dans les salles de l'ancien palais ducal et présente plus de 800 objets de collection dans une scénographie contemporaine. Les remparts sont partiellement accessibles et desservis par un ascenseur tandis que la cour est plane et stabilisée. Le musée est desservi dans sa quasi-totalité par 3 ascenseurs. Les expositions temporaires, le café-restaurant, la librairie-boutique et les sanitaires sont également accessibles. Un service de prêt gratuit de fauteuils roulants et pliants est offert aux PMR. La signalétique et des documents d'aide à la visite facilitent le parcours. Les personnes en fauteuil ont accès au programme de visites commentées dans la limite des places disponibles. Ateliers et animations spécifiques organisés dans les salles accessibles mais pour des raisons de sécurité et de confort, il ne peut y avoir au maximum que 5 personnes en fauteuil roulant par groupe. Par contre, le nombre de visiteurs en fauteuil peut être plus important pour la visite du château. Un parcours tactile audioguidé du musée est prévu pour les déficients visuels. Conçu comme un parcours sensoriel s'appuyant à la fois sur un audioguide spécifique et les différents dispositifs tactiles et sonores qui jalonnent les salles, il permet au visiteur de découvrir l'histoire de Nantes et une partie du château. Cette visite relativement autonome se fait sans l'aide du personnel du musée. Les sourds et malentendants bénéficient de dispositifs multimédias sous-titrés et interactifs ou d'audioguides équipés d'une boucle magnétique. Différents dispositifs facilitent la découverte autonome par les visiteurs handicapés mentaux : cartes en couleur et en gros caractères, dispositifs multimédia, espace interactif et ludique, manipulation d'outils pédagogiques et participation du public. Plusieurs visites spécifiques, originales et enrichissantes sont ainsi proposées. Conçues pour les personnes handicapées, elles sont ouvertes à tous pour que ce parcours soit une occasion de partager des expériences sensorielles au sein du musée : voir, toucher, sentir, écouter, goûter. Lors de ces visites, vous serez ainsi invité à toucher des échantillons de granit ou de tuffeau, des cartes en relief, à écouter les ambiances sonores des salles, à sentir les odeurs du port et des produits exotiques rapportés... Une sortie des plus enrichissantes.

WWW.TCAP-LOISIRS.INFO

NANTES
www.tcap-loisirs.info

Site en ligne.

Une dizaine d'associations se sont regroupées pour proposer des sorties, des loisirs, du sport et de la formation autour du handicap. On notera la richesse et la diversité des actions proposées par le site qui est accessible et qui vous informe par thématique, des lieux, dates et événements. Un site utile, voire indispensable, pour les séjours handicaps sur le secteur avec beaucoup d'informations. Pratique pour planifier son séjour au mieux en complément des sites de tourisme. Vraiment adapté, ciblé, accès comme il faut. Une belle idée !

LE RELAIS DE LA GRANGE*** €€

Rue d'Anjou - **NORT-SUR-ERDRE**
✆ 02 51 12 60 57
www.relaislagrange.com

Label Tourisme & Handicap moteur, PMR, mental, malentendant, malvoyant. Chambres 1 pers : 74 €/nuit, 2 pers : 80 €/nuit.

Ce bâtiment moderne est équipé pour recevoir les personnes à mobilité réduite ainsi que les personnes avec un handicap visuel ou auditif. Vous vous reposerez dans des chambres insonorisées munies de volets roulants et de doubles vitrages, d'une climatisation, d'une salle de bain à hydrojets, de la télévision et d'une connexion WiFi gratuite. L'accueil affable et l'ambiance conviviale ajoutent à la qualité du lieu que l'on recommande sans hésitation !

LE REGENT*** €€

150, boulevard des Océanides
PORNICHET
✆ 02 40 61 04 04
www.le-regent.fr

Label Tourisme & Handicap moteur, PMR. Appartement dès 102 €. Animaux acceptés.

Au Régent, l'accueil est irréprochable. Vous trouverez ici des prestations aussi multiples qu'intéressantes. Côté baie ou côté pins, vous aurez le plaisir d'être hébergés dans des appartements parfaits pour le repos et la détente. Face à la mer pour certains, accueillant jusqu'à huit personnes pour un autre... Confortables, certains sont adaptés pour la clientèle handicapée. Profitez de la salle panoramique du Grain de Sel, le restaurant maison. Également un espace bien-être, et une borne de recharge électrique pour les véhicules.

Le château des ducs de Bretagne.

HANDIPLAGES

La Baule-Escoublac

Plage de la Baule : Entrée par le poste de secours de Saumur. Plage surveillée, handiplagites, roulements aménagés, W.C. T. 02 40 60 10 39.

La Turballe

Plage des Bretons : 2 places réservées, roulement du parking à la baignade, 2 Tiralos, 1 Hippocampe à l'accueil. Sanitaires adaptés à moins de 100 m, douches accessibles et vestiaires. T. 02 40 23 39 87 ou T. 02 40 11 88 00.

Pornichet

Plage des libraires : Le fonctionnement du site handiplage est traduit en braille. 1 Tiralo, 1 Hippocampe, système audioplage. W.C. et douches accessibles. T. 02 40 61 11 13.

Plage Poincaré : 3 places réservées, roulement aménagé. L'inclinaison de la rampe d'accès est parfois supérieure à 5 % mais il y a une main courante. 2 Tiralos à la zone d'accueil. Un handiplagiste vous aidera si nécessaire.

Saint-Michel-Chef

Plages de Tharon et Gohaud : Parking à proximité de celle de Tharon. Attention : il y a quelques pentes raides. 2 Tiralos à l'accueil. W.C. accessibles. T. 02 40 64 99 99.

Saint-Nazaire

Plage de Villes-Martin : Accueil au poste de secours. Cabane prévue pour le stationnement des fauteuils. Plage surveillée, 2 Tiralos, W.C. accessibles. T. 02 51 10 16 16.

Plage de Monsieur Hulot-Saint-Marc-sur-Mer : Accueil au poste de secours. Plage surveillée. 1 Tiralo, 1 Hippocampe, W.C. et douche accessibles. T. 02 40 17 19 20.

GRILL BRASSERIE DE L'EUROPE €€

17, place de l'Europe - **SAINT-JULIEN-DE-CONCELLES** © 02 40 36 53 11

www.grilldeleurope.fr

Label Tourisme & Handicap moteur, PMR, mental, malentendant, malvoyant. Menus 22 €-28 € mardi-dimanche midi. Terrasse.

Une décoration moderne et lumineuse côtoie habilement une vaste cheminée qui apporte à cette pièce un cachet et une pointe de convivialité. La spécialité maison sont les grillades aux sarments de vigne. Vous succomberez également aux viandes (entrecôte, côte de bœuf et boudin), aux poissons ou aux Saint-Jacques. Sont également présentées à la carte des spécialités de la région comme l'œuf cocotte au curé nantais, la papillote de poisson au beurre nantais ou la fricassée de grenouilles.

LE REPAIRE DU HIBOU* €€

1, Le Breil - **SAINTE-PAZANNE**

© 02 40 02 48 34

www.le-repaire-du-hibou.fr

Les cabanes perchées dès 160 € la nuit pour 2 personnes, 190 € pour 4 personnes, 220 € pour 6 personnes.

Le Repaire du Hibou possède trois cabanes perchées : celle du pêcheur, celle du trappeur et le nid. Pleines de charme, elles sont chauffées offrant tout le confort pour passer une nuit dans les arbres et un moment hors du temps. Sans compter la terrasse et le balcon, histoire de bien profiter de la nature et du parc de 5 hectares qui s'étend devant nous, en pleine nature. Les repas-raclette l'hiver et les repas-grillades l'été ajoutent un peu plus à l'ambiance champêtre et chaleureuse qui règne dans ce repaire. Le repaire du Hibou a deux chambres d'hôte.

ADT DE L'ANJOU [ANJOU TOURISME]

ANGERS
✆ 02 41 23 51 51
www.anjou-tourisme.com

L'agence départementale du tourisme est incontournable pour programmer son séjour en Anjou, présentant l'offre culturelle du Maine-et-Loire. L'agence est un soutien des labels : Qualité Tourisme, Tourisme et Handicap, Petite Cité de caractère... À partir de l'onglet « Préparez votre séjour », on peut accéder à la sous-rubrique « Accessibilité ». À partir de laquelle, on obtient l'ensemble des adresses labellisées de manière détaillée, claire et précise.

CIRCUITS CONFORT

7, place Kennedy
ANGERS
✆ 02 41 23 50 00
www.destination-angers.com

Label Tourisme & Handicap moteur, PMR, mental, malentendant, malvoyant. Ouvert toute l'année.

Ce circuit rend le centre historique accessible à tous en reliant les principaux monuments de la ville : le château, les musées et la collégiale sur une longueur totale de 2 km. Matérialisés par des clous de bronze, des lutrins de signalétique patrimoniale tracent le parcours. Plans et illustrations thermogonflés. Commentaires en braille et / ou en caractères agrandis ainsi qu'en version simplifiée et enregistrés sur « Allo Visit ». Une aide ponctuelle utile sur certains passages pour les personnes à mobilité réduite.

BB PLOUF

1, place Aquavita - ANGERS
✆ 06 51 53 51 00
http://bbplouf-angers.blogspot.com

Environ 30 séances/an. 1 enfant : 150 €. 2 enfants : 250 € ; 3 enfants : 320 €. Tarifs 1 enfant et 2 accompagnateurs.

L'association BB Plouf a maintenant plus de 30 ans ! Si elle a changé plusieurs fois de piscine, elle est aujourd'hui installée à AquaVita, dans le bassin d'apprentissage spécialement conçu à cet effet, et on y profite d'une eau à 32 °C. Comme elle se définit elle-même, l'association n'est pas là pour former des champions : son rôle est d'encadrer les enfants (4 mois à 6 ans) et les parents pour se familiariser avec le milieu aquatique, découvrir les joies de l'eau mais aussi échanger, apprendre en groupe, prendre du plaisir.

COLLÉGIALE SAINT-MARTIN ★★★

23, rue Saint-Martin - ANGERS ✆ 02 41 81 16 00
www.collegiale-saint-martin.fr

Fermé lundi et fériés. Février-avril 14h-18h. Mai-janvier 13h-19h. Gratuit -18 ans. Adulte 4 €.

Un magnifique monument d'Angers longtemps demeuré l'objet de travaux pharaoniques et de fouilles archéologiques qui ont révélé l'origine mérovingienne de l'édifice. La nef en tuffeau date du Moyen Age. L'édifice abrite une importante collection de statues de saints et de la Vierge en bois ou en pierre représentative de l'Anjou. Toute l'année, de beaux événements ou expositions s'y déroulent. La visite de plain-pied est libre avec audioguide et livret pour les individuels. Possibilité de visites sensorielles pour petits groupes sur réservation.

LE CAFE SAINT-AUBIN €€

48A, boulevard Foch
ANGERS
✆ +33 2 44 01 82 27

Label Tourisme & Handicap moteur, PMR. Ouvert toute l'année. Lundi-jeudi 8h-00h. Menu dès 10 €. Terrasse.

Ce bar lounge, idéalement situé boulevard Foch, est connu des amateurs de foot car il s'agit d'un partenaire officiel du SCO où les matchs sont régulièrement diffusés en direct, bonne ambiance assurée ! La décoration est sobre et chic, on apprécie particulièrement la petite pièce tempérée consacrée aux vins où nous pouvons choisir directement notre bouteille, appuyé d'un conseil si besoin. L'agréable terrasse présente de grands fauteuils où l'on se love volontiers, chauffée l'hiver et ombragée l'été. L'ardoise sans chichis est composée de deux menus.

MUSÉE DES BEAUX-ARTS ★★★

14, rue du Musée - ANGERS ✆ 02 41 05 38 72

Ouvert du mardi au dimanche de 10h à 18h. Gratuit - 26 ans, et pour tous de 17h à 18h. Tarif plein 6 €, réduit 3 €.

Cet ancien bâtiment du XVe siècle rénové, agrandi et réaménagé, est une merveille. On le visite en suivant la ligne du temps, du Moyen Age à l'époque moderne, ou bien en papillonnant. Une accessibilité totale grâce au dépose-minute place Saint-Éloi. Places handicapées rue Toussaint et rue des Lices. Auditorium accessible côté public, portes automatiques pour l'entrée place Saint-Éloi et monte-personne côté terrasse du jardin du musée. Ascenseurs et monte-personne intérieurs, sanitaires adaptés. Fiches et audioguides à l'accueil, visites adaptées sur réservation.

DOMAINE NATIONAL DU CHÂTEAU D'ANGERS ★★★★

2, promenade du Bout-du-Monde - **ANGERS**
✆ 02 41 86 48 77
www.chateau-angers.fr
Basse saison : 7j/7 de 10h à 17h30. Haute saison : de 10h à 18h30. Tarif plein : 9,50 € ; réduit et groupes : 7,50 €.

Laissez-vous surprendre par les élégants bâtiments et jardins du château de cour des ducs d'Anjou et admirez la tenture de l'Apocalypse. La forteresse royale propose des visites sur iPad avec quatre parcours spécifiques et adaptés. La location de l'iPad est incluse dans le prix du billet d'entrée pour les personnes en situation de handicap. Handicap auditif, visite avec traduction des textes en langue des signes française. Pour un handicap visuel, un parcours sélectif est prévu avec adaptation des textes en audiodescription et certaines des maquettes sont tactiles, composées de matière au toucher différent selon l'époque de construction ce qui permet d'imaginer les étapes de l'évolution de la forteresse à travers les âges. En cas de handicap mental, une visite ludique et didactique adaptée est également possible. Tandis que pour un handicap moteur une visite immersive avec vidéos attractives et commentaires des espaces inaccessibles a été mise au point, d'autres aménagements ont été réalisés : le parking et les sanitaires sont ainsi accessibles aux personnes à mobilité réduite, et la visite guidée est menée exclusivement en extérieur et de plain-pied. Des cannes sièges sont disponibles le long du circuit de visite, plusieurs bancs disposés dans le parc et deux fauteuils roulants peuvent être empruntés gratuitement à l'accueil du monument. Les chiens guides et les chiens d'assistance sont autorisés à accompagner leurs maîtres dans toute la forteresse, intérieurs compris.

TERRA BOTANICA ★★

Route d'Epinard - **ANGERS**
✆ 02 41 25 00 00
www.terrabotanica.fr
D'avril à octobre 10h-18h (semaine), 19h (week-end). 10h-19h juillet-août. Gratuit -2 ans. Adulte 23 €. 3-17 ans 17 €.

Terra Botanica s'impose comme un incontournable du paysage bio culturel angevin. Unique en Europe, il s'étend sur 16 hectares. Le parc propose quatre univers exceptionnels au fil desquels le visiteur se familiarise avec tous les secrets du monde végétal. Le parc propose de découvrir dans ses allées 275 000 végétaux et 1 000 arbres remarquables. À ces espaces s'ajoutent de nombreux jeux pour enfants, un restaurant, une boutique, des animations pour tous et des attractions thématiques. Des personnages atypiques n'hésiteront pas à vous conter leurs rocambolesques aventures comme le Colporteur, nomade au grand cœur, détenteur d'étoffes et de plantes médicinales qui vous racontera l'histoire mystérieuse de la rose bleue. À Terra Botanica, le ludique est étroitement lié au pédagogique apportant plein de conseils et de rendez-vous à vivre chez soi et au jardin au sortir d'une épatante journée sous le signe du végétal. La saison débute chaque année en avril et le parc étant situé en marge de nombreux chemins de randonnée, les marcheurs peuvent donc ici enrichir une étape angevine sous le signe de la nature. L'intégralité du parc est de plain-pied et tous les accès aux attractions sont facilités pour les personnes à mobilité réduite ou les poussettes, y compris le parcours en barque à l'exception de la balade des cimes. Le cinéma dynamique 4D est accessible sur des plaques vibrantes prévues à cet effet. Prêt de poussette ou fauteuil roulant. Prêt d'un guide en braille. Présence de boucles magnétiques dans certains cinémas.

Terra Botanica.

CHÂTEAU ET APOTHICAIRERIE DE BAUGÉ ★★

Place de l'Europe - **BAUGÉ-EN-ANJOU**
✆ 02 41 84 00 74
www.chateau-bauge.fr
Ouvert de février à novembre 14h-18h. Juin-sept : 10h-12h30/13h30-18h30. Visite d'un lieu 9 € (adulte), 15 € pour les 2.

Baugé est le deuxième château du roi René en Anjou après celui d'Angers. Il fut construit en 1454 à la fin de la guerre de Cent Ans alors que la Renaissance commençait à bouleverser les codes de l'architecture. La visite commence autour d'une maquette de Baugé au XIe siècle expliquant comment la ville s'est développée autour de la forteresse. Elle se poursuit par un parcours-spectacle pendant lequel le roi René raconte lui-même son histoire et celle de la France du XVe siècle.

CAMPING DE L'ÉTANG**** €€

603, impasse du Domaine de l'Etang
BRISSAC LOIRE AUBANCE ✆ 02 41 91 70 61
www.campingetang.com
Label Tourisme & Handicap moteur, PMR. Ouvert de mi-avril à mi-septembre. Emplacement 18 € à 40 €. Animaux acceptés.

Entre Angers, Saumur et la vallée de la Loire, ce camping 4 étoiles s'étale au grand air parmi les magnifiques vignobles d'Anjou. Réputé pour son calme et sa verdure, le site est idéal pour des vacances en famille ou en couple pour se déconnecter du quotidien. Des dégustations de vins sont organisées les vendredis soir au bord de l'étang, elles permettent de profiter du paysage bucolique tout en savourant les délices des vignes locales. Certains mobil-homes sont adaptés pour les personnes à mobilité réduite et celles en fauteuil.

MUSÉE D'ART ET D'HISTOIRE DE CHOLET

27, avenue de l'Abreuvoir
CHOLET
✆ 02 72 77 23 22
Ouvert toute l'année. Du mercredi au samedi de 10h à 12h et de 14h30 à 18h. Le dimanche de 14h30 à 18h. Adulte : 4 €.

Dans ce musée cohabitent sculptures, peintures, tapisseries et objets de mémoire autour de deux thèmes : les guerres de Vendée et l'art du XVIe au XXIe siècle au travers de signatures telle celle de Van Loo, Vasarely, Kupka ou Morellet. Le site est entièrement accessible sauf le labyrinthe. Des fauteuils roulants sont à disposition sur demande à l'accueil. Larges espaces de circulation. Possibilité de visites adaptées pour les personnes déficientes.

HÔTEL DE LA SAULAIE*** €€

104, rue des Fougerons - **DOUÉ-EN-ANJOU**
✆ 02 41 59 96 10
www.hoteldelasaulaie.com
Fermé du 24 au 31 décembre. Chambre double de 64 € à 109 € ; chambre famille de 129 € à 159 €. Petit déjeuner : 9,50 €.

Un petit hôtel simple et propre où poser ses valises le temps de visiter les environs. Un grand parking – et même un garage privé – pour les voitures, un local à vélos pour les randonneurs... L'établissement dispose de trois chambres équipées pour les personnes à mobilité réduite. Pour se détendre, une piscine chauffée et accessible sans système de mise à l'eau, une terrasse où flâner et un petit coin TV / bibliothèque pour les enfants. L'ensemble est sympathique avec du personnel adapté et accueillant. Un bel endroit, où l'on se sent bien.

CAMPING DU PORT CAROLINE*** €€

Rue du Pont-Caroline - **LOIRE-AUTHION**
✆ 02 41 80 42 18
www.campingduportcaroline.fr
Label Tourisme & Handicap PMR, mental, auditif, visuel. Fermé octobre-mars. Chalets : dès 518 €.

Le camping au bord de la Loire est bucolique. Le terrain ombragé invite au repos et à la détente. Un coin de bonheur mis en valeur par vos hôtes. Les bancs, les haies tout comme les arbres vous assurent de la tranquillité et un coin rien que pour vous. Bien sûr, vous pourrez aussi goûter à la convivialité des lieux et aux rencontres : les produits du terroir seront agréables à partager. Un camping de qualité doté notamment de deux chalets adaptés et labellisés pour le handicap moteur.

ESPACE AIR PASSION ★★

Angers Loire Aéroport - **MARCÉ**
✆ 02 41 33 04 10
www.musee-aviation-angers.fr
Avril-oct 14h-18h (fermé lundi) + 10h-12h en été. Oct-avril 14h-18h le WE. 7 €, réduit 4 €. Gratuit -7 ans.

Le musée régional de l'Air est le second musée aéronautique en France avec la particularité de présenter une collection de machines volantes remises en état de vol par des bénévoles passionnés. Au programme : une collection impressionnante de planeurs et d'avions restaurés en état de vol ou en expo que l'on découvre sur les 3 500 m² d'exposition que compte le site. L'Espace Air Passion est entièrement accessible sauf les mezzanines qui permettent d'admirer les aéronefs du dessus. Parking goudronné attenant. Entrée de plain-pied. Circulation aisée.

© ESPACE AIR PASSION

L'Espace Air Passion présente une collection de maquettes et de modèles réduits d'avions, de planeurs...

LE RELAIS DE MISENGRAIN €

Rue Misengrain - **NOYANT-LA-GRAVOYÈRE**
✆ 02 41 61 71 96
http://relais-misengrain.com/

Ouvert toute l'année. 29 chambres à disposition. Possibilité de demi-pension et pension complète. Seul ou en groupe.

Situé sur le chemin de Compostelle, aux abords de la vallée de Misengrain, ce relais accueille les particuliers et les groupes dans un cadre bucolique. Son parc arboré de 2 ha offre une petite parenthèse nature. Le cadre est apaisant, relaxant, parfait pour flâner. Après un petit repos, vous partirez peut-être visiter l'authentique village de maisons ardoisières, découvrir la nature, faire du sport, déguster du chocolat ou découvrir les châteaux, tout est à proximité. Sympathique et assez bien adapté. Une bonne adresse sur le secteur.

LE CHAMPALUD*** €€

Promenade du Champalud - **ORÉE D'ANJOU**
✆ 02 40 83 50 09
www.lechampalud.com

Label Tourisme & Handicap moteur, PMR, mental. Chambre 87 €-128 €. Petit déjeuner 13 €. Parking 11 €. Animaux acceptés.

Le Champalud décline trois types de restauration : une cuisine traditionnelle qui met à l'honneur les produits du terroir que l'on savoure dans une salle au décor authentique avec poutres et vieilles pierres, une formule brasserie avec de belles assiettes aux produits saisonniers et des repas de groupes à partir de 40 personnes sur réservation. Les chambres disposent de lits doubles ou lits jumeaux, et de lits complémentaires individuels ainsi que de salles de bains équipées de douches ou de baignoires. Certaines possèdent un véritable cachet.

MUSÉE JULES DESBOIS ★★

1, place Jules-Desbois - **PARÇAY-LES-PINS**
✆ 02 41 82 28 80
www.musee-julesdesbois.fr

Label Tourisme & Handicap moteur, PMR, mental, malentendant.Ouvert du 2 avril au 2 novembre. Adulte : 5 € (réduit 3 €).

Jules Desbois est un sculpteur de la fin du XIXe siècle, également ami et collaborateur de Rodin. Dans son village natal, le musée présente une centaine de ses œuvres : sculptures et objets d'arts décoratifs qui célèbrent le corps humain avec puissance, réalisme et sensualité. Accessibilité totale par rampe d'accès sauf la salle des expositions temporaires. Visite entièrement de plain-pied et circulation aisée. Toilettes accessibles. Une belle idée de sortie pour un lieu fort sympathique qui nous amène à découvrir un univers mal connu.

HÔTEL SAINT-PIERRE**** €€

8, Rue Haute-Saint-Pierre - **SAUMUR**
✆ 02 41 50 33 00
www.saintpierresaumur.com

Chambres doubles dès 122 €. Petit déjeuner buffet 17,50 €.

Cet établissement du XVIIe siècle est le plus luxueux de la ville. Poutres apparentes, murs de pierre de taille, cheminées de tuffeau, escalier à vis, plantent un décor que les tapis d'Orient et les belles étoffes viennent élégamment souligner. La décoration est soignée jusque dans les salles de bains, ornées de mosaïques originales comme celle de l'artiste Paloma Picasso. Le bar offre une sélection de 150 whiskys, et le salon-bibliothèque une magnifique cheminée et de nombreux ouvrages, œuvres d'art et collections. Une bulle de bonheur particulièrement appréciée.

ACKERMAN

19, rue Léopold-Palustre
SAUMUR
✆ 02 41 53 03 21
www.ackerman.fr
Basse saison du lundi au samedi 10h-12h30/14h-18h30, dimanche 10h-12h30/14h30-18h30. Haute saison 7j/7, 9h30-19h.

En 2017, le site Ackerman fait peau neuve... sans négliger son histoire ! Le décor de la nouvelle boutique mêle avec talent le tuffeau et le bois, matières importantes pour le patrimoine vinicole local. Il faut dire que les caves Ackerman sont riches d'une histoire vieille de plus de 200 ans désormais. Creusées dans le tuffeau à une température constante de 12°C, elles abritent une collection composée de millions de bouteilles. Une visite s'impose à moins que l'on préfère prendre d'emblée la direction du cellier où l'on pourra déguster et s'approvisionner en vins tranquilles ou pétillants. On trouve ici 9 cuvées d'excellents vins sans bulles (saumur-champigny, chinon, vouvray, anjou...) ainsi qu'une belle sélection de 13 cuvées de bulles maison. En 2016 encore, la maison a récolté de nombreuses médailles d'or et d'argent, notamment pour les Crémants de Loire. La cuvée Louis Ferdinand 2013 est digne des plus belles tables ! Pour les enfants ou les adultes qui ne souhaitent pas boire d'alcool, Ackerman présente trois versions surprenantes de vins sans alcool qui ne dénaturent pas le geste de convivialité lorsque l'on trinque en société. À découvrir absolument. Une adresse incontournable, des animations annuelles et parfois gastronomiques qui débordent d'imagination à ne pas manquer. C'est sans compter sur les expositions d'œuvres gigantesques et la résidence d'artistes en collaboration avec l'Abbaye de Fontevraud ; le site peut tout à fait se visiter en dehors du thème du vin, mais ce serait fort dommage !

LES BATELIERS €€

328, rue Jean-Jaurès - **TRÉLAZÉ**
✆ 02 41 81 89 18
www.hoteldeloire.com
Label Tourisme & Handicap moteur, PMR. Ouvert toute l'année. Tous les jours 12h-14h30 et 19h-22h. Carte : 25 € environ.

Le restaurant Les Bateliers vous reçoit dans un cadre aux murs aux nuances pourpres. Dans ce décor lie-de-vin ponctué de citations de littérature ligérienne, l'accueil réservé à la clientèle est souriant et chaleureux. Vous pourrez aisément y savourer votre pause déjeuner en faisant le choix d'une grillade ou d'une viande. Pour celles et ceux qui surveillent leur ligne, le choix de salades est honorable : de la salade des Caraïbes à la salade périgourdine, vous aurez l'embarras du choix. Tournedos Rossini, butternut fondante, un délice...

HÔTEL DE LOIRE*** €€

328, rue Jean Jaurès - **TRÉLAZÉ**
✆ 02 41 81 89 18
www.hoteldeloire.com
Ouvert toute l'année. 49 chambres, de 85 € à 108 € pour 1 personne/week-end. Parking inclus. Petit déjeuner 10 €.

L'Hôtel de Loire et son restaurant Les Bateliers ont su insérer un véritable centre d'affaires dans ce quartier rénové. Luxe, espace et sérénité règnent aussi bien dans les couloirs que dans les chambres qui se distinguent par leur superficie importante, entre 18 m^2 et 40 m^2. Certaines suites communiquent entre elles pour vous permettre de mieux vous loger en famille ou entre amis. L'établissement se prolonge d'un espace lounge à mi-chemin entre l'hôtel et le restaurant : espace de détente ou de réunions plus informelles dans un cadre adouci et confortable.

HÔTEL L'OCÉANE*** €€

RN 23 - **VILLEVÊQUE**
✆ 02 41 32 93 34
www.hotelaloceane.com
Label Tourisme & Handicap moteur, mobilité réduite, mental, malentendant, malvoyant. Chambre dès 84 €.

Aux portes d'Angers, l'Hôtel L'Océane est un véritable havre de paix qui propose trois chambres adaptées aux personnes handicapées moteur et deux pour les hôtes en déficience visuelle. Au niveau de la restauration, la carte affiche des plats qui mettent l'eau à la bouche : foie gras du chef et son verre de coteaux-de-l'aubance, Saint-Jacques flambées au porto, viandes grillées au feu de bois... Une bonne adresse pour un séjour d'affaires ou de loisirs. L'ensemble est assez bien adapté pour tous les handicaps, une adresse intéressante.

MUSÉE DE L'ÉVOLUTION AGRICOLE ★

Mairie de Juvigné - **JUVIGNÉ**
✆ 02 43 68 51 54
www.juvigne.mairie53.fr
Label Tourisme & Handicap moteur, PMR, mental, malentendant, malvoyant. Ouvert toute l'année. Adulte 6 €.

La scénographie de ce musée permet de découvrir l'agriculture d'antan avec une approche moderne. Les salles d'exposition sont accessibles à tous : bornes audio avec sous-titrage, signalétique informative et directionnelle adaptée, documents en caractères agrandis, plan d'orientation, lignes de vie et bandes d'éveil à la vigilance, sanitaires adaptés, obstacles neutralisés, continuité de la chaîne de déplacement… Labellisé Tourisme et Handicap, il est accessible.

À LA BONNE AUBERGE €€€

170, rue de Bretagne - **LAVAL**
✆ 02 43 69 07 81
www.alabonneauberge.com
Label Tourisme & Handicap moteur, PMR. Ouvert du lundi au vendredi midi et soir et le samedi soir. Carte : 30 € environ.

À La Bonne Auberge mérite son nom et attire les chalands qui apprécient tout particulièrement sa façade couverte de vigne vierge. Les chambres offrent tout le confort moderne ainsi que les sacro-saintes connexions avec le monde entier. Quant aux trois salles du restaurant, elles sont chaleureuses, accessibles aux PMR et propices aux moments heureux. Les menus sont de qualité. Une bonne adresse, où l'on mange bien avec du personnel à l'écoute et des produits frais. Pour les gourmands, quelques spécialités de l'établissement sont à découvrir.

COMITÉ DÉPARTEMENTAL DU TOURISME

84, avenue Robert-Buron
LAVAL
✆ 02 43 53 18 18
www.mayenne-tourisme.com

Idées de séjours, logements classiques ou insolites, activités coups de cœur, le May'N Pass (offre des avantages sur les sites de visites et loisirs partenaires), vous trouverez tout au comité départemental du tourisme. Via l'onglet « Préparez » situé sur la page d'accueil, vous accédez à une nouvelle page sur laquelle on retrouve une rubrique intitulée « tourisme pour tous » où les informations sont traitées de façon thématique. Clair, rapide et agréable visuellement.

MÉMORIAL DES DÉPORTÉS DE LA MAYENNE ★

23, rue Ambroise-de-Loré - **MAYENNE (VILLE)**
✆ 02 43 08 87 35
www.memorial-des-deportes-mayenne.fr
Fermé du 1er au 31 janvier. Ouvert du mardi au samedi et le 1er dimanche de chaque mois 14h-18h. Adulte : 5 €.

Ce mémorial accessible à tous s'articule autour de deux espaces muséographiques. Le premier est consacré au devoir de mémoire, une exposition permanente met en lumière des objets ramenés des camps de concentration ; il relate également les souffrances des victimes du système concentrationnaire nazi. Le second espace a pour but est d'alerter, éveiller et sensibiliser tout un chacun en s'appuyant sur des thèmes issus de l'actualité comme la discrimination.

MUSÉE DU CHÂTEAU DE MAYENNE ★★★

Place Juhel - **MAYENNE (VILLE)**
✆ 02 43 00 17 17
www.museeduchateaudemayenne.fr
Tarifs : 4 € ; 3 € jeunes, handicapés, groupes et MayN' Pass ; gratuit mineurs, demandeur d'emploi. Tourisme & Handicap.

Le musée permet de découvrir l'histoire riche du château : les premiers vestiges architecturaux, la première occupation du site, l'aula carolingienne ou la salle de la prison des femmes… Le musée est entièrement accessible aux visiteurs en situation de handicap moteur : parking aménagé, accès au musée adapté, dépose-minute, toilettes et comptoir d'accueil adaptés, progression sécurisée, ascenseurs, vitrines et bornes à hauteur réglementaire. Handicap visuel : clous annonçant les descentes d'escaliers, nez de marche contrastés, ascenseur à information vocale et touches en relief transcrites en braille, bandes blanches sur les surfaces vitrées, parcours sans obstacles, maquettes tactiles évoquant les différentes transformations architecturales du site, plan en relief et en braille du site situé à l'extérieur dans la haute cour, dossiers avec plans thermoformés et braille disponibles à l'accueil, fiches de salles en gros caractères, audioguide détaillé et audiovisuel, boîtes à toucher avec les matériaux de fabrication des pions de jeux à disposition. Possibilité de visites guidées multi-sensorielles et tactiles. Handicap auditif : site équipé de boucles magnétiques à l'accueil, audiovisuel diffusé dans l'aula carolingienne, visites commentées traduites en LSF (sur réservation). Handicap mental : maquettes tactiles, fiches de salles et boîtes à toucher, livrets adaptés (un adulte et jeune public) disponibles à l'accueil du site, ateliers thématiques autour du Moyen Age.

Vue du château depuis la rivière.

LE RELAIS DU GUÉ-DE-SELLE*** €€€

Route de la Mayenne
MÉZANGERS
✆ 02 43 91 20 00
www.relais-du-gue-de-selle.com

Adapté 4 familles de handicap ; climatisation ; piscine extérieure. Logis. Qualité Tourisme.

Le relais du Gué de Selle impressionne d'emblée le visiteur par son cadre merveilleux : un ancien relais de campagne situé à proximité d'un étang de 50 hectares dans un parc qui en offre lui-même 80 ! S'il a su préserver son charme d'antan, il offre également quelques plaisirs modernes qui permettent de se bien porter : piscine extérieure chauffée, swing-golf, salle de remise en forme et sauna. Très prisé par les gens qui aiment prendre le temps de bien vivre.

CENTRE D'INTERPRÉTATION DE L'ARCHITECTURE ET DU PATRIMOINE ★★

1, rue Fouquet de la Varenne - **SAINTE-SUZANNE-ET-CHAMMES** ✆ 02 43 58 13 00

Label Tourisme & Handicap moteur, PMR, mental, malentendant, malvoyant. Ouvert toute l'année.

Le château mêle histoire, architecture, arts, culture, patrimoine, découvertes et animations. Depuis 2009, il abrite un Centre d'interprétation de l'architecture et du patrimoine (CIAP) où des cartes animées, des vitrines, des audiovisuels, des photographies, des maquettes, des reconstitutions en 3D, des actions éducatives ou des conférences permettent aux visiteurs d'y découvrir l'exceptionnelle richesse patrimoniale du Pays d'art et d'histoire Coëvrons-Mayenne. Visites adaptées.

DOMAINE DE DANSE €

THORIGNÉ-EN-CHARNIE
✆ 06 63 40 55 54
www.domainededanse.com

Gîtes de France 3 épis. Accessible aux PMR. Minimum 2 à 4 nuits selon saison. Excursions adaptées PMR.

Le Domaine de Dansé est un havre de tranquillité pour celui qui souhaite séjourner en campagne. Stéphanie et Joël, sensibilisés au monde du handicap, ont transformé une magnifique longère en un gîte spacieux où tout a été pensé pour accueillir les personnes à mobilité réduite : parking 2 places PMR, gravier stabilisé, rampe d'accès, plateforme élévatrice pour l'accessibilité. 3 chambres spacieuses avec lits à assistance électrique viennent compléter l'offre, avec 4 salles d'eau aux normes PMR. Sur demande : verticalisateur, lève-personne, fauteuil garde-robe....

AUBERGE DES MATFEUX €€€

289, avenue Nationale - **ARNAGE**
✆ 02 43 21 10 71
www.aubergedesmatfeux.fr
Label Tourisme & Handicap moteur, PMR, mental, malvoyant. Carte 25 € environ. Menus 38 €-88 €. Vente à emporter.

Dans un étonnant mélange de matériaux et de couleurs, les tables de cette adresse gastronomique sont minutieusement préparées. La cuisine du Maître Restaurateur Xavier Souffront crée des alliances parfaites : ravioles de langoustines cuites dans leur jus, escargots de Bourgogne déshabillés à la crème de persil, dos de jeune sanglier au coteaux-du-loir, carpaccio de noix de Saint-Jacques de la baie de Saint-Brieuc ou encore lièvre de la région farci à la royale. La carte des vins est elle aussi d'exception. Le service est impeccable.

MUSÉE DU POINT DE BEAUVAIS ★★

76, rue du point de Beauvais
BOURG-LE-ROI
✆ 02 33 82 70 77
En juin et septembre tous les week-ends de 14h30 à 18h. En juillet et août ouvert également le vendredi. Gratuit.

La broderie au point de Beauvais fait partie intégrante du patrimoine de la commune. Le musée accessible à tous expose une fresque de 12 mètres brodée au point de Beauvais retraçant la vie de la cité de 50 avant J.-C à 1450 mais aussi des vêtements ecclésiastiques, des tableaux, du linge et des vêtements brodés. Chaque année en mai, l'établissement organise les rencontres de la broderie. L'ensemble est accessible pour les personnes à mobilité réduite.

GÎTE CHAUVET €€

CHANTENAY-VILLEDIEU
✆ 02 43 95 77 57
Label Tourisme & Handicap moteur, PMR, mental, malentendant, malvoyant. Location roulottes 90 €-100 €, petit déj. 8 €.

Dans un environnement paisible, Marylise et Jean-Noël vous ouvrent les portes de leur ancienne bâtisse rénovée. Les chambres d'hôtes peuvent accueillir entre deux et six personnes. Toutes sont équipées d'une salle de bains et d'un WC privatifs. Une est spécialement accessible aux personnes à mobilité réduite. Possibilité de table découverte le soir sur réservation et de découvrir quelques spécialités sarthoises qui raviront vos papilles. Visite de l'exploitation possible sur demande. Un endroit plutôt bien adapté et des hôtes à l'écoute.

MUSÉE DE LA DEUXIÈME GUERRE MONDIALE ROGER BELLON ★

Le Camp - **CONLIE**
✆ 02 43 20 90 35
http://museerogerbellon.free.fr
Ouvert du 1er avril au 30 septembre (jours fériés compris), du mercredi au dimanche de 14h à 17h30. Adulte : 6 €.

En 1944 – alors qu'il n'avait que 16 ans – Roger Bellon fut témoin à Fyé au nord de la Sarthe près d'Alençon, des terribles combats livrés par les Alliés contre les Allemands. Depuis, la Seconde Guerre mondiale, c'est sa vie : à cette image, ce musée présentant plus de 2 000 pièces authentiques dont une centaines de mannequins tenues ou uniformes d'époque ! Il a su mettre en valeur sur deux niveaux, documents, matériels et uniformes qui font l'intérêt.

LA ROISERIE €€

LE GRAND-LUCÉ
✆ 02 43 85 81 54
Label Tourisme & Handicap moteur, PMR, mental, malentendant, malvoyant. Ouvert toute l'année. A partir de 70 € la nuit.

Proche du château du Grand Lucé, cette belle maison de caractère du XVIe siècle avec piscine et terrasse abrite cinq chambres d'hôtes avec accès indépendant sur un hectare. Chacune possède une salle d'eau et des W.C privés. La chambre accessible se situe au rez-de-chaussée. A l'étage, vous trouverez une chambre familiale pour quatre personnes et une chambre pour trois personnes. Possibilité de table d'hôtes sur réservation. L'ensemble est plutôt bien adapté, les hôtes sont à l'écoute. Un lieu sympathique où on se sent bien pour un week-end ou un séjour plus long.

MUSÉE VERT, MUSÉE D'HISTOIRE NATURELLE ★

204, avenue Jean-Jaurès - **LE MANS**
✆ 02 43 47 39 94
www.lemans.fr
Label Tourisme & Handicap moteur, PMR, mental, malentendant. Du lundi au dimanche 9h-12h30 et 14h-18h.

À l'entrée du musée, une tranche du chêne Boppe, ce fleuron tricentenaire de la forêt de Bercé et quelques minéraux sont à observer. Le musée Vert rassemble l'une des plus anciennes collections de France avec près de 200 000 spécimens dont une partie seulement est exposée au public. Géologie, zoologie et botanique raviront petits et grands. Les curiosités ne manquent pas. À l'étage, la première salle consacrée aux animaux dans leur milieu naturel.

SARTHE TOURISME

31, rue Edgar-Brandt
LE MANS
✆ 02 72 88 18 81
www.sarthetourisme.com

C'est l'office de tourisme et un site Internet du département, efficace, documenté, actualisé. Brochures à télécharger, applications. Un onglet est dédié à la Ferté-Bernard et vous informe plus précisément sur les richesses du Pays du Perche Sarthois. Vous y trouverez toutes les informations pour préparer votre séjour en toute sérénité : activités de plein air, festivals, artisanat, spécialités du terroir, tourisme vert, tourisme fluvial, où dormir, que déguster, etc. Venez découvrir les richesses de la Sarthe, sa nature, ses châteaux, etc.

SPAYCIFIC' ZOO ★★

La Martinière - **SPAY**
✆ 02 43 21 33 02
www.spaycificzoo.com

Fermé de mi-novembre à janvier. Haute saison tous les jours de 10h à 20h. Adulte : 13 €. Enfant de 3 à 12 ans : 9 €.

Plus de six hectares d'espace naturel vous accueillent, abritant 180 espèces et 700 animaux d'une grande diversité. Arrivant des quatre coins du monde, oiseaux, reptiles, batraciens et mammifères cohabitent et rendent ce parc unique. Le nom du parc est dû au fait que l'on y trouve des espèces spécifiques très rares d'animaux : avez-vous déjà entendu parler du Potorou ? De l'Euplecte ? Du Douroucouli ? On trouve aussi des dingos, des agoutis et des tatous dont on découvre les spécificités à travers de nombreuses animations et des ateliers.

MALICORNE, ESPACE FAÏENCE ★

24, rue Victor-Hugo - **MALICORNE-SUR-SARTHE**
✆ 02 43 48 07 17
www.espacefaience.fr

Label Tourisme & Handicap moteur, PMR, mental. Fermé le 25 décembre et janvier-février. Adulte 5 €. Enfant 3 €.

Le travail de la terre aux alentours de Malicorne remonte à l'époque gallo-romaine. A proximité, le village de Ligron a été un important centre de production de poterie et subvenait aux besoins locaux dans le sud de la Sarthe. Dans cette faïencerie qui respecte toujours les procédés traditionnels du XVIIe siècle, suivez tout le processus de fabrication, de l'argile brute arrachée aux carrières jusqu'à la cuisson. L'établissement est entièrement accessible.

SENTIER D'INTERPRÉTATION ★

TENNIE

Label Tourisme & Handicap moteur, mobilité réduite, mental, malentendant, malvoyant. Ouvert toute l'année. Gratuit.

Amateur d'espaces verts et de randonnées, vous apprécierez ce parcours en boucle de 1 200 m accessible aux personnes handicapées (label Tourisme et Handicap). La balade permet de découvrir la Champagne conlinoise au travers de panneaux sonores, alimentés par panneau solaire, situés au début du parcours et de pupitres pédagogiques adaptés en braille tout au long du circuit. Enfin, des tables et des bancs, adaptés aux différents handicaps, sont mis à disposition de tous. Au bord du lac de Tennie, les amateurs de pêche pourront profiter d'un ponton accessible.

LA FERME D'YVRELLE €€

PARIGNÉ-L'EVÊQUE
✆ 02 43 75 22 21

Label Tourisme & Handicap moteur, PMR, mental, malentendant, malvoyant. Chambre d'hôtes dès 50 €. Petit déjeuner inclus.

Situé à deux pas d'un splendide swin golf, La Ferme d'Yvrelle vous accueille toute l'année. Découvrez le calme et la quiétude de la campagne, et vivez quelques jours au rythme de la nature. Un gîte rural adapté muni d'une salle à manger spacieuse et lumineuse peut accueillir 30 personnes. Une grande cheminée, une bibliothèque et des jeux de société vous distrairont et vous relaxeront tandis qu'un espace jeux pour les plus jeunes est aménagé à l'extérieur. Un endroit sympathique dans la nature où l'on peut se sentir très bien, très vite.

MUSÉE DU VÉLO « LA BELLE ECHAPPÉE » ★★

8, rue de la Forêt-de-Perseigne
VILLENEUVE-EN-PERSEIGNE
✆ 02 43 34 39 11
www.lemuseeduvelo.fr

Tourisme & Handicap moteur, PMR, mental. Avril-juin et septembre, mer-dim, été 7j/7 10h-12h30 et 13h30-18h. Adulte 6 €.

Découvrir l'histoire du vélo et de la course cycliste depuis 1817 à travers l'une des plus belles collections de vélos et de maillots célèbres. Sans oublier les objets publicitaires, les affiches anciennes, les jeux et les jouets anciens dans cette collection constituée par un passionné. Grâce aux espaces interactifs et vidéo, et à la mise en lumière originale, revivez les étapes de la fabuleuse épopée du cyclisme ! Un agréable moment à passer...

DOMAINE LE MARTINET*** €€

Place de la Croix-Blanche - **BOUIN**
✆ 02 51 49 08 94 - www.domaine-lemartinet.com
D'avril à fin septembre. 23 chambres. Chambre double de 114 € à 125 € €. Petit déjeuner : 12,50 € (6 € -10 ans)

Dans un parc arboré, une belle demeure de la fin du XVIIIe siècle sert de cadre à ce charmant petit hôtel de 23 chambres. L'établissement est labellisé Relais du Silence, preuve du charme du lieu. On apprécie le calme des chambres ; celles situées près de la piscine sont particulièrement réussies. A côté de l'hôtel dans une bâtisse de style vendéen aux volets verts, des appartement peuvent accueillir des familles de 4 ou 5 personnes. Chacun offre un salon avec télévision par satellite, téléphone et sanitaires de grand confort.

L'ÉCUME GOURMANDE €€

15, rue du Pays-de-Monts - **BOUIN**
✆ 02 51 68 64 65
www.lecumegourmande.com
Lundi, vendredi, samedi : le soir ; du jeudi au mardi : le midi. Menus : 36,90 € à 67,90 €. Midi : 19 €/29 €.

Magda et Sébastien ont fait de l'Écume Gourmande une des meilleures tables de Vendée ! On aime la salle lumineuse et la terrasse ombragée du jardin. Maître Restaurateur récompensé par les guides, la cuisine de Sébastien est moderne, savoureuse, audacieuse, à l'image du foie gras et anguille fumée ; canette de Challans en 2 façons, fumée aux aiguilles de pin et nem croustillant à la coriandre, maïs passion. Des desserts alliant légèreté et gourmandise, aussi délicieux qu'originaux, comme l'œuf à la coque aux saveurs exotiques. Pour le vin, faites confiance à Magda.

VENDÉE MINIATURE ★

50, rue du Prégneau - **BRÉTIGNOLLES-SUR-MER**
✆ 02 51 22 47 50
www.vendee-miniature.fr
Été : 7j/7, 10h-18h30. Avril, mai et septembre + vacances Toussaint : 7j/7, 14h-18h30. Adulte 9,50 €, 5-12 ans 6 €.

Entre les Sables-d'Olonne et Saint-Gilles-Croix-de-Vie, un village miniature du bocage vendéen de 300 m2 permet de redécouvrir la vie d'antan à travers 650 personnages mis en scène dans des décors fabriqués par le propriétaire des lieux - ébéniste de métier - et son épouse. Maisons de pierres, métiers anciens, véhicules hippomobiles... tout un monde au à une échelle qui donne à l'église du village la taille respectable de trois mètres de haut ! Vous circulerez autour du décor, le sens unique facilite le cheminement des visiteurs handicapés mentaux.

CAMPING ÎLE AUX OISEAUX*** €€

36, Rue du Pré-Neuf - **L'ILE-D'OLONNE**
✆ 02 51 90 89 96
www.ile-aux-oiseaux.fr
Du 01/04 au 31/10. Piscines ext./int., club enfant. Empl : 26 €/62 €. Mobil-home : 224 €/1 330 €. Tourisme & Handicap.

Coup de cœur pour ce camping familial calme à 5 km des plages, dans un village typique, dont l'environnement naturel (littoral, forêt, marais salants) offre de multiples loisirs à proximité : activités nautiques, vélo, canoë, équitation, karting… Il dispose d'un beau complexe aquatique composé d'un bassin couvert à 29 ° bien insonorisé, avec bain bouillonnant, grand bassin, pataugeoire, jeux d'eau, petit toboggan, et depuis 2019, d'une belle piscine extérieure.

LE PETIT SAINT-THOMAS €€€

25, rue de Lattre-de-Tassigny - **LA GARNACHE**
✆ 02 51 49 05 99
www.restaurant-petit-st-thomas.com
Ouvert du mercredi midi au dimanche midi. Menus de 33,90 € à 65 €. Formule du midi en semaine : 23,90 €.

Cette affaire bénéficie d'une bonne réputation. Forte de ses expériences dans de belles maisons, la cuisine du Chef est raffinée et inventive, en constante évolution. Fier de son département, il se fournit chez les producteurs régionaux et travaille les produits locaux qu'il égrène dans son menu Maraîchin : Saint-Jacques et thon marinés, snackés, crémeux yuzu, quenelle mascarpone citron vert, poudre au comté ; demi-pigeonneau rôti ; bar à la plancha, racines, vichyssoise au beurre d'algues du littoral ou encore filet de sole, mousseline de poireaux aux algues

VENDÉE TOURISME

45, boulevard des États-Unis
LA ROCHE-SUR-YON
✆ 02 51 47 88 20
www.vendee-tourisme.com

Le Pôle Tourisme de Vendée propose de télécharger depuis son site Internet la brochure La Vendée accessible avec tous les établissements labellisés Tourisme & Handicap : hébergements (hôtels, campings, gîtes, chambres d'hôtes et meublés), restaurants, sites touristiques et sites de loisirs selon le type de handicap (auditif, mental, moteur, visuel). Depuis 2004, l'accent est mis sur l'accessibilité en Vendée, en promouvant les établissement (restaurants, lieux de visite, hébergements...) récompensés par le label Tourisme & Handicap (4 familles de handicap).

CHÂTEAU DE LA SEBRANDIÈRE*** €€

La Sebrandière - **LE GUÉ-DE-VELLUIRE**
✆ 02 53 34 01 01
www.chateau-de-la-sebrandiere.com
Fermé du 01/11 au 28/02. Double dès 57 € ; suite de 95 € à 130 €. Petit déjeuner : 11 €. Séminaires, mariages.

À quelques pas du vignoble de Vix, dans le marais poitevin et à 30 minutes de La Rochelle, vous allez être charmé par le château de la Sebrandière, un ancien prieuré entièrement restauré dans le respect de l'architecture de l'époque, et son vaste parc créé autour d'un chêne tricentenaire. Dix chambres personnalisées très spacieuses, d'un style contemporain classe, sobre et raffiné, utilisant de nobles matériaux comme la tomette et les boiseries. Salle de bains confortable.

LE PUY DU FOU ★★★★

LES ÉPESSES
✆ 08 20 09 10 10
www.puydufou.com
D'avril à novembre. Puy du Fou 1 jour : dès 42 €/adulte, 30 €/enfant. Avec Cinéscénie : 70 €/adulte, 58 €/enfant.

Le Puy du Fou est une magnifique réussite qui a attiré 2 309 000 visiteurs en 2019. Marque préférée des Français et élu deux fois « Meilleur parc du monde », le Puy du Fou reçoit en 2019 trois distinctions internationales : « Meilleur Spectacle de l'Année » et « Meilleure Création Européenne » à Paris et « Oscar de la Meilleure Création du Monde » à Los Angeles pour sa création originale *Le Premier Royaume*. L'aventure démarra en 1977 avec la découverte du château en ruine du Puy du Fou. Un an plus tard, la première représentation de la Cinéscénie.

ZOO DES SABLES ★★★

Route du Tour-de-France - **LES SABLES-D'OLONNE**
✆ 02 51 95 14 10
www.zoodessables.fr
Ouvert du 04/02 au 12/11 + vac. Noël. Haute saison 7j/7, 9h30-19h30. 3-10 ans : 13,30 € ; + de 11 ans : 17,40 €.

Sanctuaire de la faune et de la flore sauvage, ce zoo est unique en son genre par la luxuriance de sa végétation, et par son approche écologique et scientifique. Côtoyant des arbres centenaires et une végétation exotique, une grande diversité d'espèces animales peuple cet oasis : lions, girafes, oiseaux d'Océanie, loutres, pandas, manchots, vautours, tapirs, girafes, loups... Handicap moteur : parcours spécial accessible, passerelle adaptée permettant d'entrer dans la volière par une pente douce, bancs disséminés dans le parc invitant au repos.

HANDIPLAGES

L'Epine

Plage de l'Epine : Toutes les plages sont accessibles. Vestiaires et cabines. 1 Tiralo. T. 02 51 39 11 17.

Longeville-sur-Mer

Plage du Rocher. Plage surveillée : 1 Tiralo. 2 handiplagistes. Signalisation à l'entrée du site. T. 02 51 33 34 64.

Noirmoutier-en-l'Ile

Plage des Sableaux : plage surveillée. Roulements aménagés. 1 Tiralo et sanitaires à proximité. T. 02 51 35 99 99.

Plage Mardi-Gras : plage surveillée. Roulements aménagés. 1 Hippocampe. WC et douches accessibles.

Notre-Dame-de-Monts

Plage Centrale : plage surveillée. 1 Tiralo. 1 Hippocampe et 1 Handiflot. T. 02 51 58 83 87.

Maillé

Embarcadère des Capucines : bateaux accessibles pour des balades de découverte sur la Sèvre. Départ de Maillé à 15 km de Fontenay-le-Comte. Réservation impérative.

Saint-Gilles-Croix-de-Vie

Grande Plage : Plage surveillée de fin juin à début septembre. Poste de secours côté Saint-Gilles (T. 02 51 55 11 30). Douche et toilettes publiques. 3 Tiralos. 1 Hippocampe. 2 cabines de plage adaptées et accessibles équipées de douche et sanitaires. 12 rampes d'accès tout au long de la plage.

Plage de Boisvinet : plage surveillée. 1 Tiralo. T. 06 85 53 70 79.

Tranche-sur-Mer

Plage Sainte-Anne : plage surveillée. 1 Tiralo. 1 Hippocampe. WC et douches accessibles.

LA VILLA EN L'ÎLE*** €€

38, avenue de la Victoire - **NOIRMOUTIER-EN-L'ILE**
✆ 02 51 39 06 82
www.lavillaenlile.com
Label Tourisme & Handicap moteur, PMR, mental, malentendant, malvoyant. Chambre double 69 €-129 €. Petit déj. 12,50 €.

Situé à l'orée du bois de la Chaize, cet établissement a été rénové avec beaucoup de goût. Décor contemporain chaleureux ressenti dès la jolie réception. Les chambres sont réparties dans différents petits bâtiments entourant la cour sur laquelle donne la salle des petits-déjeuners avec terrasse. Plusieurs gammes de chambres, décorées avec modernité et sobriété : certaines sont accessibles aux personnes à mobilité réduite. Tout est neuf et bénéficie donc des dernières normes ; c'est aussi le cas des salles de bains aux tons taupe.

BIOTOPIA ★

50, avenue de l'Abbé-Thibaud
NOTRE-DAME-DE-MONTS
✆ 02 28 11 20 93
Du 09/04 au 06/11. Été : 10h-19h, sam-dim 14h. Mi-saison : sem (sauf mardi hiver) + dim 14h-18h30/18h. 7 €/4 €

Découvrez la nature autrement ! Vous êtes-vous déjà demandé ce qui se cache sous vos pieds ? Sous l'eau ? Dans le ciel ? Explorez le monde du littoral et de la forêt à Biotopia : coquillages de la plage, insectes et plantes de la dune, animaux de la forêt... Écoutez, regardez, sentez et touchez la biodiversité qui vous entoure... Visitez l'espace interactif intérieur et explorez l'océan, la plage, la dune et la forêt grâce à des films, des jeux mais aussi des maquettes. Par des manipulations simples et des outils multimédias, percez les mystères de la nature.

LE JARDIN DU VENT ★

29 bis, rue Gilbert-Cesbron
NOTRE-DAME-DE-MONTS ✆ 02 28 11 26 43
www.jardinduvent.fr
Fermé de novembre à mars. Du mar au ven 10h-12h/14h-18h (sam, dim, 14h-18h. Été : 10h-19h (14h-19h sam, dim).

© SOPHIE BODIN

Au pied d'un curieux moulin coiffé de ses voiles se cache un jardin original offrant aux visiteurs une promenade poétique, amusante, instructive et pédagogique. Destiné à développer l'éducation à l'environnement et à la nature, il propose des sculptures animées comme celle de l'Attrape-nuages et des jeux de vent comme le Tourniquet des risées. Le Jardin du Vent est accessible en fauteuil à l'exception du moulin. Il est possible de réserver une visite guidée afin de profiter d'anecdotes et histoires enrichissantes. Des toilettes adaptées sont disponibles.

L'ESTRAN €€

55, route de Saint-Jean-de-Monts
NOTRE-DAME-DE-MONTS ✆ 02 51 58 86 48
www.restaurantlestran.com
BS : midi, semaine, plus vendredi soir et samedi soir. HS : 7/7 midi et soir. Menus de 18 € à 35 €, formule midi : 14 €.

Les tarifs du restaurant L'Estran sont raisonnables, les assiettes généreuses, la cuisine constante et faite à partir de produits frais. Certains plats restent à la carte d'année en année car les fidèles du lieu souhaitent y retrouver leurs plats fétiches dont voici les incontournables : marmite du pêcheur, choucroute de la mer, cocotte de Saint-Jacques, mijoté de lapin confit aux échalotes et des ris de veau aux cèpes sans oublier les moules en été. Pour le dessert, optez pour le fameux croquant sauce caramel au beurre salé, un régal.

LA MAISON DES LIBELLULES ★

9, place de l'Eglise - **RIVES DE L'YON**
✆ 02 51 36 00 85
www.destination-larochesuryon.fr
En saison : du lundi au vendredi de 10h à 18h, WE de 14h à 18h. Hors saison : sur RV. Adulte 5 €, 6-15 ans 3,50 €.

Quarante-six espèces de libellules ont élu domicile dans la vallée de l'Yon sur un site de 10 000 m^2. Expositions fascinantes, conférences intéressantes et animations amusantes autour d'ateliers pédagogiques ponctuent la visite. Les espaces d'exposition sont adaptés à la visite pour les personnes en fauteuil ainsi que 80 % des espaces extérieurs. L'accueil de groupes en situation de handicap est possible avec des visites à la carte sur les thèmes de la vie sauvage, de l'art et du jardin afin que tous puissent passer un agréable moment.

HÔTEL LE CEITYA*** €€

47, rue Général-de-Gaulle
SAINT-GILLES-CROIX-DE-VIE
✆ 02 51 55 01 13
www.hotel-leceitya.com
Chambre double de 55 € à 115 €. Petit déjeuner buffet : 11 €. Wifi.

Situé au cœur de la rue piétonne, Le Ceïtya porte le nom d'un bateau japonais. Il révèle un caractère unique par ses prestations de bonne qualité, et son ambiance zen, perceptible dès le salon d'entrée, jusqu'aux chambres. À 2 minutes de la gare et du centre-ville et à environ 800 m des plages, il jouit d'un emplacement de choix. La déco, avec son mobilier en bois wengé et ses teintes prédominantes chocolat, mauve, bordeaux et blanc cassé, est tendance et laisse présager de la quiétude des lieux. Un lieu sympathique et bien adapté.

PAYS DE LA LOIRE

L'ATELIER DE LA SARDINE

1, chemin des Gabelous - **SAINT-GILLES-CROIX-DE-VIE** ✆ 02 51 55 55 44
www.laperledesdieux.com
Adapté handicap moteur ; PMR ; mental ; malentendant ; malvoyant. Du mercredi au samedi de 10h à 13h et de 15h à 19h.

La Perle des Dieux est la marque premium de la conserverie de Saint-Gilles-Croix-de-Vie fondée en 1867. En provenance directe du port de Saint-Gilles, les sardines sont fraîchement pêchées au meilleur moment de la saison puis sélectionnées et préparées manuellement, à l'ancienne. Elles sont cuites au bain d'huile de qualité supérieure et placées à la main dans les boîtes puis recouvertes d'huile nouvelle. Il faut ensuite attendre quatre ou cinq ans avant de les déguster : elles n'en seront que meilleures. Un savoir-faire exceptionnel !

SAINT-HILAIRE NAUTISME

SAINT-HILAIRE-DE-RIEZ
www.sainthilairederiez.fr
Label Famille Plus. Fermé d´octobre à mai. Label Tourisme & Handicap.

Saint-Hilaire Nautisme propose des activités nautiques pour petits et grands accessibles à tous : optimiste, dériveur, catamaran, planche à voile et char à voile. Sur les trois sites, deux proposent des loisirs nautiques sur mer et un sur plan d'eau. Location de matériel et cours. La base de Sion est un site tonique pour la pratique du nautisme tandis que la base des Demoiselles est un terrain propice à la pratique du char à voile. La base des Vallées est l'endroit propice pour tirer des bords en toute confiance sur un plan d'eau intérieur.

OFFICE DE TOURISME PAYS SAINT-GILLES CROIX DE VIE

Place de la Gare - **SAINT-GILLES-CROIX-DE-VIE**
✆ 02 51 55 03 66
www.payssaintgilles-tourisme.fr
Du lundi au samedi 9h30-12h30/14h-18h30/18h en hiver. Été : de 9h30 à 19h + dimanche et jours fériés 10h-13h/15h30-19h.

Pour faciliter le séjour des personnes en situation de handicap, différents outils ont été mis en place : accès facilité, personnel formé, documents en braille et caractères agrandis, amplificateur de conversation… La carte « Destination Accessible » recense tous les établissements labellisés Tourisme & Handicap. Les bureaux d'information touristique de Saint-Hilaire-de-Riez, Brétignolles-sur-Mer et Brem-sur-Mer sont labellisés Tourisme & Handicap (moteur, mental, auditif et visuel).

HÔTEL RESTAURANT L'ESPADON***

8, avenue de la Forêt - **SAINT-JEAN-DE-MONTS**
✆ 02 51 58 03 18
www.hotel-espadon.com
27 chambres. Double de 68 à 131 €. Petit déjeuner : 11 €. Au restaurant : formule midi 19 €. Menus 18,50 €, 24 €, 36 €.

Cet hôtel de tradition familiale se situe au cœur même de la station entre la forêt et la plage dans l'avenue où se concentrent tous les restaurants de la station, à quelques dizaines de mètres du Remblai et la superbe plage de Saint-Jean-de-Monts. Les chambres offrent un confort de belle qualité : accessibles à la clientèle handicapées pour certaines, et la majeure partie d'entre elles possède un balcon. Au restaurant, la cuisine est traditionnelle.

GÎTE LES CLÉS DU CHANT**** €€

SAINT-PROUANT ✆ 07 83 89 33 18
www.gite-lesclesduchant.fr
Pour 10 personnes. De 1 400 à 2 180 €. Week-end : 920 € ; mid-week : 1 300 €. Bain bouillonnant. Tourisme & Handicap.

Coup de cœur pour cette magnifique grange en pierres apparentes entièrement rénovée avec piscine intérieure et spa, situé non loin du Prieuré de Grammont, entre Chantonnay et Pouzauges. Le plus : dès les premiers rayons du soleil, vous pourrez lézarder sur la grande piscine équipée de transats et d'une plancha pour pouvoir déjeuner dehors. De plain-pied, il est accessible aux personnes à mobilité réduite. Une belle adresse pour des vacances en famille ou entre amis.

PROVENCE-ALPES-CÔTE D'AZUR

© RICHARD SEMIK - STOCK.ADOBE.COM

Gréoux-les-Bains.

L'ÉTERLOU €€

Villevieille - **FAUCON-DE-BARCELONNETTE**
✆ 04 92 36 15 78
www.ubaye-gite-hote-barcelonnette.fr

Ouvert toute l'année. 14 chambres. Chambre double petit déjeuner 35 €, demi-pension 53 €. Restauration.

L'auberge peut accueillir jusqu'à 44 convives sur réservation. Cette ancienne ferme de caractère entièrement rénovée abrite 14 chambres de 2 à 4 personnes avec salle d'eau et W.C privatifs dont une accessible aux personnes handicapées. La décoration donne une atmosphère à la fois élégante et pittoresque à l'établissement : murs blancs, poutres apparentes, plancher en bois sans oublier la vue magnifique sur les sommets et la station de Sauze ! Le soir venu, on apprécie pouvoir se reposer dans la grande salle à manger autour de la cheminée. Draps et linge.

BUREAU D'INFORMATION TOURISTIQUE DE GREOUX-LES-BAINS

Place de l'Hôtel-de-Ville - **GRÉOUX-LES-BAINS**
✆ 04 92 78 01 08
www.greoux-les-bains.com

Ouvert toute l'année. Juillet-août : du lundi au samedi de 9h à 13h et de 15h à 19h, dimanche jusqu'à 18h.

Cet office de tourisme intercommunal pourra vous fournir tous les renseignements pratiques, non seulement pour un passage à Gréoux, mais aussi lors de votre séjour dans le Bas Verdon et notamment sur le lac d'Esparron. Hébergement, restauration, visites de monuments et musées ou circuits de découverte des environs n'ont pas de secrets pour son personnel qui vous accueillera et vous renseignera avec plaisir. Il organise aussi diverses balades, randonnées ou visites du village.

GÎTE LES SYRPHES €€

Chemin de Pissaïs
LA BRILLANNE
✆ +33 6 65 12 07 04

Accessible handicap moteur, mental, malentendant.Accès aisés depuis le parking goudronné.

Le Gîte Les Syrphes est un lieu de repos et de détente exceptionnel, au calme sans être « perdu », facilement accessible, il est le point de départ idéal pour rayonner sur la Provence. Que vous cherchiez des activités sportives ou culturelles ou que vous soyez adepte du farniente, vous trouverez votre bonheur et ils seront là pour aider à découvrir la Haute-Provence. Le gîte Les Syrphes est un des 100 gîtes exemplaires labellisés par la région Provence-Alpes-Côte d'Azur. Le gîte est labellisé Tourisme & Handicap pour le handicap moteur, auditif et mental.

LE CHÂTEAU HYPOCRAS €€

Les Lauzes-du-Villard - **LA ROBINE-SUR-GALABRE**
✆ 04 92 31 52 82
gites.collieux.free.fr

Accessible handicap moteur, PMR, malentendant. Gîtes de France (3 épis). Ouvert toute l'année.

Aménagé dans un ancien château, une partie seulement de l'établissement est accessible aux personnes handicapées moteur qui pourront profiter d'une cuisine avec hotte et interrupteur rabaissés, du séjour, de deux chambres avec salle d'eau privative et de toilettes adaptés avec transfert à droite. Une autre partie du gîte se répartit sur deux niveaux avec au rez-de-chaussée, un grand salon, une cuisine en gestion libre, deux réfrigérateurs-congélateurs, un lave-vaisselle, une salle à manger, des W.C ; à l'étage, vous disposez de quatre belles chambres confortables.

HÔTEL-RESTAURANT DOMAINE DE L'ADOUX*** €€

MONTCLAR ✆ 04 92 32 51 42
www.domainedeladoux.fr
Label Tourisme & Handicap moteur, PMR, mental. Piscine, sauna/hammam, bar, fitness. Logis. Ouvert toute l'année.

En toutes saisons, vos hôtes déclinent convivialité, gaieté et bonne humeur dans leur établissement situé au cœur d'un parc de six hectares. Entre hôtellerie de charme labellisée Cap France 3 cœurs et son ambiance façon maison d'hôtes, la clientèle est surtout familiale. Le Domaine de l'Adoux possède notamment deux chambres avec salle d'eau et w.c. équipés pouvant accueillir 2 ou 3 personnes en situation de handicap moteur, lesquelles peuvent profiter de nombreuses activités.

GÎTE D'ÉTAPE L'ESCARGOT* €

QUINSON
✆ 04 92 74 09 73
www.giteescargot.com
Ouvert toute l'année. Deux gîtes de 110 € à 220 € la nuit. Jusqu'à 17 personnes. Petit déjeuner 7 €.

Pendant plus de 23 ans, les propriétaires ont fabriqué des jouets en bois et l'escargot était leur thème de prédilection, d'où l'appellation de leur établissement ! Les gîtes bénéficient de 2 cuisines équipées accessibles aux hôtes. Le premier offre trois chambres de 4 lits et le second deux chambres doubles, permettant d'accueillir jusqu'à 17 personnes. Les petits déjeuners savoureux sont agrémentés de fruits du jardin et de confitures maison. Toutes les installations ont été conçues pour que le gîte soit accessible à chacun, quel que soit son éventuel handicap.

MUSÉE DE PRÉHISTOIRE DES GORGES DU VERDON

Route de Montmeyan - **QUINSON**
✆ 04 92 74 09 59
www.museeprehistoire.com
Ouvert du 2 février au 30 décembre inclus. Juillet et août : de 10h à 20h. Adulte : 8 €. Label Tourisme & Handicap.

Ce musée est le plus grand et le plus complet des musées consacrés à la Préhistoire en Europe. Le musée est un lieu adapté pour recevoir les personnes en fauteuil ou à mobilité réduite avec parking accessible, accès à l'étage par ascenseur et toilettes aux normes. Des visites adaptées au handicap mental sont possibles ainsi que des ateliers pédagogiques. Les audioguides à infrarouge se déclenchent automatiquement pour les malvoyants ou les aveugles.

RÉSIDENCE HACIENDA €€

Le Village - **SAINT-PONS**
✆ 04 92 81 33 32
www.envoludia.org
Ouvert toute l'année. 6 chambres. Pension complète à partir de 60 € par jour et par personne.

Au cœur du village de Saint-Pons, la résidence Hacienda appartient à l'association parisienne GIMC (Groupement d'Infirmes Moteurs Cérébraux) et offre toute l'année la possibilité aux personnes handicapées (moteur, mental et sensoriel) ainsi qu'à leur famille et accompagnateur de passer un agréable séjour dans un cadre verdoyant. Avec sa vue panoramique imprenable sur les montagnes environnantes et son ambiance conviviale, la structure propose des services personnalisés : labellisée « espace loisir handisport », vous pourrez pratiquer des activités sportives.

SENTIER DU LAUZANIER

VAL D'ORONAYE
✆ 04 92 84 33 58
www.haute-ubaye.com
Ouvert toute l'année. Label Tourisme & Handicap moteur, mobilité réduite, mental, malentendant, malvoyant.

La commune de Larche et le Parc National du Mercantour se sont unis dans l'objectif commun de permettre aux personnes à besoins spécifiques d'accéder à la nature et à sa connaissance. Tracé sur le GR56, le profil du sentier a été redessiné sur 1 km pour obtenir notamment moins de 5 % de pente en moyenne sur les 500 premiers mètres. La mise en place d'un revêtement de sol roulant et respectueux de l'environnement offre confort de promenade et déplacement en toute autonomie pour les personnes à mobilité réduite mais aussi malvoyantes, sans oublier les seniors et les familles. Deux tables de lecture sensorielles en relief avec repère podotactile et écriture braille sont installées au départ du sentier. Présence d'une boucle magnétique et de maquette tactile. Un guidage en autonomie sur 1 km de balade commentée est possible grâce à Handi e-coguide, un audioguide nouvelle génération : en prêt au syndicat d'initiative de Larche, l'appareil repère la position en 3 dimensions de l'utilisateur et peut ainsi lui donner la bonne information au bon endroit. L'intégration d'une boussole dynamique pour la géolocalisation précise de l'individu permet de « se substituer à son regard ». Son guidage vocal très précis permet de découvrir la nature. Des navettes gratuites de 20 places sont mises en place pour relier Larche ou Pont Rouge et Lauzanier. Il faut cependant bien penser à vérifier les horaires avant de partir, il y en a environ toutes les 40 minutes.Toutefois la traversée du pont se fait obligatoirement à pied.

© KAVITA - STOCK.ADOBE.COM

Sisteron.

CHALET SAINTE-VICTOIRE €€

Route du Sauze - **SAUZE-SUPER-SAUZE**
✆ 04 91 24 31 61
www.laligue13.fr

Accessible handicap mental, PMR. Ouvert toute l'année. 21 chambres. Chambre double à partir de 23€.

Au cœur de la station, cet établissement accueille toute l'année dans une atmosphère familiale, individuels et groupes. Au programme ? Des activités et des animations adaptées pour tous les types de publics. Si la chambre du rez-de-chaussée est adaptée pour accueillir deux personnes en fauteuil ou à mobilité réduite, son accès est en revanche très compliqué avec pente, revêtement difficile et marches ! Le Chalet Sainte-Victoire est également un Centre de Vacances pour les enfants agréé par la direction régionale de la jeunesse et des sports.

OFFICE DE TOURISME SISTERON BUËCH

1, place de la République - **SISTERON**
✆ 04 92 61 36 50
www.sisteron-buech.fr

Qualité Tourisme. Ouvert toute l'année. En juillet-août : du lundi au samedi de 9h à 19h, dimanche de 10h à 17h.

Finies les balades où l'enfant traîne les pieds à distance du groupe ! Grâce à ses fiches Randoland, c'est lui qui assure le rôle de guide-explorateur dans Sisteron. Destinées aux familles, les fiches-circuits sont conçues comme un jeu de piste par tranche d'âge (4-6 ans/7-9 ans/9-12 ans). Les patrimoines historiques, architecturaux ou même naturels sont autant d'indices amenant à observer, réfléchir et s'amuser pour résoudre les énigmes proposées.

ÉCOMUSÉE L'OLIVIER ★★★

Ancienne route de Forcalquier - D13 - **VOLX**
✆ 04 86 68 53 15
www.mb-1830.com/fr/ecomusee-olivier

Fermeture annuelle janvier et début février. L'été ouvert 7j/7 de 10h30 à 22h. Visite libre et gratuite. Restaurant.

Une visite incontournable pour tout savoir sur l'olivier et la fabrication de l'huile. Vous apprendrez que les Grecs se servaient de l'huile d'olive pour s'éclairer et que l'olivier résiste à la sécheresse grâce à son système racinaire et à ses feuilles qui contrôlent l'évaporation. Une visite qui se fait aussi avec les enfants avec des quiz adaptés à chaque âge pour une visite encore plus ludique. Une exposition d'art contemporain est mise en valeur par le très bel espace du musée : les artistes changent chaque année mais en général leurs œuvres sont faites à partir de matériaux bruts de la nature. La boutique attenante propose une sélection de ce qui se fait de meilleur en France au travers d'une trentaine de producteurs d'huile d'olive triés sur le volet. Le musée est aussi accessible aux personnes handicapées moteur et déficientes visuelles avec possibilité de lecture en braille, par le son, le toucher ou les senteurs. Handicap moteur : musée en rez-de-chaussée et sur un étage desservi par un ascenceur réservé aux personnes handicapées. Accès de plain-pied, cheminements suffisamment larges pour permettre le passage. Cartels et vitrines à bonne hauteur, visibles par une personne en fauteuil, toilettes adaptées. Handicap mental : approche ludique et pédagogique avec démonstrations d'objets à toucher. Handicap visuel : supports en braille pour la visite guidée, signalétique en braille et gros caractère. Objets à toucher, ateliers olfactifs, maquettes en relief et bandes sonores. Ascenseur réservé aux personnes handicapées.

MUSÉE PICASSO, ANTIBES ★★

Promenade Amiral de Grasse - **ANTIBES**
✆ 04 92 90 54 28

En haute saison ouvert du mardi au dimanche de 10h à 18h (fermé entre 13h et 14h en basse saison). Adulte : 8 €.

Ce musée accueille les visiteurs au sein du superbe château Grimaldi, qui fut la résidence d'une branche de la famille au Moyen Âge avant d'être transformé en hôtel de ville durant la révolution française. De 1820 à 1924, il servira de caserne. Le château est ensuite acquis par la ville d'Antibes en 1925 pour abriter un musée historique et archéologique régional. Vingt ans plus tard, Romuald Dor de La Souchère, son conservateur, invite Pablo Picasso à y installer son atelier : l'artiste, très épris de la Côte d'Azur et de son arrière-pays, accepte cette offre et se met au travail avec entrain. À son départ, Picasso laisse en dépôt certaines de ses œuvres créées sur place. Il s'agit de dessins et de peintures tels que La Joie de vivre, Satyre, faune et centaure au trident, Le Gobeur d'oursins, La Femme aux oursins, Nature morte à la chouette et aux trois oursins, La Chèvre... Dans les années qui suivent, les collections du musée s'enrichissent avec d'autres créations du génial artiste, notamment de céramiques conçues dans l'atelier Madoura de Vallauris. En 1966, le site prend le nom de musée Picasso. Une autre collection du musée est également consacrée à Nicolas de Staël. À mi-chemin entre la figuration et l'abstraction, ce grand maître de la couleur a créé des tableaux à l'intensité singulière. Grâce à un don de sa veuve puis à des acquisitions, le musée peut aujourd'hui présenter une belle sélection de ses œuvres. L'art moderne tient une place importante dans ce beau musée, notamment représenté par des pièces issues d'une donation effectuée par la Fondation Hans Hartung et Anna-Eva Bergman ainsi que par des tableaux ou des sculptures d'autres artistes. La plupart des tendances de ces cent dernières années sont présentes. Un accueil adapté et modulable peut être proposé sur demande à tous les publics grâce à la mise en place de visites fondées sur l'échange et de visites-ateliers permettant des moments de création. Un ascenseur dessert l'extérieur et l'intérieur du musée, et 3 plates-formes élévatrices facilitent l'accès aux salles d'exposition et à librairie-boutique. Possibilité de visites et d'ateliers adaptées pour les handicapés mentaux sur réservation. Les malentendants profiteront du dispositif boucle magnétique portable et de casques récepteurs mais aussi d'un accueil adapté pour des groupes par une médiatrice initiée à la langue des signes française sur réservation. Des livres et documents tactiles seront remis aux malvoyants ou aveugles sur réservation ; présence des chiens-guides autorisée.

LE CHALET DU BERGER €€

Le Prignolet
BRIANÇONNET
✆ 04 93 60 42 12

Label Tourisme & Handicap mental ; malentendant. Gîtes de France 3 épis. A partir de 485€ la semaine. Animaux autorisés.

Tranquillité et convivialité font le charme de cet agréable chalet refait à neuf situé en pleine montagne. Au rez-de-chaussée, vous trouverez une petite entrée, un séjour, un coin repas, une cuisine ouverte ainsi que des w.c. indépendants avec lave-mains. A l'étage, deux chambres (1 lit double + 1 lit simple + 2 lits simples) accueillantes et lumineuses invitent au repos. Vous pourrez profiter toute l'année de l'environnement calme du chalet ou visiter les environs. Draps et linge de maison fournis. Un endroit sympathique dans un lieu proche de la nature.

OFFICE DE TOURISME DE CANNES

1, boulevard de la Croisette - **CANNES**
✆ 04 92 99 84 22
www.cannes-destination.fr

Ouvert tous les jours de 10h à 17h. Label Tourisme & Handicap.

Véritable mine d'informations, vous trouverez ici tout ce dont vous aurez besoin pour découvrir Cannes et ses multiples facettes. L'Office du tourisme de Cannes est labellisée « Tourisme & Handicap » depuis 2008. L'office du tourisme possède des boucles auditives pour les malentendants et propose des éditions de ses documents spécifiques pour les malvoyants. Il est également possible de se faire prêter des fauteuils et l'office est bien sûr accessible aux personnes en fauteuil roulant.

RIVIERA MARRIOTT HÔTEL LA PORTE DE MONACO €€€

Porte de Monaco - **CAP-D'AIL** ✆ 04 92 10 67 67
www.marriottportedemonaco.com

Ouvert toute l'année. 171 chambres. Double à partir de 235 €. Garde d'enfants. Animaux acceptés. Label Clef Verte.

Le Riviera Marriott dispose de 171 chambres dont 5 accessibles aux personnes en fauteuil ou à mobilité réduite avec mobilier adapté. Confortables, elles offrent une vue imprenable sur la Principauté et les plages de Cap d'Ail. Pour un séjour en famille ou d'affaires, l'établissement met à votre disposition tous les équipements nécessaires pour passer une escale agréable et sereine : salle de réunion ou réception, une salle de remise en forme et une piscine extérieure avec élévateur.

MUSÉE LOU FEROUIL

3250, route de Gilette
GILETTE
✆ 04 92 08 96 04

Ouvert tous les jours. Haute saison : de 9h à 19h. Adulte : 4 €. Visite guidée. Boutique.

On fait une halte passionnante dans le passé en visitant ce musée dédié aux métiers d'autrefois et à la ferronnerie : Lou Ferouil signifie d'ailleurs « vieil objet ou vieille serrure d'époque ». Pierre-Guy et Sylviane Martelly ont recréé dans leur propriété les ateliers des artisans d'antan. Le maître des lieux, forgeron lui-même, explique le fonctionnement des machines et des outils qui datent pour la plupart du XIXe siècle. On trouve la cordonnerie, la mécanique, la cave, les métiers du vin, la menuiserie… Visites guidées possibles.

PARC DÉPARTEMENTAL DE LA VALMASQUE

MOUGINS

Ouvert toute l'année. Animaux acceptés

Ce parc forestier de 427 ha offre une étonnante variété de vallons et de sites d'observation de la nature : une pinède, une chênaie de chênes verts, chênes blancs et chênes-lièges sans oublier le magnifique étang de Fontmerle, riche de plantes aquatiques et bordé de 12 ha de prairies plantées de peupliers, de saules et de cyprès chauves. L'observatoire situé au bord de l'étang permet aussi de découvrir une soixantaine de races d'oiseaux sédentaires ou migrateurs.

COMITÉ RÉGIONAL DU TOURISME - CRT

455, promenade des Anglais - **NICE**
✆ 04 93 37 78 78
www.cotedazurfrance.fr

Site web d'informations touristiques pour découvrir la Côte d'Azur et l'arrière-pays niçois.

Indispensable pour l'organisation de vos vacances, le site Internet du Comité Régional de Tourisme Riviera Côte d'Azur permet de trouver hébergement, activités sportives, visites et excursions. Le Pass Côte d'Azur Card donne accès à de nombreuses activités à pratiquer sur l'ensemble du littoral azuréen et en station de montagne. Deux formules sont proposées avec musées, balades au grand air, sites incontournables, séjour familial, parcs à thèmes, sorties bateau…

OFFICE DE TOURISME METROPOLITAIN NICE COTE D'AZUR

5, promenade des Anglais - **NICE**
✆ 04 92 14 46 14
www.explorenicecotedazur.com

Deux bureaux accessibles : gare SNCF et promenade des Anglais.

Rendez-vous à l'office Métropolitain de tourisme et des congrès de Nice Côte d'Azur où des conseillers vous accueillent, vous renseignent et vous orientent. On vous donnera ici toutes les informations nécessaires pour que votre séjour soit une parfaite réussite : vous trouverez notamment l'ensemble des activités et des manifestations organisées sur le sol niçois mais aussi concernant les communes alentour. Des brochures en plusieurs langues sont disponibles gratuitement sur place.

LES JARDINS DU CAP ET GRAND CAP** €€

173, avenue de la Plage
ROQUEBRUNE-CAP-MARTIN ✆ 04 93 28 42 13
www.hotel-roquebrune-cap-martin.fr

Label Tourisme & Handicap moteur. Climatisation ; piscine extérieure. Tarif selon date et hébergement.

Halte de charme située à proximité des grands événements organisés dans le département comme la Fête du citron à Menton ou le Grand Prix de F1 de Monaco. Michèle et son équipe vous accueillent dans un hôtel moderne et refait à neuf avec des chambres toutes climatisées dont 5 situées au rez-de-chaussée ou au premier étage sont accessibles aux handicapés moteur. La résidence Les Jardins du Cap est équipée quant à elle d'une agréable piscine pour vos journées de farniente et de détente.

TERNELIA LE RABUONS** €€

27, rue Droite - **SAINT-ETIENNE-DE-TINÉE**
✆ 04 93 02 40 07
www.rabuons-mercantour.com

À partir de 526 € la semaine en pension complète. Piscine. Possibilité d'accueillir les groupes de plus de 15 personnes.

Aux portes du Mercantour, le Rabuons propose différentes formules : pension complète, demi-pension ou location incluant les clubs enfants et ados, les visites et les animations sans oublier les séjours à thèmes tout compris (raquettes, randonnées, découverte du patrimoine) et les classes découverte, avec, de décembre à mars, les classes de neige, et durant les saisons intermédiaires (septembre-octobre et avril-mai-juin), les classes rousses et vertes qui proposent des programmes pédagogiques très intéressants. Formules adaptées pour tous les âges.

ENVIBUS

VALBONNE
✆ 04 89 87 72 00
www.envibus.fr

Envibus est le réseau de transports de la Communauté d'Agglomération Sophia Antipolis qui propose des solutions de transport et des tarifs avantageux adaptés à toutes les catégories d'usagers. Envibus dessert 22 communes grâce aux lignes régulières accessibles aux personnes à mobilité réduite et à 5 navettes de centre-ville en accès libre sur abonnement gratuit et 2 navettes estivales. Les bus ont des équipements pour PMR, des annonces sonores et des écrans dynamiques à bord afin que tous puissent voyager dans les meilleures conditions.

BUREAU D'INFORMATION TOURISTIQUE DE VENCE

Place du Grand-Jardin - **VENCE**
✆ 04 93 58 06 38
www.vence-tourisme.com

De novembre à mars ouvert du lundi au samedi : 9h à 13h et 14h à 17h. Le reste de l'année : 9h à 13h et 14h à 18h.

L'équipe de l'Office de Tourisme de Vence accueille les visiteurs toute l'année place du Grand-Jardin. On vous renseignera sur l'offre touristique locale en vous donnant brochures et plans nécessaires. Le site Internet propose des idées de circuits et de découvertes autour du patrimoine. Labelisé Tourisme & Handicap, les locaux de l'Office de Tourisme sont adaptés aux personnes atteinte d'un handicap visuel, mental ou moteur ainsi que d'un système d'aide à l'audition.

HANDIPLAGES

Antibes

Plage du Ponteil : parking avec 6 places réservées, rampe d'accès, douches accessibles, deux Tiralos et 2 handiplagistes. Toilettes adaptées se trouvent à proximité. Une signalisation est mise en place à l'entrée du site. Cette plage a une labellisation niveau 4 et propose une activité audioplage. Elle possède un système de balisage en mer.

Plage de la Salis : vous y trouverez des stationnements parking adaptés, une rampe d'accès ainsi que des douches accessibles, des handiplagistes et des tiralos.

Cagnes-sur-Mer

Plage du tiercé : cette plage surveillée possède des toilettes adaptées et une douche accessible.

Cannes

Bijou Plage : accessible en période estivale avec stationnement et cheminement, la baignade se fait grâce à 3 Tiralos et 2 hippocampes. Des handiplagistes sont présents.

Monaco

Plage du Larvotto : cette plage est accessible grâce à des stationnements adaptés. Vous pourrez vous baigner avec l'aide d'handiplagistes et de tiralos.

Nice

Plage du Centenaire : stationnements adaptés et une rampe d'accès. Des douches accessibles. Handiplagistes et handiflot. Des toilettes adaptées se trouvent à proximité.

Plage de Carras : handiplagistes handiflot et de tiralo. Toilettes adaptées et douches accessibles.

Vence.

ACCESSIBUS

AIX-EN-PROVENCE

✆ 09 70 83 01 23

www.aixenprovence.fr/accessibus

Accessible handicap moteur ; PMR.Opérateur présent du lundi au samedi de 8h30 à 19h30. Gratuit -4 ans.

Ce réseau de transports complémentaire est destiné aux personnes à mobilité réduite. Il s'agit d'un système de transport urbain à la demande. Les ayant droits de ce service doivent justifier d'une carte d'invalidité de 80 %. Pour en bénéficier, il convient de faire une demande auprès du CCAS service handicap. Le dossier constitué sera alors examiné en commission. En semaine, le service de bus fonctionne de 7h à 21h, les vendredis et samedis, jusqu'à minuit. Pour en bénéficier, il faut appeler au plus tard la veille du déplacement prévu et avant midi.

BARBOTINE

51, Rue Paul-Ruer

AUBAGNE

✆ 04 42 70 03 00

https://www.poterie-barbotine.com

Ouvert du mardi au samedi de 9h à 18h non-stop. En décembre, tous les jours de 9h à 18h.

L'archéologie, la gastronomie et les arts de la terre sont les trois passions de Philippe Beltrando. Pour les réunir, il exerce le beau métier de potier depuis plus de trente ans. Si vous allez lui rendre visite dans son atelier-boutique, il vous guidera parmi ses créations et vous expliquera leurs destinations : cuisine, repas de chaque jour, plats d'exception ou table de fête. Passionné, il vous contera l'histoire de la terre. Comptez entre 30 minutes et 40 minutes sur place. Un document détaillant les différentes étapes de son travail est fourni.

Cheval camarguais.

MUSÉE GRANET ★★

Place Saint-Jean de Malte - **AIX-EN-PROVENCE**

✆ 04 42 52 88 32

www.museegranet-aixenprovence.fr

Ouvert du mardi au dimanche de 12h à 18h. Gratuit jusqu'à 18 ans.

Le Musée Granet présente un large panorama artistique, des Primitifs à la Renaissance jusqu'aux chefs-d'œuvre d'art moderne de l'exceptionnelle donation Philippe Meyer. Créé en 1828 le Musée Granet constitue aujourd'hui un passage obligatoire pour tous les amoureux d'art.Ce musée prévoit un accès pour les personnes à mobilité réduite par la rue Roux Alphéran (n°18). Des visites guidées sont proposées pour les visiteurs déficients visuels, malentendants ou sourds. Il y a des activités pour le jeune public les mercredis et samedis et pendant les vacances scolaires.

MAISON NATALE DE MARCEL PAGNOL

16, cours Barthélémy - **AUBAGNE**

✆ 04 42 03 49 98

Ouvert tous les jours de 9h30 à 12h30 et de 14h à 18h. Gratuit jusqu'à 6 ans. Label Tourisme & Handicap. Visite guidée.

Ville natale de Marcel Pagnol, Aubagne ne manque jamais une occasion de rendre hommage à l'écrivain et cinéaste provençal. En 2003, c'est la sœur de Marcel Pagnol, Jacqueline qui inaugure ce musée installé dans une belle demeure bourgeoise du XIXe siècle, où il vit le jour en 1895. Au rez-de-chaussée, une émouvante reconstitution de l'intérieur de la maison des Pagnol, une salle de projection et un espace d'exposition. Cette visite est inratable si vous aimez l'univers de l'auteur.

RÉSERVE NATURELLE NATIONALE DE CAMARGUE ★★★★

La Capelière - **ARLES**
✆ 04 90 97 00 97
www.reserve-camargue.org
Label Tourisme & Handicap. Ouvert du mercredi au lundi 9h-13h et 14h-18h (17h en basse saison). Gratuit.

La réserve naturelle nationale de Camargue est située au bord de la Méditerranée, à l'intérieur du delta du Rhône, sur trois communes : une partie des communes d'Arles et de Port-Saint-Louis-du-Rhône et toute la commune des Saintes-Maries-de-la-Mer. Il est un étonnant patchwork de couleurs et de milieux différents : d'un hectare à l'autre, son allure change du tout au tout. Bien sûr, chacun de ses paysages évolue également selon la saison ! On marche près des eaux roses des salins, on s'enfonce à travers les plaines par de petits chemins de terre, on tourne un coin et nous voilà face à une immensité d'eau où s'ébattent des flamants roses, les stars de la région, mais aussi aigrettes, goélands et hérons de différentes espèces. Avec un peu de chance, on aperçoit même une cigogne... La Camargue, c'est aussi bien sûr les chevaux que le classique du cinéma *Crin Blanc* a contribué à inscrire dans la légende. On voit d'ailleurs encore des groupes de chevaux sauvages évoluer librement dans le parc naturel. Magnifique ! Et comment ne pas évoquer les taureaux, puissantes bêtes à cornes dont le pelage noir et la musculature impressionne tout passant, qui ne voudrait pas se confronter à un tel adversaire ! D'autres habitants peuplent cette contrée : rongeurs comme les ragondins ou les castors, amphibiens, insectes (parmi lesquels les terribles moustiques – plus de 40 espèces y vivent – dont les vrombissements troublent bien des soirées dans le pays !).

CHÂTEAU DU PETIT SONNAILLER €€

CD16 - **AURONS**
✆ 04 90 59 34 47
www.petit-sonnailler.com
Ouvert toute l'année. Chambres à partir de 146€ petit-déjeuner inclus. Boutique, caveau de dégustation

Cette demeure dont l'origine se situe au Xe siècle était la commanderie d'un vaste territoire recouvert de forêts, de cultures et de vignes. Dans cette belle bâtisse féodale de caractère, trois chambres d'hôtes avec vue sur les vignes et le Luberon ont été aménagées. Vous serez reçu avec beaucoup de gentillesse pour un séjour en toute tranquillité à deux pas du plateau du Sonnaillet. Dans le domaine, vous pourrez également acheter du vin produit sur la propriété.

L'ÉTAPE*** €€

Route de Gardanne - **BOUC-BEL-AIR**
✆ 04 42 22 61 90
www.hotelaix-etape.com
Label Tourisme & Handicap moteur, PMR, malentendant. Chambre double 85€. Petit déjeuner 12,50€. Animaux acceptés.

Non loin de l'autoroute mais dans un cadre calme - les chambres sont isolées par du double vitrage efficace - voici une étape de qualité. Cet établissement familial abrite une trentaine de chambres alliant confort et bon goût. Réparties en deux bâtiments, elles sont correctement entretenues et lumineuses ; certaines offrent une vue magnifique sur le Pilon du Roi : inutile de préciser qu'il faut les réserver bien à l'avance ! Vous pourrez vous restaurer dans la salle de restaurant, moderne, accessible et confortable : cuisine à base de produits frais.

DISTILLERIE FRIGOLET - BOUTIQUE

26, rue Roland Inisan
CHÂTEAURENARD
✆ 04 90 94 11 08
www.frigoletliqueur.com
Ouvert du lundi au vendredi.

La liqueur de Frigolet est fabriquée ici depuis maintenant plus de 150 ans. Repris par la famille Inisan, la distillerie produit plus de 30 000 bouteilles par an. Si son nom qui vient du provençal *farigoule* (le thym) donne une indication sur sa composition, impossible de connaître la recette exacte : le secret réside en un juste dosage entre une trentaine de plantes qui ont macéré dans de l'alcool et l'ajout d'un sirop à base de miel. Dans la petite boutique, aussi des liqueurs.

AUBERGE DE JEUNESSE MARSEILLE BONNEVEINE €

Impasse du Docteur-Bonfils
MARSEILLE (8e)
✆ 04 91 17 63 30
www.fuaj.org/Marseille-bonneveine
Label Tourisme & Handicap mental, malentendant. Tarifs 30 €/nuit/personne.

Entre les plages du Prado, le quartier vivant de la Pointe rouge désormais reliée par un bateau-bus au Vieux Port en saison estivale et à la route des Calanques, cette auberge de jeunesse agréée par la fédération nationale séduira les amateurs de loisirs nautiques. Douze chambres sont équipées d'un dispositif d'alarme incendie à flash et le personnel est formé à la langue des signes. Un lieu sympathique et bien adapté avec du personnel à l'écoute.

CHÂTEAU DE LA BUZINE ★

56, traverse Buzine - **MARSEILLE** (11e)
✆ 04 91 45 27 60
www.labuzine.com

Du mardi au dimanche, de 10 à 13 heures et de 14 à 18 heures, et 7 jours/7 en période estivale et vacances. 7,70€

Le Château de La Buzine est situé au cœur d'un vallon entre Saint-Menet et les Camoins dans le XIe arrondissement de Marseille. C'est à Henry de Buzens, un noble du XVIIe siècle, que le domaine doit son nom. Le 21 juillet 1941 Marcel Pagnol achète le domaine de La Buzine. Il veut en faire une Cité du cinéma pour créer un véritable « Hollywood provençal ». Après la guerre et les années d'abandon, la Ville de Marseille rachète La Buzine en 1995. En 1996, les ruines du château sont classées à l'inventaire des monuments historiques. La restauration du lieu commence dès l'année 2006. Premier équipement livré pour Marseille-Provence 2013 Capitale européenne de la Culture, La Buzine est désormais la Maison des cinématographies de la Méditerranée. La salle de cinéma est construite à l'ancienne, avec balcon et orchestre, dotée d'une capacité de 350 places. L'exposition permanente « Une journée en Méditerranée » plonge le visiteur au cœur du cinéma méditerranéen à travers des dispositifs interactifs à la rencontre des figures emblématiques du grand écran. Rajouté au début du XXe siècle à l'édifice d'origine, le salon de musique est l'écrin d'expositions temporaires en lien avec la programmation cinéma. La bibliothèque/vidéothèque est équipée d'écrans tactiles : images d'archives, productions récentes (documentaires, fictions) et ouvrages spécialisés. Le Château de la Buzine est labellisé Tourisme & Handicap qui identifie les établissements capables de répondre aux besoins spécifiques des personnes en situation de handicap.

HANDIPLAGES

La Ciotat

Plage Lumière : cette plage ne dispose pas de parking mais d'un dépose-minute possible. Vous trouverez des handiplagistes, 2 fauteuils Tiralo et 2 Hippocampes. L'accès à l'eau se fait grâce à un revêtement de sol adapté. Renseignements au 04 42 08 88 00.

Plage La Coquille : vous trouverez des handiplagistes, 2 fauteuils Tiralo et 2 Hippocampes. Des toilettes adaptées et une douche accessible sont présent sur le site.

Fos-sur-Mer

Grande plage : un accompagnement à la baignade est possible sur rendez-vous. Un parking public avec 2 places adaptées est disponible. Des toilettes adaptées, une douche accessible permettent de profiter de la plage en toute tranquillité d'esprit. Vous trouverez 2 Tiralo et 2 Hippocampes. L'accès à l'eau se fait par plan incliné en béton prolongé par un tapis sur sable. Système audioplage. Renseignements au 04 42 47 71 00.

Marseille

Plage du Prado : 26 ha d'espaces verts jouxtent 10 ha de plage de sable. Dépose-minute possible. 4 agents proposent un accompagnement à la baignade et 3 fauteuils Tiralo. Une rampe d'accès facilite également la circulation. Des douches accessibles et toilettes adaptées se trouvent à proximité. Renseignements au 04 91 81 58 80.

Saintes-Marie-de-la-Mer

Plage des arènes : pour assurer la sécurité des utilisateur, cette plage est surveillée. Roulements aménagés. Vous trouverez 1 Tiralo et 1 Hippocampes. Des toilettes et une douche accessibles sont à proximité.

MOBI MÉTROPOLE

473, rue Saint-Pierre
MARSEILLE (12e)
✆ 04 91 10 59 00

Accessible handicap moteur ; mobilité réduite. Tous les jours sur réservation de 6h à 1h du matin, sauf le 1er mai.

Mobi Métropole est un service de transport public à la demande, permettant aux personnes à mobilité réduite (invalidité d'au moins 80 %) de se déplacer à travers les 18 communes du territoire de Marseille-Provence Métropole (MPM), dans des véhicules entièrement adaptés (rampes d'accès, fixation sur rails, verouillage des fauteuils, ceintures abdominales). Son service commence à 6h le matin et se termine à 1h du matin tous les jours. Pour en bénéficier, il faut envoyer un dossier d'inscription (disponible en ligne) à la commission d'accès.

MUCEM ★★★★

7, promenade Robert-Laffont - **MARSEILLE** (2e)
✆ 04 84 35 13 13
www.mucem.org

Ouvert tous les jours sauf mardi. De 10h à 20h en juillet-août. Gratuit le premier dimanche du mois. Tarif plein 11 €.

Le MuCEM, Musée des Civilisations d'Europe et de Méditerranée, est constitué de deux ensembles : le nouveau bâtiment signé Rudy Ricciotti et le fort militaire Saint-Jean. Cet établissement est en lui-même un bijou architectural ; il est à la fois un lieu de promenade gratuit offrant une vue spectaculaire sur la cité phocéenne et la mer, et un lieu d'expositions. L'accessibilité physique, sensorielle et cognitive du musée a été réfléchie en collaboration avec le MuCEM et des associations marseillaises représentatives du handicap.

MUSÉE CANTINI ★

19, rue Grignan
MARSEILLE (6e)
✆ 04 91 54 77 75
www.culture.marseille.fr
Du mardi au dimanche de 9h à 18h. Collection permanente gratuite. Temporaire : 6 €. Label Tourisme & Handicap.

L'une des plus belles collections d'art moderne s'admire dans ce magnifique hôtel particulier dont la construction remonte à 1694 pour *la Compagnie du Cap Nègre*. Sont réunis ici les noms des différents courants picturaux du début du XXe siècle jusqu'aux années 1960, des œuvres de maîtres (Artaud, Kokoschka, Picasso, Dubuffet, Léger, Giacometti, Bacon, Balthus…) ainsi que des collections de photographies et de dessins. Le célèbre marbrier Jules Cantini a acquis cette demeure du centre-ville en 1888 et en fit don à la ville en 1916, pour qu'elle devienne selon ses volontés de mécène un musée consacré à l'art contemporain de son temps. Depuis, la collection s'est étoffée et chaque séquence marquante de l'histoire de l'art moderne y sont exposées par leurs plus illustres représentants : le fauvisme avec Derain, Matisse, Lombard, Camoin, Othon Friesz, le premier cubisme avec Dufy, Gleizes, Laurens, le post-cubisme (ou puristes) des années 1920-1940 avec Amédée Ozenfant, Fernand Léger, Le Corbusier, Laure Garcin, Jacques Villon, le surréalisme et Marseille avec Ernst, Masson, Miro, Brauner, Arp et pour finir les grandes individualités des années 70-80 comme Nicolas de Staël. Le musée Cantini propose des visites guidées adaptées aux personnes en situation de handicap visuel ou mental. N'hésitez pas à vous rapprocher de l'équipe du musée afin d'obtenir plus d'informations et de préparer votre visite au mieux. Un ascenseur permet aux personnes à mobilité réduite de profiter pleinement du lieu.

MUSÉE D'HISTOIRE DE MARSEILLE ★

2, rue Henri-Barbusse - **MARSEILLE** (1er)
✆ 04 91 55 36 00
Ouvert du mardi au dimanche de 9h à 18h (19h de mai à septembre). Gratuit. Label Tourisme & Handicap.

Découvrez un musée à ciel ouvert avec un accès par la galerie commerciale du Centre Bourse. Un incontournable avec une exposition de référence de 3 500 m², des espaces d'expositions temporaires, un atelier pour le public scolaire, un grand auditorium, un centre de documentation disposant d'un cabinet d'arts graphiques et une librairie-boutique. Le parcours du musée raconte également les hommes et les femmes qui ont participé à l'histoire de Marseille. Accès par ascenseur ou élévateur.

MUSÉE REGARDS DE PROVENCE ★

rue Vaudoyer - **MARSEILLE** (2e)
✆ 04 96 17 40 40
www.museeregardsdeprovence.com
Ouvert toute l'année, du mardi au dimanche de 10h à 18h. Gratuit jusqu'à 12 ans. Expos temporaires : 8,50 € par adulte.

Idéalement située face à la Grande Bleue, ses grandes baies vitrées offrent un panorama magique. En toile de fond, le J4 et ses musées, et sur le second angle la majestueuse cathédrale byzantine la Major. Le Musée Regards de Provence révèle une partie de sa collection qu'elle renouvelle tous les 5 mois environ. Un véritable livre ouvert sur l'histoire de l'art du XIXe siècle à nos jours avec plus de 200 œuvres : Kapeller, Henry d'Arles, Lacroix, Barry, Garibaldi, Monticelli,..

LE VENTRE DE L'ARCHITECTE €€€

280, boulevard Michelet - **MARSEILLE** (8e)
✆ 04 91 16 78 23
www.leventredelarchitecte.com
Du mardi au samedi midi et soir. Menu unique à 57 € le soir. Formule du marché le midi dès 29 €. Vin au verre. Parking.

Et si vous programmiez votre visite de la Cité Radieuse à l'heure du déjeuner ou du dîner ? Le Petit Futé vous recommande une pause au Ventre de l'Architecte. Face à la mer et aux îles du Frioul, dégustez une cuisine du marché gastronomique. Ici, les prix sont élevés mais la créativité culinaire est au rendez-vous. Une grande cuisine, des mets de qualité, des produits choisis avec soin, une ravissement des papilles. Une très belle adresse à découvrir si possible.

LA BASTIDE DE JONCAS* €€

7, chemin du Petit Mas - **MARTIGUES**
✆ 04 42 80 72 34
www.lesjoncas.com
8 appartements, 37 chambres et 3 dortoirs. Chambre en éco lodge bungalow à partir de 19,50 €.

La Bastide des Joncas est un village-vacances éco-rénové situé à La Couronne, tout proche de la plage, des sentiers naturels et non loin de Martigues. Pour y arriver, divers moyens de transports sont possibles à commencer par la gare SNCF de La Couronne - Carro à 400 mètres. Les bus et véhicules électriques y sont les bienvenus. Depuis 1946, le savoir-faire s'est développé ici autour d'équipes professionnels et d'une gamme de services très large. Ainsi, jeunes gens comme seniors seront ici à leur aise, dans un cadre rappelons-le, idyllique pour déconnecter.

CAMPING MARIUS***

7, Route De La Saulce - **MARTIGUES**
✆ 04 42 80 70 29
www.camping-marius.com
Label Tourisme & Handicap moteur, mobilité réduite, mental, malentendant, malvoyant.Camping Qualité. Qualité Tourisme.

Le Camping Marius propose chalets et emplacements dans la verdure en bord de mer Méditerranée. Avec son ambiance bucolique et familiale, il prend place au cœur des calanques entre Marseille, Martigues et la Camargue. Un chalet est entièrement équipé et accessible pour les personnes à mobilité réduite : d'une superficie de 29 m², il peut accueillir 3 personnes. Il dispose d'une belle chambre avec grand lit double surélevé pour faciliter les transferts et un lit d'appoint 1 place. L'espace de couchage est divisible par un rideau.

OFFICE DU TOURISME

Rond-point de l'Hôtel-de-Ville - **MARTIGUES**
✆ 04 42 42 31 10
www.martigues-tourisme.com
*Label Tourisme & Handicap moteur ; mobilité réduite ; mental ; malentendant.Qualité Tourisme. Label VVF****.*

La ville de Martigues édite un dépliant Martigues accessible, avec le plan du circuit piétonnier adapté du centre-ville. Il est disponible à l'office de tourisme. Sur le site, vous pourrez aussi télécharger un guide complet de la ville et des environs. Sensibilisé à l'accueil des personnes en situation de handicap, l'office de tourisme de Martigues reçoit en 2015 la marque d'Etat Tourisme & Handicap pour 3 grandes familles de handicaps et obtient la quatrième famille en 2021 dans le but de garantir un accueil efficace et adapté aux besoins de tous.

AUBERGE DE NOVES***** €€€

route de Châteaurenard - **NOVES**
✆ 04 90 24 28 28
www.aubergedenoves.com
Chambre double dès 255 €. Animaux acceptés. Piscine. Restauration : menus de 50 € à 125 €. Petit déjeuner : 25 €.

Situé entre Châteaurenard et Noves, cet élégant manoir du XVIIe siècle, classé Château et Hôtel collection, saura vous séduire par sa quiétude et ses équipements haut de gamme. Avec un parc boisé de 15 hectares, une piscine extérieure chauffée, un restaurant étoilé au Michelin, ici, tout n'est que luxe, calme et volupté. Les 23 chambres et suites sont toutes personnalisées et décorées dans un style provençal. La famille Lalleman veille sur les lieux depuis trois générations et saura vous recevoir avec beaucoup de simplicité et de chaleur.

LE PETIT GAOU €€

458, chemin du Gour
ROGNES
✆ 04 90 59 49 40
Label Tourisme & Handicap moteur, mobilité réduite, mental ; malentendant. Gîtes de France 3 épis. Dès 345€/semaine.

Sur une exploitation agricole située en plein cœur de la campagne aixoise, le gîte le Petit Gaou vous offre son espace généreux et la fonctionnalité de ses aménagements pour un séjour confortable. Gîte facilement accessible aux personnes à mobilité réduite. Meublé adapté jumelé à un autre meublé. Dans la cuisine : contrôle et manipulation des boutons d'allumage grâce à des repères tactiles. Une belle adresse où profiter du bon air de la campagne. Un lieu sympathique et plutôt bien adapté où l'on se sent bien et où les propriétaires sont à l'écoute.

MAS DES FIGUES €€€

Vieux chemin d'Arles - **SAINT-RÉMY-DE-PROVENCE**
✆ 04 32 60 00 98
www.masdesfigues.com
Gîte pouvant accueillir 4 personnes, ouvert toute l'année. À partir de 147 € la chambre double.

Au pied des Alpilles, cette ferme-auberge propose des chambres d'hôtes adaptées aux besoins des personnes handicapées. Entre charme, calme et sérénité, l'univers élégant et raffiné du Mas des Figues est propice à la détente. Belles prestations pour les personnes atteintes d'un handicap : portail avec digicode, chambre n°4 accessible pour personnes en fauteuil avec entrée indépendante, lit accessible des deux côtés, salle d'eau avec douche et siège amovible avec dossier et accoudoir, W.C avec rehausseur, cheminement extérieur pavé et praticable.

LE MAS DE LA GRENOUILLERE*** €€

571, chemin Haut-des-Launes
SAINTES-MARIES-DE-LA-MER ✆ 04 90 97 90 22
www.hotel-equitation-saintes-maries.fr
Label Tourisme & Handicap moteur, mobilité réduite, mental, malentendant, malvoyant. Chambre double 82€-130€.

Ce mas typiquement camarguais comblera vos envies de calme et de nature. Les 18 chambres, toutes de plain-pied donnant sur terrasse privative, sont confortables et bien agencées. Elles disposent de tous les équipements nécessaires (écrans plats, climatisation, wi-fi gratuit). La salle de petit-déjeuner est également très agréable avec sa baie vitrée donnant sur la piscine et le jardin. Le petit-déjeuner, 100 % Bio et issu du commerce équitable, est excellent.

LES PLANIOUS €€

Les Planious
L'EPINE
✆ 09 88 18 04 54
www.les-planious.com
Label Tourisme & Handicap moteur, mobilité réduite, mental. Chambre dès 70€. Table d'hôtes.

Géraldine et Emmanuel vous accueillent dans leur charmante maison d'hôtes située en pleine nature. Les quatre chambres pouvant accueillir entre 2 et 4 personnes et équipées chacune d'une salle d'eau et de W.C. privatifs possèdent leur propre terrasse et leur accès privatif assurant ainsi une certaine intimité. L'établissement labellisé Tourisme & Handicap possède un vaste espace détente avec cheminée, piano, coin enfants, jeux et bibliothèque, promesse de beaux moments à partager entre amis ou en famille. Possibilité le soir d'une table d'hôtes.

MELUZINE

Les Chardonnières
SAINT-BONNET-EN-CHAMPSAUR
✆ 06 07 48 75 46
www.meluzine.com
Accessible aux personnes à mobilité réduite.

Méluzine propose d'accéder aux cimes et de se déplacer dans les houppiers en toute sécurité tout en développant votre sensibilité à l'écologie et à la nature environnante. Les personnes handicapées sont invitées à le préciser au moment de la réservation : les malvoyants pourront découvrir l'arbre de l'intérieur pour des sensations uniques tandis que les personnes qui ne peuvent pas utiliser leurs jambes verront l'opportunité d'accéder aux cimes grâce à des baudriers, mouflages et tyroliennes. Possibilité de passer une nuit en hamac perché dans les feuilles.

CHAMBRE D'HÔTES BRIN DE PAILLE €€

Les Casses Prelles
SAINT-MARTIN-DE-QUEYRIÈRES
✆ 06 67 81 46 84 - www.brindepaille.com
Label Tourisme & Handicap moteur, mental, malentendant, malvoyant. Gîtes de France. Tarif 47€ (1 pers). Petit déjeuner.

Sa construction originale et chaleureuse, son bain norvégien et ses chambres douillettes ne vous laisseront pas insensibles. Vous trouverez dans chaque chambre un espace détente, une salle d'eau et un W.C privatif. Un grand séjour avec un espace pour les repas ouvrant directement sur un balcon et une terrasse en bois vous permet de profiter pleinement du jardin et du bain norvégien. Pour plus de tranquillité, un espace bibliothèque et une télé seront à votre disposition.

MUSEE DE L'ENERGIE HYDROELECTRIQUE ★

Les Claux - **VALLOUISE-PELVOUX** ✆ 04 92 23 21 55
www.paysdesecrins.com
Ouvert toute l'année. Tourisme & Handicap. En juillet et août, tous les jours. Tarifs 5 €/adultes, 2 €/-16 ans.

L'édifice qui abrite l'écomusée est classé au patrimoine du XXe siècle et prend place dans une usine hydroélectrique en fonctionnement. Avec ses faux airs de cathédrale, cet espace de 110 m^2 présente l'importance de l'histoire du concepteur Gilbert Planche, l'histoire de la modernisation de l'usine et renseigne sur la place de l'usine dans le gisement de production d'Électricité de France et de la Durance. Le site a été conçu au-dessus de la salle des machines. Labellisé 4 handicaps.

HANDISKI

Le conseil général des Hautes-Alpes a beaucoup investi dans le matériel adapté pour le ski alpin et le ski nordique afin de promouvoir l'accessibilité des activités sportives de pleine nature.

Saint-Véran

L'ESF met à la disposition des skieurs handicapés le matériel nécessaire à la pratique de leur sport préféré. Dualski ou fauteuil ski. Infos au 04 92 45 81 51.

Pra-Loup

L'ESF de Pra-Loup est équipée de 2 fauteuils ski (type GMS) mis à disposition des personnes à mobilité réduite soit avec un moniteur spécialisé en leçon particulière (2h au minimum) soit gratuitement pour les familles possédant un agrément de pilote GMS. Infos au 04 92 84 11 05.

Puy-Saint-Vincent

L'ESF met gratuitement à la disposition des personnes handicapées des fauteuils adaptés à leur invalidité. L'encadrement est assuré par des moniteurs spécialement formés. Infos au 04 92 23 35 11.

Serre-Chevallier 1350

Moniteurs spécialement formés à l'enseignement du ski pour tous types de handicaps : ski assis autonome, tandem ski, déficience mentale et déficience sensorielle. Le moniteur peut venir vous chercher au parking réservé afin de vous faciliter l'accès aux remontées mécaniques.

Les cours, dispensés en leçons particulières, doivent être réservés et vous aurez un entretien préalable avec le responsable Handiski afin de choisir et d'adapter au mieux le matériel. Infos au 04 92 24 17 41.

MAISON DU PARC NATIONAL DES ÉCRINS ★★★

LA CHAPELLE-EN-VALGAUDÉMAR

✆ 04 92 55 25 19

www.ecrins-parcnational.fr

Ouvert toute l'année. Gratuit. Label Tourisme & Handicap (moteur, mental, malentendant, malvoyant). Visite guidée.

L'ancien asile Saint-Paul a été transformé en Maison du Parc National en 1980. Depuis, les espaces extérieurs ont été conçus pour une accessibilité optimale de tous les publics : stationnement, cheminement vers les espaces d'accueil aménagés avec fil d'Ariane et plan en relief, visites aménagées en plans faiblement inclinés et espaces de repos. Un théâtre de verdure permet au visiteur d'appréhender la notion de Parc National dans son ensemble et de parcourir celui des Écrins grâce à une carte. Par un chemin plane, le visiteur accède ensuite à l'espace d'accueil où dès l'entrée un plan en relief de l'organisation structurelle de la Maison permet aux publics en déficience visuelle de se représenter l'espace, l'occupation du sol et le cheminement de la visite. L'espace d'accueil est large et agréable, son mobilier est notamment adapté aux personnes à mobilité réduite. Une borne interactive permet une découverte ludique du Valgaudemar et du territoire du Parc National. Depuis l'accueil, le visiteur appréhende facilement la boutique, l'exposition temporaire, la présentation permanente, la salle de projection et les sanitaires. Une ligne de vie permet aux personnes en déficience visuelle de se déplacer facilement. Une rampe en déclivité très légère (2 %) permet de parcourir l'espace d'exposition temporaire. La seconde partie du parcours conduit à la salle de projection volontairement ouverte et intégrée au parcours de visite dans laquelle 3 places pour fauteuils roulants ont été intégrées. L'espace large laissé vacant et de plain-pied permettent également d'accueillir des groupes de visiteurs handicapés moteur. Une boucle magnétique offre une meilleure écoute aux personnes malentendantes. L'exposition permanente présente le Valgaudemar et, à travers lui, l'organisation de la vie des hommes en montagne. Le parcours scénographique, interactif et sensitif, entraîne le visiteur du bas de la vallée jusqu'aux alpages, de l'adret à l'ubac au gré des tablettes tactiles installées dans les alcôves. On y trouve des textes en gros caractère et en braille, des images à toucher, des témoignages à écouter, des ambiances olfactives... Des bandes podotactiles pour le guidage et la prévention des obstacles sont intégrées dans le sol tandis que des coins de repos sont aménagés sur l'ensemble de l'espace. L'ensemble de la maison du Parc est labellisée Tourisme et Handicap pour les handicaps moteur, visuel et mental pour une accessibilité optimale.

HANDIPLAGES

Embrun

Roulement aménagé du parking à la baignade ainsi que d'un Tiralo. T. 04 92 44 66 00.

Savines-le-Lac

Roulement aménagé du parking à la baignade. Tiralo ou Hippocampe disponibles à la zone d'accueil. Douches accessibles et sanitaires adaptés. T. 04 92 44 20 03.

Serres

Plan d'eau de Germanette. 2 fauteuils sont mis à disposition gratuitement durant la saison estivale : Hippocampe et Tiralo sous la surveillance du maître-nageur. T. 04 92 67 03 77.

Veynes

Plage surveillée l'été. 2 Tiralos à disposition. W.C. adaptés et douche accessible.

HANDIPLAGES

Fréjus

Plage de la base nautique François Leotard : site de baignade adapté pour les personnes à mobilité réduite. Poste de secours. Stationnement. Accès aux plages et à la mer par aménagements spécifiques. Toilettes, douche, chalets adaptés et équipés. 3 fauteuils Tiralo. Handiplagistes qualifiés.

Hyères

Plage de la Vignette : « Un Fauteuil A La Mer » (www.unfauteuilalamer.org). Stationnement. Vestiaires et sanitaires. Animateurs formés. Aménagements spécifiques pour faciliter l'accès à la plage, à la baignade et aux activités nautiques. Ponton avec main courante pour rééducation en milieu marin. Espaces transats et restauration aménagés.

Place de la Bergerie : pôle handinautic. Parking. Poste de secours. Toilettes adaptées handicap. Mise à disposition de Tiralo et Hippocampe. Lève-personne.

Plage de l'Ayguade : fond de l'eau est progressif. Mise à disposition de fauteuils spécifiques au poste de secours.

Plage des Salins : Toilettes. Accueil spécifique chez le plagiste Mise à disposition de fauteuils spécifiques pour la baignade.

La-Londe-Les-Maures

Stationnement. Mise à disposition de fauteuils de mise à l'eau dans les établissements de plage. Accès à la plage et à la mer par tapis spécifiques aux abords des restaurants La Plage et Palmier d'Or. Panneau d'informations sur l'accessibilité.

Plage de Tamaris : Stationnement. Toilettes. Accès à la mer par tapis d'accès. Mise à disposition de fauteuils de mise à l'eau au poste de secours. Pôle Handi Planète Loisirs : navigation jet-ski avec ou sans permis encadrée par des moniteurs diplômés.

Plage Mirarmar : Stationnement. Toilettes. Douches. Accès à la mer par tapis d'accès. Mise à disposition de fauteuils de mise à l'eau au poste de secours.

Six-Four-Les-Plages

Plage des Roches Brunes : poste de secours. Rampe d'accès pour relier vestiaires et douches. Accès à la mer par aménagements spécifiques. Mise à disposition de fauteuils adaptés et dispositif audio-plage au Centre Communal d'Action Sociale.

Toulon

Plage du Lido : rampe d'accès pour PMR.

Anse de la Source : accès à la mer aménagé et fauteuils spécifiques au poste de police de l'anse.

AU VIEUX PRESSOIR €€

Le Plan

BRIGNOLES

✆ 04 94 69 97 49

Ouvert toute l'année. Tous les jours de 12h à 14h et de 19h30 à 22h. Menu Mistral 19,90 €. Terrasse. Parking privatif.

Une halte s'impose pour déguster la cuisine traditionnelle aux saveurs provençales du Chef qui vous concocte des pieds paquets à la marseillaise, une soupe de poissons traditionnelle avec sa rouille et ses croûtons, et des poissons grillés. Les desserts sont faits maison. En été, l'agréable terrasse et l'espace brumisé font le bonheur de tous. L'accueil sans faute de l'équipe et le bon rapport qualité/prix font les beaux jours de cette maison. Une belle adresse où l'on se sent bien, dans un cadre agréable et avec de bons produits.

OFFICE DE TOURISME

Provence Verte & Verdon Tourisme - **COTIGNAC**

✆ 04 94 04 61 87

www.provenceverteverdon.fr

Conseil et infos pratiques. Local climatisé. Parking. Qualité Tourisme. Adapté handicap moteur et mobilité réduite.

L'Office de Tourisme de Cotignac, au cœur du territoire de La Provence Verte, propose une offre très complète pour partir à la découverte de Cotignac et des 43 villages provençaux à proximité.Vous pourrez explorer cette nature préservée à l'abri de la foule estivale du bord de mer. Vous pourrez réserver directement vos activités en nature, vos expositions, vos visites guidées, vos concerts, votre location vacances sur le site de l'Office de Tourisme ou sur place afin de profiter pleinement de votre séjour dans ce Pays d'Art et d'Histoire.

L'HÔTELLERIE KOUROS*** €€

Impasse des Roitelets - **CUERS**

✆ 04 94 66 69 25

www.hotelleriekouros.fr

Qualité Tourisme. Ouvert toute l'année. Chambre double de 76 € à 110 €. Petit déjeuner : 9,50 €. Lit bébé offert.

En plus de leur restaurant gastronomique, les frères Kouros tiennent cet hôtel à l'architecture contemporaine et aux larges baies vitrées qui s'ouvrent sur le village de Pierrefeu et le massif des Maures. Érigée sur deux hectares d'oliviers bicentenaires à quelques minutes du village, cette demeure propose 8 chambres de charme climatisées, joliment décorées dans des styles tous différents avec douches à l'italienne, jardins ou terrasses individuelles. L'une d'entre elles peut accueillir la clientèle handicapée. Une bonne adresse !

LE MAS DU LINGOUSTO €€€

934, avenue Eugénie et Henri Majastre - **CUERS**
✆ 04 94 28 69 10
www.lingousto.fr
Ouvert toute l'année. Restaurant fermé le dimanche soir. Menus de 46 € à 89 €. Accueil des groupes. Terrasse.

Le Mas du Lingousto, ou l'assurance d'une douce déconnexion en périphérie proche de Toulon. Propriété de Rocco Briglia, l'hôtel-restaurant bénéficie de nombreux atouts, à commencer par le restaurant gastronomique. Le chef y propose une cuisine assurément créative, s'appuyant sur des producteurs locaux et le potager maison. On y retrouvera des plats savoureux comme une bavaroise de courge Butternut, ou un cochon basse température, écrasé de pommes de terre. Stationnement et toilettes adaptés aux personnes handicapées de même qu'une chambre.

VILLAGE VACANCES LOU BASTIDOU €€

2320, chemin de La Pouverine - **CUERS**
✆ 04 94 48 60 06
www.loubastidou.com
Label Tourisme & Handicap moteur, PMR, mental, malentendant, malvoyant. Le gîte de 1000 € à 1600 € la semaine.

Le village vacances Lou Bastidou est ouvert à tous, toute l'année et entièrement accessible aux personnes à mobilité réduite. Il permet aux personnes handicapées et à leur famille de passer des vacances à la fois amusantes et reposantes en proposant des activités adaptées partager en famille. Les gîtes sont proposés pour les familles ; 6 gîtes accueillent jusqu'à 5 personnes, avec une cuisine séjour entièrement équipée et accessible, une salle de bain avec douche à l'italienne.

CAMPING CLAIR DE LUNE**** €€

27, avenue du Clair de Lune - **GIENS**
✆ 04 94 58 20 19
www.campingclairdelune.fr
Locatifs à partir de 26 € par nuit jusqu'à 312 € par nuit selon la saison. Appartements à partir de 24 € par nuit.

Le Camping Clair de Lune répondra certainement à vos attentes. Avec un emplacement idéal, situé à 200 m de la mer et à 600 m de la plage, ce camping possède des appartements et mobil-homes, dont certains bénéficient d'une vue sur la mer et d'un bain à remous privatif. Le camping idéal pour les petites familles, est situé à 200 m de l'école de planche à voile Spin-out, de l'école de kitesurf, du centre de plongée Diving Giens et de L'Aphrodite Spa. Bon plan !

LA BAIE DES VAHINÉS €€

Plage du Pentagone
HYÈRES
✆ 04 94 48 91 27
Label Tourisme & Handicap moteur, PMR, mental, malentendant.Qualité Tourisme. Ouvert de mai à septembre.

Une plage agréable qui propose un choix varié de salades, de grillades de viandes ou de poissons à la carte ou en formule ainsi qu'une belle carte de cocktails. Parking de 700 places à proximité. Le personnel est formé et sensibilisé à l'accueil des personnes handicapées. Documentation en caractères agrandis et mise à disposition de fauteuils Hippocampe. Un lieu sympathique et agréable dans un cadre agréable. Le personnel est à l'écoute et l'ensemble est assez bien adapté de ce fait, on si sent bien. Une bonne adresse, utile sur le secteur.

CHÂTEAU PAS DU CERF

Route de Collobrières
LA LONDE-LES-MAURES
✆ 04 94 00 48 80
www.pasducerf.com
Ouvert toute l'année. Parking. Label Tourisme & Handicap.

Les vignes de la famille Gualtieri s'étendent sur 80 hectares de coteaux orientés plein sud au cœur du massif des Maures. Vous pouvez le temps d'une visite découvrir et déguster différentes cuvées dans les trois couleurs. Le site est ouvert à tous. Pour les personnes handicapées : stationnement et toilettes adaptés, espaces de dégustation et de vente accessibles, espace de circulation spécifique, chiens-guides acceptés dans le caveau, personnel sensibilisé à l'accueil des personnes en situation de handicap, signalétique contrastée.

LA PLAGE €€

Plage de l'Argentière
LA LONDE-LES-MAURES
✆ 04 94 66 97 64
Label Tourisme & Handicap moteur, PMR, mental, malentendant, malvoyant. Maître Restaurateur. Ouvert d'avril à octobre.

Dans un cadre paradisiaque, le restaurant La Plage séduit avec sa vue unique sur les eaux cristallines de la Méditerranée. La carte affiche des mets généreux aux saveurs locales ou plus exotiques : assiette italienne, bruschetta, cassolette de moules à la crème, gnocchis farcis au pistou, filet de loup, brochettes de poulet sauce saté... En plus d'être idyllique, l'accueil y est fort sympathique et l'endroit se dote des équipements suivants pour les personnes en situation de handicap : stationnement, toilettes, accès, espaces intérieurs.

Abbaye du Thoronet.

OFFICE DE TOURISME

Quai Gabriel-Péri - **LE LAVANDOU**
✆ 04 94 00 40 50 - www.ot-lelavandou.fr
Qualité Tourisme. Accueil saisonnier, en juillet et août : mairie annexe de Cavalière, avenue du Golf.

Un office de tourisme de première catégorie, labellisé Qualité Tourisme, partenaire du circuit Chocotourisme en Provence, une nouvelle approche touristique à la rencontre des maîtres chocolatiers locaux. On y dégotera également de la documentation (gratuite) sur les quatre principales balades et randonnées de la commune :

- **Le Circuit des fontaines** en centre-ville,
- **Le Chemin des Peintres** dans le quartier Saint-Clair,
- **La randonnée des Balcons de Cavalière** (boucle de 12 km).
- **Le sentier du littoral.**

CAMPING LOU PANTAÏ***

180, chemin des Clapiers - **LE PRADET**
✆ 04 94 75 10 77
www.campingloupantai.com
Label Tourisme & Handicap moteur, PMR, mental, malentendant. Qualité Tourisme. Ouvert de février à la Toussaint.

Premier camping de la Côte d'Azur pourvu du label de camping éco-responsable, l'endroit est donc économe en énergie, assure le tri des déchets et valorise son environnement. Situé à trois kilomètres des plages, l'ambiance y est des plus conviviales. Un camping à la hauteur de ce qu'il propose avec du personnel à l'écoute et agréable. Un bon rapport qualité/prix, pour un séjour court (avant d'aller en Corse) ou plus long. Le cadre est agréable. La piscine est peut-être juste un peu sous-dimensionnée pour le nombre d'emplacements.

ABBAYE DU THORONET ★★★★

LE THORONET
✆ 04 94 60 43 96
www.le-thoronet.fr
Basse saison : 10h-13h/14h-17h. Haute-saison : 10h-18h30. Adulte : 8 €. Label Tourisme & Handicap. Visite guidée.

Niché dans les vallons boisés de l'arrière-pays varois, le Thoronet est l'une des plus remarquables abbayes issues de l'ordre de Cîteaux. Ici, l'émotion naît de l'absolu dépouillement de l'architecture, pierre et lumière se combinant à la perfection. Accueil et extérieurs accessibles en fauteuil. Documents de visite à disposition du public (également en braille et gros caractères), maquettes tactiles. Chiens-guides acceptés. Une belle visite pour un lieu à découvrir. Magnifique et une...belle halte fraîcheur en été, ce qui n'est pas négligeable !

HÔTELLERIE DE LA SAINTE-BAUME €

2200, CD 80 Route de Nans
PLAN-D'AUPS-SAINTE-BAUME ✆ 04 42 04 54 84
www.saintebaume.org/hostellerie
Ouvert toute l'année. 62 chambres (180 lits répartis en chambres avec salle d'eau privative, avec salle d'eau commune).

Cette maison d'accueil religieuse catholique est située en plein cœur du massif de la Sainte-Baume dans un site naturel exceptionnel. Elle propose le gîte et le couvert (les menus de la semaine sont fixes et consultables sur le site Internet). L'endroit est idéal pour trouver littéralement le repos du corps et de l'esprit. La grotte Sainte-Marie-Madeleine, haut lieu spirituel de Provence et site de pèlerinages, est à seulement 45 minutes à pied..

OFFICE DE TOURISME

2219 CD80, Route de Nans
PLAN-D'AUPS-SAINTE-BAUME ✆ 04 42 72 32 72
www.la-provence-verte.net

Ouvert hors saison : mercredi, samedi et dimanche et avril, mai, juin, septembre : du mercredi au lundi.

L'office de tourisme propose conseils et infos pratiques, vente d'activités de loisirs à tarifs réduits (demander le programme Amusez-vous !), billetterie de spectacle, agenda des animations. Des conseillés spécialistes vous aideront à planifier votre séjour à Plan-d'Aups-Sainte-Baume en toute sérénité, pour découvrir la nature préservée d'un Pays d'Art et d'Histoire. Balade en forêt, loin des foules estivales sur les plages, marchés de producteurs pour découvrir les produits locaux, flâner dans le village et découvrir son histoire, venez explorer !

LE CYCLE PORQUEROLLAIS

1, rue de la Ferme - **PORQUEROLLES**
✆ 04 94 58 30 32
https://velo-porquerolles.fr

Label Tourisme & Handicap mental ; malentendant ; malvoyant.Label Qualité Tourisme. Ouvert avril-octobre à partir 9h.

Depuis 1974, le Cycle Porquerollais est une exploitation familiale qui met à votre disposition une gamme de vélos pour toute la famille avec des accessoires : carrioles pour enfants, porte-bébé, casque... Accompagnement de groupes avec moniteur diplômé Brevet d'État, promenades et rallyes découverte. Le personnel est formé et sensibilisé à l'accueil des personnes en situation de handicap. Panneaux d'information lisibles en gros caractères. Location possible de tandems pour des balades sportives et agréables, l'occasion de découvrir la nature environnante !

BUREAU D'INFORMATION D'AGAY - O.T. SAINT-RAPHAEL

Place Charles-Giannetti
SAINT-RAPHAËL
✆ 04 94 82 01 85
www.agay.fr

Ouvert toute l'année. Parking juste devant l'office de tourisme, gratuit, libre d'octobre à mai.

Pour les moyens mis en place afin de garantir la meilleure qualité d'accueil possible pour les personnes en situation de handicap moteur, auditif, visuel et mental, le bureau d'information d'Agay a obtenu la labellisation nationale « Tourisme et Handicap ». Une documentation très complète adaptée aux besoins des personnes handicapées est disponible sur place ou sur leur site internet afin de pouvoir préparer son séjour de manière optimale en toute tranquillité.

LE MAS DES OLIVIERS €

1133, route de Sillans - **SALERNES**
✆ 04 94 70 75 20
www.masdesoliviers-salernes.com

Label Tourisme & Handicap. Gîtes de France (3 épis). Chambre double 79 à 89 €. Petit déjeuner inclus.

Marie-Claire et Yvon vous accueillent dans leur propriété de 8 000 m² située au cœur d'une oliveraie. Une chambre est accessible aux personnes handicapées. Quatre autres équipées de salle de bain avec W.C et réfrigérateur sont également disponibles pouvant chacune accueillir de 2 à 4 personnes. Le soir, vous apprécierez la convivialité du salon avec télévision satellite, bibliothèque et salle de billard. Un bel endroit dans un joli écrin avec des propriétaires à l'écoute, le tout proche de la nature. Une belle adresse pour le secteur.

OFFICE DE TOURISME ET DES CONGRÈS DE TOULON

12, place Louis-Blanc - **TOULON**
✆ 04 94 18 53 00
www.toulontourisme.com

Ouvert tous les jours. Visites guidées de 2h, 10€/adulte, gratuit pour les - de 12 ans et personnes à mobilité réduite.

Équipe formée, local de plain-pied, comptoir d'accueil adapté, boucle d'induction pour communiquer avec les personnes malentendantes possédant un appareil auditif, agrandissement de la documentation touristique pour les malvoyants et édition d'une documentation en braille consultable à l'accueil. Sur l'ensemble des brochures, des pictogrammes indiquent le degré d'accessibilité de différents endroits répertoriés qu'il s'agisse de salles de spectacles, restaurants...

MUSÉE DES GUEULES ROUGES ★

Avenue de la Libération - **TOURVES**
✆ 04 94 86 19 63
www.museedesgueulesrouges.fr

Ouvert toute l'année. Fermé le matin. Adulte : 6 €.

Créé à l'initiative de l'association des Gueules rouges, ce musée évoque sur 1 300 m² d'exposition et tout au long d'un parcours ludique et éducatif, un siècle d'exploitation de la bauxite rouge dans le centre Var. Il présente plus de 500 objets de collection, machines, outils et documents. Deux niveaux sont en visite libre : ils vous permettent grâce aux bornes interactives de découvrir l'origine de la bauxite, les techniques de transformation de ce minerai en aluminium ainsi que les utilisations contemporaines de ce métal.

LA FERME €€

110 Chemin des Bois - **AVIGNON**
✆ 04 90 82 57 53
www.hotel-laferme.com
Basse saison : lundi-samedi le soir. Haute saison : lundi-jeudi le soir ; vendredi-dimanche midi et soir.

Sur l'Ile de la Barthelasse, cette ferme du 17e siècle a été transformée en hôtel restaurant dans les années 90. Aujourd'hui c'est Nathalie qui vous accueille.. On est ici en pleine campagne, le cadre est rustique, on s'attable dans la salle à manger en pierre de taille auprès de la cheminée ou sous la glycine en terrasse. À la carte, des plats traditionnels, une cuisine faite maison qui mérite la mention Restaurant Gourmand des Logis. On peut prolonger son séjour à l'hôtel. Nous vous conseillons de mettre votre GPS, si vous ne voulez pas vous perdre en route...

HÔTEL COLBERT*** €€

7, rue Agricol-Perdiguier - **AVIGNON**
✆ 04 90 86 20 20
www.avignon-hotel-colbert.com
Label Tourisme & Handicap malentendant, malvoyant. Ouvert toute l'année. Chambre simple 64€-98€, double 79€-149€.

Envie de faire une halte en Avignon dans un petit hôtel de charme en centre-ville ? L'Hôtel le Colbert satisfera vos attentes. Les chambres sont simples mais confortables, chaleureuses et gaies à l'ambiance provençale : elles ont été pensées pour que vous y trouviez détente et repos. Jardinet fleuri avec petite cascade, jolie terrasse où peuvent se prendre les petits déjeuners, à moins de préférer la salle intérieure colorée tout en étant sereine. Au rez-de-chaussée se trouve une agréable chambre adaptée aux personnes en situation de handicap sensoriel.

OFFICE DE TOURISME D'AVIGNON

41, cours Jean-Jaurès - **AVIGNON**
✆ 04 32 74 32 74
www.avignon-tourisme.com
Qualité Tourisme. Ouvert toute l'année tous les jours de 9h à 17h. Fermé le dimanche.

Les bureaux de l'office de tourisme situés dans le centre-ville d'Avignon sont un véritable exemple d'accessibilité : portes automatiques, présentoirs, documentation adaptée et possibilité de dépose d'une personne devant la porte. Vous pourrez programmer vos activités et des visites guidées. Les employés sont tous formés à l'accueil des personnes en situation de handicap. L'office de tourisme propose des établissements ayant le label Tourisme & Handicap ou proposant une offre adaptée.

MUSÉE DE LA LAVANDE

276, route de Gordes - D2
COUSTELLET
✆ 04 90 76 91 23
www.museedelalavande.com
Qualité Tourisme. Du 1er février au 30 avril : tlj 9h-12h15/14h-18h.

Depuis 1991, au cœur du parc naturel régional du Luberon, la Lavande a son musée. Ses vertus, son histoire, ses utilisations... la Lavande se met dans tous ses états pour le plus grand bonheur des 50 000 visiteurs qui passent chaque année. Outils audiovisuels, animations, muséographie ludique... mais aussi des outils tels que la collection d'alambics en cuivre à feu nu, à bain-marie ou à vapeur... D'autres objets étonnants sont à découvrir dans l'univers des lavandiculteurs. Une jolie visite pour découvrir les secrets de la lavande.

Vue générale de la Cité des Papes et du Pont Saint-Bénezet.

LE MAS DE LENCIEU €€

Route de Lencieu - **GIGONDAS**
✆ 04 90 12 38 20
https://lemasdelencieu.com
Label Tourisme & Handicap moteur, PMR, mental, malentendant, malvoyant. Clévacances 3 clés. Dès 89€

En pleine campagne avec pour toile de fond des paysages exceptionnels composés de vignes, de genêts et d'oliviers, vous profiterez pleinement de la Provence dans un mas du XVIIe siècle dont l'intérieur, agrémenté d'une belle cour fermée et fleurie, a sans austérité gardé tout son caractère. Chaque appartement est installé dans de petites dépendances. Meublés confortablement, ils sont pourvus de tout le confort nécessaire à un agréable séjour : chauffage, électricité, prise télévision, literie, linge de toilette et de cuisine.

LA SOLEÏADO €€

Les Grands Prés
ROAIX
✆ 04 90 46 18 84
Clévacances. Ouvert toute l'année. 4 personnes de 450 à 550 € la semaine. Label Tourisme & Handicap. Salon de jardin.

Le petit village de Roaix est situé à quelques kilomètres de Vaison-la-Romaine. Si vous cherchez calme, confort et repos, La Soleïado est un gîte de tourisme idéal. Aménagé simplement, les lieux sont très lumineux grâce à la grande baie vitrée qui donne sur le jardin. La chambre du rez-de-chaussée est dotée d'un lit médicalisé pour les personnes handicapées. La maison est accessible aux personnes se déplaçant en fauteuil roulant. Le parking n'est qu'à quelques mètres de l'entrée. La mezzanine est à la fois spacieuse et douillette.

CAVEAU DE DÉGUSTATION PLANTEVIN

Chemin de la Tuilerie
VIOLES
✆ 04 90 29 72 13
Adapté tout handicap. Ouvert toute l'année sauf le 25 décembre et le 1er janvier.

Nicole - qui fait aussi chambre d'hôtes à La Maison Plantevin - fait également visiter toute l'année le caveau familial pour des dégustations de vin adaptées à tous. Une occasion agréable de découvrir les crus des Côtes-du-Rhône à l'ombre de la tonnelle du mas familial. Une charmante adresse qui allie gourmandise et accueil adapté, le tout dans un bel endroit en pleine campagne. Ça sent bon la Provence et ça ravira tout le monde en famille ou entre amis.

MAISON PLANTEVIN €€

164, chemin de la Tuilerie - **VIOLES**
✆ 04 90 29 72 13
www.maisonplantevin.com
Label Tourisme & Handicap moteur, mobilité réduite, mental, malentendant, malvoyant. Clévacances. Chambre 64-67€.

A deux pas du village de Violès et de Vaison la Romaine, La Maison Plantevin est établie dans un superbe mas provençal entièrement rénové. Entre studios, gîtes et chambres d'hôtes à la décoration raffinée, seules ces dernières sont accessibles à toute personne en situation de handicap. L'ambiance sereine des lieux et le sourire de Nicole, la propriétaire des lieux, ajoutent une touche de convivialité à l'atmosphère agréable de l'établissement. Un endroit qui vient compléter le domaine et ses bons vins dans un cadre adapté avec des propriétaires à l'écoute.

PASSEPORT

INDEX

A

AIN 62
AISNE 190
ALLIER 64
ALPES-DE-HAUTE-PROVENCE 338
ALPES-MARITIMES . 341
ARDÈCHE 67
ARDENNES 162
ARIÈGE 284
AUBE 164
AUDE 285
AVEYRON 288

B

BAS-RHIN 165
BOUCHES-DU-RHÔNE 344

C

CALVADOS 227
CANTAL 69
CHARENTE 244
CHARENTE-MARITIME 247
CHER 138
CORRÈZE 253
CORSE-DU-SUD 158
CÔTE-D'OR 92
CÔTES-D'ARMOR . . . 120
CREUSE 255

D

DEUX-SÈVRES 256
DORDOGNE 259
DOUBS 97
DRÔME 71

E

ESSONNE 202
EURE 230
EURE-ET-LOIR 140

F

FINISTÈRE 124

G

GARD 289
GERS 291
GIRONDE 264

H

HAUTE-CORSE 160
HAUTE-GARONNE . . 293
HAUTE-LOIRE 73
HAUTE-MARNE 176
HAUTES-ALPES 349
HAUTE-SAÔNE 100
HAUTE-SAVOIE 76
HAUTES-PYRÉNÉES 295
HAUTE-VIENNE 268
HAUT-RHIN 171
HAUTS-DE-SEINE . . 203
HÉRAULT 299

I

ILLE-ET-VILAINE . . . 129
INDRE 143
INDRE-ET-LOIRE . . . 145
ISÈRE 78

J

JURA 101

L

LANDES 270
LOIRE 80
LOIRE-ATLANTIQUE 320
LOIRET 153
LOIR-ET-CHER 150
LOT 305
LOT-ET-GARONNE 273
LOZÈRE 307

M

MAINE-ET-LOIRE 324
MANCHE 233
MARNE 177
MAYENNE 329
MEURTHE-ET-MOSELLE 180
MEUSE 183
MORBIHAN 133
MOSELLE 184

N

NIÈVRE 105
NORD 192

O

OISE 195
ORNE 237

P

PARIS 204
PAS-DE-CALAIS 197
PUY-DE-DÔME 83

PYRÉNÉES-ATLANTIQUES 275
PYRÉNÉES-ORIENTALES 309

R

RHÔNE 85

S

SAÔNE-ET-LOIRE 107
SARTHE 331
SAVOIE 87
SEINE-ET-MARNE 213
SEINE-MARITIME... 239
SEINE-SAINT-DENIS 218
SOMME........... 199

T

TARN............. 315
TARN-ET-GARONNE 317
TERRITOIRE DE BELFORT 114

V

VAL-D'OISE........ 220
VAL-SE-MARNE 221
VAR 351
VAUCLUSE 355
VENDÉE 333
VIENNE........... 281
VOSGES 187

Y

YONNE 116
YVELINES......... 222

EDITION
Directeurs de collection et auteurs : Dominique AUZIAS et Jean-Paul LABOURDETTE
Auteurs : Marie-Charlotte AMBLARD, Stéphanie CHAULOT, Frédérique WINANTS, Elodie CABRERA, Dominique Laurence REPESSE, Izabel TOGNARELLI, Serge MOURARET, Jean-Paul LABOURDETTE, Dominique AUZIAS et alter
Directeur Editorial : Stéphan SZEREMETA
Rédaction France : Briséis TEMPLE-BOYER, Audrey VEDOVOTTO, Marie VIGNERON, Nicolas WODARCZAK, Mélanie PEILLET
Rédaction Monde : Laure CHATAIGNON, Morgane VESLIN, Pierre-Yves SOUCHET, Natalia COLLIER, Julie BEZ

FABRICATION
Maquette et Montage : Romain AUDREN, Julie BORDES, Delphine PAGANO
Iconographie et Cartographie : Anne DIOT, Julien DOUCET

WEB ET NUMERIQUE
Directeur Web : Louis GENEAU DE LAMARLIERE
Technical Project Manager : Hervé MARION
Développeurs : Guillaume BARBET, Adeline CAUX
Intégrateur Web : Mickael LATTES, Antoine DION
Webdesigner : Caroline LAFFAITEUR
Community Traffic Manager : Alice BARBIER, Noémie LE SAUX
Content Manager : Aliénor de PERIER

DIRECTION COMMERCIALE
Directeur commercial : Guillaume VORBURGER
Coordinatrice des Régies commerciales : Manon GUERIN
Account Manager Marketplace : Leila ROUGEOT
Responsable Régies locales : Michel GRANSEIGNE
Responsables Développement régie inter : Jean-Marc FARAGUET et Guillaume LABOUREUR et Camille ESMIEU
Assistante commerciale Régie internationale : Leila ANTRI-BOUZAR
Chefs de Publicité Régie nationale : Caroline AUBRY, François BRIANCON-MARJOLLET, Perrine DE CARNE MARCEIN et Jonathan TOUTOUX

DIFFUSION ET PROMOTION
Directrice des Ventes : Bénédicte MOULET assistée d'Aissatou DIOP
Responsable des ventes : Jean-Pierre GHEZ assisté de Nelly BRION
Relations Presse-Partenariats : Jean-Mary MARCHAL

ADMINISTRATION
Président : Jean-Paul LABOURDETTE
Directrice des Ressources Humaines : Dina BOURDEAU assistée de Sandra DOS REIS et Eva BAELEN
Directrice Administrative et Financière : Valérie DECOTTIGNIES
Comptabilité : Guillaume PETIT, Aminata BAGAYOKO, Jeannine DEMIRDJIAN, Adama DIABY
Recouvrement : Fabien BONNAN assisté de Sandra BRIJLALL
Responsable informatique : Elie NZUZI-LEBA

PETIT FUTÉ HANDITOURISME
LES NOUVELLES EDITIONS DE L'UNIVERSITE
18, rue des Volontaires - 75015 Paris.
✆ 01 53 69 70 00 - Fax 01 42 73 15 24
Internet : www.petitfute.com
SAS au capital de 1 000 000 € - RC PARIS B 309 769 966
Couverture : © Mangostar - Shutterstock.com
Impression : CORLET IMPRIMEUR - 14110 Condé-en-Normandie
Achevé d'imprimer : juin 2023
Dépôt légal : 04/07/2023
ISBN : 9782305093895

Pour nous contacter par email, indiquez le nom de famille en minuscule suivi de @petitfute.com
Pour le courrier des lecteurs : info@petitfute.com

IMPRIMÉ EN FRANCE